КНИГА ЗОАР

на пять частей Торы
с комментарием «Сулам»

Глава Ахарей мот
Глава Кдошим
Глава Эмор
Глава Беар
Глава Бехукотай

Под редакцией М. Лайтмана,
основателя и главы
Международной академии каббалы

УДК 130.122
ББК 87.3(0)

Все права защищены. Никакая часть данной книги не может быть воспроизведена в какой бы то ни было форме без письменного разрешения владельцев авторских прав.

СЕРИЯ: «ЗОАР ДЛЯ ВСЕХ»

Книга Зоар. Главы Ахарей мот, Кдошим, Эмор, Беар, Бехукотай / Под ред. М. Лайтмана – М.: НФ «Институт перспективных исследований», 2021. – 560 с.

The Book of Zohar. Chapters Ahrey Mot, Kdoshim, Emor, Behar, Behukotai / Edited by M. Laitman – M.: NF «Institute of perspective researches», 2021. – 560 pages.

ISBN 978-5-91072-114-6

Книга Зоар, написанная еще в середине II века н.э., – одно из самых таинственных произведений, когда-либо созданных человечеством.

До середины двадцатого века понять или просто прочесть Книгу Зоар могли лишь единицы. И это не случайно – ведь эта древняя книга была изначально предназначена для нашего поколения, и является раскрытием Торы.

В середине прошлого века, величайший каббалист XX столетия Йегуда Ашлаг (Бааль Сулам) проделал колоссальную работу. Он написал комментарий «Сулам» (лестница) и одновременно перевел арамейский язык Зоара на иврит.

Но сегодня наш современник разительно отличается от человека прошлого века. Международная академия каббалы под руководством всемирно известного ученого-исследователя в области классической каббалы М. Лайтмана, желая облегчить восприятие книги современному русскоязычному читателю, провела грандиозную работу – впервые вся Книга Зоар была обработана и переведена на русский язык в соответствии с правилами современной орфографии.

© Laitman Kabbalah Publishers, 2022
© НФ «Институт перспективных исследований», 2022

Содержание

ГЛАВА АХАРЕЙ МОТ

После смерти двух сыновей Аарона 10
Яаков, который искупил Авраама 15
Надав и Авиу 18
Все реки текут в море 23
Чтобы он не входил во всякое время в Святилище 26
Оттого девушки любят тебя 29
В облаке Я буду являться над покрытием 32
А лики их будут обращены друг к другу 35
Вот как хорошо и как приятно 36
После смерти двух сыновей Аарона 39
Вот ложе, которое у Шломо 41
Язык учения 51
Луна в полноте своей 52
Души, пока они не пришли в мир 53
Пока царь устраивал торжество 57
Вот колодец в поле 59
Двенадцать и эта 61
Ты готовишь предо мной стол 63
И возложит Аарон на обоих козлов жребии 64
Нарочный 73
Два козла 75
Козел для Азазеля 77
Прохладная вода для утомленной души 82
Певцы Эйман, Йедутун и Асаф 84
АВАЯ с огласовкой Элоким 90
Эке ашер Эке 94
Порядок написания имени АВАЯ 98
Что происходит внизу, то происходит и наверху 100
И вспомню Я союз Мой с Яаковом 103
Алеф, скрытая внутри вав 105
Йуд создает печати 108
Пред Творцом очиститесь 111
Душа моя, стремился я к Тебе ночью 115
Как лань стремится 117
Голос Творца разрешает от бремени ланей 119

Семьдесят криков роженицы	122
Душа и дух	124
Город мал	128
Праведник и спасенный	131
Смиряйте ваши души	134
Из глубин взывал я к Тебе, Творец	138
Десять видов премудростей	140
И (не будет у тебя) вопрошающего мертвых	142
Нефеш, руах, нешама	143
И (не будет у тебя) вопрошающего мертвых	147
Тамар	151
Египетское идолопоклонство	163
А вы пришли и осквернили землю Мою	164
Творец, Тора и Исраэль	166
Нельзя обучать Торе того, кто не обрезан	168
Четыре ключа	174
Яблоко и роза	183
(Речи), которыми увещевала его мать	185
Разразится громом над обителью Своей	188
Наготы матери твоей не открывай	192
Чтобы ни в каком действии не увидел Он у тебя наготы	194
Человек с отметиной на лице	196
Бат Шева	200
Два женских духа	201
Лилит и Наама	203
Шет	205
Пришла милость и разделила их	206
Творец един и имя Его едино	208
Высшая Има – подруга, нижняя Има – невеста	210
Исраэль – братья Творцу	212
Святое имя образовано известными свойствами	214
Наготы жены и дочери ее	220
И к жене, отлученной в нечистоте ее, не приближайся	223
Яйцо истины	225
И к жене, отлученной в нечистоте ее, не приближайся	228
Виды скверны	230
Грязь под ногтями	231
Приносите предо Мной искупление	234
И будет в каждое новомесячье	235
Возложи на Творца бремя твое	236

ГЛАВА КДОШИМ

Святы будете 240
Ох, земля шумнокрылая 242
Бойтесь каждый матери своей и отца своего 249
Сын почитает отца 258
Старший сын 260
Поставь над собою Царя...262
У Адама Ришона не было от этого мира ничего 263
Жена, которую Ты дал со мною 266
Нельзя смотреть на женскую красоту 269
Отведи от меня очи твои 270
Нельзя смотреть на место, отвратительное Творцу........272
Я – Творец Всесильный твой от земли Египетской.........274
Не останется у тебя на ночь плата наемному работнику..276
Не ставь препятствия перед слепым................................278
По справедливости суди ближнего твоего 281
Увещая увещевай ближнего своего 283
Скрещенные виды и смешанная ткань из льна и шерсти.285
Все плоды его будут святыней восхваления Творцу 299
Пред сединой вставай 302
Ибо знает Творец путь праведников................................303

ГЛАВА ЭМОР

Сыновья Аарона 306
Когда человек собирается отправиться в мир иной 308
Стекает на голову, стекает на бороду 310
Тайна светильника...312
Но ради сестры своей, девицы 313
Пусть не делают плеши 315
Семь дней совершается посвящение ваше......................316
Тебе, Творец, справедливость 318
И он жену в девичестве ее возьмет 320
Пищу дал Он боящимся Его 321
И не опорочит он своего потомства в народе своем.......323
Девицу из народа своего возьмет в жены 325
Человек, у которого будет увечье 327
Человека и животное Ты спасаешь, Творец....................331
Запрещено обучать Торе того, кто необрезан 333

То пробудет семь дней под матерью своей 335
Каждая буква имени – это совершенство всего имени 337
Его и детеныша его 343
Есть хлеб в Египте 345
Нужно возвысить правую над левой 346
И освятился Я с помощью трех ступеней 348
Праздники Творца 354
Священные собрания 357
Третья субботняя трапеза в канун праздника 366
Две крови – кровь Песаха и кровь обрезания 371
Зивуг ночи Песаха 376
Четыре чаши 379
Восхваление в дни Песаха 380
Почему в Шавуот нет семи дней 382
Исчисление омера и праздник Шавуот 384
Праздник Шавуот 389
Исчисление омера 395
Ночь Шавуот 397
Отсчет омера и праздник Шавуот 400
Праздник Шавуот 408
Трубление в шофар 412
Начало года 427
День искупления 435
Пятнадцать дней 450
МАН, колодец, облака величия 453
Праздник Суккот 457
Образ и подобие 463
Шмини Ацерет 465
Разговоры в субботу 467
Воздержание в субботу 468
И вышел сын исраэльтянки 471
Кто будет проклинать божество его 475
Нарцисс и лилия 479
Нарушение запрета Древа познания 482

ГЛАВА БЕАР

Кострище его на жертвеннике всю ночь до утра 486
Пусть празднует земля субботу Творцу 488
Бремя высшего правления 490

И проколет его господин ухо его	492
Шмита и йовель	493
Трубить в шофар в йовель	497
Единение Творца и Его Шхины	500
А если скажете: «Что нам есть в седьмом году?»	509
Всегда обращайте их в рабство	511
Кругооборот	514
Изменение имени, изменение места, изменение действия	516
Ибо Мне сыны Исраэля рабы	524
Свойство «раб» и свойство «сын»	526

ГЛАВА БЕХУКОТАЙ

Вспомни, прошу, что советовал Балак	530
И явился Всесильный Биламу	534
Что угодно Творцу благословлять Исраэль	536
Если по законам Моим поступать будете	537
Я дам ваши дожди в свое время	539
Милостыня нищему	540
И дам Я мир на земле	542
И установлю обиталище Мое среди вас	544
А Моше брал шатер и разбивал его вне стана	546
Подобен возлюбленный мой оленю	548
Справедливость в судах своих	549
Семикратно за ваши грехи	552
И за преступления ваши изгнана была мать ваша	554
Вот слова союза	555
Я их не презрел и не возгнушался ими, чтобы истребить их	557
Сын должен почитать отца	558

Глава Ахарей мот

ГЛАВА АХАРЕЙ МОТ

После смерти двух сыновей Аарона

1) «"И говорил Творец Моше после смерти двух сыновей Аарона, когда они приблизились пред Творцом и умерли. И сказал Творец Моше"[1]. Рабби Йегуда сказал: "После того, как написано: "И говорил Творец Моше"[1], – почему сказано еще раз: "И сказал Творец Моше"[1], – ведь достаточно первого речения?" И отвечает: "Но мы так учили, написано: "И воззвал к Моше, и сказал Творец ему"[2], и" также "написано: "А Моше сказал: "Взойди к Творцу"[3]. И уже объяснялось, что речение, которое здесь"», то есть: «И воззвал к Моше»[2], или: «А Моше сказал»[3], – «"это одна ступень", Малхут, "а затем"», то есть: «И сказал Творец ему»[2] или «Взойди к Творцу»[3], – «"это другая ступень", Зеир Анпин. "Также и здесь: "И говорил Творец Моше"[1] – это одна ступень", то есть ступень суда, называемая речью, а затем: "И сказал Творец Моше"[1] – это другая ступень", т.е. мера милосердия, называемая высказыванием. А то, что в них обоих написано имя АВАЯ, – это "потому, что они равнозначны, и из одного корня соединилось всё"». Иначе говоря, две названные ступени, суд и милосердие, имеют ту же значимость и исходят из одного корня, т.е. от Зеир Анпина, называемого АВАЯ.

2) «"После смерти двух сыновей Аарона"[1]. Рабби Ицхак провозгласил: "Служите Творцу в страхе и радуйтесь в трепете"[4]. И написано: "Служите Творцу в радости, предстаньте пред Ним с пением"[5]. Эти два изречения противоречат друг другу", поскольку здесь говорит, что нужно служить в страхе и в трепете, а здесь – в радости и с пением. И отвечает: "Но мы так

---

[1] Тора, Ваикра, 16:1-2. «И говорил Творец Моше после смерти двух сыновей Аарона, когда они приблизились пред Творцом и умерли. И сказал Творец Моше: "Говори Аарону, брату твоему, чтобы он не входил во всякое время в Святилище, за завесу, пред покрытие, которое на ковчеге, и не умрет; ибо в облаке Я буду являться над покрытием"».

[2] Тора, Ваикра, 1:1. «И воззвал к Моше, и сказал Творец ему из Шатра собрания, говоря».

[3] Тора, Шмот, 24:1. «А Моше сказала Моше сказал Он. Этот раздел был изречен до того, (как были даны) десять речений-заповедей (глагол стоит в преждепрошедшем времени). Четвертого сивана ему было сказано: «взойди...»: "Взойди к Творцу, ты и Аарон, Надав и Авиу, и семьдесят из старейшин Исраэля, и поклонитесь издали"».

[4] Писания, Псалмы, 2:11. «Служите Творцу в страхе и радуйтесь в трепете».

[5] Писания, Псалмы, 100:2. «Служите Творцу в радости, предстаньте пред Ним с пением».

учили: "Служите Творцу в страхе"⁴. Ведь в любом служении, которое человек желает произвести пред своим Господином, вначале должен быть страх, чтобы убояться Его. А благодаря страху пред своим Господином человек удостоится впоследствии совершать заповеди Торы в радости. Поэтому написано: "Чего Творец Всесильный твой требует от тебя? Только страха"⁶», благодаря которому удостоится всего.

3) «"И радуйтесь в трепете"⁴, то есть, "что нельзя человеку слишком радоваться в этом мире. Это касается мирских дел, однако речениям Торы и заповедям Торы следует радоваться. А после" того, как не будет радоваться мирским делам, "обнаружит человек, что будет исполнять заповеди Торы в радости. Как написано: "Служите Творцу в радости"⁵».

4) «Рабби Аба сказал: "Служите Творцу в страхе"⁴. Тайна этого: "Служите Творцу в страхе"⁴. Что такое страх здесь?" Иначе говоря, что означает страх здесь? И отвечает: "Но как мы уже объясняли то, что написано: "Страх Творца – начало познания (даат)"⁷, и также написано: "Начало мудрости (хохмы) – страх Творца"⁸, где Творец называется так – "страх Творца"⁸», т.е. Малхут. «Рабби Эльазар сказал (он объясняет слова рабби Абы): "Служите Творцу в страхе"⁴ означает – тот, кто желает исполнять работу своего Господина, с какого места он начинает, и в какое место он направляет свою работу, чтобы соединить имя своего Господина? И сказал повторно: "В страхе"⁴. Ибо "в страхе", т.е. в Малхут, – "это начало" работы "снизу вверх"». Поскольку первая сфира снизу вверх – это Малхут.

5) «"Смотри, что написано тут: "После смерти"¹, а затем: "Говори Аарону, брату твоему"¹, а затем: "С этим (бе-зот) должен входить Аарон"⁹». Какая связь между «После смерти» и «С этим должен входить Аарон»? И отвечает: «"Но отсюда",

---

⁶ Тора, Дварим, 10:12. «А теперь, Исраэль, чего Творец Всесильный твой требует от тебя? Только страха пред Творцом Всесильным твоим, идти всеми путями Его, и любить Его, и служить Творцу Всесильному твоему всем сердцем твоим и всей душой твоей».

⁷ Писания, Притчи, 1:7. «Страх Творца – начало познания. Глупцы презирают мудрость и наставление».

⁸ Писания, Псалмы, 111:10. «Начало мудрости – страх Творца. Разум добрый у всех, кто исполняет их (заповеди), слава Его пребудет вовек».

⁹ Тора, Ваикра, 16:3. «С этим должен входить Аарон в Святилище: с молодым тельцом в грехоочистительную жертву и с овном во всесожжение».

со смерти сыновей Аарона, "начало предостережения коэнам, каждому, что должны быть осторожны с этой зот, и она – это "страх Творца"», Малхут. Ведь смерть сыновей Аарона произошла, потому что они не остереглись с Малхут.

6) «"Другое объяснение. "После смерти двух сыновей Аарона"[1]. Рабби Йоси сказал: "После смерти Надава и Авиу", – следовало сказать, почему же" говорит: "Двух сыновей Аарона"[1], ведь известно, что они были его сыновьями?" И отвечает: "Но мы так учили: поскольку до сих пор они не были самостоятельными, а находились под властью отца". Поэтому Писание называет их сыновьями Аарона, "и поэтому: "Когда они приблизились пред Творцом и умерли"[1], потому что торопили время", чтобы вознести курение "при жизни отца", как это выяснится далее.[10] "И все было", иначе говоря, были еще поступки, приведшие к их смерти, т.е. также "из-за совершенного ими греха: "Когда подносили чуждый огонь"[11]. Как мы учили, в одном месте написано: "Когда подносили чуждый огонь"[11], и поэтому умерли, а в другом месте написано: "Когда они приблизились пред Творцом"[1], т.е. из-за приближения умерли, так как поторопили время вознести курение при жизни отца, как мы уже говорили. То есть, потому что "и то и другое было" причиной их смерти. "И поэтому здесь написано: "Сыновья Аарона"[1], – это учит тому, что они были под властью Аарона. И написано: "Когда они приблизились"[1]», – т.е. их смерть произошла из-за того, что они приблизились пред Творцом при жизни отца.

7) «Сказал рабби Хия: "Однажды я находился в пути, чтобы идти к рабби Шимону, чтобы научиться у него толкованию Песаха. Оказался перед одной горой, и увидел расщелины и дыры в одной скале, и двух человек в ней. Пока подходил, услышал голос этих людей, которые произнесли: "Песнь-псалом сыновей Кораха. Велик Творец и очень прославлен"[12]. Что такое песнь-псалом?" И отвечает: "Но мы так учили от имени рабби Шимона: "песнь, являющаяся двойной", т.е. песнь и псалом, и это потому, "что эта песнь возвышеннее других, и поскольку

---

[10] См. п. 68.

[11] Тора, Бемидбар, 3:4. «И умерли Надав и Авиу пред Творцом, когда подносили чуждый огонь пред Творцом в пустыне Синай, а сыновей у них не было; и совершали служение Эльазар и Итамар пред лицом Аарона, отца своего».

[12] Писания, Псалмы, 48:1-2. «Песнь-псалом сыновей Кораха. Велик Творец и очень прославлен в городе Всесильного нашего, (на) горе святой Его».

она возвышеннее других, о ней сказано дважды "песнь". И также: "Псалом-песнь на день субботний"[13] – указывает на то, что она возвышеннее других песен. И подобно этому "Песнь песней Шломо"[14], что означает – "песнь, которая выше любой песни"».

8) «"Песнь-псалом", она выше остальных песен. "Песнь Творца, которую сыны Кораха пели о тех, кто сидит при входе в ад. И кто они", сыны Кораха? – "Это братья тех, кто сидит при входе в ад"». Как сказали мудрецы об изречении: «Но сыны Кораха не умерли»[15], – поскольку было им уготовано место в аду.[16] «"И поэтому эта песнь произносилась во второй день (недели)" в Храме. "Приблизился я к ним, сказал им: "Что вы делаете в этом месте?" Сказали: "Мы торговцы, и дважды в неделю мы отлучаемся из поселения, и мы занимаемся Торой. Поскольку" в поселении мешают нам "каждый день люди, и не дают нам" заниматься Торой. "Сказал я им: "Счастлива ваша доля!"»

9) «"Еще провозгласили и сказали: "Всякий раз, когда праведники уходят из мира, из мира уходят суды, и смерть праведников искупает грехи поколения. Поэтому недельную главу о сыновьях Аарона мы читаем в День искупления, чтобы произошло искупление грехов Исраэля. Сказал Творец: "Занимайтесь смертью этих праведников, и вам зачтется, как будто вы приносите жертвы в этот день, чтобы искупить за них". Ведь мы учили, что всё время, пока Исраэль будут в изгнании, и не будут приносить жертвы в этот день, и не смогут приносить в жертву двух козлов, будет у них это памятью о двух сыновьях Аарона, и будет искупление им"».

10) «"Поскольку мы так учили, что написано: "Это имена сынов Аарона, коэнов"[17]. И написано: "Первенец – Надав, и Авиу, Эльазар и Итамар"[17]. Спрашивает: "И Эльазар, и Итамар", – следовало сказать"», как говорит: «И Авиу»[17], «"что значит:

---

[13] Писания, Псалмы, 92:1-2. «Псалом-песнь на день субботний. Хорошо славить Творца и петь имени Твоему всевышнему».
[14] Писания, Песнь песней, 1:1. «Песнь песней Шломо».
[15] Тора, Бемидбар, 26:10-11. «И раскрыла земля уста свои, и поглотила их и Кораха, когда погибло это общество, когда пожрал огонь двести пятьдесят человек, и стали они знамением. Но сыны Кораха не умерли».
[16] См. Вавилонский Талмуд, трактат Мегила, лист 14:1.
[17] Тора, Бемидбар, 3:2-3. «И вот имена сыновей Аарона: первенец – Надав, и Авиу, Эльазар и Итамар. Это имена сыновей Аарона, коэнов помазанных, уполномоченных быть коэнами».

"Эльазар и Итамар"¹⁷?", – почему не хватает связующей вав (ו) у Эльазара? И отвечает: "Но Авиу расценивался как два его брата", и сказанное означает: и Авиу – как Эльазар и Итамар. "А Надав расценивается соответственно всем"».

11) «"А есть те, кто учит так: "первенец – Надав"¹⁷, – он отдельно, "и Авиу"¹⁷ – он отдельно". А затем Эльазар и Итамар названы как соединенные вместе, и это учит тому, "что каждый", и Надав, и Авиу, "рассматриваются" Писанием, "как оба они, как Эльазар и Итамар" вместе. "Но Надав и Авиу", оба они "по отдельности расцениваются соответственно семидесяти мудрецам Синедриона, которые служили Моше. И поэтому смерть их искупает Исраэль. И поэтому написано: "Братья же ваши, весь дом Исраэля, пусть оплакивают сожженных"¹⁸. И сказал рабби Шимон: "(Поэтому уточняет Писание): "Первенец – Надав"¹⁷, иначе говоря, тот, которому (полагаются) все величие и почет. Надав и Авиу" вместе – "тем более, потому что не было в Исраэле подобных этим двоим"».

---

[18] Тора, Ваикра, 10:6-7. «И сказал Моше Аарону, и Эльазару, и Итамару, сыновьям его: "Волосы на головах ваших не отращивайте и одежд ваших не разрывайте, дабы не умерли вы, и не прогневался Он на всю общину. Братья же ваши, весь дом Исраэля, пусть оплакивают сожженных, которых сжег Творец. И от входа в Шатер собрания не отходите, чтобы не умереть вам; ибо елей помазания Творца на вас". И поступили они по слову Моше».

ГЛАВА АХАРЕЙ МОТ

Яаков, который искупил Авраама

12) «"И говорил Творец Моше после смерти двух сыновей Аарона"[1]. Рабби Хизкия провозгласил и сказал: "Посему так сказал Творец о доме Яакова, который искупил Авраама"[19]. Это изречение непонятно, ведь следовало сказать: "Посему так сказал Творец, который искупил Авраама". Что значит: "Так сказал Творец о доме Яакова, который искупил Авраама"[19]?»

13) «"Однако уже объяснялось, и мы уже учили, что именно Яаков искупил Авраама. Ведь когда" Авраам "был брошен в огненную печь касдим, приговор его решали пред Творцом – благодаря каким заслугам будет он спасен, ведь заслуг отцов нет у него? Сказал" Творец высшему суду: "Он будет спасен благодаря заслугам сыновей". Мы ведь учили, что сын искупает вину отца. Сказали: "Но ведь Ишмаэль произойдет от него". Сказал Творец: "Все же Ицхак" произойдет от него, "который подставит свою шею" под нож "на жертвеннике". Сказали: "Но ведь Эсав произойдет" от Ицхака. "Сказал" Творец: "Однако Яаков" произойдет от него, "который является совершенным престолом, и все сыновья его совершенны предо Мной". Сказали: "Нет сомнения, что благодаря этому будет спасен Авраам". Это означает: "Который искупил Авраама"[19]».

14) Написано: «"Не будет теперь стыдиться Яаков, и не побледнеет теперь лицо его, ибо увидит детей его, дело рук Моих, в среде своей, освящающих имя Мое"[19]. Спрашивает: "Кто это: "Дети его, дело рук Моих"[19]?" И отвечает: "Это Ханания, Мишаэль и Азария, которые бросились в огонь пожирающий, чтобы освятить имя Его". Спрашивает: "Не будет теперь стыдиться Яаков"[19] – причем здесь Яаков, ведь написано: "И были среди них потомки Йегуды: Даниэль, Ханания, Мишаэль и Азария"[20]? Ведь называются потомками Йегуды, и потому следовало сказать: "Не будет теперь стыдиться Йегуда", что значит: "Не будет теперь стыдиться Яаков"[19]?»

---

[19] Пророки, Йешаяу, 29:22-23. «Посему так сказал Творец о доме Яакова, который искупил Авраама: "Не будет теперь стыдиться Яаков, и не побледнеет теперь лицо его, ибо увидит детей его, дело рук Моих, в среде своей, освящающих имя Мое. И будут свято чтить Святого Яакова и благоговеть пред Всесильным Исраэля"».

[20] Писания, Даниэль, 1:6. «И были среди них потомки Йегуды: Даниэль, Ханания, Мишаэль и Азария».

15) И отвечает: «"Но мы так учили". В тот момент, "когда связали" Хананию, Мишаэля и Азарию, "чтобы бросить их в огонь, каждый из них вознес голос и изрек перед всеми этими народами, царями и правителями. Ханания сказал: "Творец со мной, не устрашусь. Что сделает мне человек? Творец мне в помощь, и увижу я гибель врагов моих. Лучше уповать на Творца, чем надеяться на человека"[21]. Мишаэль провозгласил и сказал: "И ты не бойся, раб Мой Яаков, – сказал Творец … Ведь Я с тобою, – сказал Творец, – чтобы спасать тебя; ибо Я совершенно истреблю все народы, среди которых рассеял тебя, но тебя Я не уничтожу"[22]. В тот момент, когда услышали" народы и правители "имя Яакова, изумились и язвительно посмеялись" над тем, что он связывает свою надежду с Яаковом. "Азария провозгласил: "Слушай, Исраэль! Творец – Всесильный наш, Творец един!"[23]»

16) «"Как написано: "Этот скажет: "Творцу принадлежу я", и тот призовет именем Яакова, а другой напишет рукой своей: "К Творцу" и прозовется именем Исраэля"[24]. "Этот скажет: "Творцу принадлежу я"[24] – это Ханания"», который сказал: «Творец со мной, не устрашусь»[21]. «"И тот призовет именем Яакова"[24] – это Мишаэль"», который сказал: «Не бойся, раб Мой Яаков»[22]. «"А другой напишет рукой своей: "К Творцу", и прозовется именем Исраэля"[24] – это Азария"», который сказал: «Слушай, Исраэль! Творец – Всесильный наш, Творец един!»[23] «"Тотчас собрал Творец своих приближенных", т.е. ангелов, "сказал им: "Каким словом из тех слов, что произнесли эти трое, Я спасу их?" Провозгласили, сказав: "И узнают, что только Ты, чье имя

---

[21] Писания, Псалмы, 118:6-8. «Творец со мной, не устрашусь. Что сделает мне человек? Творец мне в помощь, и увижу я (гибель) врагов моих. Лучше уповать на Творца, чем надеяться на человека».

[22] Пророки, Йермияу, 30:10-11. «И ты не бойся, раб Мой Яаков, – сказал Творец, – и не страшись, Исраэль, ибо вот, спасу Я тебя издалека и потомство твое – из страны пленения их. И возвратится Яаков, и будет жить спокойно и мирно, и никто не будет страшить его. Ведь Я с тобою, – сказал Творец, – чтобы спасать тебя; ибо Я совершенно истреблю все народы, среди которых рассеял тебя, а тебя Я не уничтожу, накажу Я тебя по справедливости, но окончательно не уничтожу Я тебя».

[23] Тора, Дварим, 6:4. «Слушай, Исраэль! Творец – Всесильный наш, Творец един!»

[24] Пророки, Йешаяу, 44:5. «Этот скажет: "Творцу принадлежу я", и тот призовет именем Яакова, а другой напишет рукой своей: "К Творцу" и прозовется именем Исраэля».

Творец, Всевышний над всей землей!"²⁵» То есть, что Он спасет их, потому что они верили в Творца.

17) «"В тот же миг сказал Творец престолу", т.е. Малхут: "Престол Мой, каким словом из тех слов", что произнесли они, "спасу Я этих праведников?" И сказал: "Тем словом, над которым все смеялись, Я спасу их", – т.е. благодаря заслугам Яакова, – "не будет теперь стыдиться Яаков, и не побледнеет теперь лицо его"¹⁹ – потому что увидят они, что спасены благодаря заслугам его. "Так же как защитили" заслуги Яакова "Авраама в огне,²⁶ они защитят теперь этих" – Хананию, Мишаэля и Азарию. "Это означает сказанное: "Так сказал Творец о доме Яакова, который искупил Авраама. Не будет теперь стыдиться Яаков, и не побледнеет теперь лицо его"¹⁹ – то есть от позора осмеяния"», которому подвергли его народы и правители.²⁷

18) «"Мы учили: все, кто посмеялся над этим словом", т.е. над Яаковом, "сгорели в том огне, и язык пламени уничтожил их. Кто же спас этих?" – Он, "потому что молились пред Творцом и соединяли имя Его как подобает, и за то, что соединяли имя Его как подобает, были спасены от этого пожирающего огня"».

---

25 Писания, Псалмы, 83:19. «И узнают, что только Ты, чье имя Творец, Всевышний над всей землей!»
26 См. выше, п. 13.
27 См. выше, п. 15.

Надав и Авиу

19) «"Двое сыновей Аарона вознесли чуждый огонь, т.е. не соединили воедино имя как подобает, и сгорели в огне". Рабби Ицхак сказал: "Написано: "После смерти"[28], и написано: "И умерли"[28], в одном изречении. "После того, как сказал: "После смерти двух сыновей Аарона"[28], я не знаю, что они "и умерли"[28]?" И отвечает: "Но мы так учили, были две смерти: одна пред Творцом, и другая – из-за того, что у них не было сыновей, а тот, кто не удостоился сыновей", считается, "как мертвый. Поэтому" написано: "После смерти двух сыновей Аарона"[28], "и умерли"[28]». То есть, «после смерти»[28] – в прямом смысле. «И умерли»[28] – поскольку не было у них сыновей.

20) «Рабби Аба сказал: "То, что написано: "И умерли Надав и Авиу пред Творцом, когда подносили чуждый огонь пред Творцом в пустыне Синай, а сыновей у них не было, и совершали служение Эльазар и Итамар пред лицом Аарона, отца своего"[29]. Спрашивает: "Какая связь между тем и другим – между словами "а сыновей у них не было"[29] и "совершали служение Эльазар и Итамар"[29]?" Разве они унаследовали священство от Надава и Авиу по той причине, что у тех не было сыновей? И отвечает: "Но дело вот в чем. То, что я сказал: "И умерли"[29], – это "потому, что у них не было сыновей", и считались мертвыми, "так оно и есть, безусловно. Но (умерли) не как остальные жители мира, хотя и не были женаты, – поскольку они умерли лишь телесной смертью, но не умерли душой"».

21) «"Откуда нам известно", что не умерли душой? – "Так как написано: "А Эльазар, сын Аарона, взял (одну) из дочерей Путиэля себе в жены, и она родила ему Пинхаса. Это (досл. эти) главы отчих домов левитов"[30]. Спрашивает: "Говорит: "Эти"[30] – но ведь был один только Пинхас? И написано: "Главы отчих домов левитов"[30]» – только об одном Пинхасе. И это потому,

---

[28] Тора, Ваикра, 16:1. «И говорил Творец Моше после смерти двух сынов Аарона; когда они приблизились пред Творцом и умерли».

[29] Тора, Бемидбар, 3:4. «И умерли Надав и Авиу пред Творцом, когда подносили чуждый огонь пред Творцом в пустыне Синай, а сыновей у них не было; и совершали служение Эльазар и Итамар пред лицом Аарона, отца своего».

[30] Тора, Шмот, 6:25. «А Эльазар, сын Аарона, взял (одну) из дочерей Путиэля себе в жены, и она родила ему Пинхаса. Это главы отчих домов левитов по их семействам».

что Надав и Авиу воплотились в Пинхасе.³¹ Поэтому Писание говорит о нем: «Главы отчих домов левитов»³⁰ – во множественном числе. «"Согласно этому, телесной смертью они умерли, но душой не умерли"», потому что воплотились в Пинхасе. «Сказал рабби Эльазар: "Конечно", это так, и "это означает" то, что написано о нем: "Эти"³⁰, во множественном числе, "и означает то, что написано о нем: "Главы"³⁰», во множественном числе.

22) «"И поэтому написано: "Пинхас, сын Эльазара, сын Аарона-коэна"³². И написано: "А Пинхас, сын Эльазара, сын Аарона-коэна, был коэном в те времена", а следовало сказать: "Пинхас, сын Эльазара-коэна" – почему же упомянуто, что он сын Аарона-коэна? "Но в любом месте, где упоминается Пинхас", о нем сказано: "Сын Аарона-коэна". А об Эльазаре написано только Эльазар-коэн", и не упоминается, что он сын Аарона. Это потому что Надав и Авиу, сыновья Аарона, воплотились в Пинхасе. Поэтому, говоря о нем, Писание упоминает его как сына Аарона. "И поэтому они умерли смертью тела, но смертью души не умерли"», так как воплотились в Пинхасе.

23) «"И мы учили в Мишне", что в имени Пинхас есть "два" имени, являющихся парой: "Пен (פן, чтобы не)" и "Хас (חס щадил)". И говорилось ведь о малой йуд (י) между буквами имени Пинхас", вот такой – Пинхас (פִינְחָס), "потому эта йуд (י) соединяет оба вместе. И это скрытый смысл того, что было"». Объяснение. «Пен» и «Хас» соответствуют именам Надава и Авиу. И йуд (י) исправляет их и соединяет воедино, как нам предстоит выяснить.³³

24) «Рабби Эльазар спросил своего отца, сказав ему: "Но ведь" Надав и Авиу – "это двое, и двумя были, почему они не находятся вдвоем?"» Иначе говоря, почему они не воплотились в двух людях, а только в Пинхасе? «Сказал ему: "Двумя половинами тела были, ведь не были женаты". А тот, кто не женат, – он лишь половина тела. "Поэтому оба они включились в одного, как написано: "И она родила ему Пинхаса. Это главы отчих домов левитов"³⁰».³⁴

---

³¹ См. Зоар, главу Пинхас, п. 73.
³² Тора, Бемидбар, 25:7. «И увидел это Пинхас, сын Эльазара, сын Аарона-коэна, и встал из среды общины и взял копье в руку».
³³ См. п. 26.
³⁴ См. выше, п. 21.

25) «"И йуд (י) имени Пинхас была дана ему для соединения букв только когда он возревновал за Творца и вознамерился выправить извращенное, увидев знак святого союза, который Зимри ввел в чужое владение. И то, в чем Надав и Авиу извратились вначале, исправились здесь, ведь извратились чуждым (досл. чужой)" Надав и Авиу "сначала, как написано: "Когда подносили чуждый огонь"²⁹. А здесь благодаря чужой", которую убил Пинхас, "были исправлены. Как написано: "И сочетался с дочерью бога чужого"³⁵. И как там был чуждый огонь (эш зарá אֵשׁ זָרָה), так же и здесь – чуждая жена (ишá зарá אִשָּׁה זָרָה)"».

26) Спрашивает: «"Что видно здесь?" Иначе говоря, какое отношение имеет чуждый огонь к чуждой жене? И отвечает: "Но вначале приблизили" к святости "далекое" от святости, и нанесли ущерб святости, "как написано: "Когда подносили чуждый огонь"²⁹. И так же здесь Зимри" совершил тот же грех, "приблизив далекое" от святости, т.е. чуждую жену, к святости. Ведь "имя Царя", т.е. знак святого союза, "он приближал к далекому", т.е. к чуждой жене. Сразу: "И увидел это Пинхас, сын Эльазара, сын Аарона-коэна, и встал из среды общины и взял копье в руку"³². Тут он исправил то извращенное, что было сначала, и тогда была дана йуд (י) имени его, чтобы соединить буквы вместе", то есть Есод, соединяющий Зеир Анпин и Малхут, "и было провозглашено установление мира", т.е. Есода, называемого миром. "Как написано: "Поэтому скажи: "Вот, Я даю ему Мой союз мира"³⁶ – Мой союз на самом деле"», т.е. Есод.

Объяснение. Имя Пинхас содержит два имени, Пен и Хас, которые указывают на Малхут, называемую Пен, и Зеир Анпин, называемый Хас и указывающий на милосердие. Надав воплотился в половине имени, Хас, т.е. в Зеир Анпине, а Авиу – в половине имени, Пен, т.е. в Малхут. А изъян Надава и Авиу был в Есоде, ведь они принесли чуждый огонь, т.е. клипу, Есоду святости. И поэтому буквы Пен и Хас отделились друг от друга, ведь между ними не было зивуга, потому что извратился Есод из-за чуждого огня. И также грех Зимри заключался в том, что

---

³⁵ Пророки, Малахи, 2:11. «Изменил Йегуда, и гнусность творилась в Исраэле и в Йерушалаиме, ибо осквернил Йегуда святость Творца, которую он любил, и сочетался с дочерью бога чужого».

³⁶ Тора, Бемидбар, 25:12. «Поэтому скажи: "Вот, Я даю ему Мой союз мира"».

он «сочетался с дочерью бога чужого»³⁵ и ввел святой Есод в клипу, нанеся этим вред Есоду, и извратился Есод. А когда Пинхас убил Зимри, чтобы исправить Есод, который был извращен из-за греха Зимри, получается, что и грех Надава и Авиу, которые были воплощены в Пинхасе, тоже исправился. И тогда добавилась йуд (י) к его имени Пинхас (פִּינְחָס), т.е. исправленный Есод, как сказано: «Вот, Я даю ему Мой союз мира»³⁶, и это совершенный Есод. И это смысл сказанного: «И тогда была дана йуд (י) имени его, чтобы соединить буквы вместе», т.е. Зеир Анпин и Малхут, являющиеся свойством букв Пен и Хас, вновь соединились с помощью йуд (י), т.е. Есода.

27) Спрашивает: «"Что здесь значит "мир"», как сказано: «Поэтому скажи: "Вот, Я даю ему Мой союз мира"»³⁶? И отвечает: «"Однако в этой сфире", в Есоде, "был их грех вначале", когда они вознесли чуждый огонь, как мы объясняли в предыдущем пункте, "этой сфире", Есоду, "они нанесли вред, вызвав разногласие вначале", между Зеир Анпином и Малхут, как мы объясняли в предыдущем пункте. "А сейчас, когда он был исправлен, написано: "Поэтому скажи: "Вот, Я даю ему Мой союз мира"³⁶. "Мой союз"³⁶ на самом деле", т.е. сфиру Есод, называемую союзом, "с ним она будет в мире", т.е. в мире между Зеир Анпином и Малхут. "И поэтому была дана малая йуд (י) имени его", указывающая на Есод, "которое состоит из малых букв, чтобы показать, что уже исправилось то, что было извращено вначале", т.е. Есод, который был извращен, затем снова выправлен, как мы уже объясняли в предыдущем пункте. "И уже пришла" Малхут "к согласию"» с Есодом. «Подошел рабби Эльазар и поцеловал руки его. Сказал: "Благословен Милосердный, что спросил я это, и не исчезло у меня"».

28) «"Мы учили, – сказал рабби Йоси, – в этот день, День искупления, принято читать эту недельную главу" о сыновьях Аарона, "чтобы искупить Исраэль в изгнании", у которых нет жертвоприношений, "и поэтому порядок" жертвоприношений "этого дня", Дня искупления, "установлен здесь", в главе о сыновьях Аарона, и чтение о них заменяет жертвоприношения. И еще "потому, что смерть сыновей Аарона искупает Исраэль"».

29) «"Отсюда мы учили, что страдания, приходящие к любому человеку от Господина его, являются искуплением его грехов. И грехи тех, кто сопереживает страданиям праведников,

устраняются из мира. И поэтому в этот день", День искупления, "читают: "После смерти двух сыновей Аарона"²⁸, чтобы народ слышал и сожалел о погибших праведниках, и искупятся ему грехи его. Потому что о каждом, кто сожалеет о погибших праведниках или проливает по ним слезы, Творец возвещает о нем, говоря: "И грех твой снят, и вина твоя будет прощена"³⁷. И мало того, сыновья его не умрут при жизни его. И о нем написано: "Увидит потомство, продлит дни (свои)"³⁸».

---

[37] Пророки, Йешаяу, 6:7. «И коснулся он (углем) уст моих, и сказал: вот, коснулось это уст твоих, и грех твой снят будет, и вина твоя будет прощена».

[38] Пророки, Йешаяу, 53:10. «Но Творцу угодно было сокрушить его болезнями; если сделает душу свою жертвой повинности, увидит он потомство, продлит дни (свои), и желание Творца в руке его осуществится».

Все реки текут в море

30) «"И сказал Творец Моше: "Говори Аарону, брату твоему, чтобы он не входил во всякое время в Святилище"[39]. Рабби Шимон провозгласил и сказал: "Все реки текут в море, но море не переполняется"[40]. Сказал рабби Шимон: "Удивляюсь я живущим в мире, что нет у них глаз, чтобы увидеть, и сердца, чтобы наблюдать, и не знают они, и не обращают своего внимания, чтобы вглядеться в желание Господина их, как спят они, не просыпаясь, пока не наступит тот день, когда тьма и мрак покроют их, и заимодавец не попросит их расплатиться по счету!"»

31) «"И вестник взывает к ним каждый день, и душа их свидетельствует о них каждый день и каждую ночь, и Тора возносит голос свой во всех сторонах, восклицая: "Доколе, легковерные, любить будете легковерие?"[41] "Кто неразумен, пускай завернет сюда", – бессердечному сказала она, – "Идите, ешьте хлеб мой и пейте вино, мною растворенное"[42]. Но нет никого, кто бы прислушался, и нет никого, кто бы пробудил сердце свое"».

32) «"Смотри, в последних поколениях, которые придут, забыта будет Тора в среде их, и мудрые сердцем будут собираться в месте своем, и не будет никого, кто мог бы закончить" Торой "или начать с нее. Горе тому поколению, но отныне и впредь не будет как это поколение, вплоть до поколения, в

---

[39] Тора, Ваикра, 16:2. «И сказал Творец Моше: "Говори Аарону, брату твоему, чтобы он не входил во всякое время в Святилище, за завесу, пред покрытие, которое на ковчеге, чтобы не умер; ибо в облаке Я буду являться над покрытием"».

[40] Писания, Коэлет, 1:7. «Все реки текут в море, но море не переполняется; к месту, куда реки текут, туда вновь приходят они (досл. туда они возвращаются, чтобы идти)».

[41] Писания, Притчи, 1:22. «Доколе, легковерные, любить будете легковерие, и кощунствующие (доколе) будут услаждаться насмешкою своей, а глупцы – ненавидеть знание?»

[42] Писания, Притчи, 9:4-5. «"Кто неразумен, пускай завернет сюда", – бессердечному сказала она, – "Идите, ешьте хлеб мой и пейте вино, мною растворенное"».

котором придет Машиах, и пробудится знание в мире, как написано: "Ибо все они будут знать Меня, от мала до велика"[43]».

33) «"Смотри, написано: "И река вытекает из Эдена"[44]. И мы учили, какое имя у этой реки. И объясняли, что имя ее Йовель", и это Бина, "как написано: "И корни свои пустит у потока"[45]. И в книге рава Амнуна Савы" говорит, "что Жизнь имя ее", и это Бина, "потому что оттуда выходит жизнь в мир. И она называется жизнью Царя. И мы ведь объясняли", что это "то самое дерево, большое и могучее", т.е. Зеир Анпин, "в котором питание для всех, и называется оно Древом жизни", то есть "дерево, пустившее свои корни в той жизни", что наверху, в Бине. "И оно целиком – добро"».

34) «"И мы учили, что эта река произвела глубокие потоки", т.е. три сфиры ХАГАТ Зеир Анпина, "с елеем помазания, чтобы орошать сад", Малхут, "и поить деревья и растения", т.е. сфирот Малхут. "Как написано: "Насытятся деревья Творца, кедры Леванона, которые Он насадил"[46]. И эти потоки", т.е. ХАГАТ, "текут и нисходят, и собираются в два столпа, которых Брайта[47] называет Яхин и Боаз", и это Нецах и Ход, "и красивы" они, эти имена. "И оттуда", из Нецаха и Хода, "выходят все эти потоки", т.е. ХАГАТ, "и они пребывают на одной ступени, которая называется праведником", и это Есод. "Как написано: "А праведник – основа (есод) мира"[48]. И все они собираются все время на той ступени, что называется морем, и это море мудрости", т.е. Малхут. "Это означает: "Все реки текут в море"[40]"».

---

[43] Пророки, Йермияу, 31:33. «И не будет больше каждый учить ближнего своего и каждый – брата своего, говоря: "Познайте Творца", ибо все будут знать Меня, от мала до велика, – сказал Творец, – потому что прощу Я вину их, и греха их не буду больше помнить».

[44] Тора, Берешит, 2:10. «И река вытекает из Эдена, чтобы орошать сад, и оттуда разделяется и образует четыре главных реки».

[45] Пророки, Йермияу, 17:7-8. «Благословен человек, который полагается на Творца, и будет Творец опорой его. И будет он как дерево, посаженное у воды, и корни свои пустит у потока; и не почувствует оно наступающего зноя, и лист его будет зеленеть, и не будет бояться в год засухи, и не перестанет приносить плод».

[46] Писания, Псалмы, 104:16. «Насытятся деревья Творца, кедры Леванона, которые Он насадил».

[47] Брайта – части закона и мидраши, не включенные в талмудический канон.

[48] Писания, Притчи, 10:25. «Пронесется буря – и нет нечестивого, а праведник – основа мира».

35) «"И если скажешь: "Когда приходят" эти потоки "в это место", Малхут, "они прекращаются и не возвращаются". Написано после этого: "К месту, куда реки текут, туда вновь приходят они"[40], – поскольку воды этой реки не прекращаются никогда. "Они возвращаются"[40], в какое место" они "возвращаются?" И отвечает, что "возвращаются к этим двум столпам, Нецаху и Ходу. "Чтобы идти"[40] – в этого праведника", т.е. Есод, "чтобы найти благословения и радость. И это тайна, которую мы учили: "Левиатан, которого Ты создал, чтобы забавляться им"[49] – это праведник"».

36) «"Все они на Тебя надеются, что Ты дашь им пищу вовремя"[49]. Что значит "время"? – Это Царица", Малхут, "называемая временем праведника", т.е. Есода. "И поэтому все ждут этого его времени, – все, кто питается внизу, питаются от этого места", так как нижние получают только от Малхут. "И эту тайну мы объясняли: "Глаза всех к Тебе устремлены, и Ты даешь им пищу вовремя"[50], как мы уже объяснили"».

37) «"Смотри, в час, когда это всё (коль)", т.е. Есод, "благоухает в это время", т.е. в Малхут, "и она соединяется с ним, все миры пребывают в радости, все миры пребывают в благословениях, тогда согласие пребывает в высших и в нижних. А когда грешники мира приводят к тому, что там нет благословений этих потоков", т.е. ХАГАТ Зеир Анпина, "и это "время" питается от другой стороны", суда, "тогда суды пробуждаются в мире, и согласия нет. А когда жители мира хотят получить благословение, это возможно только через коэна, для того чтобы он пробудил свою сфиру", Хесед, "и благословится Царица", т.е. Малхут, "и благословения будут пребывать во всех мирах"».

---

[49] Писания, Псалмы, 104:25-27. «Вот море, великое и необъятное! В нем живность неисчислимая, животные малые и большие. Там ходят корабли; левиатан, которого Ты создал, чтобы забавляться им! Все они на Тебя надеются, что Ты дашь им пищу вовремя».

[50] Писания, Псалмы, , 145:15. «Глаза всех к Тебе устремлены, и Ты даешь им пищу вовремя».

ГЛАВА АХАРЕЙ МОТ

Чтобы он не входил во всякое время в Святилище

38) «"Мы учили, что в этот час", после смерти сыновей Аарона, "просил Моше пред Творцом этого", т.е. милости (хесед). "Сказал Ему" Моше: "Если живущие в мире совершат возвращение к Тебе, кем они будут благословляться?" Сказал ему Творец: "Ко Мне ты обращаешься? "Говори Аарону, брату твоему"[51], ведь ему поручены благословения наверху и внизу"», поскольку он является строением (меркава) для Хеседа.

39) «"И сказал Творец Моше: "Говори Аарону, брату твоему, чтобы он не входил во всякое время в Святилище"[51]. Сказал рабби Аба: "Есть времена пред Творцом, когда можно найти благоволение и найти благословения, и обращаться с просьбами. А есть времена, когда нет благоволения, и не приходят благословения, и пробуждаются суровые суды в мире. А иногда суд нависает. Смотри, есть времена в году, когда есть благоволение. И есть времена в году, когда есть суд. А есть времена в году, когда суд присутствует и нависает". Иначе говоря, суд навис и угрожает миру, но не действует. "Есть времена месяца, когда присутствует благоволение, и есть времена месяца, когда присутствуют суды, нависая над всеми"».

40) «"Есть времена в неделе, когда присутствует благоволение. И есть времена в неделе, когда в мире присутствуют суды. И есть времена у дней, когда в мире присутствует благоволение, и мир благоухает. И есть времена у дней, когда суды нависают и присутствуют, и даже в часе" есть разные времена. "Поэтому написано: "И срок всякой вещи под небесами"[52]. И также написано: "А я – молитва моя Тебе, Творец, (во) время благоволения"[53]. И написано: "Ищите Творца, когда Он есть"[54].

---

[51] Тора, Ваикра, 16:2. «И сказал Творец Моше: "Говори Аарону, брату твоему, чтобы он не входил во всякое время в Святилище, за завесу, пред покрытие, которое на ковчеге, чтобы не умер; ибо в облаке Я буду являться над покрытием"».

[52] Писания, Коэлет, 3:1. «Всему свое время, и срок всякой вещи под небесами».

[53] Писания, Псалмы, 69:14. «А я – молитва моя Тебе, Творец, (во) время благоволения. Всесильный, по великой милости Твоей ответь мне истинным спасением Твоим».

[54] Пророки, Йешаяу, 55:6. «Ищите Творца, когда Он есть, призывайте Его, когда Он близок».

И написано: "Почему, Творец, стоишь вдали, скрываешься во времена бедствия?"[55] И написано также: "Издалека Творец являлся мне"[56]. А иногда Он близок, как написано: "Близок Творец ко всем призывающим Его"[57]. И поэтому: "Говори Аарону, брату твоему, чтобы он не входил во всякое время в Святилище"[51]».

41) «Рабби Шимон сказал: "Мы ведь объясняли: всё в свое время", – это очень хорошо, "несомненно, что это так, и тут Творец является предостеречь Аарона, чтобы он не впал в тот же грех, в который впали его сыновья. Ибо время это известно", что это Малхут, "поэтому, чтобы не совершил ошибки, соединив другое время с Царем. Это смысл слов: "Чтобы он не входил во всякое время в Святилище"[51]. Иначе говоря, несмотря на то, что он увидит, что отдано время другому", т.е. ситре ахра, "чтобы управлять миром", чтобы было "отдано ему с целью соединять и приближать мир к святости, ибо Я и имя Мое едины", – что также и ситра ахра лишь для того, чтобы служить Мне. "И поэтому: "Чтобы он не входил во всякое время в Святилище"[51]. А если хочет знать с чем входить, – с этой (бе-зот)", т.е. с Малхут святости, "с этим (бе-зот) должен входить Аарон в Святилище"[58]. Ибо эта зот – это время, включенное в Мое имя, в эту йуд (י)", т.е. Есод, "записанную в Моем имени, и с ней пусть входит он в Святилище. И "чтобы он не входил во всякое время"[51]».

42) «"Мы учили, – сказал рабби Йоси, – написано: "Всё сделал Он прекрасным в свое время"[59]. Это объяснял великий светоч, и это так, как мы учили: "Всё сделал Он прекрасным"[59], это, безусловно, так, конечно "всё (а-коль)"[59], – т.е. Есод, называемый всем (а-коль), "сделал Он прекрасным в свое время"[59], – т.е. в Малхут, называемой временем. "Одно в другом, чтобы другие не замешались среди них. "В свое время"[59], действительно" – т.е. в Малхут, "а не в другом. И поэтому

---

[55] Писания, Псалмы, 10:1. «Почему, Творец, стоишь вдали, скрываешься во времена бедствия?»

[56] Пророки, Йермияу, 31:2. «Издалека Творец являлся мне: "Любовью вечной возлюбил Я тебя, и потому привлек Я тебя милостью!"»

[57] Писания, Псалмы, 145:18. «Близок Творец ко всем призывающим Его, ко всем, которые призывают Его в истине».

[58] Тора, Ваикра, 16:3. «С этим должен входить Аарон в Святилище: с молодым тельцом в грехоочистительную жертву и с овном во всесожжение».

[59] Писания, Коэлет, 3:11. «Все сделал Он прекрасным в свое время, даже вечность вложил в их сердца, но так, чтобы действия, совершаемые Творцом, не мог постичь человек от начала и до конца».

это предостережение Аарону – "чтобы он не входил во всякое время в Святилище"[51]. А с чем ему входить? С этой (бе-зот)", т.е. с Малхут, "как мы объясняли сказанное: "С этим (бе-зот) должен входить Аарон в Святилище"[58]».

43) «Рабби Эльазар сидел перед отцом своим, сказал ему: "Об общине Кораха написано: "И покрыла их земля, и были истреблены они из среды общества"[60]. Что значит: "И были истреблены"[60]? Это как написано: "Истреблю Я ту душу из среды народа ее"[61]. Сыновья Аарона отличаются" от общины Кораха, "ибо не написано об их гибели, подобно общине Кораха, о которой написано: "И были истреблены они из среды общества"[60]. И написано: "Ведь мы умираем, погибаем, все погибаем"[62], – что включает двести пятьдесят человек, которые принесли в жертву благовонное курение, и" они "погибли, конечно, а эти", сыновья Аарона, "не погибли"».

44) «Сказал ему: "Написано: "Чтобы он не входил во всякое время в Святилище"[51]. И написано: "С этим (бе-зот) должен входить Аарон в Святилище"[58]. Спрашивает: "После того, как сказал: "Чтобы он не входил во всякое время"[51], почему не написано, в какое время входить?"» То есть, следовало ему сказать, что десятого дня месяца пусть входит в Святилище, а Он говорит, что «с этим (бе-зот) должен входить»[58], и не указано время. «Сказал ему: "Эльазар, мы ведь учили, и это одно слово и одно время"», потому что «время» и «зот» являются одним словом, так как оба они – имена Малхут, «"которые были известны коэнам. Но из-за того, что согрешили сыновья его, хотел" Творец "предостеречь здесь" – то есть, чтобы он не нарушал времени, Малхут, как это сделали его сыновья. "И мы уже учили".[63] Сказал ему: "И я тоже так полагал, но хотел" услышать от тебя, "чтобы выяснить эти вещи"».

---

[60] Тора, Бемидбар, 16:33. «И сошли они со всем, принадлежавшим им, живыми в преисподнюю, и покрыла их земля, и были истреблены они из среды общества».

[61] Тора, Ваикра, 23:30. «И всякий, кто будет делать работу в этот день, истреблю Я ту душу из среды народа ее».

[62] Тора, Бемидбар, 17:27. «И сказали сыны Исраэля Моше так: "Ведь мы умираем, погибаем, все погибаем!"»

[63] См. выше, п. 41.

ГЛАВА АХАРЕЙ МОТ

Оттого девушки любят тебя

45) «Сказал ему: "Эльазар, сын мой, смотри, все жертвы и всесожжения – это наслаждение Творца. Но нет большего наслаждения" пред Ним, "чем воскурение, потому что воскурение превосходит всё. Поэтому его возносили в самой внутренней части", в святая святых, "в тишине. И поэтому никто не был наказан во время других приношений и жертв так, как во время воскурения, ибо здесь воскурялась и соединялась вся работа Творца более всего. Поэтому называется оно "кторет (курение)"». Ведь «кторет» по-арамейски – это соединение. «"И так сказано: "Елей и воскурение возрадуют сердце"[64]».

46) «Провозгласил рабби Шимон и объяснил: "Для аромата хороши масла твои, елей изливающийся – имя твое"[65]. Я внимательно изучил это изречение, и так оно (разъясняется). "Для аромата"[65] – что такое "аромат"? Это потому, что "аромат курения более тонкий и превосходный, и внутренний, чем все, и когда возносится этот аромат, чтобы соединиться с елеем помазания потоков источника", т.е. сфирот Зеир Анпина, "они пробуждают друг друга, и соединяются вместе. И тогда масла эти хороши для свечения. Как написано: "Для аромата хороши масла твои"[65]».

Объяснение. Масло – это хасадим, а аромат – это свечение Хохмы, светящее снизу вверх, от Малхут. И Хохма эта светит, только облачившись в хасадим Зеир Анпина. А посредством курения этот аромат возносят от Малхут к хасадим Зеир Анпина, чтобы облачиться в них. И также хасадим Зеир Анпина, которые называются маслами, раскрываются посредством свечения Хохмы. И это смысл сказанного: «И когда возносится этот аромат, чтобы соединиться с елеем помазания потоков источника, они пробуждают друг друга», и аромат, т.е. свечение Хохмы, соединяется с маслом, а масло, т.е. хасадим, раскрывается в свечении Хохмы посредством восприятия аромата. И это означает сказанное: «И тогда масла эти хороши для свечения» – то есть благодаря восприятию аромата, они хороши для свечения.

---

[64] Писания, Притчи, 27:9. «Елей и воскурение возрадуют сердце, но сладость друга – в душевном совете».
[65] Писания, Песнь песней, 1:3. «Для аромата хороши масла твои, елей изливающийся – имя твое; оттого девушки любят тебя!»

47) «"И тогда елей изливается со ступени на ступень по тем ступеням, которые называются святым именем", Малхут, "это смысл слов: "Елей изливающийся – имя твое, оттого девушки любят тебя"[65]. Что значит "девушки (аламо́т עֲלָמוֹת)"[65]? Как мы учили, что "девушки (аламо́т עֲלָמוֹת)"[65] – это миры (олами́т עוֹלָמוֹת) на самом деле", ведь когда елей изливается к Малхут, называемой именем, все миры получают от нее. "Другое объяснение "оттого девушки любят тебя"[65]. Это как написано: "На аламот. Песнь"[66]», то есть ступени, относящиеся к хасадим, которые называются аламот (עֲלָמוֹת), от слова «ээлем (הֶעְלֵם скрытие)». «"И всё это – одно целое"», ибо слово «миры (олами́т עוֹלָמוֹת)» тоже означает, что они скрыты.

48) «"И в книге рава Амнуна Савы написано: "Что такое "миры (олами́т עוֹלָמוֹת)"? Это как написано: "Раздает пищу в доме своем и урок служанкам своим"[67]. И это семь чертогов мира Брия, которые служат Малхут и называются семью служанками.[68] "Эти служанки, т.е. девушки, "любят тебя"[65] – благословлять имя твое, и петь пред тобой, и оттуда благословения есть у всех нижних, и благословляются как высшие, так и нижние"».

49) «Другое объяснение: "Оттого девушки любят тебя"[65]. Это правильно, – тот, кто объясняет: "Выше смерти они любят тебя", потому что благодаря этому", т.е. елею, являющемуся свойством хасадим, "смягчаются обвинители"». Ибо «девушки (аламо́т עֲלָמוֹת)» – это те же буквы, что и «выше смерти (аль мавет עַל מָוֶת)». Объяснение. Когда Хохма в Малхут без хасадим, от нее исходят суды, которые тяжки как смерть, и поэтому Малхут и ее ступени любят соединяться с Зеир Анпином, т.е. с хасадим. И это означает: «Выше смерти они любят тебя», – ибо разлука с тобой тяжела, как смерть. «"Ведь это курение", т.е. свечение Хохмы, "соединяется с самым высшим елеем", т.е. с хасадим, "и оно важнее пред Творцом, чем все приношения и жертвы. Сказала Кнессет Исраэль", Малхут: "Я как курение", потому что Малхут – это нижняя Хохма, "а ты", Зеир Анпин, "как елей", т.е. хасадим. Поэтому: "Влеки меня,

---

[66] Писания, Псалмы, 46:1. «Руководителю. Сыновьям Кораха. На аламот. Песнь».

[67] Писания, Притчи, 31:15. «Встает она еще ночью, раздает пищу в доме своем и урок служанкам своим».

[68] См. Зоар, главу Ваякель, п. 102, со слов: «Объяснение. Высшая Хохма, т.е. высшая книга, относительно себя полностью скрыта...»

за тобой побежим"⁶⁹. "Побежим"⁶⁹ – во множественном числе, "это как написано: "Оттого девушки любят тебя"⁶⁵ – то есть "я и все мои воинства, ибо все они связаны со мной. И поэтому: "Влеки меня"⁶⁹ – так как они зависят от меня"».

50) «"Привел меня царь в покои свои"⁶⁹, – если приведет меня Царь в покои Свои, "возликуем и возрадуемся с тобою"⁶⁹, – то есть "я и все мои воинства. Мы учили. Все эти воинства в час, когда Кнессет Исраэль радуется и благословляется, все воинства радуются, и тогда в мире нет суда. И поэтому написано: "Возвеселятся небеса, и возрадуется земля"⁷⁰"».

---

[69] Писания, Песнь песней, 1:4. «Влеки меня! За тобой побежим. Привел меня царь в покои свои, – возликуем и возрадуемся с тобою, вспомним ласки твои, что (лучше) вина! Справедливо любят тебя!»

[70] Писания, Псалмы, 96:11. «Возвеселятся небеса, и возрадуется земля, зашумит море и все наполняющее его».

ГЛАВА АХАРЕЙ МОТ

В облаке Я буду являться над покрытием

51) «Сказал рабби Йегуда: "Счастливы праведники, славы которых желает Творец. И мы учили, что у земного царя человек, сидящий верхом на его коне, повинен смерти, а Творец посадил Элияу верхом на Своего, как написано: "И вознесся Элияу вихрем в небо"[71]». И написано: «И отвечал Творец Иову из вихря»[72]. «"Здесь что написано: "И не умрет; ибо в облаке Я буду являться над покрытием"[73]. И Творец поместил Моше в облако, "это смысл сказанного: "И вошел Моше внутрь облака"[74], именно "внутрь облака"[74] – т.е. в Малхут, в то облако, о котором написано: "Ибо в облаке Я буду являться над покрытием"[73]. И это то, что написано: "И сотворит Творец над всем местом горы Цион и над всеми собраниями на ней облако и дым днем"[75]. И написано: "Ибо облако Творца было над Скинией днем"[76]». И все эти облака указывают на Малхут.

52) «"И мы учили то, что написано: "И сошел Творец в облаке"[77]. И написано: "В облаке Я буду являться над покрытием"[73], – мы учили, что это то место", т.е. Малхут, "в котором находились эти херувимы", т.е. Матат и Сандал, "как мы учили, что херувимы пребывали над чудом", т.е. над Малхут, называемой чудом, "и учили, что трижды в день", и это три линии, "происходило чудо", т.е. Шхина раскрывалась "между их крыльями. В час, когда над ними раскрывалась святость Царя, они сами

---

[71] Пророки, Мелахим 2, 2:11. «И было: идут они, идя и разговаривая, и вот (появилась) колесница огненная и кони огненные, и отделили они одного от другого; и вознесся Элияу вихрем в небо».

[72] Писания, Иов, 38:1. «И отвечал Творец Иову из вихря и сказал».

[73] Тора, Ваикра, 16:2. «И сказал Творец Моше: "Говори Аарону, брату твоему, чтобы он не входил во всякое время в Святилище, за завесу, пред покрытие, которое на ковчеге, и не умрет; ибо в облаке Я буду являться над покрытием"».

[74] Тора, Шмот, 24:18. «И вошел Моше внутрь облака и взошел на гору. И был Моше на горе сорок дней и сорок ночей».

[75] Пророки, Йешаяу, 4:5. «И сотворит Творец над всем местом горы Цион и над всеми собраниями на ней облако и дым днем, и сияние пылающего огня ночью, – ибо над всею славою будет покров».

[76] Тора, Шмот, 40:38. «Ибо облако Творца было над Скинией днем, и огонь был ночью в ней пред глазами всего дома Исраэля во всех странствиях их».

[77] Тора, Шмот, 34:5. «И сошел Творец в облаке и предстал ему там, и назвал он имя Творца».

поднимали крылья, простирали их и прикрывали покрытие. А потом они складывали крылья и прижимали к телу. Как написано: "И будут херувимы простирающими крылья кверху"[78]. "Простирающими"[78] написано", и это означает, что один раз простирают, а в другой – складывают, "и не написано: "С простертыми"», поскольку если бы они не действовали, нужно было бы сказать: «С простертыми». И также: «"Прикрывающими"[78], а не "с прикрывшими", и это" то, что сказали: "Благодаря чуду они стояли, и радовались Шхине"».

53) «Сказал рабби Аба: "Что здесь имеет в виду" Писание: "В облаке Я буду являться над покрытием"[73]. Это означает, что коэн видит Шхину. И также: "С этим (бе-зот) должен входить Аарон"[79] – т.е. со Шхиной, называемой зот. "Но ведь коэн не видел Шхины в час, когда он входил" в святая святых. И отвечает: "Но это облако", т.е. Шхина, "спускалось. А когда оно спускалось и доходило до покрытия (ковчега), пробуждались крылья херувимов, и они били своими крыльями, произнося песнопения"». И отсюда коэн знал, что показалась здесь Шхина. И об этом написано: «Ибо в облаке Я буду являться над покрытием (ковчега)»[73].

54) Спрашивает: «"Какую песнь они возносили?" И отвечает: "Ибо велик Творец и прославлен весьма, страшен Он – над всеми божествами"[80]. Это" они произносили, "когда поднимали крылья". И это свойство правой линии, т.е. Хесед, называемый великим. "А в час, когда простирали их, они произносили: "Ибо все божества народов – идолы, а Творец небеса сотворил"[80]. И это свойство левой линии, подчиняющей всю ситру ахра. "А когда прикрывали покрытие (ковчега), они произносили: "Пред Творцом, ибо приходит Он судить землю, судить будет Он вселенную справедливостью и народы – прямыми путями"[81]». И это средняя линия, т.е. Тиферет, называемая правосудием.

---

[78] Тора, Шмот, 25:20. «И будут херувимы простирающими крылья кверху, прикрывающими своими крыльями покрытие, а лики их будут обращены друг к другу, и к покрытию будут наклонены лики херувимов».

[79] Тора, Ваикра, 16:3. «С этим должен входить Аарон в Святилище: с молодым тельцом в грехоочистительную жертву и с овном во всесожжение».

[80] Писания, Псалмы, 96:4-5. «Ибо велик Творец и прославлен весьма, страшен Он – над всеми божествами. Ибо все божества народов – идолы, а Творец небеса сотворил».

[81] Писания, Псалмы, 98:8-9. «Реки рукоплескать будут, разом возликуют горы пред Творцом, ибо приходит Он судить землю, судить будет Он вселенную справедливостью и народы – прямыми путями».

55) «"И голос их слышал коэн в Храме, и тогда он помещал курение на свое место, и направлял свою мысль на то, на что направлял, чтобы все получили благословение. И крылья херувимов поднимались и опускались, вознося песнь и прикрывая покрытие (ковчега), и они поднимали их. Это означает: "Прикрывающими"[78], именно "прикрывающими".[82] А откуда нам известно, что голос их был слышен? Это как написано: "И слышал я шум крыльев их"[83]».

---

[82] См. выше, п. 52.
[83] Пророки, Йехезкель, 1:24 «И слышал я шум крыльев их, подобный шуму многих вод, словно голос Всемогущего, когда они шли, рев, как голос стана; когда они останавливались, опускали крылья свои».

ГЛАВА АХАРЕЙ МОТ

А лики их будут обращены друг к другу

56) «Сказал рабби Йоси: "И народы – прямыми путями (бе-мейшарим)"[81]. Что значит "прямыми путями"[81]?" И отвечает: "Это как написано: "Идущие прямыми путями (мейшарим) любят тебя"[84], ибо" этим Шхина "включает двух херувимов", Матата и Сандала, называемых, "конечно, "идущие прямыми путями (мейшарим)", и поэтому" говорит: "И народы – прямыми путями (бе-мейшарим)"[81]». До этого говорит Писание: «Судить будет Он вселенную справедливостью»[81], где «судить»[81] – это Зеир Анпин, «справедливостью»[81] – Малхут. А затем Писание включает также и херувимов, и говорит: «И народы – прямыми путями (бе-мейшарим)»[81].

57) «"И написано: "Слышал он голос, говорящий ему поверх покрытия, что на ковчеге свидетельства, меж двух херувимов; и говорил Он ему"[85]. Рабби Ицхак сказал: "Отсюда мы учили, что во всяком месте, где нет захара и некевы, не стоит наблюдать лик Шхины". Ведь потому он и слышал говорящий голос только между двух херувимов. "Это означает сказанное: "Прямодушные (яшарим) воссядут пред ликом Твоим"[86]» – это херувимы, называемые «идущие прямыми путями (мейшарим)». «"И мы учили, написано: "Праведен и прям Он"[87] – то есть "захар и нуква"». Поскольку «праведен» – это захар, т.е. Есод, а «прям» – нуква, т.е. Малхут. «Также и здесь херувимы – это захар и некева. И о них написано: "Ты утвердил прямые пути"[88], а также: "И народы – прямыми путями"[81]. И поэтому: "А лики их будут обращены друг к другу"[78], поскольку это зивуг паним-бе-паним, "и мы это уже объясняли"».

---

[84] Писания, Песнь песней, 1:4. «Влеки меня! За тобой побежим. Привел меня царь в покои свои, – возликуем и возрадуемся с тобою, вспомним ласки твои, что (лучше) вина! Праведные (досл. прямые) любят тебя!»

[85] Тора, Бемидбар, 7:89. «И когда входил Моше в Шатер собрания, чтобы говорить с Ним, то слышал он голос, говорящий ему поверх покрытия, что на ковчеге свидетельства, меж двух херувимов; и говорил Он ему».

[86] Писания, Псалмы, 140:14. «Праведники воздадут благодарность имени Твоему, прямодушные воссядут пред ликом Твоим!»

[87] Тора, Дварим, 32:4. «Он твердыня, совершенно деяние Его, ибо все пути Его праведны; Творец верен и нет кривды; праведен и прям Он».

[88] Писания, Псалмы, 99:4. «И могущество Царя (в) любви Его к правосудию. Ты утвердил прямые пути, правосудие и справедливость в Яакове Ты явил».

ГЛАВА АХАРЕЙ МОТ

Вот как хорошо и как приятно

58) «"Мы учили, – сказал рабби Йоси, – что однажды мир нуждался в дождях, и товарищи пришли к рабби Шимону: рабби Йеса и рабби Хизкия, и остальные товарищи. Застали его идущим вместе со своим сыном, рабби Эльазаром, навестить рабби Пинхаса бен Яира. Когда он увидел их, провозгласил и сказал: "Песнь ступеней Давида. Вот как хорошо и как приятно сидеть братьям, еще и вместе!"[89] Спрашивает: "Что значит: "Сидеть братьям, еще и вместе"[89]?»

59) «"И это, как написано: "А лики их будут обращены друг к другу (досл. брат к брату)"[78]», где «братья»[90] означает – захар и нуква. «Поскольку о том времени, когда" Зеир Анпин и Малхут "смотрели друг на друга паним-бе-паним (лицом к лицу), написано: "Вот как хорошо и как приятно"[89]. А когда захар отворачивает лицо от нуквы – горе миру! Тогда написано: "Но есть гибнущие без правосудия"[91]. "Без правосудия"[91], конечно", то есть без Зеир Анпина, который не смотрит и не наполняет Нукву, называемую справедливостью. "И написано: "Справедливость и правосудие – основание престола Твоего"[92], – т.е. одно не бывает без другого. И когда правосудие", Зеир Анпин, "отдаляется от справедливости", Малхут, – "горе миру!"»

60) «"А теперь я вижу, что вы пришли по поводу того, что захар не пребывает в нукве"», и поэтому в мире нет дождей. «Сказал: "Если вы для этого пришли ко мне, возвращайтесь. Ибо в этот день я посмотрел, что всё вернется к состоянию паним-бе-паним". И не будет больше недостатка в изобилии дождей в мире. "Но если вы пришли ко мне изучать Тору, садитесь со мною". Сказали они ему: "Для всего пришли мы к господину нашему", и ради дождей, и для изучения Торы, "один из нас пойдет и сообщит братьям нашим о спасительных дождях, а мы сядем пред господином нашим"».

---

[89] Писания, Псалмы, 133:1. «Песнь ступеней Давида. Вот как хорошо и как приятно сидеть братьям, еще и вместе!»
[90] Слово «братья» на иврите включает и сестер, при наличии хотя бы одного брата.
[91] Писания, Притчи, 13:23. «Много хлеба на ниве бедных, но есть гибнущие без правосудия».
[92] Писания, Псалмы, 89:15. «Справедливость и правосудие – основание престола Твоего, милость и истина пред ликом Твоим».

61) «Пока еще шли, провозгласил и сказал: "Черна я, но пригожа, дочери Йерушалайма, как шатры Кедара, как завесы Шломо"[93]. Сказала Кнессет Исраэль пред Творцом: "Черна я"[93] в изгнании, "но пригожа"[93] я в заповедях Торы, ведь хотя Исраэль в изгнании, не оставляют они" заповедей. "Как шатры Кедара"[93], – хоть я и "подобна этим сынам Ктуры, лица которых всегда черны, но вместе с тем "как завесы Шломо"[93], – то есть "как вид небес по чистоте, как написано: "Простер небеса, как завесу"[94]». А Шломо – это Творец, царь, который приносит мир.

62) «"Не смотрите на меня, что я смугла"[93]. Объяснение: "Что значит "не смотрите на меня"[93]? Из-за того, что я смугла"[93], и поэтому не смотрите на меня. "Ибо опалило меня солнце"[93], – потому что не смотрело на меня солнце", т.е. Зеир Анпин, "чтобы светить мне как подобает. А Исраэль, что они говорят: "Сыновья матери моей разгневались на меня"[93]. Кто они, "сыновья матери моей"[93]? Это назначенные правители, защищающие другие народы"».

63) «"Другое объяснение", что Шхина сказала: "Именно "сыновья матери моей"[93], – и это сфирот Зеир Анпина, т.е. сыновья Бины, которая является матерью Шхины, как сказано: "Низринул с небес землю"[95]. И когда" Зеир Анпин "низринул с небес землю"[95], т.е. Шхину, "поставили меня стеречь виноградники"[93], и это народы мира, т.е. она должна давать (наполнение) народам мира, чтобы Исраэль питались от них. И почему? Потому что "своего виноградника"[93] – т.е. Исраэль, "не устерегла я"[93] – так как согрешили они. "И мы учили: "Сыновья матери моей"[93], конечно", т.е. сфирот Зеир Анпина, "договорились обо мне", отдалить меня. "Иначе говоря, о том, чтобы была отнята земля", Малхут, "от небес", Зеир Анпина. Как мы объясняли сказанное: "И встала сестра его поодаль"[96]», – т.е.

---

[93] Писания, Песнь песней, 1:5-6. «Черна я, но пригожа, дочери Йерушалаима, как шатры Кедара, как завесы Шломо. Не смотрите на меня, что я смугла, ибо опалило меня солнце. Сыновья матери моей разгневались на меня, поставили меня стеречь виноградники, своего виноградника не устерегла я».

[94] Писания, Псалмы, 104:2. «Окутан светом, как плащом, простер небеса, как завесу».

[95] Писания, Эйха, 2:1. «Как омрачил в Своем гневе Творец дочь Циона! Низринул с небес землю, великолепие Исраэля, и не помнил Он Свое подножие в день гнева Своего».

[96] Тора, Шмот, 2:4. «И встала сестра его поодаль, чтобы узнать, что с ним случится».

Шхина, называемая сестрой Зеир Анпина, встала вдали, потому что Зеир Анпин отдалил ее.

64) «"А здесь"» в противоположность сказанному: «И встала сестра его поодаль»⁹⁶, «"сказано, разумеется: "Вот как хорошо и как приятно сидеть братьям, еще и вместе"⁸⁹, – чтобы Малхут, сестра Зеир Анпина, была не поодаль, а вместе. "И о них", о Зеир Анпине и Малхут, "мы выяснили: "Еще и (гам) вместе (яхад)"⁸⁹. Как написано: "Но еще и (гам) при всем этом (зот), когда они будут"⁹⁷». «Еще и (гам)» – это Малхут, называемая «зот». И также «еще и вместе (гам яхад)» – это Малхут. Однако «"в общем собрании братьев она находится"», и не следовало писать «еще и». «А раз написано "еще и" – это чтобы включить всех тех, кто выше" Зеир Анпина и Малхут, т.е. ИШСУТ, "поскольку всё управление находится в этом месте"», в ИШСУТ.

65) «"Другое объяснение. "Вот как хорошо и как приятно сидеть братьям, еще и вместе"⁸⁹ – это товарищи в час, когда они сидят вместе, не расставаясь друг с другом. Сначала они выглядят как люди, воюющие между собой, которые хотят убить друг друга. А потом они возвращаются к братской любви. И Творец что говорит" о них: "Вот как хорошо и как приятно сидеть братьям, еще и вместе⁸⁹. "Еще и" указывает на включение вместе с ними Шхины. Но мало того, Творец слушает их речи, и это доставляет Ему удовольствие, и Он радуется им. Это смысл сказанного: "Тогда говорили друг с другом боящиеся Творца; и внимал Творец, и выслушал, и написана была памятная книга пред Ним"⁹⁸».

66) «"А вы, товарищи, здесь находящиеся, как были вы в благосклонной любви до этого, также отныне и впредь не расстанетесь друг с другом до тех пор, пока Творец не возрадуется вместе с вами и не провозгласит над вами мир, и настанет благодаря вам мир в мире. Это смысл изречения: "Ради братьев моих и ближних моих прошу мира тебе"⁹⁹».

---

⁹⁷ Тора, Ваикра, 26:44. «Но еще и при всем этом, когда они будут в земле врагов своих, не презрю Я их и не возгнушаюсь ими до того, чтоб истребить их, чтобы нарушить завет Мой с ними; ибо Я Творец Всесильный их».

⁹⁸ Пророки, Малахи, 3:16. «Тогда говорили друг с другом боящиеся Творца; и внимал Творец, и выслушал, и написана была памятная книга пред Ним для боящихся Творца и чтущих имя Его».

⁹⁹ Писания, Псалмы, 122:8. «Ради братьев моих и ближних моих прошу мира тебе».

ГЛАВА АХАРЕЙ МОТ

После смерти двух сыновей Аарона

67) «Пошли. Пока шли, подошли к дому рабби Пинхаса бен Яира. Вышел рабби Пинхас бен Яир и поцеловал его», рабби Шимона, «сказал: "Я удостоился поцеловать Шхину. Счастлива моя доля!" Постелил им дорогое постельное белье. Сказал рабби Шимон: "Торе такое не нужно". Убрал" постельное белье, "сели. Сказал рабби Пинхас: "Прежде чем поедим, послушаем слово владеющих Торой. Ведь все слова рабби Шимона, – они в раскрытии, он человек, который не боится ни высшего, ни нижнего, чтобы сказать их. Не боится высшего, потому что Творец согласился с ним, не боится нижнего, как лев, который не боится членов стада". Сказал рабби Шимон рабби Эльазару, сыну своему: "Эльазар, встань на месте своем, и скажи новое слово рабби Пинхасу и остальным товарищам"».

68) «Встал рабби Эльазар, провозгласил и сказал: "И говорил Творец Моше после смерти двух сыновей Аарона"[100]. Нужно всмотреться в это изречение, потому что оно кажется лишним. Ведь написано после него: "И сказал Творец Моше: "Говори Аарону, брату твоему"[100]. Отсюда" следует спросить: "Вначале этой главы, в изречении, приведенном выше, что означает сказанное: "И говорил Творец Моше"[100]? Что Он сказал ему, – ведь после этого написано: "И сказал Творец Моше"[100]?"»

69) И отвечает: «"Но в час, когда Творец дал Аарону благовонное курение, Он хотел, чтобы при его жизни им не пользовался никто другой. И в чем причина? Это потому, что Аарон умножал мир в мире. Сказал ему Творец: "Ты хочешь умножать мир в мире, благодаря тебе умножится мир наверху, ибо курение благовонное будет отдано тебе отныне и впредь", – потому что курение умножает мир наверху, "и пусть при жизни твоей им не пользуется никто другой". Надав и Авиу поторопились при жизни отца поднести то, что не было передано им. И это привело их к тому, что они ошиблись с этим"», приблизив чуждый огонь.

---

[100] Тора, Ваикра, 16:1-2. «И говорил Творец Моше после смерти двух сыновей Аарона, когда они приблизились пред Творцом и умерли. И сказал Творец Моше: "Говори Аарону, брату твоему, чтобы он не входил во всякое время в Святилище, за завесу, пред покрытие, которое на ковчеге, и не умрет; ибо в облаке Я буду являться над покрытием"».

70) «"И мы учили, что Моше размышлял о том, кто заставил их совершить эту ошибку", приблизить чуждый огонь, "и был печален. Что написано: "И говорил Творец Моше после смерти двух сыновей Аарона"[100]. И что Он сказал ему: "Когда они приблизились пред Творцом и умерли"[100]. Написано не "когда они приблизили", а "когда они приблизились"[100]. Сказал Творец Моше: "Это заставило их поторопить время" приношения курения "при жизни отца, и ошиблись в этом", поднеся чуждый огонь. "То есть, как написано: "Какого Он не велел им"[101], – им Он не велел" подносить его, "а велел Аарону". И будет смысл сказанного: "И принесли пред Творцом чуждый огонь"[101] в том, что они ошиблись в этом, поскольку (это огонь), "какого Он не велел им"[101]. Подносить курение Он велел одному лишь Аарону. "И если двое сыновей Аарона, которые поторопились при жизни отца и навлекли на себя такое, я по отношению к отцу моему и рабби Пинхасу, и остальным товарищам, – тем более" не в праве торопить время, чтобы говорить новое в Торе вместо них. "Подошел рабби Пинхас, поцеловал и благословил его"».

---

[101] Тора, Ваикра, 10:1. «И взяли сыновья Аарона, Надав и Авиу, каждый свой совок, и положили в них огня, и возложили на него курений, и принесли пред Творцом чуждый огонь, какого Он не велел им».

ГЛАВА АХАРЕЙ МОТ

Вот ложе, которое у Шломо

71) «Рабби Шимон провозгласил и сказал: "Вот ложе, которое у Шломо. Шестьдесят воинов вокруг него из воинов Исраэля"[102]. "Вот ложе, которое у Шломо"[102], – что представляет собой ложе его? Это престол славы Царя", т.е. Малхут, называемая ложем. "И написано о нем: "Уверено в ней сердце мужа её"[103]. "Которое у Шломо"[102] – то есть "царь, которому принадлежит мир (шалом)", и это Зеир Анпин. "Шестьдесят воинов вокруг него"[102], – которые включены в его сторону", (сторону) Малхут, "от (свойства) сурового суда, и называются "шестьдесят огненных стражей", в которых облачается тот самый отрок"», т.е. Матат.

72) «"Справа от него", от Матата, – "пламя могучего меча, слева от него – угли сильного огня, соединяющиеся в печатях своих с семидесятью тысячами языков пожирающего огня, и это шестьдесят воинов, вооружённых тяжёлым оружием могучих гвурот той высшей Гвуры Творца, т.е. Зеир Анпина. Это означает: "Из воинов (гиборим) Исраэля"[102]», – то есть от Гвуры Зеир Анпина, называемого «Исраэль».

Пояснение сказанного. Известно, что Хохма раскрывается только вместе с сильными судами, оберегающими от того, чтобы грешники не притянули её сверху вниз.[104] И эти сильные суды притягиваются с левой стороны Зеир Анпина и состоят из его ХАГАТ НЕХИ, каждый из которых состоит из десяти, и всего их шестьдесят. И это «шестьдесят воинов»[102]. И известно, что Хохма раскрывается только лишь в Малхут,[105] и поэтому место этих шестидесяти воинов – в Малхут, для того чтобы оберегать её от внешних сил, дабы они не притянули свечения Хохмы, что в ней, сверху вниз.

И это означает сказанное им: «"Вот ложе, которое у Шломо"[102], – что представляет собой ложе его? Это престол славы

---

[102] Писания, Песнь песней, 3:7. «Вот ложе, которое у Шломо. Шестьдесят воинов вокруг него из воинов Исраэля».
[103] Писания, Притчи, 31:11. «Уверено в ней сердце мужа её, не будет у него недостатка».
[104] См. Зоар, главу Пкудей, п. 376, и главу Цав, п. 114-116.
[105] См. Зоар, главу Берешит, часть 1, п. 340, со слов: «И, кроме того, так же как высшая Хохма является началом (решит רֵאשִׁית), так же и нижняя Хохма...»

Царя» – т.е. Малхут, называемая ложем Шломо, потому что Шломо – это Зеир Анпин. «"Шестьдесят воинов вокруг него"[102], – которые включены в его сторону от (свойства) сурового суда», поскольку со стороны Малхут, в которой раскрывается свечение Хохмы, объединяются эти шестьдесят воинов, являющиеся судами, оберегающими Хохму, чтобы от нее не питались внешние силы и грешники. «И называются "шестьдесят огненных стражей"», то есть шестьдесят стражей из огня, чтобы охранять ее от внешних сил. И предводитель этих стражей – это ангел Матат[106]. Он называется так от слова «метатор», которое означает «страж». И это означает сказанное: «В которых облачается тот самый отрок», – что Матат облачается в этих шестьдесят стражей, и охраняет Малхут, т.е. «ложе, которое у Шломо»[102].

И кроме этих судов, исходящих от левой (стороны) Зеир Анпина, есть также свойство судов, исходящих от правой (стороны) Зеир Анпина, и это суды, исходящие от экрана Зеир Анпина. И это смысл сказанного: «Справа от него – пламя могучего меча» – т.е. суды, нисходящие от правой (стороны) Зеир Анпина к Матату. «Слева от него – угли сильного огня» – суды, нисходящие от левой (стороны) Зеир Анпина к Матату, в свойстве «шестьдесят воинов»[102]. Однако когда они соединены с Малхут, их семьдесят, поскольку ХАГАТ НЕХИ Зеир Анпина вместе с Малхут – это семь (сфирот), и каждая, будучи включенной в Малхут, является свойством Хохмы, называемым «тысяча», и всего их семьдесят тысяч. И это смысл сказанного: «Соединяющиеся в печатях своих с семьюдесятью тысячами языков пожирающего огня», – потому что когда они соединяются с Малхут, их семьдесят тысяч. И это смысл сказанного: «И это шестьдесят воинов, вооруженных тяжелым оружием могучих гвурот той высшей Гвуры Творца», так как эти семьдесят тысяч являются свойством тех же шестидесяти воинов, нисходящих от Зеир Анпина, но со стороны Малхут – их «семьдесят тысяч», а со стороны одного Зеир Анпина – их «шестьдесят воинов». И это смысл слов: «Из воинов Исраэля»[102], – то есть они относятся к Зеир Анпину, называемому Исраэль, и поэтому их шестьдесят.

---

[106] Метатрон – (арам.) офицер, посылаемый перед важным чиновником или перед войском для разбития лагеря или расквартирования.

73) «"И мы учили об этом ложе", т.е. о Малхут, "что написано: "Встает она еще ночью"[107], – когда питается от стороны суда"». Иначе говоря, когда Малхут «встает», чтобы передавать свечение Хохмы, – это «ночь», т.е. суд, поскольку ее Хохма передается только вместе с судами, как мы уже говорили. А подъем означает свечение Хохмы. «"И раздает пищу в доме своем"[107]. Что такое "пища"? Это как сказано: "И пожирает, и нет спасителя"[108], – т.е. суды, сопровождающие Хохму, от которых нет спасителя. "Это смысл сказанного: "Все они препоясаны мечом, обучены битве"[109], – готовы вершить суд повсюду, и называются они "воющие и стонущие"».

74) «"У каждого меч на бедре его"[109]. Это "как ты говоришь: "Препояшь бедро мечом своим, храбрец"[110]». И понятие «меч» уже выяснялось.[111] «"От страха по ночам"[109], ведь уже объяснялось: против страха ада. Но "от страха по ночам"[109], – то есть это всё, от какого места берется? От того места, которое называется "страх", как сказано: "И Страх Ицхака, который был у меня"[112], – т.е. Гвуры Зеир Анпина, левой линии, называемой Ицхак. "Как сказано: "И поклялся Яаков Страхом отца своего, Ицхака"[113]. "По ночам"[109] означает – в те времена, когда они назначены вершить суд"», так как ночью наступает время суда.

75) «"И мы учили, написано: "Она думает о поле и приобретает его"[107]. И об этом написано: "И все звери полевые играют

---

[107] Писания, Притчи, 31:15-16. «Встает она еще ночью, и раздает пищу в доме своем и урок служанкам своим. Она думает о поле и приобретает его; от плодов рук своих сажает виноградник».

[108] Пророки, Миха, 5:7. «И будет остаток Яакова между народами, среди племен многих, как лев меж животных лесных, как молодой лев меж стад мелкого скота, который, если пройдет, топчет и пожирает, и нет спасителя».

[109] Писание, Песнь песней, 3:8. «Все они препоясаны мечом, обучены битве, у каждого меч на бедре его от страха ночного (досл. по ночам)».

[110] Писания, Псалмы, 45:4. «Препояшь бедро мечом своим, храбрец, красотой своей и великолепием своим».

[111] См. выше, п. 72.

[112] Тора, Берешит, 31:41-42. «Вот, двадцать лет я в доме твоем: служил я тебе четырнадцать лет за двух дочерей твоих и шесть лет за скот твой, но ты переменял мою плату десятки раз. Если бы не Всесильный отца моего, Всесильный Авраама и Страх Ицхака, который был у меня, то отправил бы ты меня теперь ни с чем; горе мое и труд рук моих увидел Всесильный и рассудил вчера».

[113] Тора, Берешит, 31:53. «Всесильный Авраама и Всесильный Нахора пусть вершат суд между нами, Всесильный отца их. И поклялся Яаков Страхом отца своего, Ицхака».

там"[114], – т.е. свойство суда Малхут, действующее ночью, как мы уже объяснили, и называемое также полем. "И все звери"[114] – это Есод. "Играют"[114] означает – зивуг. "И об этом написано: "Вот море, великое и необъятное! В нем живность неисчислимая, животные малые и большие ... Там ходят корабли, там левиатан, которого Ты создал, чтобы играть с ним"[115]», где «левиатан»[115] – это Есод, «играть»[115] – это зивуг. Как написано: «И вот Ицхак играет с Ривкой, женою своею»[116]. «"Как сказано: "Она подобна купеческим кораблям и приносит хлеб свой издалека"[117]. "Издалека"[117], конечно"», – потому что «хлеб ее»[117], т.е. свечение Хохмы, светит только «издалека»[117], т.е. вместе с судами, которые отгоняют внешних, чтобы они не питались от этого большого свечения. И это смысл слов: «Издалека Творец являлся мне»[118]. И это означает, что этот зивуг – он в свойстве ночи и свойстве поля. Ведь он приносит ее свечение «"от моах (разум), который в рош", т.е. от Хохмы, "и выше рош", т.е. от Бесконечности. И поэтому ей нужно предохранение от внешних. "Приносит хлеб свой"[117] – с помощью праведника", т.е. Есода. "Когда они совершают зивуг вместе, тогда она радуется всему. Это смысл слов: "Левиатан, которого Ты создал, чтобы играть с ним"[115]», где «левиатан»[115] – это Есод, «играть с ним»[115] – совершать зивуг, как мы уже объясняли.

76) «"Мы учили: тысяча и пятьсот обладающих щитами и обладающих властью включены в сторону этих" шестидесяти "воинов. В руках того, кто называется отроком", т.е. Матата, "есть четыре больших ключа". И это четыре ангела: Михаэль, Гавриэль, Уриэль и Рефаэль. И называются большими ключами, потому что они притягивают мохин де-гадлут к нижним. "Чудовища", т.е. ступени Хохмы, "проходят под кораблем", под Малхут, то есть в (мире) Брия, "великого моря", т.е. Бины, от которой Малхут получает свои свечения, "в четырех направлениях"

---

[114] Писания, Иов, 40:20. «Ибо горы приносят ему корм, и все звери полевые играют там».

[115] Писания, Псалмы, 104:25-26. «Вот море, великое и необъятное! В нем живность неисчислимая, животные малые и большие. Там ходят корабли; там левиатан, которого Ты создал, чтобы играть с ним!»

[116] Тора, Берешит, 26:8. «И было, когда минуло ему там много дней, посмотрел Авимелех, царь филистимлян, в окно и увидел: и вот Ицхак играет с Ривкой, женою своею».

[117] Писания, Притчи, 31:14. «Она подобна купеческим кораблям и приносит хлеб свой издалека».

[118] Пророки, Йермияу, 31:2. «Издалека Творец являлся мне: "Любовью вечною возлюбил Я тебя и потому привлек Я тебя милостью"».

его: "этот идет в эту сторону", южную, "а этот – в эту", северную, "и так – все", то есть также и в восточную сторону, и в западную сторону, и это ХУГ ТУМ. "Четыре вида ликов наблюдаются у них", у чудовищ, и это лев-бык-орел-человек. И они исходят от трех линий и Малхут, принимающей их, являющейся ликом человека. "И когда они включаются в один", т.е. в Малхут, "написано: "И образ их ликов – лик человека"[119] – т.е. "лики их всех"», ибо три вида лев-бык-орел принимают вид человека, как Малхут, когда они включаются в нее.

Объяснение. ГАР, состоящие из свечения Хохмы, – это три линии ХАБАД. И они называются «три тысячи», так как свечение Хохмы – это «тысяча». И третья тысяча, т.е. средняя линия, Даат, делится на хасадим и гвурот. И известно, что свечение Хохмы принимается не от самой Хохмы, находящейся в правой линии, а от Бины, которая возвращается к Хохме, и является левой линией. И поэтому считается, что в Хохме и в правой половине Даат, являющихся тысячей и половиной тысячи, – это хасадим. А Бина и левая половина Даат, являющиеся тысячей и половиной тысячи, они – в свечении Хохмы. И это смысл сказанного: «Тысяча и пятьсот», – т.е. Бина и левая половина Даат, «обладающих щитами» – и это левая половина Даат, потому что левая половина Даат, являющаяся средней линией, защищает свечение Хохмы, чтобы не удерживались в нем внешние, «обладающих властью» – т.е. исходящих от Бины, которые властвуют в свечении Хохмы, «включены в сторону этих воинов» – т.е. они соединяются с этой стороной, левой, называемой «шестьдесят воинов». А остальное уже выясняется внутри.

77) «"Большой лик", т.е. мохин де-гадлут, "и малый лик", т.е. мохин де-катнут, "соединены вместе наверху", т.е. в Зеир Анпине и в Малхут. И этим учит нас, что даже в тот момент, когда мохин де-гадлут светят в ЗОН, светят также и мохин де-катнут,[120] "оба" – т.е. две линии, правая и средняя, "поднимаются и кружат, и два веера в руках у них" – силы экрана де-хирик, включенные в эти две линии, и с помощью них они

---

[119] Пророки, Йехезкель, 1:10. «И образ их ликов – лик человека, и лик льва – справа у (всех) четырех, и лик быка – слева у (всех) четырех, и лик орла у (всех) четырех».

[120] См. «Предисловие книги Зоар», п. 5, со слов: «И сказано: "А если бы они не показались к этому времени, то не могли бы остаться в мире"...»

отгоняют внешние силы, чтобы те не питались свечением Хохмы, так как в них заключена сила вознаграждения и наказания. "Тысяча гор поднимаются и являются каждый день", чтобы питаться "от живительной влаги того моря" – т.е. Бины, потому что свечение Хохмы, называемое тысячей гор, притягивается только из Бины. "А потом они забираются из нее" – из Бины, "и поднимаются в другое море"», т.е. в Малхут. И это дает нам понять, что хотя эти мохин выходят только от Бины, а вовсе не от Малхут, все же в свойстве «мать одалживает свои одежды дочери» Малхут получает мохин Бины.[121]

78) «"Нет расчета с теми, кто удерживается в волосах ее", Малхут, т.е. в судах, что в ней, называемых волосами (сеарот). "Два сына питаются каждый день", от Малхут, "и они называются разведчиками земли. И это тайна, которая в Сифра ди-цниута (в Книге сокровения)", что в конце Трумы, "где написано: "И послал Йеошуа бин Нун из Шиттима двух мужей-разведчиков, тайно, сказав"[122].[123] И эти" два сына "питаются из-под окончаний крыльев" Малхут, т.е. Хеседа и Гвуры (ХУГ). "Две дочери"», и это свойство «две женщины-блудницы»[122] – «"они под "ногами (раглаим)"» Малхут, т.е. под Нецахом и Ходом де-Малхут. «Под» означает ахораим. Иначе говоря, два сына клипы питаются от ахораим ее Хеседа и Гвуры (ХУГ), а две дочери клипы питаются от ахораим ее Нецаха и Хода. То есть, так же как в святости, где захар – ХАГАТ, а нуква – НЕХИ. «"И поэтому" о них "написано: "И увидели ангелы (досл. сыны) Всесильного дочерей человеческих"[124].[122] И эти" сыновья и дочери клипы "удерживаются в свойстве "ногти" этого ложа", т.е. Малхут. Ведь ее ногти – это ахораим пальцев рук и ног.[125] "И это то, что мы

---

[121] См. «Предисловие книги Зоар», п. 17, со слов: «И это означает: "Мать (има) одалживает свои одежды дочери и венчает ее своими украшениями" – т.е. во время выхода мохин гадлута...»

[122] Пророки, Йеошуа, 2:1. «И послал Йеошуа бин Нун из Шиттима двух мужей-разведчиков тайно, сказав: "Идите, осмотрите землю и Йерихо". И пошли они, и пришли в дом женщины-блудницы, чье имя Рахав, и остались ночевать там».

[123] Как выясняется в Сифра ди-цниута, п. 54, и как выясняется там в комментарии Сулам.

[124] Тора, Берешит, 6:2. «И увидели ангелы Всесильного дочерей человеческих, что красивы они, и брали себе жен из всех, которых выбирали».

[125] См. подробное объяснение в Зоар, главе Ваякель, п. 269, со слов: «Объяснение. Человек (адам) является строением (мерк ава) для ЗОН, а руки – это Хесед и Гвура, которые становятся Хохмой и Биной во время гадлута, как сказано: "Вознесите руки ваши в святости"...»

учили, как написано: "Тогда пришли две женщины-блудницы к царю"¹²⁶, – "тогда пришли"¹²⁶, но не ранее.¹²⁷ И в то время, когда Исраэль внизу поворачиваются спиной с обратной стороны Творца, что написано? "Народ Мой! Притеснители его – юнцы, и женщины властвуют над ним"¹²⁸, разумеется"», – т.е. две эти женщины-блудницы, упомянутые выше.

79) «"В левой руке", т.е. от левой линии Малхут, исходят "семьдесят ветвей", т.е. семьдесят правителей народов мира, "выращенных среди рыб морских"», т.е. ступеней свечения Хохмы левой линии, которые называются рыбами. «Море» означает Малхут. «"Все они красны, как роза", из-за содержащихся в них судов, ибо суды левой стороны – красные. "И над ними – одна ветвь, самая красная", – т.е. самый суровый из всех судов, Сам, "она поднимается и опускается", – т.е. притягивает Хохму сверху вниз. И это он восседал на змее и совратил Адама притянуть Хохму сверху вниз, что и является грехом Древа познания. "И все они (ветви) покрываются волосами ее"», (волосами) Малхут, т.е. ее судами, называемыми сеарот (волосы).

80) «"Злоязычный", т.е. змей. "Когда опускается этот змей, становится прыгающим по холмам, скачущим по горам"¹²⁹. Пока не найдет жертву, удерживаемую в ногтях, и не съест. Тогда он спокоен, и язык его снова становится добрым", – т.е. отменяется его злоязычие, и становится благозвучным языком. "Счастливы Исраэль, готовящие для него жертву. И возвращается" змей "на свое место и входит в отверстие великой бездны"».

Объяснение. Змей может удерживаться только в Малхут меры суда, но из-за подслащения во время подъема Малхут в Бину, когда Бина принимает форму Малхут, змей поднимается и удерживается в судах Бины, и это удержание называется

---

¹²⁶ Пророки, Мелахим 1, 3:16. «Тогда пришли две женщины-блудницы к царю, и стали пред ним».
¹²⁷ См. Зоар, главу Трума, Сифра ди-цниута, п. 54, со слов: «Объяснение. «"Ангелы Всесильного", – он объясняет, что это Аза и Азаэль, упавшие с их ступени святости...»
¹²⁸ Пророки, Йешаю, 3:12. «Народ Мой! Притеснители его – юнцы, и женщины властвуют над ним. Народ Мой, вожди твои вводят тебя в заблуждение и извращают тропу пути твоего».
¹²⁹ Писания, Песнь песней, 2:8. «Голос возлюбленного моего! Вот он идет! Скачет он по горам, прыгает по холмам».

злоязычием, как будто он злословит о том, кто абсолютно добр. И это уже выяснялось ранее.[130] И это смысл сказанного: «Злоязычный», т.е. змей, таков путь его: «когда опускается этот змей», он сначала удерживается в Малхут внизу, однако затем поднимается и «прыгает по холмам», которые являются свойством Бины, и «скачет по горам», являющимся свойством Малхут. Иначе говоря, несмотря на то, что место удержания змея – оно в скалах, т.е. в Малхут, называемой скалой, все же змей перескакивает через нее, т.е. оставляет ее, и прыгает, чтобы держаться в «горах», т.е. в ХАГАТ, и они являются свойством Бины. И это злоязычие, как мы уже сказали. И всё потому, что он больше хочет удерживаться в более высоком месте.

Однако благодаря подъему МАН вследствие заповедей и добрых дел, совершаемых Исраэлем, притягивается свечение АБ САГ де-АК, которое опускает Малхут из Бины обратно, и тогда Бина очищается от злоязычия змея. И Малхут тоже очищается с помощью свечения Бины.[131] И это смысл сказанного: «Пока не найдет жертву, удерживаемую в ногтях, и не съест», – т.е. после того, как Малхут очищается свечением левой линии Бины, и место облачения этого свечения – в свойстве «ногти» Малхут, т.е. в ахораим ее пальцев,[125] тогда змей тоже получает свою долю от этого свечения ногтей Малхут. И он ест. «Тогда он спокоен, и язык его снова становится добрым», – ведь поэтому ему дано наслаждаться этим свечением, чтобы отменилось его злоязычие, и он вернулся к благозвучному языку. «Счастливы Исраэль, готовящие для него жертву», – потому что это свечение приходит благодаря подъему МАН от заповедей и добрых дел Исраэля, как мы уже сказали.

81) «"Когда поднимаются владеющие копьями и владеющие мечами, которым нет числа", – т.е. суды экрана де-хирик, что в средней линии, которые обязывают левую линию соединиться с правой, "вокруг этих шестидесяти высших" воинов, относящихся к левой линии, "окружающих ложе", т.е. Малхут, и левая линия соединяется с правой благодаря им, – "тысяча тысяч и десять тысяч десятков тысяч стоят с каждой стороны" этого "высшего ложа"». Т.е. с каждой стороны есть Хохма и хасадим, как справа, так и слева, благодаря их включению друг в друга. «Тысяча тысяч» – это свечение Хохмы, называемое «тысяча». А

---

[130] См. Зоар, главу Цав, п. 118.
[131] См. Зоар, главу Ваера, пп. 111-112.

«десять тысяч десятков тысяч» – это свечение хасадим, называемое «десять тысяч». «От него", т.е. от ложа, Малхут, "они питаются, все они встанут пред ним"», т.е. они получают ГАР, называемые вставанием. И это смысл сказанного: «Встает она еще ночью»¹⁰⁷.

82) «"Под всеми ними", т.е. под всеми ступенями святости, указанными выше, "выходят много тысяч и десятков тысяч" клипот, "которым нет числа"», т.е. в тайне сказанного: «Падет возле тебя тысяча»¹³², – и это клипот, которые удерживаются в мифтехе, «и десять тысяч – по правую руку твою, к тебе не подступятся»¹³² – это клипот, которые удерживаются в мануле. «И спускаются они и кружат по миру, пока не вострубят владеющие шофаром", и это единство трех линий, называемых огонь, вода, дух, включенных в голос, исходящий из шофара.¹³³ "И тогда они собираются. И эти удерживаются в грязи, что под ногтями"», т.е. в отходах свечения обратной стороны (ахораим), которая называется «ногти».

83) «"Это ложе", т.е. Малхут, "включает их в себя", т.е. все эти ступени, о которых сказано выше. "Это ложе, ноги его соединены с четырьмя сторонами мира", т.е. в ней есть четыре сфиры ХУГ ТУМ, и это три линии и принимающая их Малхут. "Все они входят в общее", как "то, что находится наверху", т.е. ступени Зеир Анпина, так "и то, что находится внизу", т.е. ее собственные ступени. И это смысл сказанного: "На небесах вверху"¹³⁴ – т.е. Зеир Анпин, "и на земле внизу"¹³⁴ – т.е. Малхут, называемая землей. "И поэтому написано: "Вот"¹⁰²», то есть: «Вот ложе, которое у Шломо»¹⁰². «"Что значит "вот"¹⁰²? – Потому что оно предназначено", чтобы светить "всем, наверху и внизу, и это ложе запечатлено из всего". Объяснение. Свечение Хохмы раскрывается только в Малхут. И даже у тех, кто выше нее, свечение Хохмы есть только, когда они соединяются

---

¹³² Писания, Псалмы, 91:7. «Падет возле тебя тысяча, и десять тысяч – по правую руку твою; к тебе не подступятся».

¹³³ См. «Предисловие книги Зоар», п. 239, со слов: «И сказано: "Это открытие, произведенное буквой "йуд י" в чертоге, необходимо для того, чтобы услышать в нем голос, выходящий из шофара"...»

¹³⁴ Пророки, Мелахим 1, 8:23. «И сказал: "Творец Всесильный Исраэля! Нет подобного Тебе, Творец, на небесах вверху и на земле внизу, Ты хранишь союз и милость к рабам Твоим, ходящим пред Тобою всем сердцем своим"».

с Малхут. "Она называется Адни, что означает "Господин всего", и запечатлена среди воинств ее"».

84) «"Поэтому коэн должен сосредоточиться на высших вещах, чтобы соединить святое имя из того места, из которого нужно соединять", т.е. притянуть свечение Хохмы только лишь в Малхут. "И поэтому мы учили, написано: "С этим (бе-зот) должен входить Аарон в Святилище"[135] – т.е. в зот", Малхут, "необходимо приближать святость к месту ее", и отдалять ситру ахра, которая от нее желает притягивать свечение Хохмы сверху вниз. "Ибо из этого места", из Малхут, "человек должен испытывать страх пред Творцом". Иначе говоря, вместе со свечением Хохмы, раскрывающимся в Малхут, раскрываются также и суровые суды, которые карают грешников и отдаляют ситру ахра,[136] и поэтому они боятся ее. "И об этом написано: "Будь умны они, уразумели бы это (зот), поняли бы, что будет с ними в конце"[137]. Иначе говоря, если люди взглянут на наказание", увидев, "как зот", Малхут, "соединяется среди своих воинств", т.е. светит им только снизу вверх, "и как назначены пред ней все те воители, которые держатся за нее, чтобы служить ей, чтобы наказывать и взыскивать с грешников", желающих притянуть ее свечение сверху вниз, "сразу "поняли бы, что будет с ними в конце"[137], – т.е. остерегались бы в делах своих, и не грешили пред святым Царем"».

85) «Еще сказал рабби Шимон: "Каждого человека, удостоившегося изучать Тору и оберегать эту зот", Малхут, "эта зот бережет его и заключает с ним союз за его союз, который никогда не отойдет ни от него, ни от сыновей его, ни от сыновей сыновей его. Это смысл слов: "И Я, вот (зот) союз Мой с ними, – сказал Творец"[138]. Сели есть. Пока ели, сказал рабби Шимон товарищам: "Пусть каждый скажет новое в Торе, за столом, перед рабби Пинхасом"».

---

[135] Тора, Ваикра, 16:3. «С этим должен входить Аарон в Святилище: с молодым тельцом в грехоочистительную жертву и с овном во всесожжение».
[136] См. Зоар, главу Пкудей, п. 376.
[137] Тора, Дварим, 32:29. «Будь умны они, уразумели бы это, поняли бы, что будет с ними в конце».
[138] Пророки, Йешаяу, 59:21. «И Я, вот союз Мой с ними, – сказал Творец, – дух Мой, который на тебе, и слова Мои, которые вложил Я в уста твои, не отступят от уст твоих, и от уст потомков твоих, и от уст потомков потомков твоих, – сказал Творец, – отныне и вовеки».

Язык учения

86) «Провозгласил рабби Хизкия и сказал: "Владыка Творец дал мне язык учения, чтобы уметь словом подкреплять усталого"[139]. Счастливы Исраэль, которых избрал Творец из всех остальных народов, назвав их святыней. Как написано: "Исраэль – святыня Творцу"[140]. И Он дал им долю, чтобы укрепиться в святом имени. И благодаря чему Исраэль укрепились в святом имени? Это потому, что они удостоились Торы, а каждый, кто удостоился Торы, удостоился Творца"».

87) «"И мы учили пред господином моим, что такое святость. Это совершенство всего, называемое высшей Хохмой", т.е. высшие Аба ве-Има. "И из этого места елей помазания святости стекает известными путями в место, называемое высшей Биной", т.е. ИШСУТ. "И оттуда источники и потоки выходят во все стороны", т.е. как в Хохму, так и в хасадим, "пока они не доходят до этой зот", т.е. Малхут. "И когда эта зот благословляется, она называется святостью, и называется Хохмой, и ее называют духом святости. Иными словами, дух (руах)", т.е. ВАК, "от той святости, что наверху", т.е. ВАК Хохмы. "А когда от нее исходят и пробуждаются тайны Торы, она называется языком святости"».

88) «"И в час, когда нисходит это помазание святости к этим двум столпам, называемым учениями Творца и называемым воинствами", т.е. к Нецаху и Ходу, "оно собирается там. А когда оно выходит оттуда на той ступени, которая называется Есод", и приходит "к этой малой Хохме", т.е. к Малхут, которая называется малой Хохмой из-за того, что в ней есть только ВАК Хохмы, "оно называется тогда языком учения. И" из нее "оно выходит, чтобы пробуждать этих высших святых. Тогда написано: "Владыка Творец дал мне язык учения, чтобы уметь словом подкреплять усталого"[139]. И Творец дал это великому светочу, рабби Шимону. И, кроме того, Он вознес его высоко-высоко", в высшие миры. "Поэтому все слова его были сказаны в раскрытии, и они не укрыты. О нем написано: "Устами к устам говорю Я ему, и явственно, а не загадками"[141]».

---

[139] Пророки, Йешаяу, 50:4. «Владыка Творец дал мне язык учения, чтобы уметь словом подкреплять усталого; пробуждает Он каждое утро, пробуждает ухо мое, чтобы слушать, подобно тем, кто учится».

[140] Пророки, Йермияу, 2:3. «Исраэль – святыня Творцу, начаток урожая Его. Все поедающие его будут осуждены; бедствие придет на них, – сказал Творец».

[141] Тора, Бемидбар, 12:8. «Устами к устам говорю Я ему, и явственно, а не загадками, и облик Творца он зрит. Почему же не убоялись вы говорить против раба Моего, против Моше?»

Луна в полноте своей

89) «Провозгласил рабби Йеса и сказал: "И Творец дал мудрость Шломо, как говорил ему. И был мир между Хирамом и Шломо"[142]. "И Творец дал мудрость (хохма) Шломо"[142] – это то, что мы учили, что в дни царя Шломо находилась луна", т.е. Малхут, "в полноте своей", и тогда Малхут называется Хохмой, как уже говорилось. "И Он дал ее Шломо. "Как говорил ему"[142] – то есть, "как было сказано ему: Мудрость и знания даны тебе"[143]».

90) «"И был мир между Хирамом и Шломо"[142]. Спрашивает: "А что же" было "между для этого?" И отвечает: "Но мы так учили: "И Творец дал мудость Шломо, как говорил ему"[142]. И с помощью чего Шломо возвел мудрость (хохма)?" Сказал рабби Йоси: "Возвел ее сначала посредством того, что Шломо сделал Хираму так, чтобы тот спустился со ступени, о которой говорил: "В обители Всесильного воссел я"[144], – как мы учили, что Хирам, царь Цорский, сделал себя божеством", т.е. прилепился к другим богам, притягивающим Хохму сверху вниз, как мы уже говорили, и сделал себя подобным им. "После того как пришел Шломо, он сделал своей мудростью (хохмой) так, что тот отказался от этой идеи", других богов. "И он был благодарен" за это "Шломо. И потому: "И был мир между Хирамом и Шломо"[142]».

91) «"И мы учили, – сказал рабби Ицхак, – сказал рабби Йегуда, что" Шломо "послал" к Хираму "одного демона, который опустил его в семь пределов ада и вознес его. И он посылал ему письма каждый день, пока тот не отвратился" от деяний своих "и не возблагодарил Шломо" за это. "И мы учили, что Шломо унаследовал луну", т.е. Малхут, "со всеми ее сторонами", как с Хохмой, так и с хасадим. "Поэтому он управлял всем мудростью (хохмой) своей. А рабби Шимон бен Йохай управляет мудростью своей всеми жителями мира, и все те, кто поднимается по его ступеням, поднимаются только для того, чтобы восполнить" Малхут "вместе с ним"».

---

[142] Пророки, Мелахим 1, 5:26. «И Творец дал мудрость Шломо, как говорил ему. И был мир между Хирамом и Шломо, и они заключили союз между собой».

[143] Писания, Диврей а-ямим 2, 1:12. «Мудрость и знания даны тебе, а богатство, достояние и славу Я дам тебе такие, каких не было у царей до тебя и не будет после тебя».

[144] Пророки, Йехезкель, 28:2. «Сын человеческий! Скажи властелину Цора: "Так сказал Владыка Творец: "За то, что вознеслось сердце твое и ты говорил: "Я Всевышний, в обители Всесильного воссел я, в сердце морей", – но ты человек, а не Всевышний, а поставил сердце свое наравне с сердцем Всесильного!"»

ГЛАВА АХАРЕЙ МОТ

Души, пока они не пришли в мир

92) «Провозгласил рабби Йоси и сказал: "Голубка моя в расселинах скалы, в укрытии ступени"[145]. "Голубка моя"[145] – это Кнессет Исраэль", т.е. Малхут. "Как голубка никогда не покидает своего голубя, так и Кнессет Исраэль никогда не оставляет Творца. "В расселинах скалы"[145] – это те мудрецы, которые не знают покоя в этом мире", и словно скрывают себя в расселинах скалы от врагов. "В укрытии ступени"[145] – это те скромные мудрецы", которые скрывают свою ступень от людей, "и среди них – праведники, боящиеся Творца, от которых никогда не отвращается Шхина. И тогда Творец требует для них от Кнессет Исраэль, говоря: "Дай мне видеть твой облик, дай мне слышать твой голос, ибо твой голос приятен, а облик твой мил"[145], – ибо наверху слышен лишь голос тех, кто занимается Торой"».

93) «"И мы учили, что все те, кто занимается Торой ночью, – образ их запечатлевается наверху пред Творцом, и Творец развлекается с ними целый день, и смотрит на них. И голос тот возносится, рассекая все небосводы, пока не вознесется пред Творцом. Как написано: "Ибо твой голос приятен, и облик твой мил"[145]. А сейчас Творец запечатлел образ рабби Шимона наверху, и голос его возносится высоко-высоко, венчаясь святой короной, пока Творец не увенчивается благодаря ему всеми мирами и не возвеличивается благодаря ему. О нем написано: "И сказал мне: "Ты раб Мой, Исраэль, в котором Я прославлюсь"[146]».

94) «Провозгласил рабби Хия и сказал: "То, что было, – это и есть, а то, что будет, – уже было"[147]. "То, что было, – это и есть"[147], то есть как мы учили: до того как Творец создал этот мир, Он создавал миры и разрушал их", и это разбиение келим, "пока не поднялось в желании Творца (побуждение) создать этот мир, и Он посоветовался с Торой", т.е. со средней линией. "И тогда Он установился в Своих исправлениях, и увенчался Своими венцами, и создал этот мир. И всё, что есть в этом мире, было тогда пред Ним", в момент сотворения, "и установилось пред Ним"».

---

[145] Писания, Песнь песней, 2:14. «Голубка моя в расселинах скалы, в укрытии уступа (досл. ступени). Дай мне видеть твой облик, дай мне слышать твой голос, ибо твой голос приятен, а облик твой мил!»
[146] Пророки, Йешаяу, 49:3. «И сказал мне: "Ты раб Мой, Исраэль, в котором Я прославлюсь"».
[147] Писания, Коэлет, 3:15. «То, что было, – это и есть, а то, что будет, – уже было; и Всесильный взыщет за преследуемого».

95) «"И мы учили, что все предводители мира, которые есть в каждом поколении, прежде чем прийти в мир, находились пред Творцом в образах своих. И даже все эти души людей, прежде чем прийти в мир, запечатлены пред Творцом точно в том же виде, в каком они являются в этот мир. И всё, чему они учатся в этом мире, они знают до того, как придут в мир. И мы учили, что всё это – у истинных праведников"».

96) «"А все те, кто не являются праведниками в этом мире, даже там" наверху, до того как они пришли в мир, "отдаляются от Творца и входят в отверстие великой бездны, и торопят время, и спускаются в мир. И эта душа их, мы учили, так же как она жестоковыйна в этом мире, такой она была прежде чем пришла в мир. А ту святую долю, которую дал им" Творец со стороны святости, "они отбрасывают, и ходят и кружат, и оскверняются в этом отверстии великой бездны, беря долю свою оттуда и ускоряя время, и спускаются в мир. Если впоследствии он удостоился и раскаялся пред своим Господином, он берет ту долю, которая действительно его", т.е. долю святости, которую отбросил наверху, как мы сказали. "Это смысл слов: "То, что было, – это и есть, а то, что будет, – уже было"[147]».

Объяснение. В момент создания душ, когда они еще наверху, до того как явились в этот мир под власть времени, они пребывают в вечности, которая выше времени, и прошлое, настоящее и будущее существуют там одновременно, как свойственно вечности. И получается, что все дела, которые совершат эти души одно за другим, придя в этот мир, уже находятся там одновременно. Поэтому сказано: «Все эти души ... точно в том же виде, в каком они являются в этот мир»[148], – т.е. согласно делам их в этом мире. И это смысл сказанного: «И всё, чему они учатся в этом мире, они знают до того, как придут в мир»[148], – ибо вся Тора, которую они будут учить в этом мире в течение всех дней жизни своей, уже целиком находится там.

«А все те, кто не являются праведниками в этом мире, даже там отдаляются от Творца»[149] – т.е. все их дурные дела уже представлены в их душах. И как суждено им отбросить святую долю в этом мире, так же и там: «А ту святую долю, которую дал им, они отбрасывают»[149]. А если им суждено согрешить в

---

[148] См. п. 95.
[149] См. п. 96.

этом мире и раскаяться, одно вслед за другим, это представляется наверху одновременно, как это свойственно вечности. И это смысл сказанного: «Если впоследствии он удостоился и раскаялся пред своим Господином, он берет ту долю, которая действительно его»[149], – и это тоже уже представлено там. И есть разница между душой, которой предстоит быть в праведнике, и той, которой предстоит быть в грешнике. Ибо та, которой предстоит быть в праведнике, уже пребывает там в своей святости, как мы уже сказали, и поэтому она не хочет являться в этот мир в нечистую материю тела, но лишь по приговору Творца. Однако та душа, которой суждено быть в грешнике, торопит время, чтобы прийти к облачению в нечистое тело. Ведь она стремится к скверне. И это смысл сказанного: «И торопят время, и спускаются в мир»[149].

97) «"Смотри, не было в Исраэле таких, как сыновья Аарона, кроме Моше и Аарона. И они назывались знатными из сынов Исраэля, но из-за того, что блудили пред святым Царем, умерли". Спрашивает: "Разве Творец хотел уничтожить их? Мы ведь учили, в тайне Мишны, что Творец милостив со всеми, и даже грешников мира не желает уничтожать. И такие праведники мира", как Надав и Авиу, – "разве можно представить себе, чтобы они были истреблены из мира? Где же их заслуги, где заслуги их отцов, и где заслуга Моше? Как же они погибли?"»

98) И отвечает: «"Но мы так учили у великого светоча, что Творец пощадил их достоинство, и тело их сгорело во внутренних покоях Его, но душа их не погибла. И мы это уже объясняли. И смотри, пока не умерли сыновья Аарона, написано: "И Эльазар, сын Аарона, взял себе (одну) из дочерей Путиэля себе в жены, и она родила ему Пинхаса"[150]. И он был назван Пинхас, потому что ему было суждено выправить извращенное", т.е. изъян Надава и Авиу, как выяснилось выше.[151] И это несмотря на то, что Надав и Авиу еще не умерли. "Это смысл сказанного: "А то, что будет, – уже было"[147]».

99) «"И мы учили, что перед тем, как явиться в мир, все истинные праведники исправляются наверху и называются

---

[150] Тора, Шмот, 6:25. «А Эльазар, сын Аарона, взял себе (одну) из дочерей Путиэля себе в жены, и она родила ему Пинхаса. Это главы отчих домов левитов по их семействам».
[151] См. выше, пп. 23-25.

именами. А рабби Шимон бен Йохай со дня, когда Творец сотворил мир, был готов пред Творцом и находился с Ним, и Творец называл его по имени. Счастлива доля его наверху и внизу. О нем написано: "Возрадуются отец твой и мать твоя"[152]. "Отец твой"[152] – это Творец, а "мать твоя"[152] – это Кнессет Исраэль"».

---

[152] Писания, Притчи, 23:25. «Возрадуются отец твой и мать твоя, и возликует родительница твоя».

ГЛАВА АХАРЕЙ МОТ

Пока царь устраивал торжество

100) «Провозгласил рабби Аба и сказал: "Пока царь устраивал торжество, мой нард источал аромат"[153]. Это изречение объясняли товарищи. В час, когда Творец был готов и пребывал на горе Синай, чтобы дать Исраэлю Тору, "мой нард источал аромат"[153], – т.е. Исраэль источали и возносили благоухание, постоянно защищавшее их во все поколения. И сказали: "Все, что Творец сказал, мы сделаем и услышим"[154]. Другое объяснение. "Пока царь устраивал торжество"[153] – пока Моше поднимался, чтобы получить от Творца Тору, высеченную на двух каменных скрижалях, Исраэль оставили это благоухание, венчавшее их, и сказали тельцу: "Вот божества твои, Исраэль"[155]».

101) «"Теперь" выясним "это изречение в отношении Хохмы. Смотри, написано: "И река вытекает из Эдена, чтобы орошать сад"[156]. Эта река", т.е. Бина, "распространяется в своих направлениях, в час, когда соединяется с ней этот Эден", т.е. Хохма, "в полном слиянии (зивуге), с этим путем, который неизвестен наверху и внизу", т.е. с Есодом Хохмы, "как сказано: "Тропа, неведомая ястребу"[157]. И пребывают" Хохма и Бина "в желании, когда не расстаются друг с другом вовек, тогда исходят" от них "родники и потоки", т.е. мохин Зеир Анпина, "и увенчивают святого сына", т.е. Зеир Анпин, сына йуд-хэй (יה), "всеми этими венцами", т.е. мохин. "Тогда написано: "В венце, которым украсила его мать"[158]. И это мохин, называемые венцом. "И в сей же час сын", Зеир Анпин, "получает в наследство удел отца своего и матери", т.е. мохин, выходящие от зивуга Хохмы и Бины, которые называются Аба ве-Има (досл. отец и мать), "тогда он вкушает это наслаждение и удовольствие (Эден)"».

---

[153] Писания, Песнь песней, 1:12. «Пока царь устраивал торжество, мой нард источал аромат».

[154] Тора, Шмот, 24:7. «Он взял книгу союза и прочел ее народу. И сказали: "Все, что Творец сказал, мы сделаем и услышим"».

[155] Тора, Шмот, 32:4. «И взял он из их рук и придал этому форму, и сделал из этого литого тельца. И сказали они: "Вот божества твои, Исраэль, которые вывели тебя из земли Египта!"»

[156] Тора, Берешит, 2:10. «И река вытекает из Эдена, чтобы орошать сад, и оттуда разделяется и образует четыре главных реки».

[157] Писания, Иов, 28:7. «Тропа, неведомая ястребу, и коршуна глаз не видал ее».

[158] Писания, Песнь песней, 3:11. «Выйдите и посмотрите, дочери Циона, на царя Шломо в венце, которым украсила его мать в день свадьбы его и в день радости сердца его».

102) «"И мы учили, что в час, когда высший Царь", т.е. Зеир Анпин, сидит "с царскими яствами, и сидит в своих венцах, тогда написано: "Пока царь устраивал торжество, мой нард источал аромат"[153]». «Мой нард»[153] – «"это Есод, производящий благословения, чтобы соединиться в зивуге святому Царю", Зеир Анпину, "с Царицей", Малхут. "И тогда даны благословения всем мирам, и благословляются высшие и нижние. Теперь же великий светоч украшается венцами этой ступени", т.е. мохин Зеир Анпина, полученными от Абы ве-Имы, которые называются венцами, "и он с товарищами возносит прославления снизу вверх", т.е. МАН, "и она", Малхут, "увенчивается этими прославлениями", т.е. совершает зивуг с Зеир Анпином. "Теперь следует произвести благословения сверху вниз для всех товарищей с этой ступени", упомянутой выше. "И рабби Эльазар, сын его, расскажет из того возвышенного, что он слышал от своего отца"».

ГЛАВА АХАРЕЙ МОТ

Вот колодец в поле

103) «Провозгласил рабби Эльазар и сказал: "И увидел: вот, колодец в поле..."[159] "И собирались туда все стада..."[160] Нужно внимательно рассмотреть эти изречения, так как они в свойстве Хохмы, как я учил у своего отца. И учил я так. "И увидел: вот, колодец в поле"[159]. Что представляет собой этот колодец? Это как написано: "Колодец, выкопанный старейшинами, вырытый вождями народа"[161], т.е. Малхут, установленная Абой ве-Имой, которые называются старейшинами. "И вот, там три стада мелкого скота расположены около него (досл. над ним)"[159], – это Нецах-Ход-Есод (НЕХИ). И они расположены над ним и стоят над ним, и от них этот колодец наполняется благословениями"».

104) «"Потому что из того колодца поят стада"[159] – потому что из этого колодца питаются высшие и нижние и благословляются все вместе. "И камень большой на устье колодца"[159] – это суровый суд, называемый большим камнем, который стоит над ним с другой стороны, чтобы питаться от него. "И собирались туда все стада"[160] – это шесть сфирот Царя", Зеир Анпина, т.е. ХАГАТ НЕХИ, "которые собираются все (вместе) и притягивают благословения от головы (рош) Царя", т.е. от ГАР Зеир Анпина, называемых рош, "и опорожняют ее. И когда все они объединяются, как один, чтобы опорожнить ее, написано: "И откладывали камень от устья колодца"[160] – т.е. они откладывали этот суровый суд", называемый камнем, "и отстраняли его от него"».

105) «"И поили овец"[160] – т.е. изливали благословения из колодца высшим и нижним. "И возвращали камень на устье колодца, на свое место"[160] – т.е. "этот суд возвращается на свое место. Ведь он нужен, чтобы смягчать и исправлять мир". Ибо этот суд оберегает колодец, чтобы заключенная в нем Хохма раскрывалась только когда собираются все стада, т.е. три

---

[159] Тора, Берешит, 29:2. «И увидел: вот, колодец в поле, и вот, там три стада мелкого скота расположены около него; потому что из того колодца поят стада, и камень большой на устье колодца».
[160] Тора, Берешит, 29:3. «И собирались туда все стада, и откладывали камень от устья колодца и поили овец, и возвращали камень на устье колодца, на свое место».
[161] Тора, Бемидбар, 21:18. «Колодец, выкопанный старейшинами, вырытый вождями народа жезлом, посохами своими».

линии НЕХИ, и тогда это называется движением, а после этого он скрывает Хохму.[162] "А сейчас ведь Творец изливает на вас благословения от истока реки, а от вас благословляются все люди поколения. Счастлива доля ваша в этом мире и в мире будущем. О вас написано: "И все сыновья твои будут учениками Творца, и велико будет благополучие сынов твоих"[163]».

---

[162] См. Зоар, главу Бешалах, п. 137, со слов: «И сказано: "Когда они двигаются", – чтобы раскрыть свечение Хохмы, "то делятся на четыре направления", – где каждая из трех линий раскрывает свое свечение отдельно...»

[163] Пророки, Йешаяу, 54:13. «И все сыновья твои будут учениками Творца, и велико будет благополучие сынов твоих».

ГЛАВА АХАРЕЙ МОТ

Двенадцать и эта

106) «Провозгласил рабби Шимон и сказал: "Возрадуются преданные в славе, воспоют на ложах своих"[164]. Мы учили, что тринадцатью мерами" милосердия "образуется связь веры", т.е. Малхут, "чтобы находились благословения для всего. И вся вера Творца скрыта в трех", т.е. в трех линиях, и это тайна тринадцати, поскольку они светят в каждой из четырех ее сфирот ХУГ ТУМ (Хесед-Гвура-Тиферет-Малхут), и трижды четыре – это двенадцать, а с включением Малхут – их тринадцать. "И поэтому тринадцатью мерами увенчивается Тора, как мы это объясняли" в Брайте рабби Ишмаэля[165], "от простого к сложному, по аналогии и т.д. И мы это уже объясняли много раз. И святое имя", т.е. Малхут, "украшается этим"».

107) «"Смотри, в тот час, когда Яаков хотел, чтобы сыновья его благословились во имя веры, что написано: "Все эти – колена Исраэля, двенадцать, и вот (зот) что говорил им отец их"[166], двенадцать и зот – "это тринадцать, ведь с ними участвовала Шхина", называемая зот, "и эти благословения осуществились. То есть, как написано: "Каждого по благословению его благословил он их"[166]. Что значит "по благословению его"[166]? То есть по высшему подобию", и это тринадцать мер милосердия, "согласно благословению каждой меры"».

108) «"И мы учили, что все эти меры" Малхут "восходят и увенчиваются, и покоятся в одном рош", Зеир Анпина, "и там украшается голова (рош) Царя, – того, который называется на высшей ступени преданности", т.е. Зеир Анпин, когда его Хесед становится Хохмой, "и преданные", слитые с Зеир Анпином, "обретают всю высшую славу", т.е. Малхут с ее тринадцатью мерами, "как написано: Возрадуются преданные в славе"[164] – т.е. "в этом мире", Малхут. "Воспоют на ложах своих"[164] – т.е. "в будущем мире", Бине. "Величие Всевышнего (Эль) в их устах"[164] –

---

[164] Писания, Псалмы, 149:5-7. «Возрадуются преданные в славе, воспоют на ложах своих. Величие Всевышнего в их устах, и меч обоюдоострый в их руке, чтобы свершить мщение над народами, наказание – над племенами».

[165] Рабби Ишмаэль систематизировал методы толкования Торы, сформулировав тринадцать основных правил ее толкования, которые составили знаменитую Брайту рабби Ишмаэля.

[166] Тора, Берешит, 49:28. «Все эти – колена Исраэля, двенадцать, и вот что говорил им отец их. И благословил он их, каждого по благословению его благословил он их».

т.е. "они умеют создавать связь веры как подобает", потому что Малхут называется Эль. "И тогда: "Меч обоюдоострый в их руке"[164]. Что такое "меч обоюдоострый"[164]? "Это меч у Творца"[167], т.е. Малхут со стороны суда, которая называется мечом. "Обоюдоострый"[164] – т.е. "пылающий двумя судами", судами левой линии и судами экрана. "А зачем? Это "чтобы свершить мщение над народами"[164]».

---

[167] Пророки, Йешаяу, 34:6. «Меч у Творца полон крови, тучнеет от тука, от крови баранов и козлов, от тука с почек баранов, ибо резня у Творца в Боцре, и заклание великое в земле Эдома».

ГЛАВА АХАРЕЙ МОТ

Ты готовишь предо мной стол

109) «"И ведь рабби Пинхас бен Яир, который является сфирой Хесед высшего рош", т.е. Зеир Анпина, Хесед которого стал Хохмой, т.е. свойством рош, "поэтому он обретает высшую славу, и он создает высшую связь, святую связь, связь веры", т.е. соединение Зеир Анпина и Малхут. "Счастлива доля его в этом мире и в мире будущем. Об этом столе написано: "Это стол, что пред Творцом"[168]. Встал рабби Пинхас и поцеловал его, и благословил его. И поцеловал рабби Эльазара и всех товарищей, и благословил их. Взял чашу и благословил"».

110) «Провозгласил и сказал: "Ты накрываешь предо мной стол на виду у врагов моих"[169]. Весь тот день они сидели там, и все товарищи радовались речениям Торы, и велика была радость рабби Шимона. Рабби Пинхас взял рабби Эльазара и не оставлял его весь тот день и всю ночь, и радовался с ним вместе. Возгласил о нем: "Тогда наслаждаться будешь пред Творцом"[170], – вся радость и это великое наслаждение относятся к доле моей", потому что рабби Эльазар был сыном его дочери, "и в том мире еще упомянут обо мне: "Счастлива доля твоя, рабби Пинхас, ибо удостоился ты всего этого. "Мир, мир тебе, мир помощникам твоим, Всесильный твой помогает тебе"[171]. Встали рано, чтобы отправиться в путь. Встал рабби Пинхас и удерживал рабби Эльазара, не давая ему уйти. Рабби Пинхас проводил рабби Шимона, и благословил его и всех товарищей. Пока они еще были в пути, рабби Шимон сказал товарищам: "Время действовать ради Творца"[172]».

---

[168] Пророки, Йехезкель, 41:22. «Жертвенник деревянный в три локтя высотой и длиной в два локтя; и углы его, и длина (верхняя доска) его, и стены его – деревянные. И сказал он мне: "Это стол, что пред Творцом"».

[169] Писания, Псалмы, 23:5. «Ты накрываешь предо мною стол на виду у врагов моих, умащаешь елеем голову мою; наполнена чаша моя!»

[170] Пророки, Йешаяу, 58:14. «Тогда наслаждаться будешь пред Творцом, и Я возведу тебя на высоты земли, и питать буду тебя наследием Яакова, отца твоего, потому что уста Творца изрекли это».

[171] Писания, Диврей а-ямим 1, 12:19. «И дух объял Амасию, главу начальников: "Твои (мы), Давид! И с тобою (мы), сын Ишая! Мир, мир тебе, мир помощникам твоим, ибо Всесильный твой помогает тебе!" И принял их Давид и поставил их среди глав отряда».

[172] Писания, Псалмы, 119:126. «Время действовать ради Творца: они нарушили Тору Твою!»

ГЛАВА АХАРЕЙ МОТ

И возложит Аарон на обоих козлов жребии

111) «Подошел рабби Аба и спросил: "Написано: "И возложит Аарон на обоих козлов жребии"[173]. Зачем эти жребии? И зачем Аарону возлагать жребии? И зачем эта глава? Я ведь изучал пред господином моим порядок этого дня", (Дня) искупления, и также "это я хочу знать"».

112) «Провозгласил рабби Шимон и сказал: "И взял он от них Шимона и заключил его под арест на глазах у них"[174]. И что же видел Йосеф в том, чтобы взять с собой Шимона, более чем" остальных "своих братьев?" И отвечает: "Но Йосеф рассудил: "Как бы то ни было, Шимон – это раскрытие суда, и в тот час, когда ушел я от отца к братьям, Шимон прежде начал с суда, как написано: "И сказали друг другу: "Вот сновидец тот подходит. Теперь же пойдем и убьем его"[175]. А потом в Шхеме: "И взяли два сына Яакова, Шимон и Леви, братья Дины, каждый свой меч, и напали на город"[176]. Все они были в свойстве суда. Поэтому "лучше взять этого, и он не будет возбуждать ссору между всеми коленами"».

113) «"И мы учили, что видел Шимон в том, чтобы соединиться с Леви более чем с другими, ведь и Реувен был его братом, и он был рядом с ним, как и Леви, почему же он не прилепился к Реувену?" И отвечает: "Однако Шимон видел и знал, что Леви исходит со стороны суда, а Шимон был связан со стороной более сурового суда. Сказал: "Свяжемся друг с другом, и тогда мы разрушим мир". Что сделал Творец? Взял Леви в Свой удел. Сказал: "Отныне и впредь Шимон будет сидеть один, связанный веревками"».

---

[173] Тора, Ваикра, 16:8. «И возложит Аарон на обоих козлов жребии: один жребий – Творцу, и один жребий – Азазелю».

[174] Тора, Берешит, 42:24. «А он отстранился от них и заплакал. И возвратился он к ним и говорил с ними, и взял он от них Шимона и заключил его под арест на глазах у них».

[175] Тора, Берешит, 37:19-20. «И сказали друг другу: "Вот сновидец тот подходит. Теперь же пойдем и убьем его, и бросим его в одну из ям, и скажем, что хищный зверь съел его; и увидим, чем станут сны его"».

[176] Тора, Берешит, 34:25. «И было, на третий день, когда они были болезненны, взяли два сына Яакова, Шимон и Леви, братья Дины, каждый свой меч и напали на город уверенно, и убили всех мужчин».

114) «"Мы учили, что со стороны Имы два духа, судебные обвинители, удерживаются в левой руке. И мы объясняли, что они разведывают (мераглим מְרַגְּלִים) землю", Малхут, "каждый день". Иначе говоря, они питаются от НЕХИ де-Малхут, которые называются раглаим (רַגְלַיִם ноги). "И это смысл того, что написано: "Двух мужей-разведчиков"[177]».[178]

115) «"И мы учили, что счастлива доля Исраэля, более всех народов, поклоняющихся идолам, поскольку Творец пожелал очистить их и сжалиться над ними, ведь они – удел Его и наследие Его. Это смысл слов: "Ибо удел Творца – народ Его, Яаков – наследственное владение Его"[179]. И написано: "Вознес Он его на высоты земли"[180]. Именно "на высоты земли"[181], так как они объединяются высоко-высоко", в Зеир Анпине, "и поэтому к ним прилепляется любовь Творца. Это означает: "Возлюбил Я вас, – сказал Творец"[181]. И написано: "Но из любви Творца к вам"[182]. И из-за большой любви, которой Он любит их, дал Он им один день в году для очищения и прощения им всех грехов. Как написано: "Ибо в этот день искупит вас для очищения вашего"[183], – чтобы они были достойны в этом мире и в мире будущем, и не было в них греха. Поэтому в этот день Исраэль увенчиваются и господствуют над всеми судебными обвинителями и над всеми духами"».

116) «"Мы учили: "И возложит Аарон на обоих козлов жребии: один жребий – Творцу, и один жребий – Азазелю"[173]. "И

---

[177] Пророки, Йеошуа, 2:1. «И послал Йеошуа бин Нун из Шиттима двух мужей-разведчиков тайно, сказав: "Идите, осмотрите землю и Йерихо". И пошли они, и пришли в дом женщины-блудницы, чье имя Рахав, и остались ночевать там».

[178] См. главу Трума, Сифра ди-цниута, п. 54. «"И увидели ангелы Всесильного дочерей человеческих", т.е. как написано: "Двух мужей..."»

[179] Тора, Дварим, 32:9. «Ибо удел Творца – народ Его, Яаков – наследственное владение Его».

[180] Тора, Дварим, 32:13. «Вознес Он его на высоты земли, и ел тот плоды полей; и питал его медом из скалы и елеем из кремнистого утеса».

[181] Пророки, Малахи, 1:2-3. «Возлюбил Я вас, – сказал Творец, – а вы говорите: "В чем явил Ты любовь к нам?" Разве не брат Эсав Яакову, – слово Творца, – но возлюбил Я Яакова! А Эсава возненавидел Я, и сделал горы его пустошью, и удел его – жилищем шакалов пустыни».

[182] Тора, Дварим, 7:8. «Но из любви Творца к вам и потому, что хранит Он клятву, которой клялся вашим отцам, вывел Творец вас крепкой рукой, и освободил Он тебя из дома рабства, из рук Фараона, царя Египетского».

[183] Тора, Ваикра, 16:30. «Ибо в этот день искупит вас для очищения вашего от всех грехов ваших – пред Творцом очиститесь».

возложит Аарон"¹⁷³. Почему именно Аарон? Это "потому, что он исходит со стороны Хеседа" и может дополнить Малхут свойством хасадим. "На обоих козлов"¹⁷³, вот именно, "на"¹⁷³ – указывает на Малхут, которая выше двух этих козлов, "для того чтобы умастилась Царица", Малхут. "Один жребий – Творцу, и один жребий – Азазелю"¹⁷³. Спрашивает: "Но ведь это два козла", которые указывают на суды, "почему же один из них – Творцу?" И отвечает: "Но так сказал Творец: "Один" козел "будет пребывать у Меня, а другой пусть непрерывно странствует по миру, ведь если они оба соединятся, мир этого не сможет вынести"».

117) «"Этот" козел "выходит, и непрерывно странствует по миру, и обнаруживает Исраэль во многих служениях, на многих ступенях, во многих добрых законах, и не может одолеть их. Среди всех них царит мир, и он не может войти меж ними со злоязычием", т.е. он не может возвести на них обвинение. "Этого козла отправляют с грузом всех грехов Исраэля"».

118) «"Мы учили, что много полчищ губителей встречаются, которые находятся под властью его", этого козла, "и они назначаются выслеживать на земле всех тех, кто нарушает речения Торы. И в тот день", День искупления, "нет обвинителя, который говорил бы против Исраэля. Когда этот козел", предназначенный Азазелю, "подходит к горе, сколько радости, одна за другой, вызывается им во всех. И тот судебный обвинитель, который ушел", т.е. тот козел, что наверху, "возвращается и произносит хвалу Исраэлю. Обвинитель становится защитником"», т.е. выдвигающий обвинения становится добрым заступником.

Пояснение статьи. Вот три вопроса, которые рабби Аба задал рабби Шимону.¹⁸⁴ Первый: зачем эти жребии? Второй: и зачем Аарону возлагать жребии, а не другому человеку? Третий: и зачем эта глава? Иначе говоря, почему именно эта глава относится к Дню искупления? И чтобы пояснить ему эти три вопроса, рабби Шимон приводит здесь три случая. Первый: в отношении Шимона и Леви. Второй: в отношении двух мужей-разведчиков. Третий: в отношении двух козлов. И в корне своем суды в них одинаковы.

---

¹⁸⁴ См. выше, п. 111.

И ты уже узнал, что два эти вида судов являются началом всех судов и грехов в мире, и это суды захара, исходящие из левой линии, и суды нуквы, исходящие от экрана. И когда суды нуквы приходят в качестве исправления, т.е. от средней линии, тогда они противоречат судам захара и отменяют их.[185] Однако если суды нуквы приходят не как исправление, а как собственно суды, они не только не отменяют суды захара, но еще и прибавляются к ним, разрушая мир.

И Шимон с Леви, оба они были от свойства судов. Шимон был от свойства судов захара, исходящих от левой линии. А Леви, было в нем свойство судов нуквы, исходящих от экрана. И это смысл сказанного: «Шимон видел и знал... Сказал: "Свяжемся друг с другом, и тогда мы разрушим мир"»[186], – потому что, если суды нуквы, что в Леви, добавятся к судам захара Шимона, они разрушат мир, как было сказано. «Что сделал Творец? Взял Леви в Свой удел» – т.е. он поднял его к Себе для исправления его, т.е. в среднюю линию, и тогда он противостоит судам захара и скрывает от него ГАР левой линии, как свойственно средней линии. И это смысл сказанного: «Отныне и впредь будет сидеть один, связанный веревками», – т.е. ГАР его левой линии сократятся, и он останется в ВАК Хохмы. И это определяется для него, что он как будто связан веревками посредством судов нуквы, что в Леви. И этим объясняется также изречение: «И взял он от них Шимона и заключил его под арест на глазах у них», где он спросил: «И что же видел Йосеф в том, чтобы взять с собой Шимона, более чем (остальных) своих братьев»[187]. Поскольку Йосеф – это Есод, т.е. средняя линия от хазе и ниже, поэтому свойство исправленных судов нуквы в средней линии «заключило под арест»[174] Шимона, – т.е. сократило ГАР левой линии, что в Шимоне, от которых все суды и ссоры.

И это смысл сказанного: «Со стороны Имы два духа, судебные обвинители, удерживаются в левой руке»[188], – т.е. суды нуквы и суды захара, о которых мы говорили, и оба они исходят от Имы к Малхут. И суды нуквы добавляются и соединяются с судами захара, исходящими от левой руки Имы. «И мы объясняли, что они разведывают (мерагли́м מְרַגְּלִים) землю каждый

---

[185] См. Зоар, главу Тазриа, п. 153, со слов: «Пояснение сказанного...»
[186] См. выше, п. 113.
[187] См. выше, п. 112.
[188] См. выше, п. 114.

день», – т.е. они удерживаются в НЕХИ де-Малхут, которые называются «раглáим (רַגְלַיִם ноги)». А Малхут называется землей, поэтому они называются разведчиками земли. И они пробуждаются каждый день, и исправление их (происходит) посредством свечения средней линии каждый день. И это смысл сказанного: «Двух мужей-разведчиков»[177].

И это смысл сказанного: «Почему же один из них – Творцу? Но так сказал Творец: "Один будет пребывать у Меня"»[189], т.е. козел для грехоочистительной жертвы, потому что два козла, в своем корне наверху, они тоже два вида судов, о которых мы говорили, где козел для грехоочистительной жертвы – это суды нуквы, а козел для Азазеля – это суды захара. И сказал Творец, т.е. свойство средней линии, что козел для грехоочистительной жертвы «будет пребывать у Меня», – т.е. его суды исправятся с помощью средней линии, которая сокращает ГАР левой линии, «а другой пусть непрерывно странствует по миру» – т.е. козел для Азазеля, исходящий от судов захара, будет странствовать по миру один, т.е. как сказано выше о Шимоне и Леви, что «взял Леви в Свой удел»[186], а «Шимон будет сидеть один, связанный веревками»[186]. «Ведь если они оба соединятся, мир этого не сможет вынести»[189], – т.е. как мы сказали выше о Шимоне и Леви, что если бы они соединились, то разрушили бы мир. Ведь если суды нуквы не исходят от исправления средней линии, они добавляются к судам захара и разрушают мир. Поэтому Он взял козла для грехоочистительной жертвы к Себе.

Но для того чтобы понять как следует смысл слов «козел для Азазеля», необходимо подробнее объяснить эти вещи. Ибо говорит Зоар: «В день Рош а-шана (Начала года) нужно ошеломить Сатáна, подобно состоянию, когда его внезапно будят от сна, и он ничего не осознает... В День искупления следует вести себя с Сатаном спокойно и доставить ему удовольствие тем козлом для Азазеля, которого жертвуют ему. И тогда он становится добрым заступником Исраэля»[190]. И объясняется это тем, что в день Рош а-шана мир возвращается в состояние, которое было в четвертый день творения, когда вновь раскрываются ГАР Хохмы, и тогда ситра ахра пробуждается, чтобы навлечь на мир суды левой линии. И исправлением этого является трубление в шофар, которое удаляет ГАР из миров, и они остаются в состоянии ВАК

---

[189] См. выше, п. 116.
[190] Зоар, глава Ваера, пп. 384-385.

без рош, и Сатан приходит в замешательство, потому что все его удержание только в ГАР левой линии, а сейчас они пропали благодаря трублению в шофар.[191] Но поскольку ГАР исчезли, в мирах возникло место недостатка, и ситра ахра поднимается и удерживается в месте недостатка ГАР, и вводит в грех людей. И это причина того, что «средние» находятся в зависимом состоянии до Судного дня. И поэтому второе исправление совершается в День искупления, когда снова притягивают свечение Хохмы, и вместе с тем производится исправление, чтобы ситра ахра не соединялась с левой линией, вовлекая мир в грех притяжением Хохмы сверху вниз. И исправление, приводимое во многих местах, заключается в том, что в момент раскрытия Хохмы, вместе с ней будут раскрываться суровые суды, карающие грешников, и с помощью этого оберегается Хохма, чтобы грешники не притянули ее сверху вниз.[192] И знай, что источник этого исправления появляется в День искупления через козла для Азазеля. Ведь в День искупления Хохма раскрывается с помощью облачения Малхут на Бину, и тогда: «И возложит Аарон на обоих козлов жребии»[173], где один козел – это свойство судов нуквы, а второй козел – это суды захара, исходящие от ГАР Хохмы. «Один жребий – Творцу»[173], т.е. козел, в котором суды нуквы, вследствие трубления в шофар в Рош а-шана поднимается к Творцу, к средней линии, и получает свечение Хохмы в свойстве ВАК, как присуще святости. «И один жребий – Азазелю»[173], т.е. козел, в котором заключены суды захара, – раскрываются над ним ГАР Хохмы, потому что он притягивает свечение Хохмы сверху вниз, как свойственно ситре ахра. А потом: «И отошлет козла в пустыню»[193]. То есть потому, что раскрылись на нем все наказания, положенные тем, кто связан с ним, так как обязаны они следовать за ним в место пустынное и разрушенное. И тогда исправляются эти два суда, поскольку суды нуквы исправились благодаря тому, что поднялся над ними жребий к Творцу, т.е. средняя линия, которая исправила их свечением ВАК Хохмы. А чтобы ситра ахра не соединилась с местом недостатка ГАР Хохмы, ей дается козел для Азазеля, который притягивает ГАР Хохмы вместе со всеми судами и карами. И тогда «обвинитель

---

[191] Зоар, глава Ваера, п. 381, со слов: «Объяснение. Двенадцать месяцев года – это исправление Малхут от начала (рош) и до конца (соф)...»
[192] См. Зоар, главу Пкудей, п. 376.
[193] Тора, Ваикра, 16:22. «И понесет на себе козел все их грехи в землю необитаемую, и отошлет козла в пустыню».

становится защитником»[194]. Поскольку он не захочет удерживаться в месте недостатка ГАР Хохмы, чтобы не испортить свои ГАР, которыми питается от козла для Азазеля. И также исчезает опасение, что он вовлечет жителей мира в грех притягивать сверху вниз, из-за множества судов, пребывающих над ним, в силу того, что его отсылают в пустыню. И это означает сказанное: «Когда этот козел подходит к горе, сколько радости, одна за другой, вызывается им во всех»[194] – т.е. во всех судах, как в судах нуквы, так и в судах захара, как уже выяснилось.

И это означает сказанное: «Один будет пребывать у Меня»[195] – т.е. тот, который от свойства судов нуквы, будет пребывать у Меня и получать ВАК Хохмы, как принято у святости. «А другой пусть непрестанно странствует по миру», совращая людей притягивать для него ГАР сверху вниз по его желанию. И тогда отправляется ситра ахра совращать людей, чтобы притягивали для нее свечение Хохмы сверху вниз. Как сказано: «Этот (козел) выходит, и непрерывно странствует по миру, и обнаруживает Исраэль во многих служениях, на многих ступенях, во многих добрых законах, и не может одолеть их»[196] – т.е. посредством жребиев выясняется достоинство того козла, на которого выпал жребий «Творцу», т.е. свечения и большие мохин, которые исходят от него. И в противоположность ему – множество судов и кар, раскрывающихся с тем козлом, которому выпал жребий для Азазеля. Тогда весь Исраэль соединяются с Творцом всей своей душой, и ситра ахра «не может войти меж ними со злоязычием»[196] из-за страха перед судами, которые раскрываются с ним вместе. И известно, что два этих суда являются началом всех совершаемых грехов и проступков. А поскольку эти два первоначальных суда были исправлены, уже можно быть уверенными, что дом Исраэля больше не согрешит. И сказано, что его" отправляют с грузом всех грехов Исраэля»[196], как написано: «И понесет на себе козел все их грехи в землю необитаемую»[193]. Ибо Исраэль теперь стали уверены, что не прегрешат более, из-за судов, раскрывшихся вместе с козлом, отосланным в землю необитаемую. И тогда искупится им. Таким образом, досконально выяснилось то, что спрашивал рабби Аба: «Зачем эти жребии»[197].

---

[194] См. выше, п. 118.
[195] См. выше, п. 116.
[196] См. выше, п. 117.
[197] См. выше, п. 111.

А то, что спросил: «И зачем Аарону возлагать жребии?», это как сказано: «"И возложит Аарон"[173], потому, что он исходит со стороны Хеседа»[195], и поэтому он был достоин притягивать изобилие хасадим на козла, которому выпал жребий «для Творца», и соединять правую и левую линии, что в Малхут, друг с другом. А то, что спросил: «И зачем эта глава?», т.е. почему эта глава сказана о Дне искупления, это как сказано: «И из-за большой любви, которой Он любит их, дал Он им один день в году для очищения и прощения им всех грехов»[198].

119) «"Смотри, и не только это, но всюду, где Исраэль должны очиститься от грехов, Творец дает им совет привязать судебных обвинителей", чтобы они не обвиняли, "и умащать их теми жертвами и всесожжениями, которые приносят пред Творцом.[199] И тогда они не могут вредить, а в тот день", День искупления, "более всего, и как Исраэль внизу умащают всех", посредством двух козлов, "так же умащают всех обвинителей. И всё это – жертвоприношение и служение Творцу"».

120) «"Мы учили, что в тот час, о котором написано: "И возьмет Аарон двух козлов"[200], пробуждаются в этот день" эти два козла, т.е. суды нуквы и суды захара, "наверху, и хотят" соединиться друг с другом, как мы уже говорили, и "править и выйти в мир. Когда коэн приносит в жертву этих" двух козлов внизу, в Храме, "приносятся в жертву те, что наверху. И тогда выходят жребии во всех сторонах: коэн возлагает жребии внизу, коэн", т.е. Хесед, "возлагает жребии наверху. И так же как один остается у Творца", т.е. один козел – для Творца, "внизу, а другой", т.е. козел для Азазеля, "выводят его в эту пустыню, так же и наверху, один остается у Творца", в средней линии, "а другой выходит, странствуя по миру, в эту высшую пустыню", т.е. суды, раскрывающиеся с появлением Хохмы, которые являются свойством пустыни и земли необитаемой. "И один связывается с другим"», т.е. они светят один над другим, и с помощью этого отменяются оба вида судов, как суды нуквы, так и суды захара, как это подробно объяснено выше.

---

[198] См. выше, п. 115.
[199] См. Зоар, главу Ноах, п. 119, а также п. 130, со слов: «И вместе с этим, ты поймешь внутренний смысл принесения в жертву козла на новомесячье, а также всех жертвоприношений...»
[200] Тора, Ваикра, 16:7. «И возьмет (Аарон) двух козлов, и поставит их пред Творцом у входа в Шатер собрания».

121) «"Написано: "И возложит Аарон обе руки свои на голову живого козла, и признается над ним во всех прегрешениях сынов Исраэля"[201]. Поэтому "и возложит Аарон обе руки свои"[201], т.е. правую линию и левую линию, "чтобы Творец", т.е. средняя линия, "согласился через них. "На голову живого козла"[201], слово "живого"[201] – оно в точности", поскольку это нужно, "чтобы включить того козла, что наверху"», над которым ГАР Хохмы раскрываются вместе с судами,[202] а Хохма называется живой.

122) «"И признается над ним во всех прегрешениях сынов Исраэля"[201]. Это как написано: "И признается над ней, что грешил"[203], и мы объясняли, что "над ней"[203] означает, что человек очищается, и остается на ней", на овце, "весь тот грех. Также и здесь: "И признается над ним"[201] означает, что после того, как коэн исповедался за Исраэль, "над ним"[201], – т.е. что останутся все" грехи "на нем"».

123) «Сказал рабби Аба: "Но в таком случае, ведь написано: "И чтобы не резали более жертв своих козлам"[204]». Как же ты говоришь, что козел для Азазеля направлен соответственно козлу, что наверху? «Сказал ему: "Здесь это по-другому, поскольку там они приносили жертву козлам, потому что не сказано: "И чтобы не резали более жертв своих, козлов", а "козлам"[204], ибо они поклонялись козлам", отдаваясь "их власти. А здесь" все лишь: "И понесет козел на себе все их грехи"[193], но жертва приносится только Творцу. Смотри, благодаря этой жертве умащаются высшие и нижние, и суд не пребывает и не властвует над Исраэлем"».

---

[201] Тора, Ваикра, 16:21. «И возложит Аарон обе руки свои на голову живого козла, и признается над ним во всех прегрешениях сынов Исраэля и во всех грехах их, и во всех провинностях их, и возложит их на голову козла, и отошлет с нарочным в пустыню».

[202] См. выше, п. 118.

[203] Тора, Ваикра, 5:5-6. «И будет, если провинится в одном из этих, и признается над ней, что грешил. И доставит свою повинную жертву Творцу за свой грех, который он совершил, самку из мелкого скота, овцу или козу в очистительную жертву; и искупит его коэн от его греха».

[204] Тора, Ваикра, 17:7. «И чтобы не резали более жертв своих косматым (досл. козлам), за которыми они беспутно следуют. Законом вечным будет это им для их поколений».

ГЛАВА АХАРЕЙ МОТ

Нарочный

124) «"Мы учили. "И возложит их на голову козла, и отошлет с нарочным в пустыню"²⁰¹. Что значит "нарочный"²⁰¹?" И отвечает: "Но смысл этого следующий. Во всем, что бы ни делалось, должен человек", который делает, "быть готов к этому. Есть человек, через которого благословение исполняется более чем через другого". И это из-за его готовности к этому. "Смотри, что написано о коэне: "Доброжелательный (досл. добрый глаз) будет благословен"²⁰⁵. Читай не "будет благословен", а "будет благословлять", поскольку", будучи доброжелательным, он "тем самым готов к тому, что через него исполнится благословение"».

125) «"А есть человек, который готов, чтобы через него исполнялись проклятия. И куда бы он ни посмотрел, возникают проклятия, хула и страх. Как Билам, прозванный дурным глазом, поскольку был готов на любое зло, и не был готов на добро. И даже когда благословлял, благословение его не было благословением, и не исполнялось. Но когда проклинал, всё, что он проклинал, исполнялось, и даже" исполнялось "в одно мгновение. И поэтому написано: "Вот речение Билама, сына Беора, и речение мужа с пристальным взором"²⁰⁶, – ибо всё, что было подвластно его взору, проклиналось"».

126) «"Смотри, что написано: "А обратил к пустыне лицо свое"²⁰⁷. Это для того, чтобы пробудилась там властвующая сторона", т.е. ситра ахра, "и выступила со злословием и обвинениями против Исраэля. Что написано о коэнах: "Доброжелательный (досл. добрый глаз) будет благословен"²⁰⁵, потому что он готов к этому, и во взгляде его – благословение. И поэтому мы учили, что человек готов избежать ста путей, лишь бы не столкнуться с человеком, у которого дурной глаз"».

127) «"Также и здесь: "И отошлет с нарочным в пустыню"²⁰¹ – т.е. он готов на это и назначен на это. И коэн знал его, потому

---

²⁰⁵ Писания, Притчи, 22:9. «Доброжелательный будет благословен, ибо дал от своего хлеба бедному».
²⁰⁶ Тора, Бемидбар, 24:3. «И произнес он притчу свою, и сказал: "Вот речение Билама, сына Беора, и речение мужа с пристальным взором"».
²⁰⁷ Тора, Бемидбар, 24:1. «И увидел Билам, что угодно Творцу благословить Исраэль, и не обратился он, как прежде, к заклинаниям, а обратил к пустыне лицо свое».

что один глаз у него был немного больше другого, и кожа глаза", т.е. веко, "покрыта большими волосами, глаз – голубого цвета, и не смотрит прямо. Это тот человек, который готов для этого", чтобы отослать (с ним) козла для Азазеля, "и он подходит для него. Поэтому написано: "С нарочным"[201]».

128) «"В Гуш-Халаве был человек, который в любом месте, если наносил удар рукой, то убивал, и люди не приближались к нему. В Сирии был человек, который, куда бы ни взглянул, даже если намерение его было добрым, всё обращалось во зло. Однажды один человек шел по рынку, и лицо его сияло. Подошел к нему тот человек и взглянул на него, и разорвался глаз его. Поэтому для всего", как для добра, так и для зла, "есть человек, готовый для этого, – для того и для другого. Поэтому написано: "Доброжелательный (досл. добрый глаз) будет благословен"[205]. Читай не "будет благословен", а "будет благословлять"».

129) «"И мы учили, что тот человек, который уходил" с козлом "в пустыню, когда приходил туда с козлом, поднимался на гору и сталкивал его двумя руками, и не сходил до половины горы, пока того не разрывало на куски. И человек тот говорил: "Так исчезнут грехи народа Твоего"[208]. И поскольку" благодаря этому "поднимался обвинитель и становился защитником Исраэля, то Творец берет все грехи Исраэля и всё, что написано в тех приговорах суда, что наверху, для напоминания грехов человеческих, и сбрасывает их таким же образом", как был сброшен с горы козел для Азазеля, "в место, называемое глубинами моря", т.е. в место тьмы и судов левой линии, находящееся ниже Малхут, называемой морем. "Это смысл слов: "И Ты сбросишь в глубины моря все грехи их"[209]».

---

[208] Из молитвы «Мусаф» в День искупления.
[209] Пророки, Миха, 7:19. «Он опять смилуется над нами, скроет беззакония наши. И Ты сбросишь в глубины моря все грехи их».

Два козла

130) «"Мы учили", Писание говорит: "А от общины сынов Исраэля пусть возьмет он двух козлов в жертву грехоочистительную"[210]. "А от общины"[210] – учит тому, "что следует взять от" денег "всех, и искупление будет для всех. Ведь все грехи Исраэля зависят от этого, и все получают искупление через это". И потому "недостаточно" взять от денег "одного человека. И из какого места они берутся? А берут деньги из храмовых касс и приводят" козлов "за эти общие деньги"».

131) «"А другого козла, который остается Творцу, сначала приносят в грехоочистительную жертву, и мы уже объяснили, с каким местом он связывается.[211] А затем приносят в жертву этих, и все умащаются, и Исраэль остаются оправданными пред Творцом во всех грехах, которые они совершили и содеяли пред Ним. Как написано: "Ибо в этот день искупит вас для очищения вашего"[212]».

132) «Еще сказал рабби Шимон: "И Яаков сказал Ривке, матери своей: "Ведь Эсав, брат мой, человек волосатый, а я человек гладкий"[213]. На что это указывает? Ну, разумеется, Эсав – "человек волосатый"[213], это от того, который называется волосатым", т.е. от ситры ахра, "поскольку исходит от той же стороны. "А я человек гладкий (халáк)"[213] – т.е. человек", отделенный (нихлáк) "от того, чем Он наделил (халáк) остальные народы, предводителей и правителей" их, "как написано: "Которыми наделил Творец Всесильный твой их"[214]. И написано: "Ибо удел (хéлек) Творца – народ Его, Яаков – наследственное владение Его"[215]. Еще, "человек гладкий (халак)"[213], – т.е. от двух козлов, которые были разделены, и осталась одна" часть

---

[210] Тора, Ваикра, 16:5. «А от общины сынов Исраэля пусть возьмет он двух козлов в жертву грехоочистительную и одного овна во всесожжение».
[211] См. выше, п. 118.
[212] Тора, Ваикра, 16:30. «Ибо в этот день искупит вас для очищения вашего от всех грехов ваших – пред Творцом очиститесь».
[213] Тора, Берешит, 27:11. «И Яаков сказал Ривке, матери своей: "Ведь Эсав, брат мой, человек волосатый, а я человек гладкий"».
[214] Тора, Дварим, 4:19. «А то взглянешь ты на небо и увидишь солнце и луну, и звезды, все воинство небесное, и прельстишься, и будешь поклоняться им, и будешь служить тем, которыми наделил Творец Всесильный твой их, все народы под небом».
[215] Тора, Дварим, 32:9. «Ибо удел Творца – народ Его, Яаков – наследственное владение Его».

(хелек), "потому что коэн разделял их: одного – на его долю", Яакова, "а другого – Творцу. Зачем? Чтобы" этот козел "понес на своих плечах все грехи Яакова, как написано: "И понесет козел на себе все их грехи (авонота́м עֲוֹנֹתָם)"[216], те же буквы, что и в словах "грехи непорочного (авоно́т там עֲוֹנוֹת תָּם)"», т.е. грехи Яакова, называемого человеком непорочным.

133) «"Мы учили, что в этот день много входов открыто для Исраэля, чтобы принять молитву их. Счастлива доля Исраэля, которых Творец желает оправдать и очистить. Как написано: "Ибо в этот день искупит вас для очищения вашего"[212]. В этот день коэн увенчивается многими венцами. В этот день служба коэна важнее и величественнее всех служб. Всем дал он долю от этих жертвоприношений Творца.[211] В этот день Хесед в мире увенчивается благодаря коэну, который приносит жертвы за грехи народа. Сначала" приносит жертву "за грехи свои, а затем – за грехи народа. И приносит жертвы всесожжения за себя и за народ. И мы это уже объясняли"».

---

[216] Тора, Ваикра, 16:22. «И понесет на себе козел все их грехи в землю необитаемую, и отошлет козла в пустыню».

Козел для Азазеля

(Раайа меэмана)

134) «"Заповедь эта состоит в том, чтобы главный коэн исполнил службу этого дня как следует, и отослал козла для Азазеля. Смысл этого, как ты говоришь, в том, чтобы" ситра ахра "отделилась от святого народа и не предъявляла грехи их пред Царем, и не обвиняла их, ибо есть у нее сила и власть, только когда свыше растет гнев, а благодаря этому дару", козла для Азазеля, "она превращается затем в их защитника.[211] И потому она отстраняется от Царя. И мы ведь объясняли: это потому, что она – "конец всякой плоти"[217]».

Объяснение. Как выяснилось ранее:[218] потому она и называется концом всякой плоти, что все ее желание всегда направлено только на плоть, и выяснилось там, в комментарии Сулам, что плоть (басар) – это свечение Хохмы от левой линии, и ситра ахра страстно желает этот свет, и внимательно изучи это там во всех подробностях. Козел для Азазеля – это притяжение Хохмы левой линии,[218] и поэтому, когда Исраэль притягивают ей (ситре ахра) этот свет, она становится их покровителем и защитником.

135) «"И святой народ дает ей, как ей нужно", т.е. козла, "и это смысл слов: "Ведь Эсав, брат мой, человек волосатый"[213], так как является свойством ситры ахра. А в ней есть захар и некева, ибо так же как у стороны святости есть захар и некева, так же есть у стороны скверны захар и некева. Как говорят: брось псу кость, и он будет лизать прах ног твоих"». Так же и здесь: дают ситре ахра козла, и она становится защитником.

136) «"Спросили у Бен Зома: "Разрешено ли" нам "кастрировать пса?" Сказал им: "И на земле вашей (такого) не делайте"[219],

---

[217] Тора, Берешит, 6:13. «И сказал Творец Ноаху: "Конец всякой плоти пришел предо Мною, ибо земля наполнилась злодеянием из-за них. И вот, Я истреблю их с землею"».

[218] См. Зоар, главу Ноах, п. 130. «Всё желание "конца всякой плоти" направлено только на плоть. И по этой причине исправление плоти в любом месте – только для него. И потому называется концом всякой плоти...»

[219] Тора, Ваикра, 22:24. «И (с ятрами) раздавленными, и разбитыми, и оторванными, и отсеченными не приносите Творцу, и на земле вашей (такого) не делайте».

что означает – "всему, что "на земле вашей"²¹⁹, "(такого) не делайте"²¹⁹, даже псу. Ибо так же как мир нуждается в одном, нуждается он и в другом". Иначе говоря, нет ничего на земле, в чем не было бы необходимости. "И поэтому мы изучали: "И вот – хорошо очень"²²⁰ – это ангел смерти, которого нельзя искоренить из мира, потому что мир нуждается в нем. И, несмотря на то, что об ангеле смерти написано: "И псы эти дерзкие, не знающие сытости"²²¹, – нехорошо, если они будут искоренены из мира. Нужно всё – как хорошее, так и плохое"».

137) «"Поэтому в этот день мы должны бросить псу кость", т.е. козла для Азазеля, "и пока он возится" с костью, "войдет тот, кто должен войти, в царский чертог, и никто не помешает ему", ведь обвинитель занят своей подачкой, "а потом он еще будет вилять хвостом"» – т.е. станет защитником.

138) «"Что написано: "И признается над ним во всех прегрешениях сынов Исраэля и во всех грехах их, во всех провинностях их"²²². И написано: "И понесет козел на себе все прегрешения их"²²². Когда" ситра ахра "видит этого козла", пробуждается "ее страсть – к нему, и соединиться с ним, и она ничего не знает о тех грехах, которые взял на себя козел. Она возвращается к Исраэлю, и видит их без грехов и преступлений, так как все они пребывают над головой козла. Она поднимается наверх и восхваляет их пред Творцом. И Творец видит свидетельство обвинителя, и поскольку Он желает пощадить народ Свой, хоть и знает Он всякое деяние, Он щадит Исраэль"».

139) «"И всё" исправление "пребывает благодаря этому, чтобы не пробудилось свойство суда свыше, и не усилился суд этот, и не погибли бы жители мира, так как это исходит от сурового суда. И если пробуждается" суд "этот, он пробуждается из-за грехов человеческих, поскольку пробуждение его, ведущее к подъему наверх и пробуждению сурового суда, лишь

---

²²⁰ Тора, Берешит, 1:31. «И увидел Всесильный всё созданное Им, и вот – хорошо очень. И был вечер и было утро – день шестой».
²²¹ Пророки, Йешаяу, 56:11. «И псы эти дерзкие, не знающие сытости, – и они-то пастыри, не способные понимать! Каждый повернул на дорогу свою, каждый до последнего – к корысти своей».
²²² Тора, Ваикра, 16:21-22. «И возложит Аарон обе руки свои на голову живого козла, и признается над ним во всех прегрешениях сынов Исраэля и во всех грехах их, и во всех провинностях их, и возложит их на голову козла, и отошлет с нарочным в пустыню. И понесет козел на себе все прегрешения их в страну необитаемую; и да отправит он козла в пустыню».

из-за грехов человеческих. Ибо в час, когда человек совершает грех, собирается он вместе с несколькими тысячами своих помощников, и они набрасываются там, берут его и поднимают наверх, да спасет его Милосердный. И на всё это Творец дал совет Исраэлю, как спастись от всех сторон. Поэтому написано: "Счастлив народ, чья судьба такова, счастлив народ, у которого Творец – Всесильный его"[223]».

Пояснение статьи. Ибо ты узнал, что со стороны Малхут первого сокращения, называемой «манула», недостойны Малхут и исходящие от нее нижние получения высшего света, поскольку пребывает над ней сила сокращения и экрана, чтобы она не получала никакого света. И увидел Творец, что мир не может существовать, поэтому поднял Он Малхут в свойство милосердия, т.е. Бину, и она подсластилась в нем, и эта подслащенная Малхут называется «мифтеха». И в ее свойстве Малхут и исходящие от нее нижние могут получать высшие света, как мы это уже объясняли.[224] Однако даже после того, как Малхут установилась в келим де-мифтеха, точка манулы не пропадает у нее окончательно, а скрыта в ней. И поэтому Малхут называется Древом познания добра и зла, поскольку «если удостоился – она добро», т.е. манула скрывается и пропадает, а мифтеха управляет ею, получая все света и давая свет нижним, «а если не удостоился, то, – поскольку грешен он, – зло», тогда снова раскрывается манула в корне того грешника, что в Малхут, и света уходят из-за нее, и вследствие этого грешник умирает.

И нет вопроса, что раз Творец желал, чтобы мир существовал и исправил Малхут в точке мифтехи, не лучше ли было бы, чтобы Он совершенно уничтожил манулу, и она не пробуждалась бы снова вследствие греха. И это смысл сказанного: «"И вот – хорошо очень"[220], – это ангел смерти, которого нельзя искоренить из мира, потому что мир нуждается в нем»[225]. Ибо, несмотря на то, что точка манулы приводит к смерти, мир все же нуждается в ней, и нельзя уничтожать ее до окончательного исправления. «Поэтому в этот день мы должны бросить псу

---

[223] Писания, Псалмы, 144:15. «Счастлив народ, чья судьба такова, счастлив народ, у которого Творец – Всесильный его».
[224] См. Зоар, главу Берешит, часть 1, п. 3, со слов: «В свойстве суда, т.е. в свойстве Малхут мира АК, прежде чем она подсластилась в Бине, в свойстве милосердия, мир не мог существовать...»
[225] См. п. 136.

кость»²²⁶, т.е. козла для Азазеля, потому что благодаря работе Исраэля раскрываются над ним ГАР левой линии вместе с суровыми судами в них, которыми очень наслаждается ситра ахра, и это, как он говорит: «Потому, что она – "конец всякой плоти"»²²⁷, внимательно изучи там. И поэтому считается, словно бросают кость псу. И всё это делается, чтобы ситра ахра не обвиняла Исраэль, и не пробудила наверху раскрытие манулы из-за грехов Исраэля. Ибо сейчас, «пока он возится»²²⁶, пока она возится с брошенной ей костью, «войдет тот, кто должен войти в царский чертог»²²⁶, т.е. главный коэн притянет света и все благо из царского чертога, «и никто не помешает ему»²²⁶ – ведь ситра ахра не будет обвинять его, раскрывая манулу, которая изгоняет света, потому что тогда и она сама потеряет подаренного ей козла для Азазеля, которого она получила вследствие работы Исраэля. И мало того, «потом он еще будет вилять хвостом»²²⁶, так как еще будет прославлять за это Исраэль, как продолжает выяснять.

И выясняет далее. «Написано: "И понесет козел на себе все прегрешения их"²²²»²²⁸. И он поясняет, как козел несет на себе все грехи дома Исраэля, и говорит: «Когда видит этого козла, ее страсть – к нему, и соединиться с ним», – потому что вожделеет она лишь к плоти, т.е. к Хохме левой линии, которая раскрывается над головой козла. «И она ничего не знает о тех грехах, которые взял на себя козел»²²⁸, – ибо все эти света Хохмы левой линии раскрываются в Малхут только из-за скрытия в ней точки манулы, и только точка мифтехи используется ею открыто. И получается, что в этого козла включена в скрытом виде точка манулы, изгоняющая эти света, но ситра ахра не знала об этом, потому что та скрыта, и поскольку она занята своим козлом и не желает потерять свои света, «она возвращается к Исраэлю, и видит их без грехов и преступлений ... и восхваляет их пред Творцом»²²⁸, поскольку хочет, чтобы Исраэль были оправданы, и не раскрылась бы манула, чтобы и она смогла удерживать своего козла. «И Творец видит ... хоть и знает Он всякое деяние, Он щадит Исраэль»²²⁸, ибо, несмотря на то, что Творец знает, что скрыта манула, света все же не уходят вследствие Его знания, поскольку Творец пребывает в милосердии над Исраэлем, и поэтому Он скрыл манулу и явил

---

²²⁶ См. п. 137.
²²⁷ См. п. 134.
²²⁸ См. п. 138.

меру милосердия. И до тех пор, пока ситра ахра не обвиняет за это, никакой суд не пробудится из-за знания Творца. И это смысл сказанного: «Чтобы не пробудилось свойство суда свыше»[229], – поскольку суд не пробуждается свыше. «И если пробуждается»[229], и если этот суд пробуждается, и раскрывается манула, «он пробуждается из-за грехов человеческих»[229] – т.е. из-за греха у ситры ахра есть сила пробудить суд манулы, как мы уже говорили. «Поскольку пробуждение его, ведущее к подъему наверх и пробуждению сурового суда», потому что нет пробуждения у ситры ахра, чтобы подниматься наверх для пробуждения сурового суда, т.е. манулы, «лишь из-за грехов человеческих»[229]. Как мы говорили: «А если не удостоился, то – зло». Но если ситра ахра не раскрывает (этого), то, несмотря на знание Творца, это никак не вредит. Ведь Творец специально скрыл свойство суда манулы, и раскрыл в ней мифтеху, что и является сочетанием милосердия и суда, чтобы мир мог существовать в свойстве милосердия.

---

[229] См. п. 139.

ГЛАВА АХАРЕЙ МОТ

Прохладная вода для утомленной души

140) «Пока находились в пути, сели в одном поле и стали молиться. Низошло одно огненное облако и окружило их. Сказал рабби Шимон: "Вижу я, что воля Творца здесь. Сядем". Сели и произнесли речения Торы. Провозгласил и сказал: "Прохладная вода для утомленной души, и благая весть из далекой земли"[230]. Вот всматриваюсь я в речения царя Шломо, и все их произнес он в мудрости"».

141) «"Смотри, три книги мудрости Шломо принес миру, и все в высшей мудрости. Песнь песней – Хохма, Коэлет – Твуна, Притчи – Даат. Соответственно этим трем", ХАБАД, "он сделал три книги. Песнь песней – она, таким образом, соответствует Хохме. Коэлет – она, таким образом, соответствует Твуне. Притчи – соответствует Даат". И это три линии. "Как это видно?" И отвечает: "Все эти Писания – они в двух видах: то, что в начале" написанного, "и в конце" написанного, "кажется, что это два" отдельных "вида", то есть, что он говорит о двух понятиях, и это свойство двух линий, правой и левой. "И если внимательно всмотреться в эти Писания, это включено в это, а это – в это". То есть, эти два понятия в написанном включены друг в друга, "поэтому он приравнивается к свойству Даат"», т.е. средней линии, включающей правую и левую вместе. Отсюда мы видим, что все его слова, – они в свойстве трех линий, и также книги его разделяются на три линии, Хохма-Бина-Даат.

142) И объясняет свои слова: «"Это изречение, начало его – не как конец, а конец – не как начало", то есть, это два отдельных понятия, "но когда я внимательно рассматриваю его, они включены друг в друга, как (при рассмотрении) от конца к началу, так и от начала к концу". Поскольку написано: "Благая весть из далекой земли"[230], "прохладная вода для утомленной души"[230], где "прохладная вода для утомленной души"[230] – это отдельное понятие, "и благая весть из далекой земли"[230] – отдельное понятие, и они включены друг в друга, "потому что и то и другое – наслаждение, ибо как одно –

---

[230] Писания, Притчи, 25:25. «Прохладная вода для утомленной души, и благая весть из далекой земли».

наслаждение, так и другое – наслаждение"». И это средняя линия, включающая в себя два этих понятия.

143) «Пока сидели, подошел один человек и сказал, что жена рабби Шимона излечилась от своей болезни. И товарищи услышали голос, что Творец простил грехи поколения. Сказал рабби Шимон: "Ведь тут исполнилось изречение: "И благая весть из далекой земли"[230] – это наслаждение, как и "прохладная вода для утомленной души"[230]. Сказал им: "Встанем и пойдем, ибо Творец делает для нас чудеса"».

144) «Провозгласил и сказал: "Прохладная вода для утомленной души"[230] – это Тора, потому что о том, кто удостоился заниматься Торой и утоляет жажду своей души из нее, что написано: "И благая весть из далекой земли"[230]. Творец возвещает о нем, сколько блага даровать ему в этом мире и в будущем. Это означает – "и благая весть"[230]. Из какого места" она благая? "Из далекой земли"[230], – т.е. "из места, от которого Творец сначала был далек", т.е. "из места, к которому испытывал ненависть сначала. Как написано: "И земля восстанет против него"[231]. Из этого места встречают его миром. Это означает: "Из далекой земли"[230]. И написано: "Издалека Творец являлся мне: "Любовью вечною возлюбил Я тебя, и потому привлек Я тебя милостью"[232]». (Недостает окончания статьи)

---

[231] Писания, Иов, 20:27. «Обнажат небеса прегрешение его, и земля восстанет против него».
[232] Пророки, Йермияу, 31:2. «Издалека Творец являлся мне: "Любовью вечной возлюбил Я тебя, и потому привлек Я тебя милостью!"»

Певцы Эйман, Йедутун и Асаф

145) «"И выйдет он к жертвеннику, который пред Творцом, и искупит его"[233]. Рабби Йегуда провозгласил и сказал: "Псалом Асафа. Владыка Всесильный Творец говорил и призывал землю от восхода солнца до заката его"[234]. Мы учили, что тысяча пятьсот пятьдесят рибо́ (десятков тысяч) певцов воспевают Творца, когда светит день, и тысяча пятьсот сорок восемь – когда" светит "луна", т.е. ночью, "и тысяча пятьсот девяносто тысяч рибо́ (десятков тысяч)" возносят песнопения "в тот час, который называется "сумерки"».

Объяснение. Утром до полудня светит правая сторона Зеир Анпина, т.е. хасадим, а с полудня до вечера, называемого сумерками, светит левая сторона Зеир Анпина, т.е. свечение Хохмы, которое в левой линии Зеир Анпина. А ночью до полуночи светит стража и полстражи, т.е. правая линия и половина левой линии.[235] Таким образом, в каждом из этих трех времен светят лишь линия и половина линии. Потому что утром, когда светит правая линия Зеир Анпина, получается, что светит Хохма и правая сторона Даат Зеир Анпина, и они считаются тысячей и пятьюстами, ибо ГАР, т.е. ХАБАД, считаются тремя тысячами. Получается, что Хохма – это тысяча, а половина Даат – это полтысячи, т.е. пятьсот. И также в сумерки, начиная от полудня и далее, когда светит левая сторона Зеир Анпина, светят Бина и левая сторона Даат, полторы линии, т.е. полторы тысячи. А ночью, когда светят правая линия и половина левой, как мы уже сказали, – это тоже тысяча пятьсот. И всё это относится к ГАР Зеир Анпина, называемым «рош».

А что касается гуф Зеир Анпина, т.е. его ЗАТ, то основными являются только пять сфирот ХАГАТ Нецах Ход. Ведь в гуф, ХАБАД опускаются в свойство ХАГАТ, а Тиферет и Малхут – в Нецах и Ход. Но Есод и Малхут не являются новыми свойствами, а лишь двумя включающими (сфирот), так как Есод включает ХАГАТ Нецах Ход со стороны хасадим, а Малхут включает

---

[233] Тора, Ваикра, 16:18. «И выйдет он к жертвеннику, который пред Творцом, и искупит его, и возьмет от крови тельца и от крови козла, и возложит на рога жертвенника вокруг».

[234] Писания, Псалмы, 50:1. «Псалом Асафа. Владыка Всесильный Творец говорил и призывал землю от восхода солнца до заката его».

[235] См. Зоар, главу Ваехи, п. 442, со слов: «Три стражи – это три линии, исходящие от трех точек холам-шурук-хирик...»

ХАГАТ Нецах Ход со стороны гвурот. Таким образом, в свечении гуф есть только пять сфирот ХАГАТ Нецах Ход. И каждая из них состоит из десяти, всего – пятьдесят.

И это смысл сказанного: «Тысяча пятьсот пятьдесят рибо (десятков тысяч) певцов воспевают Творца, когда светит день», – т.е. исходящих от свойства ГАР, их тысяча и полтысячи, и это линия с половиной, т.е. Хохма и половина Даат справа, как мы уже сказали. А исходящих от гуф, их пятьдесят, т.е. пять сфирот ХАГАТ Нецах Ход, каждая из которых включает десять, и всего – пятьдесят. А поскольку они являются (свойством) хасадим, то имеют числовое значение десять тысяч (рибо́), ибо десять тысяч указывают на хасадим. И поэтому их – тысяча пятьсот пятьдесят рибо́ (десятков тысяч).

И это смысл сказанного: «И тысяча пятьсот сорок восемь – когда луна», так как со стороны ГАР их линия с половиной, т.е. тысяча и полтысячи, а со стороны гуф их пять сфирот ХАГАТ Нецах Ход, каждая из которых состоит из десяти, кроме сфиры Ход, состоящей только из восьми, поскольку из-за множества судов, которые (раскрываются) ночью и которые в сфире Ход, не светят Есод и Малхут, что в ней. И поэтому там есть только сорок восемь, из-за нехватки Есода и Малхут де-Ход, которые отсутствуют ночью.

Однако в сумерки, когда светит левая сторона Зеир Анпина, т.е. свечение Хохмы, что в левой (линии), тогда ГАР имеются также и в свойстве гуф Зеир Анпина, и тогда в нем есть девять сфирот ХАБАД ХАГАТ НЕХИ, даже в гуф. Однако они (раскрываются) в виде судов, которые не светят из-за отсутствия хасадим, как мы уже подробно объясняли.[236] И это смысл сказанного: «И тысяча пятьсот девяносто тысяч рибо́ (десятков тысяч) – в тот час, который называется "сумерки"», так как полторы линии левой стороны ГАР, т.е. Бина и левая половина Даат, – это тысяча и полтысячи, и девять сфирот гуф, каждая из которых состоит из десяти, итого девяносто. И вместе получается тысяча пятьсот девяносто. И поскольку они со свечением Хохмы, то называются тысячей рибо (десятков тысяч), так как Хохма называется тысячей. А со стороны ночи здесь рассматривается лишь полторы линии, которые светят до полуночи, как мы уже сказали. Полторы же линии, которые светят, начиная с полуночи и далее, будут выяснены в дальнейшем.[237]

---

[236] См. Зоар, главу Берешит, часть 1, п. 141 и комментарий Сулам к нему.
[237] См. ниже, п. 148.

146) «Рабби Йоси сказал (рабби Йоси объясняет слова рабби Йегуды и говорит): "Когда рассветает день, все эти причитающие", т.е. происходящие от левой линии и постоянно причитающие от избытка судов в ней, "произносят слова прославления соответственно этому утру", т.е. свету хасадим, "ибо когда пробуждается это утро, все умащаются, и суд утихает, и произносят прославления. Это означает сказанное: "Когда возликуют вместе утренние звезды, и возгласят приветствия все сыны Всесильного"[238]. И в этот момент в мире пребывают радость и благословения, ибо Творец пробуждает Авраама", т.е. Хесед, "чтобы оживить его и веселиться с ним, и передать ему правление миром", т.е. дневное правление. "И откуда нам известно, что это утро Авраама", т.е. Хеседа? "Из того, что написано: "И встал Авраам рано утром"[239]».

147) «"В это время, в сумерки, все эти тысяча пятьсот девяносто тысяч рибо (десятков тысяч)", нисходящие тогда, "называются стонущими", – из-за того, что они происходят от линии с половиной левой стороны, откуда нисходят суды, как мы уже говорили. И поэтому они стонут, так как не могут вынести этих судов. "И в то же время они поют. И в мире царит разлад. И это время пробуждения, когда Творец будит Ицхака", т.е. левую линию Зеир Анпина. "И тот встает и судит грешников, преступающих слова Торы, и семь огненных рек", соответствующих ХАГАТ НЕХИМ, "простираются и вытекают, и пребывают над головами грешников, и пламя горящих углей разгорается сверху вниз. И тогда Авраам", т.е. Хесед, "возвращается на свое место", т.е. Хесед возвращается к своему корню и исчезает для нижних, "как сказано: "А Авраам возвратился на место свое"[240]. И день клонится к закату, и грешники ада кричат, говоря: "О горе нам, ибо день клонится к закату, и распростерлись вечерние тени"[241]. И в этот час человек должен побеспокоиться о послеполуденной молитве (минха)"».

---

[238] Писания, Иов, 38:7. «Когда возликуют вместе утренние звезды, и возгласят приветствия все сыны Всесильного».

[239] Тора, Берешит, 19:27. «И встал Авраам рано утром к месту, где он стоял пред Творцом».

[240] Тора, Берешит, 18:33. «И удалился Творец, когда кончил Он говорить с Авраамом, а Авраам возвратился на место свое».

[241] Пророки, Йермияу, 6:4. «Готовьтесь к бою с нею! Вставайте, и пойдем в полдень! О горе нам, ибо день клонится к закату, и распростерлись вечерние тени!»

148) «"В то время, когда наступила ночь, те тысяча пятьсот сорок восемь", нисходящие при этом, "они призываются, за пределы завесы, и произносят песнопения. Тогда пробуждаются суды, что внизу", т.е. суды Малхут, "и отправляются кружить по миру. А эти произносят песнопения, пока не разделяется ночь", т.е. "стража и половина" стражи.[242] "После того как ночь разделилась, все остальные собираются вместе", – т.е. те, кто относится к полутора стражам после полуночи, – "и произносят прославления. Как сказано: "И славу Творца возвестят"[243]. Сказал рабби Йегуда: "Когда есть благоволение утром, тогда возгласят славу Творца"». Но не ночью.

149) «Рабби Йоси сказал: "После того как пробудился в полночь северный ветер и распространяется", т.е. свечение Хохмы с левой стороны, называемое северным ветром, тогда "возвещают славу, пока не настанет утро. И пробуждается это утро", т.е. свет хасадим, "и тогда радость и благословения пребывают в мире"». Но они не называются славой, как мы объяснили в предыдущем пункте.

150) «"Мы учили, – сказал рабби Аба, – что все они", все, о которых сказал рабби Йегуда с рабби Йоси, "так и есть, а над ними есть три правителя". И объясняет: "В тот час, когда пробудилось утро, и пробуждаются прославления всех этих тысячи пятисот пятидесяти рибо (десятков тысяч), над ними назначается один правитель, имя которому Эйман (הֵימָן), и он соответствует тому" Эйману, "что внизу", который упоминается в псалмах. "И в его подчинении правители, назначенные над ними, чтобы налаживать песнопение"». «Эйман (הֵימָן)» – это те же буквы, что «ямин (יָמִין правый)», так как он исходит от правой стороны.

151) «"В тот час, когда пробудилось время сумерек, и поют все эти тысяча пятьсот девяносто тысяч рибо (десятков тысяч) воющих, над ними назначается один правитель, и имя его Йедутун (יְדוּתוּן), соответствующий тому" Йедутуну, "что внизу", который упоминается в псалмах. "И ему подчиняются правители, назначенные над ними, чтобы налаживать это пение (зэмер זֶמֶר),

---

[242] См. выше, п. 145.
[243] Пророки, Йешаяу, 60:6. «Множество верблюдов покроет тебя, молодые верблюды Мидьяна и Эйфы; все они из Шевы придут, золото и левону принесут и славу Творца возвестят».

как сказано: "Вырезание (змир זְמִיר) тиранов"²⁴⁴», что означает – уничтожение грешников. Так же и их песнопения (змирот זְמִירוֹת) уничтожают грешников. «Йедутун» состоит из букв «яд (יָד рука)» и «ядун (יָדוּן будет судить)», что указывает на то, что он – от левой руки, и от него исходят суды.

152) «"В тот час, когда наступает ночь, пробуждаются все те" ангелы, "которые вне завесы", т.е. исходящие от ахораим Малхут, и от ее внешней части, "тогда всё утихает, и нет раскрытия" входа, "и суды, что внизу", т.е. принадлежащие Малхут, которая находится ниже всех сфирот "пробуждаются, все", т.е. все суды, "назначаются вместе, одни над другими, пока не разделяется ночь. После того как ночь разделилась, и собираются все" ангелы, исходящие от средней линии,²⁴⁵ "над ними назначается один правитель, и он собирает все станы. Как написано: "Собирающего (меасéф מְאַסֵּף) все станы"²⁴⁶. И имя его Асаф (אָסָף), соответственно тому" Асафу, "что внизу", который упоминается в Псалмах, "а в его подчинении все правители и управляющие, и возвещающие славу"». Объяснение. Малхут называется Асаф, потому что свечения всех сфирот собираются в ней, так как она получает от всех. А поскольку этот правитель исходит от Малхут, поэтому называется Асаф.

153) «"Пока не наступает утро. Когда наступает утро, встает тот отрок", Матат, "кормящийся от грудей матери своей", т.е. Малхут, "чтобы очистить их", т.е. ночных ангелов, "и входит, чтобы служить. Когда занимается утро – это время желания, когда Царица соединяется с Царем", т.е. с Зеир Анпином. "А Царь протягивает от себя одну нить благословения", т.е. хасадим, "простирая ее над Царицей и над теми, кто соединяется с ней. Кто они, соединяющиеся с ней? – Те, кто занимается Торой ночью, в момент ее разделения"».

154) «Рабби Шимон сказал: "Счастлива доля того, кто идет с Царицей, когда она идет навстречу Царю", Зеир Анпину, "чтобы сблизиться с ним, и пребывает с ней в час, когда Царь

---

²⁴⁴ Пророки, Йешаяу, 25:5. «Как зной в месте безводном, Ты укротишь гул врагов, как зной под тенью облаков – вырезание тиранов».

²⁴⁵ См. Зоар, главу Ваехи, п. 443, со слов: «Три стражи – это три линии, исходящие от трех точек...»

²⁴⁶ Тора, Бемидбар, 10:25. «И выступило знамя стана сынов Дана, замыкающего (собирающего) все станы, по их ратям, а над его войском Ахиэзер, сын Амишадая».

протягивает правую руку", – т.е. свет хасадим, – "встречая Царицу. Это смысл сказанного: "Вознесусь на крыльях зари, поселюсь на краю моря"[247]. Что такое "край моря"? Это тот самый час", утром, когда она видит лик Зеир Анпина, – "он называется краем этого моря", т.е. Малхут. "Ибо когда разделяется" ночь, "это ее начало" – так как сейчас она начинает светить, "и это суд" – до тех пор, пока это ночь, из-за недостатка хасадим для облачения ее Хохмы. "А теперь", когда наступило утро, – "это край ее, ибо уходят суды ее, и она входит под крылья Царя", Зеир Анпина, т.е. она облачается в его хасадим, – "она и все те" праведники, "что соединяются с ней. Это смысл слов: "Поселюсь на краю моря"[247]».

155) «"И мы учили, что все те, кто занимается Торой, в час, когда разделяется ночь, соединяются со Шхиной, а когда наступает утро, и Царица", т.е. Шхина, "соединяется с Царем", Зеир Анпином, "они пребывают с Царем, и Царь простирает свои крылья над всеми. Это означает сказанное: "Днем явит Творец милость Свою, а ночью – песнь Его со мною"[248]».

156) «"Мы учили, что в этот час", когда наступает утро, "праотцы", т.е. ХАГАТ Зеир Анпина, "встречаются с Царицей, спеша сблизиться и соединиться с ней. И через них Творец", т.е. Зеир Анпин, "говорит с ней, и Он призывает ее, чтобы простереть над ней Свои крылья. Это смысл слов: "Псалом Асафа. Владыка Всесильный Творец говорил и призывал землю от восхода солнца до заката его"[234]. Владыка (Эль) – это свет Хохма, и называется Хесед", и это правая линия, т.е. Хесед, поднимающийся, чтобы стать Хохмой. "Всесильный (Элоким) – это Гвура", т.е. левая линия. "Творец (АВАЯ) – это совершенство всего, милосердие", т.е. средняя линия, восполняющая правую и левую. "И поэтому" средняя линия "говорил и призывал землю"[234]», т.е. Малхут, т.е. восполняет Малхут.

---

[247] Писания, Псалмы, 139:9. «Вознесусь на крыльях зари, поселюсь на краю моря».

[248] Писания, Псалмы, 42:9. «Днем явит Творец милость Свою, а ночью – песнь Его со мною, молитва к Создателю жизни моей».

АВАЯ с огласовкой Элоким

157) «Рабби Эльазар сидел перед рабби Шимоном, своим отцом, сказал ему: "Мы ведь учили, что" имя "Элоким в любом месте – это суд". Имя "АВАЯ в одном случае называется Элоким", когда обозначается огласовкой Элоким, "т.е. в сочетании Адни АВАЯ", где имя АВАЯ обозначено огласовкой Элоким. "Почему же оно называется Элоким, ведь эти буквы" имени АВАЯ "всюду означают милосердие?"»

158) «Сказал ему: "Так написано в Писании: "Познай же сегодня и прими сердцем своим, что Творец (АВАЯ) – Он Всесильный (Элоким)"[249]. И написано: "Творец (АВАЯ) – Он Всесильный (Элоким)"[250]. Сказал ему: "Это я знал, что в том месте, где есть суд, есть милосердие, а иногда в том месте, где есть милосердие, есть суд"». И поэтому сказано здесь: «Творец (АВАЯ) – Он Всесильный (Элоким)»[250]. «Сказал ему: "Посуди сам, что это так, ведь АВАЯ в любом месте – это милосердие, но в час, когда грешники превращают милосердие в суд, написано АВАЯ, но называют его Элоким"».

159) «"Однако посмотри, в чем суть этого. Это три ступени, и каждая ступень – она сама по себе, хотя всё это – одно целое, и связываются они как одно целое, и не отделяются друг от друга. Смотри, все саженцы", т.е. сфирот, "и все эти свечи"», т.е. сфирот Малхут, называемой «огненные светила», «"все они светятся и пламенеют, и насыщаются, и благословляются от той самой реки, которая исходит и вытекает", т.е. Бины, "и всё включено в нее", потому что все мохин исходят от нее, "и общность всего – в ней"».

160) «"И эта река называется матерью сада"», Малхут, потому что Бина называется матерью, как выяснилось во фразе: «Ибо матерью назови Бину»[251], «так как она выше сада". И называется матерью, "потому что Эден", т.е. Хохма, "соединяется

---

[249] Тора, Дварим, 4:39. «Познай же сегодня и прими сердцем своим, что Творец – Он Всесильный, на небе вверху и на земле внизу нет другого».

[250] Пророки, Мелахим 1, 18:39. «И увидел весь народ, и пали они на лицо свое и сказали: "Творец – Он Всесильный, Творец – Он Всесильный"».

[251] Писания, Притчи, 2:3. «Ибо если призовешь разум и глас твой подымешь (взывая) к разумению».
«Ибо если призовешь разум (бину)» – можно прочесть как: «Ибо матерью назови Бину».

с ней и не отделяется от нее, и поэтому все источники" мохин "выходят и проистекают" от нее, "и насыщают все стороны", как правую, так и левую, "и раскрывают в ней входы. И поэтому милосердие исходит от нее", т.е. средняя линия, "и милосердие открывается в ней"». Ибо начало раскрытия средней линии, призванной согласовать и соединить правую линию с левой, что является совершенством их всех, находится в Бине.

161) «"И поскольку называют ее", Бину, "матерью", она – "Нуква и Гвура, и суд исходит от нее. И поэтому сама по себе", т.е. по своей сути, "она называется милосердием, однако с ее стороны пробуждаются суды. Поэтому" имя Бины "пишется как милосердие", т.е. буквами АВАЯ, указывающими на милосердие, "но огласовано как суд", т.е. четыре ее буквы АВАЯ огласованы так же, как огласовывается имя Элоким. И получается, что "буквы" ее имени, – они "в милосердии, но с ее стороны исходят суды", на которые указывает огласовка имени, "в таком виде – АВАЯ (יְהֹוִה)[252]. Это одна ступень"».

Пояснение статьи. Известно, что Хохма и Бина в любом месте называются Аба ве-Има, и необходимо понять причину этого. И дело в том, что Малхут, из которой были созданы миры, она со своей стороны не способна принять высший свет, так как пребывает над ней первое сокращение (цимцум алеф) и экран (масах), чтобы она не получала высший свет. И чтобы произвести миры, способные получать высший свет, Бина подняла к себе Малхут, и вследствие этого Бина приняла в себя суды Малхут, и от нее ушли ГАР, но благодаря этому Малхут, находящаяся в Бине, приобрела свойство келим Бины и ее состояние катнут, а затем, когда Малхут опустилась из Бины, и к ней вернулись ГАР, Малхут получила мохин де-ГАР Бины. А от Малхут получают все миры.[253] И получается, что Бина приняла к себе Малхут и ее суды, и уменьшила себя, чтобы Малхут могла получать мохин и существование. А действие подъема Малхут для получения мохин от Бины считается зачатием и

---

[252] Йуд (יְ) – с огласовкой «хатаф-сэгол», первая хэй (הֹ) – с огласовкой «холам», вав (וִ) – с огласовкой «хирик», последняя хэй (ה) – без огласовки.

[253] См. Зоар, главу Берешит, часть 1, п. 3, со слов: «В свойстве суда, т.е. в свойстве Малхут мира АК, прежде чем она подсластилась в Бине, в свойстве милосердия, мир не мог существовать...»

рождением.²⁵⁴ И поэтому Бина стала для Малхут как мать, а Малхут – она дочь ее. Но поскольку Хохма и Бина пребывают в зивуге, и нет Бины без Хохмы, то и Хохма считается отцом Малхут.

И это означает сказанное им: «Эта река называется матерью сада»²⁵⁵, так как Бина, называемая рекой, становится матерью Малхут. И известно, что вследствие подъема Малхут в Бину, в Бине выходят три линии из трех точек холам-шурук-хирик, называемых тремя посевами или тремя видами судов.²⁵⁶ И холам – это свойство правой линии, шурук – левой линии, а хирик – средней линии. И это смысл сказанного: «И поэтому все источники выходят и проистекают», т.е. корни мохин, «и насыщают все стороны», т.е. правую линию и левую линию, «и поэтому милосердие исходит от нее», т.е. средняя линия. Таким образом, образуются три вида судов в Бине от трех линий, и всё это возникает у нее вследствие того, что она подняла в себя Малхут, ведь со своей стороны она находится в свойстве «ибо склонен к милости (хафец хесед) Он»²⁵⁷, без всякого суда. И это смысл сказанного: «И поскольку называют ее матерью»²⁵⁸, т.е. когда она подняла в себя Малхут, она «Нуква и Гвура, и суд исходит от нее», – ведь поскольку Малхут является Нуквой, Бина тоже становится Нуквой, и также вследствие того, что Малхут является свойством Гвуры, Бина тоже становится свойством Гвуры, и от нее исходят суды, т.е. в ней происходят три посева холам-шурук-хирик, от которых исходят суды. И это смысл сказанного: «Сама по себе она называется милосердием», – поскольку сама по себе она полностью милосердие, без всякого суда, так как находится в свойстве «ибо склонен к милости (хафец хесед) Он»²⁵⁷. «Однако с ее стороны пробуждаются суды» – из-за того, что она приняла в себя Малхут, как мы уже говорили. «Поэтому пишется как милосердие», буквами АВАЯ, указывающими на ее суть, т.е. милосердие, «но

---

²⁵⁴ См. Зоар, главу Берешит, часть 1, п. 30, со слов: «Объяснение. В результате того, что буквы ЭЛЕ находились в падении на ступени ЗОН на протяжении времени выхода Бины из рош, они стали одной ступенью с ЗОН...», а также главу Трума, п. 608, со слов: «Объяснение. Он выясняет здесь порядок распространения трех линий, и это три мохин...»

²⁵⁵ См. п. 160.

²⁵⁶ См. Зоар, главу Берешит, часть 1, п. 9. «Высшая точка, Арих Анпин, посеяла внутри чертога ИШСУТ три точки: холам, шурук, хирик...»

²⁵⁷ Пророки, Миха, 7:18. «Кто Творец, как Ты, который прощает грех и проявляет снисходительность к вине остатка наследия Своего, не держит вечно гнева Своего, ибо склонен к милости Он».

²⁵⁸ См. п. 161.

огласовано как суд», – что указывает на суды, что в ней, из-за соединения с Малхут. Поэтому ее огласовка такая же, как и у имени, что в Малхут, и это Элоким. То есть хатаф-сэгол, холам, хирик: хатаф-сэгол под йуд (יֱ), холам над хэй (הֹ), и хирик под вав (וִ).

162) «"Вторая ступень. Со стороны первой" ступени, т.е. Бины, "исходит и пробуждается другая ступень, называемая Гвурой", т.е. левая линия Зеир Анпина. "И она называется Элоким", но не только по огласовкам, как Бина, а "действительно по этим буквам. И ее начало – от Зеир Анпина", т.е. от Хеседа Зеир Анпина, откуда исходит Гвура, "и в него она включается", поскольку левая линия Зеир Анпина включается в правую линию Зеир Анпина, т.е. в Хесед. "И поскольку она соединяется с ним", с Хеседом, поэтому "написано: Творец (АВАЯ) – Он Всесильный (Элоким)"[259], так как АВАЯ", т.е. Хесед, – "это Элоким", т.е. Гвура. "И здесь" это имя не только по огласовкам Элоким, как в Бине, а еще и состоит "из букв" Элоким. "И они являются одним целым", поскольку включаются друг в друга. "И это вторая ступень"».

163) «"Третья ступень – справедливость", т.е. Малхут, "являющаяся последней сфирой, и это судебная палата Царя", т.е. Зеир Анпина. "И мы учили, что имя Адни написано так и читается так. Кнессет Исраэль", т.е. Малхут, "называется этим именем". Однако имя Зеир Анпина пишется АВАЯ, а читается Адни. "И это имя восполняется в этом месте", в Малхут. "И это три ступени, которые называются именами суда". Ступень Бины называется АВАЯ с огласовкой Элоким. Ступень Гвуры также и по буквам называется Элоким. И ступень Малхут называется Адни. И это три имени суда, потому что речь здесь идет о левой линии, которая является судом, корнем которого является Бина, и поэтому на него указывают только огласовки имени Элоким. И от нее он нисходит в левую линию Зеир Анпина, и там он действительно проявляется, но только включенным в правую линию. Поэтому также и по буквам он является именем Элоким. А от него он нисходит в Малхут, и она вся строится от левой линии. Поэтому она называется Адни (אדני) – буквы суда (דין) в проявленном виде. "И все они связываются друг с другом без разделения, как мы объясняли"».

---

[259] Пророки, Мелахим 1, 18:39. «И увидел (это) весь народ, и пал на лицо свое; и сказали (люди): "Творец – Он Всесильный, Творец – Он Всесильный"».

ГЛАВА АХАРЕЙ МОТ

Эке ашер Эке

164) «Сказал ему: "Если позволит мне (спросить) мой отец: "Я ведь слышал об изречении: "Я буду (Эке) Тем, кем (ашер) Я буду (Эке)"²⁶⁰. Но я не утвердился в нем"», то есть не понимаю его смысла. «Сказал ему: "Эльазар, сын мой, ведь объясняли товарищи. А теперь, одним словом связывается все"».

165) «"И суть этого заключается в следующем". Имя "Эке – это общность всего"», т.е. высшие Аба ве-Има, и это ГАР Бины, которые всегда пребывают в тайне сказанного: «Ибо склонен к милости (хафец хесед) Он»²⁶¹ и никогда не получают Хохму. Поскольку «"когда тропинки скрыты и не выявлены", т.е. перекрывающая йуд (י) находится в их воздухе (авир אויר) и не выходит из них,²⁶² "и они включены в одно место"», т.е. включены в рош Арих Анпина. Ведь поскольку они относятся к ГАР Бины и пребывают в свойстве «ибо склонен к милости (хафец хесед)», то считается, что они как будто и не выходили из рош Арих Анпина,²⁶³ «"тогда они называются Эке, и это общность всего, и она скрыта и не раскрывается"».²⁶⁴

166) «"После того, как от нее исходит начало" для раскрытия мохин, "и та самая река", т.е. парцуф ИШСУТ, "зачала" парцуф ЗОН, "чтобы произвести всё, тогда она называется "Тем, кем (ашер) Я буду (Эке)"²⁶⁰. Иначе говоря, поэтому "Я буду (Эке)"²⁶⁰. "Я буду (Эке)"²⁶⁰ – т.е. Я "должен буду произвести и

---

²⁶⁰ Тора, Шмот, 3:13-14. «И сказал Моше Всесильному: "Вот я приду к сынам Исраэля и скажу им: "Всесильный ваших отцов послал меня к вам". И скажут они мне: "Как имя Его?" – Что скажу им?" И Всесильный сказал Моше: "Я буду Тем, кем Я буду". И сказал Он: "Так скажи сынам Исраэля: "Я буду" послал меня к вам"».

²⁶¹ Пророки, Миха, 7:18. . «Кто Творец, как Ты, который прощает грех и проявляет снисходительность к вине остатка наследия Своего, не держит вечно гнева Своего, ибо склонен к милости Он».

²⁶² См. Зоар, главу Берешит, часть 1, п. 308. «Теперь выясняется различие между зивугом высшего мира Бины и зивугом нижнего мира Бины. И говорится, что высший мир опускается в нижний мир...»

²⁶³ См. «Предисловие книги Зоар», статью «Роза», обозрение Сулам, п. 2, со слов: «Ибо ущерб от недостатка мохин де-рош не наносит никакого вреда ГАР Бины, поскольку по своей сути в десяти сфирот прямого света она представляет собой только свет хасадим. И для этого света нет никакой разницы, находится ли он в рош или в гуф, ведь он светит всегда одинаково...»

²⁶⁴ См. Зоар, главу Берешит, часть 1, п. 6. «Сияние, т.е. Арих Анпин, это "берешит (вначале)", потому что имя его является началом всего...»

породить всё. "Я буду (Эке)"²⁶⁰, иначе говоря, теперь Я – это общность всего, общность любой частности", т.е. каждой ступени. "Тем, кем (ашер) Я буду (Эке)"²⁶⁰ – то есть, "что мать", Бина, "зачала и готова породить все частности, и раскрыть высшее имя"», АВАЯ.

Объяснение. После высших Абы ве-Имы образуются и выходят ИШСУТ, являющиеся свойством ЗАТ Бины, и в них йуд (י) выходит из воздуха (авир אויר), и их Бина и ТУМ, которые упали в ЗОН, возвращаются на свою ступень, в Бину, и берут с собой также и ЗОН и поднимают их в Бину, как мы уже объясняли, и поэтому считается, словно ЗОН были зачаты в Бине.²⁶⁵ И это смысл сказанного: «После того, как от нее исходит начало», т.е. ИШСУТ, в которых йуд (י) выходит из воздуха (авир אויר), и раскрывается свет (ор אור) Хохма, в качестве начала. «И та самая река зачала», т.е. их Бина и ТУМ притянули ЗОН в Бину, что определяется, как зачатие Биной ЗОН, «чтобы произвести всё» – т.е. ЗОН, «тогда она называется "Тем, кем (ашер) Я буду (Эке)"²⁶⁰», что означает – «должен буду произвести и породить всё», т.е. она благодаря этому становится готовой породить все мохин де-ЗОН. «Теперь Я – это общность всего», – поскольку благодаря этому она становится способной породить все ступени ЗОН и БЕА. И это смысл сказанного: «Породить все частности, и раскрыть высшее имя», – то есть имя АВАЯ, являющееся именем Зеир Анпина в гадлуте.

167) «"После этого Моше захотел узнать, что представляет собой частное свойство этого", т.е. суть исправления мохин в ИШСУТ в трех линиях, откуда вышли и были созданы мохин Зеир Анпина. "Пока" Творец "не разъяснил ему этого, говоря: "Так скажи сынам Исраэля: "Я буду (Эке)"²⁶⁰. Это" имя "является частным свойством" ИШСУТ, и поэтому "не написано здесь: "Ашер Эке (Тем, кем Я буду)"²⁶⁰. И я нашел в книге царя Шломо, что "ашер"²⁶⁰ означает, "что этот чертог", т.е. Бина, "связан с Эденом", Хохмой, "т.е. находится в высшем соединении, как сказано: "На счастье мне, ибо девушки превознесут мое счастье"²⁶⁶». Также и здесь, «ашéр (אֲשֶׁר)» – от слова «óшер (אֹשֶׁר счастье)». «"Я буду (Эке)"²⁶⁰ означает, что "она готова порождать"».

---

²⁶⁵ См. Зоар, главу Трума, п. 608, со слов: «Объяснение. Он выясняет здесь порядок распространения трех линий, и это три мохин...»
²⁶⁶ Тора, Берешит, 30:13. «И сказала Лея: "На счастье мне, ибо девушки превознесут мое счастье!" И нарекла ему имя Ашер».

Объяснение. Ты уже узнал, что вследствие подъема Малхут в место Бины де-рош Арих Анпина, вышла Бина из рош Арих Анпина в гуф, и это внутренний смысл сказанного: «И река»[267] – Бина, «вытекает из Эдена»[267] – из Хохмы, т.е. из рош Арих Анпина. И суть зарождения ЗОН в Бине выяснилась выше, и это в то время, когда Малхут снова опускается из Бины на свое место, и ее Бина и ТУМ возвращаются к ней, и тогда рош Арих Анпина тоже возвращает к себе вышедшие из него Бину и ТУМ, и Бина, т.е. ИШСУТ, возвращается в Эден. Поэтому она называется тогда «ашер», что означает счастье (ошер) и успех, т.е. из-за того, что она вернулась в рош Арих Анпина, – в свойство «Эден». И это смысл сказанного: «"Ашер"[260] – что этот чертог связан с Эденом», – что этот чертог, т.е. ИШСУТ, вновь соединился с Эденом, с рош Арих Анпина. «Находится в высшем соединении», – что (Бина) находится тогда в высшем зивуге с высшими Абой ве-Имой. И поэтому она называется «ашер», поскольку в этом – весь ее успех. Однако потом, в момент рождения, ИШСУТ снова выходят из рош Арих Анпина и отделяются от зивуга с высшими Абой ве-Имой, и тогда Бина называется просто «Эке», без «ашер», так как она отделилась от Эдена.

168) «"Смотри, как Он нисходил со ступени на ступень, чтобы сообщить Моше тайну святого имени. Сначала (имя) Эке, являющееся общностью всего, и оно скрыто, так как не раскрывается вообще", и это высшие Аба ве-Има, "как я уже сказал. И признак их: "И я буду (ва-эке) у Него питомицею"[268]. И написано: "Неведомо человеку обиталище его, и не будет оно отыскано в стране живых"[269]». Ибо Хохма, т.е. высшие Аба ве-Има, скрыты, и написано о них: «Неведомо человеку обиталище его»[269] – потому что Хохма скрывается в них и неведома вовсе. «"А потом создали" высшие Аба ве-Има "эту реку, т.е. высшую Иму, и она зачала и должна будет родить. И сказал: "Тем, кем (ашер) Я буду (Эке)"[260], что означает – Я готов породить и исправить всё. Затем уже она начинает порождать, и" тогда "не написано "ашер", – так как в момент рождения

---

[267] Тора, Берешит, 2:10. «И река вытекает из Эдена, чтобы орошать сад, и оттуда разделяется и образует четыре главных реки».
[268] Писания, Притчи, 8:30. «И я буду у Него питомицей, и буду радостью каждый день, веселясь пред Ним все время».
[269] Писания, Иов, 28:13. «Неведомо человеку обиталище его, и не будет оно отыскано в стране живых».

высший зивуг отделился, как мы уже сказали, – а "Эке"[260], иначе говоря, теперь произведет и породит, и установится всё"».

169) «"После того, как всё вышло, и каждый установился на своем месте", т.е. после того, как родился Зеир Анпин и пришел на свое место внизу, "Он оставил все", т.е. все имена, упомянутые выше, "и сказал: "АВАЯ", и это – частное свойство", т.е. частное состояние ступени Зеир Анпина, не соединенного с Имой. "И это – становление", т.е. мохин Зеир Анпина, называемые становлением. "И в этот час познал Моше свойство святого имени, скрытого и раскрытого, и соединился, и так", как он, "не соединялись другие люди в мире. Счастлива доля его". Подошел рабби Эльазар и поцеловал руки его».

Порядок написания имени АВАЯ

170) «Сказал ему: "Эльазар, сын мой, отныне и впредь будь осторожен, чтобы писать святое имя как подобает, потому что тот, кто не умеет писать святое имя как подобает, и устанавливать связь веры, связь одного с другим"», Зеир Анпина с Малхут, как написано: «Творец един и имя Его едино»[270], «"чтобы соединить святое имя, написано о нем: "Ибо слово Творца презрел он и заповедь Его нарушил; истребится непременно душа та, грех ее на ней"[271], и даже если умалил одну ступень или единство одной из этих букв"».

171) «"Смотри, йуд (י), которая вначале" имени АВАЯ, "является общностью всего, она закрыта со всех сторон, тропинки не раскрываются" в ней, "она – общность захара и некевы", т.е. высших Абы ве-Имы, где йуд (י) – это Аба, а две буквы наполнения йуд (יד), т.е. вав-далет (וד), – это Има. И они закрыты и не раскрываются.[272] "Кончик, который над буквой йуд (י) сверху, указывает на неведомое", т.е. на Кетер, называемый неведомым (айн אין), ибо отсутствует постижение его. "А после этого йуд (י)", т.е. Эден, "произвела из себя ту реку, которая исходит и течет", т.е. Бину, "и она зачнет от него", сына и дочь, т.е. вав (ו) и далет (ד), и это "хэй (ה)", форма которой указывает на Зеир Анпин и Малхут, зародившиеся в ней, поскольку это форма далет (ד) и вав (ו). "Об этой" хэй (ה) "написано: "И река вытекает из Эдена"[267], "вытекает"[267] написано, а не "вытекала", в прошедшем времени. "Поэтому хэй (ה) не должна расставаться с йуд (י). И поэтому написано: "Возлюбленная моя"» об этой хэй (ה), поскольку она с йуд (י) как двое возлюбленных, которые не расстаются друг с другом никогда.

172) «"А если скажешь: "Ведь, "река"[267] написано, что означает – одна, а тут есть трое", – т.е. Бина, зачавшая Зеир Анпин и Малхут, как мы уже объясняли. И отвечает: "Так это, разумеется, йуд (י) произвела троих, и в троих включилось всё. Йуд (י) произвела перед собой эту реку", т.е. Бину, "и двоих детей, которых мать (има) вскармливает. И она беременеет ими,

---

[270] Пророки, Захария, 14:9. «И будет Творец царем на всей земле, в тот день будет Творец един и имя Его едино».
[271] Тора, Бемидбар, 15:31. «Ибо слово Творца презрел он и заповедь Его нарушил; истребится непременно душа та, грех ее на ней».
[272] См. выше, п. 168.

поскольку произвела их затем. Хэй (ה) подобна этой форме" – далет (ד) и внутри вав (ו), представляющая собой усеченную ножку в "хэй (ה). И эти" далет (ד) и вав (ו) – "это дети, находящиеся под Абой ве-Имой"», которыми беременна Има, как мы уже объяснили.

173) «"После того как" Бина "родила, она вывела сына-захара, и поставила ее перед собой", и это Зеир Анпин, "и нужно писать вав (ו)", указывающую на сына, на Зеир Анпина, после того как он уже родился и вышел наружу, на свое место. "И он", сын, "наследует достояние Абы ве-Имы", т.е. получает мохин йуд-хэй (יה), т.е. (мохин) Абы ве-Имы, хотя они и не принадлежат ему от рождения, но лишь "когда трое выходят благодаря одному, один находится в трех"[273], и считается, как будто они переходят к нему по наследству. "И" Зеир Анпин "наследует две части", одну – для себя, другую – для Малхут, "и от него получает питание дочь. Поэтому следует писать затем вав-хэй (וה) вместе", друг за другом. "Как первая хэй (ה)" соединена "вместе с йуд (י)", т.е. йуд-хэй (יה), "и нельзя их разделять,[274] также и здесь вав-хэй (וה) идут вместе, и нельзя их разделять. И мы уже объясняли это, а то, о чем говорится здесь, восходит к другому месту. Счастлива доля праведников, знающих высшие тайны святого Царя, и достойных благодарить пред Ним. Это смысл сказанного: "Но праведники воздадут благодарность имени Твоему, справедливые обитать будут пред Тобой"[275]».

---

[273] См. Зоар, главу Берешит, часть 1, п. 363. «Трое выходят благодаря одному, один находится в трех...»
[274] См. выше, п. 171.
[275] Писания, Псалмы, 140:14. «Но праведники воздадут благодарность имени Твоему, справедливые обитать будут пред Тобой».

Что происходит внизу, то происходит и наверху

174) «"Мы учили, – сказал рабби Йегуда, – "Владыка Всесильный Творец говорил и призывал землю"[276]». «Владыка Всесильный Творец»[276] – это ХАГАТ,[277] и они «"совершенство всего, совершенство святых праотцев", т.е. ХАГАТ. "Говорил и призывал землю"[276]», «говорил»[276] означает – отдача, «землю»[276] – Малхут, «"чтобы пребывать с Кнессет Исраэль в совершенстве, в радости. И от какого места Он пребывает с ней? Он уточняет: "От Циона, совершенства красоты, явился Всесильный"[276]», – т.е. от Есода де-Малхут, называемого Ционом.

175) «"Мы учили, что когда Творец захотел создать нижний мир, целиком по высшему подобию Он сделал его. Он сделал Йерушалаим центром всей земли, и (сделал) одно место над ним, называемое Ционом", т.е. Есод, "и от этого места благословляется Йерушалаим. И от этого места, Циона, началось возведение мира, и от него он был возведен. Это означает сказанное: "Владыка Всесильный Творец говорил и призывал землю от восхода солнца до заката его. От Циона, совершенства красоты, явился Всесильный (Элоким)"[276]. Иначе говоря, "от Циона", являющегося совершенством красоты мира, "явился Всесильный". Смотри, Йерушалаим", т.е. Малхут, "благословился только от Циона", т.е. Есода. "А Цион" благословился "свыше", т.е. от Зеир Анпина. "И всё связывается одно с другим"» – т.е. Зеир Анпин и Малхут, что и означает «одно с другим», соединяются благодаря Циону.

176) «"Мы учили, – сказал рабби Йегуда, – "И выйдет он к жертвеннику, который пред Творцом, и искупит его"[278]. "К жертвеннику"[278], и сказал "просто (без уточнения)", что указывает на высший жертвенник, т.е. Есод де-Малхут. "И то же, что происходит внизу, происходит и наверху, и всё связывается одно с другим" благодаря жертвеннику, т.е. Есоду де-Малхут.

---

[276] Писания, Псалмы, 50:1-2. «Псалом Асафа. Владыка Всесильный Творец говорил и призывал землю от восхода солнца до заката его. От Циона, совершенства красоты, явился Всесильный».
[277] См. выше, п. 156.
[278] Тора, Ваикра, 16:18. «И выйдет он к жертвеннику, который пред Творцом, и искупит его, и возьмет от крови тельца и от крови козла, и возложит на рога жертвенника вокруг».

"И мы учили, что так же как в этот день коэн искупает внизу", в Храме, "так же и наверху. И когда коэн внизу совершает свою работу, то и коэн наверху", т.е. Хесед Зеир Анпина, передает наполнение Малхут. "И нет" работы "наверху", т.е. наполнения Хеседом Малхут, "пока нет внизу" работы коэна, "потому что святость высшего Царя начинает подниматься снизу. И все миры представляют собой одно целое пред Творцом"».

177) «Сказал рабби Йегуда: "Если бы Исраэль знали, почему Творец наказал их, заставив страдать более всех других народов, то узнали бы, что Творец передумал и не взыскал с них даже сотой доли. Мы учили, что множество колесниц (мерка-вот) и множество воинств есть у Творца, множество назначенных правителей находится у Него на службе. Когда Он призвал Исраэль в этот мир, Он увенчал их святыми венцами (кетерами) по высшему подобию и поселил их на святой земле", в точности соответствующей Малхут, "чтобы пребывали в служении Ему. И всех высших Он связал с Исраэлем"».

178) «"И радость не входит к Нему, и служба не совершается пред Ним наверху, пока Исраэль не совершат (ее) внизу. До тех пор, пока Исраэль пребывают в служении своему Господину внизу, так оно и наверху. А когда Исраэль прекращают служение внизу, прекращается оно и наверху, и нет работы ни наверху, ни внизу. И поскольку Исраэль прекратили работу Творца в то время, когда пребывали на земле, произошло то же самое и наверху, и уж тем более затем"», в изгнании.

179) «"Сказал Творец: "Если бы знали вы, Исраэль, сколько ратей и воинств прерываются из-за вас" в своей работе наверху, "вы бы знали, что вы не достойны быть в мире ни одного часа. Тем не менее, что написано: "Но при всем том, в их пребывание на земле их врагов Я ими не пренебрег и их не отверг, чтобы истребить их, нарушая союз Мой с ними"[279]».

180) «"Мы учили, написано: "И искупит Святилище от нечистоты сынов Исраэля"[280]. Спрашивает: "Что значит: "И иску-

---

[279] Тора, Ваикра, 26:44. «Но при всем том, в их пребывание на земле их врагов Я ими не пренебрег и их не отверг, чтобы истребить их, нарушая союз Мой с ними; ибо Я Творец Всесильный их».
[280] Тора, Ваикра, 16:16. «И искупит Святилище от нечистоты сынов Исраэля и от преступлений их во всех грехах их. Так должен он совершить и над Шатром собрания, находящимся у них, среди нечистоты их».

пит Святилище"²⁸⁰? Но сказал рабби Эльазар: "Мы ведь учили, что грешники наносят ущерб высшему, и пробуждают суды, и приводят к осквернению Святилища, и начинает раскрываться могучий змей. И тогда в мире пробуждаются суды. И в этот день коэн должен всё очистить и увенчать свою святую сфиру", т.е. Хесед Зеир Анпина, "являющуюся головой (рош) Царя", потому что Хесед – это его первая сфира. "Для того чтобы явился Царь и пребывал с Царицей", Малхут. "А когда движется голова Царя, движутся все", т.е. все его сфирот, "и Он является, чтобы соединиться с Царицей и пробудить в мире радость и благословения"».

181) «"Получается, что все совершенство наверху и внизу зависит от коэна, – ведь если его сфира пробуждается, всё пробуждается, и всё пребывает в совершенстве. Поэтому написано: "И искупит Святилище"²⁸⁰. Сначала: "И искупит Святилище"²⁸⁰, – т.е. "чтобы преумножить мир в мире и преумножить радость в мире. А когда есть радость соединения (зивуга) у Царя и Царицы, вся прислуга и все сыны чертога пребывают в радости, и все грехи, которые они совершили пред Царем, прощаются им. Это смысл сказанного: "От всех грехов ваших – пред Творцом очиститесь"²⁸¹. Поэтому написано: "И ни один человек не должен быть в Шатре собрания, когда он входит для искупления в Святилище, до выхода его"²⁸² – т.е. в час, когда он входит, чтобы соединить их. И в час, когда соединяются Царь с Царицей, в этот час "и совершит он искупление за себя и за дом свой"²⁸²».

---

²⁸¹ Тора, Ваикра, 16:30. «Ибо в этот день искупит вас для очищения вашего от всех грехов ваших – пред Творцом очиститесь».
²⁸² Тора, Ваикра, 16:17. «И ни один человек не должен быть в Шатре собрания, когда он входит для искупления в Святилище, до выхода его. И совершит он искупление за себя и за дом свой, и за все общество Исраэля».

ГЛАВА АХАРЕЙ МОТ

И вспомню Я союз Мой с Яаковом

182) «"Мы учили: "И ни один человек не должен быть в Шатре собрания"²⁸². Рабби Ицхак провозгласил: "И вспомню Я союз Мой с Яаковом, и союз Мой с Ицхаком, и союз Мой с Авраамом, и землю вспомню"²⁸³. Это изречение объяснялось. Смотри, в час, когда Исраэль в изгнании, как будто Творец с ними в изгнании, – ведь Шхина никогда не отходит от них. Смотри, в то время, когда Исраэль находились в вавилонском изгнании, Шхина пребывала среди них и вместе с ними вернулась из изгнания. А благодаря праведникам, которые остались в земле Исраэля, она пребывала в земле Исраэля и никогда не отходила от них. Сказал рабби Йегуда: "Поскольку Царица вернулась тогда к Царю, и все вернулись, чтобы находиться на трапезе радости Царя. И поэтому их назвали мужами большого Собрания. Большого Собрания, разумеется"», так как Малхут, называемая «Собрание», вернулась из своего малого состояния в изгнании, и стала большой.

183) «"Мы учили, что все время, пока Исраэль в изгнании, если они достойны, Творец спешит сжалиться над ними и вызволить их из изгнания. А если недостойны, Он держит их в изгнании до назначенного срока. И когда наступает срок, а они не достойны спасения, Творец заботится о чести имени Своего и не забывает их в изгнании. Это означает сказанное: "И вспомню Я союз Мой с Яаковом, и союз Мой с Ицхаком, и союз Мой с Авраамом"²⁸³, – ведь они праотцы всех", т.е. ХАГАТ, "и это свойство святого имени"» АВАЯ. Ибо Он заботится о чести имени Своего.

184) «Рабби Хия сказал: "Какова причина того, что Яаков" назван "тут первым"», поскольку сказал: «И вспомню Я союз Мой с Яаковом (יַעֲקוֹב)»²⁸³, а потом Ицхак, а потом Авраам? И отвечает: «"Потому что Яаков", т.е. Тиферет, "является совокупностью праотцев", так как Тиферет включает в себя Хесед и Гвуру, называемые Авраам и Ицхак. "И это святое Древо", т.е. Зеир Анпин, включающий в себя весь ВАК, "поэтому вав (ו) святого имени" АВАЯ (הויה) "включено в него, и мы читаем имя Яаков (יַעֲקוֹב) с вав (ו)". Рабби Ицхак сказал: "Вав (ואו), его буквы" с наполнением – в числовом значении тринадцать, и это

---

²⁸³ Тора, Ваикра, 26:42. «И вспомню Я союз Мой с Яаковом, и союз Мой с Ицхаком, и союз Мой с Авраамом, и землю вспомню».

"тринадцать мер" милосердия, и Яаков, Зеир Анпин, "получает в наследие тринадцать истоков святого закрытого источника"», т.е. Арих Анпина, потому что от его дикны исходят тринадцать исправлений Зеир Анпина, называемого Яаков. И поэтому имя Яаков (יַעֲקוֹב) написано с вав (ו).

ГЛАВА АХАРЕЙ МОТ

Алеф, скрытая внутри вав

185) «Рабби Аба сказал: "Почему вав (ו) состоит из вав-алеф-вав (ואו)" в произношении? И отвечает: "Однако вав (ו)", т.е. Зеир Анпин, – "это сидящий на престоле", т.е. на Малхут, называемой престолом, "как написано: "И над образом престола – образ, подобный человеку, на нем сверху"²⁸⁴, т.е. это Зеир Анпин. "Алеф (א) скрыта внутри" вав (ואו) "и не раскрывается", потому что алеф (א) – это Арих Анпин, который от табура и ниже облачен в Зеир Анпина и не раскрывается вне Зеир Анпина. "И это смысл сказанного: "Собой клянусь, – слово Творца"²⁸⁵ – поскольку Зеир Анпин клянется Арих Анпином, который облачен в него. И поэтому" алеф (א) "написана, но не читается", т.е. когда мы произносим вав (ואו), алеф (א) опускается и не слышна в произношении, поскольку указывает на Арих Анпин, который скрыт и непостижим. "Последняя" вав (ו) "является составной частью первой", и мы учили, что" последняя вав (ו) – "это Есод, являющийся окончанием гуф", т.е. сфиры Тиферет, "и составная часть его", т.е. он включен в гуф. "Поэтому буквы включены друг в друга (в виде) вав-алеф-вав (ואו), и это – начало и конец", т.е. Тиферет и Есод, являющиеся одним целым, а алеф (א) – это Арих Анпин, который облачен в Тиферет, "как мы уже объясняли"».

186) «"И мы учили, что эти две буквы, в том же виде как я сказал о вав (ואו), так же и с нун (נון). И хотя это объяснялось" другим путем, "но нун (נון) выясняется следующим образом. Изогнутая нун (נ)²⁸⁶ – это Царица. И прилегает к ней вав (ו), т.е. Есод, чтобы" Малхут "благословилась от него. Прямая нун (ן)²⁸⁶ – это распространение Тиферет. И поэтому буквы взаимовключены и объединяются друг с другом", поскольку Тиферет, т.е. прямая нун (ן), передает Есоду, т.е. вав (ו), а Есод передает

---

²⁸⁴ Пророки, Йехезкель, 1:26. «Над сводом же, который над головами их, словно образ сапфирового камня, в виде престола, и над образом престола – образ, подобный человеку, на нем сверху».

²⁸⁵ Тора, Берешит, 22:16-17. «И сказал: "Собой клянусь, – слово Творца, – за то, что ты сделал такое и не сокрыл сына твоего, единственного твоего, Я благословляя благословлю тебя и умножая умножу потомство твое, как звезды небесные и как песок на берегу морском, и овладеет потомство твое вратами своих врагов"».

²⁸⁶ Буква «нун» имеет два написания. Если она оканчивает слово, то называется конечной «нун», и тогда она прямая и опускается под строку – «ן». Во всех остальных случаях она называется просто «нун», и тогда она изогнута – «נ».

Малхут, т.е. изогнутой нун (נ). "И если скажешь: "Почему вав (ו) отворачивается от изогнутой нун (נ) и поворачивается к прямой нун (ן)?" Но это из-за уважения к Царю", т.е. к прямой нун (ן), Тиферет, как мы уже сказали, поэтому Есод "поворачивается соответственно Царю"». Иначе говоря, Есод и Тиферет, они всегда как одно целое, как мы объяснили в предыдущем пункте.

187) «"И мы учили, что мем (מם) не содержит в себе другой буквы", так как наполняющая буква – это тоже мем (מ), "но это открытая мем (מ) и закрытая мем (ם).²⁸⁷ Открытая мем (מ)" указывает на то, что это Малхут в то время, "когда захар соединяется с ней", и она открыта для получения от него наполнения. "Закрытая мем (ם)" указывает на "йовель²⁸⁸", т.е. Бину, "пути которой скрыты, поэтому и мем (ם) тоже закрыта со всех сторон. И несмотря на то, что иногда" Бина "распространяется", все же считается, что она скрыта. "А есть те, кто учит в этом, как ты говоришь: "Замкнутый сад – моя сестра, невеста, родник замкнутый, источник запечатанный"²⁸⁹», то есть, что и закрытая мем (ם) тоже указывает на Малхут, поскольку она называется замкнутым родником.

188) «Сказал рабби Ицхак: "В час, когда святой Царь вспоминает Исраэль ради имени Своего и возвращает Царицу на свое место, тогда написано: "И ни один человек не должен быть в Шатре собрания, когда он входит для искупления в Святилище"²⁹⁰. Так же в час, когда коэн входит в Святилище для единения святого имени и "для искупления в Святилище"²⁹⁰ ради соединения Царя с Царицей, написано: "И ни один человек не должен быть в Шатре собрания"²⁹⁰».

189) «"Мы учили, – сказал рабби Йегуда, – что коэн пробуждает мир в мире, как наверху, так и внизу. И мы учили, (что когда он) восходит на ступень Малхут, он омывает свое

---

[287] В начале и в середине слова используется открытое написание буквы «мем מ», тогда как на конце слова – закрытое «ם».
[288] Йовель – пятидесятый год, досл. юбилей.
[289] Писания, Песнь песней, 4:12. «Замкнутый сад – моя сестра, невеста, родник замкнутый, источник запечатанный».
[290] Тора, Ваикра, 16:17. «И ни один человек не должен быть в Шатре собрания, когда он входит для искупления в Святилище, до выхода его. И совершит он искупление за себя и за дом свой, и за все общество Исраэля».

тело. Вышел из этой ступени на другую ступень", Зеир Анпина, – "омывает свое тело. И укрепляет мир в том и другом", в Зеир Анпине и Малхут, – "освящает свои руки, и они благословляются вместе. И во всем, что делает, он должен показать действие внизу", чтобы пробудить соответственно ему наверху, "и должен показать, что одеяния, в которые он облачается, сообразны действию, чтобы направлял свою мысль, пока не выстроит все надлежащим образом, и тогда благословятся высшие и нижние"».

ГЛАВА АХАРЕЙ МОТ

Йуд создает печати

190) «"Учил рабби Шимон: "Йуд (י) создает печати", и распространяются "буквы по сторонам", т.е. каждая буква имени АВАЯ (הויה) распространяется по трем линиям, и "соединяются с йуд (י)", т.е. каждая линия из них соединяется с йуд (י), которая является Хохмой и правой линией. И объясняет. "Йуд (י) идет к йуд (י)", т.е. Хохма, и это первая йуд (י) имени АВАЯАдни (יְאֲהֲדוֹנָהִי), идет и распространяется до последней йуд (י), т.е. Малхут. Поскольку в прямом свете она распространяется до Малхут. "Йуд (י)", т.е. Малхут, "поднимается в йуд (י)", т.е. в Хохму. То есть Малхут поднимает отраженный свет до Хохмы, и Хохма включается в десять сфирот. И об этом сказано, что йуд (י) создает печати. А затем "йуд (י)", т.е. Хохма, "идет к вав (ו)", Зеир Анпину, т.е. она распространяется в Зеир Анпин и становится рош вав (ו). Хотя сначала света Хохмы "собираются в хэй (ה)", в Бине, "и направляет Даат", потому что Даат направлен посередине, между Хохмой и Биной, а потом "хэй (ה) соединяется с вав (ו)"», – т.е. света Бины, которая является первой хэй (ה) де-АВАЯ (הויה), соединяются и входят в вав (ו) де-АВАЯ, т.е. в Зеир Анпин.

191) Теперь он объясняет три линии Бины и каким образом каждая из них соединяется с йуд (י), т.е. с Хохмой. И говорит: «"Верхняя хэй (ה)", что в имени АВАЯ (הויה), т.е. Бина, "включает свои врата", т.е. свои пятьдесят врат Бины, "в печати построений", т.е. упорядоченные печати, что означает: порядок подъема Малхут в Бину и ее опускания обратно на свое место, в результате чего выходят три линии Бины,[291] и тогда "содержит свечение тысячи пятисот семидесяти закрытых проходов". Тысяча – это Хохма и правая линия. Пятьсот – это Бина и левая линия. А семьдесят – это Даат и средняя линия. И поскольку эти мохин являются корнями свечения Хохмы, они называются проходами, ведь они открыты в любом направлении. Но из-за того, что тут нет места их свечению, поскольку Биной управляет Хесед, а не Хохма, они считаются закрытыми. Ибо они раскроются только в Малхут, в месте, где они преобладают. И все эти три линии – это Хохма в Бине, и ее правая линия, состоящая из трех линий. А потом "поднимается эта хэй (ה)", Бина, "и увенчивается пятьдесят раз для пятидесяти врат" своей Бины, "которые являются становлением всего

---

[291] См. выше, п. 161.

существующего", – то есть это Бина Бины и свойство ее левой линии, являющейся корнем всех мохин, называемых становлением. "И когда отпечаталась" Бина "в своих венцах", т.е. в двух ее венцах, свойстве ее Даата, "светит" отсюда "лик Царя", Зеир Анпина. Поскольку все света Зеир Анпина происходят от двух этих венцов, в виде «трое выходят благодаря одному, один находится в трех»[292]. И «"вав (ו) распространяется" с помощью этих светов "в семидесяти двух печатях"», т.е. в семидесятидвухбуквенном имени. Ибо вав (ו) включает шесть окончаний ХАГАТ НЕХИ, и в каждом окончании светят двенадцать свойств, т.е. ХУБ ТУМ, в каждом из которых есть три линии, а шесть раз по двенадцать – это семьдесят два. И выяснилось, как три линии ХАБАД Бины связаны с Хохмой.

Мохин Хохмы называются «тысяча (элеф אלף)», как написано: «И я научу тебя (ва-аалефхá וַאֲאַלֶּפְךָ) мудрости (хохма)»[293]. Мохин Бины называются «пятьсот» из-за пяти ее сфирот ХАГАТ Нецах Ход, ведь ее сфирот – это сотни. А моах Даат называется «семьдесят» из-за его ХАГАТ НЕХИМ, ведь сфирот Зеир Анпина – это десятки. И то, что мы считаем в Бине только ХАГАТ Нецах Ход, не включая Есод и Малхут, это потому, что Бина распространяется только до сфиры Ход, и не более. Даат считается двумя венцами, потому что ХАГАТ НЕХИ в Даат – это венец Хеседа, а Малхут в Даат – это венец Гвуры.

192) После того как распространились три линии ХАБАД в Бине, что и означает: «"Хэй (ה) венчает вав (ו) семьюдесятью тысячами пятьюстами коронами". Семь сфирот Хохмы ХАГАТ НЕХИМ – это семьдесят тысяч, и это правая линия. А ХАГАТ Нецах Ход Бины – это пятьсот, являющиеся левой линией, и они "венчаются одним венцом", свойством Даат, которое объединяет и включает их. "Это смысл слов: "В венце, которым украсила его мать"[294], так как Бина – это мать вав (ו), Зеир Анпина. И получается, что "вав (ו), – в двух рош отпечатан рош его",

---

[292] См. Зоар, главу Берешит, часть 1, п. 363. «Трое выходят благодаря одному, один находится в трех...»

[293] Писания, Иов, 33:31-33. «Внимай, Иов, слушай меня и молчи, (пока) я говорю. Если есть у тебя слова – ответь мне, говори, ибо я хотел бы тебя оправдать. Если же нет, – ты слушай меня и молчи, и я научу тебя мудрости».

[294] Писания, Песнь песней, 3:11. «Выйдите и посмотрите, дочери Циона, на царя Шломо в венце, которым украсила его мать в день свадьбы его и в день радости сердца его».

Хохмы и Бины, поэтому с двумя кончиками пишется рош буквы вав (ו), "один кончик – наверху", указывающий на Хохму, "другой кончик – внизу", указывающий на Бину. "И йуд (י)", т.е. Хохма, "опускается тогда к вав (ו)", т.е. вав (ו) связалась с йуд (י), как и хэй (ה). "Печать всех печатей", т.е. средняя линия, "между ними", между двумя рош, это "семьдесят ликов, венчающих сверху вниз", т.е. Даат, распространяющийся сверху вниз. И это ХАГАТ НЕХИМ, каждая из которых состоит из десяти, и всего их семьдесят. "В нем парят чаши и цветы", потому что Даат разделяется на две части: света его правой стороны называются чашами, а света его левой стороны называются цветами. "Это поднимается", т.е. цветы, поскольку они в свечении Хохмы, которая светит только снизу вверх. "А это опускается", света правой стороны, которые действуют сверху вниз. "И отпечатываются друг в друге"», т.е. света правой стороны включаются в света левой.

193) «"Йуд (י) связалась с хэй (ה), хэй (ה) – с вав (ו), а вав (ו) – с хэй (ה). Одно включено в другое". Вав (ו), Зеир Анпин, включен в хэй (ה), Малхут. "Как ты говоришь: "Но тверд остался лук его, и распространилась сила его при поддержке Могучего Яакова"[295]». «Тверд»[295] – это Есод, «лук его»[295] – Малхут. Таким образом, Есод Зеир Анпина включен в Малхут. «"И написано: "Крепко жилище твое, и устрой в скале гнездо твое"[296]». «Крепко»[296] – это Есод, а «скала»[296] – это Малхут. «"И тогда все они, один за другим, соединились друг с другом, светят ключи" свечением Хохмы, т.е. все свойства средней линии, называемой ключом, поскольку она открывает свечение Хохмы посредством своего согласования правой и левой линий. "И тогда светят все лики", т.е. семьдесят ликов, упомянутые выше. "В этот момент все падают ниц", – т.е. скрывают свои лики, чтобы не притянуть сверху вниз ГАР Хохмы, сокращенные с помощью средней линии,[297] "и содрогаются" из-за судов, которые раскрываются вместе со свечением Хохмы, "и возглашают: "Благословенно имя величия царства Его вовек и во веки веков"[298]».

---

[295] Тора, Берешит, 49:24. «Но тверд остался лук его, и распространилась сила его при поддержке Могучего Яакова; оттуда оберегает камень Исраэля».

[296] Тора, Бемидбар, 24:21. «И увидел он Кейни, и произнес притчу свою, и сказал: "Крепко жилище твое, и устрой в скале гнездо твое"».

[297] См. Зоар, главу Берешит, часть 1, п. 50. «Разногласие, которое было исправлено согласно высшему подобию...»

[298] Вечерняя молитва «Арвит».

ГЛАВА АХАРЕЙ МОТ

Пред Творцом очиститесь

194) «"Голос", т.е. Зеир Анпин, средняя линия, "связывается с коэном", то есть коэн становится строением (меркава) для Зеир Анпина, "и он отвечает им, говоря: "Очиститесь"[299]. Ибо, поскольку он является строением (меркава) средней линии, он передает им свечение Хохмы, которое ведет к искуплению грехов и очищению. "Очиститесь"[299] – не говорят остальные коэны и народ, но только главный коэн в тот момент, когда с ним связан голос"», т.е. Зеир Анпин. Тогда он может дать им очищение и говорит: «Очиститесь»[299].

195) «"Мы учили: "От всех грехов ваших – пред Творцом"[299]. Спрашивает: "Если написано: "Для очищения вашего от всех грехов ваших"[299], зачем" написано: "Пред Творцом (очиститесь)"[299]? Но сказал рабби Ицхак: "Именно "пред Творцом"[299]». Иначе говоря, это значит – «пред свечением лика Творца», так как свечение лика Творца, т.е. свечение Хохмы, как написано: «Мудрость (хохма) человека просветляет лик его»[300], – оно искупает грехи и несет очищение.

196) «"Ибо мы учили, что с нового начала", т.е. с Рош а-шана (Начала года), "книги открыты и судьи судят. Каждый день судебные палаты уполномочены вести суд, до девятого дня месяца. В этот день все суды поднимаются к обвинителю, и они устанавливают высший престол милосердия для святого Царя. В этот день Исраэль внизу должны пребывать в радости пред Господином своим, который назавтра должен восседать над ними на престоле милосердия, на престоле прощения"», т.е. искупления грехов.

Объяснение. Малхут называется престолом. И в каждый Рош а-шана (Начало года) Малхут, называемая мир, возвращается в прошлое состояние, какой она была на четвертый день начала творения, когда Малхут была создана в состоянии «два великих светила», где Зеир Анпин облачал правую линию Бины, т.е. хасадим, а Малхут – левую линию Бины, т.е.

---

[299] Тора, Ваикра, 16:30. «Ибо в этот день искупит вас для очищения вашего от всех грехов ваших – пред Творцом очиститесь».

[300] Писания, Коэлет, 8:1. «Кто подобен мудрецу, и кто разумеет значение вещей? Мудрость человека просветляет лик его и смягчает суровость лица его».

Хохму без хасадим, и тогда от нее исходят суды, и она называется престолом суда. И это означает, что Творец, Зеир Анпин, сидит на престоле суда, т.е. Малхут воздействует судами, и она судит мир. Но благодаря трублению в шофар и благодаря всем судам, исходящим от ГАР левой линии вплоть до Дня искупления, левая линия подчиняется и соединяется с правой благодаря средней линии. И тогда Малхут поднимается в Бину, после того, как левая линия уже соединена с правой посредством средней линии, т.е. свойства милосердия, соединяющего в себе милость и суд. А поскольку Малхут получает от левой линии, которая уже подслащена средней линией, она называется престолом милосердия. И оказывается, что Творец сидит на престоле милосердия, и миры получают от престола милосердия. И получается, что все суды, вышедшие из левой линии, с Рош а-шана до вечера девятого дня этого месяца, заставили левую линию включиться в правую и (привели к тому), что в День искупления установился престол милосердия.

И это смысл сказанного: «В этот день все суды поднимаются к обвинителю», – т.е. в левую линию Бины, являющуюся корнем всех судов, и с помощью этого выходит, что левая линия соединяется с правой благодаря средней линии, в День искупления. И это смысл сказанного: «И они устанавливают высший престол милосердия», – т.е. суды вынуждают левую линию включиться в правую посредством средней линии, являющейся милосердием. И оказывается, что Малхут, получающая от левой линии, соединенной с правой, является престолом милосердия, как мы уже говорили. Однако исправление самой Малхут, чтобы она стала получать от этой исправленной левой линии, происходит в День искупления. И это означает сказанное: «Который назавтра должен восседать над ними на престоле милосердия», – потому что в День искупления Малхут становится престолом милосердия. «На престоле прощения» – ведь в это время в Малхут раскрывается исправленное свечение Хохмы, которое искупает грехи.[301]

197) «"И все эти книги открыты пред Ним, и записаны пред Ним все грехи, Он оправдывает и очищает их от всех их. Как сказано: "От всех грехов ваших – пред Творцом очиститесь"[299]. Именно "пред Творцом"[299], – это свечение лика Творца, т.е. свечение Хохмы, которое искупает все грехи. "И те, кто произносят

---

[301] См. Зоар, главу Ваера, пп. 381-387, а также выше, п. 116.

это изречение, до сих пор произносят"», то есть до «пред Творцом»²⁹⁹, «"и не более, ибо нет права у другого произносить: "Очиститесь"²⁹⁹, но только у" одного "главного коэна, который совершает служение и соединяет святое имя своими устами, и когда соединяет" святое имя, "и оно благословляется устами его, тогда этот голос", т.е. Зеир Анпин, "нисходит и ударяет в него, и озаряет слово светом в устах коэна, и говорит: "Очиститесь"²⁹⁹. Он совершает свою службу, и благословляются все высшие, которые остались"».

198) «"А потом он омывает свое тело и освящает свои руки, чтобы приступить к другому служению святости. Пока не достигнет намерения войти в другое высшее место, самое святое из всех", т.е. в святая святых. "Три ряда окружают" главного коэна: "его собратья коэны, и левиты, и все остальные из всего народа". И они соответствуют трем линиям: коэн и леви – это правая и левая, а Исраэль – это средняя линия. "И они воздевают руки в молитве за него. И узел золотой" веревочки "висит на ноге его"» из опасения, что он может умереть в святая святых, и тогда его вытащат оттуда за эту веревочку.

199) «"Он проходит три шага, а все стоят на своем месте и не идут за ним. Проходит еще три шага и поворачивает к своему месту, проходит три шага и закрывает глаза, и соединяется с высшим. Входит в место, в которое входит", т.е. в святая святых, "услышав звук крыльев херувимов, которые поют и бьют распростертыми вверх крыльями, воскуряет благовония, смолкает звук их крыльев, и они смыкаются бесшумно"».

200) «"Если коэн удостоился, поскольку радость пребывает наверху, то и в это место" внизу "тотчас нисходит благоволение света, наполненного ароматами гор чистого Афарсемона свыше, распространяясь по всему этому месту. Аромат проникает в обе его ноздри, и сердце успокаивается. И в этот момент всё пребывает в тишине, и не слышно там никакой речи. Раскрывает коэн уста свои в мольбе, желании и радости, и возносит молитву свою"».

201) «"После того как он завершает свою молитву, херувимы поднимают крылья, как вначале, и поют. И тогда коэн узнает, что было благоволение и время радости для всех, и народ узнает, что молитва его была принята. Как написано: "Если

будут грехи ваши как багрянец, то станут белыми, как снег"[302]. И" коэн "возвращается назад и молится. Счастлива доля коэна, ведь благодаря ему всё большая радость охватывает всех в этот день наверху и внизу. Об этом часе написано: "Счастлив народ, чья судьба такова, счастлив народ, у которого Творец – Всесильный его"[303]».

---

[302] Пророки, Йешаяу, 1:18. «Давайте же рассудимся, – говорит Творец. – Если будут грехи ваши как багрянец, то станут белыми, как снег, а если будут они красны, как кармазин, то станут (белыми), как шерсть».

[303] Писания, Псалмы, 144:15. «Счастлив народ, чья судьба такова, счастлив народ, у которого Творец – Всесильный его».

ГЛАВА АХАРЕЙ МОТ

Душа моя, стремился я к Тебе ночью

202) «"И будет вам установлением вечным: в седьмом месяце, в десятый день месяца смиряйте ваши души"[304]. Рабби Хия провозгласил: "Душа моя, стремился я к Тебе ночью, и дух мой, я буду искать Тебя внутри себя"[305]. Спрашивает: "Душа моя, стремился я к Тебе"[305], "душой своей ночью", – следовало сказать, что значит: "Душа моя, стремился я к Тебе"[305]?" И также: "И дух мой, я буду искать Тебя внутри себя"[305], – следовало сказать: "Будет искать Тебя"[305]?" И отвечает: "Но мы так учили. Творец – это дух (руах) и душа (нефеш) всего, и Исраэль говорят: "Ты – душа моя и дух мой", поэтому: "Стремился я к Тебе"[305] – чтобы соединиться с Тобой. И "я буду искать Тебя"[305] – чтобы найти желание Твое"».

203) «Рабби Йоси сказал: "В час, когда человек спит на своей постели, душа его выходит, и поднимается, и свидетельствует о человеке тем, что он сделал за весь день". Поэтому "тело говорит душе: "Душа моя, стремилось я к тебе ночью", т.е. в час, когда ты выходишь из меня, "и дух мой, буду искать я тебя внутри себя"».

204) «"Другое объяснение. "Душа моя, стремился я к Тебе"[305]. Кнессет Исраэль сказала пред Творцом: "Душа моя, стремилась я к Тебе ночью". То есть все время, пока я в изгнании среди других народов, и я берегла душу мою от всего зла, связанного с сынами этих народов, "Душа моя, стремилась я к Тебе", чтобы вернуться на свое место. "И дух мой, я буду искать Тебя внутри себя"[305]. Иными словами, несмотря на то, что угнетают сыновей моих всевозможными порабощениями, святой дух не уходит от меня, чтобы распознавать Тебя и исполнять Твои заповеди"».

205) «Рабби Ицхак сказал: "Сказали Исраэль пред Творцом: "Пока душа моя во мне, "стремился я к Тебе ночью"[305]. Что значит "ночью"? Но это потому, что душа в этот час должна желать Тебя, "и духом моим я буду искать Тебя внутри себя"[305], – т.е. когда пробудится во мне дух святости, я буду искать Тебя в

---

[304] Тора, Ваикра, 16:29. «И будет вам установлением вечным: в седьмом месяце, в десятый день месяца смиряйте ваши души и никакой работы не делайте, (ни) уроженец и (ни) пришелец, проживающий среди вас».

[305] Пророки, Йешаяу, 26:9. «Душа моя, стремился я к Тебе ночью, и дух мой, я буду искать Тебя внутри себя, ибо когда правосудие Твое на земле, живущие во вселенной научатся справедливости».

пробуждении, чтобы поступать по желанию Твоему. "Ибо когда правосудие Твое на земле"[305], т.е. "в то время, когда правосудие", Зеир Анпин, "спускается на землю", Малхут, "чтобы наполнить ароматом мир, тогда: "Живущие во вселенной научатся справедливости"[305], то есть они могут выдержать суды справедливости, и жители мира не погибнут от нее. Когда "живущие во вселенной научатся справедливости"[305]? "Когда правосудие Твое на земле"[305]. Сказал рабби Хизкия: "Душа моя, стремился я к Тебе ночью"[305] – это Кнессет Исраэль", Малхут. "И дух мой, я буду искать Тебя внутри себя"[305] – это Творец"». Поскольку Малхут – это нефеш (душа), а Творец – руах (дух).

ГЛАВА АХАРЕЙ МОТ

Как лань стремится

206) «Рабби Аба сидел перед рабби Шимоном, встал рабби Шимон в полночь, чтобы заниматься Торой. Встали рабби Эльазар и рабби Аба вместе с ним. Провозгласил рабби Шимон и сказал: "Как лань стремится к потокам вод, так душа моя стремится к Тебе, Всесильный!"[306] Это изречение объясняли товарищи. Счастливы Исраэль более всех народов, ибо Творец дал им святую Тору и передал в наследство святые души из святого места, чтобы исполняли они заповеди Его и наслаждались Торой. Ведь тот, кто наслаждается Торой, не убоится ничего. Как написано: "Если бы не Тора Твоя – радости мои, – пропал бы я в бедствии моем"[307]».

207) «"Что такое "радости мои"[307]? Это Тора, потому что Тора называется радостями, как написано: "И буду радостью каждый день"[308]. И это как мы учили, что Творец является, чтобы насладиться в Эденском саду. Что значит "насладиться"? Чтобы получить отраду в них. Как мы учили, счастливы праведники, о которых написано: "Тогда наслаждаться будешь пред Творцом"[309], – чтобы насладиться той живительной влагой реки", т.е. Бины, "о которой сказано: "И насыщать в чистоте душу твою"[310]. Как будто Творец наслаждается с ними той живительной влагой реки, которой наслаждаются праведники. И поэтому Он является, чтобы наслаждаться с праведниками. И каждый, кто занимается Торой, удостаивается наслаждаться с праведниками этой живительной влагой реки"», т.е. Бины.

208) «"Мы учили: "Как лань[311] стремится к потокам вод"[306] – это Кнессет Исраэль", Малхут. "Как написано: "Сила моя, на

---

[306] Писания, Псалмы, 42:2. «Как лань стремится к потокам вод, так душа моя стремится к Тебе, Всесильный!»
[307] Писания, Псалмы, 119:92. «Если бы не Тора Твоя – радости мои, – пропал бы я в бедствии моем».
[308] Писания, Притчи, 8:30. «И я буду у Него питомицей, и буду радостью каждый день, веселясь пред Ним все время».
[309] Пророки, Йешаяу, 58:14. «Тогда наслаждаться будешь пред Творцом, и Я возведу тебя на высоты земли, и питать буду тебя наследием Яакова, отца твоего, потому что уста Творца изрекли это».
[310] Пророки, Йешаяу, 58:11. «И Творец будет вести тебя всегда, и насыщать в чистоте душу твою, и кости твои укрепит, и будешь ты, как сад орошенный и как источник, воды которого не иссякают».
[311] Слово «эя́ль» имеет значения «лань» и «сила».

помощь мне спеши!"³¹²», где «сила моя» – это Малхут. «"Стремится к потокам вод"³⁰⁶, – конечно, чтобы быть напоенными живительной влагой источника реки", т.е. Бины, "с помощью праведника", т.е. Есода. "Стремится (тааро́г תַּעֲרוֹג)"³⁰⁶, как написано: "К благовонным грядкам (аруго́т עֲרוּגַת)"³¹³. "Так душа моя стремится к Тебе, Всесильный"³⁰⁶, – то есть, "чтобы быть напоенной от Тебя в этом мире и в мире будущем"».

209) Спрашивает: «"Источники потока", что они собой представляют?" И отвечает: "(Есть) один источник наверху", т.е. Бина, "как написано: "И река вытекает из Эдена, чтобы орошать сад"³¹⁴. И оттуда она исходит и вытекает, и орошает сад", т.е. Малхут. "И все эти потоки", т.е. сфирот Зеир Анпина, получающие от той реки, "исходят и вытекают, и собираются в двух источниках, называемых Нецах и Ход" Зеир Анпина, "и они называются потоками вод". И они передают "ступени, называемой "праведник", Есоду Зеир Анпина, "от которого исходит и проистекает, и орошается сад", т.е. Малхут. "И поэтому лань и олень пребывают вместе", и это "праведность и праведник"», т.е. Есод и Малхут, так как они вместе. Ибо лань – это Малхут, а олень – это Есод.

---

³¹² Писания, Псалмы, 22:20. «Но Ты, Творец, не удаляйся! Сила моя, на помощь мне спеши!»
³¹³ Писания, Песнь песней, 6:2. «Возлюбленный мой спустился в свой сад, к благовонным грядкам, пасти в садах и собирать лилии».
³¹⁴ Тора, Берешит, 2:10. «И река вытекает из Эдена, чтобы орошать сад, и оттуда разделяется и образует четыре главных реки».

ГЛАВА АХАРЕЙ МОТ

Голос Творца разрешает от бремени ланей

210) «"Мы учили, написано: "Голос Творца разрешает от бремени (ехолéль יְחוֹלֵל) ланей"[315]. Читается "ланей (аялóт אַיָּלוֹת)", но пишется "аелáт (אַיֶּלֶת)", без вав (ו). Это "рассветная лань (аéлет а-шáхар)"[316], т.е. Малхут. "Другое объяснение: "лани степные (аялóт а-садé)"[317]. Как мы учили, что в полночь, в час, когда Творец входит в Эденский сад, чтобы наслаждаться с праведниками, этот голос", т.е. Зеир Анпин, "выходит, причиняя боль всем этим ланям, которые окружают святой престол славы", т.е. Малхут. "Это смысл сказанного: "Шестьдесят воинов вокруг него"[318]. Другое объяснение. "Укрепляет (ехолéль יְחוֹלֵל)[319] ланей"[315] – как написано: "Рука Его создала (холелá חֹלְלָה) змея извивающегося"[320]». И «создала (холелá חֹלְלָה)»[320] – т.е. сотворила и укрепила. Так же и «укрепляет (мехолéл מְחוֹלֵל) ланей» означает, что Он укрепляет ланей, т.е. «шестьдесят воинов»[318]. «"И обнажает леса (еарóт יְעָרוֹת)"[315], как написано: "В медовые соты (бе-яарáт בְּיַעְרַת)"[321]. И написано: "Отведал я соты мои (яарú יַעְרִי) с медом"[322], и" это Зеир Анпин, т.е. голос Творца, "питает их", шестьдесят воинов, называемых ланями, "подобно матери, кормящей сыновей"». И поэтому написано: «Голос Творца создает ланей»[315] – т.е. он питает их и дает им жизненные силы.

---

[315] Писания, Псалмы, 29:9. «Голос Творца разрешает от бремени ланей и обнажает леса; и в храме Его все гласит: "Слава!"»

[316] Писания, Псалмы, 22:1. «Руководителю: на "аелет а-шахар". Псалом Давида».

[317] Писания, Песнь песней, 2:7. «Заклинаю вас, девушки Йерушалаима, газелями и ланями степными: "Не будите, не тревожьте любовь, пока она не проснется"».

[318] Писания, Песнь песней, 3:7. «Вот ложе, которое у Шломо. Шестьдесят воинов вокруг него из воинов Исраэля».

[319] Слово «холéль» имеет несколько значений, в том числе: «разрешать от бремени», «создавать», «причинять», «колоть», «убивать».

[320] Писания, Иов, 26:13. «Духом Его украшены небеса, рука Его создала змея извивающегося».

[321] Пророки, Шмуэль 1, 14:27. «Йонатан же не слышал, как отец его заклинал народ, и протянул конец палки, которая в руке его, и обмакнул его в медовые соты, и поднес руку к устам своим, и прояснились глаза его».

[322] Писания, Песнь песней, 5:1. «Пришел я в сад мой, сестра моя, невеста, набрал я мирры с бальзамом моим; отведал я соты мои с медом, пил я вино мое с молоком. Ешьте, родные! Пейте до упоения, возлюбленные!»

Объяснение. В полночь пробуждается средняя линия с силой экрана де-хирик в ней, чтобы уменьшить ГАР левой линии и соединить ее с правой, для того чтобы та могла передавать Хохму, что в ней. И это означает, что Творец, т.е. средняя линия, входит в это время в Эденский сад, т.е. в Малхут. Поэтому до полуночи, т.е. до того, как появляется средняя линия, чтобы уменьшить ГАР левой линии, все входы Малхут закрыты, ведь хотя и есть в них свечение Хохмы, они закрыты и не могут светить, поскольку средняя линия еще не соединила их с правой. Поэтому она светит только от полуночи и далее, как мы это подробно объясняли.[323]

И это смысл сказанного: «В полночь, в час, когда Творец входит в Эденский сад, чтобы наслаждаться с праведниками, этот голос выходит, причиняя боль всем этим ланям», – поскольку в шестидесяти воинах, являющихся свойством левой линии Зеир Анпина в ночи, т.е. в Малхут, свечение Хохмы светить не может, и тогда в полночь выходит этот голос, т.е. средняя линия, «причиняя боль всем этим ланям», – т.е. он уменьшает ГАР левой линии, и это причиняет им боль, однако благодаря этому открывается свечение Хохмы, которое в них, так как они могут соединиться с правой линией. И это означает: «Голос Творца»[315], т.е. средняя линия, «разрешает от бремени ланей»[315], т.е. причиняет им боль, уменьшая их ГАР, для того чтобы раскрыть в них свечение Хохмы. И это смысл сказанного: «Другое объяснение. "Укрепляет ланей"[315], как написано: "Рука Его создала змея извивающегося"[320]». И открывается, что «укрепляет»[315] означает, что создает ланей, которые являются левой линией в Малхут. Ведь Он готовит и раскрывает левую линию, чтобы в ней светила Хохма, и это считается, как будто Он создает левую линию. И это означает: «"И обнажает леса (еарóт (יְעָרוֹת))"[315], как написано: "В медовые соты (бе-яарáт (בְּיַעְרַת))"[321]», – потому что келим де-ахораим, которые происходят от левой линии Малхут, называются лесами (еарóт (יְעָרוֹת)), поскольку являются бесплодными деревьями, не приносящими плодов, и в них пребывают суды. Однако благодаря тому, что Зеир Анпин объединяет правую и левую линии друг с другом, он открывает свечение Хохмы, что в левой линии, как мы уже сказали, и тогда получается, что он раскрывает Хохму,

---

[323] См. Зоар, главу Ваишлах, пп. 134-135. «"В час, когда приходит тьма", и Нуква связывается с нею, "она властвует и светит" (свечением) Хохмы, которая и является ее властью...»

заключенную в лесах. И это называется: «И обнажает леса (еарóт יְעָרוֹת)», и свечение Хохмы, раскрывающееся от этих лесов, называется медом, и это означает: «В медовые соты (бе-яарáт בְּיַעְרַת)»³²¹, а также: «Отведал я соты мои (еарóт יְעָרוֹת) с медом»³²². И это означает: «И питает их», – что Зеир Анпин, называемый голосом Творца, питает этих ланей, «подобно матери, кормящей сыновей», т.е. он притягивает к ним хасадим, и благодаря облачению в эти хасадим они могут светить. Поэтому написано: «Голос Творца укрепляет ланей»³¹⁵ – так как считается, что это вскармливание словно создает их, ведь до сих пор у них не было свечения Хохмы, так как они были закрыты, как мы уже сказали.

Семьдесят криков роженицы

(Раайа меэмана)

211) «Сказал верный пастырь (т.е. душа Моше): "Это время", перед приходом Машиаха, – "трудная пора для мудрецов Мишны, обладателей высшей мудрости, каббалистов и знатоков тайн Торы", поскольку неоткуда им получать пропитание. "Это то, что сказал: "Как лань стремится к потокам вод"[324]. Ведь они", обладающие мудростью (хохма), которые названы выше, – это "потоки вод Торы, (текущие) к Шхине", потому что Тора называется водами, "и нет иной Торы, кроме срединного столпа", т.е. Зеир Анпина, средней линии. "Ибо эти потоки вод", т.е. эти обладатели мудрости, от которых выйдет Тора, называемая водами, "пребывают в горе, в печали, в бедности. И это муки и схватки роженицы, то есть Шхины, о которой сказано: "И возликует родительница твоя"[325]. И будет она в этих муках, т.е. в их страданиях"», этих обладателей Торы и мудрости. А страдания их считаются родовыми муками Шхины.

212) «"И когда она кричит в этих родовых муках, от этого пробуждаются семьдесят судей высшего Синедриона, пока голос ее не пробудится до АВАЯ. И сразу же: "Голос Творца разрешает от бремени ланей"[326] – т.е. мудрецов Мишны", упомянутых выше, и это смысл слов: "За ней – девицы, подруги ее, к тебе приводят их"[327]. У всех у них будут мучения действительно как у роженицы, с потугами, потому что время подгоняет их многочисленными укусами злого начала, и это змей, который жалит их во множестве" видов "преследований"».

213) «"В это время она раскрывается, чтобы родить Машиаха, благодаря мукам и усилиям праведников, обладающих достоинствами, обладающих тайнами Торы, обладающих стыдом и скромностью, обладающих трепетом и любовью, благочестивых, людей доблестных, боящихся Творца, мужей истины

---

[324] Писания, Псалмы, 42:2. «Как лань стремится к потокам вод, так душа моя стремится к Тебе, Всесильный!»

[325] Писания, Притчи, 23:25. «Возрадуются отец твой и мать твоя, и возликует родительница твоя».

[326] Писания, Псалмы, 29:9. «Голос Творца разрешает от бремени ланей и обнажает леса; и в Храме Его все гласит: "Слава!"».

[327] Писания, Псалмы, 45:15. «В узорчатых одеждах подведут ее к царю, за ней – девицы, подруги ее, к тебе приводят их».

и врагов корысти, которых торопит время. И это то, что объяснили мудрецы Мишны, что в поколении (Машиаха) бен Давида доблестные люди будут кружить от одного города к другому, но не найдут сострадания, и боящихся греха будут гнушаться, и отвратительным станет учение мудрецов, и истина исчезнет, и лоза виноградная даст плод свой, но вино будет дорого"».

214) «"И от этих криков, которые она издает, которых семьдесят" криков, "соответствующих семидесяти словам в псалме "Ответит тебе Творец в день бедствия"[328], раскрывается чрево ее, и это бет (ב)", т.е. полость чрева, "состоящая из двух полостей, чтобы родить из них двух Машиахов", Машиаха бен Давида и Машиаха бен Йосефа. "И она кладет голову меж коленей своих. Голова ее – это срединный столп", т.е. Зеир Анпин. Колени ее – это "два бедра, Нецах и Ход, и это два пророка. Оттуда рождаются два Машиаха", как мы уже сказали. "В этот момент сказано: "И обнажает леса"[326], т.е. когда раскроется Хохма,[329] "и змей будет истреблен из мира"», потому что свет Хохмы уничтожает все клипот. (До сих пор Раайа меэмана).

---

[328] Писания, Псалмы, 20:1-10. «Руководителю. Псалом Давиду. Ответит тебе Творец в день бедствия, укрепит тебя имя Творца Яакова ...»
[329] См. выше, п. 210.

Душа и дух

215) «Сказал ему рабби Аба: "Душа моя, стремился я к Тебе ночью, и дух мой, я буду искать Тебя внутри себя"[330]. Спрашивает: "Душой моей ночью", – следовало сказать"», то есть: «Душой моей ночью, и духом моим я буду искать Тебя». «"И также: "Я буду искать Тебя"[330], "будет искать Тебя", – следовало сказать"», ведь это указывает на дух его? «Сказал ему: "Ведь уже объяснялось, что это как сказано: "В чьей руке душа (нефеш) всего живого и дух (руах) всякой плоти человеческой"[331]». То есть «душа моя»[330] и «дух мой»[330] – это не названия того, что в нем самом, а два света руах и нефеш, облаченные в гуф, как он объясняет дальше.

216) «"Смотри, душа и дух (нефеш и руах) всегда действуют вместе. Мы учили, что совершенное служение, которым человек должен служить Творцу, это то, что мы учили: "И возлюби Творца Всесильного твоего всем сердцем твоим и всей душой твоей, и всем достоянием твоим"[332]. Чтобы он любил Творца именно любовью души. И это совершенная любовь, любовь души и духа. Как эти" душа и дух "соединились с телом, и тело любит их, так должен соединиться и человек, любя Творца и сливаясь с Ним, как в любви его души и духа. И это смысл слов: "Душа моя, стремился я к Тебе ночью"[330], то есть, "именно "душа моя"[330]», которая облачена в тело.

217) «"И дух мой, я буду искать Тебя внутри себя"[330] – т.е. я сольюсь с Тобой ночью в великой любви. Ведь человек должен вставать каждую ночь из любви к Творцу, чтобы заниматься служением Ему, пока не пробудится утро и не протянет Он над ним нить милости. И мы учили, что счастлива доля человека, который любит Творца этой любовью. И ради этих истинных праведников, которые так любят Творца, существует мир, и они управляют всеми суровыми приговорами наверху и внизу"».

---

[330] Пророки, Йешаяу, 26:9. «Душа моя, стремился я к Тебе ночью, и дух мой, я буду искать Тебя внутри себя, ибо когда правосудие Твое на земле, живущие во вселенной научатся справедливости».

[331] Писания, Иов, 12:10. «В чьей руке душа всего живого и дух всякой плоти человеческой».

[332] Тора, Дварим, 6:5. «И возлюби Творца Всесильного твоего всем сердцем твоим и всей душой твоей, и всем достоянием твоим».

218) «"Мы учили, что праведник, который духом своим и душой своей соединяется наверху со святым Царем в подлинной любви, управляет на земле внизу, и всё, что он постановил для мира, осуществляется. Откуда нам это известно? От Элияу, как написано: "Как жив Творец Всесильный Исраэля, пред которым я стоял, что не будет в эти годы ни росы, ни дождя, но только по слову моему"[333]».

219) «"Смотри, в час, когда святые души нисходят сверху вниз, а праведники мира притягивают их от Царя с Царицей", т.е. от зивуга ЗОН, "то мало их", удостоившихся этого, "ведь в тот час, когда спускается (душа) в мир, она предстает пред Царем" и служит Ему, "и Царь желает созерцать ее". А потом она спускается в мир. "Как мы объясняли, что в час, когда Творец вдохнул дух в каждую" душу "и в каждого ангела небесного, все воинства были сотворены и завершены в своем создании. Это смысл слов: "(Словом Творца небеса сотворены), и дуновением уст Его – все воинство их"[334]. А есть из них", из душ, "такие, которые задерживаются", и стоят пред Творцом, как мы сказали, "пока Творец не спускает их вниз"».

220) «"И мы учили, что со дня сотворения мира" души великих праведников "стоят пред Творцом, дожидаясь пред Ним. И Творец созерцает их, пока не наступает время опустить их на землю", т.е. для облачения в тело. "И они правят наверху и внизу. Это смысл сказанного: "Как жив Творец Всесильный Исраэля, пред которым я стоял"[333]. "Пред которым я стою", – не сказано, но "пред которым я стоял"[333], – т.е. прежде, чем спустился в этот мир. "Затем он вернулся на свое место" в небеса, "и вознесся в свою обитель. А другие" души "не возносятся" на свое место, "пока не умрут. Ибо они не стояли до этого" пред Творцом на таком уровне, "как другие", т.е. Ханох и Элияу, которые удостоились вознестись на свое место при жизни. "И потому Элияу стал посланцем и ангелом наверху", и также Ханох. "И это те, что прилепились к Царю более всего"», т.е. больше, чем ангел.

---

[333] Пророки, Мелахим 1, 17:1. «И сказал Ахаву Элияу Тишбиянин из жителей Гилада: "Как жив Творец Всесильный Исраэля, пред которым я стоял, что не будет в эти годы ни росы, ни дождя, но только по слову моему"».

[334] Писания, Псалмы, 33:6. «Словом Творца небеса сотворены, и дуновением уст Его – все воинство их».

221) «"Я нашел в книге Адама Ришона, что все высшие святые духи", т.е. ангелы, "исполняют поручение Творца, и все они исходят от одного места. А души праведников исходят от двух ступеней, включенных в одну, и поэтому они поднимаются выше" ангелов, "и ступени их выше", чем у ангелов. "И это так. И все те, что были упрятаны там, низошли и поднялись при жизни, подобно Ханоху, не знавшему смерти. И мы уже объясняли это в отношении Ханоха и Элияу"».

Объяснение. Ты уже знаешь, что в Малхут есть две точки – манула и мифтеха, и все света притягиваются только через свойство мифтеха, а точка манулы скрыта в ней. И поэтому (Малхут) называется Древом познания добра и зла, ибо люди, и они происходят от Малхут, – если удостоился человек и не грешит, то это добро, поскольку точка манулы не раскрывается, и он удостаивается всех светов. А если не удостоился, то – зло, так как раскрывается над ним точка манулы, и тогда уходят все света. И по этой же причине приходит к каждому человеку смерть, потому что Сатан, являющийся ангелом смерти, пробуждает над человеком точку манулы, и свет жизни уходит из-за нее. И все это уже выяснялось ранее.[335]

Однако ангелы происходят только от точки мифтехи, и нет в них ничего от точки манулы, и поэтому ангелы не умирают. И это смысл слов: «Что все высшие святые духи», то есть все ангелы, «исходят от одного места», то есть только от одной точки, манулы мифтехи. «А души праведников исходят от двух ступеней, включенных в одну», то есть от двух точек, манулы и мифтехи, включенных в одну, в мифтеху, и точка манулы скрыта в ней и не различима, как мы уже говорили.

И есть в ангелах достоинство, которого нет в людях, ведь ангелы не умирают, тогда как люди, из-за того, что состоят также и из точки манулы, они умирают из-за нее. Но есть достоинство в людях, которого нет в ангелах, поскольку на ангелах не лежит обязанность исправления, так как мифтеха не нуждается ни в каком исправлении, будучи свойством Бины, и вся суть ее предназначена лишь для того, чтобы исправить манулу. И поэтому они всегда находятся на одной ступени, на которой

---

[335] См. Зоар, главу Ваеце, п. 23. «"От силы света Ицхака" – святости, "и осадков вина" – клипот, из них обоих "выходит одна сложная форма", состоящая из добра и зла...»

созданы, и не свойственны им подъемы и уровни. Тогда как на людей, включающих в себя манулу, возложено всё исправление, и поэтому, когда удостаиваются, они восходят в подъемах и постигают ступени. И это смысл сказанного: «И поэтому они поднимаются выше», потому что люди восходят в подъемах, «и ступени их выше», так как они продвигаются от ступени к ступени, чего нет у ангелов.

Но есть великие души, в которых свойство манулы скрыто настолько сильно, что не способно раскрыться никогда, и они не умирают. И это смысл сказанного: «И все те, что были упрятаны там», то есть свойство манулы скрыто и упрятано в их корне, «низошли и поднялись при жизни, подобно Ханоху, не знавшему смерти», как уже было выяснено.

222) «"И мы учили, что сто двадцать пять тысяч ступеней для душ праведников поднялись в желании" Творца "перед сотворением мира. Творец призывает их в этот мир в каждом поколении. И они поднимаются и парят по миру, и завязываются в узел жизни", Малхут, "а в будущем Творец должен будет с их помощью обновить мир. О них написано: "Ибо как небеса новые и земля новая, которые сотворю Я, упрочены будут предо Мной"[336]».

Объяснение. Ступень не считается полной до тех пор, пока не будет в ней пяти ступеней нефеш-руах-нешама-хая-ехида (НАРАНХАЙ), у каждой из которых есть пять частных ступеней НАРАНХАЙ, а у каждой из частных ступеней есть пять своих частных ступеней НАРАНХАЙ. И вместе это – сто двадцать пять ступеней. И это смысл сказанного: «Сто двадцать пять...»

---

[336] Пророки, Йешаяу, 66:22. «Ибо как небеса новые и земля новая, которые сотворю Я, упрочены будут предо Мной, – слово Творца, – так упрочено будет семя ваше и имя ваше».

Город мал

223) «"Смиряйте ваши души"[337]. Говорит: "Ваши души"[337], – чтобы Исраэль стали достойными пред святым Царем, и будет желание их направлено к Творцу, и прилепиться к Нему, чтобы искупились им грехи их. И поэтому тому, кто ест и пьет девятого дня, наслаждая душу свою едой и питьем, уготовано двойное смирение души в десятый день, и он словно страдал девятого и десятого. "Ваши души"[337] – включает всё: тело и душу, и смирение себя в этот день, чтобы искупить грехи их"».

224) «"Мы учили: "Ибо в этот день искупит вас"[338]. Спрашивает: "Говорит: "В этот день"[338], "этот день", – следовало сказать?" И отвечает: "Но "в этот день"[338] – это точно (сказано), так как в этот день раскрывается Атика Кадиша", т.е. Кетер, "чтобы искупить грехи всех"».

225) «Рабби Аба провозгласил и сказал: "Город мал, и людей в нем немного"[339]. "Город мал"[339], – это ведь уже объяснялось. Но "город мал"[339], – это как ты говоришь: "Крепок город наш, спасением поставит Он стены и вал"[340]. И написано: "И не войду Я в город"[341]», где «город» означает – Малхут. «"Город мал"[339], – он мал потому, что он последний из всех" сфирот, "и самый нижний из всех. А стены его велики, крепки, святы, он называется святым городом. "И людей в нем немного"[339] – малочисленны те, кто удостоился подняться в него и жить в нем. Как сказано: "Кто взойдет на гору Творца, и кто встанет в месте святости Его?!"[342] И поэтому: "Людей в нем немного"[339]».

---

[337] Тора, Ваикра, 16:29. «И будет вам установлением вечным: в седьмом месяце, в десятый день месяца смиряйте ваши души и никакой работы не делайте, (ни) уроженец и (ни) пришелец, проживающий среди вас».

[338] Тора, Ваикра, 16:30. «Ибо в этот день искупит вас для очищения вашего от всех грехов ваших – пред Творцом очиститесь».

[339] Писания, Коэлет, 9:13-14. «Вот еще такую мудрость видел я под солнцем, и велика она для меня: город мал, и людей в нем немного, и пришел к нему великий царь, и окружил его, и построил над ним укрепления великие».

[340] Пророки, Йешаяу, 26:1. «В этот день петь будут песнь эту в земле Иудеи: "Крепок город наш, спасением поставит Он стены и вал"».

[341] Пророки, Ошеа, 11:9. «Не поступлю по ярости гнева Моего, не стану более уничтожать Эфраима, ибо Я Всевышний, а не человек, Святой в среде твоей; и не войду Я в город».

[342] Писания, Псалмы, 24:3. «Кто взойдет на гору Творца, и кто встанет в месте святости Его?!»

226) «"И пришел к нему великий царь и окружил его"[339] – это Творец, который пришел, чтобы соединиться с ним и поселиться в нем. "И окружил его"[339], это как сказано: "Стеной огненной вокруг"[343]. "И построил над ним укрепления великие"[339] – т.е. возвел стены его", иначе говоря, защиту, чтобы от него не питались внешние. "Великие"[339] и прочные, и приятные, и красивые, и святые. Он называется святым городом, и все царское величие Он поместил туда. Поэтому только он один состоит из всех царских венцов", т.е. мохин Зеир Анпина, "и все царские венцы увенчиваются в нем"». Как сказано: "Жена доблестная – венец мужу своему"[344], потому что Зеир Анпин увенчивается свечением Хохмы только когда он совершает зивуг с Малхут, поскольку Хохма раскрывается только лишь в Малхут.[345] Поэтому: "И людей в нем немного"[339] – ибо не каждый человек удостаивается его"».

227) «"И нашелся в нем муж убогий и мудрый, и спас он город своей мудростью"[346]. Это как написано: "Тот, у кого чисты руки и непорочно сердце"[347]. Называется "убогий (мискéн מִסְכֵּן)"[346], как сказано: "И он построил города-хранилища (мискенóт מִסְכְּנוֹת) для Фараона"[348] – т.е. "он увенчивается мощными венцами, венцами Торы и венцами заповедей Торы Царя. И называется "мудрый"[346], так как он удостоился этой мудрости (хохмы)", поскольку Малхут называется нижней Хохмой, потому что в ней (находится) место раскрытия Хохмы, как мы уже объясняли. И называется еще "и мудрый"[346], потому что он мудрее всех людей в наблюдении за работой своего Господина, чтобы удостоиться ее и войти в нее. Это означает: "И спас он город своей мудростью"[346]. "И спас"[346], это как сказано: "Побегу я и

---

[343] Пророки, Зехария, 2:9. «А Я буду ему, – слово Творца, – стеной огненной вокруг, и для славы (его) буду посреди него».

[344] Писания, Притчи, 12:4. «Жена доблестная – венец мужу своему, а позорная – как гниль в костях его».

[345] См. Зоар, главу Берешит, часть 1, п. 340, со слов: «И, кроме того, так же как высшая Хохма...»

[346] Писания, Коэлет, 9:15. «И нашелся в нем муж убогий и мудрый, и спас он город своей мудростью, но никто не помнил о том муже убогом».

[347] Писания, Псалмы, 24:4. «Тот, у кого чисты руки и непорочно сердце, кто не склонял к суете души своей и не клялся ложно».

[348] Тора, Шмот, 1:11. «И поставили над ним начальников работ, чтобы изнуряли его тяжкими работами. И он построил города-хранилища для Фараона: Питом и Рамсес».

повидаюсь с братьями моими"[349], и также: "Спасусь же бегством туда"[350], – т.е. говорится о спасении. "Также и здесь: "И спас он город своей мудростью"[346]», т.е. своей проницательностью он спасает его от присасывания внешних.

228) «"Но никто не помнил о том муже убогом"[346] – т.е. никто не помнил о необходимости исполнять заповеди Торы и заниматься Торой, как тот муж убогий, который соединился во всем, чтобы удостоиться ее. "И сказал я: "Мудрость (хохма) лучше геройства (гвуры)"[351], т.е. "в тот мир дается позволение входить только этим истинным праведникам – тем, которые днем и ночью занимаются Торой, и увенчиваются заповедями Торы в этом мире, чтобы войти с ними в будущий мир"».

229) «"Но мудрость убогого презренна, и речи его не слышны"[351] – потому что люди не хотят смотреть на него, не хотят соединяться с ним и внимать словам его. Ибо мы учили, что каждый, кто внимает словам Торы, счастлив в этом мире и подобен получившим Тору с горы Синай. И даже от всякого человека нужно слушать слова Торы. И тот, кто прислушивается к нему, оказывает уважение святому Царю и Торе. О нем написано: "Ныне стал ты народом Творцу Всесильному твоему"[352]».

---

[349] Пророки, Шмуэль 1, 20:29. «И сказал: "Отпусти меня, ибо семейное пиршество у нас в городе, и брат мой приказал мне (быть там); а теперь, если нашел я благоволение в очах твоих, побегу я и повидаюсь с братьями моими", вот почему он не пришел к царскому столу».

[350] Тора, Берешит, 19:20. «Вот город этот близок, чтобы бежать туда, и он мал; спасусь же бегством туда, ведь мал он, и в живых я останусь».

[351] Писания, Коэлет, 9:16. «И сказал я: "Мудрость лучше геройства, но мудрость убогого презренна, и речи его не слышны"».

[352] Тора, Дварим, 27:9. «И сказал Моше и священники-левиты всему Исраэлю так: "Внимай и слушай, Исраэль! Ныне стал ты народом Творцу Всесильному твоему"».

Праведник и спасенный

230) «"Мы учили, что в один из дней товарищи находились в пути с рабби Шимоном. Сказал рабби Шимон: "Я вижу все народы, что они возвышены, а Исраэль ниже их всех, – и в чем причина? Это из-за того, что Царь отослал от себя Царицу, а на ее место поставил рабыню. Как сказано: "Под тремя трясется земля, четырех она не может вынести. Раба, когда он делается царем, и негодяя, когда он досыта ест хлеб. Ненавистную (женщину), выходящую замуж, и рабыню, наследующую госпоже своей"[353]. Кто такая "рабыня"[353]? Это чужая Малхут" ситры ахра (нечистых сил), "первенца которых Творец убил в Египте. Как написано: "До первенца рабыни, которая за жерновами"[354]. "За жерновами"[354] она сидела сначала, а сейчас эта рабыня наследует своей госпоже"». Т.е. вместо того, чтобы передавать (наполнение) Малхут святости, эта рабыня ситры ахра забирает все благо и передает его народам, принадлежащим ее стороне.

231) «Заплакал рабби Шимон и сказал: "Царь без царицы не называется царем. Царь, соединившийся с рабыней, служанкой царицы, – где величие его? И голос в будущем возвестит царице, говоря: "Возликуй, дочь Циона, возглашай радостно, дочь Йерушалаима: вот царь твой придет к тебе, праведник и спасенный он"[355]. Иначе говоря, праведник", т.е. Есод, "это тот, кто спасен, ибо до сих пор он восседал в месте не своем, в месте чужом", называемом рабыней, "и питал его"». А сейчас царица вернулась к нему.

232) «"И об этом написано: "Беден и восседает на осле"[355], потому что вначале он был "беден"[355], "и восседает на осле"[355], – это нижние кетеры народов-идолопоклонников, первенца которых Творец убил в Египте", и они называются ослом, "и это смысл сказанного: "И все первородное из скота"[354]. И мы уже объясняли эти вещи. Якобы, "праведник и спасенный он"[354],

---

[353] Писания, Притчи, 30:21-23. «Под тремя трясется земля, четырех она не может вынести: раба, когда он делается царем, и негодяя, когда он досыта ест хлеб, ненавистную (женщину), вышедшую замуж, и рабыню, наследующую госпоже своей».

[354] Тора, Шмот, 11:5. «И умрет всякий первенец в земле Египетской: от первенца Фараона, который должен сидеть на престоле его, до первенца рабыни, которая за жерновами, и все первородное из скота».

[355] Пророки, Зехария, 9:9. «Возликуй, дочь Циона, возглашай радостно, дочь Йерушалаима: вот царь твой придет к тебе, праведник и спасенный он, беден и восседает на осле и на осленке, сыне ослиц».

поскольку является спасенным, "безусловно, больше всех, потому что до сих пор находился праведник", Есод, "без праведности", Малхут. "А сейчас, когда соединились вместе" праведник и праведность, "праведник и спасенный он"[354], поскольку он не пребывает" более "в ситре ахра. Мы учили: "Праведник потерял, и нет человека, принимающего (это) к сердцу"[356]. Это изречение непонятно", говорит: "Праведник потерял"[356], "пропал", – следовало сказать? И отвечает: "Но именно "потерял". И что потерял? Потерялась царица, и он соединился с другим местом, называемым рабыней"».

233) «Сказал рабби Ицхак рабби Шимону: "Если только будет угодно моему господину, мы учили о том, что написано: "А праведник – основа мира"[357]. Есть такие, "кто говорит, что мир стоит на семи столпах". А есть такие, "кто говорит, что мир (стоит) на одном столпе"», на Есоде, о котором написано: «А праведник – основа (есод) мира»[357]. «"Как согласуются эти высказывания"», чтобы не противоречить друг другу? «Сказал ему: "Всё это – одно целое, поскольку семь их", т.е. семь сфирот ХАГАТ НЕХИМ, "и среди них есть один столп, называемый праведником", т.е. Есод, "и" эти семь "стоят на нем, и мир существует благодаря ему. И пока мир существует благодаря ему, он словно существует благодаря всем семи", поскольку Есод включает в себя все семь сфирот ХАГАТ НЕХИМ. "И поэтому написано: "А праведник – основа (есод) мира"[357]. И мы уже объясняли эти вещи в разных местах"».

234) «"И мы учили, что эта рабыня будет властвовать над святой землей внизу, как вначале властвовала Царица. Как написано: "Праведность обитала в нем"[358], т.е. Малхут, называемая праведностью, "а сейчас: "И рабыня, наследующая госпоже своей"[353] – во всем", как наверху, так и внизу. "И Царь должен будет вернуть Царицу на ее место, как вначале, – и тогда чья это радость? Говорит ведь: радость Царя и радость Царицы. Радость Царя – она потому, что он вернул ее и расстался с рабыней, как мы уже сказали. А радость Царицы – она

---

[356] Пророки, Йешаяу, 57:1. «Праведник пропал (досл. потерял), и нет человека, принимающего к сердцу, и мужи благочестия погибают, и никто не понимает, что от зла погиб праведник».

[357] Писания, Притчи, 10:25. «Пронесется буря – и нет нечестивого, а праведник – основа мира».

[358] Пророки, Йешаяу, 1:21. «Как город верный, исполненный правосудия, стал блудницей! Праведность обитала в нем, а ныне – убийцы».

потому, что она вновь соединилась с Царем. Это смысл слов: "Возликуй, дочь Циона..."[355]».

235) «"Смотри, написано: "И будет это (зот) для вас установлением вечным"[359]. "И будет для вас", – следовало сказать, что значит "это (зот)"[359]?" И отвечает, что смысл написанного, – это, "как мы сказали, "установлением вечным"[359], т.е. Малхут, "всюду оно называется установлением вечным (хукат олам)", что означает – "наказом Царя. Ведь Он поместил все законы Свои в это место", в Малхут, "и запер их, подобно запирающему всё в одной сокровищнице", и это, "без сомнения, установление вечное. В этой "зот", в Малхут, "Он записал и запечатлел все Свои сокровища и все Свои тайны"».

---

[359] Тора, Ваикра, 16:34. «"И да будет это для вас установлением вечным, чтобы искупить сынов Исраэлевых от всех грехов их однажды в году". И сделал он так, как повелел Творец Моше».

ГЛАВА АХАРЕЙ МОТ

Смиряйте ваши души

236) «"В седьмом месяце, в десятый день месяца"[360]. Именно "в десятый"[360], как мы объясняли"», потому что «в десятый»[360] – это Малхут. «"Смиряйте ваши души"[360] – это так, мы ведь учили: "Ваши души"[360], разумеется. Поскольку это зависит от души (нефеш)", потому что свет Малхут называется нефеш, и нефеш – это всегда Малхут. "И поэтому еда и питье девятого дня" месяца, и это Есод, "больше" тогда, "чем в другой день. И хотя мы это учили по-другому,[361] все правильно, – и то, и другое является одним целым, и каждое (объяснение) на своем месте, и это так"».

Объяснение. Ты уже узнал, что невозможно, чтобы раскрылась Хохма без того, чтобы вместе с ней не проявились суровые суды, изливающиеся на головы грешников, чтобы они не притягивали Хохму сверху вниз.[362] И это тайна пяти видов смирения в День искупления, от которых нисходят суды на головы грешников. И тогда становится возможным раскрытие Хохмы. И это смысл сказанного: «А всякая душа, которая не будет смирена́ в этот самый день, истребится из народа своего»[363]. Ведь если человек не принял эти пять видов смирения, чтобы отогнать грешников, Хохма не сможет проявиться в душе. А свет Хохмы – это свет жизни, поэтому: «Истребится из народа своего"[363]».

И это означает сказанное: «"В десятый день месяца"[360]. Именно "в десятый"[360]», поскольку это Малхут, являющаяся местом раскрытия Хохмы, ведь раскрытие Хохмы не происходит ни в одной сфире, но только в сфире Малхут.[364] И поэтому следует установить там это исправление, чтобы низошли от нее суды на головы грешников в момент раскрытия в ней Хохмы. И поэтому: «"Смиряйте ваши души"[360], разумеется» – потому что нужно пробудить в Малхут пять видов смирения, так как

---

[360] Тора, Ваикра, 16:29. «И будет вам установлением вечным: в седьмом месяце, в десятый день месяца смиряйте ваши души и никакой работы не делайте, (ни) уроженец и (ни) пришелец, проживающий среди вас».
[361] См. выше, п. 223.
[362] См. Зоар, главу Пкудей, п. 376, и главу Цав, пп. 114-116.
[363] Тора, Ваикра, 23:29. «А всякая душа, которая не будет смирена в этот самый день, истребится из народа своего».
[364] См. Зоар, главу Берешит, часть 1, п. 340, со слов: «И, кроме того, так же как высшая Хохма является началом (решит רֵאשִׁית), так же и нижняя Хохма...»

оттуда исходят пять этих судов. «Поскольку это зависит от души (нефеш)», являющейся свойством Малхут, ибо только там – место раскрытия Хохмы, и не в другом месте. И поэтому, когда в ней раскрываются суды, она может получать Хохму от Есода Зеир Анпина, поскольку нет более страха перед грешниками, которые будут питаться от нее. И это смысл сказанного: «И поэтому еда и питье девятого дня больше, чем в другой день». Ибо тогда Малхут может получать от Есода мохин свечения Хохмы, которые называются едой и питьем, больше, чем в другой день, ведь Малхут получает только от Есода. И это смысл того, почему надо умножать еду и питье накануне Дня искупления, или девятого дня месяца, т.е. в свойстве Есод. Ведь благодаря тому, что (человек) принимает на себя в День искупления пять видов смирения, она способна принимать еду и питье от Есода. Так, что исправление смирения души в День искупления светит исправлению еды и питья, которые в девятый день месяца, поскольку она защищена от грешников. И это внутренний смысл того, что сказали: «Тот, кто ест и пьет в девятый день, засчитывает ему Писание, как будто смирял себя девятого и десятого»[365] – так как смирение души десятого светит над мохин, передаваемых девятого, и оберегает их.

237) «"И мы учили, что в этот день любая радость и любой свет, и любое прощение в мирах", т.е. искупление грехов, – "все они зависят от высшей Имы, так как все источники исходят и вытекают из нее", как свечения Хохмы, так и свечения хасадим. "И тогда светят все эти свечи"», т.е. свойства «светила огненные», что в Малхут. «"И они светят светом и радостью, пока всё не наполнится благоуханием, и тогда все эти суды пребывают в свечении", поскольку те суды, которые исходят от пяти видов смирения, приводят к тому, чтобы светила Хохма, и если бы не они, Хохма бы не раскрылась, как мы уже объяснили. "И суд не совершается", а лишь представляет угрозу. "И поэтому: "Смиряйте ваши души[360]"», – чтобы сделать возможным свечение Хохмы.

238) «Сказал рабби Аба: "Ведь сказал нам господин мой из основы Мишны, что не были изгнаны Исраэль из своей страны, пока не отвергли Творца, как написано: "Нет нам доли

---

[365] См. Вавилонский Талмуд, трактат Брахот, лист 8:2.

у Давида и нет удела нам у сына Ишая!"³⁶⁶» Ибо Давид – это Малхут, и они сказали: «Нет нам доли в Малхут». «"И я нашел другое изречение об этом, как написано: "Смотри на дом свой, Давид!"³⁶⁷» И спрашивает, указывает ли также и дом Давида на Малхут? «Сказал ему: "Так это, безусловно", что Малхут "называется домом Давида, как написано: "Дом Яакова, давайте пойдем в свете Творца"³⁶⁸. "Дом Яакова"³⁶⁸ – это как ты говоришь: "И дом великолепия (тиферет) Моего украшу"³⁶⁹, поскольку Яаков – это Тиферет, а дом Тиферет – это Малхут. Также и дом Давида – это Малхут. И пояснение изречения: "Дом Яакова, давайте пойдем в свете Творца"³⁶⁸. Оно означает, "как написано: "И река вытекает из Эдена, чтобы орошать сад"³⁷⁰, где река – это Зеир Анпин, орошающий сад, т.е. Малхут, "ибо Он посадил сад, чтобы наслаждаться в нем с праведниками, пребывающими в нем"». И об этом сказано: «Дом Яакова»³⁶⁸, т.е. Малхут, «давайте пойдем в свете Творца»³⁶⁸, т.е. Зеир Анпина, орошающего эту Малхут.

239) «"Мы учили, написано: "Но в десятый день седьмого месяца этого – День искупления, священное собрание будет у вас, и смиряйте души ваши"³⁷¹. И написано: "И будет вам установлением вечным: в седьмом месяце, в десятый день месяца, смиряйте ваши души"³⁶⁰». И там не написано: «Но в десятый день». «"Но (в десятый день)"³⁷¹, которое написано здесь, что Он хочет (указать) этим?" Сказал ему: "Это указывает на уменьшение"», т.е. в любом месте, где написано «но (ах אך)», это указывает на уменьшение. «"Ведь поскольку сказал: "И

---

³⁶⁶ Пророки, Шмуэль 2, 20:1. «И оказался там негодяй по имени Шэва, сын Бихри, Биньяминянин; и затрубил он в шофар, и сказал: "Нет нам доли у Давида и нет удела нам у сына Ишая!"»

³⁶⁷ Пророки, Мелахим 1, 12:16. «И увидели весь Исраэль, что царь не внял им. И отвечал народ царю, и сказал: "Что за доля у нас в Давиде? Нет нам удела у сына Ишая! По шатрам своим, Исраэль! Теперь смотри на дом свой, Давид!" И разошлись Исраэль по шатрам своим».

³⁶⁸ Пророки, Йешаяу, 2:5. «Дом Яакова, давайте пойдем в свете Творца».

³⁶⁹ Пророки, Йешаяу, 60:7. «Все овцы Кедара будут собраны к тебе, овны Невайота послужат тебе; взойдут благоугодной (жертвой) на жертвенник Мой, и дом великолепия Моего украшу».

³⁷⁰ Тора, Берешит, 2:10. «И река вытекает из Эдена, чтобы орошать сад, и оттуда разделяется и образует четыре главных реки».

³⁷¹ Тора, Ваикра, 23:27. «Но в десятый день седьмого месяца этого – День искупления, священное собрание будет у вас, и смиряйте души ваши, и приносите огнепалимые жертвы Творцу».

смиряйте ваши души в девятый день месяца вечером"[372], сказал затем: "Но в десятый день"[371], а должен был сказать: "Но десятый день", однако, этим дает нам понять, "что от десятого дня зависит это действие"», – «и смиряйте ваши души», и исключает девятый день месяца.

240) «Сказал ему: "В таком случае, "но к первому дню устраните квасное из домов ваших"[373]. И мы учили, что "но" разделяет – полдня запрещено есть квасное, полдня разрешено. И так же когда написано: "Но в десятый день"[371] – полдня еда запрещена, полдня – разрешена". Сказал ему: "Так же и здесь, в (изречении) "и смиряйте души ваши"[371], разделено, потому что смирение происходит, только начиная с полудня, т.е. после времени еды, "и получается, что "но" поделило, – правильно это и в отношении "и смиряйте души ваши"[371]».

241) «Сказал рабби Эльазар: "Написано: "Ибо в этот день искупит вас"[374]. Следовало сказать: "Я искуплю вас", как говорящий про Себя. И отвечает: "Но "искупит вас"[374], сказанное в третьем лице, "включает Йовель (пятидесятый год)", т.е. Бину, "и исходят" от него "источники", т.е. свечение Хохмы, "чтобы орошать в этот день все стороны, напаивая всех и орошая всех. И это означает "вас"[374] – т.е. "для вас", чтобы очистить вас в тот день, как написано: "Пред Творцом очиститесь"[374]. И суд не будет властвовать над вами"».

242) «Рабби Йегуда сказал: "Счастливы Исраэль, ибо Творец благоволил к вам и хотел очистить вас, чтобы не было среди вас греха и чтобы были вы сынами чертога Его, и обитали в Его чертоге. А о грядущем будущем написано: "И окроплю вас водою чистою, и очиститесь вы"[375]».

---

[372] Тора, Ваикра, 23:32. «Суббота прекращения трудов будет у вас, и смиряйте ваши души в девятый день месяца вечером; от вечера до вечера празднуйте вашу субботу».

[373] Тора, Шмот, 12:15. «Семь дней ешьте опресноки; но к первому дню устраните квасное из домов ваших, ибо всякий, кто будет есть квасное с первого дня до седьмого дня, душа та истреблена будет из среды Исраэля».

[374] Тора, Ваикра, 16:30. «Ибо в этот день искупит вас для очищения вашего от всех грехов ваших – пред Творцом очиститесь».

[375] Пророки, Йехезкель, 36:25. «И окроплю вас водою чистою, и очиститесь вы от всей скверны вашей; и от всех идолов ваших очищу вас».

Из глубин взывал я к Тебе, Творец

243) «Рабби Йегуда провозгласил: "Песнь ступеней. Из глубин взывал я к Тебе, Творец"[376]. Когда Творец создал мир, Он захотел создать человека. Посоветовался с Торой, сказала она пред Ним: "Ты хочешь создать этого человека? Он будет грешить пред Тобой, и будет возбуждать гнев пред Тобой. Если же Ты будешь поступать с ним по делам его, мир не сможет устоять пред Тобой, а этот человек и подавно". Сказал ей" Творец: "Не зря же Я называюсь: "Всевышний, милостивый и милосердный, долготерпеливый"[377]?!»

244) «"А прежде, чем Творец создал мир, Он создал возвращение. Сказал Творец возвращению", т.е. Бине, называемой возвращением: "Я хочу создать в мире человека при условии, что если обратятся они к тебе от грехов своих, будешь ты готово простить грехи их и искупить их. И в любой момент возвращение готово для людей. И когда люди обращаются от грехов своих, это возвращение", т.е. Бина, "возвращается к Творцу", т.е. передает мохин Зеир Анпину, "и всё искупает. И все суды утихают и смягчаются, и человек очищается от грехов своих"».

245) Спрашивает: «"Когда человек очищается от своего греха?" И отвечает: "В час, когда он входит в это возвращение как подобает". Рабби Ицхак сказал: "В час, когда он возвращается пред высшим Царем, и молится из глубины сердца. Это означает: "Из глубин взывал я к Тебе, Творец"[376]».

246) «Рабби Аба сказал: "Из глубин взывал я к Тебе, Творец"[376] означает — "скрытое место есть наверху, и это глубь колодца", т.е. Бины. "И отсюда в каждую сторону выходят потоки и источники. И самое глубокое в этой глубине место называется возвращением. И тот, кто хочет обратиться и очиститься от грехов своих, должен в этой глубине воззвать к Творцу. Это означает: "Из глубин взывал я к Тебе, Творец"[376]».

---

[376] Писания, Псалмы, 130:1. «Песнь ступеней. Из глубин взывал я к Тебе, Творец».

[377] Тора, Шмот, 34:6. «И прошел Творец перед Моше, и возгласил: "Творец — Творец Всевышний, милостивый и милосердный, долготерпеливый, и великий милостью и истиной"».

247) «"Мы учили, что в час, когда человек согрешил пред Господином своим и принес жертву на жертвенник, и коэн искупает его и молится о нем, пробуждается милосердие, а суды смягчаются, и возвращение", т.е. Бина, "изливает благословения, через источники, которые исходят и вытекают, и благословляются все свечи вместе", т.е. сфирот Малхут, "и человек очищается от своего греха"».

Десять видов премудростей

248) «"Смотри, Творец", т.е. Бесконечный, "произвел десять сфирот, святых венцов, наверху, и Он венчается ими и облачается в них, и Он – это они, а они – это Он, подобно пламени, соединенному с углем, и нет там разделения" между Бесконечным и облачающими Его сфирот. "В противоположность этому есть десять сфирот, которые не святы, находящихся внизу, и они удерживаются в грязи ногтей одной святой сфиры, называемой Хохма", т.е. Малхут, которая называется нижней Хохмой. А свечения ее ахораим называются ногтями, и в их отходах, называемых грязью ногтей, удерживаются клипот.[378] "И потому они называются премудростями (хохмот)"».

249) «"И мы учили, что десять видов премудростей" клипот "спустились в мир, и все они" были отданы Египту и "осквернились в Египте, кроме одной, которая распространилась в мире", т.е. по всему миру, кроме Египта. "И это всякого рода колдовства. И благодаря им египтяне умели колдовать лучше всех в мире. А когда египтяне желали устроить сбор колдовства для дел своих, они выходили в поле, на высокие горы, и закалывали жертвы, и выкапывали ямы в земле, и кропили кровью вокруг этих ям, а остальная кровь собиралась в эти ямы, а поверх нее они клали мясо. И они приносили жертвы этой мерзкой нечисти. И эта мерзкая нечисть собиралась и сходилась вместе. И они ублажались с ними на этой горе"».

250) «"Исраэль, которые были в рабстве у египтян, приближались к ним и учились у них, и предавались распутству вслед за ними. И это смысл сказанного: "По обычаям земли Египетской, в которой вы жили, не поступайте, и по обычаям земли Кнаан, в которую Я веду вас, не поступайте"[379]. И написано: "И чтобы не закалывали более жертв своих демонам, за которыми они беспутно (следуют)"[380]. Мы учили, что в час, когда они приносили им жертвы в поле, и готовили кровь, и подносили свои жертвы, вся эта мерзкая нечисть собиралась, и они

---

[378] См. выше, п. 82.
[379] Тора, Ваикра, 18:3. «По обычаям земли Египетской, в которой вы жили, не поступайте, и по обычаям земли Кнаан, в которую Я веду вас, не поступайте, и законам их не следуйте».
[380] Тора, Ваикра, 17:7. «И чтобы не закалывали более жертв своих демонам, за которыми они беспутно (следуют). Законом вечным будет это им для их поколений».

являлись под видом демонов, полностью поросших волосами, и сообщали им то, что они хотят"».

251) «"Смотри, об Ицхаке что написано: "И подступил Яаков к Ицхаку, отцу своему, и он ощупал его"[381]. Сказал: "Этому недостает только от росы небесной, стекающей на землю"». Иначе говоря, ему недостает только блага от Зеир Анпина, называемого небом, т.е. света хасадим, ведь он является строением (меркава) Зеир Анпина, однако он не нуждается в свечении Хохмы. «Сказал рабби Йоси: "И от туков земных"[382], – написано, т.е. свечением Хохмы, и "всем благословил его" – как хасадим, так и Хохмой. "Какова причина", что благословил его Хохмой? "Потому что увидел его в волосах", т.е. в судах. "Сказал (про себя): "Чтобы отвести" от него "это, ему нужно "от туков земных"[382], т.е. свечение Хохмы, "но не грязь земли", как ситре ахра, питающейся грязью ногтей,[383] "ведь эта грязь – она от земли", т.е. от Малхут, "а когда роса небесная и земное изобилие", т.е. Зеир Анпин и Малхут, "соединяются, эта грязь устраняется"».

---

[381] Тора, Берешит, 27:22. «И подступил Яаков к Ицхаку, отцу своему, и он ощупал его и сказал: "Голос – голос Яакова, а руки – руки Эсава"».

[382] Тора, Берешит, 27:28. «И даст же тебе Творец от росы небесной и от туков земных, и обилие хлеба и вина».

[383] См. выше, п. 248.

ГЛАВА АХАРЕЙ МОТ

И (не будет у тебя) вопрошающего мертвых

252) «Сказал рабби Хия: "Последняя из этих нижних не святых сфирот – это та, о которой написано: "И (не будет у тебя) вопрошающего мертвых"[384]. И это десятая из всех" сфирот, Малхут ситры ахра, поскольку десять видов колдовства есть в этом изречении, которые соответствуют десяти сфирот ситры ахра.[385] "Как мы учили", – сказал рабби Ицхак. Сказал рабби Йегуда: "Души грешников", которые умерли, – "это разрушители мира"». И на них указывает изречение: «И (не будет у тебя) вопрошающего мертвых»[384].

253) «Сказал рабби Йоси: "В таком случае, грешникам хорошо от того, что они становятся разрушителями мира. Где же адское наказание, где же бедствие, уготованное им в том мире?" Сказал рабби Хия: "Так мы учили и объясняли эти вещи. Души грешников, в час, когда уходят из мира, много судебных обвинителей призваны встретить их и привести в ад, а в аду каждый день их подвергают трем судам. А затем присоединяются к ним" ангелы-разрушители, "непрестанно снующие по миру и совращающие грешников, – тех, перед кем возвращение уже закрыто. А потом их снова бросают в ад, и они подвергаются суду. И так каждый день"».

254) «"После того как ангелы-разрушители сопровождали их, покружив с ними по миру, они возвращают их в могилу, и те видят, как трупный червь проедает" их "плоть, и" души "скорбят о них", о телах. "А эти колдуны приходят на кладбище и вершат свое колдовство. Они делают фигурку человека и закалывают перед ней козла. Потом они переносят козла в эту могилу, а фигурку разбивают на четыре части и располагают их в четырех углах могилы. Тогда они совершают свои колдовства. И сходятся эти сборища и эта мерзкая нечисть, и приводят эту душу, и она входит в могилу и совокупляется с ними"».

---

[384] Тора, Дварим, 18:10-11. «Да не найдется у тебя никого, кто проводил бы сына своего и дочь свою через огонь, чародея, чар, волхва, и гадателя, и колдуна, и совершающего заклинание, и вызывающего духов, и знахаря, и вопрошающего мертвых».

[385] См. Зоар, главу Ваишлах, п. 35. «Десять видов идолопоклонства, как сказано: "(Да не будет у тебя никого, кто проводил бы сына своего и дочь свою через огонь), чародея, чар, волхва, и гадателя, и колдуна, и совершающего заклинание, и вызывающего духов, и знахаря, и вопрошающего мертвых" – всего десять...»

Нефеш, руах, нешама

255) «Сказал рабби Ицхак: "Счастливы праведники в этом мире и в мире будущем. Ведь все они святы. Тело их свято, нефеш их свята, руах (дух) их свят, нешама (душа) их – святая святых. Это три ступени", нефеш-руах-нешама (НАРАН), "по высшему подобию", т.е. против высших Малхут, Тиферет и Бины. "Как мы учили, – сказал рабби Йегуда, – написано: "Да произведет земля существо живое (нефеш хая)"[386] – это нешама Адама Ришона. Смотри, это три ступени, и они соединяются вместе – нефеш, руах, нешама. И высшая из них – это нешама"».

256) «"Как сказал рабби Йоси, что в каждом человеке есть нефеш", называемая животной нефеш. "А есть нефеш выше этой нефеш", – духовная нефеш. "Если человек удостоился этой нефеш, посылают ему один венец, называемый руах. Это смысл сказанного: "Пока не изольется на нас дух (руах) свыше"[387]. Тогда человек пробуждается другим, высшим, пробуждением, чтобы созерцать пути святого Царя. Если человек удостоился этого руаха, его увенчивают высшей святой сфирой, включающей в себя всё, называемой нешама. И называется она божественной душой"».

257) «"И мы учили, в тайне тайн, в тайне, которая в книге царя Шломо, то изречение, в котором написано: "И прославлял я мертвых, которые уже умерли"[388]. Если написано: "И прославлял я мертвых"[388], зачем" добавляет еще: "Которые уже умерли"[388]?" И отвечает: "Но" это означает – "которые уже умерли в этом мире в служении своему Господину"», т.е. они умертвили себя в служении своему Господину. «Ибо Тора воплощается лишь в том, кто умерщвляет себя ради нее»[389].

---

[386] Тора, Берешит, 1:24. «И сказал Всесильный: "Да произведет земля существо живое по виду его: скот и ползучее, и животное земное по виду его". И было так».

[387] Пророки, Йешаяу, 32:15. «Пока не изольется на нас дух свыше, и пустыня станет полями и виноградниками, а поля и виноградники считаться будут лесом».

[388] Писания, Коэлет, 4:2. «И прославлял я мертвых, которые уже умерли, более живых, что здравствуют поныне».

[389] Вавилонский Талмуд, трактат Санедрин, лист 111:1.

258) «"И там", в книге царя Шломо, написано: "Три предела создал Творец для праведников", для их НАРАН после смерти. "Один – для нефашот праведников, которые не ушли из этого мира и пребывают в нем". Ибо душа умершего не уходит из этого мира, "и когда мир нуждается в милосердии, и эти живые" люди "пребывают в скорби, они возносят молитву за них, и отправляются сообщить об этом спящим в Хевроне", т.е. праотцам, "и те пробуждаются и поднимаются в земной Эденский сад, где дух (руах) праведников облачается в венцы света, и они советуются с ними, и выносят решение, и Творец исполняет их желание, проявляя милосердие к миру"».

259) «"И эти нефашот праведников пребывают в этом мире, чтобы защищать живых" людей. "И она называется нефеш. И она не уходит из этого мира, а пребывает в этом мире, чтобы наблюдать и знать, и защищать поколение. И это то, что сказали товарищи, что мертвые знают о страданиях мира, и наказания грешников на земле – в этой душе-нефеш. Как написано: "И истребится душа (нефеш) эта из народа своего"».

260) «"Второй предел – это Эденский сад, что на земле. В нем Творец создал величественные высшие пределы, которые подобны этому миру и подобны высшему миру". Другими словами, они состоят из свойства Малхут и свойства Бины. Ибо сад – это Малхут, а Эден – Бина. "И чертоги", они тоже "двух видов", как и пределы, "и нет им числа. И деревья, и травы, и ароматы поднимаются каждый день. И в этом месте пребывает тот, который называется духом этих праведников, и это предел, в котором пребывает этот дух. И каждый дух облачается в одеяние величия по подобию этого мира и по подобию высшего мира"».

261) «"Третий предел – это святой высший предел, называемый узлом жизни", т.е. высшим Эденским садом, "где пребывает в наслаждении святая высшая ступень, называемая нешама, которая соединяется для наслаждения с высшим Эденским садом. О ней написано: "Тогда наслаждаться будешь пред Творцом, и Я возведу тебя на высоты земли"[390]», потому что высший Эденский сад называется «высоты земли»[390].

---

[390] Пророки, Йешаяу, 58:14. «Тогда наслаждаться будешь пред Творцом, и Я возведу тебя на высоты земли, и питать буду тебя наследием Яакова, отца твоего, потому что уста Творца изрекли это».

262) «"И мы учили, что в час, когда мир нуждается в милосердии", и тогда "эти удостоившиеся праведники, – эта нефеш" их "пребывает в мире, чтобы защищать мир, поднимается и непрестанно кружит по миру, и сообщает руаху, а руах поднимается и довершается, и сообщает нешаме, а нешама – Творцу. И тогда Творец проявляет милосердие к миру. А затем нисходит сверху вниз: нешама сообщает руаху, а руах сообщает нефеш"».

263) «"И в каждую субботу и новомесячье, все они", – нефеш, руах и нешама, – "соединяются и довершаются вместе, пока не соединятся, чтобы прийти и поклониться высшему Царю. А после этого они возвращаются на свое место. Это смысл сказанного: "И будет: в каждое новомесячье и в каждую субботу приходить будет всякая плоть, чтобы преклониться предо Мной"[391]».

264) «"И в час, когда мир нуждается в милосердии, и живые сообщают душам праведников, и плачут на их могилах, и они достойны сообщить им, поскольку их желание сводится к тому, чтобы нефеш слилась с нефеш, тогда пробуждаются нефашот праведников, и собираются, и направляют путь свой к спящим в Хевроне, и сообщают им о бедственном положении мира. И все они поднимаются к входу в Эденский сад, и сообщают руаху, и эти руахи достигают своего завершения в Эденском саду, высшие ангелы проходят между ними, и все они сообщают нешаме, и нешама сообщает Творцу. И все они просят милосердия к живым. И благодаря им Творец проявляет к миру милосердие. И об этом сказал Шломо: "И прославлял я мертвых, которые уже умерли"[388]».

265) «Сказал рабби Хия: "Удивляюсь я, разве есть кто-нибудь, кто умеет сообщать умершим, кроме нас?" Сказал рабби Аба: "(Когда люди страдают), сообщает им, Тора сообщает им. Ведь в час, когда нет того, кто знает об этом", как сообщать душам праведников, "вынимают свиток Торы поблизости от могил, и они пробуждаются от того, что Тора изгнана в такое место, и тогда" ангел "Дума сообщает им"».

---

[391] Пророки, Йешаяу, 66:23. «И будет: в каждое новомесячье и в каждую субботу приходить будет всякая плоть, чтобы преклониться предо Мной, – сказал Творец».

266) «Сказал рабби Йоси: "И они знают, что мир в страдании, а живые не способны и не умеют сообщить им, сразу же все они начинают вопиять о Торе: "Ведь мы сбились с пути, а она изгнана в это место". Если люди обращаются" в раскаянии "и плачут всем сердцем, обращаясь пред Творцом, все они (души) собираются и просят милосердия, и сообщают тем, спящим в Хевроне, и входят и сообщают руаху, что в Эденском саду, как мы уже сказали"».

267) «"А если они не обращены всем своим сердцем к просьбе и плачу за страдания мира, то горе им, ибо все они собираются впустую. Говорят, кто был причиной того, что из-за них святая Тора была изгнана без возвращения. И все являются, чтобы напомнить им о грехах, и поэтому не смогут они пойти туда без раскаяния и без поста, чтобы излить перед ними свои просьбы". Рабби Аба сказал: "Без трех постов". Рабби Йоси сказал: "Даже одного" поста достаточно, "и будет в этот день, и кроме этого, мир находится в самом бедственном положении, тогда все объединяются", т.е. все НАРАН, "чтобы просить о милосердии к миру"».

ГЛАВА АХАРЕЙ МОТ

И (не будет у тебя) вопрошающего мертвых

268) «"Мы учили, – сказал рабби Йегуда, – что однажды рабби Хизкия и рабби Йеса находились в пути, оказались в" месте, называемом "Гуш-Халав, и оно было разрушено. Сели рядом с кладбищем, и в руке рабби Йесы была одна часть свитка Торы, которая оторвалась", то есть в его руке была часть свитка Торы, с колонкой (текста) в ней. "Еще сидели они, как задрожала перед ними одна из могил и издала вопль: "О горе, ведь мир пребывает в беде, если Тора была изгнана сюда, или, может быть, живые пришли издеваться над нами и подвергать нас унижению со своей Торой". Содрогнулись рабби Хизкия и рабби Йеса"».

269) «Воскликнул рабби Хизкия, обращаясь к могиле: "Кто ты?" Ответила ему: "Мертвец я, и ведь пробудился я из-за Торы. Ибо однажды мир пребывал в беде, и живые пришли сюда, чтобы пробудить нас с помощью свитка Торы. И я со своими товарищами спешно отправились к спящим в Хевроне. Но когда они соединились в Эденском саду с духом праведников, открылось им, что свиток Торы, который принесли нам живые, был негодным, и исказил имя Царя, из-за того, что там была лишняя вав (ו) в изречении: "И расщепляющее (ве-шосáат וְשֹׁסַעַת) его на два копыта"³⁹², а там было написано: «И расщепляющее (ве-шосáат וְשֹׁסַעַת)». «И сказали: "Раз они исказили имя Царя", ибо Тора – это имя Царя, "не вернутся к ним", чтобы сообщить, была ли принята их молитва. "И прогнали меня с моими товарищами в этот момент из дома собрания"».

270) «"Пока один старец, который был среди них, не пошел и не принес книгу рабби Амнуна Савы. И тогда пробудился рабби Эльазар, сын рабби Шимона, который был похоронен с нами вместе, и пошел, и стал молиться за них в Эденском саду. И мир исцелился. И тогда позволили нам" вернуться в дом собрания. "И с того дня, когда подняли рабби Эльазара из той могилы" в Гуш-Халаве, "и положили рядом с отцом", на Мероне, "некому больше пробуждать (их), чтобы встали они перед спящими в Хевроне. Ибо мы боимся того дня, когда меня

---

³⁹² Тора, Дварим, 14:6. «И всякое животное, имеющее копыто и расщепляющее его надвое, отрыгивающего жвачку, из скота, – такое ешьте».

и моих товарищей прогнали" из дома собрания. "А сейчас вы пришли к нам, и у вас свиток Торы. Подумал я, что мир пребывает в беде, и поэтому содрогнулся, подумав: "Кто поспешит сообщить это истинным праведникам, спящим в Хевроне?" Уклонился от ответа рабби Йеса" и ушел "с той частью свитка Торы. Сказал рабби Хизкия: "К счастью, мир не пребывает в беде, и мы пришли не для этого"».

И это не противоречит тому, что рабби Хизкия и рабби Йеса умерли в Идра раба, когда рабби Эльазар еще был жив, как написано в конце Идра раба главы Насо. Потому как рабби Хизкия и рабби Йеса, которые здесь, это не те, что в Идра раба.

271) «Встали рабби Хизкия и рабби Йеса и пошли. Сказали: "Разумеется, что когда в мире нет праведников, мир существует только благодаря мертвым". Сказал рабби Йеса: "В час, когда мир нуждается в дождях, почему ходят к мертвым" молиться? "Ведь написано: "И (не будет у тебя) вопрошающего мертвых, ибо мерзость у Творца всякий делающий это"[393]. И это запрещено". Сказал ему: "До этого момента ты не видел еще крыла птицы, обитающей в Эдене", и это Бина. Иначе говоря, он еще не достиг Бины. "И вопрошающего мертвых"[393]. Именно "мертвых"[393], – т.е. грешников мира из народов-идолопоклонников, которые всегда мертвы", ибо грешники при жизни называются мертвыми. "Однако об Исраэле, которые являются истинными праведниками, возгласил Шломо: "И прославлял я мертвых, которые уже умерли"[394]. "Которые уже умерли"[394] однажды", т.е. умертвили себя ради Торы,[395] "но не сейчас. "Которые уже умерли"[394], а сейчас они живы"».

272) «"И еще, когда другие народы приходят к своим мертвецам, они приходят с колдовством, чтобы пробудить на себя эту мерзкую нечисть. А когда Исраэль приходят к мертвым, они приходят в великом раскаянии пред Творцом, с разбитым сердцем и воздержании от наслаждений они (предстают) пред

---

[393] Тора, Дварим, 18:10-12. «Да не найдется у тебя никого, кто проводил бы сына своего и дочь свою через огонь, кудесника, волхва, и гадателя, и колдуна, и заклинателя, и вызывающего духов, и знахаря, и вопрошающего мертвых, ибо мерзость у Творца всякий делающий это, и за мерзости эти Творец Всесильный твой изгоняет их перед тобой».

[394] Писания, Коэлет, 4:2. «И прославлял я мертвых, которые уже умерли, более живых, что здравствуют поныне».

[395] См. выше, п. 257.

Ним. И всё это, чтобы святые души попросили для них милосердия пред Творцом, и Творец проявляет милосердие к миру ради них"».

273) «"И поэтому мы учили, что праведник хоть и ушел из этого мира, не уходит и не исчезает из всех миров, ведь он находится во всех мирах еще больше, чем при жизни, поскольку при жизни он находился только в этом мире, а потом он находится в трех мирах", и это Брия, Ецира, Асия. "И он пребывает в них, как написано: "Девушки (аламот) любят тебя"[396] – следует читать не "аламо́т (עֲלָמוֹת девушки)", а "оламо́т (עוֹלָמוֹת миры)". Счастлива их доля"».

274) «"Мы учили, написано: "Да будет душа (нефеш) господина моего увязана в узел жизни"[397]. Спрашивает: "(Говорит): "Да будет душа (нефеш) господина моего"[397], "нешама господина моего", – следовало сказать", ведь нефеш остается в этом мире, и только нешама поднимается в узел жизни?[398] И отвечает: "Но как мы сказали, что счастлива доля праведников, поскольку все связано друг с другом, нефеш – с руахом, а руах – с нешамой, а нешама – с Творцом.[399] Выходит, что нефеш "увязана в узел жизни"[397]», потому что она связана с нешамой, которая находится в узле жизни.

275) «Сказал рабби Эльазар: "Это то, что сказали товарищи, что вынос (досл. изгнание) свитка Торы запрещен даже из одного дома молитвы в другой, а на улицу – тем более. Почему же" ее выносят "на улицу?" Сказал рабби Йегуда: "Как мы сказали, для того чтобы пробудились благодаря ей, и попросили бы милосердия к миру". Сказал рабби Аба: "Когда была изгнана Шхина, она тоже изгонялась с места на место, пока не сказала: "Кто дал бы мне пристанище для путников в пустыне!"[400] Так же и здесь: вначале она" изгонялась "из одного дома молитвы

---

[396] Писания, Песнь песней, 1:3. «Хорош запах масел твоих, елей разлитый – имя твое; оттого девушки любят тебя».

[397] Пророки, Шмуэль 1, 25:29. «И если поднимется человек преследовать тебя и искать души твоей, да будет душа господина моего увязана в узел жизни Творца Всесильного твоего, а души врагов твоих выбросит Он, как из пращи».

[398] См. выше, п. 261.

[399] См. выше, п. 255.

[400] Пророки, Йермияу, 9:1. «Кто дал бы мне пристанище для путников в пустыне! Оставил бы я народ свой и ушел бы от них! Ибо все они прелюбодеи, сборище изменников».

в другой, а потом – на улицу, а потом – в "пристанище для путников в пустыне"[400]. Сказал рабби Йегуда: "Жители Вавилона боязливы и не переходят со свитком Торы даже из одного дома молитвы в другой, и уж тем более – это"», на улицу.

276) «"Мы учили, – сказал рабби Шимон товарищам, – что в мои дни не должны будут жители мира это делать"», – выносить свиток Торы на улицу. «Сказал ему рабби Йоси: "Праведники защищают мир при жизни, а после смерти – еще больше, чем при жизни. Это означает сказанное: "И защищу город этот, чтобы спасти его ради Меня и ради Давида, раба Моего"[401]. Но ведь "при жизни" Давида "не написано?" Сказал рабби Йегуда: "А в чем отличие здесь, как написано: "Ради Меня и ради Давида, раба Моего"[401], что Он приравнял одно к другому?" И отвечает: "Но это благодаря тому, что Давид удостоился соединиться со святым строением (меркава) праотцев", и он четвертый по отношению к ним, т.е. Малхут, "и потому всё это – одно целое. Благословен Он вовек и во веки веков!"»

---

[401] Пророки, Йешаяу, 37:35. «И защищу город этот, чтобы спасти его ради Меня и ради Давида, раба Моего».

ГЛАВА АХАРЕЙ МОТ

Тамар

277) «"По обычаям земли Египетской, в которой вы жили, не поступайте"⁴⁰². Рабби Ицхак провозгласил: "Чтобы сообщить имя Творца в Ционе и славу Его – в Йерушалаиме"⁴⁰³. Там мы учили, что святое имя скрыто и явно", что скрытым именем является АВАЯ, а явным – Адни. "И Тора, являющаяся высшим святым именем", Зеир Анпина, "она скрыта и раскрыта. И каждое изречение в Торе, и каждая глава в Торе скрыты и раскрыты"». Иначе говоря, есть в ней простой смысл и есть в ней тайна.

278) «"Как мы учили, – сказал рабби Йегуда, – что благодаря смелости одной праведницы в мире произошло много хорошего. И кто она? Это Тамар, как написано: "И села в Петах-Эйнаим"⁴⁰⁴. Сказал рабби Аба: "Эта глава (Торы) доказывает нам, что Тора скрыта и раскрыта", т.е. что в ней есть явное и тайное. "Но смотрел я во всей Торе, и не нашел такого места, которое называлось бы Петах-Эйнаим? Но всё это скрыто и является тайной тайн"».

279) «"И мы учили: что усмотрела праведница в этом деянии?" И отвечает: "Дело в том, что в доме свекра она познала пути Творца и как Он управляет этим миром с людьми, и поскольку она знала, Творец устроил это через нее. И это так же, как мы учили, что Бат Шева была предназначена" Давиду "с шести дней начала творения, чтобы стать матерью царя Шломо. Так же и здесь: Тамар была предназначена для этого со дня сотворения мира"».

280) «"И села в Пе́тах-Эйна́им"⁴⁰⁴. Спрашивает: "Что такое Петах-Эйнаим?" И отвечает: "Это как написано: "А он сидел у входа (петах) в шатер"⁴⁰⁵. И написано: "И минует Творец этот

---

⁴⁰² Тора, Ваикра, 18:3. «По обычаям земли Египетской, в которой вы жили, не поступайте, и по обычаям земли кнаанской, в которую Я веду вас, не поступайте, и по уставам их не ходите».

⁴⁰³ Писания, Псалмы, 102:22. «Чтобы сообщить имя Творца в Ционе и славу Его – в Йерушалаиме».

⁴⁰⁴ Тора, Берешит, 38:14. «И сняла она свои вдовьи одежды с себя, и покрыла себя платком и окутала себя, и села она на распутье (досл. в Петах-Эйнаим), что по дороге в Тимну; ибо видела, что вырос Шела, а она не дана ему в жены».

⁴⁰⁵ Тора, Берешит, 18:1. «И явился ему Творец в Элоней-Мамрэ, а он сидел у входа в шатер в самый разгар дня».

вход (петах)"⁴⁰⁶. И написано: "Откройте (питху́) мне врата справедливости"⁴⁰⁷. "Эйнаим (глаза)" – что все глаза мира смотрят на этот вход. "Что по дороге в Тимну"⁴⁰⁴. Что такое Тимна? Это как ты говоришь: "И образ (тмунат) Творца он зрит"⁴⁰⁸. И мы объясняли, что так Тамар устроила это действие внизу, и тогда появились цветы и распустились ветви в свойстве веры"».

281) «"Но Йегуда еще держался Всемогущего и верен был пребывающим в святости"⁴⁰⁹. "И увидел ее Йегуда, и счел за блудницу"⁴¹⁰. То есть, "как сказано: "Таков путь жены прелюбодейной"⁴¹¹. "Потому что она прикрыла лицо свое"⁴¹⁰. И мы объясняли, что "потому что она прикрыла лицо свое"⁴¹⁰ означает "то же самое, что ты говоришь: "Поела, обтерла рот свой"⁴¹¹. Она сжигает мир своим пламенем, "и говорит: "Не сделала я худого"⁴¹¹. И какова причина? Это потому, что "прикрыла лицо свое"⁴¹⁰, и никто не знает путей ее, чтобы спастись от нее. И сказано: "И повернул он к ней на дорогу"⁴¹², именно "на дорогу"⁴¹², чтобы соединить белое с красным. "И сказал: "Давай я войду к тебе"⁴¹². Мы ведь объясняли", что означает "давай" в любом месте"». Означает оно – приглашение.⁴¹³ Пояснение этой статьи находится в конце статьи.

---

⁴⁰⁶ Тора, Шмот, 12:23. «И пройдет Творец, чтобы поразить египтян, и увидит кровь на притолоке и на двух косяках, и минует Творец этот вход, и не даст ангелу-губителю войти в дома ваши, чтобы поразить вас».

⁴⁰⁷ Писания, Псалмы, 118:19. «Откройте мне врата справедливости, я войду в них, возблагодарю Творца».

⁴⁰⁸ Тора, Бемидбар, 12:8. «Устами к устам говорю Я ему, и явственно, а не загадками, и образ Творца он зрит. Почему же не убоялись вы говорить против раба Моего, против Моше?»

⁴⁰⁹ Пророки, Ошеа, 12:1. «Эфраим окружил Меня ложью, а дом Исраэля – обманом; но Йегуда еще держался Всемогущего и верен был пребывающим в святости».

⁴¹⁰ Тора, Берешит, 38:15. «И увидел ее Йегуда, и счел за блудницу, потому что она прикрыла лицо свое».

⁴¹¹ Писания, Притчи, 30:20. «Таков путь жены прелюбодейной: поела, обтерла рот свой, и говорит: "Не сделала я худого"».

⁴¹² Тора, Берешит, 38:16-17. «И повернул он к ней на дорогу и сказал: "Давай я войду к тебе!" Ибо он не знал, что это его невестка. И сказала она: "Что дашь мне, если войдешь ко мне?" И он сказал: "Я пришлю козленка из стада". Она же сказала: "Если дашь ты залог, пока пришлешь"».

⁴¹³ См. Зоар главу Ноах, п. 342. «Давайте построим себе город и башню, главою до небес". "Давайте" – это только нечистота, т.е. речь без действия...»

282) «"Ибо он не знал, что это его невестка (калато́ כַּלָּתוֹ)"⁴¹², – что она уничтожение (калато́ כַּלָּתוֹ) мира"», т.е. приводит мир к уничтожению, потому что «невестка (кала́ כַּלָּה)», от слова «уничтожение (кля́я כְּלָיָה)». «"Какова причина того, что "он не знал"⁴¹²? Это потому, что лицо ее сияло в готовности принять от него, и она была призвана умаститься и принести в мир милосердие". Другое объяснение. "Что это его невестка (калато́ כַּלָּתוֹ)"⁴¹² – это "невеста" на самом деле, как написано: "Со мной из Леванона, невеста"⁴¹⁴».

283) «"И сказала она: "Что дашь мне, если войдешь ко мне?"⁴¹² Теперь эта невеста нуждается в драгоценностях. "И он сказал: "Я пришлю козленка из стада"⁴¹². Это подобно "царю, у которого был сын от рабыни, и он был вхож во дворец. Захотел царь жениться на величественной царице и привести ее в свой дворец. Спросила она: "Кто разрешил этому находиться в царском дворце?" Сказал царь: "С этого момента я отошлю и прогоню сына служанки из своего дворца"».

284) «"Так же и здесь. "Я пришлю козленка из стада"⁴¹². И мы ведь уже объясняли, в сказанном: "Не вари козленка"⁴¹⁵, что это ситра ахра, которая питается от Малхут до ее очищения.⁴¹⁶ "И все они исходят от стороны "первородное из скота"⁴¹⁷. Поэтому не написано: "Я дам", а "я пришлю"⁴¹², т.е. "отдалю и отошлю его, чтобы не было его во дворце моем"».

285/1) «"Она же сказала: "Если дашь ты залог, пока пришлешь"⁴¹². Это знаки Царицы, получившей благословение от Царя в своем зивуге. "И он сказал: "Какой же залог дать мне тебе?" И она сказала: "Печать твою и шнурок твой, и посох

---

⁴¹⁴ Писания, Песнь песней, 4:8. «Со мной из Леванона, невеста, со мной из Леванона приди. Взгляни с вершины Аманы, с вершины Сенира и Хермона, от львиных логовищ, от леопардовых гор».

⁴¹⁵ Тора, Шмот, 23:19. «Начаток первых плодов твоей земли приноси в Храм Творца Всесильного твоего. Не вари козленка в молоке матери его».

⁴¹⁶ См. Зоар, главу Мишпатим, п. 364. «Когда они включены в нее? В час, когда эта мать питается от другой стороны, и Храм оскверняется...»

⁴¹⁷ Тора, Шмот, 11:5. «И умрет всякий первенец в земле Египетской: от первенца Фараона, который должен сидеть на престоле его, до первенца рабыни, которая за жерновами, и все первородное из скота».

твой"⁴¹⁸. А это высшие связи, драгоценности невесты, получающей благословение от этих трех", то есть "Нецаха, Хода, Есода (НЕХИ). И всё находится в этих трех, и невеста благословляется отсюда. Тотчас: "И он дал ей, и вошел к ней; и она зачала от него"⁴¹⁸».

285/2) «"И было спустя три месяца"⁴¹⁹. Спрашивает: "Что такое "три месяца"⁴¹⁹?" И отвечает: "После того как утроились месяцы. И "три месяца" мы объясняли", что это ХАГАТ. "А здесь" написано: "Спустя три месяца"⁴¹⁹, и это означает, "что когда начал четвертый месяц", т.е. Малхут, "пробуждать в мире суды из-за грехов человеческих, и она питается от другой стороны. Тогда: "И сказали Йегуде, говоря: "Развратничала Тамар, невестка твоя"⁴¹⁹ – ведь невестка относится к другой стороне. Что написано: "Выведите ее"⁴¹⁹ – это как написано: "С неба на землю низринул красу Исраэля!"⁴²⁰ "И пусть она будет сожжена"⁴¹⁹ – в пламени огня в изгнании"».

285/3) «"Что написано: "Едва она была выведена"⁴²¹, чтобы удалиться в изгнание, "как послала она к свекру своему сказать: "От человека, которому это принадлежит, я забеременела"⁴²¹. Не сказано: "От человека, от которого это", а "от человека, которому это принадлежит"⁴²¹, что означает – "которому принадлежали эти знаки, "я забеременела"⁴²¹. А это были драгоценности невесты, которые уже стали принадлежать ей, как мы уже объяснили, но которые он ей дал. Тут же: "И узнал Йегуда, и сказал: "Праведна она, от меня"⁴²². "Праведна она (цадка́)", конечно, и это имя было причиной", поскольку так называется Малхут. "От кого пришло к ней это имя? Говорит,

---

⁴¹⁸ Тора, Берешит, 38:18. «И он сказал: "Какой же залог дать мне тебе?" И она сказала: "Печать твою и шнурок твой, и посох твой, что в руке твоей". И он дал ей, и вошел к ней; и она зачала от него».

⁴¹⁹ Тора, Берешит, 38:24. «И было спустя три месяца, и сказали Йегуде, говоря: "Развратничала Тамар, невестка твоя, и даже вот, она беременна от блуда"; и Йегуда сказал: "Выведите ее, и пусть она будет сожжена"».

⁴²⁰ Писания, Мегилат Эйха, 2:1. «Как в гневе Своем окутал мраком Творец дочь Циона! С неба на землю низринул красу Исраэля! И не вспомнил Он в день гнева Своего о подножьи Своем».

⁴²¹ Тора, Берешит, 38:25. «Едва она была выведена, как послала она к свекру своему сказать: "От человека, которому это принадлежит, я забеременела". И сказала: "Узнавай же, чьи эта печать и шнурок, и посох"».

⁴²² Тора, Берешит, 38:26. «И узнал Йегуда, и сказал: "Праведна она, от меня, – ведь это за то, что я не дал ее Шеле, сыну моему". И не познавал ее более».

повторяя: "От меня"⁴²², как написано: "Ибо праведен Творец, праведность любит Он, к чистосердечным обращает лик Свой"⁴²³. Ибо "праведна она"⁴²² – это праведность Творца, и от Меня получила она имя это, и от Меня унаследовала его, и от Меня оно пребывает"».

Пояснение статьи. Благодаря этому действию Тамар и Йегуды исходит в мир корень души Машиаха. И причина в следующем. Ведь Тамар была от свойства Малхут де-Малхут, называемой «манула», и известно, что существует обратное соотношение между келим и светами.⁴²⁴ Поэтому, когда завершится кли Малхут де-Малхут, завершится свет ехида де-ехида, являющийся свойством души Машиаха, завершающим весь мир. Ибо нет в мирах света большего, чем он. Однако эта Малхут де-Малхут не способна получить никакой свет, так как над ней пребывает первое сокращение. И поэтому все исправления, происходящие с Малхут Ацилута, от начала и до конца, призваны исправить эту Малхут де-Малхут, чтобы она стала способной получать в себя света исправления, которые в конце приведут к полному исправлению, когда будет завершен свет ехида де-ехида, называемый Машиах. И поэтому Тамар своим деянием подразумевала привлечь основные исправления Малхут Ацилута, ибо вначале Малхут должна подняться в Бину, где благодаря ее включению в Бину она исправляется мерой милосердия, и благодаря этому у нее возникают две точки:

1. От своего собственного корня, оставшегося в ней, – точка манулы.
2. От ее включения в Бину – точка мифтехи.⁴²⁵

И это смысл слов: «И села в Пе́тах-Эйна́им»⁴⁰⁴,⁴²⁶ а потом она должна скрыть точку манулы и дать власть точке мифтехи,⁴²⁷ и это смысл слов: «Потому что она прикрыла лицо свое»⁴¹⁰,⁴²⁸. А

---

⁴²³ Писания, Псалмы, 11:7. «Ибо праведен Творец, праведность любит Он, к чистосердечным обращает лик Свой».

⁴²⁴ См. «Введение в науку Каббала», п. 24. «А ответ заключается в том, что всегда есть обратное соотношение между светами и келим, ведь келим устроены так, что сначала в парцуфе...»

⁴²⁵ См. «Предисловие книги Зоар», статью «Манула и мифтеха», п. 42, со слов: «Поэтому сказано: "И эта печать" – которая утвердилась в Бине, "была утверждена и скрыта в ней, подобно тому, как кто-то прячет всё, закрывая под один ключ". "Ключ (мифтеха)" – это Малхут атэрет Есода...»

⁴²⁶ См. п. 280.

⁴²⁷ См. «Предисловие книги Зоар», п. 123. «Начало мудрости – страх Творца...»

⁴²⁸ См. п. 281.

потом она нуждается в келим НЕХИ Зеир Анпина, в которые она получает мохин, и это залог, о котором сказано: «Печать твою и шнурок твой, и посох твой»[418].[429] А после всех этих исправлений она становится достойной породить родоначальника (рош) души Машиаха, названного именем Перец.[430]

Но следует спросить: откуда Тамар знала все пути исправления Малхут до такой степени, что могла выстроить деяния свои, вознеся их к корню своей души? Это означает сказанное: «Что усмотрела праведница в этом деянии? Дело в том, что в доме свекра она познала пути Творца, и как Он управляет этим миром»[431]. Ибо эти исправления, – как Творец управляет этим миром, свойством Малхут де-Ацилут, чтобы светить людям, – Тамар знала из дома свекра, и поэтому она умела направить свои деяния согласно им. И вот первым исправлением является подъем Малхут в Бину, как мы уже объясняли. О нем сказано: «И села в Петах-Эйнаим»[404]. «"Что такое Петах-Эйнаим?" Это как написано: "А он сидел у входа (петах) в шатер"[405]»[426], где «петах (вход)» – это Малхут. «"Эйнаим (глаза)" – что все глаза мира смотрят на этот вход. "Что по дороге в Тимну"[404]. Что такое Тимна? Это как ты говоришь: "И образ (тмунат) Творца он зрит"[408]». Малхут, когда она получает Хохму, называется образом Творца, и это состояние названо в Писании «Петах-Эйнаим». Ведь Малхут, называемая «петах (вход)», поднялась в Бину, называемую «Эйнаим, что по дороге в Тимну»[404], поскольку она передает Хохму в Малхут, когда та называется образом Творца. И это не касается самой Хохмы, называемой «эйнаим (глаза)», которая не включена в это состояние, поскольку она не передает образу Творца, будучи в сокрытии, и только Бина, снова ставшая Хохмой, передает образу Творца. И поэтому Писание определяет ее, как «Эйнаим, что по дороге в Тимну»[404].

«Однако Писание не уходит и от простого своего толкования»[432], и все эти деяния, совершенные Тамар, происходили в материальном, в нижних ветвях, указывающих на свои

---

[429] См. п. 285/1.
[430] Тора, Берешит, 38:27-29. «И когда настало время родов ее, и вот – близнецы в утробе ее. А при родах ее высунул один руку, и взяла повитуха, и навязала ему на руку алую нить, сказав: "Этот вышел раньше". Но едва возвратил он руку свою, как вот, вышел брат его. И она сказала: "Как прорываешься ты напролом!" И нарекли ему имя Перец».
[431] См. п. 279.
[432] Вавилонский Талмуд, трактат Шаббат, лист 63:1.

высшие корни в Ацилуте, и Петах-Эйнаим было местом, которое так называлось. И Тамар села там, чтобы пробудить его высший корень, направленный против места, называемого «Петах-Эйнаим, что по дороге в Тимну»[404], как мы выяснили, что пробуждением снизу вызывают пробуждение сверху. И это смысл сказанного: «И мы объясняли, что так Тамар устроила это действие внизу»[426], – т.е. она совершила эти действия внизу в материальном мире, но намерение ее было пробудить корень каждого действия наверху, в Малхут мира Ацилут, «и тогда появились цветы и распустились ветви в свойстве веры» – т.е. эти исправления вышли наверху, в Малхут, называемой «вера». И также мысли Йегуды исходили от Зеир Анпина, исправляющего Малхут. И это смысл слов: «Но Йегуда еще держался Всемогущего и верен был пребывающим в святости»[409]. И хотя написано в главе: «Йегуда спустился»[433], то есть, что он спустился со своих ступеней, тем не менее: «И верен был пребывающим в святости»[409], – т.е. все его мысли были верны пребывающим в святости высшим, Зеир Анпину и Малхут. И спрашивает: но ведь написано: «И увидел ее Йегуда, и счел за блудницу»[410] – как же это может происходить в Зеир Анпине наверху? И отвечает, что это «"как сказано: "Таков путь жены прелюбодейной"[411]», ибо в то время, когда Малхут поднимается в Бину, и Бина принимает в себя суды Малхут, тогда клипа, называемая блудницей, которая прежде удерживалась только в Малхут, девять первых сфирот которой были совершенно свободны от удерживания клипот, – сейчас, после того как Бина приняла суды Малхут, поднялась эта клипа и в месте недостатка, исходящего от судов Бины. И об этом говорится в отрывке: «Таков путь жены прелюбодейной: поела, обтерла рот свой»[411]. То есть эта блудница, все прелюбодеяния которой заключались в связи только с Малхут свойства манулы, но никак не с девятью первыми сфирот, на которые не было сокращения, считается, будто «поела»[411] от одного лишь свойства Малхут, а затем «обтерла рот свой, и говорит: "Не сделала я худого"»[411], – т.е. она скрыла, что ее связь, она с Малхут, и сказала, что не сделала ничего худого, и поднялась и закрепилась в недостатке Бины. И хотя в то время, когда она закрепилась в Малхут, «она сжигает мир своим пламенем», т.е. сжигала весь мир своим обвинением, вместе с тем «обтерла рот свой»[411], словно никогда не была связана с Малхут, и поднялась и закрепилась

---

[433] Тора, Берешит, 38:1. «В это самое время Йегуда спустился от своих братьев и сблизился с человеком из Адулама по имени Хира».

в недостатке Бины, который образовался из-за подъема Малхут в место Бины. И это смысл слов: «И увидел ее Йегуда, и счел за блудницу»⁴¹⁰, т.е. он подумал, что деяние Тамар – сидеть в Петах-Эйнаим, подобно упомянутой блуднице. Однако Зеир Анпина наверху не беспокоит подъем блудницы для закрепления в месте Бины, и наоборот, всё дальнейшее исправление произрастает от этого, и это та самая западня, которую расставляют для змея.⁴³⁴ Ведь мысль блудницы тоже находится наверху. И это смысл сказанного: «И говорит: "Не сделала я худого"⁴¹¹. И какова причина? Это потому, что "прикрыла лицо свое"⁴¹⁰»⁴²⁸, так как блудница скрыла свое истинное лицо, относящееся к мануле, «и говорит: "Не сделала я худого"⁴¹¹». И действие этого прикрывания лица тоже исходит от исправления, совершаемого в Малхут, которая установилась так, чтобы манула была скрыта, и только мифтеха, исходящая от Бины, была раскрыта.⁴²⁷ Однако исправление сокрытием в святости является постоянным. Тогда как сокрытие и прикрывание лица блудницы не постоянно, и используется только с целью обмануть людей, чтобы они прилепились к ней, а потом она опять раскрывает над ними манулу и умерщвляет их.⁴³⁵ И это смысл сказанного: «И никто не знает путей ее, чтобы спастись от нее». И поэтому у нее есть сила увлекать за собой людей.

И это смысл сказанного: «"Ибо он не знал, что это его невестка (калато́ כַּלָּתוֹ)"⁴¹², – что она уничтожение (калато́ כַּלָּתוֹ) мира»⁴³⁶. Ведь, поскольку Тамар прикрыла лицо свое, что является сокрытием манулы, от которой исходит смерть и уничтожение мира, Йегуда не знал, что в ней есть свойство манулы, уничтожающее мир. И это означает сказанное: «Какова причина того, что "он не знал"⁴¹²? Это потому, что лицо ее сияло в готовности принять от него», – так как она подсластилась в Бине, благодаря которой сияет лицо ее (в готовности) принять от него. «И она была призвана умаститься и принести в мир милосердие» – ибо после того, как она умастилась с помощью Бины, она пребывает в свойстве милосердия, чтобы нести миру милосердие как Бина. И еще означает изречение: «Что это его

---

⁴³⁴ См. Зоар, главу Ваэра, пп. 109-110. «"Пока не поднимется в северной стороне одно огненное пламя", – т.е. пока не раскроются суды Бины посредством подъема Малхут к ней...»

⁴³⁵ См. Зоар, главу Ваеце, п. 27. «Пояснение сказанного. Древо познания, пьянящее вино и жена-блудница – это одно понятие: притягивание свечения левой (линии) сверху вниз...»

⁴³⁶ См. п. 282.

невестка (калато́ כַּלָּתוֹ)»⁴¹², – что она действительно невеста, ибо Тамар в этот момент была строением (меркава) для Малхут, которая действительно является невестой Зеир Анпина. «"И сказала она: "Что дашь мне, если войдешь ко мне?"⁴¹² Теперь эта невеста нуждается в драгоценностях»⁴³⁷ – т.е. в келим для получения в них ГАР, называемых драгоценностями. «"И он сказал: "Я пришлю козленка из стада"⁴¹²» – т.е. это передача хасадим и свечение Хохмы от средней линии, отгоняющее клипот, которые называются «первородное из скота»⁴¹⁷, и это называется также козленком.

Но даже после того, как Малхут получила подслащение от Бины, она все еще не способна получать света в свои собственные келим, но лишь в келим НЕХИ Бины, которые она получает от Зеир Анпина, и в которые облачаются ее света, получаемые ею от Бины и от Зеир Анпина. И это смысл слов: «"Она же сказала: "Если дашь ты залог, пока пришлешь"⁴¹². Это знаки Царицы, получившей благословение от Царя в своем зивуге»⁴³⁸. Иначе говоря, она попросила у него залог, т.е. знаки, что сможет получить от Царя, Зеир Анпина, благословение зивуга, т.е. света. Ведь она знала, что ее собственные келим не годятся для получения от светов зивуга. И это смысл слов: «"И она сказала: "Печать твою и шнурок твой, и посох твой"⁴¹⁸. А это высшие связи, драгоценности невесты»⁴³⁸, т.е. как уже объяснялось, когда говорит: «Мать одалживает свои одежды дочери»⁴³⁹ – т.е. свои келим де-НЕХИ, буквы ЭЛЕ, «и венчает ее своими украшениями» – благодаря чему она получает света ГАР Имы, называемые украшениями невесты. Ведь эти НЕХИ являются свойствами Бина и ТУМ Бины, которые упали в Зеир Анпин и Малхут во время катнута, а потом во время гадлута Бина возвращает три эти кли, свои Бину и ТУМ, с которыми поднимаются также Зеир Анпин и Малхут, и они получают там света Бины. И поэтому свойства Бина и ТУМ, имеющиеся в этих НЕХИ, называются высшими связями, так как они связываются с Зеир Анпином и Малхут во время катнута и поднимают их в Бину во время гадлута. И в тот момент, когда Зеир Анпин и Малхут снова опускаются со светами Бины на свое место, они

---

⁴³⁷ См. п. 283.
⁴³⁸ См. п. 285/1.
⁴³⁹ См. «Предисловие книги Зоар», п. 17, со слов: «И это означает: "Мать (има) одалживает свои одежды дочери и венчает ее своими украшениями" – т.е. во время выхода мохин гадлута...»

берут с собой эти Бину и ТУМ, которые подняли их в Бину, и они становятся для них келим для облачения светов.[439] И эти Бина и ТУМ называются НЕХИ.[440] И это означают слова: «Получающей благословение от этих трех – Нецаха, Хода, Есода (НЕХИ)»[438] – ведь именно три кли НЕХИ Бины подняли Малхут в Бину, и Малхут благословилась от светов Бины через эти НЕХИ. И также сущность светов, получаемых Малхут, находится в этих трех, НЕХИ Бины. И это означает: «И всё находится в этих трех», – т.е. все света облачены в три этих кли НЕХИ. «Тотчас: "И он дал ей, и вошел к ней; и она зачала от него"[418]».

И ты уже узнал, что света – это ХАГАТ и Малхут, т.е. три линии и Малхут, принимающая эти три линии, и они называются «четыре месяца». И из-за того, что Тамар по своему корню относилась к Малхут де-Малхут, ее подслащение в Бине было тяжелым. И поэтому до тех пор, пока она принимала свойства трех месяцев, т.е. ХАГАТ, не пробуждались в ней суды манулы. Но когда она дошла до четвертого месяца, т.е. до свойства самой Малхут, в ней снова пробудилась Малхут меры суда, т.е. манула, в момент раскрытия которой уходят все света.[441] И это смысл слов: «И "три месяца" мы объясняли»[442] – т.е. три месяца, ХАГАТ. «А здесь: "Спустя три месяца"[419]», – т.е. через три месяца, «что когда начал четвертый месяц пробуждать в мире суды из-за грехов человеческих», – т.е. четвертый месяц, и это Малхут мира Ацилут наверху, пробуждает суды манулы, которые в ней, если люди грешат внизу, и тогда «она питается от другой стороны», т.е. света уходят вследствие этого раскрытия, а ситра ахра закрепляется и питается от него. «Тогда: "И сказали Йегуде, говоря: "Развратничала Тамар, невестка твоя"[419] – ведь невестка относится к другой стороне», т.е. раскрылась в ней манула, и ситра ахра укрепилась в ней. «Что написано: "Выведите ее"[419]», то есть, подобно Малхут, о которой сказано: «С неба на землю низринул красу Исраэля!», "и пусть она будет сожжена"[419] – в пламени огня в изгнании», чтобы суды изгнания сожгли ее. «Что написано: "Едва она была выведена"[421], чтобы удалиться в изгнание, "как послала она к свекру

---

[440] См. Зоар, главу Ваякель, п. 310, со слов: «И необходимо, чтобы ты понял, почему мы называем "реку, вытекающую из Эдена", иногда Биной и ТУМ, а иногда Тиферет, а иногда Есодом...», и п. 324.

[441] См. Зоар, главу Ваеце, п. 23. «"От силы света Ицхака" – святости, "и осадков вина" – клипот, из них обоих "выходит одна сложная форма", состоящая из добра и зла, "включающая захара и некеву..."»

[442] См. п. 285/2.

своему сказать: "От человека, которому это принадлежит, я забеременела"⁴²¹. Не сказано: "От человека, от которого это", а "от человека, которому это принадлежит"⁴²¹, – которому принадлежали эти знаки»⁴⁴³. Иначе говоря, она утверждала, что света получены не в ее келим, а в келим Зеир Анпина, т.е. в НЕХИ Бины, которые Зеир Анпин и Малхут получили от нее, и над которыми не могли властвовать суды манулы, как мы уже говорили. И это смысл сказанного: «Тут же: "И узнал Йегуда, и сказал: "Праведна она, от меня"⁴²². "Праведна она (цадка)", конечно, и это имя было причиной. От кого пришло к ней это имя? Говорит, повторяя: "От меня"⁴²², как написано: "Ибо праведен Творец, праведность любит Он, к чистосердечным обращает лик Свой"⁴²³. Ибо "праведна она"⁴²² – это праведность Творца», поскольку в тот момент, когда она получает большие света, облаченные в НЕХИ Зеир Анпина и Бины, она называется праведной (цадка צָדְקָה) и состоит из букв «праведен Творец (цадак хэй ה' צָדַק)», и тогда, как света, так и келим, она получает от Зеир Анпина. И это смысл сказанного: «И от Меня получила она имя это». И на это указывают слова «Праведна она, от меня»⁴²².

286) «Сказал рабби Йоси: "Почему в одном месте написано: "Ее свекор"⁴²¹, а в другом: "Йегуда"⁴²²?" Сказал ему: "Все связано одно с другим. "Ее свекор"⁴²¹ связан с высшим местом"».

Объяснение. «Ее свекор» указывает на отца мужа Малхут, т.е. Хохму, поскольку Хохма – это отец Зеир Анпина. А «Йегуда» указывает здесь на Зеир Анпин, потому что имя АВАЯ (הויה) содержится в имени Йегуда (יהודה). И он спрашивает, почему один раз написано: «Ее свекор», а другой раз: «Йегуда», ведь это две ступени? И отвечает, что они связаны друг с другом, то есть это указывает на Зеир Анпин, когда он связан с Хохмой и облачает ее. И это означает: «"Ее свекор"⁴²¹ связан с высшим местом» – т.е. с Хохмой.

287) «Сказал рабби Эльазар: "Эту главу мы объясняли с точки зрения высшей тайны несколькими способами. Когда мы внимательно всматриваемся в эти слова, исходят от нее тайны путей Творца и судов Его, которые в каждом месте", как мы уже пояснили, "и она", Тамар, "знала" всё это "и поторопилась сама это сделать, восполнить пути Творца, чтобы произошли от него

---
⁴⁴³ См. п. 285/3.

(Йегуды) цари и правители, которые будут править миром. И Рут тоже поступила таким образом"», потому что и Рут побуждала Боаза к левиратному браку[444], как и Тамар.

288) «Сказал рабби Аба: "Эта глава связана с тайной мудростью Торы, и всё (здесь) скрыто и явно", т.е. есть в ней скрытый смысл, и есть в ней простой смысл. "И вся Тора передана в подобном виде", как в скрытом, так и простом. "И нет речения в Торе, в котором не было бы записано высшее святое имя, являющееся скрытым и явным. Поскольку тайное в Торе наследуют высшие, пребывающие в святости, а" явное в ней "раскрывается остальным жителям мира. Подобно этому написано: "Чтобы сообщить имя Творца в Ционе и славу Его – в Йерушалаиме"[445]. "В Ционе"[445] означает – "в Храме можно упоминать святое имя" АВАЯ "надлежащим образом, а вне" Храма – только "замену Его имени", т.е. Адни, а не произносить его так, как оно написано. "И поэтому всё – скрыто и явно". Поскольку имя АВАЯ, которое нельзя называть, – оно скрыто, а имя Адни, которое мы называем, – оно явно. И подобно этому – все речения. "Мы учили, что каждый, кто убавляет или прибавляет хотя бы одну букву в Торе, как будто искажает высшее святое имя Царя"».

---

[444] Брак с вдовой бездетного брата.
[445] Писания, Псалмы, 102:22. «Чтобы сообщить имя Творца в Ционе и славу Его – в Йерушалаиме».

ГЛАВА АХАРЕЙ МОТ

Египетское идолопоклонство

289) «Сказал рабби Ицхак: "Египетское идолопоклонство" заключается в том, "что они поклонялись рабыне", т.е. клипе, называемой рабыней, "как мы уже объясняли. Кнаанское идолопоклонство" заключается в том, "что поклонялись тому месту, называемому "пленник, который в темнице"[446]. И поэтому написано: "Проклят Кнаан, раб рабов будет он у братьев своих"[447]. И потому все они изменяли святости, совершая действия" идолопоклонства "во всем. Поэтому написано: "По обычаям земли Египетской, в которой вы жили, не поступайте"[448]. Рабби Йегуда сказал: "Они совершали неправедные суды, чтобы обрести власть над землей", Малхут. "Как сказано: "И не оскверняй земли твоей"[449]. И написано: "И осквернилась земля"[450]».

290) «"По обычаям земли Египетской, в которой вы жили, не поступайте"[448]. Рабби Хия провозгласил: "Чтобы охватить края земли, и будут сброшены с нее нечестивцы"[451]. Мы учили, что в будущем Творец очистит землю Свою", Малхут, "от всей мерзости народов-идолопоклонников, осквернивших ее, подобно тому, кто держит свою одежду и стряхивает с нее мусор, и это все" грешники, "похороненные в святой земле", так Он трясет землю, чтобы "сбросить их прочь и" чтобы "очистить святую землю", Малхут, "от ситры ахра. Ибо она, якобы, кормила остальных правителей народов, переняв от них скверну, чтобы управлять ими. А в будущем Ему предстоит очистить ее и прогнать" правителей народов "прочь"».

---

[446] Тора, Шмот, 12:29. «И было в полночь, и Творец поразил всякого первенца на земле Египта, от первенца Фараона, восседающего на его престоле, до первенца пленника, который в темнице, и все первородное (из) скота».

[447] Тора, Берешит, 9:25. «И сказал: "Проклят Кнаан, раб рабов будет он у братьев своих"».

[448] Тора, Ваикра, 18:3. «По обычаям земли Египетской, в которой вы жили, не поступайте, и по обычаям земли Кнаанской, в которую Я веду вас, не поступайте, и по уставам их не ходите».

[449] Тора, Дварим, 21:23. «Не оставляй на ночь труп на дереве, а погреби его в тот же день; ибо поругание Творца повешенный, и не оскверняй земли твоей, которую Творец Всесильный твой дает тебе в удел».

[450] Тора, Ваикра, 18:27. «Ибо все эти мерзости делали люди этой земли, бывшие до вас, и осквернилась земля».

[451] Писания, Иов, 38:13. «Чтобы охватить края земли, и будут сброшены с нее нечестивцы».

А вы пришли и осквернили землю Мою

291) «"Рабби Шимон очищал рынкиТверии. И каждого мертвеца, находившегося там, он поднимал и очищал землю. Мы учили, написано: "А вы пришли и осквернили землю Мою"[452]. Сказал рабби Йегуда: "Счастлива доля того, кто удостоился при жизни установить жилище свое на земле святости, ибо каждый, кто достоин ее, удостаивается притянуть от высшей небесной росы, опускающейся на землю. И каждый, кто при жизни удостоился соединиться с этой землей святости, впоследствии удостаивается соединиться с высшей землей святости"», т.е. с Малхут.

292) «"А каждый, кто при жизни не удостоился" земли святости, "и его приносят, чтобы похоронить там, написано о нем: "И сделали удел Мой скверною"[452]. Дух его вышел в другом владении, чужом, а тело его вошло во владение земли святости, как будто он сделал святость буднями, а будни – святостью. И каждому, кто удостоился, чтобы душа вышла из него в земле святости, искупаются грехи его, и он удостаивается соединения под крыльями Шхины. Как написано: "И искупит землю Свою, народ Свой"[453]. И мало того, если человек удостоился при жизни" земли святости, "он удостаивается того, что к нему постоянно нисходит дух святости. А тот, кто живет в чужом владении", т.е. за пределами этой земли, – "нисходит на него другой, чуждый дух"».

293) «"Мы учили, что когда рав Амнуна Сава поднялся туда", в святую землю, "с ним было двенадцать членов его собрания. Сказал он им: "Если я иду этим путем, не для себя я это делаю, а чтобы вернуть залог хозяевам его". Мы учили, что все, кто при жизни не удостоился этого", земли святости, "возвращают залог своего Господина", т.е. душу, которая заложена в них, "другому"», ситре ахра.

---

[452] Пророки, Йермияу, 2:7. «И привел Я вас в землю плодородную, чтобы ели вы плоды ее и блага ее; а вы пришли и осквернили землю Мою, и сделали удел Мой скверною».

[453] Тора, Дварим, 32:43. «Прославьте, народы, народ Его, ибо за кровь рабов своих отомстит Он, и мщение совершит над врагами их, и искупит землю Свою, народ Свой».

294) «Сказал рабби Ицхак: "Из-за этого, каждый, кто впускает всякую мерзость или иную власть в эту землю, земля оскверняется. Горе тому человеку, горе душе его, ибо святая земля не принимает его после этого. О нем написано: "Пусть грешники исчезнут с земли"[454] – в этом мире и в мире будущем, "и злодеев больше не будет"[454] – при воскрешении мертвых, и тогда – "благослови, душа моя, Творца. Алелуйа!"[454]»

295) «Рабби Аба сказал: "Счастлива доля Исраэля, к которым Творец благоволил более, чем ко всем народам-идолопоклонникам, и из любви к ним дал им законы истины, посадил среди них Древо жизни", т.е. Зеир Анпин, "и поместил меж ними Шхину. И какова причина? Это потому, что Исраэль отмечены знаком святости на плоти своей, и известны как принадлежащие Ему, – из сыновей Его чертога"».

296) «"И поэтому все те, чья плоть не отмечена знаком святости", т.е. необрезанные, "не принадлежат Ему", Творцу. "И известно, что все они происходят от стороны скверны, и нельзя соединяться с ними, и беседовать с ними о речениях Творца, и нельзя сообщать им речения Торы, ведь вся Тора целиком – это имя Творца, и каждая буква в Торе связана со святым именем. И" поэтому "всякому, чья плоть не отмечена именем святости, нельзя сообщать речения Торы, и тем более изучать вместе с ним"».

---

[454] Писания, Псалмы, 104:35. «Пусть грешники исчезнут с земли, и злодеев больше не будет! Благослови, душа моя, Творца! Алелуйа (хвалите Творца)!»

ГЛАВА АХАРЕЙ МОТ

Творец, Тора и Исраэль

297) «Рабби Шимон провозгласил: "Вот закон о пасхальной жертве: никакой чужак не должен есть от нее"[455]. И написано: "Но всякий раб человека, приобретенный за серебро, после обрезания его может есть от нее"[455]. И написано: "Поселенец и наемник не должен есть от нее"[455]. И если такой закон о пасхальной жертве (песах), как всего лишь есть мясо, но поскольку он указывает на святость"», – то есть на то, что «минует (пасах) Творец тот вход»[456], – «"им всем запрещено есть от нее, и давать им есть, пока не совершат обрезание, тем более Торе, которая является святая святых, которая является высшим именем Творца"», нельзя их обучать.

298) «Рабби Эльазар спросил рабби Шимона, своего отца, сказал ему: "Мы ведь учили, что нельзя обучать Торе идолопоклонников. И правильно указали товарищи из Вавилона, что написано: "Не сделал Он такого никакому народу, и законов не узнают они"[457]. Но" следует спросить, "после того, как написано: "Изрекает Он слово Свое Яакову"[457], почему" написано: "Законы Свои и постановления Свои – Исраэлю"[457]?" Ведь это одно и то же. Сказал ему: "Эльазар, смотри, счастливы Исраэль, ибо высшую святую долю посеял в них Творец, как написано: "Ибо доброе учение дал Я вам"[458] – вам, а не народам-идолопоклонникам"».

299) «"И поскольку она утаена, вознесена, величественна, истинное имя Его", поэтому "вся Тора – скрыта и открыта", т.е. в ней есть тайна и простой смысл, "в тайне имени Его. И поэтому Исраэль находятся на двух ступенях", т.е. "на скрытой и открытой, как мы учили, что это три ступени, которые соединяются друг с другом, – Творец, Тора и Исраэль. И каждая"

---

[455] Тора, Шмот, 12:43-45. «И Творец сказал Моше и Аарону: "Вот закон о пасхальной жертве: никакой чужак не должен есть от нее. Но всякий раб человека, приобретенный за серебро, после обрезания его может есть от нее. Поселенец и наемник не должен есть от нее"».

[456] Тора, Шмот, 12:23. «И пройдет Творец, чтобы поразить Египет, и увидит кровь на притолоке и на двух косяках, и минует Творец тот вход, и не даст губителю войти в ваши дома, чтобы поразить».

[457] Писания, Псалмы, 147:19-20. «Изрекает Он слово Свое Яакову, законы Свои и постановления Свои – Исраэлю. Не сделал Он такого никакому народу, и законов не узнают они. Алелуйа».

[458] Писания, Притчи, 4:2. «Ибо доброе учение дал Я вам. Не оставляйте Тору Мою».

из них – это "ступень над ступенью, скрытая и открытая. Это смысл сказанного: "Изрекает Он слово Свое Яакову, законы Свои и постановления Свои – Исраэлю"[457]. Это две ступени, Яаков и Исраэль. Одна открытая" – ступень Яакова, "а другая скрытая"» – ступень Исраэля.

ГЛАВА АХАРЕЙ МОТ

Нельзя обучать Торе того, кто не обрезан

300) «"И что хочет сказать"» Писание тем, что сказало: «Законы Свои и постановления Свои – Исраэлю»[457]? И отвечает: «"Но каждому, кто обрезан и отмечен именем святости, преподносят ему речения Торы в открытом виде, иными словами, ему сообщают начальные буквы слов и начальные буквы разделов, и его обязывают строго соблюдать заповеди Торы. Но не более этого, пока он не поднимется на другую ступень. Это означает: "Изрекает Он слово Свое Яакову"[457]. Однако: "Законы Свои и постановления Свои – Исраэлю"[457], – т.е. на более высокой ступени. Как написано: "Впредь же не будешь ты зваться Яаков, но Исраэль будет имя твое"[459], – таким образом, Исраэль важнее Яакова. И поэтому: "Законы Свои и постановления Свои – Исраэлю", т.е. тайны Торы, и законы Торы, и скрытый смысл Торы, ибо их следует раскрывать только тому, кто находится на более высокой ступени как подобает"».

301) «"И если это так по отношению к Исраэлю", что Тору раскрывают лишь тому, кто находится на более высокой ступени, "то по отношению к народам-идолопоклонникам тем более. А каждому, кто не обрезан, и ему сообщают пусть даже малую букву из Торы, он словно разрушает мир и изменяет имени Творца. Поскольку всё зависит от этого", от обрезания, "и одно связано с другим", т.е. Тора связана с обрезанием, "как написано: Если бы не союз Мой днем и ночью, законов неба и земли не установил бы Я"[460]».

302) «"Смотри, написано: "И вот учение, которое изложил Моше пред сынами Исраэля"[461]. Пред сынами Исраэля изложил, однако другим народам не излагал. Поэтому: "Говори сынам

---

[459] Тора, Берешит, 35:10. «И сказал ему Всесильный: "Имя твое Яаков, впредь же не будешь ты зваться Яаков, но Исраэль будет имя твое". И нарек ему имя Исраэль».
[460] Пророки, Йермияу, 33:25. «Так сказал Творец: "Если бы не союз Мой днем и ночью, законов неба и земли не установил бы Я"».
[461] Тора, Дварим, 4:44. «И вот учение, которое изложил Моше пред сынами Исраэля».

Исраэля", и "сынам Исраэля скажи"⁴⁶². И также все они" – только Исраэлю. "Обретут покой праотцы мира, т.е. Гилель и Шамай, которые сказали так Онкелосу, и не сообщали ему слова Торы, пока не был обрезан"».

303) «"Смотри, первым делом в Торе, то, что дают малым детям, – это алфавит. Это то, что жители мира не способны постичь это своим разумом и подняться в своем желании, и уж тем более произнести своими устами. И даже высшие ангелы и те, что еще выше них, не могут постичь этого, потому что это тайны святого имени. И тысяча четыреста пять ревавот (десятков тысяч) миров зависят от кончика алеф (א)", т.е. от кончика верхней буквы йуд (י), что в алеф (א). "И семьдесят два святых имени запечатлены в записанных буквах, которые получают силы от них. Высшие и нижние, небо и земля, и престол величия Царя простираются от одного края до другого", – т.е. от верхнего кончика до нижнего кончика, – "распространения алеф (א). Они – существование всех миров и поддерживающие высших и нижних в свойстве Хохмы"».

Объяснение. Алеф (א) включает в себя все парцуфы мира Ацилут. Ибо кончик верхней йуд (י) буквы алеф (א) – это Арих Анпин. А сама йуд (י) – это высшие Аба ве-Има, т.е. ГАР Бины, а вав (ו) посередине алеф (א) между двумя йуд (י) – это ИШСУТ. А нижняя йуд (י) – это Зеир Анпин и Малхут.⁴⁶³

И это смысл сказанного: «И тысяча четыреста пять ревавот (десятков тысяч) миров зависят от кончика алеф (א)», потому что кончик алеф (א) – это Арих Анпин, от которого зависят Аба ве-Има, где Аба – это тысяча, а Има – четыреста, и это ХУБ ТУМ. И путь, соединяющий их, включает ХАГАТ Нецах Ход, и это – пять. А вав (ו) посередине алеф (א) – это ИШСУТ, т.е. ВАК Бины, и в них раскрываются корни семидесяти двух имен, на которые указывают записанные буквы изречений «И

---

⁴⁶² Тора, Ваикра, 20:2. «И сынам Исраэля скажи: "Всякий из сынов Исраэля и из пришельцев, проживающих в Исраэле, кто даст от потомства своего Молеху, смерти предан будет; народ земли забросает его камнями"».

⁴⁶³ См. Зоар, главу Берешит, часть 1, п. 138, со слов: «Объяснение. Форма буквы алеф (א) указывает на второе сокращение, т.е. на подъем Малхут в место Бины...»

двинулся»⁴⁶⁴, «И вошел»⁴⁶⁵, «И простер»⁴⁶⁶,⁴⁶⁷ представляющие собой три линии. И это означает сказанное: «И семьдесят два святых имени запечатлены в записанных буквах, которые получают силы от них», – т.е. семьдесят два имени, запечатленных в записанных буквах изречений «И двинулся», «И вошел», «И простер», получают силы от высших Абы ве-Имы, поскольку ИШСУТ, в которых находятся корни трех линий, составляющих семьдесят два имени, исходят от Абы ве-Имы, представляющих собой тысячу четыреста пять миров, как мы уже объяснили. «Высшие и нижние» – Аба ве-Има и ИШСУТ, «небо и земля» – ЗОН, «и престол величия Царя» – Нуква, отделенная от Зеир Анпина, «простираются от одного края до другого, т.е. от верхнего кончика до нижнего кончика распространения алеф (א)», – т.е. все они включаются в алеф (א) от одного ее края до другого, поскольку кончик йуд (י) – это Арих Анпин, верхняя йуд (י) буквы алеф (א) – Аба ве-Има, вав (ו) посередине ее – ИШСУТ, а нижняя йуд (י) – ЗОН и его отделенная Нуква. И «они – существование всех миров», – т.е. мохин всех миров, которые называются существованием, исходят от них, «и поддерживающие высших и нижних в свойстве Хохмы», – т.е. три поддерживающие (силы), три линии, протягивающие свечение Хохмы в высших и нижних, исходят от них.

304) «"И тайные тропы" – это тридцать два пути Хохмы, "и глубокие реки" – сфирот Бины, "и десять речений" – десять сфирот Даат, соединяющего Хохму и Бину, то есть Хохма-Бина-Даат (ХАБАД) Зеир Анпина, "все они исходят" и простираются в миры "от того нижнего кончика, который под алеф (א)". Поскольку нижняя йуд (י) буквы алеф (א) – это ЗОН, как мы уже сказали, света которых нисходят через этот нижний кончик йуд (י). И поэтому (алеф) является совокупностью, так как все они включены в алеф (א). А отсюда и далее начинают" света "алеф (א)

---

⁴⁶⁴ Тора, Шмот, 14:19. «И двинулся ангел Всесильного, шедший перед станом Исраэля, и пошел позади них. И двинулся облачный столп, (шедший) перед ними, и встал позади них».

⁴⁶⁵ Тора, Шмот, 14:20. «И вошел он между станом Египта и станом Исраэля, и было облако и мрак, и осветил ночь, и не приближался один к другому всю ночь».

⁴⁶⁶ Тора, Шмот, 14:21. «И простер Моше руку свою на море, и гнал Творец море сильным восточным ветром всю ночь, и сделал море сушей, и расступились воды».

⁴⁶⁷ См. Зоар, главу Бешалах, статью «"И двинулся", "и вошел", "и простер"».

распространяться в бет (ב)" и т.д. "И нет счёта у Хохмы, которая запечатлелась здесь"».⁴⁶⁸

305) «"И поэтому Тора", т.е. Зеир Анпин, "является существованием всего и верой всего, чтобы соединить связью веры", Малхут, "одно с другим как подобает. И тот, кто обрезан, соединяется этой связью веры, а о том, кто не обрезан и не соединён ею, написано: "И никто посторонний не должен есть святыни"⁴⁶⁹. И написано: "Но никакой необрезанный не должен есть её (пасхальной жертвы)"⁴⁷⁰. Ибо пробуждается дух скверны, который в его стороне, и приходит, чтобы смешаться со святостью. Благословен Милосердный, отделивший Исраэль, сынов Своих, отмеченных знаком святости, от них и от скверны их. О них написано: "Я насадил тебя, благородную лозу, самое верное семя"⁴⁷¹. Поэтому написано: "Ты дашь истину Яакову"⁴⁷² – а не иному. Тору истинную – истинному потомству". Подошёл рабби Эльазар и поцеловал руки его».

306) «Рабби Хизкия сказал: "Написано: "Ибо не покинет Творец народ Свой ради имени Своего великого"⁴⁷³. "Ибо не покинет Творец народ Свой"⁴⁷³ – в чём причина? "Ради имени Своего великого"⁴⁷³, потому что всё связано одно с другим. И благодаря чему Исраэль связались с Творцом? Это благодаря тому знаку святости, который запечатлён на их плоти, и поэтому: "Не покинет Творец народ Свой"⁴⁷³. И почему? – "Ради имени Своего великого"⁴⁷³, которое запечатлено в них"».

307) «"Мы учили, что Тора называется союзом, и Творец называется союзом, и этот знак святости", т.е. обрезание крайней плоти, "называется союзом. И поэтому всё связалось одно с другим, и не отделяется одно от другого". Сказал рабби Йеса: "Тора

---

⁴⁶⁸ См. Зоар, главу Берешит, часть 1, п. 140, комментарий Сулам.
⁴⁶⁹ Тора, Ваикра, 22:10. «И никто посторонний не должен есть святыни; жилец коэна и наёмник не должен есть святыни».
⁴⁷⁰ Тора, Шмот, 12:48. «Если поселится с тобой пришелец, то, чтобы ему совершить пасхальную жертву Творцу, пусть пройдёт обрезание всякий мужчина у него, и тогда пусть приступит к совершению её и будет как житель этой земли. Но никакой необрезанный не должен есть её».
⁴⁷¹ Пророки, Йермияу, 2:21. «Я насадил тебя, благородную лозу, самое верное семя, – как же превратилась ты у Меня в одичавшую чужую лозу?»
⁴⁷² Пророки, Миха, 7:20. «Ты дашь истину Яакову, милость Аврааму, о которой клялся Ты отцам нашим с давних времён».
⁴⁷³ Пророки, Шмуэль 1, 12:22. «Ибо не покинет Творец народ Свой ради имени Своего великого, ибо благоволил Творец вас сделать Своим народом».

и Исраэль" называются союзом – "это понятно, но Творец, – откуда мы знаем, что Он называется союзом?" Сказал ему: "Потому что написано: "И вспомнил Он союз Свой с ними"[474], и известно", что это Есод, "и мы это уже учили"».

308) «"Постановления Мои исполняйте и законы Мои соблюдайте"[475]. "Законы Мои"[475] – это обычаи Царя", Зеир Анпина. "Постановления Мои"[475] – это наказы Торы". Рабби Йегуда сказал: "Все эти обычаи из места, называемого "праведность (цедек)", т.е. Малхут, "называются "законы Мои"[475], и это наказы Царя. А в любом месте, где называется постановлением, называются судами Царя, и это святой Царь, Святой, Благословен Он, – Царь, к которому относится весь мир (в мире), и Он – святой Царь в том месте, где обе части включены друг в друга", т.е. суд и милосердие. "И поэтому написано: "Праведность и правосудие – основание престола Твоего"[476], и это суд и милосердие. И потому" это "закон и постановление. И поэтому написано: "Законы Свои и постановления Свои – Исраэлю"[457], – Исраэлю, а не остальным народам"».

309) «"После этого что написано: "Не сделал Он такого никакому народу"[457]. Мы учили, что даже если он обрезан, но не соблюдает заповедей Торы, то он полностью как народы-идолопоклонники, и запрещено обучать его речениям Торы. И поэтому мы учили: "Жертвенник из камней будешь делать Мне"[477]. Это", обрезание, "действительно является жертвенником из камней", – ибо размягчает его каменное сердце. "А тот", кто обрезан, но не соблюдает заповедей Торы, "упорство сердца его остается на своем месте, и скверна его не прекращается. Поэтому его обрезание безуспешно и не помогает ему. И поэтому написано: "Чтобы ты не занес меча своего над ним и не осквернил его"[477]». Иначе говоря, несмотря на то, что ты занес меч свой над ним, т.е. обрезался, вместе с тем, поскольку он

---

[474] Писания, Псалмы, 106:45. «И вспомнил Он союз Свой с ними и передумал по великой милости Своей».

[475] Тора, Ваикра, 18:4. «Постановления Мои исполняйте и законы Мои соблюдайте, чтобы следовать им; Я – Творец Всесильный ваш».

[476] Писания, Псалмы, 89:15. «Праведность и правосудие – основание престола Твоего, милость и истина пред Тобой».

[477] Тора, Шмот, 20:22. «А когда жертвенник из камней будешь делать Мне, не клади их тесанными, чтобы ты не занес меча своего над ним и не осквернил его».

не соблюдает заповеди, и осквернил его, – обрезание осквернилось и не помогает, и запрещено обучать его Торе.

310) «"Поэтому: "Не сделал Он такого никакому народу"[457], – "просто" народу (без уточнения), т.е. включая и того, кто обрезан и не соблюдает заповедей. "И законов не узнают они"[457] вовек и во веки вечные, – другого объяснения", т.е. простого смысла Торы и заповедей, "мы не даем им, не говоря уже о тайнах Торы и уставах Торы. И написано: "Ибо удел Творца – народ Его, Яаков – наследственное владение Его"[478]. "Счастлив народ, которому это дано, счастлив народ, у которого Творец – Всесильный его"[479]».

---

[478] Тора, Дварим, 32:9. «Ибо удел Творца – народ Его, Яаков – наследственное владение Его».
[479] Писания, Псалмы, 144:15. «Счастлив народ, которому это дано, счастлив народ, у которого Творец – Всесильный его».

ГЛАВА АХАРЕЙ МОТ

Четыре ключа

311) «"Мишна – о путях светов. "Четыре ключа были сделаны для четырех сторон мира. И в их углах находятся: один" ключ "для четырех сторон и четыре" стороны "для одной стороны. И они запечатлеваются в одном цвете. В этом цвете" смешаны "голубой, пурпурный, багрянец, белый и красный. Один входит в цвет другого, и его" цвет, т.е. другого, "запечатлен в нем"».

Объяснение. Известно, что правая и левая линии, т.е. Хесед и Гвура (ХУГ), находятся в разногласии и не могут светить, пока не приходит средняя линия с имеющейся в ней силой экрана и не согласовывает их и не соединяет друг с другом, – и тогда раскрывается их свечение, и они светят.[480] И поэтому средняя линия, т.е. Тиферет, называется ключом, поскольку она открывает света. И это смысл слов: «Четыре ключа были сделаны для четырех сторон мира», потому что четыре стороны мира – это Хесед и Гвура, Тиферет и Малхут, и каждая сторона включает все остальные, как объясняется далее. Выходит, что в каждой стороне есть один ключ, и это Тиферет, средняя линия.

И известно, что средняя линия объединяет четыре стороны ХУГ ТУМ воедино, т.е. она делает так, что каждая из них может светить только при участии всех. Ведь вследствие ее согласования левая линия нуждается в хасадим, которые в правой, а правая – в свечении Хохмы, что в левой, без которого ей недостает ГАР, и обе они, правая и левая, нуждаются в средней линии, которая объединит их, и трое они нуждаются в Малхут, поскольку средняя линия исправляет Хохму, чтобы она светила только снизу вверх,[481] а это возможно только в Малхут, представляющей собой свет некевы, которая светит снизу вверх. Ведь как все они связались и соединились друг с другом с помощью Тиферет, т.е. средней линии, называемой ключом? И это то, о чем сказано: «И в их углах находятся» – так как углом считается точка соединения двух сторон. А поскольку ключи, т.е. Тиферет и средняя линия, соединяют стороны ХУГ

---

[480] См. Зоар, главу Берешит, часть 1, п. 44, со слов: «А правая линия является совершенством всего, потому что все сфирот получают от нее жизненные силы...»

[481] См. Зоар, главу Берешит, часть 1, п. 50. «Разногласие, которое было исправлено согласно высшему подобию...»

ТУМ друг с другом, поэтому считается, что ключи находятся в углах сторон, т.е. в свойстве их соединения.

И нечего спрашивать: ведь четыре стороны мира – это Хесед-Гвура-Тиферет-Малхут (ХУГ ТУМ), и потому на всех есть только одна Тиферет, т.е. один ключ, а не четыре? Поэтому говорит: «Один для четырех сторон» – поскольку на самом деле нет более одного ключа для четырех сторон, однако: «И четыре для одной стороны» – поскольку четыре стороны ХУГ ТУМ включают друг друга, и в каждой из этих сторон есть четыре стороны ХУГ ТУМ, и потому есть четыре ключа.

И эти четыре стороны ХУГ ТУМ зовутся четырьмя цветами: белый, красный, зеленый, черный, а иногда Тиферет называется багрянцем, а Малхут – голубым. А когда Тиферет объединяет все света и включает их, называется пурпуром, потому что пурпурный цвет включает в себя все цвета. И это смысл сказанного: «И они запечатлеваются в одном цвете», – т.е. все четыре ключа запечатлелись в одном цвете, т.е. пурпурном, который включает все цвета. Но «в этом цвете – голубой, пурпурный, багрянец, белый и красный». Иначе говоря, все эти света включаются в него. Голубой – это Малхут, пурпур – это Тиферет в час, когда включает их в себя. Багрянец – это Тиферет сама по себе. Белый – это Хесед. Красный – это Гвура. Однако они включены друг в друга, и это смысл слов: «Один входит в цвет другого, и его запечатлен в нем», т.е. они перемешаны и включены друг в друга.

312) «"Четыре рош поднялись вместе и соединяются в один образ. Один рош поднялся в результате омовения, которое совершил. Две одинаковых с виду лани поднялись вследствие этого омовения, как написано: "Как стадо овец, одна в одну, поднявшихся после купальни"[482]. В их волосах – вид драгоценного камня четырех цветов"».

Объяснение. После того, как средняя линия, Тиферет, согласовала две линии и объединила их друг с другом, и были сделаны четыре ключа, поднимаются тогда ХАГАТ и Малхут наверх и становятся ХАБАД, и это четыре рош: Хохма, Бина, и правая часть Даат, т.е. поднявшаяся Тиферет, свойство хасадим, и

---

[482] Писания, Песнь песней, 4:2. «Зубы твои – как стадо овец, одна в одну, поднявшихся после купальни; у каждой есть близнец и все стадо в целости».

левая часть Даат, свойство Гвурот, т.е. поднявшаяся Малхут. И это смысл слов: «Четыре рош поднялись вместе», т.е. благодаря единству четырех ключей, когда ХАГАТ и Малхут становятся ХАБАД. Однако все эти четыре рош – это только один рош, и это смысл сказанного: «И соединяются в один образ», т.е. они представляют собой лишь один образ, одного рош. Но они считаются четырьмя рош соответственно четырем мохин ХАБАД в нем, которые представляют собой свойства трех линий и принимающей их Малхут.

И ты уже узнал, что из-за судов в экране де-хирик средней линии, левая линия соглашается соединиться с правой.[483] Однако не только с помощью одного лишь экрана она соглашается соединиться, а главным образом благодаря многочисленным хасадим, которые раскрываются посредством зивуга высшего света на экран, когда эти хасадим омывают левую линию от множества судов, в которые она погружена. Ты также узнал, что во время свечения Хохмы снова раскрываются те же суды левой линии, что и до ее соединения с правой, чтобы отдалить внешних, чтобы те не питались от свечения Хохмы.[484] Поэтому и против них тоже раскрываются те же многочисленные хасадим, которые раскрылись во время ее объединения с правой, которые омыли левую линию от этих судов. И это означает сказанное: «Один рош поднялся», т.е. рош Бины, левая линия, «в результате омовения, которое совершил», иначе говоря, в тот момент, когда раскрывается свечение Хохмы в Бине, одновременно с этим раскрывается действие ее омовения, т.е. раскрываются суды левой линии, бывшие до ее объединения с правой, а против них также раскрываются хасадим, называемые водой, имеющиеся после ее объединения с правой и омывающие ее от этих судов. Так, что этот рош светит только посредством омовения.

Таким образом, благодаря подъему Малхут в Бину, они включились друг в друга, и их формы стали одинаковыми. И вышли Бина и Малхут в Бине, и Бина и Малхут в Малхут. И эти Бина и Малхут, что в Малхут, называются «две одинаковые с виду лани», т.е. они равны друг другу в одинаковой мере, в мере

---

[483] См. Зоар, главу Лех леха, п. 22, со слов: «Экран де-хирик, на который выходит средняя линия, происходит от свойства суда, имеющегося в Малхут, которое не подслащается милосердием Бины и называется "манула"...»
[484] См. Зоар, главу Пкудей, п. 376.

Бины, «поднялись вследствие этого омовения», т.е. они поднимаются и получают свечение Хохмы благодаря этому омовению, которое упоминается, в рош Бины. Ибо после того, как Малхут приняла форму Бины, она способна получать Хохму. И в тот момент, когда Малхут получает свечение Хохмы, она называется драгоценным камнем четырех цветов, представляющих собой три линии и принимающую их Малхут, когда путем их движения раскрывается Хохма.[485] И это означает сказанное: «В их волосах», т.е. в их судах, раскрывается «вид драгоценного камня четырех цветов», т.е. раскрытие свечения Хохмы, называемой видом. И поскольку Хохма раскрывается только с судами, поэтому говорит: «В их волосах».

313) «"Четыре крыла прикрывают тело. И маленькие руки под крыльями, и запечатлеваются пять в пяти. Взлетают высоко-высоко над чертогом, который "красив чертами и прекрасен видом"[486]».

Крылья означают – покрытия. И их четыре. Ибо известно, что из-за подъема Малхут в Бину образовались правая и левая (линии) Бины, т.е. Бина и Малхут в Бине, и правая и левая (линии) Малхут, т.е. Бина и Малхут в Малхут. И от судов в этих четырех свойствах произошли четыре крыла, чтобы прикрывать тело, т.е. скрывать там свечение Хохмы. И это смысл сказанного: «Четыре крыла прикрывают тело», – скрывающие свечение Хохмы в месте их тела. Однако под прикрытиями есть маленькие руки. Руки – это Хесед и Гвура, называемые руками, и у каждой по пять пальцев, соответствующих ХАГАТ Нецах Ход, и посредством действия «возденьте руки ваши в святости»[487] они притягивают Хохму. И это смысл слов: «И маленькие руки под крыльями, и запечатлеваются пять в пяти», что каждая из рук отмечена пятью пальцами. «Взлетают высоко-высоко над чертогом, который "красив чертами и прекрасен видом"[486]», – они взлетают и поднимаются в Бину,

---

[485] См. Зоар, главу Бешалах, п. 137, со слов: «И три эти линии не раскрывают Хохму иначе, как с помощью своих движений, т.е. когда свечение каждой из них раскрывается специально одно вслед за другим в месте трех точек: холам, затем шурук, а затем хирик. И тогда Малхут получает от них раскрытие Хохмы...»

[486] Тора, Берешит, 39:6. «И оставил он все, что у него, в руках Йосефа, и не ведал при нем ничем, кроме хлеба, который ел. Йосеф же был красив чертами и прекрасен видом».

[487] Писания, Псалмы, 134:2. «Возденьте руки ваши в святости и благословите Творца».

которая высоко над Малхут, и называется чертогом, который «красив чертами и прекрасен видом»[486]. И там руки становятся свойствами Хохма и Бина, и они называются маленькими руками, поскольку светят только (светом) ВАК Хохмы.

314) «"Один храбрый юноша выходит с острым мечом, обращающимся в захаров и некевот. Они несут меру эфы[488] между небом и землей. А иногда они проносят ее по всему миру, и все измерения производят ею. Как написано: "Эфа верная"[489]».

«Юноша» означает Матат, который охраняет Шхину, т.е. отгоняет внешних, чтобы они не питались от нее.[490] Поэтому он держит «пламя меча обращающегося»[491], чтобы отгонять внешних. И это смысл слов: «Один храбрый юноша выходит с острым мечом». И ты уже знаешь, что вследствие подъема Малхут в Бину образуются четыре свойства: правая и левая (линии) в Бине, и правая и левая (линии) в Малхут.[492] И пламя этого меча обращается согласно этим четырем свойствам, где два правых свойства называются захарами, а два левых свойства называются некевот, и это означает сказанное: «Обращающимся в захаров и некевот» – т.е. иногда в нем властвуют захары, а иногда – некевот.[493] Однако основными в этих четырех свойствах являются только два – Бина и Малхут, включенные в экран Малхут, на который производится зивуг с Зеир Анпином, и этот экран называется «эфа», поскольку он отмеряет меру света, которая будет получена посредством этого зивуга. И это смысл сказанного: «Они несут меру эфы между небом и землей» – т.е. эти Бина и Малхут, которые смешаны друг с другом и действуют с помощью «пламени меча обращающегося»,

---

[488] Древняя мера объема сыпучих тел, около 39,9 л.
[489] Тора, Ваикра, 19:35-36. «"Не совершайте несправедливости на суде, в измерении, в весе и в мере. Весы верные, гири верные, эфа верная и ин верный пусть будут у вас". Я – Творец Всесильный ваш, который вывел вас из страны Египетской».
[490] См. выше, п. 71.
[491] Тора, Берешит, 3:24. «И изгнал Он Адама, и поставил к востоку от Эденского сада ангелов и пламя меча обращающегося для охранения пути к Древу жизни».
[492] См. п. 313.
[493] См. Зоар, главу Берешит, часть 2, п. 120, со слов: «Пояснение сказанного. Из-за того, что корнями этих двух искр являются те четверо, которые не могут продолжать свое существование, т.е. не продолжают своего свечения, поскольку нисходят от пламени обращающегося меча, их свечение разделилось так, что двое из них находятся в правой стороне, а двое в левой...»

несут эфу, т.е. исправляют меру эфы, т.е. экран, между небом, Зеир Анпином, и землей, Малхут, т.е. они исправляют экран с помощью меры милосердия, чтобы сделать его пригодным для зивуга и получения высшего света. Однако ниже Малхут мира Ацилут эфа не настолько исправлена. И иногда там раскрывается Малхут меры суда, которая отталкивает высший свет, препятствуя его получению. Тем не менее, по субботам и праздникам, во время молитвы, проносят и исправляют эфу во всех мирах. И эфа верная, исправленная Биной, господствует повсюду, и все измерения производятся ею. И с помощью этого согласовываются два изречения, приведенные у Зехарии, где говорит: «Это эфа ... глаз их по всей земле»[494], а в другом изречении говорит: «И понесли они эфу между небом и землей»[495]. То есть, как объясняется выше, что иногда это так, а иногда – так.

315) «"Одно хрустальное зеркало пребывает над одним мечом. На острие этого меча пылает красный цвет, исходящий от хрусталя. С двух сторон, с одной и с другой, на мече видны глубокие отметины. Один храбрый воин, юноша, стоящий в тринадцати мирах, препоясан тем мечом, чтобы вершить возмездие. Вместе с ним препоясаны мечом шестьдесят других" воинов, "все они обучены побеждать в войне. Это смысл сказанного: "Препояшь бедро мечом своим, храбрец"[496]. И написано: "Все они держат меч, обучены войне"[497]. Их лицо меняется, принимая разную окраску, и никто не знает их, кроме одного червя, плавающего среди рыб морских. Все камни раскалываются при прохождении над ними"».

Объяснение. «Хрустальное зеркало» – это белый, смешанный с краснотой, и оно указывает на две линии, правую и левую, т.е. белый (цвет) и красный. И это свечения хасадим, представляющие собой белый (цвет), и свечение Хохмы, исходящее от левой линии, представляющее собой красный (цвет),

---

[494] Пророки, Зехария, 5:6. «И сказал я: "Что это?" И сказал он: "Это эфа выходящая". И сказал он: "Это глаз их по всей земле"».
[495] Пророки, Зехария, 5:9. «И поднял я глаза свои и увидел: и вот две женщины выходят, и ветер – в крыльях их, и крылья у них – как крылья аиста; и понесли они эфу между небом и землей».
[496] Писания, Псалмы, 45:4. «Препояшь бедро мечом своим, храбрец, красотой своей и великолепием своим!»
[497] Писания, Песнь песней, 3:8. «Все они держат меч, обучены войне; у каждого меч на бедре его ради страха ночного».

которые смешаны друг с другом и включаются друг в друга благодаря средней линии. И говорит, что «хрустальное зеркало», т.е. Хохма и хасадим, включенные друг в друга, пребывают над мечом. И кроме этого, в нем содержится три вида судов, которые являются корнями всех судов в мире:

Суды захара, т.е. суды, исходящие от левой линии без правой;

Суды нуквы, исходящие от экрана Бины;

Суды нуквы, исходящие от экрана Малхут.

(И это связано) таким образом, что клинок (гуф) меча исходит от средней линии, и поэтому пребывает над ним хрустальное зеркало, как сказано выше. А на острие (рош) меча раскрываются суды захара, исходящие от левой стороны. На двух лезвиях меча раскрываются два вида судов нуквы, которые указаны выше. Меч этот носит Матат, который с помощью хрустального зеркала, расположенного над мечом, вершит возмездия, чтобы искоренить клипот. Ибо они могут быть искоренены только с помощью свечения Хохмы, содержащегося в хрустальном зеркале. А тремя видами судов, что в мече, он заставляет внешних прекратить питаться от свечения Хохмы.

И это означает сказанное им: «Хрустальное зеркало пребывает над одним мечом» – т.е. включение Хохмы и хасадим друг в друга посредством средней линии, находящейся в гуф меча. «На острие этого меча пылает красный цвет, исходящий от хрусталя», – т.е. пребывают там суды левой линии, и они красного цвета, и они в рош меча, как мы уже сказали. «С двух сторон, с одной и с другой, на мече видны глубокие отметины» – и это два вида судов нуквы, с одной стороны – суды экрана Бины, а с другой – суды экрана Малхут.

«Один храбрый воин», т.е. Матат, «юноша, стоящий в тринадцати мирах», т.е. строение (меркава) Малхут, которое распространяется в тринадцати мирах, и это (сфирот) ХУБ ТУМ, в каждой из которых есть три линии, итого двенадцать миров, а вместе со свечением Малхут, что над ними, это тринадцать миров. И Матат встает и захватывает место этих тринадцати миров. «Препоясан тем мечом, чтобы вершить возмездие», – так как свечение Хохмы в нем уничтожает клипот и вершит над ними возмездие.

А под началом Матата находятся шестьдесят воинов.[498] И это означает сказанное: «Вместе с ним препоясаны мечом шестьдесят других». И выяснилось там, что они исходят от ХАГАТ НЕХИ Зеир Анпина, т.е. с момента, когда Зеир Анпин был в состоянии мохин де-ВАК, и левая линия находится в разногласии с правой, и поэтому эти мохин колеблются, один раз они – суд, а в другой – милосердие. И это смысл сказанного: «Их лицо меняется, принимая разную окраску», и поэтому «никто не знает их» – ибо невозможно постичь их из-за их превращения, пока средняя линия не пробудит экран де-хирик, который в ней, и тогда левая линия соглашается объединиться с правой и приобретает свойство милосердия. И экран де-хирик называется червем, и это смысл сказанного: «Кроме одного червя», так как он объединяет их с правой линией, устанавливая их в свойстве милосердия, и они больше не превращаются в суд. Однако из-за этого экрана раскалывается левая линия так, что верхняя половина ее ступени, т.е. ГАР Хохмы, исчезает, и она остается только лишь в ВАК Хохмы, т.е. в нижней половине ступени. И это смысл слов: «плавающего среди рыб морских» – т.е. среди ступеней Хохмы, что в левой линии, называемых морскими рыбами. «Все камни раскалываются при прохождении над ними» – т.е. все ступени, называемые камнями, которые проходят там, обязаны расколоться на две половины, и их верхняя половина исчезает, а нижняя – остается. И это происходит благодаря действию экрана де-хирик, который объединяет правую и левую линии.[499] Ведь средняя линия исправляет левую, чтобы она светила не сверху вниз, как это свойственно ГАР, а снизу вверх, как свойственно ВАК Хохмы.

316) «"В то время", когда ступени левой линии раскалываются из-за этого червя, "голос, исходящий от этих препоясанных мечом", т.е. от шестидесяти воинов, "раскалывает восемнадцать великих гор", т.е. ХАГАТ НЕХИ, в каждой из которых есть три линии, когда ГАР Хохмы уходит из них, "но никто не прислушается", чтобы уберечься от притяжения ГАР Хохмы. И поэтому "весь мир – они с невидящими глазами и глухим сердцем. И некому увидеть, что это строение", ГАР левой линии, "скоро разрушится. Когда они совершают непригодные действия и отходят от правильного пути, уходит правая (линия)",

---

[498] См. выше, пп. 71-72, где это подробно объясняется.
[499] См. Зоар, главу Берешит, часть 1, п. 50. «Разногласие, которое было исправлено согласно высшему подобию…»

т.е. свечение хасадим, "и властвует левая" без правой. "Тогда обнаруживается нагота", т.е. суды, раскрывающиеся в Бине и Малхут, называемые раскрытием наготы. "Горе грешникам, вызывающим это в мире, ибо не будет благословения наверху, пока не переведутся эти грешники внизу. Это означает сказанное: "И нечестивых не будет более! Благослови, душа моя, Творца. Алелуйа!"[500]»

---

[500] Писания, Псалмы, 104:35. «Да исчезнут грешники с земли, и нечестивых не будет более! Благослови, душа моя, Творца! Алелуйа (хвалите Творца)!»

ГЛАВА АХАРЕЙ МОТ

Яблоко и роза

317) «"Наготы отца твоего и наготы матери твоей не открывай"[501]. Рабби Хия провозгласил: "Как яблоня меж лесных деревьев, так любимый мой меж юношей!"[502] Это изречение объяснили товарищи. Но насколько мила пред Творцом Кнессет Исраэль, возносящая Ему хвалу в этом" изречении. "Здесь следует рассмотреть: почему превозносит Его, уподобляя яблоне, а не чему-то другому" – тому, у чего есть "цвет или аромат, или вкус?"»

318) И отвечает: «"Но поскольку написано "яблоня"[502], таким образом "она превозносит Его, уподобляя всему, – и цветам, и благоуханию, и вкусу, ибо как яблоня – это исцеление всему, так и Творец – это исцеление всему. Как у яблони есть цвета, как мы уже объясняли", что в ней есть и белый, и красный, и зеленый, "так и у Творца есть высшие цвета", т.е. Хесед-Гвура-Тиферет, и это цвета белый-красный-зеленый. "Как яблоня, благоухание которой тоньше всех других деревьев, так и Творец, написано о Нем: "А благоухание Его – как с Леванона"[503]. Как яблоко – вкусное и сладкое, так и Творец, написано о Нем: "Нёбо Его – сладость"[504]».

319) «"А Творец превозносит Кнессет Исраэль, уподобляя розе. И мы уже это объясняли, почему" превозносит ее "подобно розе, и мы уже учили это". Рабби Йегуда сказал: "В час, когда в мире умножаются праведники, Кнессет Исраэль", т.е. Малхут, "возносит благоухания", – т.е. свечение Хохмы, которое светит снизу вверх, подобно аромату, – "и благословляется" (свечением) хасадим "от святого Царя, и лик ее светится. А в час, когда в мире умножаются грешники, Кнессет Исраэль не возносит благоухания, испытывая горечь из-за" питания

---

[501] Тора, Ваикра, 18:7. «Наготы отца твоего и наготы матери твоей не открывай: она мать твоя, не открывай наготы ее».

[502] Писания, Песнь песней, 2:3. «Как яблоня меж лесных деревьев, так любимый мой меж юношей! В тени его сидела я и наслаждалась, и плод его сладок был небу моему».

[503] Пророки, Ошеа, 14:6-7. «Буду Я как роса Исраэлю, расцветет он как лилия и пустит корни свои как (кедр) Леванона. Раскинутся ветви его, и станет подобна оливковому дереву краса его, а благоухание его – как с Леванона».

[504] Писания, Песнь песней, 5:16. «Нёбо его – сладость, и весь он – отрада! Таков мой милый, таков мой друг, девушки Йерушалаима!»

"ситры ахра. Тогда написано: "С неба землю низринул"[505] – т.е. прекратился зивуг Зеир Анпина, называемого небом, с Малхут, называемой землей, "и омрачился лик ее"».

320) «Рабби Йоси сказал: "Когда в мире умножаются праведники, написано: "Его левая рука под моей головой, а правая – обнимает меня"[506] – т.е. правая и левая соединяются друг с другом. "А в час, когда в мире умножаются грешники, написано: "Убрал Он десницу свою"[507]», и левая властвует без правой, и тогда все суды исходят от нее. «Рабби Хизкия сказал: "Отсюда", как написано: "Ропщущий отвергает Властелина"[508] – т.е. Царь разлучается с Царицей" из-за грешника, называемого ропщущим. "Это смысл сказанного: "Наготы отца твоего и наготы матери твоей не открывай"[501]» – т.е. не вызывай раскрытия судов свыше для питания ситры ахра, ибо из-за этого расторгается зивуг святости.

---

[505] Писания, Мегилат Эйха, 2:1. «Как в гневе Своем окутал мраком Творец дочь Циона! С неба (на) землю низринул красу Исраэля! И не вспомнил Он в день гнева Своего о подножьи Своем».

[506] Писания, Песнь песней, 2:6. «Его левая рука под моей головой, а правая – обнимает меня».

[507] Писания, Мегилат Эйха, 2:3. «В пылу гнева сразил Он всю мощь Исраэля, пред врагом убрал Он десницу Свою; и запылал Он в среде Яакова, как огонь пламенеющий, что (все) пожирает вокруг».

[508] Писания, Притчи, 16:28. «Человек коварный сеет раздор, а ропщущий отвергает Властелина».

(Речи), которыми увещевала его мать

321) «Рабби Эльазар сидел перед своим отцом, сказал ему: "Если есть в мире хороший защитник, он является к Царице, и если есть обвинитель в мире, он является к Царице", – но не выше, чем к Малхут. И спрашивает: "Почему"» это так? «Сказал ему: "Подобно царю, у которого был сын от царицы, и всё время, пока сын исполнял волю царя, царь располагал обитель свою у царицы. А все время, пока сын не исполнял волю царя, царь отделял обитель свою от царицы"».

322) «"Так Творец и Кнессет Исраэль. Все время, пока Исраэль исполняют волю Творца, Творец располагает обитель Свою в Кнессет Исраэль. А все время, пока Исраэль не исполняют волю Творца, Творец не располагает обитель Свою в Кнессет Исраэль. В чем причина? Это потому, что Исраэль являются первенцем Творца, как написано: "Сын Мой, первенец Мой, Исраэль"[509]. А Кнессет Исраэль – мать Исраэля, как написано: "И не оставляй учения матери твоей"[510]».

323) «"Смотри, все время, пока Исраэль далеки от царского чертога, как будто Царица отдаляется вместе с ними" от Царя. "В чем же причина? Это потому, что Царица не предуготовила розгу этому сыну для наказания его, чтобы шел прямым путем. Поскольку Царь никогда не наказывает своего сына, предоставляя всё Царице, чтобы она управляла его чертогом и наказывала сына, наставляя его на путь истины относительно Царя"».

324) «"И скрытый смысл того, что написано: "Слова царя Лемуэля, речи, которыми увещевала его мать его"[511]. "Мать его"[511] – это Бат Шева", т.е. Малхут, которая называется Бат Шевой. "И мы учили, написано: "Сын мудрый порадует отца, а сын неразумный – огорчение матери его"[512]. "Огорчение мате-

---

[509] Тора, Шмот, 4:22. «И передай Фараону, что так сказал Творец: "Сын Мой, первенец Мой, Исраэль"».
[510] Писания, Притчи, 1:8. «Слушай, сын мой, наставление отца твоего и не оставляй учения матери твоей».
[511] Писания, Притчи, 31:1. «Слова царя Лемуэля, речи, которыми увещевала его мать его».
[512] Писания, Притчи, 10:1. «Притчи Шломо. Сын мудрый порадует отца, а сын неразумный – огорчение матери его».

ри его"⁵¹², разумеется. Смотри, что написано: "Сын мудрый порадует отца"⁵¹², – т.е. пока этот сын идет прямым путем, и он мудр, "порадует отца"⁵¹², – это святой Царь наверху", т.е. Зеир Анпин, поскольку написано: "Порадует отца"⁵¹², просто", и это указывает на высшего Отца, а если "сын этот находится на неверном пути, написано: "А сын неразумный – огорчение матери его"⁵¹², "огорчение матери его"⁵¹², конечно, поскольку это Кнессет Исраэль", т.е. Малхут. "И смысл этого, как написано: "И за преступления ваши изгнана была мать ваша"⁵¹³».

325) «"Смотри, не было (такой) радости пред Творцом, как в тот день, когда Шломо взошел к мудрости и произнес Песнь песней. Воссиял тогда лик Царицы, и явился Царь, чтобы пребывать с ней в обиталище Своем. Об этом сказано: "И умножилась мудрость Шломо"⁵¹⁴. Что значит "и умножилась"? То есть "возросла краса Царицы, и возвеличилась она на ступенях своих над всеми остальными ступенями", которые у нее когда-либо были, "потому что Царь расположил обитель Свою у нее за то, что произвела на свет такого мудрого сына"».

326) «"И когда она произвела Шломо", т.е. передала ему свою мудрость, "она произвела для всего Исраэля, и все они стали удостаиваться высших ступеней, как и Шломо, поскольку Творец радовался им, а они – Ему. А в день, когда Шломо завершил строительство дома" Святилища "внизу, установила Царица дом Царю, и расположили они свою обитель вместе, и лик ее воссиял совершенной радостью. И тогда радость пребывает во всем, наверху и внизу. И почему в такой степени? Все это благодаря, как написано: "Речам, которыми увещевала его мать"⁵¹¹, – т.е. направляла его согласно воле Царя"».

327) «"А когда этот сын, как я сказал, не ведет себя согласно воле Царя, тогда это нагота во всем", так как приводит к раскрытию судов Малхут, что и является открытием наготы, "нагота со всех сторон" – как с правой, так и с левой, "потому что Царь разлучился с Царицей, и Царица отдалилась от чертога Его, и потому это всеобщий позор. Разве это не позор,

---

⁵¹³ Пророки, Йешаяу, 50:1. «Так сказал Творец: "Где то письмо развода матери вашей, которым Я прогнал ее? Или кто тот из заимодавцев Моих, которому Я продал вас? Ведь за грехи ваши проданы были вы, и за преступления ваши изгнана была мать ваша"».

⁵¹⁴ Пророки, Мелахим 1, 5:10. «И умножилась мудрость Шломо больше мудрости всех сынов Востока, и всей мудрости Египта».

когда Царь без Царицы, а Царица без Царя? И поэтому написано: "Наготы отца твоего и наготы матери твоей не открывай: она мать твоя"[515]. "Мать твоя"[515], конечно", т.е. Малхут, "и она обитает вместе с тобой, поэтому "не открывай наготы ее"[515]».

---

[515] Тора, Ваикра, 18:7. «Наготы отца твоего и наготы матери твоей не открывай: она мать твоя, не открывай наготы ее».

Разразится громом над обителью Своей

328) «Рабби Шимон ударил рукой об руку, и, заплакав, сказал: "Горе, если я скажу и раскрою тайну, горе, если не скажу, и тогда товарищи потеряют это. "Неужели, Творец Всесильный, Ты истребление вершишь остатка Исраэля?"[516] Что значит: "Неужели"[516]? И что значит: "Ты истребление вершишь"[516]?" И отвечает: "Но тайна в том, что когда нижняя хэй (ה)" де-АВАЯ (הויה), т.е. Малхут, "изгнана из царского чертога, другая, высшая хэй (ה)" де-АВАЯ (הויה), т.е. Бина, "удерживает благословения из-за нее, и тогда написано: "Неужели (אֲהָהּ) ...Ты истребление вершишь?"[516] Ибо этот изъян проявляется в обеих хэй (ה) де-АВАЯ (הויה), в Бине и в Малхут. "Ведь когда" нижняя хэй (ה) "удерживается от получения благословений, другая хэй (ה)", верхняя, "удерживает" благословения "от всего", т.е. не дает также и Зеир Анпину. "И в чем причина? Это потому, что благословения находятся только в том месте, где пребывают захар и нуква"». А поскольку Малхут изгнана от Зеир Анпина, у Зеир Анпина тоже нет благословений, так как он без Нуквы.

329) «"И поэтому написано: "Творец с высот прогремит и из святого жилища Своего донесет голос Свой, разразится громом за обитель Свою"[517]. "За обитель Свою"[517], конечно, т.е. за Царицу, которой нет, именно поэтому" раздается Его громовой голос. "И что Он говорит: "О горе! Ведь разрушил Я дом Свой!"[518] "Дом Свой"[518] означает – "зивуг Царицы. И это, разумеется, "наготы отца твоего и наготы матери твоей не открывай"[515], ибо со всех сторон это нагота", т.е. ущерб. Ибо когда отделилась Малхут, зовущаяся матерью твоей, из-за греха нижних,

---

[516] Пророки, Йехезкель, 11:13. «И было, когда пророчествовал я, Платьяу бен Бная умер. И я пал на лицо свое, и возопил голосом громким, и сказал: "Неужели, Творец Всесильный, Ты истребление вершишь остатка Исраэля?"».

[517] Пророки, Йермияу, 25:30. «А ты пророчествуй о них все слова эти и скажи им: "Творец с высот прогремит и из святого жилища Своего донесет голос Свой; разразится громом Он за обитель Свою (Йерушалаим и Храм); и как топчущие (виноград) в давильне воскликнет Он "эйдад!" на всех жителей земли"».

[518] Вавилонский Талмуд, трактат Брахот, лист 3:1. «Три стражи есть ночью, и в каждую стражу сидит Творец, и ревет, как лев, и говорит: "Горе сыновьям, из-за грехов которых разрушил Я дом Свой, и сжег Я чертог Свой, а их изгнал Я меж народов мира"».

света удаляются также и от Зеир Анпина, и получается, что Зеир Анпин, зовущийся отцом твоим, понес ущерб. "И тогда: "Оделись небеса во мрак, и рубище стало покровом их"[519] – т.е. Зеир Анпин, называемый небесами. "Ибо место пребывания благословений от истоков рек", имеющихся в Бине, "которые текли и наполняли" Зеир Анпин "как подобает, перекрывается"», и они прекращаются.

330) «"И мы учили, что когда Царь разлучается с Царицей, и нет благословений, называется тогда" Зеир Анпин "вай (וי вав-йуд)"», что означает «горе мне». «"Почему" называется "вай (וי вав-йуд)"? – "Поскольку мы учили, что рош Есода – это йуд (י), поскольку" сам "Есод – это малая вав (ו), а Творец", Зеир Анпин, – "это большая высшая вав (ו). Поэтому написано вав-вав (וו), две вав (ו) вместе", указывающие на Зеир Анпин и Есод. "И рош этого Есода это йуд (י). А когда Царица отдаляется от Царя", Зеир Анпина, "и прекращаются благословения у Царя", Зеир Анпина, "и нет зивуга в рош Есода", тогда "берет высшая вав (ו)", т.е. Зеир Анпин, "этот рош Есода, т.е. йуд (י), и притягивает его к себе, и тогда образуется" сочетание "вай (וי вав-йуд)", т.е. "горе всем, высшим и нижним"». Ведь когда нижние не получают, они не дают высшим возможности наполнить себя, как мы уже говорили.

331) «"И поэтому мы учили, что со дня разрушения Храма в мире нет благословений, и нет ни одного дня без проклятий. Ибо благословения", которые должны приходить "каждый день, задерживаются"» и превращаются в проклятия. «Сказал ему: "В таком случае", если написано "ой (алеф-вав-йуд אוי)" или "ой (хэй-вав-йуд הוי)"», а не «вай (וי вав-йуд)», «"что это"» значит?

332) «Сказал ему: "Когда это зависит от возвращения, а они не возвращаются, тогда их забирает верхняя хэй (ה)" де-АВАЯ (הויה), т.е. Бина, "и притягивает к себе вав (ו) и йуд (י), так как они не возвращаются", и возникает сочетание хэй-вав-йуд (הוי), "тогда (это) называется горем (ой הוי)", то есть: "Горе, когда Царь", Зеир Анпин, "удаляется высоко-высоко", в Бину. "И люди кричат, а Он не наблюдает за ними. А" иногда "эта высшая (сфира), скрытое" имя "Эке", т.е. Кетер, "поднимает к себе вав (ו)", Зеир Анпин, "и йуд (י)", рош Есода, "ибо не была

---

[519] Пророки, Йешаяу, 50:3. «Я одеваю небеса мраком и рубище делаю покровом их».

принята его молитва", и возникает сочетание алеф-вав-йуд (אוי). "Тогда называется горем (ой אוי), потому что алеф (א)", т.е. Эке, "подняла к себе вав-йуд (וי). И тогда нет возвращения. И поэтому ушла хэй (ה) из этих букв, так как это уже не зависит от возвращения"», т.е. от Бины, называемой хэй (ה).

333) «"Конечно, когда чрезвычайно умножились грехи мира, – и вначале возвращение еще было возможным, но не желали" совершать возвращение, – "удалилась хэй (ה)", т.е. Бина, называемая возвращением, "а алеф (א)", т.е. Кетер, "поднимает вав-йуд (וי) к себе, и называется горем (ой אוי). А когда был разрушен Храм и ушло возвращение, вскричали они, возгласив: "О горе нам, ибо день клонится к закату"[520]. Что значит: "Ибо день клонится к закату"[520]? – Это высший день", т.е. Бина, "называемая возвращением, который удаляется, исчезая, и нет его. Это тот самый день, который известен тем, что протягивает Он десницу Свою, чтобы принять грешников. И он "клонится к закату"[520] во всем, и нет его. И поэтому возгласили "горе (ой אוי)" с алеф (א), а не "горе (ой הוי)" с хэй (ה). "И распростерлись вечерние тени"[520] – т.е. "дана власть правителям, поставленным над другими народами, властвовать над Исраэлем"».

334) «"Мы учили, что вав (ו)", Зеир Анпин, "поднялась высоко-высоко", в Кетер, т.е. в алеф (א), как мы уже сказали, "и чертог сгорел, а народ был отправлен в изгнание, и Царица была изгнана, а Храм был разрушен. Потом, когда вав (ו) вернулась на свое место, взглянул Он на Храм, а он разрушен. Стал искать Он Царицу, но она удалилась и исчезла. Взглянул Он на чертог Свой, но тот сгорел. Стал искать Он народ, но ведь тот изгнан. Высматривал благословения рек глубоких", от Бины, "которые нисходили, но прекратились они. Тогда написано: "И призвал Господин, Творец воинств, в тот день плакать и сетовать, и рвать волосы, и препоясаться вретищем"[521]. И тогда: "Оделись небеса"[519], т.е. Зеир Анпин, "во мрак"».

335) «"Тогда вав (ו) йуд (י) потянулись друг к другу", т.е. йуд (י), являющаяся рош Есода, потянулась к вав (ו), Зеир Анпину,

---

[520] Пророки, Йермияу, 6:4. «Готовьтесь к бою с нею! Вставайте, и пойдем в полдень! О горе нам, ибо день клонится к закату, и распростерлись вечерние тени!»

[521] Пророки, Йешаяу, 22:12. «И призвал Господин, Творец воинств, в тот день плакать, и сетовать, и рвать волосы, и препоясаться вретищем».

и отделилась от Малхут. "А верхняя хэй (ה)" де-АВАЯ (הויה), т.е. Бина, "проливает источники в ситру ахра, и нет благословений, потому что нет захара и нуквы", т.е. Зеир Анпина и Малхут, "и они не пребывают вместе. И тогда: "Разразится громом Он за обитель Свою"[517]» – т.е. за Малхут. «Заплакал рабби Шимон и заплакал рабби Эльазар. Сказал рабби Эльазар: "Плач застрял в сердце моем с этой стороны, а радость в сердце моем с другой стороны, потому что услышал я то, чего до сих пор не слышал. Счастлив мой удел!"»

ГЛАВА АХАРЕЙ МОТ

Наготы матери твоей не открывай

336) «"Наготы жены отца твоего не открывай"[522]. Спрашивает: "Кто это – "жена отца твоего"[522]?" Сказал рабби Шимон: "Мы ведь учили, что все речения Торы скрыты и раскрыты, как и святое имя, которое скрыто и раскрыто", ибо пишется АВАЯ (הויה), а читается Адни (אדני). "И Тора, являющаяся святым именем, она тоже скрыта и раскрыта. И здесь", в этом изречении, "всё раскрыто", т.е. соответствует простому смыслу, в котором Писание говорит о жене отца его, но есть в нем "скрытое знание, как мы объясняли"».

337) «"И это изречение, оно (истолковывается) так. "Жены отца твоего"[522]. Мы учили, что все время, пока Царица пребывает с Царем, и кормит тебя" своим благом, "она называется матерью твоей. Сейчас", в изгнании, "когда она была изгнана вместе с тобой и отдалилась от Царя, она называется женой отца твоего, поскольку она – жена святого Царя", т.е. Зеир Анпина, "ведь пока она не развелась с ним при помощи разводного письма, она, без всякого сомнения, его жена. Как написано: "Так сказал Творец: "Где разводное письмо матери вашей, которым Я прогнал ее?"[523] Ведь нет сомнения, что она царская жена, хоть и была изгнана"».

338) «"И поэтому заповедано о ней дважды. Первый раз, когда она пребывает в едином слиянии (зивуге) с Царем и называется матерью твоей, как написано: "Наготы матери твоей не открывай"[524], что означает – "не делай так, чтобы они отдалились друг от друга, и она была изгнана из-за греха твоего, как написано: "И за преступления ваши изгнана была мать ваша"[523]. И еще раз, когда она в изгнании с тобой, и изгнана из царского чертога, и называется" тогда "царской женой. И хотя она отдалилась от Царя, не делай так, чтобы она отвратилась от тебя, и возобладают над тобой враги твои, и не будет она оберегать тебя в изгнании. Как написано: "Наготы жены отца

---

[522] Тора, Ваикра, 18:8. «Наготы жены отца твоего не открывай, – это нагота отца твоего».

[523] Пророки, Йешаяу, 50:1. «Так сказал Творец: "Где разводное письмо матери вашей, которым Я прогнал ее? Или кто тот из заимодавцев Моих, которому Я продал вас? Ведь за грехи ваши проданы были вы, и за преступления ваши изгнана была мать ваша"».

[524] Тора, Ваикра, 18:7. «Наготы отца твоего и наготы матери твоей не открывай: она мать твоя, не открывай наготы ее».

твоего не открывай, – это нагота отца твоего"⁵²². Ибо несмотря на то, что отдалилась она от Царя, она всегда под царским присмотром, и нужно в высшей степени остерегаться и не грешить против нее"».

Чтобы ни в каком действии не увидел Он у тебя наготы

339) «Рабби Шимон провозгласил: "Ибо Творец Всесильный твой ходит среди стана твоего, чтобы избавлять тебя"[525]. "Ибо Творец Всесильный твой"[525] – это Шхина, пребывающая в Исраэле, и тем более в изгнании, чтобы защищать их всегда со всех сторон, и от всех других народов, чтобы не уничтожили Исраэль"».

340) «"Как мы учили, враги Исраэля не смогут навредить им до тех пор, пока Исраэль не ослабят силу Шхины перед правителями, поставленными над другими народами, и тогда одолевают их враги и властвуют над ними, и применяют к ним много жестких ограничений. А когда Исраэль возвращаются к ней", в раскаянии, Шхина "разбивает силу и отвагу этих назначенных правителей, и сокрушает силу и отвагу врагов Исраэля и воздает им за всё"».

341) «"И поэтому: "Пусть же будет стан твой свят"[525] – т.е. человек должен" следить за тем, чтобы "не осквернять себя грехами и не нарушать речений Торы, потому что если он поступает так, его оскверняют. Как написано: "Ибо станете через них нечистыми (ве-нитмéтем וְנִטְמֵתֶם)"[526] – без алеф (א)", что указывает на избыточную нечистоту. "И мы учили, что двести сорок восемь органов в теле, и все они оскверняются, когда оскверняется человек. Иначе говоря, когда он желает оскверниться", немедленно оскверняется, "и поэтому: "Пусть же будет стан твой свят"[525]. Что значит "стан твой"[525]? Это органы тела. "Чтобы не увидел Он у тебя наготы в этом"[525]. Что значит "наготы в этом"[525]? То есть намек на то", чтобы ты не вызвал "раскрытия чуждой наготы в этом", которая чужда Малхут, называемой этим (давар), "как мы объясняли, ибо если ты поступаешь так, то "отступится от тебя"[525], конечно. И поэтому: "Наготы жены отца твоего не открывай"[522]. И в чем причина? Поскольку написано: "Это нагота отца твоего"[522], как мы уже объясняли"».

---

[525] Тора, Дварим, 23:15. «Ибо Творец Всесильный твой ходит среди стана твоего, чтобы избавлять тебя и низлагать врагов твоих перед тобой: пусть же будет стан твой свят, чтобы не увидел Он у тебя наготы в этом и не отступился от тебя».

[526] Тора, Ваикра, 11:43. «Не оскверняйте душ ваших никаким пресмыкающимся и не оскверняйтесь ими, ибо станете через них нечистыми».

342) «"Мы учили, что из-за трех вещей Исраэль задерживаются в изгнании. Из-за того, что пренебрегают Шхиной в изгнании. И из-за того, что отворачивают лицо свое от Шхины"», то есть, как написано: «Ибо повернулись ко Мне затылком, а не лицом»[527]. «"И из-за того, что оскверняют себя перед Шхиной". И не боятся того, что Шхина пребывает в изгнании вместе с ними. "И все их мы объясняли в нашей Мишне"».

---

[527] Пророки, Йермияу, 2:27. «Говорят (они) дереву: "Ты отец мой" и камню: "Ты меня породил", ибо повернулись ко Мне затылком, а не лицом; но во время бедствия своего говорят: "Встань и спаси нас!"»

ГЛАВА АХАРЕЙ МОТ

Человек с отметиной на лице

343) «Рабби Аба шел в Каппадокию, и был с ним рабби Йоси. Пока они шли, увидели одного человека, который подходил, и была у него какая-то отметина на лице. Сказал рабби Аба: "Сойдем с этой дороги, потому что лицо его свидетельствует о том, что он преступил законы Торы о кровосмешении". Спросил рабби Йоси: "Если эта отметина у него с детства, какое кровосмешение было у него тогда?" Сказал ему: "Я вижу по его лицу, которое свидетельствует о том, что он преступил законы Торы о кровосмешении"».

344) «Подозвал его рабби Аба и сказал ему: "Скажи нам, что означает отметина на лице твоем?" Отвечал он им: "Прошу вас, не наказывайте больше этого человека, ибо грехи его явились причиной этой отметины". Я и моя сестра были на одном постоялом дворе и напились вина, и всю эту ночь я обладал сестрой своей. Утром хозяин постоялого двора повздорил с одним человеком, я встал между ними", чтобы разнять их, "и устроили мне", т.е. избили меня, "этот – с одной стороны, а тот – с другой. И эта отметина вошла до самого мозга. Спасен же я был одним врачом, который находится среди нас"».

345) «Спросил его: "Что это за врач?" Сказал ему: "Это рабби Шамлай". Спросил его: "Какое лечение дал он тебе?" Сказал ему: "Лечение души. И с того дня раскаялся я. И каждый день видел я лицо свое в одном зеркале" без изменения, "и плакал я пред Творцом, который является Владыкой миров, о грехе том, и этими слезами омывал лицо мое". Сказал рабби Аба: "Если бы не было закрыто для тебя возвращение, я бы снял эту отметину с лица твоего. Но провозглашаю я о тебе: "И грех твой снят будет, и вина твоя будет прощена"[528]. Сказал ему: "Скажи это трижды". Сказал ему трижды, и исчезла та отметина».

346) «Сказал рабби Аба: "Несомненно, Господин твой хотел снять с тебя эту отметину, ведь ты, безусловно, раскаялся". Сказал ему: "Я клянусь, с этого дня" и впредь "заниматься Торой днем и ночью". Сказал: "Как имя твое?" Сказал тот: "Эльазар". Сказал ему: "Эль азар (Творец помог) – имя, конечно

---

[528] Пророки, Йешаяу, 6:7. «И коснулся он (углем) уст моих, и сказал: "Вот, коснулось это уст твоих, и грех твой снят будет, и вина твоя будет прощена"».

же, способствует тому, что Всесильный твой помог тебе и пребывал с тобой". Отправил его рабби Аба и благословил его».

347) «В другой раз рабби Аба шел к рабби Шимону, вошел в его город и обнаружил его" с тем человеком, у которого была отметина, "что он сидит и истолковывает (изречение): "Человек невежественный не знает и глупец не понимает этого"[529]. "Человек невежественный не знает"[529], – насколько глупы жители мира, которые не наблюдают и не знают, и не всматриваются, чтобы узнать пути Творца, зачем они существуют в мире. Кто не дает им осознать свою глупость? Это потому, что они не занимаются Торой. Ведь если бы занимались Торой, они бы знали пути Творца"».

348) «"И глупец не понимает этого (зот)"[529] – т.е. он не всматривается и не знает обычаев зот", т.е. Малхут, называемой зот, "в мире. Ведь несмотря на то, что" Творец "судит мир при помощи Своих судов, люди видят суды этой зот, которые вершатся над праведниками, и не вершатся над заслуживающими наказания грешниками, нарушающими речения Торы. Как сказано: "Когда разрастаются грешники, как трава"[530]. Т.е. они во всех отношениях овладевают этим миром, но суды не вершатся над ними в этом мире". И люди не знают, почему. "И если бы царь Давид не возвестил об этом в конце этого изречения, мы бы так и не знали, как написано: "Чтобы истребить их навечно"[530]. То есть, Он платит им вознаграждением за их добрые дела в этом мире, "чтобы истребить их из того мира", и чтобы были там прахом под ногами праведников, как написано: "И будете вы топтать грешников, ибо станут они прахом под ступнями ног ваших"[531]».

349) «Еще провозгласил и сказал: "Подтверждает (это) изможденность моя, в лице моем свидетельство (этому)"[532]. Спра-

---

[529] Писания, Псалмы, 92:7. «Человек невежественный не знает и глупец не понимает этого».
[530] Писания, Псалмы, 92:8. «Когда разрастаются грешники, как трава, и процветают все творящие беззаконие, (это для того), чтобы быть истребленными навечно».
[531] Пророки, Малахи, 3:21. «И будете топтать грешников, ибо станут они прахом под ступнями ног ваших в день тот, который определяю Я", – сказал Творец воинств».
[532] Писания, Иов, 16:8. «Ты смял меня – свидетельством стало это (против меня), подтверждает (это) изможденность моя, в лице моем свидетельство (этому)».

шивает: "О чем говорит это изречение?" И отвечает: "Однако, счастлив удел человека, занимающегося Торой, чтобы познавать пути Творца, – ведь каждый, кто изучает Тору, словно изучает на самом деле имя Творца. Как имя Творца управляет происходящим" в мире, "так же и Тора. Смотри, тот, кто нарушил речения Торы, – Тора поднимается и опускается, оставляя следы на лице этого человека, чтобы смотрели на него высшие и нижние, и все изливают проклятия на его голову"». И это смысл сказанного: «Подтверждает (это) изможденность моя, в лице моем свидетельство (этому)»[532], – т.е. следы, которые Тора оставляет на лице его.

350) «"И мы учили, что все эти глаза Творца", т.е. ангелы-смотрители, "которые постоянно кружат по миру, чтобы знать пути людей, все они поднимают глаза свои, и смотрят на лицо того человека, и видят его, и все возглашают о нем: "О горе, горе! Горе ему в этом мире, и горе ему в мире будущем. Отступите со всех сторон от такого-то, ибо свидетельство на лице его, что дух скверны пребывает на нем"». И это смысл слов: «В лице моем свидетельство (этому)»[532] – т.е. изможденность свидетельствует на лице его. «"И во все дни, когда этот знак присутствует на лице его, как свидетельство, если порождает сына, он притягивает к нему дух со стороны скверны. И это грешники поколения, отличающиеся дерзостью, которых Господин их оставил в этом мире, для того чтобы истребить их в мире будущем"».

351) «"Мы учили, что над удостоившимся праведником, который занимается Торой днем и ночью, Творец протягивает нить милости, и это запечатлевается на лице его, и от знака этого трепещут высшие и нижние. Точно так же над тем, кто нарушает речения Торы, протягивают нить скверны, и это запечатлевается на лице его, так что бегут от него высшие и нижние, и все возглашают о нем: "Отступите со всех сторон от такого-то, который нарушил речения Торы и заповеди Господина своего, горе ему, горе душе его! Он притягивает пребывающий с ним дух скверны и оставляет его в наследство сыну". И это называется, что у Творца нет удела в нем, и Он оставляет его, чтобы истребить его в мире будущем"».

352) «"Сказал ему рабби Аба: "Откуда у тебя это?" Сказал ему: "Так я учил. И учил я, что это дурное наследие" духа

скверны "получают все сыновья его, если только они не раскаиваются, ибо ничто не может устоять перед раскаянием. И я так учил, что это исцеление", т.е. раскаяние, "дали мне однажды, когда я получил отметину на лице моем. В один из дней я находился в пути, и встретил одного праведника, и благодаря ему тот знак исчез у меня. Спросил он меня: "Как твое имя?" Я сказал ему: "Эльазар". И назвал он меня другим Эльазаром. Сказал ему" рабби Аба: "Благословен Милосердный за то, что я увидел тебя и удостоился увидеть тебя в этом. Счастлив твой удел в этом мире и в мире будущем. Это я повстречался тебе"».

353) «"Распластался перед ним" тот человек, Эльазар; "привел его к себе домой и приготовил пред ним три меры хлеба и трехлетнего теленка. После того как поели, сказал ему тот человек: "Рабби, скажи мне одну вещь. Была у меня одна красная корова, мать того теленка, мясо которого мы едим. Однажды, до того, как она понесла и родила, пошел я за ней на пастбище в пустыню. И пока я вел ее, передо мной прошел один человек. Спросил меня: "Как зовут эту корову?" Сказал я: "Со дня ее рождения я не называл ее по имени". Сказал мне: "Бат Шевой, матерью Шломо, зовется она, если удостоишься ты искупления" грехов своих. "И пока я повернул голову, уже не увидел его. И посмеялся я над этим словом"».

354) «"А сейчас, когда я удостоился Торы, пробудился я к тому слову. И со дня, когда рабби Шамлай оставил нас, не было человека, который светил бы нам Торой, как он. И боюсь я сказать слово Торы, которого я не учил. А слово то", которое сказал мне тот человек, "увидел я, что это слово мудрости. Но я не знаю". Сказал ему: "Это, несомненно, слово мудрости и высшее указание наверху и внизу"».

Бат Шева

355) «"Но смотри", она, красная корова, "действительно называется Бат Шевой", т.е. Малхут, которая называется коровой в отношении ее левой стороны, ибо захар – бык, а некева – корова. И она красная из-за гвурот. "Поэтому о ней всё написано по семь: семь коров", т.е. в этой главе семь раз упомянута корова, а также "семь сжиганий, семь окроплений, семь отмываний, семь нечистых, семь чистых, семь коэнов, и Моше и Аарон в числе" этих семи, поскольку они тоже называются коэнами, "ведь написано" в этой главе: "И говорил Творец с Моше и с Аароном"[533]. И правильно сказал тот человек, который сказал: "Бат Шева", и все это – тайна мудрости"».

Объяснение. Тот человек, который видел у него красную корову, намекнул ему на корень красной коровы наверху, что это Малхут, которую он назвал Бат Шевой (букв. включающей семь), поскольку она состоит из семи сфирот ХАГАТ НЕХИМ. И поэтому в главе о красной корове упоминается семь раз корова, семь сжиганий и т.д., чтобы указать на семь ее сфирот. И не надо спрашивать: ведь только семь раз чистый и семь коэнов есть в этой главе, и также семь раз нечистый, – тогда как всё остальное упомянуто только по пять раз в главе? Дело в том, что в высших сфирот число пять и число семь равноценны, ибо в семи сфирот нет более, чем пять сфирот ХАГАТ Нецах Ход, а сфира Есод не прибавляет ничего, поскольку является лишь включающей в себя пять сфирот ХАГАТ Нецах Ход, и также Малхут является второй, включающей в себя пять сфирот ХАГАТ Нецах Ход. Поэтому в семи сфирот нет более, чем пять сфирот, и так же в пяти сфирот есть все семь сфирот.

---

[533] Тора, Шмот, 6:13. «И говорил Творец с Моше и Аароном, и дал им указания о сынах Исраэля и о Фараоне, царе Египта, чтобы вывести сынов Исраэля из земли Египетской».

ГЛАВА АХАРЕЙ МОТ

Два женских духа

357) «"Наготы сестры отца твоего не открывай"[534]. Рабби Хия провозгласил: "И всякий, кто возьмет сестру свою, дочь отца своего или дочь матери своей, и увидит наготу ее"[535]. Там мы учили, что сто тридцать лет Адам отлучился от жены и не порождал потомства. После того как Каин убил Авеля, Адам не хотел соединяться со своей женой". Рабби Йоси сказал: "С того момента, когда ему и всему миру был вынесен приговор стать смертными, сказал он: "Зачем мне порождать на погибель?", и тотчас отделился от жены своей"».

358) «"И два женских духа приходили и соединялись с ним, и рожали. А те, кого рожали, были разрушителями мира, и называются они бедствиями человеческими. И они прилетают к людям, и пребывают при входе в дом, и в ямах и в отхожих местах. Поэтому от человека, у которого при входе в дом помещено святое имя Шадай, что в высших сфирот, все" разрушители "бегут и отдаляются от него. Это смысл сказанного: "И бедствие не приблизится к шатру твоему"[536]. Что значит: "И бедствие не приблизится"[536]? Это бедствия человеческие"», уже упомянутые.

359) «"И мы учили, что в час, когда Адам спустился в высшем образе, в святом образе, и увидели его высшие и нижние, приблизились к нему все, и поставили его царствовать над этим миром. После того как змей вошел к Хаве и привнес в нее скверну, она породила затем Каина", и от этой змеиной скверны вышел Каин. "Оттуда отсчитываются все поколения грешников мира, и пределы демонов и духов происходят оттуда и от его сторон. И потому все демоны и духи в мире наполовину от людей внизу и наполовину от высших ангелов наверху". Ибо они родились наполовину от скверны змея, верхом на котором ездил ангел Сам,[537] поэтому они наполовину от ангелов. А дру-

---

[534] Тора, Ваикра, 18:12. «Наготы сестры отца твоего не открывай, родственная кровь она отцу твоему».
[535] Тора, Ваикра, 20:17. «И всякий, кто возьмет сестру свою, дочь отца своего или дочь матери своей, и увидит наготу ее, и она увидит наготу его, – это позор; да будут истреблены пред глазами народа их. Наготу сестры своей он открыл: грех свой понесет он».
[536] Писания, Псалмы, 91:10. «Не случится с тобой беды, и бедствие не приблизится к шатру твоему».
[537] См. Зоар, главу Берешит, часть 1, п. 437. «"Змей же был хитрее". "Змей" – это злое начало, совращающее к греху...»

гая их половина подобна людям, потому что они родились от Каина, который был человеком. "И также те другие демоны, родившиеся от Адама" с помощью двух женских духов, о которых говорилось выше, "все они в таком же виде: наполовину – от нижних, а наполовину – от высших"».

360) «"После того как родились" демоны "от Адама, он породил дочерей от тех духов, которые были подобны красоте высших и красоте нижних. И поэтому написано: "И увидели ангелы Всесильного дочерей Адама, что хороши они"[538]. И все они увивались за ними. А есть один захар, явившийся в мир от духа, исходившего от Каина. И звали его Туваль-Каин. И одна некева родилась вместе с ним, и люди увивались за ней, и она зовется Наама. От нее произошли другие демоны и духи. И они парят в воздухе и сообщают разные вещи тем другим, что находятся внизу"», в мире.

361) «"И Туваль-Каин произвел все орудия убийства в мире"», так как он «точил все, обрабатывающее медь и железо»[539]. «"Наама же предавалась своим чувствам и прилеплялась к своей стороне. И до сего дня она неизменно пребывает средь шума великого моря, а выходя из него, забавляется с людьми, зажигаясь от них во сне такой же человеческой страстью, и прижимается к человеку. Она забирает" у него "страсть, и не более того. И от этой страсти она зачинает и производит на свет другие виды"» демонов.

362) «"И эти сыновья", т.е. демоны и духи, "которых она порождает от людей, находятся", являются во сне, "соответственно женщинам рода человеческого, и те зачинают от них и порождают духов. И все они отправляются к родоначальнице Лилит, которая растит их. И она выходит в мир и ищет детей, и видит детей человеческих, и прилепляется к ним, чтобы убить их и соединиться с духом детей человеческих. И она уходит с этим духом. И встречает там трех духов святости, и они воспаряют перед ней и забирают у нее этот дух, и доставляют его пред Творцом, и там они учатся пред Ним"».

---

[538] Тора, Берешит, 6:2. «И увидели ангелы Всесильного дочерей человеческих (досл. дочерей Адама), что хороши они, и брали себе жен из всех, что выбирали».

[539] Тора, Берешит, 4:22. «А Цила, также и она родила Туваль-Каина, который точил все, обрабатывающее медь и железо. А сестра Туваль-Каина – Наама».

ГЛАВА АХАРЕЙ МОТ

Лилит и Наама

363) «"Поэтому Тора предостерегает людей: "Освящайте же себя и будете святы"[540]. Безусловно. Если человек свят, он не боится ее", Лилит, "ибо тогда Творец вызывает этих трех святых ангелов, о которых мы сказали, и они оберегают того ребенка, и она не может причинить ему вреда. Это смысл сказанного: "Не случится с тобой беды, и бедствие не приблизится к шатру твоему"[541], и всё это: "Потому что ангелам Своим Он заповедает о тебе оберегать тебя"[541]. И написано: "Ведь Меня он жаждал, и Я избавлю его"[542]».

364) «"Ибо если человек не пребывает в святости и притягивает дух со стороны скверны, тогда приходит она", Лилит, "и заигрывает с этим ребенком. И если она убивает его, то прилепляется к этому духу" ребенка "и никогда не отходит от него. И если скажешь: а те другие", к которым не притягивается дух со стороны скверны, "которых она убивает, и встают на ее пути три святых" духа "и забирают у нее тот дух,[543] – ведь они не относятся к стороне скверны, почему же у нее есть власть, позволяющая убить их?" И отвечает: "Однако, это в том случае, когда человек не освящен", и поэтому она убивает их, "но у него не было намерения оскверниться, и он не осверняется, поэтому она смогла возобладать над телом", чтобы убить его, "но не над духом"», ибо дух доставляется пред Творцом.[543]

365) «"Но бывает иногда, что Наама является в мир, чтобы воспламениться от людей, и у человека возникает сильное влечение, и тогда он пробуждается ото сна и соединяется со своей женой, и возлежит с ней. А желание его" всё еще "в той страсти, которая была у него во сне, и тогда сын, которого он порождает, исходит со стороны Наамы, ибо он пребывает в ее страсти. И когда Лилит выходит и видит его, она знает это",

---

[540] Тора, Ваикра, 20:7. «Освящайте же себя, и будете святы, ибо Я Творец Всесильный ваш».

[541] Писания, Псалмы, 91:10-11. «Не случится с тобой беды, и бедствие не приблизится к шатру твоему, потому что ангелам Своим Он заповедает о тебе оберегать тебя на всех путях твоих».

[542] Писания, Псалмы, 91:14-16. «Ведь Меня он жаждал, и Я избавлю его, укреплю его, ибо узнал он имя Мое. Он воззовет ко Мне, и Я отвечу ему, с ним Я в бедствии, спасу его и прославлю его. Долголетием насыщу его и дам ему увидеть спасение Мое».

[543] См. выше, п. 362.

что он исходит со стороны Наамы, "и она связывается с ним и растит его, как всех других сыновей Наамы.[543] И она находится с ним многие дни и не убивает его"», поскольку он исходит от ее стороны.

366) «"Это человек, который при каждой" новой "луне испытывает чувство неполноценности, и она не разочаровывается в нем никогда. Ведь всякий раз, когда обновляется луна в мире", т.е. в новомесячье, "Лилит выходит и пересчитывает всех детей, которых она растит, и забавляется с ними. И тогда человек этот чувствует себя неполноценным в это время. Счастливы праведники, которые освящаются святостью Царя. О них написано: "И будет: в каждое новомесячье и в каждую субботу приходить будет всякая плоть, чтобы преклониться предо Мной"[544]».

367) «"Эти вещи раскрыл царь Шломо в книге царя" демонов "Ашмедая. И я нашел в ней тысячу четыреста пять видов скверны, которыми оскверняются люди. И Ашмедай раскрыл это царю Шломо"».

368) «"Горе им, людям, ведь все они глухи и слепы, и не знают, и не слышат, и не наблюдают, как существуют в мире. И вот совет и исцеление перед ними, но не смотрят они. Ибо люди могут спастись только с помощью совета Торы. Как написано: "Если будет у тебя человек, который будет нечист от случившегося ночью"[545]. "Который будет нечист"[545], именно так", т.е. рождение которого исходит от духа скверны. "От случившегося ночью", именно так", – во сне, пока он спал. "И мы уже объясняли эти вещи о совете святой Торы, поскольку так написано в Торе: "Освящайте же себя и будете святы, ибо Я Творец Всесильный ваш"[540]», – т.е. тогда с ним не случится ничего дурного.

---

[544] Пророки, Йешаяу, 66:23. «И будет: в каждое новомесячье и в каждую субботу приходить будет всякая плоть, чтобы преклониться предо Мной, – сказал Творец»

[545] Тора, Дварим, 23:11. «Если будет у тебя человек, который будет нечист от случившегося ночью, то пусть он выйдет вон из стана и не входит в стан».

ГЛАВА АХАРЕЙ МОТ

Шет

369) «"Мы учили, что после того, как умерли Каин и Эвель, Адам вернулся к жене, и облачился в иной дух, и породил Шета. Отсюда начали отсчитываться поколения праведников в мире. И преумножил Творец милость в мире. И с каждым рождалась вместе с ним некева, чтобы мир заселялся по высшему подобию", поскольку Зеир Анпин и Малхут были братом и сестрой, "и объяснили ведь товарищи в Мишне стам, что" о них "написано: "И если кто возьмет сестру свою, дочь отца своего или дочь матери своей, и увидит наготу ее, и она увидит наготу его, – это милость (хесед)"[546]. Конечно, "это милость (хесед)"[546], ведь после того, как есть милость, вышли стволы и корни снизу", т.е. от ахораим (обратной стороны), "высшего, и простерлись ветви", т.е. Зеир Анпин и Малхут. "А то, что было близким, отдалилось", – если Зеир Анпин и Малхут до этого были соединены ахор бе-ахор (обратными сторонами), то теперь они отдалились благодаря милости (хесед), как все это подробно выяснилось выше.[547] "Тогда вырастают ветви", т.е. Зеир Анпин и Малхут, "и приходят к соединению в едином слиянии (зивуге) в дереве.[547] Это было вначале", в первом состоянии Малхут, "и это было при скрытии мира", т.е. только в состоянии скрытых ахораим, и лишь тогда Зеир Анпин и Малхут были братом и сестрой, так как оба они тогда – дети Бины.[547] "И поскольку написано: "Думал я: мир милостью будет устроен"[548], – т.е. милость отделяет их друг от друга, и Малхут опускается под Зеир Анпин, и она больше не сестра его, а ступень, которая ниже него. И поэтому, "но с этого момента и далее, люди, которые сделают это", т.е. возьмут свою сестру, "да будут истреблены пред глазами сынов народа их"[546]».

---

[546] Тора, Ваикра, 20:17. «И всякий, кто возьмет сестру свою, дочь отца своего или дочь матери своей, и увидит наготу ее, и она увидит наготу его, – это позор (досл. это хесед); да будут истреблены пред глазами народа их. Наготу сестры своей он открыл: грех свой понесет он». Комментарий Раши. «Это хесед (חסד הוא), на арамейском "позор (хасуда חסודא)". А Мидраш говорит, что если скажешь: Каин взял в жены свою сестру, – милость (хесед חסד) явил Творец, чтобы возвести Свой мир от него, как сказано: "Мир милостью будет устроен" (Псалмы, 89:3)».

[547] См. Зоар, главу Ваикра, п. 100, комментарий Сулам.

[548] Писания, Псалмы, 89:3. «Ибо думал я: мир милостью будет устроен, в небесах – там утвердил Ты верность Свою».

ГЛАВА АХАРЕЙ МОТ

Пришла милость и разделила их

370) «"Мы учили: "Наготы сестры отца твоего не открывай"[549] означает – "так же как раскрылось в скрытом", т.е. так же как раскрылось в состоянии ахораим, когда Малхут была сестрой Зеир Анпина, который является Отцом твоим. И смысл этого изречения в том, чтобы человек не открывал наготы Малхут из состояния ахораим, когда она была сестрой отца твоего, т.е. Зеир Анпина. "Написано: "Ведь прямы пути Творца – праведники пройдут по ним"[550]. Счастлив удел праведников, знающих пути Творца и идущих по ним, и они известны им. Счастлив удел их"».

371) «"Мы учили, что высшая хэй (ה)", т.е. Бина, "зачала в любви и благосклонности, ибо йуд (י)", Хохма, "никогда не отделяется от нее. Она зачала и произвела вав (ו)", Зеир Анпин, т.е. вав (ו) внутри хэй (ה). "А потом он стоял пред ней", т.е. вав (ו), что после йуд-хэй (יה) в имени АВАЯ (הויה), "и она вскармливала его. И когда эта вав (ו) вышла" из Бины, "супруга его", Малхут, "вышла вместе с ним". И получается, что оба они – брат и сестра, дети Бины, и в это время они соединены ахораим бе-ахораим (обратными сторонами). "Явился Хесед (милость) и пробудился к нему", к Зеир Анпину, "и отделил их друг от друга, и вышли стволы снизу вверх, и простерлись ветви", т.е. Зеир Анпин и Малхут, "и выросли, и образовалась нижняя хэй (ה). И они умножались благодаря ветвям ее всё выше и выше, пока" Малхут "не совершает зивуг с высшим древом", Зеир Анпином, "и соединилась вав (ו)", Зеир Анпин, "с хэй (ה)", Малхут. Как все это было выяснено ранее,[547] и все это он сказал выше,[551] только там сказал вкратце, а здесь объясняет более подробно. "Кто вызвал все это? "Это Хесед"[546]. Конечно, это Хесед (милость), так как соединил их вместе"».[551]

372) «"Йуд (י) с высшей хэй (ה)", т.е. Хохма и Бина, – "их соединение не зависит от милости (хесед)", как у Зеир Анпина с Малхут, "но их соединение и их дружелюбие зависят от благополучия (мазла)", т.е. от дикны Арих Анпина, которая

---

[549] Тора, Ваикра, 18:12. «Наготы сестры отца твоего не открывай, родственная кровь она отцу твоему».
[550] Пророки, Ошеа, 14:10. «Кто мудр, да разумеет это, благоразумный пусть поймет это: ведь прямы пути Творца – праведники пройдут по ним, а грешники споткнутся на них».
[551] См. выше, п. 369.

соединяет Хохму и Бину,[552] "так что они никогда не расстаются. Йуд (י) соединяется с хэй (ה), хэй (ה) соединяется с вав (ו), вав (ו) соединяется с" последней "хэй (ה), а хэй (ה) соединяется со всеми – с йуд-хэй-вав (יהו). И всё это является единой связью и единым целым, и они никогда не расстаются друг с другом. А приводящий, якобы, к разделению, – он словно разрушает мир. Это и называется наготой всего"».

---

[552] См. «Учение десяти сфирот», часть 13, Внутреннее созерцание, п. 5.

Творец един и имя Его едино

373) «"А в грядущем будущем Творец вернет Шхину на свое место, чтобы всё пребывало в едином зивуге. Как написано: "В тот день будет Творец един, и имя Его – едино"[553]. И если скажешь: а сейчас Он не един? Нет, потому что сейчас грешники мира приводят к тому, что" Зеир Анпин и Малхут, "они не пребывают вместе, так как Царица отдаляется от Царя, и они не находятся в зивуге (слиянии). И высшая Има", Бина, "отдаляется от Царя и не дает ему пищу"».

374) И потому Бина и не дает пищу Зеир Анпину, «"поскольку Царь без Царицы не удостаивается венцов Имы, как это было вначале, когда он соединялся с Царицей, и" Има "украшала его множеством венцов, множеством светов, высшими святыми венцами, как написано: "Выйдите и посмотрите, дочери Циона, на царя Шломо в венце, которым украсила его мать"[554]. Когда Он соединился с Царицей, высшая Има увенчала Его как подобает. А сейчас, когда Царь не пребывает с Царицей, тогда высшая Има забирает свои венцы и удерживает от Него источники рек, и Он не пребывает в единой связи". И поэтому, "словно не находится в единстве"».

375) «"А в то время, когда Царица вернется в место чертога, и Царь соединится с ней в едином зивуге (слиянии), тогда соединится всё воедино, без разделения. И поэтому написано: "В тот день будет Творец един, и имя Его – едино"[553]. "В тот день"[553] – т.е. "в то время, когда Царица вернется в чертог, тогда всё станет единым, без разделения. И тогда: "И взойдут спасители на гору Цион, чтобы судить гору Эсава, и будет Творцу царство"[555]».

376) «"Как мы учили, – сказал рабби Шимон, – что Царица не войдет в радости в чертог Его, пока не будет произведен суд над царством Эсава, и не получит оно возмездие за то, что привело ко всему этому. А затем она соединится с Царем,

---

[553] Пророки, Зехария, 14:9. «И будет Творец Царем на всей земле, в тот день будет Творец един, и имя Его – едино».

[554] Писания, Песнь песней, 3:11. «Выйдите и посмотрите, дочери Циона, на царя Шломо в венце, которым украсила его мать в день свадьбы его и в день радости сердца его».

[555] Пророки, Овадия, 1:21. «И взойдут спасители на гору Цион, чтобы судить гору Эсава, и будет Творцу царство».

и радость будет совершенной. Это означает: "И взойдут спасители на гору Цион, чтобы судить гору Эсава"[555] – вначале, а затем: "И будет Творцу царство"[555]. Что значит "царство"[555]? Это Царица, о которой сказано: "И будет Творцу царство"[555]. А после того, как они соединятся вместе, что написано: "И будет Творец Царем на всей земле, в тот день будет Творец един, и имя Его – едино"[553]».

ГЛАВА АХАРЕЙ МОТ

Высшая Има – подруга, нижняя Има – невеста

377) «"Наготы брата отца твоего не открывай"⁵⁵⁶. Учит рабби Йегуда: "Это Исраэль внизу", ведь Исраэль – братья Зеир Анпина, являющегося отцом твоим. А "сестра матери твоей"⁵⁵⁷ – это Йерушалаим внизу", являющийся сестрой высшей Малхут, матери твоей. "Ибо из-за этих грехов" раскроет наготу Исраэля, т.е. "Исраэль станут изгнанниками среди народов, и" раскроет наготу Йерушалаима, т.е. "будет разрушен Йерушалаим внизу. И к этому относится, мы учили, любовь Творца, назвавшего Исраэль братьями, как сказано: "Ради братьев моих и друзей моих скажу: мир тебе!"⁵⁵⁸» Поэтому Писание говорит о них: «Наготы брата отца твоего»⁵⁵⁶, как объясняется здесь.

378) «Сказал рабби Йегуда: "Если они "братья мои"⁵⁵⁸, почему" написано "друзья мои"⁵⁵⁸, а если "друзья мои"⁵⁵⁸, почему" написано "братья мои"⁵⁵⁸?" И отвечает: "Но мы учили – то, что никогда не прекращается, называется друзьями моими, как сказано: "Друга твоего и друга отца твоего не покидай"⁵⁵⁹. И это тайна того, что сказал рабби Шимон, что высшая Има", т.е. Бина, "называется подругой, потому что любовь Абы к ней не прекращается никогда. А нижняя Има", т.е. Малхут, "называется невестой, и называется сестрой. Как мы объясняли" изречение: "Сестра у нас младшая"»⁵⁶⁰, т.е. Малхут.

379) «"То есть, мы просто учим", иначе говоря, вместе с тем, что упомянуто, что Аба ве-Има никогда не расстаются, будут понятны слова этого отрывка, сказанные просто, "как написано здесь: "Наготы сестры твоей, дочери отца твоего или дочери матери твоей, рожденной в доме или рожденной вне дома, не

---

⁵⁵⁶ Тора, Ваикра, 18:14. «Наготы брата отца твоего не открывай: не приближайся к жене его – она твоя тетя».
⁵⁵⁷ Тора, Ваикра, 18:13. «Наготы сестры матери твоей не открывай, ибо родственная кровь она матери твоей».
⁵⁵⁸ Писания, Псалмы, 122:8. «Ради братьев моих и друзей моих скажу: мир тебе!»
⁵⁵⁹ Писания, Притчи, 27:10. «Друга твоего и друга отца твоего не покидай и в дом брата твоего не ходи в день бедствия твоего: лучше сосед вблизи, нежели брат вдали».
⁵⁶⁰ Писания, Песнь песней, 8:8. «Сестра у нас младшая, и персей нет у нее. Что сделаем для нашей сестры в день, когда заговорят о ней?»

открывай наготы их"⁵⁶¹. После того, как сказал: "Дочери отца твоего"⁵⁶¹, что означает: "Или дочери матери твоей"⁵⁶¹?" То есть, он спрашивает: если Аба ве-Има не расстаются никогда, а Малхут – дочь отца твоего, т.е. высшего Абы, она же обязательно и дочь матери твоей, т.е. высшей Имы, ведь зивуг их не прекращается никогда? И отвечает: "Но если она – со стороны Абы", т.е. в ней преобладает сторона Абы, Малхут "называется Хохмой. А если она – со стороны Имы", т.е. в ней преобладает сторона Имы, "она называется Биной. Но как бы то ни было, и в том и в другом случае она исходит от Абы ве-Имы" вместе. "Ведь йуд (י)", т.е. Аба, "никогда не расстается с хэй (ה)", Имой. "И это внутренний смысл сказанного: "Рожденной в доме"⁵⁶¹ – когда она "со стороны Абы, "или рожденной вне дома"⁵⁶¹ – когда она "со стороны Имы"», потому что Има считается внешней частью Абы, и конец изречения объясняет его начало.

380) «Рабби Аба сказал: "Мудростью устраивается дом"⁵⁶². Что собой представляет дом, построенный мудростью (хохмой)? И говорит, что это река, вытекающая из Эдена", т.е. Бина. "Поэтому написано: "Рожденной в доме"⁵⁶¹, – т.е. Малхут, которая родилась от Бины, являющейся домом для Хохмы. "Или рожденной вне дома"⁵⁶¹ – когда" Малхут "выходит из вав (ו)", Зеир Анпина, "как написано", что Адам, т.е. Зеир Анпин, сказал о Хаве, Малхут: "Кость от костей моих и плоть от плоти моей"⁵⁶³. И написано: "И взял Он одну из его сторон, и закрыл плотью место ее"⁵⁶⁴, – т.е. Малхут выходит из Зеир Анпина. "И это "рожденная вне дома"⁵⁶¹ – т.е. от места, где пребывает Зеир Анпин", которое считается внешним по отношению к Име, "как мы учили"».

---

⁵⁶¹ Тора, Ваикра, 18:9. «Наготы сестры твоей, дочери отца твоего или дочери матери твоей, рожденной в доме или рожденной вне дома, не открывай наготы их».

⁵⁶² Писания, Притчи, 24:3. «Мудростью устраивается дом и разумом утверждается».

⁵⁶³ Тора, Берешит, 2:23. «И сказал Адам: "Эта на сей раз – кость от костей моих и плоть от плоти моей. Эта наречена будет женой (иша), ибо от мужа (иш) взята она"».

⁵⁶⁴ Тора, Берешит, 2:21-22. «И навел Творец Всесильный на Адама крепкий сон, и он уснул. И взял Он одну из его сторон, и закрыл плотью место ее. И отстроил Творец Всесильный ту сторону, которую взял у Адама, чтобы быть ему женой, и привел ее к Адаму».

Исраэль – братья Творцу

381) «"И поэтому сказал рабби Йегуда: "Исраэль называются братьями Творцу, потому что любовь их никогда не прекращается. Нижний Йерушалаим называется сестрой матери твоей.[565] Как написано: "Отстроенный Йерушалаим подобен городу, слитому воедино"[566]», – т.е. нижний Йерушалаим «подобен городу, слитому воедино»[566], свойству Малхут. «"Что означает: "Слитому воедино"[566]? Это потому, что Царь произвел зивуг из шести окончаний (ВАК)", и это Зеир Анпин, "во всех сторонах Царя, на ступени праведника", т.е. Есода, "поскольку все сфирот Царя включены в него. И это означает: "Слитому воедино"[566]», – т.е. со всеми сфирот Зеир Анпина.

382) «Рабби Ицхак сказал: "Куда восходили колена, колена Творца"[566]. Кто такие "колена"[566]?" И отвечает: "Это двенадцать пределов, расходящихся от того великого и могучего древа", Зеир Анпина, то есть четыре сфиры ХУГ ТУМ, в каждой из которых есть три линии, и это – двенадцать пределов. А от Зеир Анпина они идут к Малхут, и называются в ней двенадцатью коленами. "И он унаследовал их со стороны Абы ве-Имы. Это означает сказанное: "Колена Творца"[566], т.е. от доброго свидетельства, которым свидетельствует праведный сын, как написано: "Колена Творца (йуд-хэй יה), свидетельство для Исраэля"[566], поскольку эти двенадцать пределов – это свидетельство (эду́т עֵדוּת), т.е. свечение Эдена (עֵדֶן), свойства Хохмы. И это глубокие реки, которые проистекают и выходят из йуд-хэй (יה)", Абы ве-Имы. "И всё это для того, "чтобы возблагодарить имя Творца"[566]. Поэтому (написано): "Потому что там стояли престолы суда, престолы дома Давида"[566], чтобы оставить святую Малхут в наследство ему и сыновьям его во всех поколениях, и это та песнь, которую произнес Давид о высшей святой Малхут"».

383) «Сказал рабби Хизкия: "Всё это (пребывает) в высшей тайне, чтобы показать, что тот, кто причиняет ущерб внизу, причиняет ущерб и наверху. "Наготы невестки твоей не

---

[565] См. выше, п. 377.
[566] Писания, Псалмы, 122:3-5. «Отстроенный Йерушалаим подобен городу, слитому воедино; то место, куда восходили колена, колена Творца, – свидетельство для Исраэля, чтобы возблагодарить имя Творца, потому что там стояли престолы суда, престолы дома Давида».

открывай"[567]. Как мы учили, что время слияния мудрецов – от субботы до субботы. Ибо они знают тайну этого, и направят сердце свое, и желание их будет совершенным. А сыновья, которых порождают, называются царскими сынами. И если они наносят чему-либо ущерб внизу, они словно бы наносят ущерб высшей невесте", Малхут. "Тогда написано: "Наготы невестки твоей не открывай"[567]. Объяснение "это для тех, кто знает пути Торы. Для остального народа" – объяснение "то же, что и в простом прочтении", т.е. "действительно невестка", жена сына. "И из-за этого греха Шхина уходит из их среды"». Иначе говоря, это указывает и на высшую невесту, которая уходит вследствие этого ущерба внизу.

---

[567] Тора, Ваикра, 18:15. «Наготы невестки твоей не открывай, она жена сына твоего, не открывай наготы ее».

ГЛАВА АХАРЕЙ МОТ

Святое имя образовано известными свойствами

384) «"Мы учили, что святое имя запечатлено в известных свойствах, в записанных буквах двадцати двух букв. Йуд (י) в алеф (א), алеф (א) в йуд (י). Йуд (י) в бет (ב), бет (ב) в йуд (י). Йуд (י) в далет (ד), далет (ד) в йуд (י). Йуд (י) в хэй (ה). Йуд (י) в гимель (ג). Хэй (ה) в йуд (י). Гимель (ג) в йуд (י). Вав (ו) в йуд (י). И так все они запечатлеваются в йуд (י). Йуд (י) поднимает их", т.е. поднимает все двадцать две буквы.

Объяснение. Йуд (י) указывает на Хохму и является корнем всех двадцати двух букв. Ведь когда начинают писать какую-либо букву, вначале ставят точку, т.е. йуд (י), а затем продолжают написание буквы. И это смысл сказанного: «Все мудростью (хохма) сотворил Ты»[568]. И святое имя АВАЯ (הויה) тоже начинается с йуд (י), т.е. с Хохмы. И он объясняет здесь, как двадцать две буквы включаются в святое имя АВАЯ (הויה). И это смысл слов: «Святое имя запечатлено в известных свойствах, в записанных буквах двадцати двух букв». И говорит, что сначала йуд (י) имени АВАЯ (הויה) включается во все двадцать две буквы, поскольку она является их корнем, как мы уже сказали. «Йуд (י) в алеф (א)» – т.е. йуд (י) светит букве алеф (א), и «алеф (א) в йуд (י)» – а затем алеф (א) поднимается и включается в йуд (י), и так – все буквы. Йуд (י) в бет (ב), и бет (ב) в йуд (י). Йуд (י) в гимель (ג), и гимель (ג) в йуд (י). Йуд (י) в далет (ד), и далет (ד) в йуд (י). Йуд (י) в хэй (ה), и хэй (ה) в йуд (י). Йуд (י) в вав (ו). «И так все они запечатлеваются в йуд (י)», т.е. таким образом запечатлеваются все буквы в йуд (י), потому что йуд (י) светит в них. А затем «йуд (י) поднимает их», – т.е. они поднимаются в йуд (י) и включаются в нее. И получается, что йуд (י) имени АВАЯ (הויה) состоит из всех двадцати двух букв.

385) «"Хэй (ה)" имени АВАЯ (הויה), т.е. Бина, "она включена в йуд (י)" де-АВАЯ (הויה), в качестве включения двадцати двух букв в йуд (י), как мы уже объяснили. "И из нее она выходит", потому что Бина создается из Хохмы. "Тогда" Хохма и Бина, т.е. йуд-хэй (יה) де-АВАЯ (הויה), "увенчивают праотцев", т.е.

---

[568] Писания, Псалмы, 104:24. «Как велики деяния Твои, Творец! Все мудростью сотворил Ты, полна земля созданиями Твоими».

ХАГАТ Зеир Анпина, называемых Авраам, Ицхак, Яаков. "Хэй (ה) открывается в своих потоках", т.е. в пятидесяти вратах Бины, что в ней, "и" она "увенчивает рош вав (ו)", т.е. передает ГАР Зеир Анпину, который является буквой вав (ו) де-АВАЯ (הויה), "где пребывают праотцы"». Иначе говоря, праотцы, ХАГАТ, поднимаются и становятся рош, т.е. ХАБАД, благодаря свечению пятидесяти врат Бины.

386) После того, как он выяснил, каким образом йуд (י) де-АВАЯ (הויה) создала в целом двадцать две буквы, что в ней, хэй-вав (הו) де-АВАЯ (הויה), выясняет теперь, как последняя хэй (ה) де-АВАЯ (הויה), т.е. Малхут, исходит из совокупности двадцати двух букв, что в йуд (י) де-АВАЯ (הויה). И говорит: «"Вав (ו) включает шесть букв", от алеф (א) до вав (ו), которые ей предшествуют. "И все их включает йуд (י)", так как йуд (י) включает все девять букв, предшествующие ей, в которые включаются вав (ו) и шесть ее букв. И это йуд (י), что над вав (ו), как мы уже сказали. Эта "йуд (י) запечатлелась в своих формах", т.е. с включением девяти предшествующих ей букв, "и поднимается" к йуд (י) де-АВАЯ (הויה), включающей все двадцать две буквы, – "чтобы увенчаться двенадцатью другими буквами", что от йуд (י) до тав (ת), и тогда она тоже состоит из двадцати двух букв, как и йуд (י) де-АВАЯ (הויה). И тогда "выходят из нее десять речений", т.е. десять сфирот, "в своих высечениях, и все тропинки высшего пути, который величественней всего", т.е. тридцать две тропинки Хохмы, которые раскрываются от Есода ИШСУТ, называемого путем.[569] "Тогда состоит последняя хэй (ה)" де-АВАЯ (הויה), т.е. Малхут, "из всех них", т.е. она получает от всех вышеназванных светов, "и запечатлевается со стороны исчезающей основы", т.е. Есода Зеир Анпина, "чтобы порождать внизу"», т.е. чтобы быть способной порождать души.

387) «"Запечатлелись все" света, что в йуд (י), которая над вав (ו), т.е. в ГАР Зеир Анпина, "в сорока двух буквах". Потому что Кетер Зеир Анпина – это четыре буквы АВАЯ (הויה). А Хохма Зеир Анпина – это десять букв имени АВАЯ (הויה) с его наполнением, то есть: йуд-вав-далет (יוד) хэй-алеф (הא) вав-алеф-вав (ואו) хэй-алеф (הא). А Бина Зеир Анпина – это двадцать

---

[569] См. Зоар, главу Берешит, часть 1, п. 308. «Теперь выясняется различие между зивугом высшего мира Бины и зивугом нижнего мира Бины. И говорится, что высший мир опускается в нижний мир...»

восемь букв наполнения этого наполнения, то есть: йуд-вав-далет (יוד) вав-алеф-вав (ואו) далет-ламед-тав (דלת), хэй-алеф (הא) алеф-ламед-фэй (אלף), вав-алеф-вав (ואו) алеф-ламед-фэй (אלף), вав-алеф-вав (ואו), хэй-алеф (הא) алеф-ламед-фэй (אלף). Всего – сорок две буквы. "И все их мы выяснили в нашей Мишне. И все они поднимаются в рош Царя"», т.е. в ГАР Зеир Анпина.

388) «"Семь полных суббот", т.е. семь сфирот Малхут, называемой субботой, когда они "в совершенстве, раскрываются в семидесяти буквах" семидесятидвухбуквенного имени, в котором семьдесят – основные, а две – дополнительные, называемые свидетелями или писцами.[570] "Семьдесят две поднялись, и поднялись в букву вав (ו)", т.е. в Зеир Анпин, в ХАГАТ его, "и они записаны в главе "И было, когда отослал (бешалах) Фараон"[571], в изречениях "И двинулся"[572], "И вошел"[573], "И простер"[574].[575] А когда Шхина получает (наполнение)" от Зеир Анпина, "и семь записей запечатлеваются в ней" от него, т.е. семь полных сфирот, как мы уже говорили, тогда "поднимаются от нее семьдесят (букв) в записанных буквах" семидесятидвухбуквенного имени. "Мы учили, что поднялись буквы семидесятидвухбуквенного имени с помощью известных записей и скрытых путей", и открыты они "только для истинных праведников, столпов мира"».

---

[570] См. Зоар, главу Бешалах, п. 163. «И два украшения со стороны Абы ве-Имы, и это – семьдесят два имени. И мы учили, что со стороны Хеседа их семьдесят, и два свидетеля. Со стороны Гвуры – семьдесят, и два писца ...»

[571] Тора, Шмот, 13:17. «И было, когда отослал Фараон народ, не повел их Всесильный через землю плиштим, потому что близка она – ибо сказал Всесильный: "Не передумал бы народ при виде войны и не возвратился бы в Египет"».

[572] Тора, Шмот, 14:19. «И двинулся ангел Всесильного, шедший перед станом Исраэля, и пошел позади них. И двинулся облачный столп, (шедший) перед ними, и встал позади них».

[573] Тора, Шмот, 14:20. «И вошел он между станом Египта и станом Исраэля, и было облако и мрак, и осветил ночь, и не приближался один к другому всю ночь».

[574] Тора, Шмот, 14:21. «И простер Моше руку свою на море, и гнал Творец море сильным восточным ветром всю ночь, и сделал море сушей, и расступились воды».

[575] См. Зоар, главу Бешалах, статью «"И двинулся", "и вошел", "и простер"», п. 172. «"И двинулся ангел Всесильного, шедший перед станом Исраэля, и пошел позади них"...»

389) «Сказал рабби Шимон рабби Эльазару: "Смотри, эти двадцать две буквы, запечатленные в Торе, все они выясняются в этих десяти речениях", т.е. в десяти сфирот КАХАБ ХАГАТ НЕХИМ. "Каждое из этих" десяти "речений, представляющих собой сфирот Царя, все они высечены известными буквами", потому что буквы – это келим сфирот, и у каждой сферы есть келим, относящиеся к ней. "Поэтому святое имя" АВАЯ (הויה) "скрывается в других буквах", т.е. в Адни (אדני), потому что келим Зеир Анпина, называемого АВАЯ (הויה), облачены и скрыты в келим Малхут, называемой Адни (אדני). "И каждое речение одалживает буквы речению, которое выше него, поскольку они включены друг в друга. И поэтому мы произносим святое имя" АВАЯ (הויה), "используя другие буквы", Адни (אדני), "потому что они скрыты" и облачаются "эта в этой, а эта в этой, пока не связываются все они воедино"».

Объяснение. Известно, что средняя линия, что в каждой сфире, она поднимает нижнюю сфиру в высшую, потому что каждая сфира состоит из десяти сфирот, и во время катнута ее Бина и ТУМ падают в нижнюю сфиру, и благодаря этому во время гадлута, когда Бина и ТУМ возвращаются в сфиру, они берут с собой также и нижнюю сфиру, и поднимают ее вместе с собой в высшую сфиру.[576] И тогда Кетер и Хохма, что в сфире, становятся правой линией, а Бина и ТУМ – левой, и нижняя сфира, которая поднялась к ним, становится средней линией. И таков порядок в каждой сфире. И получается, что каждая сфира занимает келим у нижней сфиры, чтобы дополнить свою среднюю линию. И это смысл сказанного: «И каждое речение одалживает буквы речению, которое выше него». То есть каждая сфира одалживает буквы, являющиеся келим, сфире, которая выше нее, чтобы восполнить в ней среднюю линию. «Поскольку они включены друг в друга», – ибо вследствие того, что Бина и ТУМ каждого высшего упали и были в нижней сфире во время катнута, и включились в нее, поэтому во время гадлута, когда эти Бина и ТУМ возвращаются на свою ступень, они берут с собой нижнюю (сфиру) и поднимают ее на свою ступень, и в силу этого каждая нижняя (сфира) включилась в высшую и стала там средней линией.

---

[576] См. «Предисловие книги Зоар», п. 17, со слов: «И это означает: "Мать (има) одалживает свои одежды дочери и венчает ее своими украшениями" – т.е. во время выхода мохин гадлута...»

И по той же причине, когда каждая нижняя сфира опускается на свое место, она берет с собой на свое место мохин высшей сфиры, а также часть келим Бины и ТУМ высшей, потому что нижняя включилась в нее, когда пребывала в высшей, и они становятся у нее келим для облачения мохин, и это означает, что НЕХИ высшей облачаются в нижнюю.[577] И это смысл слов: «Поэтому мы произносим святое имя, используя другие буквы, потому что они скрыты эта в этой» – т.е. каждые НЕХИ высшей ступени скрываются и облачаются в нижнюю, и благодаря этому «связываются все они воедино», ведь каждая сфира вследствие этого связывается с находящейся рядом, каждая высшая – с нижней, а каждая нижняя – с высшей. Поэтому имя АВАЯ, т.е. Зеир Анпин, облачается и скрывается в имени Адни, Малхут, т.е. в нижней ступени.

390) «"И тот, кто хочет познать", как понимать "сочетания святых имен", должен "познать эти буквы, запечатленные в каждой сфире, и тогда он постигнет (их) и будет жить всем этим. Ведь мы записали их во всех этих буквах, которые запечатлены и известны в каждой сфире, (взяв их) из высшей книги Шломо. И мы смогли сделать это. И товарищи записали их, и это прекрасно", что записали их, "потому что каждая сфира одалживает буквы другой", и их следует знать и помнить, "как мы объясняли" в предыдущем пункте. "А иногда не нужно" знать, "кроме тех букв, которые запечатлены" только "в этой сфире", а не буквы, которые они одалживают друг другу. "И все они известны товарищам. И мы уже объясняли их"».

391) «"Счастливы праведники в этом мире и в мире будущем, потому что Творец желает превознести их и открывает им высшие тайны Своего святого имени, которых не открыл высшим святым" ангелам. "Поэтому Моше может быть увенчан среди святых" ангелов, "и все они не могли приблизить к нему (ничего) подобного ни огню пожирающему, ни углям огненным". Ибо упоминал он святые имена, которых не знали ангелы. "И если бы не это, что такого было у Моше, чтобы" мог он "находиться среди них? Но счастлив удел Моше, ведь когда Творец стал говорить с ним, захотел он узнать Его святое имя, скрытое и

---

[577] См. Зоар, главу Ваякель, п. 324, и п. 310, со слов: «И необходимо, чтобы ты понял, почему мы называем "реку, вытекающую из Эдена", иногда Биной и ТУМ, а иногда Тиферет, а иногда Есодом...»

раскрытое, каждое как подобает ему. И тогда прилепился (к Творцу) и познал более всех живущих в мире"».

392) «"Смотри, когда Моше взошел в облаке, он вошел меж святых" ангелов. "Встретил его ангел в языке пламени, с пылающими глазами и сжигающими крыльями, и хотел проглотить его. Имя его Камуэль (קמואל). Тогда упомянул Моше одно святое имя, образованное двенадцатью буквами, и тот затрясся и задрожал, – пока Моше не взошел меж них. И так было с каждым из них. Счастлив его удел"».

Наготы жены и дочери ее

393) «"Наготы жены и дочери ее не открывай, дочь сына ее и дочь дочери ее не бери, чтобы открыть наготу ее"[578]. Мы учили, в исправлениях Царицы мы объясняли эти виды наготы, хотя они (и находятся) в раскрытии и скрытии, и там – дочь ее сына и дочь ее дочери. Ведь мир нуждается в них, и они являются заселением мира. А тот, кто раскрывает один из этих видов наготы, – горе ему и горе душе его, ибо из-за этого он раскрывает другие виды наготы"».

Объяснение. «Жена и дочь ее»[578] – это Бина и Малхут. Бина укрыта от свечения Хохмы, а Малхут – в раскрытии, потому что свечение Хохмы открывается в ней. Однако сама Малхут тоже разделяется на две части, укрытую и открытую. Поскольку от хазе и выше она укрыта, и лишь от хазе и ниже в ней раскрывается свечение Хохмы. И так же Зеир Анпин укрыт и открыт, ведь от хазе и выше он укрыт, а от хазе и ниже он открыт, т.е. свечение Хохмы раскрывается там. И причина этого в том, что от хазе и ниже светит свет некевы, т.е. снизу вверх. И Хохма светит только снизу вверх,[579] поэтому, как в Зеир Анпине, так и в Малхут, Хохма раскрывается только от хазе и ниже, где находится свет некевы. И поэтому часть от хазе и ниже называется «дочь», т.е. свет некевы, – как в Зеир Анпине, так и в Малхут. И получается, что свойство от хазе и ниже Малхут считается дочерью дочери Бины. Поскольку «жена и дочь ее» – это Бина и Малхут. А от хазе и ниже, являющееся свойством дочери Малхут, – это дочь дочери Бины. А от хазе и ниже Зеир Анпина считается дочерью сына Бины. Ведь Бина и Зеир Анпин – это жена и сын ее. А от хазе и ниже Зеир Анпина, где (находится) дочь Зеир Анпина, – это дочь сына Бины.

И это смысл сказанного: «В исправлениях Царицы мы объясняли эти виды наготы, хотя они (и находятся) в раскрытии и скрытии». Иначе говоря, хотя это «жена и дочь ее», Бина и Малхут, Бина находится в скрытии, а Малхут в раскрытии. Но в таком случае можно подумать, что в Малхут нет раскрытия

---

[578] Тора, Ваикра, 18:17. «Наготы жены и дочери ее не открывай, дочь сына ее и дочь дочери ее не бери, чтобы открыть наготу ее, – они ее кровные родственники; это разврат».

[579] См. Зоар, главу Берешит, часть 1, п. 50. «Разногласие, которое было исправлено согласно высшему подобию...»

наготы, а только лишь в Бине, поскольку она недоступна и скрыта. Тем более, «и там – дочь ее сына и дочь ее дочери», т.е. от хазе и ниже Зеир Анпина и от хазе и ниже Малхут, где главное место раскрытия Хохмы. В таком случае, не относится (к этому месту) запрет раскрытия наготы, «ведь мир нуждается в них, и они являются заселением мира», поскольку мир нуждается в раскрытии Хохмы, которая там, так как это является всем заселением мира. Ведь если бы там не раскрывалось свечение Хохмы, не рождались бы души, так как рождение душ возможно только после раскрытия там свечения Хохмы. И если так, можно подумать, что к этому месту не относится раскрытие наготы. И это смысл сказанного: «А тот, кто раскрывает один из этих видов наготы, – горе ему и горе душе его, ибо из-за этого он раскрывает другие виды наготы». Объяснение. Раскрытие наготы означает, что он притягивает свечение Хохмы сверху вниз подобно ситре ахра, и это свойственно свету захара, отдающему сверху вниз, и получается, что раскрывающий наготу, даже в месте от хазе и ниже Зеир Анпина и Малхут, т.е. притягивающий оттуда сверху вниз, он таким образом раскрывает наготу в месте от хазе и выше и в месте Бины, где свет захара спрятан и укрыт. Ведь он притянул свет захара, т.е. свойство от хазе и выше. И тогда, хотя он и связан с разрешенным местом, т.е. со светом некевы, но если он притягивает его сверху вниз, то он ведь раскрывает свет захара, и открывается нагота в запретном месте. И это смысл слов: «Ибо из-за этого он раскрывает другие виды наготы». Однако если притягивает не сверху вниз, а снизу вверх, он никоим образом не раскрывает наготы, а наоборот, это является заселением мира, как сказано: «И они являются заселением мира». Ибо рождение душ возможно только при раскрытии Хохмы снизу вверх.

394) «"И мы учили, что последнее указание из десяти речений Торы – "не возжелай жены ближнего твоего"[580]. И поэтому оно является обобщением их всех. И тот, кто желает другую женщину, как будто нарушил всю Тору. Однако нет ничего, что устоит перед раскаянием. В особенности, если человек получил такое наказание, как царь Давид". Сказал рабби Йоси: "Мы учили: каждый, кто согрешил и отстранился от этого греха, раскаяние наиболее действенно для него. А если не" отстранился, "он

---

[580] Тора, Шмот, 20:14. «Не возжелай дома ближнего твоего, не возжелай жены ближнего твоего, ни раба его, ни рабыни его, ни быка его, ни осла его, ничего, что у ближнего твоего».

не может прийти к раскаянию, и оно не действенно для него. В таком случае, как же Давид не отстранился после этого от Бат Шевы?" Сказал ему: "Бат Шева принадлежала ему, и он взял свое, поскольку муж ее умер"».

395) «"Как мы учили: Бат Шева была уготована Давиду со дня сотворения мира. И что задерживало его", не позволяя взять ее? "Это потому, что он взял (в жены) дочь царя Шауля. И в тот день Урия взял ее из милосердия, хотя она и не принадлежала ему.[581] А потом явился Давид и взял свое. Но поскольку Давид поторопил час гибели Урии пред Творцом, и чтобы сделать это, согрешил пред Ним, то Он наказал Давида. Ибо Творец желал вернуть" Бат Шеву "Давиду, чтобы возвести для него высшую святую Малхут", поскольку Бат Шева была строением (мерками) для этой Малхут, "и когда возжелал, своего возжелал"».

---

[581] См. «Предисловие книги Зоар», п. 132, со слов: «Но дело в том, что Бат Шева на самом деле является нуквой Давида со дня сотворения мира...»

ГЛАВА АХАРЕЙ МОТ

И к жене, отлученной в нечистоте ее, не приближайся

396) «"Мы учили, – сказал рабби Йоси, – то, что написано: "Я Творец"[582], означает "Я – Творец, который в грядущем будущем воздаст доброе вознаграждение праведникам, Я – Творец, который в грядущем будущем взыщет с грешников", то есть "с тех, о которых написано: "Злоумышляющих против Меня"[583]. Спрашивает: "Почему написано: "Я Творец (АВАЯ)"[582], что указывает на меру милосердия, "и написано: "Я умерщвляю и оживляю"[584], что указывает на меру суда? И отвечает, что это означает – "несмотря на то, что Я – в свойстве милосердия, грешники обращают Меня к свойству суда. Как мы учили, что АВАЯ Элоким – это полное имя", где АВАЯ – это милосердие, а Элоким – это суд. И это означает – "удостоились – АВАЯ. А если не удостоились – Элоким". Сказал рабби Шимон: "Грешники вызывают ущерб наверху. Что такое ущерб? Это как мы объясняли, действительно ущерб. И это уже пояснялось"» выше.[585]

397) «"Мы учили, написано: "И к жене, отлученной в нечистоте ее, не приближайся, чтобы открыть ее наготу"[586]. Учил рабби Йегуда: "В поколении, в котором пребывает рабби Шимон, все достойны, все праведники, боящиеся греха, Шхина пребывает между ними. И нет этого в других поколениях. Поэтому эти вещи выясняются и не скрыты" в его поколении. "В других поколениях это не так, и высшие тайны не могут раскрываться. А те, кто знает, боятся раскрыть, ведь когда

---

[582] Тора, Ваикра, 19:4. «Не обращайтесь к идолам, и божеств литых не делайте себе. Я Творец Всесильный ваш».

[583] Пророки, Йешаяу, 66:24. «И выйдут, и увидят трупы людей, злоумышляющих против Меня, ибо червь их не изведется, и огонь их не погаснет, и будут они мерзостью для всякой плоти».

[584] Тора, Дварим, 32:39. «Знайте же ныне, что Я – Я это, и нет Всесильного, кроме Меня. Я умерщвляю и оживляю, Я поражаю и исцеляю, и нет спасителя от руки Моей».

[585] См. Зоар, главу Ваикра, п. 269. ««Еще провозгласил и сказал: "Человек коварный распространяет раздор, а ропщущий отвергает Властелина". "Человек коварный распространяет раздор" – это, "как мы сказали, что грешники причиняют ущерб наверху". Поскольку раздор означает – ущерб...»

[586] Тора, Ваикра, 18:19. «И к жене, отлученной в нечистоте ее, не приближайся, чтобы открыть ее наготу».

рабби Шимон объяснял скрытый смысл этого" изречения, "слезы текли из глаз товарищей, и все, что он сказал, отражалось в их глазах. Как написано: "Устами к устам говорю Я ему, и явственно, а не загадками"[587]».

---

[587] Тора, Бемидбар, 12:8. «Устами к устам говорю Я ему, и явственно, а не загадками, и облик Творца он зрит. Почему же не убоялись вы говорить против раба Моего, против Моше?»

ГЛАВА АХАРЕЙ МОТ

Яйцо истины

398) «Когда в один из дней рабби Йеса задал вопрос, сказав: "Яйцо истины, выходящее из курицы, пребывающей в огне, и оно раскололось на четыре стороны: две из них поднимаются, и одна принижена, а еще одна лежит в безмолвии великого моря". Сказал рабби Аба: "Ты сделал пред рабби Шимоном святость буднями, ведь написано: "Устами к устам говорю Я ему"[587]. Сказал ему рабби Шимон: "До того" времени, "когда не будет раскалываться это яйцо, ты уйдешь из мира". Так и произошло в идре рабби Шимона», как приведено в конце «Идра раба».[588]

Пояснение сказанного. Левая линия без правой – это свойство суровых судов, и она называется «курица, пребывающая в огне». А Малхут главным образом строится от левой линии. И Малхут называется яйцом истины, поскольку птенцы – это свойство Зеир Анпина, а яйца – это свойство Малхут, как известно. И это означает сказанное: «Яйцо истины, выходящее из курицы, пребывающей в огне» – т.е. Малхут, которая выходит и нисходит от левой линии, пребывающей в огне судов. И совет, как устранить эти суды, – это с помощью средней линии, которая поднимает экран де-хирик, возвращающий Малхут в Бину, и ступени снова разбиваются на две половины,[589] и между ГАР и ВАК устанавливается парса так, что в каждой части ГАР исчезает Хохма, и светит только лишь в ВАК. И потому даже Зеир Анпин, являющийся свойством ГАР, находится в укрытых хасадим, а Малхут, относящаяся к ВАК, – в свечении ВАК Хохмы.

И это смысл сказанного: «И оно раскололось на четыре стороны» – под воздействием средней линии, которая подняла Малхут в Бину, яйцо раскололось на четыре стороны, т.е. ХУБ ТУМ, где ГАР Хохмы, т.е. ХУБ, исчезли, и остались только ВАК Хохмы, т.е. ТУМ. И это означает сказанное: «Две из них поднимаются» – т.е. ХУБ, которые исчезают из Хохмы. «А одна принижена» – Зеир Анпин, т.е. Тиферет, принижен, так как у него нет Хохмы, но лишь хасадим, укрытые от Хохмы. «А одна лежит в безмолвии великого моря». «Лежит» – означает ВАК,

---

[588] См. Зоар, главу Насо, раздел Идра раба, статью «Уход трех товарищей», пп. 353-358.
[589] См. Зоар, главу Лех леха, п. 25. «"Всматривался, взвешивал и знал" – как и в случае с центральной точкой поселения, мифтеха, которая поднялась в Бину...»

поскольку лежащий обычно укрывает свои ноги, т.е. НЕХИ, а при отсутствии НЕХИ де-келим, у него будет недоставать ГАР светов. И получается, что у Малхут, хотя у нее и есть Хохма, есть только ВАК Хохмы, и это означает «лежит в безмолвии великого моря», т.е. в затишье свойства Хохма, которое называется великим морем.

Но на самом деле это не так, ведь хотя Зеир Анпин находится в свойстве укрытых хасадим, он не принижен из-за этого, а наоборот, благодаря этому он достиг свойства мохин святости высших Абы ве-Имы, у которых хасадим возвышеннее Хохмы, ведь из них выходит Хохма для ИШСУТ, как известно. И Аба ве-Има называются святостью. И это смысл сказанного: «Ты сделал пред рабби Шимоном святость буднями», потому что о мохин святости Зеир Анпина сказал: «И одна принижена», – т.е. принижена и стала буднями. А рабби Шимон был строением (меркава) для Зеир Анпина, и у него были мохин высших Абы ве-Имы, относящиеся к уровню «пэ эль пэ (уста к устам)». И это смысл слов: «Ведь написано: "Устами к устам говорю Я ему"[587]», – поскольку нет мохин важнее, чем эти. А ты сказал о нем: «И одна принижена», что является буднями.

И вот, в окончательном исправлении будет устранена необходимость разбиения ступени и парсы, отделяющей (свойства) выше хазе от ниже хазе, что означает – границы, возникающей из-за разбиения ступени, и поэтому МА и БОН вновь станут, как АБ САГ, а Тиферет и Малхут (ТУМ) – как Хохма и Бина (ХУБ). А когда рабби Шимон и его ученики закончили «Идру раба», им начала светить ступень окончательного исправления, т.е. отмены разбиения и парсы. И поэтому эти три товарища, рабби Йоси сын рабби Яакова и рабби Хизкия, и рабби Йеса, душа которых от свойства ниже парсы, тут же ушли (из мира), поскольку они поднялись выше парсы, и их образ ниже парсы ушел вместе с парсой, которая отменилась. И это означает сказанное там: «И увидели товарищи, как вознесли их святые ангелы в парсу»[588], – потому что душа их удалилась из-за исчезновения парсы.

И это смысл слов: «Сказал ему рабби Шимон: "До того, когда не будет раскалываться это яйцо, ты уйдешь из мира"», – т.е. до того, как придет исправление, что яйцо не будет раскалываться, т.е. в окончательном исправлении, когда отменится разбиение ступени, «ты уйдешь из мира», – ибо ты отменишься и соединишься тогда с отменой разделения и парсы. И тогда ты отличишь святость от будней. Ведь ты уйдешь (из мира) и будешь, как те ступени, которые выше парсы, и это свойства высших Абы ве-Имы, т.е. свойства Хохмы и Бины (ХУБ) и (парцуфов) АБ САГ, называемых святостью. И это смысл сказанного: «Так и произошло в идре рабби Шимона», ибо тогда стало светить окончательное исправление, как мы уже объясняли.

399) «"Мы учили, что в дни рабби Шимона человек говорил своему товарищу: "Открой уста свои, и свет прольется в словах твоих". После того как рабби Шимон умер, говорили: "Не давай устам своим ввергнуть в грех плоть твою"», – то есть, чтобы не раскрывали тайны.

И к жене, отлученной в нечистоте ее, не приближайся

400) «"Мы учили, – сказал рабби Шимон, – что если бы живущие в мире всматривались в то, что написано в Торе, они не стали бы сердить своего Господина. Мы учили, что когда пробуждаются суровые суды, чтобы спуститься в мир", написано: "И к жене, отлученной в нечистоте ее, не приближайся, чтобы открыть ее наготу"[586]. Об этом написано: "Тайна Творца – для боящихся Его"[590]. И мы учили это в святой идре, а здесь я должен раскрыть эту тайну"». Иначе говоря, здесь – место ее раскрытия.

401) «"Как мы учили: в час, когда высший могучий змей пробуждается из-за грехов мира, он пребывает и соединяется с нуквой, и привносит в нее скверну. И тогда захар отделяется от нее, поскольку она осквернилась и называется нечистой, и захару не подобает приближаться к ней, ибо горе" миру, "если он оскверняется с ней вместе в то время, когда она нечиста"».

Объяснение. Две точки есть в Малхут: манула, т.е. Малхут меры суда первого сокращения, которая не достойна получать высший свет, и мифтеха, т.е. Малхут, подслащенная в Бине, которая достойна получать высшие света. И поэтому Малхут называется Древом познания добра и зла, ибо если человек удостоился, точка манулы скрывается, и господствует точка мифтехи, и тогда Малхут получает высшие света для нижних. А если человек не удостоился, в Малхут раскрывается точка манулы, и все света уходят из нее, ибо раскрылось, что она недостойна получать никакой свет.[591] И это считается, что Малхут как бы осквернилась и недостойна совершить зивуг с Зеир Анпином, поскольку Зеир Анпин не может передать ей высший свет. А, кроме того, ведь если Зеир Анпин соединится с ней в это время, в нем тоже пробудится точка манулы, и света уйдут также и из него.

---

[590] Писания, Псалмы, 25:14. «Тайна Творца – для боящихся Его, и союз Его, чтобы сообщить им».

[591] См. Зоар, главу Ваеце, п. 23. «"От силы света Ицхака" – святости, "и осадков вина" – клипот, из них обоих "выходит одна сложная форма", состоящая из добра и зла...»

И это смысл сказанного: «В час, когда высший могучий змей пробуждается» – вследствие грехов нижних, «он пребывает и соединяется с нуквой, и привносит в нее скверну» – т.е. ему дается власть раскрыть точку манулы в Малхут, из-за которой из нее выходят все света, и она более недостойна получать свет, и потому считается, что «привносит в нее скверну». И тогда «захар отделяется от нее, поскольку она осквернилась и называется нечистой», – т.е. Зеир Анпин отделяется от нее и не передает ей свет из-за раскрытия манулы, что считается, как будто она осквернилась, «и захару не подобает приближаться к ней», потому что если он приблизится и соединится с ней, к нему тоже прилипнет свойство манулы, и света его выйдут. «Ибо горе, если он оскверняется с ней вместе в то время, когда она нечиста», – поскольку если выйдут также и света Зеир Анпина, мир рухнет, ибо людям будет не от кого получать свои жизненные силы.

ГЛАВА АХАРЕЙ МОТ

Виды скверны

402) «"И мы учили, что сто двадцать пять видов скверны низошли в мир, и они соединяются" и связаны "со стороны могучего змея. А двадцать семь самых больших, что в них, связаны с нуквой, и прилепляются к ней. Горе тому, кто приблизится к ней в это время, ибо тот, кто приблизится к ней, показывает ущерб наверху, поскольку из-за этого греха пробуждается могучий змей наверху и привносит скверну туда, куда не нужно, и соединяется с нуквой, и волосы захара растут, а нуква оскверняется, и волосы ее растут, и ногти ее растут, и тогда в мире начинают пробуждаться суды, и все оскверняются. Это смысл сказанного: "Ибо Святилище Творца осквернил он"[592]. Святилище Творца оскверняется из-за грехов человеческих"».[593]

403) «"Мы учили то, что написано: "И вражду положу между тобой и между женой"[594]. Двадцать четыре вида скверны привнес змей в нукву, когда соединился с ней, соответственно числовому значению "и вражду (ве-эйва וְאֵיבָה)", и двадцать четыре вида пробуждается наверху, и двадцать четыре – внизу. И вырастают волосы, и вырастают ногти. И тогда в мире пробуждаются суды. И мы учили, что когда женщина желает очиститься, она должна отстричь те волосы, которые выросли", ту же меру, "пока она была в нечистом состоянии, и она должна постричь ногти и удалить всю грязь, которая под ними"».

---

[592] Тора, Бемидбар, 19:20. «А человек, который будет нечист и не очистит себя, отторгнута будет душа та из собрания, ибо Святилище Творца осквернил он; очистительной водой не был он окроплен – нечист он».

[593] Пояснение в п. 404.

[594] Тора, Берешит, 3:15. «И вражду положу между тобой и между женой, и между твоим потомством и ее потомством. Он будет разить тебя в голову, а ты будешь разить его в пяту».

ГЛАВА АХАРЕЙ МОТ

Грязь под ногтями

404) «"То, что мы учили в тайнах скверны, что грязь под ногтями пробуждает другую нечистоту", т.е. нечистоту змея, "и поэтому их следует прятать. А тот, кто уничтожает их совсем", т.е. сжигает их, "он словно пробуждает в мире милосердие. Как мы учили, что человек не должен упоминать разные виды нечистоты. Ибо тысяча четыреста пять видов нечистоты содержится в той скверне, которую привнес могучий змей, и все они пробуждаются из-за этой грязи подноготной"».

Пояснение сказанного. Тайна ногтей и грязи под ними уже выяснилась выше,[595] и понятие скверны, – что такое скверна, которую змей привнес в нукву, нанеся ущерб всем ее светам, – уже выяснилось выше.[596] Ибо с раскрытием манулы получают ущерб все света нуквы, т.е. Малхут, как объясняется там. И он приводит здесь три числа: сто двадцать пять видов скверны,[597] двадцать четыре вида скверны,[598] и тысяча четыреста пять видов нечистоты. И они соответствуют трем светам в трех именах нуквы: Элоким, Адни, Ты, – от которых питается и в которых удерживается ситра ахра, как написано: «Одно против другого создал Всесильный (Элоким)»[599].

И известно, что от имени Элоким святости до божеств иных (элоким ахери́м) распространяются сто двадцать сочетаний Элоким святости, а после них начинаются иные божества (элоким ахери́м). И это внутренний смысл того, что «литой идол (масеха מַסֵּכָה)» имеет численное значение сто двадцать пять, т.е. сто двадцать сочетаний Элоким и пять букв слова Элоким (אלקים), от которых питается ситра ахра.

Это также выясняется в другом виде. Пять букв Элоким (אלקים) – это пять сфирот КАХАБ ТУМ. И в них есть два взаимовключения, где в первом взаимовключении включаются

---

[595] См. Зоар, главу Ваякель, пп. 273-274, комментарий Сулам, со слов: «Объяснение. Ты уже знаешь, что ногти (ципорнаим) – это парса, разделяющая между келим де-паним и келим де-ахораим...»
[596] См. выше, п. 401.
[597] П. 402.
[598] П. 403.
[599] Писания, Коэлет, 7:14. «В день благоволения – радуйся, а в день бедствия – узри, ибо одно против другого создал Всесильный с тем, чтобы ничего не искать человеку после Него».

друг в друга пять сфирот КАХАБ ТУМ, и всего это двадцать пять сфирот, а во втором взаимовключении КАХАБ ТУМ включаются в каждую из двадцати пяти сфирот, и всего это сто двадцать пять сфирот. Т.е. это пять порядков по двадцать пять сфирот, где первый порядок – от Кетера, второй – от Хохмы, третий – от Бины, четвертый порядок – от Тиферет, а пятый – от Малхут.

И это смысл сказанного: «Сто двадцать пять видов скверны низошли в мир, и они соединяются со стороной могучего змея»[597], т.е. он удерживается (в них) и питается от пяти этих порядков, указанных выше, в которых сто двадцать пять свойств. «А двадцать семь самых больших, что в них, связаны с нуквой», т.е. двадцать пять свойств, которые в последнем порядке, что от свойства Малхут, т.е. нуквы, и также два последних свойства от четвертого порядка, и это Тиферет и Малхут от Малхут де-Тиферет, которые тоже являются свойством Малхут, т.е. нуквы. Однако выше этого, т.е. от Бины де-Малхут, что в порядке Тиферет, не может питаться. И называет их большими потому, что в ситре ахра тот, кто ниже, тот и больше, и причиняет больше вреда. И поскольку они являются двадцатью семью последними свойствами от ста двадцати пяти свойств, поэтому они большие.

И известно, что в имени Адни есть двадцать четыре сочетания. И это означает сказанное: «Двадцать четыре вида скверны привнес змей в нукву»[598], т.е. змей соединяется и питается от этих сочетаний, которые ушли из нуквы из-за скверны змея. Эти двадцать четыре сочетания Адни представляют собой двенадцать в Зеир Анпине, т.е. ХУБ ТУМ, в каждом из которых три линии, всего двенадцать, и такие же двенадцать есть в Малхут, т.е. в ее ХУБ ТУМ, в каждом из которых три линии. А когда они включаются друг в друга, есть двадцать четыре в Зеир Анпине и двадцать четыре в Малхут. И получается, поскольку змей соединяется с двадцатью четырьмя де-Малхут, он также соединяется с двадцатью четырьмя Зеир Анпина, в той мере, в какой он включает в себя Малхут.

Малхут также называется именем «Ты», что указывает на меру мохин, что в ней. Ведь мохин – это Хохма и Бина, т.е. левая и правая (линии), и Хесед и Гвура, т.е. левая и правая (линии), что в Даат. Малхут состоит главным образом из левой линии, поэтому у нее есть в совершенстве только свойство мохин Бины, т.е. ХУБ ТУМ Бины, что является левой (линией). А поскольку сфирот Бины исчисляются сотнями, поэтому говорит: «Четыреста». Однако у нее есть также свечение Хохмы, сфирот которой исчисляются тысячами, поэтому у нее есть тысяча четыреста. И Даат включает пять хасадим с правой стороны и пять гвурот – с левой. А у Малхут есть только пять гвурот, что в левой. И это смысл сказанного: «Тысяча (элеф אלף) четыреста (тав ת) пять (хэй ה) видов нечистоты». То есть «тысяча (элеф אלף)» – от свечения Хохмы, «четыреста (тав ת)» – ХУБ ТУМ Бины. «Пять (хэй ה)» – пять Гвурот левой (линии) Даат. И это тайна (имени) «Ты (атá את״ה)». И поэтому Малхут называется именем «Ты (атá את״ה)». И в тот момент, когда змей привносит скверну, т.е. он раскрывает свойство манулы, скрытой в Малхут,[596] тогда эти мохин уходят от нее. А змей соединяется с местом недостатка. И поэтому есть тысяча четыреста пять разных нечистот.

405) «"И даже тот, кто хочет, может с помощью них наводить колдовские чары на людей, из-за тех" вредителей, "которые зависят от них. И тот, кто уничтожает их", т.е. сжигает их, "он словно умножает в мире милосердие, и нет дурных судов, и отменяется эта скверна, и ногти ее, отмеченные ею", этой скверной. "Как мы учили, что тот, кто ногами или обувью наступает на ногти, может причинить себе вред. И если по отношению к следам остатков скверны наверху это так, то по отношению к женщине, которая приняла от змея и соединилась с ним, и он привнес в нее скверну, тем более. Горе миру, который получает от нее" в это время, так как получает "от этой скверны. Поэтому сказано: "И к жене, отлученной в нечистоте ее, не приближайся"[600]», – т.е. не получать от Малхут, когда змей соединяется с ней из-за греха нижних, привнося в нее скверну.[596]

---

[600] Тора, Ваикра, 18:19. «И к жене, отлученной в нечистоте ее, не приближайся, чтобы открыть ее наготу».

ГЛАВА АХАРЕЙ МОТ

Приносите предо Мной искупление

406) «Сказал рабби Шимон: "Сказал Творец: "Приносите предо Мной искупление в новомесячье", – за то, что Я уменьшил луну, т.е. Малхут.[601] "Предо Мной", конечно", – т.е. ради Меня. "Чтобы устранить змея", от вскармливания в Малхут, "и наполнится благоуханием тот, кто должен", т.е. Малхут. "Предо Мной", как написано: "Серафимы стоят пред (досл. над) Ним"[602]», и это ни в коем случае не означает «выше Него», а «ради Него и во славу Его». «"И поэтому о Корахе написано: "Потому ты и вся твоя община – собравшиеся против Творца"[603]», что тоже означает – «ради Творца», «"то есть из-за них", из-за греха Кораха и его общины, "пробудился тот, кто пробудился, исходящий от их стороны", т.е. ситра ахра, чтобы навредить Творцу. "Так же и здесь: "Приносите предо Мной искупление", – именно "предо Мной", т.е. ради Меня, для Меня, "чтобы" Малхут "наполнилась благоуханием, и змей был устранен от нее, и не находился в месте, где он пребывает", т.е. в месте недостатка от уменьшения луны. "И почему настолько? Потому что Я уменьшил луну", Малхут, "и над ней властвует тот, кто не должен. И потому: "И к жене, отлученной в нечистоте ее, не приближайся"[600]». Как уже объяснялось в предыдущем пункте.

---

[601] См. Зоар, главу Берешит, часть 1, п. 113. «Не могла успокоиться луна рядом с солнцем, потому что испытывала стыд перед ним...»
[602] Пророки, Йешаяу, 6:2. «Серафимы стоят пред Ним; шесть крыльев, шесть крыльев у каждого: двумя прикрывает он лицо свое и двумя прикрывает он ноги свои, и двумя летает».
[603] Тора, Бемидбар, 16:11. «Потому ты и вся твоя община – собравшиеся против Творца! А Аарон, что он, чтобы вам роптать на него?»

ГЛАВА АХАРЕЙ МОТ

И будет в каждое новомесячье

407) «"Счастливо поколение, в котором пребывает рабби Шимон бен Йохай. Счастлив удел его среди высших и нижних. О нём написано: "Благо тебе, земля, чей царь свободен"[604]. Что значит "свободен"[604]?" – То есть, "который держит голову прямо, чтобы раскрывать и выяснять вещи, и не боится. Подобно тому, кто свободен и говорит то, что хочет, и не боится. Кто такой "царь"[604]? Это рабби Шимон бен Йохай, постигший Тору, владеющий мудростью. Ведь когда рабби Аба и товарищи видели рабби Шимона, они бежали за ним, возглашая: "Последуют они за Творцом, который зарычит, как лев"[605]».

408) «Сказал рабби Шимон: "Написано: "И будет в каждое новомесячье и в каждую субботу"[606]. Спрашивает: "Почему они сопоставляются друг с другом?", т.е. почему они сопоставляются вместе в этом изречении. И отвечает: "Но всё это восходит на одну ступень: одно соединяется (досл. совершает зивуг) с другим" – субботний день, Зеир Анпин, совершает зивуг с новомесячьем, Малхут. "И нет радости одного в другом", т.е. они не совершают зивуг, "но только когда раскрывается" над ними "святой Атик", т.е. Кетер, "и тогда – это всеобщая радость. И мы учили, написано: "Псалом-песнь на день субботний"[607]. Именно "для дня субботнего"[607], – т.е. Зеир Анпина, называемого днём субботы. "То есть это восхваление, превозносимое Творцом. Тогда пребывает радость, и добавляется душа, ибо раскрылся Атик, и происходит зивуг"» Зеир Анпина с Малхут.

409) «"Так же это и при обновлении луны", т.е. в новомесячье, "когда солнце", Зеир Анпин, "светит ей радостью света Атика наверху. Поэтому жертва, приносимая в новомесячье, она (восходит) наверх, чтобы всё благоухало, и в мире пребывала радость. Поэтому: "Приносите предо Мной искупление", именно так"», – чтобы пробудить этот зивуг.

---

[604] Писания, Коэлет, 10:17. «Благо тебе, земля, чей царь свободен и чьи сановники едят вовремя для укрепления сил, а не для опьянения».
[605] Пророки, Ошеа, 11:10. «Последуют они за Творцом, (который) зарычит, как лев; ибо зарычит Он, и встрепенутся сыны за морем».
[606] Пророки, Йешаяу, 66:23. «И будет в каждое новомесячье и в каждую субботу: приходить будет всякая плоть, чтобы преклониться предо Мной, – сказал Творец».
[607] Писания, Псалмы, 92:1-2. «Псалом-песнь на день субботний. Хорошо славить Творца и петь имени Твоему всевышнему».

ГЛАВА АХАРЕЙ МОТ

Возложи на Творца бремя твое

410) «"Мы учили, написано: "Всесожжение субботнее в субботу его, сверх всесожжения постоянного"[608], – т.е. "человек должен устремить свое сердце высоко-высоко, более чем в другие дни. И поэтому именно "сверх всесожжения постоянного"[608]», потому что «сверх (аль עַל)» означает – выше, чем всегда. «"Как мы учили, что написано о Хане: "И молилась она Творцу (досл. над Творцом)"[609]. "Над (аль עַל)", именно так", что означает – выше Творца, т.е. Зеир Анпина, "потому что сыновья зависят от святого благополучия (мазаль)", т.е. от дикны Арих Анпина, "как мы объясняли",[610] что она выше Зеир Анпина. "И нет ни одного слова или малой буквы в Торе, которая не была бы указана в высшей мудрости, и от нее зависит великое множество (тилéй-тилúм תְּלֵי תְלִים) тайн высшей мудрости, как написано: "Пряди его вьются (тальталúм תַּלְתַּלִּים)"[611]. И мы это уже учили"».

411) «Рабби Йоси нашел рабби Абу сидящим и читающим это изречение, как написано: "Возложи на Творца бремя твое"[612]. "На (аль עַל)"[612] – именно так", т.е. выше Творца, Зеир Анпина, "поскольку питание зависит от благополучия (мазаль), т.е. от дикны Арих Анпина. Рабби Йегуда провозглашал: "Об этом (досл. над этой) должен молиться Тебе каждый праведник во время пребывания (Твоего), только к потоку многих вод, к нему не придут"[613]. "Над этой (зот)"[613], конечно"», – т.е. выше Малхут, называемой «зот», и это Тиферет, находящаяся выше Малхут. «"Во время пребывания"[613] мы уже объясняли", что это (указывает на) женщину.[614] Однако "во время пребывания"[613] – это как написано: "Ищите Творца, когда Он есть, призывайте

---

[608] Тора, Бемидбар, 28:10. «Всесожжение субботнее в субботу его, сверх всесожжения постоянного и возлияния его».

[609] Пророки, Шмуэль 1, 1:10. «И скорбь на душе ее, и молилась она Творцу, и плакала, не переставая».

[610] См. Зоар, главу Берешит, часть 1, п. 112.

[611] Писания, Песнь песней, 5:11. «Голова его – чистое золото; пряди его вьются, черны, как ворон».

[612] Писания, Псалмы, 55:23. «Возложи на Творца бремя твое, и Он поддержит тебя, вовеки не даст пошатнуться праведнику».

[613] Писания, Псалмы, 32:6. «Об этом (досл. над этой) должен молиться Тебе каждый праведник во время пребывания (Твоего), только к потоку многих вод, к нему не придут».

[614] См. Вавилонский Талмуд, трактат Брахот, лист 8:1.

Его, когда Он близок"⁶¹⁵, т.е. в десять дней раскаяния. "Другое объяснение. "Во время пребывания"⁶¹³ – т.е. "в час, когда реки", света Бины, "текут и простираются, а праотцы", т.е. ХАГАТ, "получают (наполнение), и все благословляются". И об этом должен молиться каждый праведник. "Только к потоку многих вод"⁶¹³. Что такое "поток многих вод"⁶¹³?" И отвечает: "Это глубина источников и рек", т.е. святой Атик, от которого нисходят света и источники в Бину. "Ибо кто удостоится его, и кто удостоится приблизиться и подняться туда? Это как написано о нем: "Только к потоку многих вод, к нему не придут"⁶¹³. Ибо не удостаиваются и не могут"» получать от Атика.

412) «Рабби Ицхак сказал: "Написано: "Об одном я спрашиваю у Творца, и лишь того прошу, чтобы пребывать мне в доме Творца все дни жизни моей, созерцать благо Творца"⁶¹⁶. Счастливы праведники, для которых спрятано много высших сокровищ в том мире", т.е. в Бине, "ибо Творец наслаждается с ними в этих мирах, как мы объясняли", о которых просил (Давид), чтобы созерцать "благо Творца"⁶¹⁶, и мы это уже учили"», т.е. свечение Атика, нисходящее в Бину. И рабби Ицхак противоречит рабби Йегуде, сказав, что «только к потоку многих вод, к нему не придут»⁶¹³ – указывает на света Атика, которые нельзя постичь. Однако есть праведники, которые удостаиваются и этого. «Рабби Хизкия сказал: "Отсюда" следует, что есть праведники, которые удостаиваются света Атика, "как написано: "Глаз, который не видел иных божеств, но лишь Тебя, даст (досл. сделает) Он уповающему на Него"⁶¹⁷. Спрашивает: "Сделает"⁶¹⁷, следовало сказать: "Сделаешь"», поскольку написано: «Но лишь Тебя»⁶¹⁷, во втором лице? И отвечает: «"Но, конечно, "сделает"⁶¹⁷», – поскольку это указывает на Атика, поэтому говорит в третьем лице: «Сделает»⁶¹⁷. «"То есть, (как сказано): "Вот Я прибавит к дням твоим пятнадцать лет"⁶¹⁸»,

---

⁶¹⁵ Пророки, Йешаяу, 55:6. «Ищите Творца, когда Он есть, призывайте Его, когда Он близок».

⁶¹⁶ Писания, Псалмы, 27:4. «Об одном я спрашиваю у Творца и лишь того прошу, чтобы пребывать мне в доме Творца все дни жизни моей, созерцать благо Творца и посещать храм Его».

⁶¹⁷ Пророки, Йешаяу, 64:3. «И никогда не слышали, не внимали; глаз, который не видел иных божеств, но лишь Тебя, даст Он уповающему на Него».

⁶¹⁸ Пророки, Йешаяу, 38:4-5. «И было слово Творца к Йешаяу сказано: "Пойди и скажи Хизкияу: "Так сказал Творец Всесильный Давида, отца твоего: "Услышал Я молитву твою, увидел Я слезы твои. Вот Я прибавит к дням твоим пятнадцать лет"».

ведь следовало сказать: «Прибавлю», если сказал: «Вот Я»[618], но это указывает на Атика, поэтому говорит в третьем лице: «Вот Я прибавит»[618]. И это потому, что жизнь исходит от благополучия (мазаль), т.е. от дикны Атика. «"То есть, (как сказано): "Возложи на (аль על) Творца бремя твое, и Он поддержит тебя"[612], что означает – над Творцом, и это мазаль, поскольку это молитва о пропитании, как мы уже сказали. "И написано: "И молилась она Творцу (досл. над Творцом)"[609], – и это тоже мазаль, который над Творцом, ведь это молитва о сыновьях. "И всё это – одно целое"» – т.е. притягивают от благополучия (мазаль), от дикны Атика Кадиша. Таким образом, могут получать и притягивать благо также и от святого Атика, а не согласно рабби Йегуде.

413) «"Счастлив удел праведников в этом мире и в мире будущем. О них написано: "И возвеселятся все полагающиеся на Тебя, вечно ликовать будут, и покровительствовать будешь им, и радоваться будут Тебе любящие имя Твое"[619]. И написано: "Но праведники воздадут благодарность имени Твоему, справедливые обитать будут пред Тобой"[620]. И написано: "И полагаться будут на Тебя знающие имя Твое, ибо не оставляешь Ты ищущих Тебя, Творец"[621]. Благословен Творец вовеки, амен и амен. Будет царствовать Творец вовеки, амен и амен!"»

---

[619] Писания, Псалмы, 5:12. «И возвеселятся все полагающиеся на Тебя, вечно ликовать будут, и покровительствовать будешь им, и радоваться будут Тебе любящие имя Твое».

[620] Писания, Псалмы, 140:14. «Но праведники воздадут благодарность имени Твоему, справедливые обитать будут пред Тобой».

[621] Писания, Псалмы, 9:11. «И полагаться будут на Тебя знающие имя Твое, ибо не оставляешь Ты ищущих Тебя, Творец».

Глава Кдошим

ГЛАВА КДОШИМ

Святы будете

1) «"И говорил Творец Моше так: "Говори всей общине сынов Исраэля и скажи им: святы (кдошим) будете, ибо свят Я, Творец Всесильный ваш"[1]. Рабби Эльазар провозгласил: "Не будьте, как конь и как мул неразумный"[2]. Сколько раз предупреждала Тора людей, сколько раз Тора возносила голос свой во всех сторонах, чтобы пробудить их! Но все они спят беспробудно в грехах своих, не всматриваются и не наблюдают, с каким лицом встанут они ко дню высшего суда, когда высший Царь взыщет с них за обиду Торы, вопиющей пред ними, а они не обращают к ней лицо свое, ибо все они порочны во всём, так как не знают веры высшего Царя. Горе им, и горе их душам!"»

2) «"Ведь Тора предупреждает его, говоря: "Кто глуп, пускай завернет сюда", – бессердечному она сказала"[3]. Бессердечный (хасер лев) – это тот, у кого нет веры. Ведь в том, кто не занимается Торой, нет веры, и он ущербен во всем. "Она сказала"[3] – следовало сказать: "Скажу я", как написано: "Скажу Творцу, твердыне моей"[4]. Что значит "она сказала"[3]?" И отвечает: "Но это призвано включить и добавить высшую Тору, которая тоже называет его бессердечным", что означает – "ущербным в вере"».

3) «"Ведь мы так учили: тот, кто не занимается Торой, – запрещено сближаться с ним, чтобы иметь с ним совместное дело или заниматься торговлей. И тем более, нельзя отправляться с ним в путь. Поскольку нет в нем веры. И мы учили, что любой человек, находящийся в пути и не имеющий с собой речений Торы, рискует жизнью. Тем более тот, кто соединяется в пути с человеком, не обретшим веру. И" это потому, что "он не дорожит ни славой Господина своего, ни своей, так как не щадит свою душу"».

4) «Рабби Йегуда говорит: "Тот, кто не щадит свою душу", т.е. соединяющийся с тем, в ком нет веры, "как привлечет праведную душу для своего сына?" Сказал рабби Эльазар:

---

[1] Тора, Ваикра, 19:1-2. «И говорил Творец Моше так: "Говори всей общине сынов Исраэля и скажи им: святы будете, ибо свят Я, Творец Всесильный ваш"».

[2] Писания, Псалмы, 32:9. «Не будьте как конь и как мул неразумный – уздой и удилами нужно обуздывать рот его, чтобы (он) не приблизился к тебе (и не укусил тебя)».

[3] Писания, Притчи, 9:4. «"Кто глуп, пускай завернет сюда" – бессердечному она сказала».

[4] Писания, Псалмы, 42:10. «Скажу Творцу, твердыне моей: "Почему Ты забыл меня? Почему мрачным хожу из-за притеснений врага?"»

"Удивляюсь я поколению. И это уже говорилось. И поэтому написано: "Не будьте, как конь и как мул неразумный"[2]. Счастливы праведники, занимающиеся Торой и знающие пути Творца, и освящающие себя святостью Царя, и пребывающие в святости во всём. И потому притягивают они дух святости свыше, и все их сыновья являются истинными праведниками, и называются царскими сынами, сынами святыми (кдошим)"».

5) «"Горе грешникам, так как все они грубы, и действия их дерзки" во время соития, "потому наследуют сыновья их", которых они порождают, "душу дерзкую со стороны скверны. Как написано: "Ибо станете через них нечистыми"[5]. Пришедшего оскверниться, оскверняют. "Не будьте как конь и как мул"[2], – которые блудливы больше всех" творений. "Неразумный"[2] – ибо люди не прилагают стараний на этом пути", чтобы понять. И если так, здесь написано: "Неразумный"[2], а там написано: "И псы эти дерзкие, не знающие сытости, – и они-то пастыри, не способные понимать!"[6] Иначе говоря", как там дерзкие, так же и здесь "будут получаться у них" сыновья, "называемые дерзкими. И в чем причина? Это потому, что "не способны понимать"[6]».

6) «"И они-то пастыри". Спрашивает: "Кто это "пастыри"[6]?" И отвечает: "Это те, кто ведет и направляет человека в ад. "Не знающие сытости"[6], т.е. "как сказано: "У пиявки", т.е. у преисподней, "две дочери: "дай!", "дай!"[7] И поскольку они" говорят: "Дай!", "дай!", они не знают сытости. "Каждый повернул на дорогу свою, каждый до последнего – к корысти своей"[6], ибо они ищут преисподней. И все это кто вызвал в них? Это потому, что не освятились в этом зивуге, как подобает. И потому написано: "Святы будете, ибо свят Я, Творец"[1]. Сказал Творец: "Из всех народов не желал Я, чтобы прилепились ко Мне, только Исраэль". Как написано: "А вы, прилепившиеся к Творцу"[8], – вы, а не другие народы. Поэтому: "Святы будете"[1], – именно так"».

---

[5] Тора, Ваикра, 11:43. «Не оскверняйте душ ваших никаким пресмыкающимся и не оскверняйтесь ими, ибо станете через них нечистыми».

[6] Пророки, Йешаяу, 56:11. «И псы эти дерзкие, не знающие сытости, – и они-то пастыри, не способные понимать! Каждый повернул на дорогу свою, каждый до последнего – к корысти своей».

[7] Писания, Притчи, 30:15. «У пиявки две дочери: "дай!", "дай!" Трое ненасытных, четверо не скажут: "Хватит!"»

[8] Тора, Дварим, 4:4. «А вы, прилепившиеся к Творцу Всесильному вашему, – живы все вы ныне».

Ох, земля шумнокрылая

7) «"Святы будете, ибо свят Я"[9]. Рабби Ицхак провозгласил: "Ох, земля шумнокрылая, что за реками Куша"[10]. Спрашивает: "Разве в ней есть какое-то зло, что написано: "Ох, земля шумнокрылая"[10]?" И отвечает: "Однако, – сказал рабби Ицхак, – в час, когда Творец создавал мир и желал раскрыть глубины, постигаемые из скрытия, и свет, постигаемый из тьмы, они были включены друг в друга. И поэтому из тьмы вышел свет, из скрытого вышла и раскрылась глубина, – и одно вышло из другого. И из добра вышло зло, а из милосердия вышел суд. И всё было включено друг в друга: доброе начало и злое начало, правая (сторона) и левая, Исраэль и остальные народы, белое и черное. И всё зависело одно от другого"».

8) «"Мы учили, – сказал рабби Ицхак, – сказал рабби Йегуда: "Весь мир представляет собой не что иное, как одно соединение, слитое воедино в переплетении своем". Иначе говоря, свойство суда и свойство милосердия, Малхут и Бина, были слиты и переплетены друг с другом. И поэтому, "когда вершится суд над миром, судом, включенным в милосердие, он вершится", т.е. Малхут, включенной в Бину. "А иначе мир не мог бы существовать даже одного мгновения. Как написано: "Ибо когда правосудие Твое на земле"[11], – т.е. милосердие, называемое правосудием, "живущие во вселенной научатся справедливости"[11]» – могут принять суд справедливости, т.е. Малхут, благодаря ее соединению со свойством милосердия.

9/1) «"И мы учили, что в то время, когда над миром нависает суд, и справедливость", т.е. Малхут, "облачается в суд, множество крылатых пробуждается против вершителей сурового суда, чтобы править миром. Они простирают свои крылья с одной стороны и с другой стороны, чтобы управлять миром. И тогда пробуждаются крылья, чтобы простереть над ними, и соединиться с суровым судом. И они кружат по миру, чтобы вершить зло. Тогда написано: "Ох, земля шумнокрылая"[10]».

---

[9] Тора, Ваикра, 19:1-2. «И говорил Творец Моше так: "Говори всей общине сынов Исраэля и скажи им: святы будете, ибо свят Я, Творец Всесильный ваш"».
[10] Пророки, Йешаяу, 18:1. «Ох, земля шумнокрылая, что за реками Куша».
[11] Пророки, Йешаяу, 26:9. «Душа моя, стремился я к Тебе ночью, и дух мой, я буду искать Тебя внутри себя, ибо когда правосудие Твое на земле, живущие во вселенной научатся справедливости».

Объяснение. Когда Малхут поднялась и соединилась с Биной, чтобы мир мог существовать,[12] появляются крылья, т.е. укрытия и скрытия, также и в Бине. И есть два вида крыльев – со стороны Малхут и со стороны Бины. И это смысл сказанного: «В то время, когда над миром нависает суд ... множество крылатых», т.е. обладающие крыльями от Бины, свойства милосердия, «пробуждаются против вершителей сурового суда, чтобы править миром», т.е. крылья Бины пробуждаются против крыльев сурового суда и правят вместо них. И тогда выходят два вида крыльев – от Бины и от Малхут, которые соединились вместе. И это смысл сказанного: «Простирают свои крылья с одной стороны», от Бины, «и с другой стороны», от Малхут, «чтобы править миром», что два эти вида крыльев и управляют Малхут, называемой «мир». И тогда подслащаются суровые суды от Малхут свойства суда. И это смысл сказанного: «И тогда пробуждаются крылья, чтобы простереть над ними, и соединиться с суровым судом», т.е. крылья свойства милосердия, которые от Бины, поглощают и вбирают в себя крылья свойства суда, которые от Малхут. И тогда мир судится крыльями свойства милосердия, которые от Бины. И это смысл сказанного: «И они кружат по миру, чтобы вершить зло», – ибо суд, который вершится в мире, исходит от крыльев Бины. И это определяется, что в Малхут, называемой «земля», есть две тени: одна тень – от крыльев Бины, и вторая – от крыльев Малхут. И это смысл слов: «Тогда написано: "Ох, земля шумнокрылая (цильцáль кнафáим צִלְצַל כְּנָפָיִם)"[10]», – т.е. два вида теней (цлалим צְלָלִים) от двух видов крыльев (кнафаим כְּנָפַיִם). И отсюда понятно то, что сказал: «Ох, земля»[10], – ведь земля, в конце концов, находится тогда в свойстве суда, но суда, подслащенного мерой милосердия Бины. И разница в том, что на свойство сурового суда возвращение не действует, поэтому мир не может существовать. Но на суд, подслащенный милосердием, если совершат возвращение, удостоятся получить большие света Бины,[13] и поэтому мир может существовать.

9/2) «Сказал рабби Йегуда: "Видел я, что жители мира дерзки, кроме этих истинных праведников. И поэтому как будто всё это так и есть". Как объяснялось в предыдущем

---

[12] См. предыдущий пункт.
[13] См. Зоар, главу Берешит, часть 1, п. 3, со слов: «В свойстве суда, т.е. в свойстве Малхут мира АК, прежде чем она подсластилась в Бине, в свойстве милосердия, мир не мог существовать...»

пункте. "Пришедшему очиститься – помогают". "Пришедшему же оскверниться", это как мы объясняли: "Ибо станете через них нечистыми"¹⁴».

10) «Рабби Йоси находился в пути. Повстречался ему рабби Хия, сказал ему: "Это то, что объяснили товарищи, что написано об Эйли: "И поэтому поклялся Я дому Эйли, что не искупится грех дома Эйли ни жертвою, ни дароприношением вовек"¹⁵. "Ни жертвою, ни дароприношением"¹⁵ он не искупается, однако он искупается речениями Торы. Почему? Потому что речения Торы превосходят все жертвоприношения мира, как написано: "Вот учение (Тора) о всесожжении и о хлебном приношении, об очистительной жертве, повинной жертве, жертве посвящения"¹⁶ – указывает на то, "что Тора равноценна всем жертвам в мире". Сказал ему: "Это, безусловно, так, что для любого, занимающегося Торой, даже если вынесено ему наказание свыше, это (занятие Торой) лучше для него, чем все жертвы и всесожжения, и наказание это отменяется"».

11) «"И смотри, человек не может очиститься никогда, но лишь посредством речений Торы. Поэтому слова Торы не принимают скверну, потому что она", Тора, "должна очищать осквернившихся. И исцеление находится в Торе, как написано: "Исцелением будет это для тела твоего и освежением для костей твоих"¹⁷. И чистота находится в Торе, как написано: "Страх Творца чист, пребывает вовек"¹⁸. Что значит: "Пребывает вовек"¹⁸? – То есть она всегда пребывает в этой чистоте, и та никогда не уходит от нее"».

12) «Сказал ему: "Но ведь написано: "Страх Творца чист"¹⁷, а не Тора". Сказал ему: "Конечно же, это так", что имеется в виду Тора, "ведь Тора исходит со стороны Гвуры"», и поэтому она и называется страхом Творца. «"Сказал ему: "И из чего" это

---

[14] Тора, Ваикра, 11:43. «Не оскверняйте душ ваших никаким пресмыкающимся и не оскверняйтесь ими, ибо станете через них нечистыми».

[15] Пророки, Шмуэль 1, 3:14. «И поэтому поклялся Я дому Эйли, что не искупится грех дома Эйли ни жертвою, ни дароприношением вовек».

[16] Тора, Ваикра, 7:37. «Вот учение о всесожжении и о хлебном приношении, об очистительной жертве, повинной жертве, жертве посвящения и о мирной жертве».

[17] Писания, Притчи, 3:8. «Исцелением будет это для тела твоего и освежением для костей твоих».

[18] Писания, Псалмы, 19:10. «Страх Творца чист пребывает вовек, законы Творца истинны, все справедливы».

"следует? Отсюда это следует – из того, что написано: "Начало мудрости – страх Творца"[19]. Отсюда ясно, что мудрость называется страхом. "И написано: "Страх Творца чист"[17]». Таким образом, чистота – она в мудрости, т.е. в Торе.

13) «"И Тора называется святой, как написано: "Ибо свят Я, Творец"[9] – и это Тора, которая является высшим святым именем. Поэтому тот, кто занимается ею, очищается, а затем освящается. Как написано: "Святы будете"[9]. "Святы будьте" не сказано, а "будете"[9], – конечно, "будете"[9]». Иначе говоря, это обещание, что благодаря Торе вы будете святы. «Сказал ему: "Так оно и есть", безусловно, "и написано: "И будете вы Мне царством священнослужителей и святым народом"[20]. И написано: "Вот слова..."[20]»

14) «"Мы учили, что святость Торы – это святость, превосходящая любую святость. А святость тайной высшей мудрости превосходит всё". Сказал ему: "Нет Торы без мудрости, и нет мудрости без Торы. И всё это на одной ступени, и всё едино. Но Тора пребывает в высшей мудрости, и там она стоит, и в ней произрастают корни от всех сторон"».

15) «Пока шли, обнаружили одного человека в отвратительном месте городских отбросов, ехавшего верхом на коне, и когда вышел оттуда, положил руки на одну ветвь дерева», чтобы очистить ею руки. И хотя не было опасения, что он коснулся грязи, потому что ехал верхом на коне, тем не менее, строго отнесся к очищению рук из-за того, что находился в нечистом месте. «Сказал рабби Йоси: "Это то, что написано: "Освящайте же себя, и будете святы"[21]. Когда человек освящает себя снизу, его освящают свыше. Это смысл сказанного: "Святы будете, ибо свят Я, Творец"[9]».

16) «"Учил рабби Аба, что эта глава", Кдошим, "является совокупностью всей Торы, и она – печать перстня истины. В этой главе по-новому раскрываются высшие тайны Торы, в

---

[19] Писания, Псалмы, 111:10. «Начало мудрости – страх Творца. Разум добрый у всех, кто исполняет их (заповеди), слава Его пребудет вовек».
[20] Тора, Шмот, 19:6. «И будете вы Мне царством священнослужителей и святым народом. Вот слова, которые ты скажешь сынам Исраэля».
[21] Тора, Ваикра, 20:7. «Освящайте же себя, и будете святы, ибо Я Творец Всесильный ваш».

десяти речениях,[22] а также в постановлениях, наказаниях и высших заповедях". И когда товарищи дошли до этой главы, обрадовались».

17) «Сказал рабби Аба: "Какова причина того, что глава о запрете кровосмешений и глава Кдошим идут одна за другой?" И отвечает: "Но мы так учили, что тот, кто берег себя от этих кровосмешений, несомненно, был создан в святости", т.е. родители его освятили себя во время соития. "И тем более, если он сам освящает себя святостью своего Господина", благодаря его собственной работе. "И уже указывали на это товарищи"».

18) «"Когда это пора всего, чтобы освятил себя ею человек? Смотри, желающий освятить себя благоволением своего Господина, совершит соитие, только начиная с полуночи и далее. И в этот час Творец", т.е. Зеир Анпин, "пребывает в Эденском саду", т.е. в Малхут, "и пробуждается высшая святость. И тогда это время освящения. Это для остальных людей. Мудрецы, знающие пути Торы, – для них в полночь время вставать и заниматься Торой, соединяться с Кнессет Исраэль", Малхут, "и восславлять святое имя", Малхут, "и святого Царя"», Зеир Анпина.

19) «"В ночь субботы, когда воцаряется всеобщее благоволение, настает момент зивуга их", мудрецов, "чтобы обрести благоволение Творца и Кнессет Исраэль", т.е. Зеир Анпина и Малхут, "как написано: "Сыны вы Творцу Всесильному вашему"[23]. И они называются святыми, как написано: "Святы будете, ибо свят Я, Творец"[9]. И написано: "И будет он словно дерево, посаженное при потоках вод, которое дает плод в срок свой"[24]».

20) «"Святы будете"[9]. Рабби Аба провозгласил: "И кто подобен народу Твоему, Исраэлю, народу единственному на земле?"[25]

---

[22] См. далее, п. 79.
[23] Тора, Дварим, 14:1. «Сыны вы Творцу Всесильному вашему, не делайте на себе надрезов и не делайте плеши между глазами вашими по умершему».
[24] Писания, Псалмы, 1:3. «И будет он словно дерево, посаженное при потоках вод, которое дает плод в срок свой и лист которого не вянет. И во всем, что ни сделает, он преуспеет».
[25] Пророки, Шмуэль 2, 7:23. «И кто подобен народу Твоему, Исраэлю, народу единственному на земле, ради которого ходил Всесильный искупить его Себе в народ и сделать Себе имя, и совершить вам (деяния) великие и страшные в стране Твоей, (изгоняя) пред народом Твоим, который Ты избавил от Египта, народы и божества его?»

Из всех народов мира никого не пожелал Творец, кроме одного лишь Исраэля. И сделал Он их народом единственным в мире и назвал их народом единым, как и имя Его. И увенчал их множеством венцов и множеством заповедей, чтобы украшаться ими. И потому" дал Он им "головные тфилин и ручные тфилин, чтобы человек облачался в них по высшему подобию". Поскольку высшие головные тфилин – это мохин Зеир Анпина, а высшие ручные тфилин – это мохин Малхут. "И чтобы во всём было одно совершенство"», т.е. наверху и внизу.

21) «"И в тот час, когда человек увенчивается ими и освящается ими", тфилин, "он становится совершенным и называется единым. Поскольку не называется единым, но только когда совершенен. А тот, кто ущербен, не называется единым. И потому Творец называется Единым в совершенстве всего – в совершенстве праотцев", т.е. ХАГАТ, "и в совершенстве Кнессет Исраэль", т.е. Малхут. "И поэтому Исраэль внизу называются единым, ведь когда человек накладывает тфилин и окутывает себя покровом заповеди", т.е. талита, "тогда он увенчивается венцами святости по высшему подобию и называется единым"».

22) «"И поэтому явится Единый и будет благоволить единому – Творец, который Един, будет благоволить единому", т.е. Исраэлю. Ведь Царь благоволит лишь тому, что подобает ему. И поэтому написано: "Но Он в едином, и кто Его повернет?"[26], – т.е. Творец пребывает и находится только лишь в едином". Спрашивает: "Говорит: "(Но Он) в едином"[26], "Един", – следовало сказать?" И отвечает: "Но" это означает – "подобно Тому, кто установился в высшей святости, чтобы быть Единым", т.е. в Исраэле, "и тогда Он пребывает в едином, а не в другом месте"», – не в другом народе.

23) «"И когда человек называется единым? – В час, когда есть захар и нуква, и он освящается высшей святостью, и намерение его – освятиться. Смотри, в час, когда человек пребывает в едином зивуге захара и нуквы, и у него есть намерение освятиться как подобает, тогда он совершенен и называется единым без изъяна"».

---

[26] Писания, Иов, 23:13. «Но Он неизменен (досл. в едином), и кто Его повернет? Что душа Его пожелает, то и сделает».

24) «"Поэтому человек должен порадовать свою жену в этот час, чтобы подготовить ее вместе с собой в едином желании, и должны оба вместе сосредоточиться на этом. И когда они находятся оба вместе, всё едино в теле и в душе. В душе" они едины, "чтобы слиться друг с другом в одном желании. А в теле" они едины, "как мы учили, что человек, не имеющий жены, он подобен разделенному" телу, когда он – половина тела, и его супруга – половина тела. "А когда захар и нуква соединяются вместе, они становятся одним" целым "телом. И выходит, что они – единая душа и единое тело, и выходит, что человек един. И тогда Творец пребывает в едином, и Он вкладывает дух святости в того единого"», т.е. в рожденного от них.

25) «"И они называются сынами Творца, как мы учили.[27] И поэтому: "Святы будете, ибо свят Я, Творец"[9]. Счастливы Исраэль, не установившие это в другом месте", т.е. не желавшие ничего за свою святость, "но" слиться "действительно с Ним, как написано: "Ибо свят Я, Творец"[9], т.е. "слиться с Ним, а не с другим. И поэтому: "Святы будете, ибо свят Я, Творец Всесильный ваш"[9]».

---

[27] См. выше, п. 19.

ГЛАВА КДОШИМ

Бойтесь каждый матери своей и отца своего

26) «"Бойтесь каждый матери своей и отца своего и субботы Мои храните"[28]. Мы ведь учили, что эта глава является совокупностью Торы".[29] И в таком случае нужно уточнить, почему "поставил страх пред отцом и матерью перед "субботы Мои"[28]. И отвечает: "Но сказал рабби Йоси: "Потому что тот, кто боится этого", отца своего и мать свою, "хранит субботу"».

27) «"Почему в отношении страха ставит мать раньше отца"», говоря: «Бойтесь каждый матери своей и отца своего»[28]? «"Что является причиной?" И отвечает: "Это как мы объясняли. Однако мать не имеет такой возможности" внушить страх, "как отец, поэтому" Писание "ставит ее страх раньше"».

28) «Рабби Ицхак сказал: "Как выше написано: "Святы будете"[30], и это значит, "что человек должен освятиться вместе со своей женой. И от кого важнее превознесение этой святости? Он ведь говорит, что от нуквы", поскольку она не знает Тору и святость, как захар. "Поэтому" (Писание) ставит мать раньше, говоря: "Бойтесь каждый матери своей и отца своего"[28]».

29) «Рабби Йегуда сказал: "Бойтесь каждый матери своей и отца своего"[28], т.е. ставит мать раньше отца, "это подобно" тому, как написано: "В день созидания Творцом Всесильным земли и неба"[31]. А в другом месте ставит небо прежде земли. Однако это, чтобы показать, что небо и земля были созданы вместе. Так же и здесь ставит мать раньше отца, а в другом месте – отца раньше матери, показывая, что оба они как один вкладывали в него усилия"», и к ним обоим надо в равной степени относиться со страхом и уважением.

---

[28] Тора, Ваикра, 19:3. «Бойтесь каждый матери своей и отца своего и субботы Мои храните, Я – Творец Всесильный ваш».
[29] См. выше, п. 16.
[30] Тора, Ваикра, 19:1-2. «И говорил Творец Моше так: "Говори всей общине сынов Исраэля и скажи им: святы будете, ибо свят Я, Творец Всесильный ваш"».
[31] Тора, Берешит, 2:4. «Вот порождения неба и земли при сотворении их, в день созидания Творцом Всесильным земли и неба».

30/1) «"И субботы Мои храните"²⁸, – это указывает на две субботы, т.е. на день субботы, Зеир Анпин, и на ночь субботы, Малхут, и они "одинаково важны, как одно, так и другое, и всё как одно целое взвешивается на одних весах", и поэтому Писание включает их "вместе. Написано: "И храните субботу, ибо святыня она для вас"³², и написано: "Помни день субботний, чтобы освящать его"³³, и тут написано хранить, а там – помнить. "Но одно изречение относится к отцу"», Зеир Анпину, на которого указывает заповедь «помни». «"А другое – к матери"», Малхут, на которую указывает заповедь «храни».

30/2) «Тут написано: "Бойтесь каждый матери своей и отца своего и субботы Мои храните"²⁸, а там написано: "Субботы Мои храните и Святилища Моего бойтесь"³⁴. Что значит "Святилища Моего"³⁴? В прямом значении", – т.е. Храма. "И еще" следует объяснить, "Святилища Моего"³⁴, что это те, которые освящают себя в этот час. Подобно этому: "И от Святилища Моего начнете"³⁵, что означает – "читай не "от Святилища Моего (ми-микдашѝ מִמִּקְדָּשִׁי)", а "от освящающих Меня (ми-мекудашай מִמְקֻדָּשַׁי)", и так же как там" это означает "от освящающих Меня (ми-мекудашай מִמְקֻדָּשַׁי)", так же и здесь"», в изречении: «"И Святилища Моего (микдаши מִקְדָּשִׁי) бойтесь»³⁴, это означает «"освящающих Меня (мекудашай מְקֻדָּשַׁי)", т.е. тех, кто освящает себя, "и это отец и мать"».

31) «"Бойтесь каждый матери своей и отца своего"²⁸. Сказал рабби Шимон: "Написано: "А вы, прилепившиеся к Творцу Всесильному вашему, живы все вы ныне"³⁶. Счастливы Исраэль, которые прилепляются к Творцу, и благодаря тому, что они прилепляются к Творцу, всё сливается друг с другом воедино"».

---

³² Тора, Шмот, 31:14. «И храните субботу, ибо святыня она для вас. Оскверняющий ее будет предан смерти. Ибо душа всякого, кто выполняет в этот день работу, искоренится из среды народа его».

³³ Тора, Шмот, 20:8. «Помни день субботний, чтобы освящать его».

³⁴ Тора, Ваикра, 26:2. «Субботы Мои храните и Святилища Моего бойтесь, – Я Творец».

³⁵ Пророки, Йехезкель, 9:6. «"Старика, юношу, и деву, и младенцев, и женщин убивайте во истребление; но ни к одному человеку, на котором знак, не приближайтесь; и от Святилища Моего начнете". И начали они с тех старейшин, что пред Храмом».

³⁶ Тора, Дварим 4:4. «А вы, прилепившиеся к Творцу Всесильному вашему, живы все вы ныне».

32) «"Смотри, в час, когда человек освящается внизу, как товарищи, которые освящают себя от субботы к субботе", в своем зивуге, "в час, когда есть высший зивуг, – ибо в этот час есть благоволение и уготовано благословение. Тогда все сливаются воедино: душа (нефеш) субботы, и" рожденное "тело (гуф), достающееся в субботу. И поэтому написано: "Бойтесь каждый матери своей и отца своего"[28], – потому что они представляют собой единое слияние (зивуг) в теле (гуф) в тот час, когда оно освятилось". Иными словами, своим зивугом они притянули гуф святости. "И субботы Мои храните"[28], – это высшая суббота", Зеир Анпин, "и нижняя суббота", Малхут, "ибо они привлекают душу (нефеш) к этому телу (гуф) от высшего зивуга", так как от зивуга Зеир Анпина и Малхут родилась душа. "И поэтому: "И субботы Мои храните"[28], – указывает на "обе. И всё соединяется друг с другом. Счастлив удел Исраэля"».

33) «"Другое объяснение. "И субботы Мои храните"[28] – это предостережение тем, кто ждет своего зивуга (слияния) от субботы к субботе. И мы уже объясняли, как написано: "О скопцах, которые хранят субботы Мои"[37]. И кто же эти "скопцы"? Это товарищи, которые оскопляют себя во все остальные дни, чтобы заниматься Торой, и они ждут от субботы к субботе. Это смысл сказанного: "Которые хранят субботы Мои"[37]». «Хранят»[37] означает «как сказано: "А его отец хранил изреченное"[38], т.е. ожидание. "И поэтому" написано: "И субботы Мои храните"[28]. "Бойтесь каждый матери своей и отца своего"[28] – это" отец и мать "гуф. "И субботы Мои храните"[28] – это" отец и мать "нефеш", так как это две субботы, Зеир Анпин и Малхут, как мы уже объясняли. "И всё соединяется друг с другом. Счастлив удел Исраэля"».

(Раайа меэмана)

34) «"Бойтесь каждый матери своей и отца своего и субботы Мои храните"[28]. Эти заповеди приравниваются друг другу, ведь почитание отца и матери приравнивается к почитанию субботы. Почитание отца указано раньше. Как написано: "И если отец Я – где почтение ко Мне, и если господин Я – где

---

[37] Пророки, Йешаяу, 56:4. «Ибо так сказал Творец о скопцах, которые хранят субботы Мои, и избирают угодное Мне, и держатся завета Моего».

[38] Тора, Берешит, 37:11. «И завидовали ему его братья, а его отец хранил изреченное».

боязнь (предо) Мной?"³⁹ "Почтение ко Мне (кводи כבודי)" имеет числовое значение" сорок два, т.е. "десяти речений и тридцати двух Элоким", записанных "в действии начала творения"».

Объяснение. Раайа меэмана истолковывает «отца своего»²⁸ и «матери своей»²⁸ как Зеир Анпин и Малхут, и это означает, что они приравниваются к субботе, поскольку «и субботы Мои храните»²⁸ – это две субботы, т.е. Зеир Анпин и Малхут, и, в таком случае, оба они относятся к одному понятию. А на вопрос: «Почему в отношении страха мать упоминается раньше отца, но когда речь идет о почитании – отец раньше матери?» приводится изречение: «И если отец Я – где почтение ко Мне, и если господин Я – где боязнь предо Мной?», в котором к отцу, т.е. к Зеир Анпину, относится почтение, а к матери, т.е. к Малхут, называемой «господин (אדני)»³⁹, относится страх. Поэтому, когда говорится о страхе, упоминается раньше мать, а о почтении – отец. А «почтение»³⁹, относящееся к Зеир Анпину, заключается в том, чтобы притянуть к нему мохин свечения Хохмы, что в Бине, а это тридцать два Элоким действия начала творения. И это смысл сказанного: «"Почтение ко Мне (кводи כבודי)" имеет числовое значение десяти речений и тридцати двух Элоким в действии начала творения», т.е. мохин свечения Хохмы, представляющие собой десять речений и тридцать два Элоким.

35) «"И в любом месте: "Мудрые наследуют почет"⁴⁰. И объяснили мудрецы, что почет есть только в Торе", т.е. в Зеир Анпине, называемом Торой, "потому что эти тридцать два Элоким, что в Торе, – это почет Его"». Ибо «почет» имеет числовое значение тридцать два, и это свойство Хохмы (мудрости), как мы уже говорили. «"И эти мудрецы, что в Торе, которые искушены в мудрости, наследуют этот почет", т.е. мохин тридцати двух Элоким, "а не глупцы, о которых написано: "А глупым воздается бесчестием". И откуда нам известно, что несведущий в Торе называется глупцом? Потому что написано: "И глупец не

---

³⁹ Пророки, Малахи, 1:6. «Сын почитает отца, и раб – господина своего; и если отец Я – где почтение ко Мне, и если господин Я – где боязнь (предо) Мной? (Так) сказал Творец воинств вам, священники, унижающие имя Мое. А вы говорили: "Чем унижали мы имя Твое?"»

⁴⁰ Писания, Притчи, 3:35. «Мудрые наследуют почет, а глупым воздается бесчестием».

понимает этого (зот)"⁴¹. И нет иной зот, кроме Торы, как написано: "И вот (зот) Тора, которую изложил Моше"⁴²».

36) Сказал великий светоч, т.е. рабби Шимон, верному пастырю (Моше): «"Верный пастырь, поскольку слаб ты, начал я эту главу с этих заповедей, чтобы немного помочь тебе. Укрепись сам, ибо станы собраний (мудрецов) явятся к тебе в заповеди, следующей за этой. И это заповедь – поставить над собой Царя свыше. А Творец возведет тебя царем среди высших и нижних по образу Своему, ведь над мудрецами, что в собрании, как высшая Шхина", т.е. Бина, "так и нижняя", т.е. Малхут. И это две хэй (ה) имени АВАЯ (הויה). "А Творец", т.е. вав (ו), – "это Царь посередине", между двумя хэй (ה), "и Он связан с высшими и с нижними" – с Биной и с Малхут. "Так будешь ты по образу Его сыном Его, встань же во славу Царя"».

37) «Встал верный пастырь и воздел руки вверх», к Кетеру, «и сказал: "Да будет желание Твое, Причина причин, возносящийся от причины к причине, пока не станет причины" выше Тебя. "Ибо Ты выше всех причин", и да будет благоволение Твое, "чтобы дать мне силы исполнить волю Твою на ступенях Твоих, и это отец и мать (аба ве-има)", т.е. Хохма и Бина, "а я – сын их", потому что верный пастырь, т.е. Моше, это Даат, являющийся сыном Хохмы и Бины. "В единении Твоем оба они едины, и Ты сравнял страх отца и матери со страхом Твоим, поскольку Ты посередине", так как Хохма и Бина расположены справа и слева, а Кетер над ними посередине, "один, а не вдвоем, без участия (других), хотя они", Аба ве-Има, "одно целое благодаря Твоему участию, однако Ты один, без участия других. И потому сказано о Тебе: "И нет Всесильного, кроме Меня"⁴³».

38) «"Дай мне силы сначала пробудиться во славе Твоей, а затем во славе отца моего и матери моей, что в небесах", т.е. Зеир Анпина и Малхут, "о которых сказано: "Кто обирает отца своего и мать свою и говорит: "Это не грех", тот товарищ

---

⁴¹ Писания, Псалмы, 92:7. «Человек невежественный не знает и глупец не понимает этого».

⁴² Тора, Дварим, 4:44. «И вот Учение (Тора), которое изложил Моше пред сынами Исраэля».

⁴³ Тора, Дварим, 32:39. «Смотрите же ныне, что Я это Я, и нет Всесильного, кроме Меня; Я умерщвлю и Я оживлю, Я поразил и Я исцелю: и нет спасителя от руки Моей».

губителю"⁴⁴. И объяснили мудрецы Мишны, что нет иного отца, кроме Творца", т.е. Зеир Анпина, "и нет иной матери, кроме Кнессет Исраэль", т.е. Малхут. "И слава Твоя – это отец (Аба)", т.е. "Хохма, входящая в его десять сфирот снизу вверх". Поскольку Хохма светит только снизу вверх. "И оба они", Хохма и Бина, – "это престол и опора для Тебя, для славы Твоей"».

39) «"И так установили, чтобы малый уважал большого, который выше его. Аба – это Хохма, ведь единый отец для всех нас, который будет служить под Тобой, а Ты – высшая корона (кетер) на голове его. И нет короны над Тобой. И нет другого божества. А Има", т.е. Бина, должна "служить Абе и быть престолом под ним"».

40) «"И сказал" – он", Аба, "в каждом речении, до тридцати двух" раз Элоким, который сказал: "Да будет так", и было так. А она", Има, "сразу же выполняла речение его. И поскольку она выполняла речение и веление его без какой-либо задержки по тридцати двум путям" Хохмы, светящим в тридцати двух Элоким, что в Бине, "посредством которых были сотворены все действия начала творения, она называется славой"» – так как «слава (кавод כבוד)» имеет числовое значение тридцать два. Как написано: «"И в храме Его всё гласит: "Слава!"⁴⁵ И также: "Благословенна слава Творца с места Его"⁴⁶. И также: "Где место славы Его для почитания Его?"⁴⁷» И все они – это Бина, называемая славой.

41) «"И таргум⁴⁸ слов "почитание отца" – это "йекара де-авуи (יְקָרָא דַּאֲבוּהִי)". И это: "Тора Творца совершенна"⁴⁹. О ней

---

⁴⁴ Писания, Притчи, 28:24. «Кто обирает отца своего и мать свою и говорит: "(Это) не грех", тот товарищ губителю».

⁴⁵ Писания, Псалмы, 29:9. «Голос Творца разрешает от бремени ланей и обнажает леса; и в храме Его все гласит: "Слава!"»

⁴⁶ Пророки, Йехезкель, 3:12. «И понес меня дух, и услышал я позади себя голос, шум мощный: "Благословенна слава Творца с места Его"».

⁴⁷ Из молитвы «Мусаф» в субботу. «Славой Его наполнен мир! Ангелы-служители Его спрашивают друг друга: "Где место славы Его для почитания Его?" А в ответ им восхваляли и произносили: "Благословенна Слава Творца во всяком месте пребывания ее!"»

⁴⁸ Таргум – перевод на арамейский язык

⁴⁹ Писания, Псалмы, 19:8. «Тора Творца совершенна, оживляет душу, свидетельство Творца верно, умудряет простака».

написано: "Она дороже (йекара) жемчуга"⁵⁰». Выходит, что Тора, т.е. Зеир Анпин, называемая «йекара», это почитание отца. «"А Исраэль, названные сыновьями", они "в совокупности "сын и дочь" со стороны Тиферет и Малхут. Для этих сына и дочери почитание отца своего и матери своей", т.е. Хохмы и Бины, – "исполнять повеление его", Абы, "и повеление его", Абы ве-Имы, – "это исполнительные заповеди. Ведь объяснили мудрецы Мишны, что есть "тот, кому заповедано, и он исполняет"⁵¹, и поэтому это "сделаем и услышим"⁵², – и это является почитанием отца и матери, когда заповедует сыну своему, чтобы сделал так, и он тотчас делает без всякого промедления"».

42) «"И Причина над всеми" причинами, т.е. Кетер, "я хочу усердствовать во славу Твою, чтобы установить свойства отца и матери (абы ве-имы)", т.е. Хохмы и Бины, "во славу Твою. Будь в помощь мне, чтобы устроить всё как подобает. И Ты устроишь мне и всем членам собраний, которые наверху и внизу, и высшим и нижним станам ангелов, чтобы были они установлены и выстроены во славу Твою", Кетера, "и во славу отца и матери (абы ве-имы)", Хохмы и Бины, "чтобы быть опорой под ногами Его, "исполняя повеление Его", Абы ве-Имы, "во всех заповедях Его, и страшась Его во всех запретительных заповедях"».

43) «"И это: "Бойтесь каждый матери своей и отца своего"²⁸. И вслед за этим: "И субботы Мои храните"²⁸. А в другом изречении написано: "И заповеди Мои исполняйте"⁵³. В отношении исполнительных заповедей, т.е. почитания, ставит отца раньше матери, и это йуд-хэй (י"ה)", т.е. Аба раньше. Поскольку исполнительные заповеди – со стороны Абы. "А в отношении запретительных (заповедей)", т.е. страха, "ставит мать раньше отца, и это хэй-йуд (ה"י)", так как Има, хэй (ה), идет раньше Абы, йуд (י). "То есть: "Слава Всесильного – скрывать деяние"⁵⁴ –

---

⁵⁰ Писания, Притчи, 3:15. «Она дороже жемчуга, и ничто из желаемого тобою не сравнится с нею».

⁵¹ Вавилонский Талмуд, трактат Кидушин, лист 31:1. «Больше тот, кому заповедано, и он исполняет, чем тот, кому не заповедано и он исполняет».

⁵² Тора, Шмот, 24:7. «И взял книгу союза, и прочитал вслух народу, и сказали они: "Все, что говорил Творец, сделаем и услышим!"»
«Делать» и «исполнять» – два перевода одного и того же слова.

⁵³ Тора, Ваикра, 26:3. «Если вы будете следовать Моим законам и хранить Мои заповеди, и исполнять их».

⁵⁴ Писания, Притчи, 25:2. «Слава Всесильного – скрывать деяние, а слава царей – исследовать деяние».

тем, кто не усердствует в этой славе", т.е. в заповедях, "скрой это деяние от них"».

44) «"И о них сказано: "А глупым воздается бесчестием"[40]. Это невежды, ибо они не усердствуют во славу Торы. И как говорят: "Отец наш небесный, услышь голос наш, пощади нас и смилостивься над нами и прими молитву нашу"? Ведь Он", Творец, "скажет им: "Если отец Я, где почтение ко Мне?"[39] что означает: "Где же старания ваши в Торе и заповедях Моих, чтобы исполнить повеление Мое, – ведь тот, кто не знает заповедей Господина своего, как может служить Ему?"».

45) «"Кроме тех, кто слышит от мудрецов и делает", хотя сам по себе не знает. "И это соответствует "сделаем и услышим"[52], т.е. он слышит от мудрецов и делает. "Но вместе с тем, есть разница у того, кто получает не от своего Господина, а через посланника Его. И в чем же разница между тем и другим? Это потому, что написано: "Моше получил Тору на Синае, а затем передал ее Йеошуа"[55]. Я", т.е. верный пастырь, "получил, а затем передал всем. И так тот, кто получает от другого", это подобно тому, "как луна и звезды получают от солнца, и при таком получении наполняется. И тот, кто получает, благо может уйти от него, как мы видим с солнцем и луной, что свет их уходит ночью, ибо солнце светит только днем, а луна – только ночью"».

46) «"А если скажешь, что свет луны – от солнца, и хотя исчезает" свет его, "оно светит через луну и звезды", и получается, что солнце светит также и ночью? И отвечает: "Всё же, с другой стороны, мы видим при затмении луны и солнца, что исчезает свет их, и они остаются как тело без души. Ибо есть Властелин над ними, затемняющий свет их. Но самое главное в свете – это место, из которого он исходит, и не прекращается свет его. И нет над ним другого божества, которое могло бы прервать свет его"».

47) «"И Причина причин! Благодаря тому, что Ты (пребываешь) там", в Торе, "не прекращается источник света Торы.

---

[55] Мишна, трактат Авот, часть 1, мишна (закон) 1. «Моше получил Тору на Синае, а затем передал ее Йеошуа, Йеошуа (передал Тору) старейшинам, старейшины – пророкам, пророки передали ее Великому собранию ученых. Последние дали три указания: "Судите без спешки, выводите в люди как можно больше учеников и возведите ограду вокруг Торы"».

Да будет желание Твое, чтобы не отошел Ты от отца и матери моих", т.е. от Торы и заповеди, – Зеир Анпина и Малхут, "и от сыновей", – от Исраэля. "И так это – в том, кто умерщвляет себя ради Торы, и она дорога́ ему", Тора "воплощается в нем и не прекращается у него. Но не так тот, кто не усердствует в ней. И хотя исполняет он заповеди мудрецов", т.е. слушает сказанное мудрецами и исполняет, как мы уже сказали, "он их слуга, – раб он, а не сын. Но если он верный" раб, "Господин его дает ему власть над всем, что есть у Него"».

48) «"Но тот, кто не занимается Торой и не служит мудрецам, чтобы услышать от них заповеди и исполнить "сделаем и услышим"[52], а грешит и нарушает запретительные заповеди, равносилен" и подобен "народам мира, идолопоклонникам, сынам Сама и змея, о которых сказано: "А глупым воздается бесчестием"[40], – ибо не желали принять Тору. Ведь тот, в ком нет Торы, в том нет почета, как сказано о них: "Мудрые наследуют почет"[40]».

Сын почитает отца

49) «"И вместе с тем, главы собрания, не любое почтение равно, ибо "сын почитает отца, и раб – господина своего"[56]. "Сын почитает"[56] не ради получения вознаграждения, но заповедано ему оказывать почтение отцу и матери, и если не хочет он выполнять это, отец и мать будут наказывать его до тех пор, пока он не начнет выполнять это поневоле. А если это взрослый сын, то судебная палата заставит его. А если он не хочет выполнять, что написано о нем: "Этот наш сын буен и непокорен, не слушает он нашего голоса"[57]. И приговаривают его к побиению камнями. Но если раб, который служит за вознаграждение, не исполняет повелений своего господина, господин выгоняет его из своего дома и берет другого, чего он не может сделать со своим сыном, – но или тот будет выполнять повеления его, или же должен убить его"».

50) «Сказал ему великий светоч (рабби Шимон): "Кто же привел к тому, что" сын "не выполнил заповеданного ему, будучи сыном?" Сказал ему верный пастырь: "Нет сомнения, что это примесь зла", имеющаяся в нем, "и это же заставляло Исраэль грешить пред Отцом своим в небесах. И это смысл сказанного: "И смешались они с народами"[58]. И это привело к гибели Исраэля, и разрушен был Храм. И поэтому во времена Машиаха не принимают пришельцев,[59] но "Творец один ведет его, и нет с ним бога чужого"[60]».

51) «"Ведь Исраэль относятся к Древу жизни". И есть "хороший раб и плохой раб: со стороны Матата – хороший раб, раб, верный своему господину; плохой раб" – это (ангел) "Сам". Но "тот, кто

---

[56] Пророки, Малахи, 1:6. «Сын почитает отца, и раб – господина своего; и если отец Я – где почтение ко Мне, и если господин Я – где боязнь (предо) Мной? (Так) сказал Творец Воинств вам, священники, унижающие имя Мое. А вы говорили: "Чем унижали мы имя Твое?"»

[57] Тора, Дварим, 21:18-21. «Если будет у человека сын буйный и непокорный, не слушающий голоса отца своего и голоса матери своей, и они наказывали его, а он не слушает их; то возьмут его отец его и мать его и выведут его к старейшинам его города и к вратам места его, и скажут они старейшинам его города: "Этот наш сын буен и непокорен, не слушает он нашего голоса, обжора он и пьяница". И побьют его все мужи его города камнями, и он умрет, и устранишь ты зло из среды твоей. И все (сыны) Исраэля услышат и устрашатся».

[58] Писания, Псалмы, 106:35. «И смешались они с народами и научились делам их».

[59] Вавилонский Талмуд, трактат Йевамот, лист 24:2.

[60] Тора, Дварим, 32:12. «Творец один ведет его, и нет с ним бога чужого».

относится к Древу жизни, принадлежит (досл. сын) будущему миру. Сын – со стороны сын йуд-хэй (י"ה)", т.е. Зеир Анпин, ибо "Бина (בינ"ה)", она состоит из букв «бен (בן сын) йуд-хэй (י"ה)». «"И он наследует Малхут, то есть хэй (ה)" де-АВАЯ (הויה). И как он наследует ее? Если выполняет повеления отца и матери", он наследует ее. "Ибо Малхут – это повеление Царя, и о ней сказано: "Зачем ты преступаешь повеление царское?"[61] Это повеление и приказ Царя о том, что делать и чего не делать"».

52) «"Заповедь – она от Торы, т.е. от Тиферет. И нет там разделения здесь" между Торой и заповедью, поскольку Тора – это общее, а заповеди, что в ней, – это ее частности, и они являются одним целым. "Творец – это истина, Тора Его – учение истины, Он – это Его Тора и Его заповедь", поскольку они едины. "Как Бина, которая является Торой и заповедью Хохмы". Поскольку высшие Тора и заповедь – это Хохма и Бина, которые являются одним целым и не расстаются никогда. "А есть Тора мира Брия", т.е. Зеир Анпин мира Брия, "и Хохма мира Брия и Бина мира Брия. И так во всех свойствах" есть Хохма и Бина, и Тора, и заповедь. "В этом" мире Брия "сын может пребывать в этой Торе без заповеди, и в заповеди – без Торы, раздельно. И отсюда", от свойства мира Брия, исходит "сын буйный и непокорный"», потому что в мире Брия уже есть клипот, как написано: «Одно против другого создал Всесильный»[62]. «"Но (начиная) с мира Ацилут, нет там разделения, и также" душа (нешама), исходящая "оттуда, – грех не приходит через него. И нет" в ней "оттуда ни наказания, ни награды, ни смерти"». Поскольку нет там никаких клипот, как написано: «Не водворится у Тебя зло»[63].

53) «"И поэтому" в Ацилуте "Тора – это Древо жизни", и постижение ее – "награда будущего мира", т.е. Бина. "И это дерево называется Древом" жизни "и называется будущим миром" со стороны Бины, "и не называется наградой, поскольку это сын оттуда, и он не занимается Торой для получения награды ни в действии, и ни в речи, и ни в мысли"».

---

[61] Писания, Мегилат Эстер, 3:3. «И говорили Мордехаю служители царские, что (были) у царских ворот: "Зачем ты преступаешь повеление царское?"»

[62] Писания, Коэлет, 7:14. «В день благоволения – радуйся, а в день бедствия – узри, ибо одно против другого создал Всесильный с тем, чтобы ничего не искать человеку после Него».

[63] Писания, Псалмы, 5:5. «Ибо Ты не божество, желающее беззакония, не водворится у Тебя зло».

ГЛАВА КДОШИМ

Старший сын

54) «"Подошел великий светоч поцеловать руки его. Сказал: "Конечно, ты сын оттуда", из мира Ацилут, "в образе его сына-первенца", то есть "Тиферет, сына высших Абы ве-Имы, создание которого беспрестанно. Не было до тебя другого сына ни в мысли, и ни в речи, и ни в действии". Сказал верный пастырь: "И ты, и товарищи, и главы пребывающих в собрании, представшие здесь вместе со мной, они совершенно безустанны, и без примеси", со стороны ситры ахра, т.е. в свойстве мира Ацилут. "Поцеловали все они друг друга и раскрылись в братской любви, и заплакали"».

55) «Провозгласил рабби Шимон и сказал: "Вместе с тем, сына-первенца", т.е. верного пастыря, – "все братья должны почитать его, ведь написано: "Почитай отца своего (эт авиха)"[64]. И объяснили мудрецы, что "эт" включает также твоего старшего брата", которого ты должен почитать. "И хотя по поводу тебя уже во всех отношениях разъяснено в Торе, "ведь к тому же (бешагам בְּשַׁגַּם)"[65] – это Эвель", поскольку Моше был душой Эвеля. "И не было у Адама Ришона первого сына до него", потому что Каин был со стороны змея, а Эвель был со стороны Адама.[66] "И объяснили мудрецы, что "(бешагам בְּשַׁגַּם)"[65] – это Моше"», потому что «бешагам (בְּשַׁגַּם)» – это буквы Моше (משה), «"сын Царя в любом месте. Ты – первенец со стороны Древа жизни добра и зла, ты – это добро, и это смысл слов: "И увидел Всесильный свет, что он хорош"[67]. И написано: "И увидела по нему, что он хорош"[68]». Объяснение: ангел Матат называется Древом жизни добра и зла, а Моше – это его добрая сторона.

---

[64] Тора, Шмот, 20:12. «Почитай отца своего и мать свою, чтобы продлились дни твои на земле, которую Творец Всесильный твой дает тебе».

[65] Тора, Берешит, 6:3. «И сказал Творец: "Да не будет дух Мой судить человека вечно, ведь к тому же он – плоть; пусть будут дни жизни его сто двадцать лет"».

[66] См. Зоар, главу Берешит, часть 1, п. 455. «После этого они породили первого сына, и он был порождением скверны этого змея...»

[67] Тора, Берешит, 1:4-5. «И увидел Всесильный свет, что он хорош, и разделил Всесильный между светом и тьмой. И назвал Всесильный свет днем, а тьму назвал Он ночью. И был вечер и было утро: день один».

[68] Тора, Шмот, 2:2. «И зачала женщина, и родила сына, и увидела по нему, что он хорош, и скрывала его три месяца».

56) «"И оттуда назвал тебя Творец верным рабом", потому что он раб со стороны Матата.[69] "Затем возвысился ты, чтобы стать Царем. Это смысл сказанного: "И стал Он в Йешуруне Царем"[70]. А затем высшим домочадцем. Царем" ты был "со стороны Малхут мира Брия, домочадцем – со стороны Бины мира Брия. А теперь ты Царь со стороны дерева Малхут Ацилута. Домочадец – со стороны йуд-хэй (י״ה), т.е. Тиферет Ацилута, счастлива доля твоя. А кто привел тебя к этому? Благодаря твоему старанию в Торе и заповеди, чтобы соединить Творца и Его Шхину, привести Царя на место Его и к воинствам Его наверху, и к Исраэлю внизу"».

57) «"И поэтому все наследуют от него души (нешамот) Ацилута и называются его сыновьями – от имени АВАЯ в Ацилуте, где нет разделения и раздробления. И сначала говорится о них, что они сыновья Творца и Шхины Его – со стороны АВАЯ мира Брия, о котором написано: "(Каждого, названного именем Моим и во славу Мою), сотворил Я его, создал Я его и сделал Я его"[71]». «Сотворил (бара)»[71] – со стороны АВАЯ мира Брия, «создал (яцар)»[71] – со стороны мира Ецира, «также сделал (аса)»[71] – со стороны мира Асия. «"А сейчас" сделались "сыновьями АВАЯ мира Ацилут"».

---

[69] См. выше, п. 51.
[70] Тора, Дварим, 33:5. «И стал Он в Йешуруне Царем при собрании глав народа, вместе колена Исраэля».
[71] Пророки, Йешаяу, 43:7. «Каждого, названного именем Моим и во славу Мою, сотворил Я его, создал Я его, также сделал Я его».

Поставь над собою Царя

58) «"И через тебя была исполнена заповедь, возложенная на Исраэль, – поставить над собою Царя. Об этом написано: "Поставь над собою царя"[72]. И вначале через тебя исполнились слова: "И стал он в Йешуруне царем"[70] – который был первым царем над Исраэлем. И все следуют за тобой, подобно органам, управляемым силой движения души, которая распространяется в каждый орган. Ведь высший Кетер, которым ты будешь увенчан и в котором (заключена) причина всех причин, – это Кетер над всем, скрытый и утаенный в своей внутренней сути. И от него нисходит (это) ко всем сфирот и выстраивает их: чтобы одно стало большим", милость (хесед), "а другое – малым", суд, "а это – посередине", милосердие. "И он управляет ими по своему желанию и светит в них, и связывает их, и соединяет их"».

59) «"Так ты станешь предводителем Исраэля, используя все добрые свойства его", Кетера. "И каждого ты устроишь, как подобает ему: старшего – по старшинству его, младшего – по молодости его, а среднего – по ступени его. И соединишь их единой связью с Отцом их в небесах, чтобы был у всех них ясный язык для благословения Творца, чтобы освящать Его и объединять на твоей ступени, в твоей мысли, в твоем созидании. Чтобы исполнились в тебе слова: "И Я наделю от духа (руаха), который на тебе, и возложу на них"[73]. Встань и пробудись к заповеди, чтобы искоренить семя Амалека"».[74]

---

[72] Тора, Дварим, 17:15. «Поставь над собою царя, которого изберет Творец Всесильный твой. Из среды братьев твоих поставь над собою царя; ты не можешь поставить над собой чужеземца, который не брат тебе».

[73] Тора, Бемидбар, 11:17. «И Я низойду, и буду говорить с тобой там, и наделю от духа, который на тебе, и возложу на них. И они будут нести с тобою бремя народа, и не будешь нести ты один».

[74] См. Зоар, главу Ки теце, п. 109. «Эта заповедь – истребить семя Амалека...»

ГЛАВА КДОШИМ

У Адама Ришона не было от этого мира ничего

60) «"Бойтесь каждый матери своей и отца своего"[75]. Эта заповедь – почитать отца и мать. То есть человек должен бояться отца и мать, и почитать их. Так же как человек должен почитать Творца и бояться Его со стороны духа, который Он вложил в него, так он должен почитать отца и мать со стороны своего тела, и бояться их, так как они действуют совместно с Творцом, и создали тело. И поскольку они участники в действии, будут также участниками в страхе и почитании"».

61) «"Подобно этому, три участника наверху в свойстве "человек". Адам Ришон, – хотя тело его было из праха, оно было не из праха, что здесь", который в этом мире, "а из праха высшего Храма", т.е. от свойства мира Брия. "Присутствовали отец и мать", т.е. Зеир Анпин и Малхут, "и высший Царь", т.е. Бина, "участвовал с ними и привнес в него дух жизни, и был он сотворен. И подобно этому", трем участникам, "всё есть наверху и внизу. И поэтому должен человек бояться Творца и бояться отца и матери"».

62) Написано «"в тайнах Торы, что у Адама Ришона не было ничего от этого мира", т.е. от свойства Малхут меры суда. "Один праведник", т.е. Есод Зеир Анпина, "совершил соитие с нуквой", т.е. с Малхут, которая облачала Бину, "и от этого соития произошло тело (гуф), свечение которого было более, чем у всех ангелов-посланников, что наверху. И когда было сотворено это тело, привнес высший Царь", Бина, "в этого праведника", в Есод Зеир Анпина, "двадцать две буквы, и" Бина "участвовала с ними, и оно (тело) появилось на свет"».

63) «"Когда явился" Адам Ришон в мир, "увидели его солнце и луна, и скрылись света их, ибо пятка его", Адама Ришона, "затмила свет их. И в чем причина? Потому что он произошел от деяния высших солнца и луны", т.е. Зеир Анпина и Малхут. "Когда согрешил, померк и уменьшил себя, и вознуждался в другом теле, в коже и плоти. Как написано: "И сделал Творец Всесильный для Адама и для его жены облачения накожные

---

[75] Тора, Ваикра, 19:3. «Бойтесь каждый матери своей и отца своего и субботы Мои храните; Я – Творец Всесильный ваш».

и одел их"⁷⁶. Подобного тому соитию, которое произвел тот праведник со своей нуквой" для рождения Адама Ришона, как мы уже сказали, "не было до этого, и" ни "после этого. Ибо не явился еще мастер, чтобы очистить"».

Объяснение. Адам Ришон родился и произошел от зивуга Зеир Анпина и Малхут, однако в тот момент Зеир Анпин и Малхут облачали Абу ве-Иму, а нижний, облачающий высшего, становится подобным ему, и поэтому Адам Ришон родился от свойства Имы, т.е. от ИШСУТ, Бины. И получается, что не было в нем ничего от свойства Малхут. И об этом написано: «У Адама Ришона не было ничего от этого мира»⁷⁷ – т.е. в нем не было ничего от Малхут, называемой этим миром. «Хотя тело его было из праха»⁷⁸ – т.е. от Малхут, называемой прахом, «оно было не из праха, что здесь», – было не от Малхут на своем месте, как сейчас, – «а из праха высшего Храма», – от Малхут, которая облачала Иму, называемую высшим Храмом. И тогда она полностью подобна Име, т.е. Бине, и нет у нее от собственного свойства ничего.

Но после того как он согрешил и отведал от Древа Познания, Малхут получила ущерб из-за его греха, и опустилась из Бины, и упала в миры БЕА, и он тоже упал и опустился вместе с ней в мир Асия. И раскрылась в нем Малхут меры суда, и тогда ему понадобилось другое тело, чтобы находиться в свойстве этой Малхут, и это смысл сказанного: «И вознуждался в другом теле, в коже и плоти»⁷⁹, т.е. чтобы были в нем свойства Зеир Анпина и Малхут, поскольку кожа – это свойство Малхут, а плоть – свойство Зеир Анпина. «Как написано: "И сделал Творец Всесильный для Адама и для его жены облачения накожные и одел их"», – т.е. произошел зивуг от свойства ЗОН на их собственном месте, в котором они притянули к нему «облачения накожные», т.е. Малхут, в которой есть примесь от свойства Малхут меры суда, и ее нужно освободить от примеси и очистить, так как от нее происходят отходы. И это смысл сказанного: «Подобного тому соитию ... не было до этого и после этого»⁷⁹, – ибо до этого Зеир Анпин и Малхут еще не были в таком высоком состоянии,

---

⁷⁶ Тора, Берешит, 3:21. «И сделал Творец Всесильный для Адама и для его жены облачения накожные и одел их».
⁷⁷ См. п. 62.
⁷⁸ См. п. 61.
⁷⁹ См. п. 63.

поскольку тогда они были исправлены из разбиения келим и поднялись столь высоко, чтобы породить Адама Ришона на ступени Бины. И тем более после этого не будет такого высокого подъема. И, несмотря на то, что и сейчас существуют подъемы Зеир Анпина и Малхут к высшим Абе ве-Име, это происходит только в субботу, т.е. этот день привел к этому. Но тогда это происходило из-за них самих, поскольку они полностью очистились от свойства Малхут меры суда с помощью Создателя, и это смысл сказанного: «Ибо не явился еще мастер, чтобы очистить»[79], – так как они были тогда на таком высоком уровне, что не было необходимости, чтобы мастер, т.е. Создатель, явился для очищения и выявления этих ступеней из примесей, привнесенных свойством Малхут меры суда. Однако после грехопадения, Малхут меры суда уже примешалась ко всем ступеням, и нужно очистить и выявить ее.[80]

64) «"Пока не явился Ханох, и взял его Творец с земли,[81] и были выявлены в нем отходы, и отделил Он это от серебра, и так же – со всеми праведниками на земле. А потом было исправлено это место", т.е. Малхут, в которой скрылась Малхут меры суда, и она уже не видна. И тогда "образовались от зивуга" Зеир Анпина и Малхут "духи (рухот) и души (нешамот), и тело (гуф) снизу, на земле. И поэтому, благодаря совместному участию высших и нижних, явился человек (адам) в мир, и он должен бояться этих участников, и почитать их"».

---

80   См. «Учение десяти сфирот», часть 16, п. 43.
81   Тора, Берешит, 5:24. «И ходил Ханох пред Всесильным; и не стало его, ибо Всесильный взял его».

ГЛАВА КДОШИМ

Жена, которую Ты дал со мною

65) «"Не обращайтесь к идолам, и божеств литых не делайте себе"[82]. Рабби Хия провозгласил: "Не смотри на упрямство народа этого"[83]. "Не смотри"[83]. Спрашивает: "Кто это может сказать Царю: "Не смотри"[83]? Ведь написано: "Ибо глаза Его (взирают) на пути человека"[84]. И написано: "Если спрячется человек в укрытии, то разве Я его не увижу? – сказал Творец"[85]. Ведь Творец наблюдает за всем и смотрит на все деяния, и приводит на суд за всё, будь то добро или зло. Как написано: "Всесильный приведет на суд, за всё сокрытое, будь то добро или зло"[86]. А Моше сказал: "Не смотри"[83]».

66) И отвечает: «"Но насколько должен человек остерегаться грехов своих, чтобы не грешить пред святым Царем? Смотри, если человек выполняет заповедь, заповедь эта восходит и предстает пред Творцом, и говорит: "Я от такого-то, который выполнил меня". И Творец отмечает ее пред Собой, чтобы, наблюдая за ней каждый день, доставлять" этому человеку "благо через нее. А если" человек "нарушил слово Торы, то эта вина поднимается пред Ним и говорит: "Я от такого-то, который содеял меня". И Творец отмечает ее пред Собой, и стоит она там, чтобы можно было, наблюдая за ней, покончить с ним. Это смысл сказанного: "И увидел Творец, и отверг в гневе сыновей Своих и дочерей Своих"[87]. Что значит: "И увидел"[87]?" То есть вину "ту, которая стоит пред Ним"».

---

[82] Тора, Ваикра, 19:4. «Не обращайтесь к идолам, и божеств литых не делайте себе. Я Творец Всесильный ваш».

[83] Тора, Дварим, 9:27. «Вспомни рабов Твоих, Авраама, Ицхака и Яакова; не смотри на упрямство народа этого, и на преступления его, и на грехи его».

[84] Писания, Иов, 34:21. «Ибо глаза Его (взирают) на пути человека, и видит Он все шаги его».

[85] Пророки, Йермияу, 23:24. «Если спрячется человек в укрытии, то разве Я его не увижу? – сказал Творец, – ведь и небо и земля полны Мною».

[86] Писания, Коэлет, 12:13-14. «Послушаем всему заключенье: Всесильного бойся и заповеди Его соблюдай, потому что в этом – весь человек. Ибо все дела Всесильный приведет на суд, за все сокрытое, будь то добро или зло».

[87] Тора, Дварим, 32:19. «И увидел Творец, и отверг в гневе сыновей Своих и дочерей Своих».

67) «"О раскаявшемся что написано: "И Творец снял грех твой – ты не умрешь"[88]. То есть Он устранил от Себя эту вину, чтобы не смотреть на нее, и делать ему добро. И поэтому" написано: "Не смотри на упрямство народа этого, и на преступления его, и на грехи его"[83]», – т.е. чтобы Он не обращал внимания на них. «Сказал рабби Йоси: "Отсюда ясно, что смысл" этого, "как написано: "Останется вина твоя пятном предо Мною"[89]».

68) «Маленький рабби Йоси вошел пред рабби Шимоном, однажды он обнаружил его, что он сидел и читал: "Написано: "И сказал Адам: "Жена, которую Ты дал со мною, она дала мне от этого дерева, и я ел"[90]. Отсюда "следует, что Адам и Хава были сотворены вместе и соединены друг с другом в одно тело, ведь написано: "Которую Ты дал со мною"[90], но не написано: "Которую ты дал мне". Сказал ему: "Но ведь в таком случае, написано: "Я – та женщина, которая поставлена с тобой в этом"[91], а не написано: "Которая поставлена перед тобой". Сказал ему: "Если бы было написано: "Которая дана с тобой", я мог бы сказать, что это как в сказанном: "Которую Ты дал со мною"[90], но написано: "Которая поставлена"[91]», а это означает, что была поставлена одна, и не соединена с ним.

69) «Сказал ему: "Но ведь написано: "И сказал Творец Всесильный: "Нехорошо человеку быть одному, сделаю ему помощника против него"[92]. Таким образом, жена его была сотворена одна, и была против него, а не соединена с ним в одно тело. И отвечает: "Сделаю ему"[92] означает – "сейчас"» сделаю ему, чтобы была она против него. Однако до этого они были созданы соединенными друг с другом в одном теле. «Сказал ему: "Несомненно, это так, что Адам был один, и не было у него

---

[88] Пророки, Шмуэль 2, 12:13. «И сказал Давид Натану: "Согрешил я пред Творцом". И сказал Натан Давиду: "И Творец снял грех твой – ты не умрешь"».

[89] Пророки, Йермияу, 2:22. «"Поэтому даже если ты будешь смывать (это пятно) щелоком и возьмешь много мыла, (все же) останется вина твоя пятном предо Мною", – сказал Владыка Творец».

[90] Тора, Берешит, 3:12. «И сказал Адам: "Жена, которую Ты дал со мною, она дала мне от этого дерева, и я ел"».

[91] Пророки, Шмуэль 1, 1:26. «И сказала она: "Внемли мне, господин мой, да живет душа твоя, господин мой! Я – та женщина, которая поставлена с тобой в этом, чтобы молиться Творцу"».

[92] Тора, Берешит, 2:18. «И сказал Творец Всесильный: "Нехорошо человеку быть одному, сделаю ему помощника соответственно ему (досл. против него)"».

помощника в нукве его, поскольку она была" слита "со сторонами его, как мы уже объясняли. И то, что сказал Он: "Сделаю ему помощника"[92], показывает, что "это так, ведь не написано: "Сотворю ему помощника", а написано: "Захаром и некевой сотворил Он их"[93], и это означает, что сразу же в момент сотворения они уже были захаром и некевой. "Но написано: "Сделаю"[92], и что "сделаю"[92] – т.е. исправлю, а это означает, что Творец взял ее от его сторон, и произвел над ней исправление, и поставил ее перед ним. И тогда сошелся Адам с женой своей, и стала она ему помощником"».

---

[93] Тора, Берешит, 5:2. «Мужчиной и женщиной (досл. захаром и некевой) сотворил Он их. И благословил Он их, и нарек им имя Адам, человек, в день сотворения их».

ГЛАВА КДОШИМ

Нельзя смотреть на женскую красоту

70) «"И мы учили, что красота Адама происходила от свечения высшей связи, от сверкающего сияния", – т.е. свечения Абы, потому что нешама де-нешама была у него от Абы мира Ацилут.[94] "Красота Хавы была такой, что никто из созданий не мог смотреть на нее", потому что ее нешама де-нешама была от Имы мира Ацилут.[94] "И даже Адам не мог смотреть на нее, пока не согрешили они и не были лишены красоты своей. Тогда посмотрел на нее Адам и распознал ее, чтобы совершать соитие с ней. Это означает: "И познал Адам еще жену свою"[95]. "И познал"[95] ее во всем: "и познал"[95] – в соитии, "и познал"[95] – т.е. распознал ее и рассмотрел ее"».

71) «"И мы учили, что нельзя человеку смотреть на женскую красоту, чтобы не впасть в дурные мысли и не сорваться, впав в иное состояние", т.е. что сорвется у него капля, пропав впустую. "И так поступал рабби Шимон, когда проходил по городу с товарищами, которые шли за ним, и видел красивых женщин, – он опускал глаза, и говорил товарищам: "Не смотрите"».

72) «"И каждый, кто смотрит на женскую красоту днем, впадает в эти мысли ночью. И если возникают у него эти дурные мысли, он совершает нарушение, так как написано: "И божеств литых не делайте себе"[96]». Ибо клипот, которые питаются от этого, называются «божества литые». «"Кроме того, если он сходился с женой, находясь в этих дурных мыслях, те сыновья, которых порождает, называются божествами литыми. И поэтому написано: "Не обращайтесь к идолам, и божеств литых не делайте себе"[96]. Рабби Аба сказал: "Нельзя человеку смотреть на идолов языческих и на женщин других народов, и нельзя наслаждаться ими, и нельзя лечиться у них. Ибо нельзя человеку смотреть в то место, в котором нет потребности"».

---

[94] См. «Учение десяти сфирот», часть 16, п. 43.
[95] Тора, Берешит, 4:25. «И познал Адам еще жену свою, и родила она сына, и нарекла ему имя Шет, – потому что поставил мне Творец потомка другого вместо Эвеля, ибо убил его Каин».
[96] Тора, Ваикра, 19:4. «Не обращайтесь к идолам, и божеств литых не делайте себе. Я Творец Всесильный ваш».

ГЛАВА КДОШИМ

Отведи от меня очи твои

73) «Рабби Аба провозгласил: "Обратись ко мне и помилуй меня, дай силу Твою рабу Твоему"[97]. "Обратись ко мне и помилуй меня"[97] – разве был в мире кто-либо настолько мил Творцу, как Давид, что сказал он: "Обратись ко мне и помилуй меня"[97]?" И отвечает: "Но мы так учили, что другой Давид есть у Творца", и это Малхут, называемая Давид, "и он назначен над множеством высших отрядов и станов. И когда желает Творец проявить милосердие к миру, Он смотрит на этого Давида, озаряя лик его (паним), и он светит мирам и проявляет милосердие к миру"».

74) «"И красота этого Давида светит всем мирам. Золотое чело головы его обрамлено семью украшениями из" семи "разных видов золота. И мы это уже учили.[98] Благосклонность Творца (направлена) к нему. И в великой любви к Нему, сказал он Творцу, чтобы обратил Он очи Свои на него и посмотрел на него"», т.е. как сказано: «Обратись ко мне и помилуй меня»[97]. «"Ибо прекрасны они во всём, как сказано: "Отведи от меня очи твои, потому что они взволновали меня"[99]. "Отведи от меня очи твои"[99], – ибо в час, когда эти очи" Малхут "смотрят на Него, на Творца, стрелы катапульт любви загораются в сердце (Давида) высшей любовью. И в великом пламени высшей любви к Нему сказал он: "Отведи от меня очи Твои"[99]. Отврати свои очи от меня в другую сторону, ибо сжигают они меня пламенем любви. Поэтому и написано о Давиде: "А он румян, с глазами прекрасными, и хорош видом"[100]. И из-за этого прекрасного высшего Давида, к которому (обращены) любовь и стремление Творца слиться с ним, сказал Давид: "Обратись ко мне и помилуй меня"[97]».

Объяснение. Света Бины в свойстве ее левой линии называются золотом. Золотое чело (гульголет) – это ГАР в Малхут, и поэтому рош и гульголет светят свечением Хохмы левой линии,

---

[97] Писания, Псалмы, 86:16. «Обратись ко мне и помилуй меня, дай силу Твою рабу Твоему и спаси сына рабы Твоей».
[98] См. Зоар, главу Итро, п. 212. «"Видел я в книге Адама Ришона..."»
[99] Писания, Песнь песней, 6:5. «Отведи от меня очи твои, потому что они взволновали меня! Волосы твои, как стадо коз, что сошли с Гилада».
[100] Пророки, Шмуэль 1, 16:12. «И он послал и привел его, а он румян, с глазами прекрасными, и хорош видом. И сказал Творец: "Встань, помажь его, ибо он это!"»

что в Бине, и называются золотом. И в этом свечении есть семь сфирот ХАГАТ НЕХИМ, и о них сказано: «Семь украшений из семи видов золота». И также красота – от свечения Хохмы.

75) «"Подобно этому: "Смотри, запах сына моего как запах поля, которое благословил Творец"[101]. Это означает, что вместе с Яаковом вошел Эденский сад, называемый полем святых яблонь". И спрашивает: "Как же мог Эденский сад войти с ним вместе? Ведь он так велик в ширину и в длину, и в нем так много высших святых палат, ступень над ступенью, предел над пределом!"»

76) И отвечает: «"Но другой, высший святой сад", Малхут, "есть у Творца. И в том саду – любовь Его, и он связан с Ним, и охраняется для Него одного, ибо Он входит в него. И его Творец дает в наследство, чтобы был он всегда с праведниками, и тем более, чтобы был он с Яаковом. И это уготовил ему Творец, чтобы вошло вместе с ним и помогло ему"».

77) «"Подобно этому: "Я Творец, Всесильный Авраама, отца твоего, и Всесильный Ицхака! Землю, на которой ты лежишь..."[102] И мы учили, что это учит тому, что сложилась" под ним вся "земля Исраэля"». И поэтому сказал Он ему: «Землю, на которой ты лежишь, тебе отдам ее и потомству твоему»[102]. «"Как же земля Исраэля, размером четыреста на четыреста парса[103], сорвалась со своего места и оказалась под ним? Но другая, высшая земля есть у Творца, называемая землей Исраэля", т.е. Малхут, "и она – под ступенью Яакова, который стоит на ней". Поскольку Яаков является строением (меркава) для Зеир Анпина, а Малхут находится под Зеир Анпином, "и Творец дал ее в наследство Исраэлю из-за их любви, чтобы пребывала она с ними и вела их, защищая от всего. И называется она землей жизни"».

---

[101] Тора, Берешит, 27:27. «И подступил он и поцеловал его. И обонял (Ицхак) запах одежд его, и благословил его, и сказал: "Смотри, запах сына моего, как запах поля, которое благословил Творец"».

[102] Тора, Берешит, 28:13. «И вот, Творец стоит над ним и говорит: "Я Творец, Всесильный Авраама, отца твоего, и Всесильный Ицхака. Землю, на которой ты лежишь, тебе отдам ее и потомству твоему"».

[103] Парса – древняя мера длины, одна парса – около 4 км.

ГЛАВА КДОШИМ

Нельзя смотреть на место, отвратительное Творцу

78) «"Смотри, нельзя человеку смотреть на место, которое отвратительно Творцу, и (тогда) душа его далека от Него. И если нельзя смотреть на то, что любит Творец, то тем более на то, что далеко от Него", нельзя. "Смотри, нельзя человеку смотреть на радугу, потому что это отражение высшего образа", поскольку у Малхут есть три цвета радуги, т.е. три ее линии. И также "нельзя человеку смотреть на свой знак союза (обрезания), ибо это указание на праведника мира". И также "нельзя человеку смотреть на пальцы коэнов, когда простирают они руки свои, ибо там пребывает слава высшего Царя. И если нельзя смотреть на высшее место святости, то на далекое нечистое место – тем более" нельзя смотреть. "Поэтому: "Не обращайтесь к идолам"[104]. Рабби Ицхак сказал: "И если нельзя даже смотреть на них, то служить им или делать их – тем более"».

79) «"И поэтому: "Не обращайтесь к идолам"[104]. Здесь это призвано предупредить Исраэль, как в начале"», как в десяти заповедях, ведь: «Не обращайтесь к идолам»[104] – «"соответствует: "Да не будет у тебя иных богов пред ликом Моим"[105]. "И божеств литых не делайте себе"[104] – соответствует: "Не делай себе кумира"[106]. "Я Творец Всесильный ваш"[104] – соответствует: "Я Творец Всесильный твой"[107]. "Бойтесь каждый матери своей и отца своего"[108] – соответствует: "Почитай отца своего и мать свою"[109]. "И субботы Мои храните"[108] – соответствует: "Помни день субботний, чтобы освящать его"[110]. "Не клянитесь ложно именем Моим"[111] – соответствует: "Не произноси имени Творца

---

[104] Тора, Ваикра, 19:4. «Не обращайтесь к идолам, и божеств литых не делайте себе. Я Творец Всесильный ваш».

[105] Тора, Шмот, 20:3. «Да не будет у тебя иных богов пред ликом Моим».

[106] Тора, Шмот, 20:4. «Не делай себе кумира и никакого изображения того, что на небе вверху, и что на земле внизу, и что в воде ниже земли».

[107] Тора, Шмот, 20:2. «Я Творец Всесильный твой, который вывел тебя из земли Египетской, из дома рабского».

[108] Тора, Ваикра, 19:3. «Бойтесь каждый матери своей и отца своего и субботы Мои храните; Я – Творец Всесильный ваш».

[109] Тора, Шмот, 20:12. «Почитай отца своего и мать свою, чтобы продлились дни твои на земле, которую Творец Всесильный твой дает тебе».

[110] Тора, Шмот, 20:8. «Помни день субботний, чтобы освящать его».

[111] Тора, Ваикра, 19:12. «Не клянитесь ложно именем Моим, чтобы не бесчестить имя Всесильного твоего. Я – Творец».

Всесильного твоего напрасно"[112]. "Не крадите"[113] – соответствует: "Не укради"[114]. "И не отрекайтесь, и не лгите друг против друга"[113] – соответствует: "Не дай о ближнем твоем свидетельства ложного"[114]. "Смерти предан будет прелюбодей и прелюбодейка"[115] – соответствует: "Не прелюбодействуй"[114]. "Не стой при крови ближнего твоего"[116] – соответствует: "Не убей"[114]. И уже объясняли это, и поэтому вся Тора в этой главе"».

80) «Сказал рабби Хия: "В начале", в десяти заповедях написано: "Я Творец Всесильный твой"[107], "Помни день субботний"[110], "Не произноси имени Творца"[112], "Не убей"[114], "Не прелюбодействуй"[114], "Не укради"[114], – в единственном числе. А здесь" написано: "Я Творец Всесильный ваш"[104], "Бойтесь каждый матери своей и отца своего"[108], "И субботы Мои храните"[108], "Не обращайтесь к идолам"[104], – во множественном числе". И отвечает: "Но смотри, со дня пребывания Исраэля в мире, они не пребывали пред Творцом в едином сердце и в едином желании так, как в тот день, когда стояли на горе Синай. И потому всё говорится в единственном числе. А потом говорится во множественном числе, потому что они уже не находились настолько в этом желании"», т.е. в едином желании.

---

[112] Тора, Шмот, 20:7. «Не произноси имени Творца Всесильного твоего напрасно, ибо Творец не оставит без наказания того, кто произносит имя Его напрасно».

[113] Тора, Ваикра, 19:11. «Не крадите, и не отрекайтесь, и не лгите друг против друга».

[114] Тора, Шмот, 20:13. «Не убей; не прелюбодействуй; не укради. Не дай о ближнем твоем свидетельства ложного».

[115] Тора, Ваикра, 20:10. «И всякий, кто будет прелюбодействовать с женою замужней, кто будет прелюбодействовать с женой ближнего своего, – смерти предан будет прелюбодей и прелюбодейка».

[116] Тора, Ваикра, 19:16. «Не разноси злословия в народе твоем; не стой при крови ближнего твоего. Я – Творец».

ГЛАВА КДОШИМ

Я – Творец Всесильный твой от земли Египетской

81) «Рабби Эльазар шел повидать рабби Йоси, сына Шимона бен Лакунья. И были с ним рабби Хия и рабби Йоси. Когда пришли они в одно поле, то сели у одного дерева. Сказал рабби Эльазар: "Пусть каждый скажет слово Торы". Провозгласил рабби Эльазар и сказал: "Но Я – Творец Всесильный твой от земли Египетской, и другого бога, кроме Меня, не должен знать ты"[117]. Не написано: "Который вывел тебя из земли Египетской", а "Я – Творец Всесильный твой от земли Египетской"[117]. И спрашивает: "Разве от земли Египетской был у них Царь, а не прежде этого? Ведь написано: "И сказал Яаков сыновьям своим: "Устраните богов чужих, которые внутри вас"[118]. А затем написано: "И встанем и взойдем в Бейт-Эль"[119]. А ты говоришь: "От земли Египетской"[117]».

82) И отвечает: «"Однако с того дня, когда пребывали Исраэль в мире, слава Творца стала известна только от (времени пребывания их) в земле Египетской, когда они были в тяжелой работе и возопили пред Ним, и ни разу не изменили обычаю своему. И там были проверены праотцы наши, подобно золоту, (выходящему) из желоба" плавильной печи. "И, кроме того, так как каждый день видели они множество колдунов и много всякой нечисти, совращающих людей, и не отклонились от пути ни вправо, ни влево, – и хотя они не постигли величие Творца в достаточной мере, однако следовали обычаям своих отцов"».

83) «"А потом увидели они многочисленные чудеса и могущественные деяния. И взял их Творец к Себе на служение. И поскольку все они воочию видели многочисленные чудеса и знамения, и все те знамения и могущественные деяния, сказал Он: "Но Я – Творец Всесильный твой от земли Египетской"[117], –

---

[117] Пророки, Ошеа, 13:4. «Но Я – Творец Всесильный твой от земли Египетской, и другого бога, кроме Меня, не должен знать ты, и нет спасителя, кроме Меня».

[118] Тора, Берешит, 35:2. «И сказал Яаков дому своему и всем, кто с ним: "Устраните чужих богов, которые внутри вас, и очиститесь, и перемените одежды ваши"».

[119] Тора, Берешит, 35:3. «И встанем и взойдем в Бейт-Эль, и я устрою жертвенник Всевышнему, который откликнулся мне в день бедствия моего и был со мною в пути, которым я ходил».

ибо там величие Его стало явным. И раскрылся Он им на море, и увидели они сияние Его высшего величия лицом к лицу (паним-бе-паним). "Чтобы не сказали они: "Это другой бог говорил с нами", но Я тот, кого вы видели в земле Египетской. Я тот, кто убил врагов ваших в земле Египетской. Я тот, кто произвел все десять казней в земле Египетской. И потому: "И другого бога, кроме Меня, не должен знать ты"[117] – чтобы не говорил ты, что другой это, ибо Я всё это"».

Не останется у тебя на ночь плата наемному работнику

84) «Еще провозгласил (рабби Эльазар): "Не притесняй ближнего своего и не грабь, не останется у тебя на ночь плата наемному работнику до утра"[120]. Спрашивает: "Не останется у тебя на ночь плата наемному работнику"[120], – почему?" И отвечает: "Но это следует из другого изречения. Как написано: "В тот же день отдай плату его, чтобы не зашло над ним солнце, ибо беден он, и к этому стремится его душа"[121]. "Чтобы не зашло над ним солнце"[121] – т.е. "сияние, чтобы не ушел ты из-за него из мира до наступления срока своего ухода. Как написано: "Пока не померкло солнце"[122] – что указывает на уход человека из мира. "Отсюда я научился другому", – что "тому, кто наполняет душу бедняка, даже когда наступает время ухода его из мира, Творец наполняет душу его и добавляет жизни"».

85) «"Не останется у тебя на ночь плата наемному работнику"[120]. Смотри, тот, кто забирает заработок бедняка, он словно забирает душу его и душу всех его домочадцев. Тому, кто сокращает их душу, Творец сокращает дни его, сокращая душу его в том мире. Ибо всё суетное, вышедшее из уст его", этого бедняка, "в течение всего того дня, все это поднимается к Творцу и пребывает пред Ним, а затем поднимается душа его и душа всех его домочадцев, и они пребывают в этой суете уст его", т.е. требуют суда пред Творцом. "И тогда, даже если тому человеку были назначены многие дни и многое благо, всё это отнимается и пропадает у него"».

86) «"Но мало того – душа его еще и не возносится наверх. То есть, как сказал рабби Аба: "Да убережет нас Милосердный от них и от обиды их". И объяснялось, что даже если богат он",

---

[120] Тора, Ваикра, 19:13. «Не притесняй ближнего своего и не грабь, не останется у тебя на ночь плата наемному работнику до утра».

[121] Тора, Дварим, 24:14-15. «Не притесняй наемника, бедного и нищего из братьев твоих или из пришельцев твоих, которые в стране твоей, во вратах твоих. В тот же день отдай плату его, чтобы не зашло над ним солнце, ибо беден он, и к этому стремится его душа; и не возопит он на тебя к Творцу, и не будет на тебе греха».

[122] Писания, Коэлет, 12:1-2. «И помни о Создателе своем с юных дней, пока не пришли худы дни, и не наступили годы, о которых скажешь: "Нет мне в них проку", пока не померкло солнце, и свет, и луна, и звезды, и не пришли снова тучи после дождя».

нельзя задерживать на ночь платы его. "И к этому стремится его душа"[121], именно так", – т.е. "даже у любого человека, и уж тем более бедняка. И это то, что делал рав Амнуна (הַמְנוּנָא): когда наемный работник заканчивал работу, он отдавал ему его заработок, говоря: "Возьми душу свою, оставленную тобою мне в залог, возьми залог свой"».

87) «"И даже если" работник "говорил: "Пусть будет" мой заработок "у тебя, я не хочу получать его", – он не хотел (этого) и говорил: "Тело твое не может быть отдано мне в залог, а тем более – душа". Ибо душа может быть отдана в залог одному лишь Творцу, как написано: "Вручаю дух мой на хранение Тебе"[123]. Спросил рабби Хия: "А другому человеку", не его хозяину, "можно"» передавать заработок? «Сказал ему: "Но даже доверить" заработок на хранение своему хозяину, "он может (лишь) после того, как тот уже отдал ему"» заработок в руки.

88) Спрашивает: «"Написано: "Не останется у тебя на ночь плата наемному работнику"[120]. И написано: "В тот же день отдай плату его, чтобы не зашло над ним солнце"[121]. Это означает, что он обязан вернуть ему плату до захода солнца, а до этого говорит, что только на ночь нельзя задерживать. И отвечает: "Но мы ведь уже объясняли. Однако нет у тебя дня, над которым не властвовал бы другой, высший день", т.е. одна сфира, являющаяся одним днем из семи высших дней, называемых ХАГАТ НЕХИМ. "И если не отдал он ему душу его", т.е. его заработок, "в тот же день, он подобен наносящему ущерб этому высшему дню. Поэтому: "В тот же день отдай плату его, чтобы не зашло над ним солнце"[121]. И это смысл сказанного: "Не останется у тебя на ночь"[120] – указывает на наказание, "потому что" ночью "душа его не поднимается" наверх, "и тогда поднимаются души бедняка и его домочадцев, как мы уже сказали"».[124]

---

[123] Писания, Псалмы, 31:6. «Вручаю дух мой на хранение Тебе, Ты избавлял меня, Творец, Бог истины».

[124] См. выше, п. 85.

ГЛАВА КДОШИМ

Не ставь препятствия перед слепым

89) «Рабби Хия провозгласил и сказал: "После него изречение: "Не проклинай глухого и не ставь препятствия перед слепым"[125]. Это изречение – оно как и его прямой смысл. Однако из всей этой главы мы учили другие", высшие "понятия, и все они зависят друг от друга". Ибо всякая ветвь внизу указывает на свой корень наверху. "Смотри, тот, кто проклинает товарища, и тот находится пред ним, а он опозорил его, то он словно пролил его кровь. И мы это уже объясняли. Но это изречение" говорит о том времени, "когда товарищ его не находится пред ним, и он проклинает его, – речение это поднимается наверх"» и обвиняет его.

90) «"Поскольку не бывает речения, произнесенного человеком, у которого не было бы голоса. Этот голос поднимается наверх, и множество ангелов-губителей связываются с ним, пока не поднимется и не пробудится место великой бездны", где находятся клипот, "как мы уже объясняли, и многие" из них "восстают против человека", чтобы наказать его. "Горе тому, кто изрек злое слово из уст своих"».

91) «"И не ставь препятствия перед слепым"[125], – в прямом смысле. И объяснялось, что это тот, кто вводит в грех другого. И также тот, кто бьет своего взрослого сына". Также: "И не ставь препятствия перед слепым"[125] – это тот, кто не достиг наставничества, но поучает. Как написано: "Потому что многих погубила она, и невероятно число всех убитых ею"[126]. И он нарушил запрет: "И не ставь препятствия перед слепым"[125], потому что" своим наставлением "приводит товарища к неудаче в достижении будущего мира"».

92) «"Как мы учили, что у того, кто идет в Торе прямым путем и занимается ею как подобает, всегда есть добрая доля в будущем мире. Ведь речение Торы, которое произносит он устами своими, выходит и кружит по миру, и поднимается наверх. И множество святых высших" ангелов "присоединяются к этому речению, и оно поднимается прямым путем, и украшается

---

[125] Тора, Ваикра, 19:14. «Не проклинай глухого и не ставь препятствия перед слепым, и бойся Всесильного твоего. Я – Творец».
[126] Писания, Притчи, 7:26. «Ибо многих погубила она, и невероятно число всех убитых ею».

святым венцом, и омывается в реке будущего мира", Бине, "исходящей и вытекающей из Эдена", из Хохмы, "и принимается ею и погружается в нее. И высшее дерево", Зеир Анпин, "наслаждается около этой реки", т.е. оно способствует тому, что Зеир Анпин получает свечение реки от Бины, "и тогда исходит и простирается высший свет, и облачается в этого человека каждый день, как мы учили"».

93) «"А у того, кто занимается Торой, не совершая этого истинным и прямым путем, это речение возносится и отклоняется от этого пути, и нет того, кто бы соединился с ним, и все выталкивают его наружу, и оно непрерывно блуждает по миру, не находя места. Кто привел его к этому? Тот человек, который сошел с прямого пути. Это смысл сказанного: "И не ставь препятствия перед слепым"[125], – т.е. чтобы не ставил препятствие словам Торы, которые изрекает устами своими. "И потому написано: "И бойся Всесильного твоего, Я – Творец"[125]».

94) «"А тот, кто желает заниматься Торой, но не находит, кто бы мог обучать его, и любя Тору, он говорит о ней и спотыкается в ней, боясь что не знает, – каждое речение его поднимается, и Творец рад тому речению и принимает его, и сажает его возле той самой реки", Бины, "и из этих речений вырастают большие деревья", т.е. большие света, "и называются они речными ивами. Это смысл сказанного: "Ее любви отдавайся всегда"[127]».

95) «"А царь Давид сказал: "Наставь меня, Творец, на путь Твой, и буду ходить в истине Твоей"[128]. И написано: "И веди меня дорогой прямой из-за врагов моих"[129]. Счастливы знающие пути Торы и занимающиеся ею прямым путем, ведь они сажают наверху деревья жизни", т.е. притягивают мохин к Зеир Анпину, называемому Древом жизни, "и все они являются исцелением" для души его. "И поэтому написано: "Тора истинная была

---

[127] Писания, Притчи, 5:18-19. «Да будет источник твой благословен, и получай радость от жены юности твоей, любимой лани и прекрасной серны; пусть груди ее напоят тебя во всякое время; ее любви отдавайся всегда».

[128] Писания, Псалмы, 86:11. «Наставь меня, Творец, на путь Твой, и буду ходить в истине Твоей; утверди сердце мое в страхе имени Твоего».

[129] Писания, Псалмы, 27:11. «Научи меня, Творец, пути Твоему и веди меня дорогой прямой из-за врагов моих».

в устах его"[130]. Спрашивает: "Но разве есть Тора неистинная?" И отвечает: "Да, подобно тому, как мы сказали, что если кто-то не знает, а наставляет" в учении, "оно не будет истинным, и тот, кто учится у него чему-либо, учится тому, что неистинно. И поэтому написано: "Тора истинная была в устах его"[130]».

96) «"И вместе с тем, человек должен учиться Торе у любого, даже у того, кто не знает, потому что через это он пробудится к Торе и придет учиться у того, кто знает. А после этого обнаружится, что он шел в Торе истинным путем. Смотри, человек должен всегда заниматься Торой и ее заповедями, даже если он не делает это "лишма (ради нее)", ибо от "ло лишма (не ради нее)" придет к "лишма"».

---

[130] Пророки, Малахи, 2:6. «Тора истинная была в устах его, и несправедливость не пребывала на губах его, в мире и справедливости ходил он со Мной и многих отвратил от греха».

ГЛАВА КДОШИМ

По справедливости суди ближнего твоего

97) «Рабби Йоси провозгласил изречение, следующее после этого, и сказал: "Не делайте неправды в правосудии"[131]. И в конце написано: "По справедливости совершай правосудие над ближним твоим"[131]. Тут есть две ступени: правосудие и справедливость. И в чем одно отличается от другого? Но одно – это милосердие", т.е. правосудие, Зеир Анпин. "А другое – суд", т.е. справедливость, Малхут. "И одно подслащается другим"».

98) «"Когда пробуждается справедливость, она вершит суд над всеми вместе, ибо нет в ней ни милосердия, ни уступок. Когда пробуждается правосудие, в нем есть милосердие. Может ли быть, чтобы всё было согласно правосудию? Писание указывает: "По справедливости совершай правосудие над ближним твоим"[131]. В чем же причина? Поскольку справедливость не судит одного, прощая другого, а" судит "всех вместе, в равной мере. Подобно этому: "Не будь снисходителен к нищему и не угождай знатному"[131], – а в равной мере относись ко всем, по справедливости. Может ли быть весь суд только по справедливости? Писание указывает: "Совершай правосудие"[131], – что нужно соединить их вместе, чтобы не было одного без другого, и это является совершенством суда"».

99) «"И почему настолько? Это потому, что Творец пребывает там", в месте правосудия, "и поэтому следует восполнить суд. Так же, как делает Он внизу, точно так же" Творец "делает наверху. Смотри, Творец устанавливает престол суда в час, когда судьи заседают. Как написано: "Утвердил Он для правосудия престол Свой"[132]. И оттуда устанавливается престол Творца", т.е. Бины. "И что представляет собой престол Его? Это справедливость и правосудие. Это смысл сказанного: "Справедливость и правосудие – основание престола Твоего"[133]. И тот, кто вершит суд, должен сидеть на царском престоле. И

---

[131] Тора, Ваикра, 19:15. «Не делайте неправды в правосудии; не будь снисходителен к нищему и не угождай знатному; по справедливости совершай правосудие над ближним твоим».
[132] Писания, Псалмы, 9:8. «А Творец вечно сидеть будет (на престоле), утвердил Он для правосудия престол Свой».
[133] Писания, Псалмы, 89:15. «Справедливость и правосудие – основание престола Твоего, милость и истина пред Тобой».

если он делает ущербным одно из них, это подобно тому, что он делает ущербным царский престол. И тогда Творец удаляется из среды судей и не подымается на суде их. И что говорит: "Ныне подымусь", – говорит Творец"[134]. И дух святости сказал: "Поднимись над небесами, Всесильный"[135]».

---

[134] Писания, Псалмы, 12:6. «Ради разорения угнетенных, ради стенания бедных, ныне подымусь, – говорит Творец, – помогу спасением».
[135] Писания, Псалмы, 57:6. «Поднимись над небесами, Всесильный, над всей землей слава Твоя!»

ГЛАВА КДОШИМ

Увещая увещевай ближнего своего
(Раайа меэмана)

100) «"Не питай ненависти к брату твоему в сердце твоем, увещая увещевай ближнего своего, и не понесешь за него греха"[136]. Эта заповедь – увещевать того, кто грешит, показывая великую любовь к нему, которой любит он его, чтобы" увещевающему "не быть наказанным. Ведь о Творце написано: "Кого любит Творец, того увещевает"[137]. И как поступает Творец, увещевая того, кого любит, так пусть и человек научится из этого Его обращения и будет увещевать ближнего", которого он любит. "Чем Творец увещевает человека? Он увещевает его с любовью, тайно. Если тот принимает" увещевания Его – "хорошо, а если нет – Он увещевает его среди любящих Его. Если он принимает – хорошо, а если нет – Он увещевает его открыто перед всеми. Если он принимает – хорошо, а если нет – Он оставляет его и не увещевает" больше, "ибо оставляет его, чтобы шел себе и поступал по желанию своему"».

101) И объясняет свои слова: «"Вначале Он сообщает ему тайно, увещевая и пробуждая его так, чтобы человек не знал об этом. И это происходит между Ним и человеком. Если он принимает" увещевания Его – "хорошо. А если нет, сообщает ему среди любящих его. Когда в мире был главный коэн, Он насылал на него болезнь на ложе его, и приходили любящие Творца, сообщая ему, что если есть на нем грех, пусть раскается в нем и пересмотрит дела свои. Если он принимает это – хорошо, а если нет – Он увещевает его открыто, т.е. наказывает деньгами, сыновьями, так что все шепчутся о нем и обращаются к нему", чтобы пробудить к раскаянию. "Если он принимает – хорошо, а если нет – Господин его начинает действовать по желанию его, никогда больше не выступая против него. Подобно этому нужно увещевать ближнего своего – сначала тайно, потом среди любящих его, а потом открыто. С этого момента и впредь уже следует оставить его, и пусть делает, что хочет"».

---

[136] Тора, Ваикра, 19:17. «Не питай ненависти к брату твоему в сердце твоем. Увещая увещевай ближнего своего, и не понесешь за него греха».
[137] Писания, Притчи, 3:12. «Ибо кого любит Творец, того увещевает, и благоволит (к нему), как отец к сыну».

102) «"И поэтому написано: "Увещая увещевай ближнего своего"[136]. "Увещая"[136] – тайно, чтобы никто не знал. "Увещевай"[136] – среди его друзей и любящих. "Ближнего своего"[136] – т.е. "открыто. И поэтому не написано вначале: "Увещевай", что означало бы "среди любящих его", но "увещая"[136] – тайно. "Еще. "Увещая"[136] – если он человек стеснительный, не следует говорить ему или увещать его даже тайно, а нужно завести беседу в его присутствии, как будто рассказываешь совсем о другом, и между прочим упомянуть, что совершивший этот грех – он такой-сякой, чтобы он сам понял и оставил этот грех. И поэтому "увещая"[136], а если нет – "увещевай"[136], а затем – открыто "ближнего своего"[136]. То есть, как объяснялось выше. С этого момента и впредь: "И не понесешь за него греха"[136]», т.е. больше не надо увещевать его.

103) «"И не понесешь за него греха"[136]. Ведь если человек увещевает своего ближнего, и вышло так, что он увещевает его открыто, не должен он упоминать при нем совершенный им грех, так как без сомнения нельзя делать этого, а пусть просто скажет, не упоминая при нем открыто совершенного им греха, и пусть не записывает за ним этот грех, ибо Творец щадит самолюбие человека, даже если он грешник"». (До сих пор Раайа меэмана)

ГЛАВА КДОШИМ

Скрещенные виды и смешанная ткань из льна и шерсти

105) «Встали» рабби Аба и рабби Аха, и рабби Йегуда (упомянутые там), «пока они шли, сказал рабби Эльазар: "Не разноси злословия в народе твоем… Не питай ненависти к брату твоему… Не мсти и не держи зла"[138]. Это уже объяснялось, и во всем этом пробудились товарищи. Однако сказано слово в этой главе. Написано: "Законы Мои храните: не своди разные виды скота твоего, не засевай поля твоего разного вида семенами, и платье из разного вида тканей, из смеси шерсти со льном, не будет облачено на тебя"[139]».

106) «Провозгласил рабби Эльазар и сказал: "Вы – свидетели Мои, – слово Творца, – и раб Мой, которого избрал Я, чтобы узнали вы, и поверили"[140]. "Вы – свидетели Мои"[140] – это Исраэль, и мы учили, что это небо и земля, как написано: "Призываю в свидетели на вас сегодня небо и землю"[141]. Но Исраэль – свидетели одни против других, а небо и земля, и все, – свидетели за них. "И раб Мой, которого избрал Я"[140], – это Яаков, как написано: "И сказал мне: "Ты раб Мой, Исраэль, в котором Я прославлюсь"[142]. И написано: "И ты не бойся, раб Мой Яаков"[143]. А некоторые говорят, что это Давид. И Давид

---

[138] Тора, Ваикра, 19:16-18. «Не разноси злословия в народе твоем; не стой при крови ближнего твоего. Я – Творец. Не питай ненависти к брату твоему в сердце твоем. Увещая увещевай ближнего своего, и не понесешь за него греха. Не мсти и не держи зла на сынов народа твоего, и люби ближнего своего, как самого себя. Я – Творец».

[139] Тора, Ваикра, 19:19. «Законы Мои храните: не своди разные виды скота твоего, не засевай поля твоего разного вида семенами, и платье из разного вида тканей, из смеси шерсти со льном, не будет облачено на тебя».

[140] Пророки, Йешаяу, 43:10. «Вы – свидетели Мои, – слово Творца, – и раб Мой (ты), которого избрал Я, чтобы узнали вы, и поверили Мне, и поняли, что Я – это Он; до Меня не было Могущественного, и после Меня – не будет».

[141] Тора, Дварим, 30:19. «Призываю в свидетели на вас сегодня небо и землю: жизнь и смерть предложил я тебе, благословение и проклятие. Избери жизнь, чтобы жил ты и потомство твое».

[142] Пророки, Йешаяу, 49:3. «И сказал мне: "Ты раб Мой, Исраэль, в котором Я прославлюсь"».

[143] Пророки, Йермияу, 30:10. «И ты не бойся, раб Мой Яаков, – сказал Творец, – и не страшись, Исраэль. Ибо вот, спасу Я тебя издалека и потомство твое – из страны пленения их. И возвратится Яаков, и будет спокоен и безмятежен, и не будет страшиться».

называется рабом, как написано: "Ради Себя и ради Давида, раба Моего"[144]. "Которого избрал Я"[140] – это высший Давид"», т.е. Малхут.

107) «"Чтобы узнали вы, и поверили Мне, и поняли, что Я – это Он"[140]. Спрашивает: "Что значит: "Что Я – это Он"[140]?"» И отвечает: «Что Я – это Он»[140], – «"т.е. избравший того самого Давида и того самого Яакова. "Я – это Он"[140] на самом деле"». Иначе говоря, «Я» включает Яакова и Давида, где Яаков является свойством Зеир Анпина, называемого «Он», а Давид – свойством Малхут, называемой «Я». И они действительно – Творец и Шхина Его. «"До Меня не было Могущественного (Эль)"[140], – ибо Творец назвал Яакова могущественным (Эль). Как написано: "И назвал его: "Могущественен (Эль) Всесильный Исраэля"[145]. Таким образом, "Творец назвал Яакова Эль. Это смысл сказанного: "До Меня не было Могущественного (Эль), и после Меня – не будет"[140]. И поэтому "Я – это Он"[140] – это всё. Как мы сказали: "И после Меня не будет"[140], ибо Давид был назван так"», поскольку Малхут также называется могущественной (Эль), а Зеир Анпин и Малхут, называемые «Я – это Он», являются одним целым, «"и нет после Него другого"».

108) «"Смотри, когда Творец создал мир, Он установил все элементы в нем, каждый в своей стороне", в правой или в левой, "и назначил над ними высшие силы. И нет у тебя даже малой травинки на земле, над которой не было бы высшей силы наверху", в высших мирах. "И всё, что делают с каждым, и все, что делает каждый, происходит вследствие все большего воздействия высшей силы, поставленной над ним наверху. И все, что принято" у них, "определяется судом, движимо судом и существует благодаря суду. И нет того, кто бы вышел за рамки своего существования"».

109) «"И все правители, со дня сотворения мира, были назначены управляющими над всем происходящим. И все они ведут себя согласно другому, высшему закону, принимаемому каждым. Как написано: "Поднимается она еще ночью и дает

---

[144] Пророки, Йешаяу, 37:35. «И защищу город этот, чтобы спасти его ради Себя и ради Давида, раба Моего».

[145] Тора, Берешит, 33:20. «И поставил там жертвенник, и назвал его: "Могущественен Всесильный Исраэля!"»

пищу домашним своим и урок служанкам своим"¹⁴⁶. Когда они принимают этот закон, называются все они", все эти правители, "уставами. И этот закон, который дается им, исходит от небес, и поэтому они называются уставами небесными. И откуда нам известно, что они исходят от небес? Это потому, что написано: "Ибо закон это для Исраэля"¹⁴⁷». И Зеир Анпин, являющийся средней линией, называется Исраэлем.

110) «"И поэтому написано: "Законы Мои храните"¹³⁹, поскольку каждый отвечает за что-то определенное в мире в этом законе. Поэтому нельзя подменять виды и привносить один вид в другой, ибо этим человек отрывает любую силу от места ее и отвергает прославление Царя"».

111) Спрашивает: «"Что такое смешанные виды (кила́им)?" И отвечает: Это значит "как тот, кто сажает своего друга в тюрьму, чтобы он ничего не сделал, как сказано: "Вы посадили меня в темницу"¹⁴⁸. И смешанные виды (кила́им כִּלְאַיִם) подобны темнице (ке́ле כֶּלֶא). "Килаим" означает "препятствие, ибо он препятствует действию всех этих сил. "Килаим" означает "смешение, ибо он создает смешение в высшей силе и отвергает прославление Царя, как написано: "И не будет облачено на тебя платье из разного вида тканей, из смеси шерсти со льном"¹³⁹».

112) «"Смотри, написано: "Но от Древа познания добра и зла не ешь, ибо в день, когда ты вкусишь от него, должен будешь умереть"¹⁴⁹. И мы учили, что" из-за того, что он "изменил заповедь Царя и подменил Древо жизни, с помощью которого всё достигает совершенства и от которого зависит вера, и прилепился к другому месту. И мы ведь учили, что во всем человек должен показывать действие по высшему подобию и совершать это действие надлежащим образом. А если" это действие

---

¹⁴⁶ Писания, Притчи, 31:15. «Поднимается она еще ночью и дает пищу домашним своим и урок служанкам своим».
¹⁴⁷ Писания, Псалмы, 81:5. «Ибо закон это для Исраэля, правосудие для Всесильного Яакова».
¹⁴⁸ Пророки, Йермияу, 37:18. «И сказал Йермияу царю Цидкияу: "Чем согрешил я пред тобою, и пред рабами твоими, и перед этим народом, что вы посадили меня в темницу?"»
¹⁴⁹ Тора, Берешит, 2:17. «Но от Древа познания добра и зла не ешь, ибо в день, когда ты вкусишь от него, должен будешь умереть».

"поменялось на другое, он этим навлекает на себя, чтобы пребывало над ним нечто другое, в чем он не нуждается"», т.е. ситру ахра.

113) «"Смотри, в час, когда человек показывает внизу, что действует прямым путем, как подобает, нисходит, появляется и пребывает над ним высший дух святости. А когда он показывает внизу, что действует искривленным путем, который не является прямым путем, нисходит, появляется и пребывает над ним иной, ненужный дух, склоняющий человека на сторону зла. Кто навлек на него этот дух? Он же говорит, – то деяние, которое он показал в другой стороне"».

114) «"Написано: "Требует она шерсть и лен, и все делает охотно руками своими"[150]. Шхина, которая называется доблестной женой, спрашивает и требует за шерсть и лен с того, кто соединяет их вместе", чтобы наказать его. "И если спросишь: "Почему в кистях талита (цицит) можно" смешивать шерсть и лен? И отвечает: "Это ведь уже объяснялось. Но там ведь это одеяние такое, как и должно быть", т.е. согласно тому, как заповедано о нем, "в подобающем совершенстве действия"». Иначе говоря, поскольку такова заповедь, это не считается извращенным действием.

115) «"Еще" следует объяснить: "Требует она шерсть и лен"[150] означает – "отплатить тому, кто соединяет их вместе. Но когда пребывает в них святость? То есть, в час, когда он в совершенстве" действия, "как написано: "И всё делает охотно руками своими"[150]. А в цицит, мы ведь объясняли, что там" смесь шерсти и льна "входит в это совершенство и не делает ничего"», что могло бы навлечь на него другую сторону, и потому является разрешенной. Об этом написано: «И всё делает охотно руками своими»[150]. «"Но в час, когда" это действие "не находится в совершенстве, над тем, кто собирается соединить шерсть и лен вместе, пробуждается дух, который не нужен"», т.е. ситра ахра.

116) «"Кто подтверждает это? Каин с Эвелем подтверждают" это, "ибо один исходит от одной стороны, а другой – от другой". Поскольку Эвель исходит от стороны святости, а Каин – от

---

[150] Писания, Притчи, 31:13. «Добывает (досл. требует) она шерсть и лен, и (все) делает охотно руками своими».

стороны ситры ахра. "И поэтому не нужно соединять их вместе", и когда оба они принесли жертвы, они не соединились, "но жертва Каина была отвергнута из-за жертвы Эвеля"».

117) «"Поэтому: "И платье из разного вида тканей, из смеси шерсти со льном, не будет облачено на тебя"[139]. "Не будет облачено на тебя"[139], просто", ибо указывает также, чтобы не облачился (досл. не поднялся) на тебя другой дух, властвовать над тобой. И человек должен показать действие пригодное, как подобает, и благодаря этому действию пребывает над ним дух святости, высший дух, чтобы освятиться в нем. Приходящего очиститься – освящают. Как написано: "Освящайте же себя, и будете святы, ибо Я Творец Всесильный ваш"[151]».

118) «"Написано: "Но от Древа познания добра и зла не ешь"[149]. И если за это Адам навлек смерть на мир – тот, кто показывает другое, ненужное деяние, тем более. Бык с ослом являются доказательством этому. Ибо с этой стороны", святости, – "называется "бык", а с этой стороны", скверны, – "называется "осел", и поэтому написано: "Не паши на быке и осле вместе"[152]. Не смешивай вместе, ибо это побуждает ситру ахра соединиться вместе, чтобы вредить миру. А тот, кто разделяет их, умножает мир в мире. Так же и здесь", с шерстью и льном: "тот, кто разделяет их, чтобы не были чёсаное (шуа שׁוּעַ), пряденое (тавуй טָווּי) и тканое (нуз נוּז) вместе"», ибо это буквы «шаатнез (שַׁעַטְנֵז)»,[153] – «"такой человек умножает мир над собой и над всем миром"».

119) «"Жертвоприношением Каина был лен", т.е. от плодов земли. "А жертвоприношением Эвеля была шерсть", т.е. от первенцев стада его. "Это не похоже на то, и то – на это. И смысл этого: Каин был смешением (кила́им)", т.е. видом в другом, не его виде, "смешением, которое не нужно", поскольку был "от ситры ахра, которая не относится к роду Хавы и Адама. И жертвоприношение его исходило от той стороны. Эвель был из рода Адама и Хавы", т.е. от святости. "И в чреве Хавы соединились две эти стороны" – т.е. его вид и не его. И поскольку соединились вместе, от них не было никакой пользы миру, и исчезли"».

---

[151] Тора, Ваикра, 20:7. «Освящайте же себя, и будете святы, ибо Я Творец Всесильный ваш».
[152] Тора, Дварим, 22:10. «Не паши на быке и осле вместе».
[153] См. Вавилонский Талмуд, трактат Нида, лист 61:2.

120) «"И до сего дня находится их сторона", т.е. губительная сила Каина и Эвеля. "И тот, кто показывает себя в действии этого соединения, пробуждает обе эти стороны вместе", т.е. смешение Каина и Эвеля, "и может причинить себе вред, и воцаряется над ним другой, ненужный дух. А Исраэль должны пробуждать над собой дух святости, чтобы быть святыми и пребывать в согласии, как в этом мире, так и в мире будущем"».

121) «"Написано: "И наденет коэн рубаху из льняной ткани"[154]. И написано: "И штаны из льняной ткани пусть будут на теле его, и поясом из льняной ткани пусть опояшется"[155]. Спрашивает: "Почему называется льняной тканью (бад בַּד)", что означает – отделенный (бадáд בָּדָד), "один?" И отвечает: "Это потому, что не следует соединять этот лён с другим (видом). Поэтому не написано: "(И наденет коэн) льняную рубаху", а "(рубаху) из льняной ткани", то есть – "из нее одной"».

122) Спрашивает: «"И почему коэн должен представать в этом?" – во льне, ибо это указывает на другую сторону. И отвечает: "В этих одеждах из льняной ткани нужно было представать на жертвеннике всесожжения, когда он вычищал пепел жертвы всесожжения. Ведь жертва всесожжения приносится за грех, относящийся к стороне идолопоклонства и дурного помысла". Иначе говоря, за мысли об идолопоклонстве приносится жертва всесожжения. "Поэтому нужно представать только в них одних (этих одеждах), а не в смешанных" с шерстью. "Как мы уже сказали, для того чтобы искупились человеку все эти грехи, исходящие от той стороны"».

123) «"А когда он входит в Храм, в место, где пребывает совершенство, и все эти виды служения, относящиеся к совершенству, несмотря на то, что" шерсть и лен "соединяются, нет у нас" опасения "в этом, как мы говорили в отношении цицит, поскольку там пребывают и соединяются все эти высшие виды, и все эти храмовые принадлежности, и есть в нем разные виды,

---

[154] Тора, Ваикра, 6:3. «И наденет коэн рубаху из льняной ткани, и штаны из льняной ткани наденет на тело свое, и снимет с жертвенника золу, оставшуюся от сгоревшей жертвы всесожжения, и положит возле жертвенника».

[155] Тора, Ваикра, 16:4. «Хитон из льняной ткани, священный, пусть наденет, и штаны из льняной ткани пусть будут на теле его, и поясом из льняной ткани пусть опояшется, и тюрбан из льняной ткани пусть наденет – это священные одежды; пусть омоет тело свое в воде и наденет их».

отличные друг от друга, и все они включились туда по высшему подобию. Счастливы Исраэль, которым Творец дал истинную Тору, Учение веры, и проявил милосердие к ним, отделив от всех остальных народов, поклоняющихся идолам, как написано: "Я возлюбил вас, – сказал Творец"[156]».

Пояснение статьи. Зоар выясняет перед нами, главным образом, три состояния.

Первое состояние – это власть средней линии, поддерживающей две линии, правую и левую, и устанавливающей согласие между ними посредством того, что выстраивает свечение правой линии сверху вниз, а свечение левой – снизу вверх.[157] И большое наказание у того, кто нарушает порядок средней линии, т.е. притягивает свечение левой линии сверху вниз. И это было грехом вкушения от Древа познания.

Второе состояние – это величина вреда, причиняемого тем, кто соединяет два вида судов, т.е. суды нуквы и суды захара, друг с другом не путем исправления, производимого средней линией, и тогда суды захара прибавляются к судам нуквы, и велико разрушение.[158]

Третье состояние – соединение судов двух этих видов друг с другом путем совершенства исправления средней линией. И тогда прекращаются суды обеих линий, и совершенство двух линий, правой и левой, раскрывается подобающим образом.[159]

Сначала он выясняет первое состояние. И это смысл сказанного: «"Вы – свидетели Мои"[140] – это Исраэль, и мы учили, что это небо и земля, как написано: "Призываю в свидетели на вас сегодня небо и землю"[141]».[160] Ибо в то время, когда Исраэль соединены со средней линией, есть единство неба и земли, т.е. Зеир Анпина и Малхут, и они передают им жизнь и

---

[156] Пророки, Малахи, 1:2. «Я возлюбил вас, – сказал Творец. – А вы говорите: "В чем (явил) Ты любовь к нам?" Разве не брат Эсав Яакову, – слово Творца! – Но возлюбил Я Яакова».

[157] См. Зоар, главу Берешит, часть 1, п. 50. «Разногласие, которое было исправлено согласно высшему подобию...»

[158] См. Зоар, главу Ахарей мот, п. 118, со слов: «И ты уже узнал, что два эти вида судов являются началом всех судов и грехов в мире...»

[159] См. Зоар, главу Тазриа, п. 153. «И поэтому Творец щадит Исраэль...»

[160] См. выше, п. 106.

благословение. А если они грешат и наносят ущерб средней линии, притягивая свечение левой линии сверху вниз, то разъединяется зивуг (слияние) неба и земли, и передается им от них проклятие и смерть. И получается, что небо и земля являются свидетелями о деяниях Исраэля. И поэтому сами Исраэль, лучшие среди них, слитые со средней линией, и притягивающие жизнь и благословение от зивуга (слияния) неба и земли, становятся свидетелями за власть средней линии, по отношению к тем из Исраэля, кто не соединен со средней линией. И это смысл сказанного: «Но Исраэль – свидетели одни против других, а небо и земля, и всё, – свидетели за них». Иначе говоря, вследствие того, что небо и земля свидетельствуют об Исраэле, воздавая тем, кто соединен с ними, а не грешникам, хорошая часть Исраэля становится свидетелями против той части, что грешит в Исраэле, как объяснялось выше. «"И раб Мой, которого избрал Я"[140], – это Яаков, как написано: "И сказал мне: "Ты раб Мой, Исраэль, в котором Я прославлюсь"[161]. И написано: "И ты не бойся, раб Мой Яаков"[143]. А некоторые говорят, что это Давид. И Давид называется рабом, как написано: "Ради Себя и ради Давида, раба Моего"[144]. "Которого избрал Я"[140] – это высший Давид"», – т.е. Малхут, называемая Давид. Ведь, несмотря на то, что Малхут строится от левой линии, всё же Зеир Анпин, т.е. средняя линия, соединяется с ней и передает ей свечение Хохмы от левой линии и хасадим – от правой.

«"Чтобы узнали вы, и поверили Мне"[140]»[162] – т.е. устанавливаются две линии. «Узнали»[140] – это свечение Хохмы, которая притягивается с помощью знания (даат), т.е. левой линии. «И поверили Мне»[140] – это верные благодеяния (хасадим) Давида, притягиваемые справа. «"И поняли, что Я – это Он"[140], т.е. избравший того самого Давида и того самого Яакова». Ибо, несмотря на то, что Яаков – это свечение хасадим от правой линии, а Давид – свечение Хохмы от левой, Я избрал их обоих. Ведь свечение средней линии дает жизненные силы им обоим. «"Я – это Он"[140] на самом деле». Ибо «Я»[140] – это первое лицо (досл. раскрытое), и указывает на раскрытие свечения Хохмы, имеющееся в левой линии. «Он»[140] – третье лицо (досл. скрытое), и указывает на сокрытие Хохмы, имеющееся в правой линии. И говорится, что «Я» – это действительно «Он», ибо

---

[161] Пророки, Йешаяу, 49:3. «И сказал мне: "Ты раб Мой, Исраэль, в котором Я прославлюсь"».

[162] См. выше, п. 107.

оба они – одно целое, благодаря исправлению средней линии. «До Меня не было Могущественного» – т.е. до того как средняя линия, или Яаков, установила согласие между правой и левой линиями, не было постигнуто имя «Могущественный (Эль)», т.е. имя милости и совершенства. «И после Меня», т.е. после Малхут, свойства Давида, объединенной со средней линией, «не будет», т.е. после нее это имя не будет больше светить.

А теперь выясняет второе состояние, т.е. запрет соединять суды нуквы и суды захара друг с другом, как уже объяснялось, и делит всю действительность на две стороны, правую и левую. И это смысл сказанного: «Когда Творец создал мир, Он установил все элементы в нем, каждый в своей стороне»[163], – т.е. половина из них была создана от правой линии, а половина – от левой. «И назначил над ними высшие силы» – т.е. силы двух линий, правой и левой, высших ступеней. «И нет у тебя даже малой травинки на земле, над которой не было бы высшей силы наверху... и все, что делает каждый, происходит вследствие все большего воздействия высшей силы, поставленной над ним наверху». Ибо, помимо сотворения, когда каждый происходит от определенной линии, также и управление каждым элементом происходит для каждого с его собственной стороны. «И всё, что принято, определяется судом», – и все их поведение определяется судом, «движимо судом и существует благодаря суду». «Движимо» – т.е. движется к своей цели под воздействием суда, что в них, чтобы в конце отменился суд в них, в тайне: «Уничтожит Он смерть навеки»[164]. «Существует» – означает, что они получают свое жизненное наполнение по причине суда в них. Ведь есть суды в правой линии, и это суды экрана, на который выходит ступень хасадим. И есть суды в левой линии, и это суды, появляющиеся вместе с раскрытием Хохмы, что в левой линии, чтобы уберечь Хохму от присасывания внешних (желаний). И если бы не эти суды, не раскрывалось бы свечение Хохмы. И от двух этих видов воздействий нисходит наполнение ко всем элементам действительности, каждому согласно его ступени, как положено ему, вплоть до любой травинки на земле. «И нет того, кто бы вышел за рамки

---

[163] См. выше, п. 108.
[164] Пророки, Йешаяу, 25:8. «Уничтожит Он смерть навеки, и отрет Творец Всесильный слезы со всех лиц, и позор народа Своего устранит Он на всей земле, ибо (так) сказал Творец».

своего существования» – т.е. каждый ограничен тем, что должен питаться только от своей стороны.

И известно, что две линии могут светить только благодаря средней линии, которая устанавливает согласие между ними и выстраивает их свечение так, чтобы хасадим правой линии светили сверху вниз, а Хохма левой – снизу вверх. А если кто-либо притягивает свечение Хохмы левой линии сверху вниз, согласие между линиями сейчас же исчезает, и их свечение прекращается.[157] Выходит, что существование всей действительности зависит от этого закона средней линии, – что Хохма левой линии не должна светить сверху вниз. И это смысл сказанного: «И все они ведут себя согласно другому, высшему закону, принимаемому каждым. Как написано: "Поднимается она еще ночью и дает пищу домашним своим и урок (досл. закон) служанкам своим"[146]»[165]. «Поднимается она еще ночью»[146] – т.е. Малхут получает свечение Хохмы, которое называется подъемом. И это (происходит) в полночь, ибо тогда она получает Хохму от Зеир Анпина, в тайне – Творец входит в сад Эденский.[166] И тогда получает она этот закон от Зеир Анпина, смысл которого в том, что Хохма, которую она получает, не должна светить сверху вниз. И этот закон Малхут дает «служанкам своим»[146], и это семь ее служанок, являющихся семью чертогами мира Брия, т.е. келим де-ахораим, в которых принимается Хохма.[167] И это смысл сказанного: «Поднимается она еще ночью»[146], – чтобы принять Хохму, и тогда «дает пищу домашним своим»[146], – наполнение Хохмы, «и урок (досл. закон) служанкам своим»[146], – чтобы не передавали они Хохму сверху вниз. И это смысл сказанного: «И все они ведут себя согласно другому, высшему закону», т.е. согласно тому закону, который Малхут дает служанкам своим. И если нижние приведут к тому, что будет нарушен этот закон, прекратится совершенное благо всего мироздания, как уже выяснилось. А Малхут получает этот закон от средней линии, т.е. от Зеир Анпина. «И этот закон, который дается им, исходит от небес» – от Зеир Анпина, называемого небесами. «И поэтому они называются уставами небесными». «И поэтому написано: "Законы

---

[165] См. выше, п. 109.
[166] См. Зоар, главу Лех леха, п. 5, комментарий Сулам.
[167] См. Зоар, главу Ваякель, п. 102, со слов: «Объяснение. Высшая Хохма, т.е. высшая книга, относительно себя полностью скрыта...»

Мои храните"¹³⁹»¹⁶⁸, и он задается вопросом, почему Писание приводит слова: «Законы Мои храните»¹³⁹, непосредственно перед скрещиванием разных видов (килаим) и смеси шерсти со льном (шаатнез), как написано: «Законы Мои храните: не своди разные виды скота твоего, не засевай поля твоего разного вида семенами, и платье из разного вида тканей, из смеси шерсти со льном, не будет облачено на тебя»¹³⁹. И это означает сказанное: «Когда они принимают этот закон»¹⁶⁵, т.е. «и урок (досл. закон) служанкам своим»¹⁴⁶, «называются все они уставами», называются элементы видов всей реальности уставами, как виды правой (линии), так и виды левой, поскольку они зависят от высшего закона средней линии. И поэтому: «Законы Мои храните»¹³⁹, чтобы не соединять один вид с тем, что не относится к его виду, что и является килаим и шаатнез, чем и завершает это изречение. И это означает сказанное: «Поэтому нельзя подменять виды и привносить один вид в другой»¹⁶⁸, поскольку нарушает уставы небесные.

И выяснилось выше, что если суды нуквы и суды захара соединяются путем исправления, совершаемого средней линией, тогда эти суды отменяют друг друга, и раскрывается милосердие. А если они соединяются друг с другом не путем исправления, то наоборот, суды нуквы прибавляются к судам захара, а ситра ахра усиливается, стремясь разрушить мир посредством раскрытия этих двух видов судов.¹⁶⁹

Поэтому, если человек соединяет друг с другом два вида, исходящие от двух линий, правой и левой, он вызывает наверху соединение друг с другом двух видов судов, то есть судов правой линии, судов нуквы, с судами левой линии, судами захара. А если это происходит не через высшее исправление, то эти суды прибавляются друг к другу, и так он уничтожает наполнение, нисходящее к ним свыше. И это смысл сказанного: «Поэтому нельзя подменять виды и привносить один вид в другой, ибо этим человек отрывает любую силу от места ее и отвергает прославление Царя»¹⁷⁰. Ведь суды категории правой линии прибавились к судам категории левой линий, и

---
¹⁶⁸ См. выше, п. 110.
¹⁶⁹ См. Зоар, главу Тазриа, п. 153. «И поэтому Творец щадит Исраэль...», и главу Ахарей мот, п. 118, со слов: «И ты уже узнал, что два эти вида судов являются началом всех судов и грехов в мире...»
¹⁷⁰ См. выше, п. 110.

тогда обе эти силы разрушаются, поскольку суды правой линии уничтожают силу левой, а суды левой – силу правой. И это смысл сказанного: «Показывает внизу, что действует прямым путем»[171] – т.е. соединение двух судов происходит посредством исправления средней линией, которая называется прямой, так как не отклоняется и не искривляется ни вправо, ни влево. «Нисходит, появляется и пребывает над ним высший дух святости»[171], – ибо тогда суды отменяют друг друга, и дух святости раскрывается над ними. «Показывает внизу, что действует искривленным путем»[171] – т.е. соединяет два суда друг с другом не посредством исправления прямым путем, а искривленным путем, искривляясь один раз вправо, а другой раз – влево, тогда «нисходит, появляется и пребывает над ним иной, ненужный дух, склоняющий человека на сторону зла»[171] – поскольку при этом одни суды прибавляются к другим, и ситра (ахра) получает силу уничтожить наполнение обоих.[169] И это смысл сказанного: «Спрашивает и требует за шерсть и лен с того, кто соединяет их вместе»[172], ибо шерсть исходит от правой стороны, и в ней (содержатся) суды нуквы, а лен исходит от левой стороны, и в нем (содержатся) суды захара. А тот, кто соединяет их не путем исправления, прибавляет суды нуквы к судам захара, и дает силу ситре ахра удерживаться в судах их обоих. «И если спросишь: "Почему в кистях талита (цици́т) можно"?» – Почему в кистях талита (цици́т) можно соединять шерсть и лен? И отвечает: «Ибо там это одеяние такое, как и должно быть, в подобающем совершенстве действия», поскольку там это одеяние исправления, т.е. заповедь, исходящая из исправления средней линией, при котором суды отменяют друг друга, и над ними раскрывается дух святости. И так же с одеждой коэнов.[173] И это смысл сказанного: «В час, когда он в совершенстве, как написано: "И всё делает охотно руками своими"[150]»[174], – если это со стороны исправления и совершенства, сказано о шерсти и льне: «И всё делает она охотно руками своими»[150], – это не только не запрещено, но еще и является заповедью, и делает это с охотой и желанием, так как притягивает этим дух святости.

---

[171] См. выше, п. 113.
[172] См. выше, п. 114.
[173] См. выше, п. 123.
[174] См. выше, п. 115.

И это смысл слов: «Каин с Эвелем подтверждают, ибо один исходит от одной стороны, а другой – от другой»[175], поскольку Каин исходит от левой линии, а Эвель – от правой. «И поэтому не нужно соединять их вместе», ведь если соединяют их, суды нуквы, что в правой линии, прибавляются к судам захара левой, и тогда они разрушают друг друга, – ведь суды нуквы нарушают наполнение левой, а суды захара – наполнение правой. «Но жертва Каина была отвергнута из-за жертвы Эвеля», – так как суды в жертве Эвеля отвергли жертву Каина, который от левой линии. А потом суды Каина отвергли самого Эвеля, и об этом сказано: «И восстал Каин на Эвеля, брата своего, и убил его»[176].

И это смысл сказанного: «"Но от Древа познания добра и зла не ешь". И если за это Адам навлек смерть на мир – тот, кто показывает другое, ненужное деяние, тем более»[177]. Поскольку грех Древа познания заключался в том, что они притянули свечение Хохмы, что в левой линии, сверху вниз. И получается, что они нанесли ущерб только левой линии. Однако тот, кто соединяет два разных вида друг с другом, он ведь наносит ущерб двум линиям, как правой, так и левой, как мы уже говорили, и таким образом его грех больше греха Древа познания.

И это смысл сказанного: «Бык с ослом являются доказательством этому»[177], – поскольку бык исходит от левой стороны, и тяготеют над ним суды левой линии, а осел исходит от правой стороны, и тяготеют над ним суды правой линии. И поэтому написано: «"Не паши на быке и осле вместе"[152]. Не смешивай вместе, ибо это побуждает ситру ахра соединиться вместе, чтобы вредить миру», – потому что клипот, которые удерживаются в судах нуквы, соединятся с клипот, которые удерживаются в судах захара, что в левой линии, и тогда они губят мир.[178] И чтобы разделить их, нужно притянуть свечение средней линии, устанавливающей согласие между правой и левой линиями, и эти суды отменяют друг друга, и тогда отменяется удержание клипот. И это смысл сказанного: «А тот, кто разделяет их, умножает мир в мире», – т.е. он притягивает среднюю линию,

---

[175] См. выше, п. 116.
[176] Тора, Берешит, 4:8. «И сказал Каин Эвелю, брату своему… И было, когда они были в поле, и восстал Каин на Эвеля, брата своего, и убил его».
[177] См. выше, п. 118.
[178] См. Зоар, главу Тазриа, п. 153. «И поэтому Творец щадит Исраэль…»

устанавливающую согласие между линиями. И вместе с этим проясняются и остальные слова Зоара. И проясняются вместе с этим также и изречения,[179] т.е. также как в случае с «килаим (скрещения)», когда суды нуквы прибавляются к судам захара, и как в случае с Каином и Эвелем. Ведь сначала жертва Каина была отвергнута из-за жертвы Эвеля, и поникло лицо Каина,[180] потому что он потерял свой ГАР, так как Малхут вернулась в Бину. И это считается злословием.[181] И это означает: «Не разноси злословия»[182] – запрет, нарушенный Эвелем. И отсюда последовало нарушение Каином запрета: «Не питай ненависти к брату твоему»[183]. И отсюда последовало нарушение Каином запрета: «Не мсти»[184], и он убил его.

---

[179] См. выше, п. 105.

[180] Тора, Берешит, 4:3-5. «И было, спустя некоторое время принес Каин от плодов земли дар Творцу. А Эвель принес также от первородных овец и от жирных их. И благоволил Творец к Эвелю и к дару его, а к Каину и к дару его не благоволил, и очень досадно стало Каину и поникло лицо его».

[181] См. Зоар, главу Цав, п. 118. «Сказал рабби Йоси: "Вот мы учили, что ива (арава) похожа на губы в этот день..."»

[182] Тора, Ваикра, 19:16. «Не разноси злословия в народе своем; не стой при крови ближнего твоего. Я – Творец».

[183] Тора, Ваикра, 19:17. «Не питай ненависти к брату твоему в сердце твоем. Увещая увещевай ближнего своего, и не понесешь за него греха».

[184] Тора, Ваикра, 19:18. «Не мсти и не держи зла на сынов народа твоего, и люби ближнего своего, как самого себя. Я – Творец».

ГЛАВА КДОШИМ

Все плоды его будут святыней восхваления Творцу

124) «Провозгласил рабби Хия и сказал: "Когда придете вы в землю и посадите всякое дерево плодовое, то необрезанными считайте плоды его. Три года будут они для вас необрезанными, не должно их есть. А на четвертый год все плоды его будут святыней восхваления Творцу"[185]. "Когда придете вы в землю"[185], – уже объясняли товарищи. Но смотри, дерево", т.е. Зеир Анпин, "плодоносит только в земле", в Малхут. "А земля извлекает их, и показывает эти плоды миру. И земля извлекает плоды только лишь благодаря другой силе, что над ней", Зеир Анпину, "как любая нуква, которая производит плоды только с помощью захара"».

125) «"И этот плод", который извлекает Малхут, называемая землей, "не завершается полностью, пока не пройдет три года", т.е. пока Малхут не получит три линии от Зеир Анпина, "и сила, что над ним, не назначается свыше, пока он не завершится. Когда завершается, над ним назначается сила, и земля исправляется ею. Ибо до исполнения трех лет", т.е. до того как она получила все три линии, "земля не исправлена им", Зеир Анпином, "и не довершается с ним. А после того как завершена" Малхут, "и установились вместе, тогда это – совершенство"».

126) «"Смотри, нуква", т.е. Малхут, "прежде чем забеременеет трижды, – плод чрева ее", т.е. душа (нешама), "не завершается". То есть нужно, чтобы в ней были три линии, так чтобы в каждой линии были три линии. Потому что три беременности (ибура) соответствуют трем линиям, и в каждом ибуре есть три линии. "После трех ибуров устанавливается нуква в этом плоде, и они согласованы вместе". Ибо Зеир Анпин – это правая (линия), а Малхут – левая, и они согласованы вместе только с помощью средней линии, включающей в себя три линии, так что в каждой линии (тоже) есть три линии. "Тогда этот плод", т.е. душа (нешама), "является совершенством всего и красотой всего. А после того, как" плод "выходит" и вырастает из нее,

---

[185] Тора, Ваикра, 19:23-24. «Когда придете вы в землю и посадите всякое дерево плодовое, то необрезанными считайте плоды его. Три года будут они для вас необрезанными, не должно их есть. А на четвертый год все плоды его будут святыней восхваления Творцу».

"до (исполнения) трех лет у него нет силы свыше", поскольку и плод сам по себе нуждается в свечениях трех линий, подобно Малхут, т.е. в трех годах, "ибо тогда завершается его рост". И потому до этого момента – это три года без обрезания. "И Леви", над которым уже прошли три ибура (беременности), "был избран из всех" колен, "поскольку он – третий у матери, и она установилась в нем и получила подслащение с ним"».

127) «"После трех лет назначается над ним высшая сила сверху, "а на четвертый год все плоды его будут святыней восхваления Творцу"[185] – т.е. хвалой во славу Творца. До сих пор" в прямом смысле, "отсюда и далее" выясним "скрытый смысл. Поскольку на четвертый год Кнессет Исраэль", т.е. Малхут, "соединяется с Творцом", т.е. с Зеир Анпином, "и пребывает единая радость. Как написано: "Святыней восхваления"[185] – т.е. "восхваление и радость одновременно"».

128) Спрашивает: «"Что представляет собой четвертый год?" И отвечает: "Это – Творец", т.е. Зеир Анпин. "Но мы учили, что четвертый год – это Кнессет Исраэль", т.е. Малхут, "являющаяся четвертой в престоле". Поскольку три линии, ХАГАТ Зеир Анпина, – это три опоры высшего престола, а Малхут – четвертая опора престола. И это не противоречит сказанному, что четвертый год – это Творец, "ибо всё это одно целое, ведь Творец тогда совершает зивуг с Кнессет Исраэль". И поэтому можно называть Его Зеир Анпином, а можно – Малхут. "И тогда он является святостью, и пребывает "святыня восхваления"[185]. И тогда назначаются воинства над миром, – над каждым как подобает ему. Отныне и далее все удостаиваются благословения, и можно есть" плоды, "так как всё пребывает в полном совершенстве, – в совершенстве высшего и нижнего"», т.е. в совершенстве Зеир Анпина и Малхут.

129) «"Но прежде, чем завершится во всем, сверху и снизу, нельзя есть от него. А тот, кто ест от него, подобен не имеющему доли в Творце и в Кнессет Исраэль. Ибо плод этот находится без высшей власти святости", т.е. Зеир Анпина, "так как не пребывает над ним, пока он не будет завершен, и без нижней власти", Малхут, "поскольку сила земли не подсластилась в нем", пока не пройдет над ним четвертый год, т.е. еще не произошел зивуг Зеир Анпина и Малхут, как мы уже сказали. "А тот, кто ест от него, показывает, что нет у него доли наверху и

внизу", в Зеир Анпине и в Малхут. "А если он благословил на него, это пустое благословение, потому что до этого момента Творец еще не пребывает над ним, и нет у него доли в Нем. Да спасет нас Милосердный от пренебрегающих славой Господина своего"».

130) «"Счастливы праведники в этом мире и в мире будущем. О них написано: "Путь праведных как светило лучезарное"[186]. Ибо в то время", т.е. в грядущем будущем, "исчезнет змей, который пребывал сначала в нукве", т.е. питался от Малхут, "и явится захар, чтобы пребывать вместо него, как вначале", т.е. в непрерывном зивуге (слиянии), потому что больше никто не может разделить этот зивуг. "И всё станет совершенным. Мы учили, что в то время, когда праведник находится в мире и т.д."». Уже печаталось выше.[187]

---

[186] Писания, Притчи, 4:18. «Путь праведных как светило лучезарное, светящее все сильнее, до полного дня».

[187] См. Зоар, главу Ваикра, пп. 233-244. «Мы учили, что в то время, когда праведник находится в мире...»

Пред сединой вставай

131) «Рабби Йоси провозгласил это изречение и сказал: "Не ешьте при крови"[188]. Это товарищи объясняли в разных местах. А все эти изречения, которые после него", объяснены "в прямом смысле. Но это изречение следует выяснить, как написано: "Пред сединой вставай"[189]. "Пред сединой"[189] – т.е. перед древностью Торы просто встань, отсюда следует, что человек должен вставать перед свитком Торы, и так делал рав Амнуна Сава, когда видел свиток Торы, он вставал перед ней, и говорил: "Пред сединой вставай"[189]. Подобно этому человек должен вставать в полный рост перед мудрецом, потому что он пребывает в высшем святом образе", указывающем на высшего святого коэна, т.е. высшего Абу, называемого старцем. "Как написано: "И испытывай почтение к облику старца"[189], который (пребывает) в мире", т.е. мудреца, который (находится) вместе с тобой в мире"», и является указанием на высшего старца, высшего Абу. «Сказал рабби Шимон: "Отсюда указание на письменную Тору и устную Тору"». Иначе говоря, нужно вставать перед свитком Торы, т.е. письменной Торой, и нужно вставать перед мудрецом, который является устной Торой.

132) «"И еще мы учили. Это изречение: "Пред сединой вставай"[189], чтобы объяснить, как указывали товарищи, "пред сединой вставай"[189], – Тора "предостерегает человека: прежде, чем он придет к седине, он должен прийти к доброму существованию в мире", т.е. должен совершить возвращение, "ибо это и есть почтение к Нему. Однако" если совершает возвращение "в конце своих дней, это не является большим достоинством, ведь он – старик, и не способен быть плохим. Но похвально, когда он пришел к добру в расцвете сил. И царь Шломо восклицает, говоря: "И по поступкам своим узнается юноша"[190]. И подобно этому, написано: "И помни Творца своего в дни юности твоей"[191]. Сказал рабби Эльазар: "Разумеется, это путь проложен перед нами, и это путь Творца"».

---

[188] Тора, Ваикра, 19:26. «Не ешьте при крови. Не гадайте и не ворожите».
[189] Тора, Ваикра, 19:32. «Пред сединой вставай и испытывай почтение к облику старца, и бойся Всесильного твоего. Я – Творец».
[190] Писания, Притчи, 20:11. «И по поступкам своим узнается юноша: чисто ли и правильно ли деяние его».
[191] Писания, Коэлет, 12:1. «И помни Творца своего в дни юности твоей, пока не пришли дни бедствия и не наступили годы, когда скажешь: "Не желаю я их"».

ГЛАВА КДОШИМ

Ибо знает Творец путь праведников

133) «Провозгласил и сказал: "Ибо знает Творец путь праведников, а путь нечестивых исчезнет бесследно"[192]. Спрашивает: "Что значит "ибо знает Творец"[192]?" И отвечает: "Но Творец знает и наблюдает путь праведников, чтобы делать им добро и защищать их, и Он идет перед ними, чтобы оберегать их. Поэтому, когда человек выходит в путь, этот путь должен быть путем Творца, чтобы" Творец "шел вместе с ним. И поэтому написано: "Ибо знает Творец путь праведников"[192]. "А путь нечестивых исчезнет бесследно"[192], – то есть" исчезнет "сам собой, поскольку Творцу не известен этот их путь, и Он не идет с ними"».

134) Спрашивает: «"Написано" в одном случае – "дорога", и написано" в другом – "путь". Что отличает одно от другого?" И отвечает: "Но "дорога", – по которой проходят стопы всех. "Путь" – он открыт недавно, и немногие еще прошли по нему. И об этом пути написано: "Путь праведных как светило лучезарное, светящее все сильнее, до полного дня"[186]».

---

[192] Писания, Псалмы, 1:6. «Ибо знает Творец путь праведников, а путь нечестивых исчезнет бесследно».

Глава Эмор

ГЛАВА ЭМОР

Сыновья Аарона

1) «"И сказал Творец Моше: "Обратись к коэнам, сынам Аарона, и скажи (эмор) им: "Пусть не осквернит себя (коэн) прикосновением к умершим из народа своего"[1]. Сказал рабби Йоси: "Какова причина того, что одно соответствует другому, как написано выше: "И мужчина или женщина, если окажется среди них вызывающий мертвых или знахарь, смерти да будут они преданы: камнями пусть забросают их – кровь их на них"[2], почему оно предшествует" изречению: "Обратись к коэнам"[1]?" И отвечает: "Поскольку Он предупредил Исраэль, чтобы они освящали себя во всем, предупредил также и коэнов, чтобы освящали себя, и также левитов. И откуда нам это известно? Ибо написано: "И к левитам обратись и скажи им"[3], – чтобы все они стали праведниками, пребывающими в святости и чистоте"».

2) «"Обратись к коэнам, сынам Аарона"[1]. Спрашивает: "Какой смысл здесь" того, что написано: "Сынам Аарона"[1], – разве не известно, что они сыновья Аарона?" И отвечает: "Но сынам" только "Аарона, а не сынам Леви. Поскольку Аарон является началом всех коэнов мира, так как Творец выбрал его из всех, чтобы установить мир в мире, и также потому, что пути Аарона возвели его к этому. Ведь все свои дни Аарон старался умножить мир в мире, и поскольку таковы его пути, возвел его Творец к этому", к священнослужению, "чтобы он принес мир высшему собранию". Потому что служением своим он вызывает слияние (зивуг) Творца и Шхины Его, и наступает мир во всех мирах. "Поэтому: "Обратись к коэнам, сынам Аарона"[1]».

3) «"Обратись к коэнам, сынам Аарона"[1]. Рабби Йегуда провозгласил: "Как велико благо Твое, которое укрыл Ты для

---

[1] Тора, Ваикра, 21:1. «И сказал Творец Моше: "Обратись к коэнам, сынам Аарона, и скажи (эмор) им: "Пусть не осквернит себя (коэн) прикосновением к умершим из народа своего"».

[2] Тора, Ваикра, 20:27. «И мужчина или женщина, если окажется среди них вызывающий мертвых или знахарь, смерти да будут они преданы: камнями пусть забросают их – кровь их на них».

[3] Тора, Бемидбар, 18:26. «И к левитам обратись и скажи им: "Когда будете брать у сынов Исраэля десятину, которую Я дал вам от них уделом вашим, то возносите из этого возношение Творцу, десятину из десятины"».

боящихся Тебя, сделал тем, кто уповает на Тебя"[4]. "Как велико благо Твое"[4] – насколько возвышен и дорог этот высший свет, называемый благом. Как написано: "И увидел Всесильный свет, что хорош"[5], – это тот упрятанный свет, которым Творец доставляет благо миру, не прерывая его ни на день, и благодаря ему существует мир и держится на нем. "Которое укрыл Ты для боящихся Тебя"[4], поскольку мы учили, что Творец создал высший свет при сотворении мира, и скрыл его для праведников на грядущее будущее. Это смысл слов: "Которое укрыл Ты для боящихся Тебя, сделал тем, кто уповает на Тебя"[4]».

Объяснение. Есть два света:
1. Свет, скрытый для праведников на грядущее будущее и не светящий в мире.
2. Свет, называемый благом, исходящий от этого скрытого света, который светит в мире каждый день, и мир держится на нем.

4) «"Сделал тем, кто уповает на Тебя"[4], – ибо во время создания мира свет этот стоял и светил от начала мира и до конца мира. Когда Творец посмотрел на тех грешников, которые должны будут восстать в мире, Он скрыл этот свет, и это смысл сказанного: "И будет забран у грешников свет их"[6]. А впоследствии им будет светить" Творец "праведникам в мире будущем. И это означает: "Которое укрыл Ты для боящихся Тебя, сделал тем, кто уповает на Тебя"[4]. И «сделал»[4] указывает на это действие скрытия. «"И написано: "И засияет вам, боящиеся имени Моего, солнце праведности, и исцеление – в крыльях его"[7]».

---

[4] Писания, Псалмы, 31:20. «Как велико благо Твое, которое укрыл Ты для боящихся Тебя, сделал тем, кто уповает на Тебя, под стать сынам человеческим».

[5] Тора, Берешит, 1:4. «И увидел Всесильный свет, что хорош, и разделил Всесильный между светом и тьмой».

[6] Писания, Иов, 38:15. «И будет забран у грешников свет их, а мышца вознесенная – сокрушена».

[7] Пророки, Малахи, 3:20. «И засияет вам, боящиеся имени Моего, солнце праведности, и исцеление – в крыльях его, и выйдете, и увеличитесь, как откормленные тельцы в стойлах».

Когда человек собирается отправиться в мир иной

5) «"Смотри, в час, когда человек собирается отправиться в мир иной, и он находится в доме лечения, приходят к нему три посланника, и он видит там то, чего человек не может видеть, находясь в этом мире. День этот – это день высшего суда, когда Царь требует" вернуть "Его залог", т.е. душу. "Счастлив человек, возвращающий залог Царю таким, как он был дан ему", т.е. неиспорченным. "Но если залог запятнан нечистотой тела, что он скажет Хозяину залога?"»

6) «"Он поднимает глаза и видит стоящего перед ним ангела смерти с обнаженным мечом в руке, губящего и повелевающего сокрушением этого человека. И нет ничего более тяжкого для души, чем ее разлука с телом. И человек не умирает, пока не увидит Шхину, и благодаря огромному стремлению к Шхине, душа выходит" из тела, "чтобы принять Шхину. После того, как" душа "вышла" из тела, "что представляет собой душа, чтобы" могла "прилепиться" к Шхине "и быть принятой в нее? И это уже объяснялось"».

7) «"После того, как душа (нефеш) вышла из тела, и тело осталось без духа (руах), запрещено оставлять его, не похоронив. Как сказано: "Не оставляй на ночь труп его на дереве, но погреби его в тот же день"[8], – потому что мертвый, ожидающий погребения двадцать четыре часа, т.е. день и ночь, вызывает слабость в органах меркавы (строения)", подобием которой является человек, "и препятствует осуществлению деяния Творца. Ведь может быть и так, что Творец сразу же вынес решение, касающееся его следующего кругооборота, в день его кончины, чтобы сделать благо ему, и все то время, пока тело его не погребено, душа не предстает пред Творцом, и не может находиться в другом теле в следующем кругообороте, так как душе не дают другого тела, пока не будет погребено первое. Это можно уподобить человеку, у которого умерла жена, и он не может взять другой жены, пока не похоронит

---

[8] Тора, Дварим, 21:22-23. «И если будет на ком-либо грех, (требующий) смертного приговора суда, и умерщвлен будет он, и повесишь его на дереве; не оставляй на ночь труп его на дереве, но погреби его в тот же день; ибо поругание Всесильному повешенный, и не оскверни земли твоей, которую Творец Всесильный твой дает тебе в удел».

первую. И поэтому сказала Тора: "Не оставляй на ночь труп его на дереве"[8]».

8) «"Другое объяснение. Когда душа рассталась с телом и желает отправиться в тот мир, она не может войти в него до тех пор, пока не дадут ей другое тело, из света, и затем только она может войти. Нам это известно на примере Элияу, у которого было два тела, одно – в котором он являлся внизу людям, и второе – в котором он показывался наверху, среди высших святых ангелов. И все то время, пока тело не похоронено, душа пребывает в страданиях, и дух нечистоты готов пребывать над ним, оскверняя это тело"».

9) «"И поскольку этот дух нечистоты готов" осквернять это тело, "человек не должен оставлять это тело даже на одну ночь, так как этот дух нечистоты пребывает ночью, блуждая", т.е. кружа, "по всей земле в поисках тела без души, чтобы осквернить его. И" потому ночью "оно оскверняется еще больше, и поэтому Он предостерег коэнов, сказав: "Пусть не осквернит себя (коэн) прикосновением к умершим из народа своего"[1], – поскольку они святы, не будет пребывать над ними дух нечистоты, и не осквернятся они"». Ведь в теле без духа (руах) – дух нечистоты готов пребывать над ним.

ГЛАВА ЭМОР

Стекает на голову, стекает на бороду

10) «"Обратись к коэнам, сыновьям Аарона, и скажи им: "Пусть не осквернит себя (коэн) прикосновением к умершим из народа своего"[9]. Рабби Ицхак сказал: "Скажи коэнам"[9] – шепотом. Как и все служение коэнов проводится шепотом, так и обращение произносится шепотом. "Обратись... и скажи"[9] – то есть "один раз, и два раза, предупреждая их о том, чтобы не оскверняли святости своей. Ибо тот, кто занят служением в месте святости, должен соблюдать святость во всем. "Пусть не осквернит себя"[9] – это как мы объясняли, что тело без духа является нечистым, и пребывает над ним дух нечистоты. Ведь духи нечистоты испытывают страсть к телам Исраэля, так как из них вышел дух святости, и они являются, чтобы соединиться с вместилищем (кли) святости", т.е. с телом. "И коэны, святость которых выше всякой святости, не должны оскверняться вообще. Как сказано: "Ибо венец Всесильного его на голове его"[10], и сказано: "Ибо венец елея помазания Всесильного его на нем. Я – Творец"[11]».

11) «"И он", коэн, "подобно высшему" коэну, "находится внизу. Как написано: "Подобно доброму елею на голове, стекающему на бороду, бороду Аарона, стекающему соответственно свойствам его"[12]. Это изречение объяснялось. Однако, "подобно доброму елею на голове"[12] – это елей помазания высшей святости", т.е. наполнение мохин, "исходящий и вытекающий из места реки, которая глубже всего", т.е. Бины. "Другое объяснение. Он исходит и вытекает из начала (рош) всех начал, самого скрытого из всех скрытых", т.е. рош Арих Анпина. "На голове

---

[9] Тора, Ваикра, 21:1. «И сказал Творец Моше: "Обратись к коэнам, сыновьям Аарона, и скажи (эмор) им: "Пусть не осквернит себя (коэн) прикосновением к умершим из народа своего"».

[10] Тора, Бемидбар, 6:7. «Из-за отца своего и матери своей, из-за брата своего и сестры своей, чистоты своей не нарушит из-за них при их смерти, ибо венец Всесильного его на голове его».

[11] Тора, Ваикра, 21:12. «И из Святилища не выйдет, и не осквернит Святыни Всесильного своего, ибо венец елея помазания Всесильного его на нем. Я – Творец».

[12] Писания, Псалмы, 133:2. «Подобно доброму елею на голове, стекающему на бороду, бороду Аарона, стекающему на край одежды его».
«На край одежды его», – аль пи мидотав (עַל פִּי מִדּוֹתָיו), переводится также: «Соответственно свойствам его».

(рош)"¹², – конечно, на голове (рош), являющейся рош Адама Кадмона"», т.е. Арих Анпина. И смысл сказанного: «Подобно доброму елею, который на голове».

12) «"Стекающему на бороду"¹² – это величественная борода", т.е. дикна (борода) Арих Анпина, "как уже объяснялось. "Борода Аарона"¹² – это главный коэн наверху", т.е. дикна Зеир Анпина, свойство Хесед Зеир Анпина. "И этот "елей"¹² – наполнение Арих Анпина, "стекает "соответственно свойствам его"¹², Зеир Анпина, "и от этих свойств" Зеир Анпина "он (елей) исходит и вытекает, и опускается к нижним. И подобно этому исходит и венчается" главный коэн "внизу, елеем помазания внизу"», и он соответствует главному коэну наверху, т.е. Хеседу Зеир Анпина.

13) «"В этом изречении начало не соответствует концу, а конец не соответствует началу, как написано: "Обратись к коэнам, сыновьям Аарона, и скажи им: "Пусть не осквернит себя прикосновением к умершим из народа своего"⁹. Начало изречения – во множественном числе, а конец – в единственном числе. "Пусть не осквернят себя", – следовало сказать", во множественном числе, как и в начале изречения. И отвечает: "Однако о самом высшем из всех коэне говорит"» это изречение, т.е. о главном высшем коэне. «Сказал рабби Йегуда: "Но ведь написано: "Коэн же, высший из братьев своих"¹³, и это указывает на главного коэна внизу, но не в первом изречении. И отвечает: "Однако, все именно так"», что «пусть не осквернит себя»⁹ указывает коэна, который выше всех, т.е. на Зеир Анпин, а изречение: «Коэн же, высший из братьев своих»¹³ – это «"как мы учили, что говорит о главном коэне" внизу, "как сказал рабби Ицхак, что коэн, находящийся внизу, который подобен высшему, должен более всех пребывать в святости, как мы учили"». И поэтому выделили это изречение отдельно, запрещая ему осквернять себя прикосновением даже к умершим отцу или матери.

---

¹³ Тора, Ваикра, 21:10. «Коэн же, высший из братьев своих, на голову которого возлит елей помазания и который уполномочен облачаться в одежды для служения, – волос головы своей не растреплет и одежд своих не распорет».

ГЛАВА ЭМОР

Тайна светильника
(Раайа меэмана)

14) «"Эта заповедь – в том, чтобы коэн каждый день приводил в порядок лампады в Храме, и мы это уже объясняли в тайне светильника. И это подобно действию, производимому наверху, потому что высший свет в елее помазания изливается вначале на голову главного коэна", т.е. ГАР Зеир Анпина, "а затем он зажигает, наполняя светом, все лампады", т.е. сфирот Малхут, называемые огненными светилами. "Ведь написано: "Подобно доброму елею на голове"[12], и сказано также: "Ибо венец елея помазания Всесильного его на нем"[11]. И поэтому только коэну дано право приводить в порядок лампады и дважды зажигать их каждый день, что соответствует свечению единства", которое происходило "дважды, и обязательной жертве (тамид), которая приносилась дважды в день, и все это нужно"».

15) «"И благодаря коэнам эти лампады светят во всем, наверху и внизу, чтобы испытывать радость, и чтобы радость эта пребывала во всех сторонах", т.е. в правой и левой, "при зажигании лампад. Поскольку две вещи, которые совершаются коэном, чтобы пребывать в радости во всех сторонах, и это – зажигание лампад и воскурение. И мы это уже объясняли: "Елей и воскурение радуют сердце"[14]». (До сих пор Раайа меэмана)

---

[14] Писания, Притчи, 27:9. «Елей и воскурение радуют сердце, но сладость друга – в душевном совете».

ГЛАВА ЭМОР

Но ради сестры своей, девицы

16) «"Но ради сестры своей, девицы, близкой ему"[15]. Что написано до этого: "Только ближайшим родственником своим"[16]. Рабби Аба провозгласил: "Кто это идет из Эдома в багряных одеждах из Боцры, тот, кто великолепен в одеянии своем, шествует в могучей силе своей?"[17] "Кто это идет из Эдома"[17], – поскольку в будущем облачится Творец в одеяния возмездия Эдому за то, что они разрушили дом Его и сожгли Храм Его, и заставили Кнессет Исраэль уйти в изгнание среди народов. И будет вершить Он над ними возмездие вечное, пока не покроются все горы мира убитыми из среды народов. И призовет Он на них всех птиц небесных", пожирать трупы их. "И все звери полевые будут питаться ими двенадцать месяцев, а птицы небесные – семь лет, пока земля не сможет терпеть мерзость их. Как сказано: "Ибо резня у Творца в Боцре, и заклание великое в земле Эдома"[18] – до тех пор, пока эти одеяния" возмездия "не осквернятся" убитыми. Это смысл сказанного: "И все одежды Мои запачкал Я"[19]».

17) «"В багряных одеждах из Боцры"[17] – потому что" из Боцры "вышли полчища (всего) мира с войной на Йерушалаим, и они подожгли Храм, а жители Эдома сокрушили стены, разрушив все до основания. И об этом сказано: "Припомни, Творец, день Йерушалаима сынам Эдома, говорившим: "Разрушайте, разрушайте до основания его"[20]».

18) «"Тот, кто великолепен в одеянии своем"[17], – т.е. в тех одеяниях возмездия, которые Он облачит в будущем. "Шествует

---

[15] Тора, Ваикра, 21:3. «Но ради (умершей) сестры своей, девицы, близкой ему, которая не была замужем, ради нее он может оскверниться».
[16] Тора, Ваикра, 21:2. «Только ближайшим родственником своим: матерью своей и отцом своим, сыном своим и дочерью своей, и братом своим».
[17] Пророки, Йешаяу, 63:1. «Кто это идет из Эдома, в багряных одеждах из Боцры, тот, кто великолепен в одеянии своем, шествует в могучей силе своей?! Я, говорящий справедливо, велик в спасении!»
[18] Пророки, Йешаяу, 34:6. «Меч у Творца полон крови, тучнеет от тука, от крови баранов и козлов, от тука с почек баранов, ибо резня у Творца в Боцре, и заклание великое в земле Эдома».
[19] Пророки, Йешаяу, 63:3. «Один Я топтал в давильне, и не было со Мной никого из народов, и топтал Я их в гневе Моем, и попирал их в ярости Моей, и брызгала кровь их на одежды Мои, и все одежды Мои запачкал Я».
[20] Писания, Псалмы, 137:7. «Припомни, Творец, день Йерушалаима сынам Эдома, говорившим: "Разрушайте, разрушайте до основания его"».

в могучей силе своей"[17]. Что значит "шествует"[17]? – Сокрушает. Как сказано: "Народы падут под тобой"[21]. Обратились Исраэль к Йешаяу: "Кто же это, который сделает до такой степени?" Провозгласил и сказал: "Я, говорящий справедливо"[17], – тот, кто "велик в спасении"[17], тот, о ком сказано: "Любит справедливость и правосудие"[22]. И это настоящая справедливость", – т.е. Малхут, называемая справедливостью. "И Он "велик в спасении!"[17]»

19) «"Но почему до такой степени? Это потому, что заставили Кнессет Исраэль быть лежащей во прахе в изгнании, и пасть на землю, как сказано: "Пала, не встанет вновь дева Исраэля"[23]. И поэтому Творец облачится из-за них в одеяния возмездия, чтобы осквернить их множеством убитых. Как сказано: "И все одежды Мои запачкал Я"[19]».

20) «"Но почему до такой степени?" Это "потому, что написано: "Но ради сестры своей, девицы, близкой ему, которая не была замужем, ради нее он может оскверниться"[15]. "Сестра его"[15] – т.е. святая Шхина, сестра Зеир Анпина, "которая не является долей Эсава, и не была в уделе того, о ком написано: "Человек, сведущий в охоте, человек поля"[24]. "Ради нее он может оскверниться"[15] – т.е. из-за нее может оскверниться "теми одеяниями возмездия, которым предстоит оскверниться среди этого множества убитых, как мы уже говорили. И поэтому написано: "Ради нее он может оскверниться"[15] – из-за нее, из-за того, что она лежит" в изгнании "во прахе, и он хочет поднять ее. Это смысл слов: "Восстань, свети, ибо пришел свет твой"[25]».

---

[21] Писания, Псалмы, 45:6. «Стрелы твои заострены, народы падут под тобой, – (вонзятся они) в сердце врагов царя».

[22] Писания, Псалмы, 33:5. «Любит справедливость и правосудие, милостью Творца полна земля».

[23] Пророки, Амос, 5:2. «Пала, не встанет вновь дева Исраэля; повержена она на землю свою, некому поднять ее».

[24] Тора, Берешит, 25:27. «И выросли отроки, и стал Эсав человеком, сведущим в охоте, человеком поля; а Яаков – человеком кротким, живущим в шатрах».

[25] Пророки, Йешаяу, 60:1. «Восстань, свети, ибо пришел свет твой, и слава Творца над тобой воссияла».

ГЛАВА ЭМОР

Пусть не делают плеши

21) «"Пусть не делают плеши на своей голове"[26]. Рабби Йоси сказал: "Пусть не делают плеши (ло икрехý לֹא יִקְרְחָה)"[26] написано на конце "с хэй (ה), – в чем причина?" И отвечает: "Но тот высший елей", т.е. наполнение Абы, "елей святого помазания, довершающий все семь дней", т.е. ХАГАТ НЕХИМ, "как мы учили, что написано: "Ибо семь дней совершается посвящение ваше"[27], – этот высший елей забирается у него, и образуется плешь, если он сделал изъян на голове своей. Потому что голова (рош) высшего коэна", т.е. ГАР Зеир Анпина, "это высший этот елей", т.е. света Абы, как мы уже сказали, "и поэтому нижний коэн не должен показывать сам никакого изъяна, и мы уже это учили". Ведь поскольку направляет себя соответственно высшему коэну, его действия наносят ущерб ему. "И поэтому"» «Пусть не делают плеши (ло икрехý לֹא יִקְרְחָה)»[26] «"написано с хэй (ה)"». И это буквы слов «пусть не делает плеши хэй (לֹא יִקְרַח הִי)», т.е. не наносит ущерба и не делает плеши высшей хэй (ה) де-АВАЯ (הויה), т.е. Име, притягивающей этот елей от Абы и украшающей рош Зеир Анпина.

---

[26] Тора, Ваикра, 21:5. «Пусть не делают плеши на своей голове, и края бороды своей не обривают, и на теле своем не делают надреза».

[27] Тора, Ваикра, 8:33. «И от входа Шатра собрания не отходите семь дней, до исполнения дней посвящения вашего, ибо семь дней совершается посвящение ваше».

ГЛАВА ЭМОР

Семь дней совершается посвящение ваше

22) «Провозгласил и сказал: "Когда возвратил Творец пленников Циона, мы были как во сне"[28]. "Когда возвратил Творец пленников"[28] – это сказано о вавилонском изгнании, когда не пребывали в изгнании больше, но только семьдесят лет. Как написано: "Когда исполнится семьдесят лет Вавилону, вспомню Я о вас"[29]. И написано: "Мы были как во сне"[28]. Что значит: "Как во сне"[28]? Но ведь указывали товарищи, что есть сон, продолжительностью в семьдесят лет"[30]».

23) «"Смотри, написано: "Ибо семь дней совершается посвящение ваше"[27]. Что представляют собой эти семь дней? И называется также возвращением. И мы учили, кто называется высшим, который является совокупностью всех семи дней", т.е. Бина, включающая в себя ХАГАТ НЕХИ, "называется семью днями и называется возвращением. И мы учили – тот, кто постится в субботу, приговаривается судом к семидесяти годам. И семьдесят лет – это семь ликов Царя", т.е. семь сфирот ХАГАТ НЕХИМ, каждая из которых содержит десять, всего семьдесят. "И хотя все согласны с тем, что он поступает во зло, все же отменяется судебный приговор, поскольку он постится в день, включающий все", – и это Бина, "называемая семью днями и называемая возвращением, поэтому" когда он включен туда, "включен во все" семьдесят лет, "когда совершает возвращение, и" поэтому "отменяется судебный приговор за все вместе. И поэтому есть, безусловно, семьдесят лет в сновидении"».

Объяснение. Сновидение – оно во время сна, что означает исчезновение мохин, и изгнание – это состояние сна, и поэтому годы изгнания называет здесь сновидением, и потому оно продолжается семьдесят лет, что означает исчезновение мохин Зеир Анпина, в которых есть семь сфирот ХАГАТ НЕХИМ, в каждой из которых содержится десять. И поэтому говорит Писание: «Мы были как во сне»[28].

---

[28] Писания, Псалмы, 126:1. «Песнь ступеней. Когда возвратил Творец пленников Циона, мы были как во сне».
[29] Пророки, Йермияу, 29:10. «Ибо так сказал Творец: "Когда исполнится семьдесят лет Вавилону, вспомню Я о вас и исполню для вас доброе слово Мое о возвращении вас на это место"».
[30] См. Вавилонский Талмуд, трактат Таанит, лист 23:1.

24) «"Подобно этому и коэн увенчивается семью", т.е. Биной, "называемой семью днями. Если" коэн "сделал изъян на своей голове, то эти семь", т.е. Бина, "являющаяся совокупностью всех семи" дней ХАГАТ НЕХИМ, "лишает его той святости всех их, которая пребывает над" коэном. "И поэтому предупреждены они, чтобы не делать плеши на своей голове, так как этим они сделают изъян во всех" семи сфирот. "И поэтому коэн должен находиться в совершенстве больше, чем все остальные, и уж тем более – самый возвышенный из всех"», главный коэн.

25) «Сказал рабби Аба: "Здесь – в нижней хэй (ה), а здесь – в высшей хэй (ה). Главный коэн, самый возвышенный из всех", делает изъян "в высшей хэй (ה)", т.е. Бине, "как написано: "На голову которого возлит елей помазания и который уполномочен"[31]. "И который уполномочен"[31] – т.е. Бина, о которой сказано: "Ибо семь дней совершается посвящение (досл. уполномочение) ваше"[27]. И семь дней – это Бина, как мы уже сказали, т.е. высшая хэй (ה) де-АВАЯ (הויה). "Другой коэн" делает изъян "в нижней хэй (ה)" де-АВАЯ (הויה), т.е. в Малхут, "как написано: "Пусть не делают плеши на своей голове"[26]. И написано после этого: "И не осквернят они имени Всесильного своего"[32], и это имя, оно ведь известно", – т.е. Малхут, нижняя хэй (ה). "И поэтому написано: "Коэн же, высший из братьев своих, на голову которого возлит елей помазания и который уполномочен облачаться в одежды"[31], т.е. "как мы сказали", что елей помазания – это наполнение Абы, которое он получает от Имы, высшей хэй (ה).[33] "И поскольку он представляет собой святость, подобную той, что наверху, написано: "И из Святилища не выйдет"[34]» – подобно высшим Абе ве-Име, зивуг которых не прерывается.

---

[31] Тора, Ваикра, 21:10. «Коэн же, высший из братьев своих, на голову которого возлит елей помазания и который уполномочен облачаться в одежды для служения, – волос головы своей не растреплет и одежд своих не распорет».

[32] Тора, Ваикра, 21:6. «Святы должны быть они Всесильному своему, и не осквернят они имени Всесильного своего, ибо огнепалимые жертвы Творцу, хлеб Всесильному своему приносят они, и потому должны они быть святы».

[33] См. выше, п. 21.

[34] Тора, Ваикра, 21:12. «И из Святилища не выйдет, и не осквернит Святыни Всесильного своего, ибо венец елея помазания Всесильного его на нем. Я – Творец».

Тебе, Творец, справедливость

26) «Рабби Аба провозгласил и сказал: "Тебе, Господин наш, справедливость, у нас же позор на лице сегодня, у человека Иудеи и у жителей Йерушалаима"[35]. Счастливы Исраэль, ибо Творец избрал их из всех народов-идолопоклонников, и из-за любви их вручил им Тору истины, чтобы знать путь святого Царя. И каждый, занимающийся Торой, словно усердствует в постижении Творца, поскольку вся Тора представляет собой имя Творца. И поэтому изучающий Тору изучает имя Его, а отдаляющийся от Торы отдаляется от Творца"».

27) «"Смотри, "Тебе, Господин наш, справедливость"[35], это как сказано: "Тебе, Творец, величие (гдула), и могущество (гвура), и великолепие (тиферет), и вечность (нецах), и красота (ход), ибо всё на небе и на земле"[36], – это свойства Его ХАГАТ НЕХИМ, и также справедливость – это свойство Малхут. "Что представляет собой справедливость? Это место, в которое включены все светящие лики, и оно включено во всех", во все сфирот Зеир Анпина, "и в нем они находятся", – т.е. Малхут, в которой находятся все сфирот Зеир Анпина. "У нас же позор на лице"[35] – это место, от которого отдаляются все светящие лики", т.е. ситра ахра. "Справедливость"[35], т.е. Малхут, – "это истина и свет всего, свет лика и радость всего. "Позор"[35], т.е. ситра ахра, – "это бесчестие и отдаление истины. Ведь тот, кто испытывает позор, – это потому, что истина, т.е. справедливость, отдалилась от него, и это – отдаление светящего лика"».

28) «"Смотри, высший коэн", т.е. главный коэн, "более всех должен отличаться красотой лица, светом лица и радостью. И он не должен позволять проявлению в нем печали и гнева, но всё должно быть по высшему подобию. Счастлива участь его, ведь о нем написано: "Я – твоя доля и твой удел"[37], и также:

---

[35] Писания, Даниэль, 9:7. «Тебе, Господин наш, справедливость, у нас же позор на лице сегодня, у человека Иудеи и у жителей Йерушалаима, и у всего Исраэля – у близких и далеких, во всех странах, куда забросил Ты их за вероломство, которое совершили они пред Тобою».

[36] Писания, Диврей а-ямим 1, 29:11. «Тебе, Творец, величие и могущество, и великолепие, и вечность, и красота, ибо всё на небе и на земле – Тебе! Тебе царство, и превознесен Ты над всеми!»

[37] Тора, Бемидбар, 18:20. «И сказал Творец Аарону: "На их земле удела ты не получишь, и доли не будет тебе среди них. Я – твоя доля и твой удел среди сынов Исраэля"».

"Творец – удел его"[38]. И поэтому он должен представать совершенным во всем, и сам по себе, и в облачении своем, чтобы не причинил себе никакого вреда, как мы уже учили"».

---

[38] Тора, Дварим, 18:2. «Удела же не будет ему среди братьев его: Творец – удел его, как говорил Он ему».

ГЛАВА ЭМОР

И он жену в девичестве ее возьмет

29) «"И он жену в девичестве ее возьмет"[39]. Рабби Шимон провозгласил: "И вот, возводит он напраслину, говоря: "Не нашел я у дочери твоей девства"[40]. И написано: "И взыщут с него сто сребреников, и отдадут отцу девицы, ибо распустил он дурную славу о девственнице Исраэля"[41]. Спрашивает: "Разве она девственница Исраэля, ведь она девственница отца своего, или девственница мужа своего, – что означает здесь "девственница Исраэля"[41], что означает девственница, дочь Яакова, нареченного Исраэлем? И отвечает: "Это смысл слов: "Спроси отца твоего, и он расскажет тебе"[42], – т.е. Исраэля, отца твоего, дочь которого, Дина, вышла посмотреть на дочерей земли этой, и случилось то, что случилось. И поскольку Писание говорит о дурной славе, он упоминает девственницу Исраэля, т.е. как это случилось с дочерью Исраэля, Диной. "Так же и здесь, о коэне, предстающем в высшем подобии, сказано: "И он жену в девичестве ее возьмет"[39], т.е. "которая никогда не выходила наружу из входа своего двора. И мы это уже учили"». И девственность ее сравнивается с девственницей Исраэля, чтобы не произошел у нее выход наружу, как это случилось с девственницей Исраэля.

---

[39] Тора, Ваикра, 21:13. «И он жену в девичестве ее возьмет».

[40] Тора, Дварим, 22:16-17. «И скажет отец девицы старейшинам: "Дочь мою отдал я человеку этому в жены, а он возненавидел ее, и вот, возводит он напраслину, говоря: "Не нашел я у дочери твоей девства", но вот признаки девства дочери моей!" И разложат платье перед старейшинами города».

[41] Тора, Дварим, 22:18-19. «И возьмут старейшины того города человека этого, и накажут его. И взыщут с него сто сребреников, и отдадут отцу девицы, ибо распустил он дурную славу о девственнице Исраэля, а ему она будет женой, не может он развестись с ней во все дни его».

[42] Тора, Дварим, 32:7. «Вспомни дни древности, помысли о годах всех поколений; спроси отца твоего, и он расскажет тебе, старцев твоих, и они скажут тебе».

Пищу дал Он боящимся Его

30) «Рабби Шимон шел по дороге, и были с ним рабби Йегуда и рабби Йоси, и рабби Хизкия. Провозгласил рабби Шимон и сказал: "Пищу дал Он боящимся Его, помнит вечно союз Свой"[43]. "Пищу дал Он боящимся Его"[43] – это праведники, боящиеся Творца. Потому что каждый, кто боится Его, называется человеком царского дома, и о нем сказано: "Счастлив человек, боящийся Творца"[44]».

31) Спрашивает: «"Что значит: "Пищу дал Он боящимся Его"[43]?" И отвечает: "Но это как сказано: "Встает она еще ночью, раздает пищу в доме своем"[45]. И поскольку праведники являются домочадцами Его, как мы уже сказали, они получают эту пищу. "Отсюда мы учили, что каждый человек, занимающийся Торой ночью и встающий в полночь, в час, когда Кнессет Исраэль", Малхут, "пробуждается, чтобы подготовить дом для Царя"», т.е. притянуть свечение Хохмы ради Него, в тайне сказанного: «Мудростью (бе-хохма) устраивается дом»[46], "этот человек участвует в этом вместе с ней, и это называется, что он из царского дома, и дают ему каждый день от этих подготовок дома. Об этом сказано: "Раздает пищу в доме своем и урок служанкам своим"[45]», где «пища» означает – свечение Хохмы, а «урок» – чтобы не притягивалась она сверху вниз.[47] "«Кто это, "дом ее"? Это все, участвующие вместе с ней в занятиях Торой ночью и называемые домом ее, домочадцами ее. И поэтому" написано: "Пищу дал Он боящимся Его"[43]».

32) Спрашивает: «Что такое "пища (досл. добыча)"[43]?" И отвечает: "Действительно "добыча", – то есть, что она добывает и берет ее силой, и это указывает на суды, раскрывающиеся вместе с Хохмой.[48] "И берет она из высшего далекого места,

---

[43] Писания, Псалмы, 111:5. «Пищу дал Он боящимся Его, помнит вечно союз Свой».

[44] Писания, Псалмы, 112:1. «Алелуйа. Счастлив человек, боящийся Творца, страстно любящий заповеди Его».

[45] Писания, Притчи, 31:15. «Встает она еще ночью, раздает пищу в доме своем и урок служанкам своим».

[46] Писания, Притчи, 24:3-4. «Мудростью устраивается дом и разумом утверждается, и знанием покои наполняются, всяким достоянием, драгоценным и приятным».

[47] См. Зоар, главу Кдошим, п. 109 и в комментарии Сулам п.123.

[48] См. Зоар, главу Пкудей, п. 376. «Провозгласил и сказал: "В тот день возведу Я падающий шалаш Давида"...»

как написано: "И приносит хлеб свой издалека"[49]», т.е. Хохму, о которой сказано: «Думал я: "Стану мудрым", но мудрость далека от меня»[50]. «"И кто удостаивается этой "добычи"[43]? Конец изречения указывает, как написано: "Помнит вечно союз Свой"[43], – т.е. тот, кто усердствует в Торе, действуя совместно с ней ночью", так как Тора называется союзом. "Но, кроме того, у Творца есть один высший праведник", Есод Зеир Анпина, "и" этот человек "действует совместно с ним" в наполнении Малхут, "и оба они наследуют Кнессет Исраэль. Как написано: "Праведники унаследуют землю"[51]», – т.е. праведник, занимающийся Торой ночью, и высший праведник, унаследуют Малхут, называемую землей.

---

[49] Писания, Притчи, 31:14. «Она подобна купеческим кораблям и приносит хлеб свой издалека».

[50] Писания, Коэлет, 7:23. «Всё это испытал я в мудрости. Думал я: "Стану мудрым", но мудрость далека от меня».

[51] Пророки, Йешаяу, 60:21. «И народ твой, все праведники, навеки унаследуют землю, ветвь насаждения Моего, дело рук Моих для прославления».

ГЛАВА ЭМОР

И не опорочит он своего потомства в народе своем

33) «Еще провозгласил и сказал: "И не опорочит он своего потомства в народе своем, ибо Я, Творец, освящаю его"[52]. Смотри, каждый, кто изливает семя напрасно, не удостаивается увидеть лика Шхины, и называется злом. Как сказано: "Ибо Ты не божество, желающее беззакония, не водворится у Тебя зло"[53], – т.е. "тот, кто извлекает его с помощью руки, или же с чужой женщиной, которая не разрешена. И если скажешь, что изливает его с женщиной, которая не беременеет, тоже" считается изливающим семя напрасно, – "это не так, но только подобные тем, что мы указали"».

34) «"И поэтому человек должен молиться Творцу, чтобы назначил ему достойное кли", т.е. достойную жену, "чтобы не причинить вреда семени своему. Тот, кто изливает семя в непригодное кли, наносит вред семени своему. Горе тому, кто наносит вред семени своему. Если это касается остальных людей, то коэна, находящегося внизу" и намеревающегося быть "в подобии высшей святости,[54] тем более"». И поэтому написано: «Не опорочит он своего потомства в народе своем»[52].

35) «"В народе своем"[52]. Что значит "в народе своем"[52]? Ведь выше написано: "Вдову, и разведенную, и опороченную, блудницу, – этих не возьмет"[55]. И написано: "И не опорочит он своего потомства в народе своем"[52], – следовало сказать: "Среди них", что значит "в народе своем"[52]?" И отвечает: "Но" смысл в том, что "это является позором в народе его, изъяном в народе его, и поэтому написано: "Но только девицу из народа своего возьмет в жены"[55]. Конечно, "из народа своего"[55]. Всё по высшему подобию. "Ибо Я, Творец, освящаю его"[52]. Что значит "освящаю его"[52]?" И отвечает: "Но Я – тот, кто освящает его каждый день, и поэтому не должен он наносить вред семени своему, и не будет в нем изъяна, поскольку Я освящаю его,

---

[52] Тора, Ваикра, 21:15. «И не опорочит он своего потомства в народе своем, ибо Я, Творец, освящаю его».
[53] Писания, Псалмы, 5:5. «Ибо Ты не божество, желающее беззакония, не водворится у Тебя зло».
[54] См. выше, п. 11.
[55] Тора, Ваикра, 21:14. «Вдову, и разведенную, и опороченную, блудницу, – этих не возьмет; но только девицу из народа своего возьмет в жены».

т.е. Я желаю освятить его, и он будет свят во всем, и служение святому будет посредством святого"».

36) «"Смотри, Творцу несет служение коэн, который должен быть свят, когда приступает к служению. И поскольку Творец призывает к служению коэна, являющегося святым, коэн должен призвать к служению непорочного, освящающегося в непорочности своей. И кто это? Это левиты. И другой человек", коэн, "должен призвать к служению другого, обладающего святостью", левита, "чтобы все они пребывали в святости для служения Творцу. Счастливы Исраэль в этом мире и в мире будущем, ведь сказано о них: "И выделил Я вас из народов, чтобы быть Моими"[56]. Насколько Исраэль выделяются в святости, из всех, чтобы служить Творцу. Как сказано: "Освящайте же себя и будете святы, ибо Я Творец Всесильный ваш"[57]».

37) «Еще провозгласил и сказал: "Творцу спасение! На народе Твоем – благословение Твое! Сэла!"[58] "Творцу спасение!" – мы так учили, что счастливы Исраэль, ведь в любом месте, куда бы они ни изгонялись, Шхина изгонялась с ними. Когда Исраэль выйдут из изгнания, кому это будет избавлением – Исраэлю или Творцу?" Ибо также и Шхина выйдет из изгнания. "Но мы ведь объясняли в разных источниках, и здесь, "Творцу спасение"[58] разумеется. Когда это? В то время, когда "на народе Твоем – благословение Твое! Сэла!"[58] – в час, когда Творец управляет Исраэлем посредством благословений, чтобы вывести их из изгнания и доставить им благо, тогда "Творцу спасение"[58], конечно", поскольку Шхина выйдет из изгнания. "И поэтому мы учили, что Творец вернется вместе с Исраэлем из изгнания. Это смысл сказанного: "И возвратит Творец Всесильный твой пленников твоих и смилостивится над тобой"[59]». Потому что «и возвратит»[59] означает, что Он тоже возвратится вместе с Исраэлем из изгнания.

---

[56] Тора, Ваикра, 20:26. «И будьте Мне святы, ибо свят Я, Творец; и выделил Я вас из народов, чтобы быть Моими».
[57] Тора, Ваикра, 20:7. «Освящайте же себя, и будете святы, ибо Я Творец Всесильный ваш».
[58] Писания, Псалмы, 3:9. «Творцу спасение! На народе Твоем – благословение Твое! Сэла!»
[59] Тора, Дварим, 30:3. «И возвратит Творец Всесильный твой пленников твоих и смилостивится над тобой, и вновь соберет Он тебя от всех народов, где рассеял тебя Творец Всесильный твой».

ГЛАВА ЭМОР

Девицу из народа своего возьмет в жены

(Раайа меэмана)

38) «"Но только девицу из народа своего возьмет в жены"[55]. Провозгласил верный пастырь и сказал: "Эта заповедь указывает главному коэну брать в жены девственницу, как сказано: "Вдову, и разведенную, и опороченную, блудницу, – этих не возьмет; но только девицу из народа своего возьмет в жены"[55]. Спрашивает: "И почему нужно, чтобы брал только девственницу, без изъяна?" И отвечает: "Но жена – это чаша благословения, и если отведали из нее, то внесли изъян". Иначе говоря, она указывает на Малхут, называемую чашей благословения. "И коэн, приносящий жертву пред Творцом, должен быть совершенным, без изъяна, совершенным в органах своих, без изъяна, потому что пороки недопустимы у коэнов, тело (гуф) его должно быть совершенным, нуква его должна быть совершенной, чтобы осуществилось в нем сказанное: "Вся ты прекрасна, подруга моя, и нет в тебе изъяна!"[60]»

39) «"Потому что жертва – это приношение, и Исраэль должны переслать свое приношение Царю с человеком совершенным, потому что они противоположны ситре ахра, а приношение ситре ахра отсылалось с нарочным, который ущербен.[61] Как написано: "Один жребий – Творцу, и один жребий – Азазелю"[62]. Потому что иные божества – все ущербны с северной стороны"», как сказано: «С севера начнется бедствие»[63]. «"И так большинство пристанищ идолопоклонства ущербны в нукве своей", т.е. она "разрушена, мрачна, ущербна и т.д."».

40) «"И верный пастырь – это вав (ו), наполненная" йуд-хэй (יה), т.е. это Зеир Анпин, вав (ו) де-АВАЯ (הויה), наполненный

---

[60] Писания, Песнь песней, 4:7. «Вся ты прекрасна, подруга моя, и нет в тебе изъяна!»

[61] См. Зоар, главу Ахарей мот, п. 127. «Также и здесь: "И отошлет с нарочным в пустыню" – т.е. он готов на это и назначен на это. И коэн знал его, потому что один глаз у него был немного больше другого...»

[62] Тора, Ваикра, 16:8. «И возложит Аарон на обоих козлов жребии: один жребий – Творцу, и один жребий – Азазелю».

[63] Пророки, Йермияу, 1:14. «И сказал мне Творец: "С севера начнется бедствие для всех жителей земли этой"».

светом йуд-хэй (יה) де-АВАЯ (הויה), т.е. Хохмы и Бины. "И он в таком порядке йуд-хэй-вав (יהו)", и поэтому есть в нем все три буквы йуд-хэй-вав (יהו) де-АВАЯ (הויה). "Последняя хэй (ה)" де-АВАЯ (הויה), Малхут, – "это чаша, наполненная благословением Творца с правой стороны", т.е. чаша благословения, упоминаемая выше,[64] "а со стороны Гвуры, являющейся судом, она называется Шхиной, АВАЯ (הויה)", и в таком сочетании властвует хэй (ה), свойство суда, над вав (ו), свойством милосердия, а йуд-хэй (יה), т.е. мохин, находятся в конце сочетания, что указывает на суд. "И это смысл сказанного: "Вот, рука Творца (АВАЯ) будет на скоте твоем"[65]» – т.е. Малхут, называемая рукой Творца, она в сочетании АВАЯ (הויה) с тем, чтобы вершить суд над скотом Египетским. «Встал верный пастырь и распластался пред ним, и сказал: "Счастлив мой удел, что Господин мой и Царица, – они в помощь мне"». (До сих пор Раайа меэмана)

---

[64] См. выше, п. 38.
[65] Тора, Шмот, 9:2-3. «Ибо, если ты отказываешься отпустить, и еще будешь удерживать их, то вот, рука Творца будет на скоте твоем, который в поле, на конях, на ослах, на верблюдах, на крупном и на мелком скоте, – мор очень тяжелый».

ГЛАВА ЭМОР

Человек, у которого будет увечье

41) «"Человек из потомства твоего во все поколения их, у которого будет увечье, не должен приближаться, чтобы приносить хлеб Всесильному своему"[66]. Рабби Ицхак сказал: "Это потому, что он ущербен, а тот, кто ущербен, недостоин нести служение в святости. И мы ведь объясняли, что человек, который ущербен, нет в нем веры, и этот ущерб свидетельствует против него. Не говоря уже о коэне, который должен быть совершенным и обладать верой более всех остальных. И мы это уже объясняли"».

42) «Рабби Эльазар проживал в чертоге своего тестя, и он говорил: "Для течи, что в чертоге", нужно "найти решение"», потому что крыша протекала во время дождей. «Тем временем проходил какой-то человек, у которого было увечье глаза. Сказал его тесть: "Спросим у этого"» совета? «Сказал (рабби Эльазар): "Ущербен он и недостоин доверия". Сказал (тесть его): "Испытаем его". Подошли и спросили его. Сказал ему: "Кто в мире является счастливым?" Сказал тот: "(Человек) богатый", он является счастливым в мире. "Но если будет лишен" своего богатства, "горе из-за этого, – с ним я" в беспокойстве "более всего"». Иначе говоря, если он потеряет свое богатство, он более всех несчастен в мире. «Сказал рабби Эльазар: "Из слов его следует, что нет с ним веры, и он не является человеком, которому можно доверять", потому что считает не праведника счастливым в мире, а богатого. "Смотри, Творец сказал: "Всякий человек, у которого увечье, не должен приближаться"[67], потому что высшая святость не пребывает в ущербном месте"».

43) «Провозгласил и сказал: "Торой и свидетельством (клянусь), что скажут они такие слова"[68]. "Торой и свидетельством"[68]. Спрашивает: "Что такое "Тора"[68] и что такое "свидетельство"[68]?" И отвечает: "Но "Тора"[68] – это письменная Тора", Зеир Анпин. "Свидетельство"[68] это – это устная Тора", Малхут. "Устная Тора не пребывает в ущербном месте, так как

---

[66] Тора, Ваикра, 21:17. «Скажи Аарону, говоря: "Человек из потомства твоего во все поколения их, у которого будет увечье, не должен приближаться, чтобы приносить хлеб Всесильному своему"».

[67] Тора, Ваикра, 21:18. «Всякий человек, у которого увечье, не должен приближаться: ни слепой, ни хромой, ни плосконосый, ни уродливый».

[68] Пророки, Йешаяу, 8:20. «Торой и свидетельством (клянусь), что скажут они такие слова, в которых нет смысла».

она строится от письменной Торы", так как Малхут строится от Зеир Анпина, являющегося совершенным. "Сохрани свидетельство, запечатай Тору в среде учеников Моих"[69]. "Сохрани свидетельство"[69] – это устная Тора, потому что там", в Малхут, "завязывается узел жизни, и с помощью этого свидетельства создается связь высшей жизни" от Зеир Анпина, "чтобы все стало единым целым"».

44) «"А оттуда и ниже", т.е. ниже Малхут, "разделяются пути и тропинки. И оттуда расходятся дороги, во всех мирах, и это смысл сказанного: "А оттуда разделяется и образует четыре главных реки"[70]».

45) «"Запечатай Тору"[69] – т.е. печать Торы, которая является письменной Торой", и это Зеир Анпин. И в каком она месте? "В среде учеников Моих"[69] – это пророки", называемые учениками Творца, т.е. Нецах и Ход. "Как сказано: "И поставил правый столб, и дал ему имя Яхин"[71] – это Нецах, "и поставил левый столб, и дал ему имя Боаз"[71] – и это Ход. "А оттуда нисходят пути к верным пророкам", которые получают (наполнение) от Нецаха и Хода, "и они", Нецах и Ход, "поддерживают существование тела", Зеир Анпина, "для шести светов", которые в нем, "это смысл сказанного: "Голени его – столбы мраморные (шеш שֵׁשׁ)"[72]». «Голени его»[72] – это Нецах и Ход, и они являются столбами для Зеир Анпина, у которого есть шесть (шеш שֵׁשׁ) сфирот. «"И все они могут находиться только в" свойстве "совершенства, и святость всех их пребывает только когда они в совершенстве. Ибо когда соединяются друг с другом", Зеир Анпин с Малхут, "все становится совершенным, все становится одним целым, и ни в каком месте нет ущерба. И поэтому называется Кнессет Исраэль Шалем (совершенный), как сказано: "И Малки-Цедек, царь Шалема"[73]. Малки-Цедек – это Малхут,

---

[69] Пророки, Йешаяу, 8:16. «Сохрани свидетельство, запечатай Тору в среде учеников Моих».

[70] Тора, Берешит, 2:10. «Река вытекает из Эдена, чтобы орошать сад, и оттуда разделяется и образует четыре главных реки».

[71] Пророки, Мелахим 1, 7:21. «И поставил Хирам сделанные им столбы у входа в храмовый зал; и поставил правый столб, и дал ему имя Яхин, и поставил левый столб, и дал ему имя Боаз».

[72] Писания, Песнь песней, 5:15. «Голени его – столбы мраморные, поставленные на золотых подножиях, вид его – как Леванон, юноша, как кедры».

[73] Тора, Берешит, 14:18. «И Малки-Цедек, царь Шалема, вынес хлеб и вино, и он был священником Творца Всевышнего».

и он – царь Шалема. И также: "И была в Шалеме куща Его"⁷⁴», т.е. Малхут.

46) «"И поэтому всё может пребывать только в совершенном месте, и поэтому: "Всякий человек, у которого увечье, не должен приближаться"⁶⁷. Подобно этому и жертва, у которой будет увечье, не должна приноситься. И в чем причина? Поскольку написано: "Ибо этим не удостоитесь благоволения"⁷⁵. И если скажешь, что Творец пребывает только в месте разбитом, в разбитом кли, как написано: "(В высях и святости обитаю Я), но с тем, кто сокрушен и смирен духом"⁷⁶. И отвечает: "Это место – оно совершеннее всего, так как принижает себя с тем, чтобы пребывала над ним гордость всего, гордость высшего, и это означает Шалем (совершенный). Но не написано: "С тем, кто слеп, изувечен, с ввалившимся носом или с хромым" обитать буду, "но с тем, кто сокрушен и смирен духом"⁷⁶, потому что того, кто принижает себя, Творец возвышает"».

47) «"Поэтому коэн, который внизу, подобно высшему, должен быть совершеннее всех, и в нем не должен быть виден ущерб. И поэтому Творец предостерегает коэнов, как написано: "Человек из потомства твоего во все поколения их, у которого будет увечье, не должен приближаться"⁶⁶».

48) «Еще провозгласил и сказал: "И когда приносите для жертвы слепое – ничего плохого, и когда приносите хромое и больное – ничего плохого"⁷⁷. И спрашивает: "Разве когда Творец говорит: "Ничего плохого"⁷⁷, это указывает на хорошее?" И отвечает: "Однако конец изречения свидетельствует, что Исраэль в эти дни назначали коэнов с пороками", и (приносили в жертву) животных увечных "на жертвенник, и для служения в Святилище, и говорили: "Чего будет недоставать Творцу, если

---

⁷⁴ Писания, Псалмы, 76:3. «И была в Шалеме куща Его, и в Ционе – обитель Его».
⁷⁵ Тора, Ваикра, 22:20. «Ничего, на чем есть порок, не приносите, ибо этим не удостоитесь благоволения».
⁷⁶ Пророки, Йешаяу, 57:15. «Ибо так говорит Возвышенный и Превознесенный, Существующий вечно и Святой – имя Его: "В высях и святости обитаю Я, но с тем, кто сокрушен и смирен духом, чтобы оживлять дух смиренных и оживлять сердце сокрушенных"».
⁷⁷ Пророки, Малахи, 1:8. «И когда приносите для жертвы слепое – ничего плохого, и когда приносите хромое и больное – ничего плохого; поднеси-ка это правителю своему – будет ли он благоволить к тебе и окажет ли тебе почтение? – сказал Творец воинств».

это будет таким или другим?", и они говорили: "Ничего (в этом нет) плохого". И Творец ответил им теми же словами, сказав: "Исраэль, вы говорите, когда приносите увечное для служения Мне: "Ничего плохого", – но разве чего-то недостает Творцу?"»

49) «"В конце этого изречения что сказано: "Поднеси-ка это правителю своему – будет ли он благоволить к тебе и окажет ли тебе почтение?"[77] – если кто-нибудь из вас должен будет отблагодарить царя и доставить ему приношение, то пошлете ему увечное или нет? "Будет ли он благоволить к тебе и окажет ли тебе почтение"[77] за это приношение", в котором есть порок? "И уж нечего говорить о том, когда приближаете вы ко Мне человека увечного, чтобы доставил Мне приношение, ведь приношение ваше будет брошено псу. Ведь, разумеется, что увечный человек ущербнее всех, – он ущербен в вере. И потому: "Всякий человек, у которого увечье, не должен приближаться"[67]».

50) «Сказал рабби Йоси: "В будущем Творец должен привести Исраэль к совершенству, чтобы были они совершенны во всем, и чтобы среди них вообще не было порочных. Ибо произойдет исправление мира" во время возрождения из мертвых, "соответствующее тем келим и облачениям человека, которые являются исправлением тела (гуф)"», и поэтому Он приведет их к совершенству. И это смысл сказанного: «И предстанут в виде облачений»[78].

51) «"Смотри, когда они пробудятся из праха" при возрождении мертвых, – "такими же, как вошли" в могилу, "такими же и восстанут. Если хромыми или слепыми вошли, то хромыми или слепыми восстанут", т.е. "в том же облачении", т.е. теле, восстанут. "Чтобы не сказали, что другой это пробудился" к возрождению. "А затем Творец исцелит их, и станут пред Ним совершенными. И тогда мир будет совершенен во всем. И тогда: "В тот день будет Творец един и имя Его – едино"[79]».

---

[78] Писания, Иов, 38:14. «Изменится словно глина (под) печатью, и предстанут в виде облачений».

[79] Пророки, Зехария, 14:9. «И будет Творец Царем на всей земле, в тот день будет Творец един, и имя Его – едино».

ГЛАВА ЭМОР

Человека и животное Ты спасаешь, Творец

52) «"Когда родится бык, или овца, или коза, то пробудет семь дней под матерью своей"[80]. Провозгласил рабби Йоси: "Справедливость Твоя – как горы могучие, правосудие Твое – бездна великая! Человека и животное Ты спасаешь, Творец!"[81] Нужно всмотреться в это изречение. Но смотри, "справедливость"[81] – это высшая святая сфира", Малхут. "Как горы могучие"[81] – то есть, "как эти высшие горы святости, называемые горами чистого Афарсемона", Бина. "И поскольку" Малхут "поднимается, чтобы установить с ними связь наверху"», т.е. поскольку Малхут включилась в Бину и приняла от нее ее суды, в свойстве «мать одалживает свои одежды дочери»[82], поэтому «"все суды ее одинаковы ко всем, так как в этом суде нет милосердия", потому что эти суды катнута Бины являются подготовкой для получения гадлута Бины.[82] Поэтому: "Правосудие Твое – бездна великая!"[81] – правосудие, являющееся милосердием", т.е. мохин гадлута Бины, которые она получает посредством Зеир Анпина, называемого правосудием, "опускается вниз, на эту ступень", Малхут, "чтобы исправить мир, и проявляет милосердие ко всему, и вершит суд милосердно, чтобы улучшить мир"».

53) «"И поскольку является милосердием", т.е. мохин гадлута, как мы уже сказали, "человека и животное Ты спасаешь, Творец!"[81] – то есть "ко всем (относишься) одинаково"», т.е. даже свечения левой линии, называемые «животное», получают исправления. «"Человека и животное"[81] – объяснялось ведь, что это тот, кто является человеком, но расценивает себя так, словно он животное. Однако "человека и животное"[81] означает, что "суды по отношению к человеку и по отношению к

---

[80] Тора, Ваикра, 22:27. «Когда родится бык, или овца, или коза, то пробудет семь дней под матерью своей, а от восьмого дня и далее благоугоден будет для огнепалимой жертвы Творцу».

[81] Писания, Псалмы, 36:7. «Справедливость Твоя как горы могучие, правосудие Твое – бездна великая! Человека и животное Ты спасаешь, Творец!»

[82] См. «Предисловие книги Зоар», статью «Мать одалживает свои одежды дочери», п. 17, со слов: «И это означает: "Мать (има) одалживает свои одежды дочери и венчает ее своими украшениями" – т.е. во время выхода мохин гадлута...»

животному одни. "Человек" – "восьми дней от роду да будет обрезан у вас всякий мужского пола"[83], "животное" – "и пробудет семь дней под матерью своей, а от восьмого дня и далее благоугоден будет для огнепалимой жертвы Творцу"[80] – и это "для того, чтобы прошел над ними один день субботний"».

---

[83] Тора, Берешит, 17:12. «Восьми дней от роду да будет обрезан у вас всякий мужского пола во всех ваших поколениях – как рожденный в доме, так и купленный за деньги из иноплеменников, который не из твоего потомства».

ГЛАВА ЭМОР

Запрещено обучать Торе того, кто необрезан

54) «Провозгласил рабби Хия: "Творец, когда выходил Ты от Сеира, когда шествовал Ты с поля Эдома, земля тряслась, и небо капало"[84]. Счастливы Исраэль в этом мире и в мире будущем, поскольку Творец избрал их, и они сливаются с Ним, и называются святыми, святым народом". И это ступень Бины. "И так, пока не возвел их на высшую ступень, которая называется святостью", – и это Хохма, поскольку получающий от святости, т.е. Бина, называется святым. "Как написано: "Исраэль – святыня Творцу, начаток урожая Его"[85]. Как мы объясняли, – потому что Исраэль с восьмидневного возраста прилепляются к Нему с помощью имени Его, и отмечены именем Его, и они предназначены Ему. Как сказано: "И кто подобен народу Твоему, Исраэлю, народу единому на земле"[86]. И народы не прилепляются к Нему, и не следуют законам Его, и печать святости отсутствует у них, так что прилепляются к иной стороне (ситре ахра), не являющейся святостью"».

55) «"И смотри, в час, когда пожелал Творец дать Тору Исраэлю, Он пригласил сыновей Эсава, обратившись к ним: "Хотите ли вы принять Тору?" В этот час затряслась земля", Малхут, "и захотела провалиться в пучину великой бездны. Сказала Ему: "Владыка мира, упоение радости Твоей, появившееся за две тысячи лет до создания мира"», т.е. Тора, о которой сказано: «И была радостью каждый день»[87], «"будет дано необрезанным, которые не отмечены печатью союза Твоего?!"»

---

[84] Пророки, Шофтим, 5:4. «Творец, когда выходил Ты от Сеира, когда шествовал Ты с поля Эдома, земля тряслась, и небо капало, и облака сочились водою».

[85] Пророки, Йермияу, 2:3. «Исраэль – святыня Творцу, начаток урожая Его. Все поедающие его будут осуждены; бедствие придет на них, – сказал Творец».

[86] Пророки, Шмуэль 2, 7:23. «И кто подобен народу Твоему, Исраэлю, народу единому на земле, ради которого ходил Всесильный искупить его Себе в народ и сделать Себе имя, и совершить вам (деяния) великие и страшные в стране Твоей, (изгоняя) пред народом Твоим, который Ты избавил от Египта, народов и божеств его?!»

[87] Писания, Притчи, 8:30. «И была я у Него питомицей, и была радостью каждый день, веселясь пред Ним все время».

56) «"Сказал ей Творец: "Престол, престол!" – т.е. Малхут, называемая престолом, "сгинут тысячи народов, им подобных, но союз Торы не будет предоставлен им". Это смысл сказанного: "Творец, когда выходил Ты от Сеира, когда шествовал Ты с поля Эдома, земля тряслась"[84]. И это понятно, ведь Тора дается лишь тому, в ком есть союз святости. И тот, кто обучает Торе необрезанного, отвергает два союза: отвергает союз Торы"», потому что Тора называется союзом, как сказано: «Если бы не Мой союз днем и ночью, законов неба и земли не установил бы Я»[88]; «"отвергает союз праведника и Кнессет Исраэль, потому что Тора дана в это место", союза, "а не в иное место"», крайней плоти.

57) «Рабби Аба сказал: "(Обучающий Торе того, кто необрезан), отвергает три высших места: отвергает Тору, отвергает Пророков, отвергает Писания. Отвергает Тору, где написано: "И вот учение (тора), которое изложил Моше сынам Исраэля"[89], но не тем, кто необрезан. Отвергает Пророков, где написано: "И все сыновья твои – ученики Творца"[90]. Они – ученики Творца, а не другие. И написано: "Запечатай Тору в среде учеников Моих"[91], – в них, а не в других. Отвергает Писания, где написано: "Установил Он свидетельство в Яакове, Тору поместил в Исраэле"[92]. И написано: "Лишь праведники воздадут благодарность имени Твоему"[93]. Кто эти праведники? Это праведник", т.е. Есод Зеир Анпина, "и Кнессет Исраэль", т.е. Малхут, называемая праведностью, ибо те, кто необрезан и не входит в их союз, не воздадут благодарности имени Твоему, т.е." изучению "Торы". Сказал рабби Хия: "Когда Творец раскрылся на горе Синай, чтобы вручить Тору Исраэлю, утихла земля", перестав трястись, как уже говорилось, "и успокоилась. Это смысл сказанного: "Затрепетала земля и притихла"[94]».

---

[88] Пророки, Йермияу, 33:25. «Так сказал Творец: "Если бы не Мой союз днем и ночью, законов неба и земли не установил бы Я"».

[89] Тора, Дварим, 4:44. «И вот учение, которое изложил Моше сынам Исраэля».

[90] Пророки, Йешаяу, 54:13. «И все сыновья твои – ученики Творца, и велико благополучие сынов твоих».

[91] Пророки, Йешаяу, 8:16. «Сохрани свидетельство, запечатай Тору в среде учеников Моих».

[92] Писания, Псалмы, 78:5. «Установил Он свидетельство в Яакове, Тору поместил в Исраэле, заповедав отцам нашим возвестить о них сыновьям своим».

[93] Писания, Псалмы, 140:14. «Лишь праведники воздадут благодарность имени Твоему, справедливые обитать будут пред Тобой».

[94] Писания, Псалмы, 76:9. «С небес дал услышать Ты суд, затрепетала земля и притихла».

ГЛАВА ЭМОР

То пробудет семь дней под матерью своей

58) «"Смотри, над человеком, который родился, не назначается сила свыше до тех пор, пока он не будет обрезан. После того, как он уже обрезан, над ним начинается зарождение духа свыше", т.е. свéта нефеш. "Удостоился заниматься Торой – начинается над ним дополнительное зарождение", т.е. света руах. "Удостоился и выполнил заповеди Торы – начинается над ним дополнительное зарождение", света нешама. "Удостоился и взял себе жену, и удостоился еще и породил сыновей, и обучил их путям святого Царя, тогда он – человек совершенный, совершенный во всем"», ибо он удостоился света хая. Четыре эти ступени относятся к четырем мирам АБЕА, и они имеются также в каждом из этих миров.

59) «"Но у родившегося животного, тотчас после рождения, та сила, которая имеется у него в конце, есть и в момент рождения, и она назначена над ним. И поэтому написано: "Когда родится бык, или овца, или коза"[95]. "Теленок, или ягненок, или молодой козел, или козленок", – не сказано, а "бык, или овца, или коза"[95], ибо то, что имеется у него в конце, есть и в момент рождения"».

60) «"И пробудет семь дней под матерью своей"[95], – чтобы вошла в него та сила, которая назначена над ним, и установилась в нем. И каким образом она устанавливается в нем? Это если пройдет над ним один день субботний, а если нет, то не установится"». Ибо создания могут существовать лишь благодаря свету субботы, в тайне сказанного: «И завершил Всесильный на седьмой день Свою работу, которую делал»[96]. «"А после того, как устанавливается в нем эта сила, написано: "Благоугоден будет для огнепалимой жертвы Творцу"[95]. Благодаря исполнению одной субботы, которая прошла над ним"».

---

[95] Тора, Ваикра, 22:27. «Когда родится бык, или овца, или коза, то пробудет семь дней под матерью своей, а от восьмого дня и далее благоугоден будет для огнепалимой жертвы Творцу».

[96] Тора, Берешит, 2:2. «И завершил Всесильный на седьмой день Свою работу, которую делал, и отдыхал в седьмой день от всей работы Своей, которую сделал».

61) «"И в человеке, благодаря исполнению одной субботы, устанавливается пробуждение этого мира и сила его", т.е. животная душа. "А после того, как он обрезан, начинает пробуждаться над ним высший дух", т.е. нефеш, как мы уже сказали, "и Кнессет Исраэль", Малхут, "проходит над ним и видит его со знаком святости, она пробуждается над ним, и пребывает над ним дух того мира святости. Как сказано: "А Я прошел над тобой и увидел тебя попранную, в крови твоей"[97]. "В крови твоей (досл. в кровях твоих)"[97] означает – "в двух"» видах крови.

62) «"И если скажешь: "Там, когда Исраэль вышли из Египта, и среди них были кровь песаха и кровь обрезания, тогда написано: "В кровях твоих живи"[97] – т.е. в двух этих видах крови. Но "здесь что значит: "В кровях твоих"[97]?" Ведь здесь есть только одна кровь обрезания? И отвечает: "Однако две" их: "одна – обрезания (мила), а другая – подворачивания (прия). Одна, обрезания, от" свойства "Кнессет Исраэль", т.е. Малхут. "А другая, подворачивания, от" свойства "праведник – основа (есод) мира"[98], т.е. Есода Зеир Анпина. "И благодаря двум этим видам крови человек удостаивается жизни будущего мира. Это смысл сказанного: "В кровях твоих живи"[97]».

---

[97] Пророки, Йехезкель, 16:6. «А Я прошел над тобой и увидел тебя попранную, в крови твоей, и Я сказал тебе: "В крови твоей живи!" И Я сказал тебе: "В крови твоей живи!"»

[98] Писания, Притчи, 10:25. «Пронесется буря – и нет нечестивого, а праведник – основа мира».

Каждая буква имени – это совершенство всего имени

63) «Рабби Шимон сказал: "Тайна Творца – для боящихся Его, и союз Его – чтобы сообщить им"⁹⁹. "Тайна Творца – для боящихся Его"⁹⁹ – это Кнессет Исраэль", т.е. Малхут, называемая тайной Творца. "И союз Его – чтобы сообщить им"⁹⁹ – это "праведник – основа (есод) мира"⁹⁸, т.е. Есод Зеир Анпина, называемый союзом. И оба они находятся "в полном единстве"».

64) «"Йуд (י'ו'ד)", в которой есть "три буквы, – они являются совершенством всего. Начало всего", т.е. Хохма, называемая началом, – "это йуд (י), которая является высшей над всеми", над всеми буквами АВАЯ (הויה), и над всеми сфирот. "Вав (ו)", что в йуд (י'ו'ד), "средняя" линия, Зеир Анпин, "которая является совершенством всех сторон", так как она восполняет правую и левую линии, – "это проход", т.е. корень, "для всех видов духа (рухот), от нее зависит вера", Малхут, и это "далет (ד)" де-йуд (י'ו'ד), т.е. "сад, узел жизни", Малхут. "Эта буква" далет (ד) "малая", потому что Малхут – это малые буквы, и она – "совершенство всего"». Ибо Малхут восполняет все сфирот.

65) «"Эта буква", йуд (י), "закрыта со всех сторон. Когда выходит", т.е. когда раскрывается, "она выходит подобно царю с воинствами его, а возвращается затем йуд (י) одна. С помощью нее это скрывается, с помощью нее выходит", т.е. раскрывается. "Она закрывает и открывает"».

Объяснение. Ты уже узнал, что у высших Абы ве-Имы, т.е. йуд (י) де-АВАЯ (הויה), свойство «воздух (авир אויר)» у них скрыто, так как йуд (י) не выходит из их воздуха. И поэтому они закрыты от света Хохмы.¹⁰⁰ И только у ИШСУТ, т.е. первой хэй (ה) де-АВАЯ (הויה), открывается их воздух, т.е. йуд (י) выходит из их свойства «воздух (авир אויר)», и возвращается в них свет (ор אור) Хохмы, как объясняется там.¹⁰⁰ Но вместе с тем Хохму, которую ИШСУТ получают, они получают обязательно

---

99 Писания, Псалмы, 25:14. «Тайна Творца – для боящихся Его, и союз Его – чтобы сообщить им».
100 См. Зоар, главу Берешит, часть 1, п. 308. «Теперь выясняется различие между зивугом высшего мира Бины и зивугом нижнего мира Бины. И говорится, что высший мир опускается в нижний мир...»

от высших Аба ве-Има, т.е. от йуд (י) де-АВАЯ (הויה), так как ступень может получать только от ближайшей перед ней ступени. И хотя Аба ве-Има закрыты от света Хохмы, всё же они раскрываются в свойстве Хохмы с тем, чтобы светить ИШСУТ, т.е. хэй (ה) де-АВАЯ (הויה). Однако затем они снова закрываются от Хохмы, как это свойственно им.

Поэтому есть два состояния у йуд (י) де-АВАЯ (הויה): первое состояние – когда она с наполнением вав-далет (וד), т.е. йуд-вав-далет (יו״ד); и второе состояние – когда она без наполнения вав-далет (וד), а только йуд (י). Ибо в час, когда высшие Аба ве-Има раскрываются, чтобы передать Хохму ИШСУТ, они йуд (יו״ד) с ее наполнением, где йуд (י) указывает на высшие Абу ве-Иму, т.е. высшие Хохму и Бину, а вав-далет (וד) – это Даат, причем вав (ו) – это Зеир Анпин, правая линия в Даат, а далет (ד) – Малхут, левая линия в Даат. Это указывает на то, что Хохма, которая в них, раскрывается с помощью этого свойства Даат ИШСУТу. А после их передачи (наполнения), когда Аба ве-Има снова закрываются от Хохмы, они – йуд (י) без наполнения, которая указывает на то, что Хохма не раскрывается в них с помощью Даат, поэтому они закрыты.

И это смысл сказанного: «Эта буква закрыта со всех сторон», так как буква йуд (י) – это высшие Аба ве-Има, у которых свойство «воздух» закрыто от Хохмы. «Когда выходит», – когда эта йуд (י) выходит, чтобы передать Хохму ИШСУТ, «она выходит подобно царю с воинствами его», – поскольку выходит тогда со своим наполнением вав-далет (וד), т.е. с правой и левой раскрывается и пере линиями Даат, которые считаются воинствами йуд (י), и Хохма дается в ИШСУТ с помощью этого Даат. «А возвращается затем йуд (י) одна», – после того, как завершила передачу Хохмы, йуд (י) возвращается на предыдущую ступень одна, без вав-далет (וד), т.е. становится закрытой, как свойственно ей. Получается, что «с помощью нее это скрывается, с помощью нее выходит», – т.е. иногда Хохма закрыта в ней, а иногда выходит Хохма для передачи ИШСУТ. «Она закрывает и открывает», т.е. иногда закрывает свечение Хохмы, а иногда открывает его.

66) «"Хэй (ה)" имени АВАЯ (הויה) – "это совершенство всего наверху и внизу, и мы ведь учили, что хэй (ה) – она известна", и это Бина, т.е. ИШСУТ. "Алеф (א)" наполнения хэй (ה״א) – "это

йуд (יו״ד)", так как форма алеф (א) – это вав (ו) посередине, а наверху йуд (י), и внизу далет (ד), и она "совершенство трех букв, что в рош, которые скрыты в йуд (י)" де-АВАЯ (הויה), и с наполнением – это буквы йуд-вав-далет (יו״ד). "И ведь это уже объяснялось" выше, в предыдущем пункте. "И всё это – одно целое, потому что совершенство святого имени – это совершенство наверху и внизу. Поэтому иногда хэй (ה) берет алеф (א)" в качестве наполнения, т.е. "в то время, когда она увенчивается своими украшениями"».

Объяснение. Выше выяснилось, что хотя йуд (י) де-АВАЯ (הויה), т.е. высшие Аба ве-Има, наполняет Хохмой ИШСУТ, т.е. хэй (ה) де-АВАЯ (הויה), всё же для самих себя Аба ве-Има закрыты от Хохмы, и она раскрывается только в ИШСУТ, в хэй (ה) де-АВАЯ (הויה), в которой содержится совершенство, чтобы восполнить всё, как (свойством) хасадим Зеир Анпин, который наверху, так и (свойством) Хохма Малхут, которая внизу. Потому что в хэй (ה) де-АВАЯ (הויה) раскрывается также и Хохма. «Хэй (ה) – она известна», и это Бина, т.е. ИШСУТ. «Алеф (א) – это йуд (יו״ד)», так как форма написания алеф (א) – это йуд (י) наверху, далет (ד) внизу, и вав (ו) посередине. «Совершенство трех букв, что в рош, которые скрыты в йуд (י)», потому что форма буквы йуд (י) в то время, когда она передает Хохму в хэй (ה), – это три буквы йуд-вав-далет (יו״ד), как объяснялось в предыдущем пункте, где йуд (י) – это Хохма и Бина, вав-далет (ו״ד) – Даат. И в тот момент, когда хэй (ה) де-АВАЯ (הויה) получает свечение ХАБАД, имеющееся в трех буквах йуд (י), что в рош АВАЯ (הויה), она – хэй (ה) с наполнением алеф (א), в таком виде хэй-алеф (הא), где алеф (א) указывает на свечение ХАБАД, которое она получает от высших Абы ве-Имы. «И всё это – одно целое», т.е. так же, как йуд (יו״ד) с наполнением ее указывает на свечение Хохмы с помощью Даат, так же и хэй (הא) с наполнением ее указывает на свечение Хохмы с помощью Даат. «Совершенство святого имени – это совершенство наверху и внизу», потому что совершенство святого имени – это совершенство Зеир Анпина и Малхут, и Зеир Анпин находится наверху, а Малхут – внизу. Иначе говоря, совершенство, когда она передает хасадим Зеир Анпину, а свечение Хохмы – Малхут. «Поэтому иногда хэй (ה) берет алеф (א), в то время, когда она увенчивается своими украшениями», – поэтому в час, когда хэй (ה), ИШСУТ, увенчивается свечением ХАБАД от трех букв йуд-вав-далет (יו״ד),

как мы уже сказали, она берет в качестве своего наполнения алеф (א), и эта алеф (א) указывает на свечение этих ХАБАД.

67) «"Смотри, в каждой букве святого имени видно совершенство всего имени. Йуд (יוד)" де-АВАЯ, "уже выяснилось, что она – совершенство всего", где йуд (י) указывает на высшие Хохму и Бину, вав (ו) – на Зеир Анпин, правую сторону в Даат, а далет (ד) – на Малхут, левую сторону в Даат, как мы уже говорили. "Хэй (ה)" де-АВАЯ – "это совершенство всего, и это несмотря на то, что она не с наполнением алеф (א)", а "только хэй (ה), ибо мы учили, что по своей форме хэй (ה) является совершенством всего", так как форма ее написания – это йуд (י) вав (ו) далет (ד), что является совершенством всего, как объяснялось выше. Ведь форма буквы хэй (ה) – это далет (ד) над вав (ו), а завиток хэй (ה) – это йуд (י). То есть не так, как йуд (י) де-АВАЯ, являющаяся совершенством всего только когда она со своим наполнением йуд (יו"ד), но не когда она простая йуд (י), без наполнения.[101] Тогда как хэй (ה) де-АВАЯ является совершенством всего, даже когда она простая, без наполнения, потому что в ней выходит йуд (י) из воздуха (авир אויר), и он становится светом (ор אור).[101] "Вав (ו)" де-АВАЯ, "как с одной стороны", когда она с наполнением, "так и с другой стороны", когда она простая, "является совершенством всего". Ибо вав (ו) указывает на среднюю линию, включающую в себя две линии, правую и левую, т.е. йуд-хэй (י"ה), и поэтому она является совершенством всего: Хохмы и Бины, т.е. йуд-хэй (י"ה), и самой вав (ו), т.е. Даат. "Вав-хэй (ו"ה)", то есть хэй (ה) де-АВАЯ, соединенная с вав (ו) де-АВАЯ, "является самым большим совершенством, чтобы украсить все" миры, так как вав-хэй (ו"ה) – это Зеир Анпин и Малхут, когда они в зивуге. "Таким образом, всё является одним целым", т.е. каждая из букв АВАЯ указывает на всё совершенство, имеющееся в АВАЯ. "и уже указывали на это товарищи"».

68) «"Смотри, "то пробудет семь дней под матерью своей"[102]. С помощью "йуд (יוד) хэй (הא) вав (ואו) хэй (הא) образовались буквы вав-хэй-йуд-хэй (והיה)", потому что вав-хэй-йуд-хэй (והיה) – это буквы вав-хэй (ו"ה) йуд-хэй (י"ה). "Вав-хэй (ו"ה) –

---

[101] См. выше, п. 65.
[102] Тора, Ваикра, 22:27. «Когда родится бык, или овца, или коза, то пробудет семь дней под матерью своей, а от восьмого дня и далее благоугоден будет для огнепалимой жертвы Творцу».

ведь семь дней соединились" в них "в одно целое". Потому что вав-хэй (ו״ה), т.е. Зеир Анпин и Малхут, – это семь сфирот ХАГАТ НЕХИМ. "Йуд-хэй (י״ה) – это семь дней, потому что йуд (י) – она одна, совокупность всех", так как она включает все буквы имени. "Хэй (ה) – это три, она сама и два сына ее", так как она включает в себя далет (ד) вав (ו), Зеир Анпин и Малхут, находящихся в состоянии ибур (зарождения) в Бине, и это правая и левая стороны в Даат, и вместе с самой Биной их три. "И в одного сына", т.е. в вав (ו), которая в хэй (ה), "включены два праотца", т.е. две линии, Хесед и Гвура, "итого – пять", т.е. Бина, Зеир Анпин, Малхут, Хесед и Гвура. Вав (ו) также включает в себя "дочь, некеву", Малхут, и это еще "одна. Итого – шесть. Таким образом, верхняя хэй (ה)", что в АВАЯ, – "это соединение шести", т.е. Бины, Зеир Анпина, Малхут, Хеседа, Гвуры и Малхут, включенной в Зеир Анпин. "Йуд-хэй (י״ה)", т.е. с йуд (י) – "это семь". То есть, это семь сфирот, которые над хазе, называемые йуд-хэй (י״ה), и это – Хохма, Бина, правая сторона Даат, левая сторона Даат, Хесед, и Гвура, и верхняя треть Тиферет вместе с Малхут, которая в хазе. "И это как написано: "Семь дней и семь дней – четырнадцать дней"[103]», – т.е. семь дней, которые в вав-хэй (ו״ה), и семь дней, которые в йуд-хэй (י״ה).

69) «"То пробудет семь дней под матерью своей"[102]. Это значит, что "под матерью своей"[102], т.е. под йуд-хэй (י״ה), "украсились семь дней", относящиеся к вав-хэй (ו״ה), "как написано: "Тебе, Творец, величие (гдула) и могущество (гвура), и великолепие (тиферет), и вечность (нецах), и красота (ход), ибо всё на небе и на земле"[104]", и это семь сфирот ХАГАТ НЕХИМ де-ЗОН. "И поэтому имеется семь дней внизу", в ЗОН, ибо "у величия высшей Имы", т.е. соответственно семи свойствам, что в йуд-хэй (י״ה), есть также "под матерью (има) своей"[102], внизу" семь дней. То есть, "как написано: "Даже бесплодная (акара́ עֲקָרָה) родила семерых, а многодетная несчастна"[105]. Это зна-

---

[103] Пророки, Мелахим 1, 8:65. «И устроил Шломо в то время праздник, и с ним весь Исраэль – большое собрание, от входа в Хамат до реки Египетской, – пред Творцом Всесильным нашим: семь дней и семь дней – четырнадцать дней».

[104] Писания, Диврей а-ямим 1, 29:11. «Тебе, Творец, величие и могущество, и великолепие, и вечность, и красота, ибо всё на небе и на земле – Тебе! Тебе царство, и превознесен Ты над всеми!»

[105] Пророки, Шмуэль 1, 2:5. «Сытые за хлеб нанимаются, а голодные перестали (голодать); даже бесплодная родила семерых, а многодетная несчастна».

чит, "основа (икáр עיקר) всего дома", т.е. Бина, "родила семерых"[105], и это семь дней праздника Суккот", – сфирот ХАГАТ НЕХИМ. "А многодетная несчастна"[105] – это жертвоприношения этого праздника", т.е. семьдесят быков, приносимых в жертву в праздник Суккот, число которых неизменно "убывает с каждым днем, и они соответствуют семидесяти народам"». И это смысл слов: «А многодетная несчастна»[105].

70) «"И смотри, эти" семь дней Суккот, т.е. ХАГАТ НЕХИМ, "поднимаются все выше и выше", т.е. свечение Хохмы, что в них, светит снизу вверх. "А эти" семьдесят быков, от которых питаются семьдесят народов, "опускаются все ниже и ниже". Иначе говоря, эти народы притягивают от них сверху вниз, как свойственно им, и поэтому их повергают вниз. "Как сказано: "Если поднимешься, как орел, и если меж звезд устроишь гнездо свое, то и оттуда низрину тебя, – слово Творца"[106]. А Исраэль поднимаются снизу вверх, как написано: "И будет потомство твое как прах земной"[107], и написано: "И Я умножу потомство твое как звезды небесные"[108], и так поднимаются они из праха земного к звездам небесным. "А затем поднимаются они над всем и прилепляются к месту, которое возвышеннее всего. Сказано об этом: "А вы, прилепившиеся к Творцу Всесильному вашему, – живы все вы ныне"[109]».

---

[106] Пророки, Овадия, 1:4. «Если поднимешься, как орел, и если меж звезд устроишь гнездо свое, то и оттуда низрину тебя, – слово Творца».

[107] Тора, Берешит, 28:14. «И будет потомство твое как прах земной, и распространишься ты на запад и на восток, на север и на юг, и благословляться будут тобою все семейства земли, и потомством твоим».

[108] Тора, Берешит, 26:4. «И Я умножу потомство твое как звезды небесные, и дам Я потомству твоему все эти земли, и будут благословляться твоим потомством все народы земли».

[109] Тора, Дварим, 4:4. «А вы, прилепившиеся к Творцу Всесильному вашему, – живы все вы ныне».

ГЛАВА ЭМОР

Его и детеныша его

71) «"Но быка или барана – не режьте в один день его и детеныша его"[110]. Сказал рабби Йоси: "(Это значит), как в таргуме, – "ее и детеныша ее"», т.е. «ее и детеныша ее» а не «его и детеныша его»[110]. «"Потому что матери свойственно знать о сыне своем, и" сын ее "идет за ней, а не идет за отцом своим, и к тому же нам неизвестно, кто отец его"».

72) «"Не режьте в один день"[110]. Сказал ему рабби Йегуда: "В чем причина? Если скажешь, что это из-за причинения страдания душе животного, то в таком случае можно одного зарезать в одном доме, а другого – в другом, или теперь – одного, а затем – другого". Сказал ему: "Есть те, кто разрешает так, но это не так, а именно "в один день"[110] запрещается резать"».

73) «"Смотри, мы учили, что пост хорош для" дурного "сна, как огонь для пакли", – то есть, чтобы избавиться от него. "И главное в посте – это (соблюдение его) именно в этот день, а не в другой день. В чем причина? Потому что нет такого дня внизу, над которым не господствовал бы высший день. И когда он пребывает в состоянии поста (избавляющего от) сна, мы учили, что этот день не проходит, пока не отменится предначертание. Но если он откладывает пост на другой день, то это уже власть другого дня, и один день не пересекается с другим днем. И подобно этому нет у тебя дня, над которым не был бы назначен высший день наверху, и человек должен опасаться нанести ущерб в какой-то день, чтобы не остался он ущербным по отношению ко всем остальным дням"».

74) «"И мы учили, что с помощью действия внизу он пробуждает действие наверху. Если человек совершает действие внизу как подобает, то пробуждает тем самым также и силу свыше. Совершил человек благодеяние в мире – пробуждается благодеяние наверху и пребывает в этот день, и увенчивается им благодаря ему. И если человек поступает милосердно внизу, то пробуждает тем самым милосердие над этим днем, и он увенчивается им благодаря ему. И тогда заступается за него этот день, чтобы защитить его, когда он вознуждается в нем"».

---

[110] Тора, Ваикра, 22:28. «Но быка или барана – не режьте в один день его и детеныша его».

75) «"И также наоборот, если человек совершает жестокий поступок, так и пробуждает в этот день, делая его ущербным, а затем встает над ним" этот день, "чтобы обойтись с ним жестоко и устранить его из мира. В той мере, в какой отмеряет человек, отмеряют и ему"».

76) «"Мы учили, что жестокость недопустима в Исраэле" больше, "чем у всех остальных народов. И с их стороны не должно показываться" жестокое "действие в мире. Ибо множество очевидцев стоит над человеком, чтобы обвинить его за это действие. Счастлив тот, кто показывает достойное действие внизу. Ведь от этого действия полностью зависит пробуждение другого действия"», соответствующего ему наверху.

ГЛАВА ЭМОР

Есть хлеб в Египте

77) «Рабби Шимон провозгласил: "И увидел Яаков, что есть хлеб в Египте"[111], – в этом изречении есть скрытая мудрость. И нам следует вглядеться в него, потому что начало не соответствует концу, а конец – началу"». Ибо в начале говорит: «И увидел Яаков, что есть хлеб в Египте», а в конце говорит: «И сказал Яаков сыновьям своим: "Зачем вы показываете себя?"»[111]. Разве из-за того, что есть хлеб в Египте, им запрещено показывать себя? Какова связь одного с другим?

78) И отвечает: «"Однако смотри, в час, когда Творец желает обречь мир на голод, Он не передает это вестнику", ангелам, "хотя все остальные наказания в мире возглашаются вестником прежде, чем приходят в мир. А это наказание", голодом, "не передается через вестника, но Творец провозглашает о нем и призывает. Это означает сказанное: "Ибо призвал Творец голод"[112]. С этого момента над миром назначаются другие правители, вследствие наказания голодом"».

79) «"И человеку, находящемуся в сытости, запрещено показывать, что он сыт, так как показывает (этим) изъян наверху, и прекословит Царю, осудившему на голод, и он словно сместил правителей, назначенных Царем. И поэтому Яаков сказал сыновьям своим: "Зачем вы показываете себя?"[111] И это означает – "зачем вы создаете изъян наверху и внизу, и прекословите Царю и всем этим, назначенным по призыву"» Царя?

80) «Но "вот я слышал, что есть хлеб в Египте, – сойдите туда"[113], и там можете показывать, что вы сыты, и не противоречьте высшему собранию здесь. Смотри, сколько урожая было у Яакова, но он не хотел продавать его, а только тем, кто приходил, чтобы не нашли изъяна в действии его"», т.е. чтобы не показывать, что он сыт.

---

[111] Тора, Берешит, 42:1. «И увидел Яаков, что есть хлеб в Египте, и сказал Яаков сыновьям своим: "Зачем вы показываете себя?"»

[112] Пророки, Мелахим 2, 8:1. «А Элиша говорил женщине, сына которой он оживил, и сказал: "Встань и пойди, ты и дом твой, и поживи там, где сможешь прожить, ибо призвал Творец голод, и пришел он в эту страну на семь лет"».

[113] Тора, Берешит, 42:2. «И сказал он: "Вот я слышал, что есть хлеб в Египте, – сойдите туда и купите нам оттуда, чтоб нам жить и не умереть"».

ГЛАВА ЭМОР

Нужно возвысить правую над левой

81) «Еще провозгласил и сказал: "И вознес Аарон руки (ядáв יָדָו) свои к народу, и благословил их"[114]. И мы учили: "руки свои (ядáв יָדָו)"[114] написано", без йуд (י), и это учит тому, "что нужно возвысить правую над левой. И зачем? Это чтобы показать действие внизу, для того чтобы пробудилось" соответственно ему "действие наверху"».

82) «"Написано: "И возвещай шофар – трубление в седьмой месяц, в десятый день месяца, в День искупления"[115]. Спрашивает: "Зачем "шофар – трубление"[115]?" И отвечает: "Дело в том, что шофар разбивает цепи" заключенных в оковы рабства, "разбивает власть, которая над всеми рабами", поскольку трубление означает – разбиение. "И нужно показывать шофар, который является простым", т.е. прямым, "а не изогнутым, чтобы показать свободу всего, ибо этот день привел к этому. И во всем нужно показать действие" внизу, чтобы пробудить в соответствие ему наверху. "И поэтому (должен быть) шофар, а не рог, чтобы показать от какого места то, что называется "шофар"», потому что шофар – это свойство Бины, а рог – свойство Малхут.

83) «"Счастливы Исраэль в этом мире и в мире будущем, ибо они умеют прилепляться к святому Царю и пробуждать высшую силу, и притягивать святость Господина их к себе. Поэтому написано: "Счастлив ты, Исраэль, – кто подобен тебе, народ, спасаемый Творцом!"[116] "А вы, прилепившиеся к Творцу Всесильному вашему, – живы все вы ныне"[117]».

---

[114] Тора, Ваикра, 9:22. «И вознес Аарон руки свои к народу, и благословил их, и сошел, совершив очистительную жертву и всесожжение, и жертву мирную».

[115] Тора, Ваикра, 25:9. «И возвещай шофар – трубление в седьмой месяц, в десятый день месяца, в День Искупления; возвещайте шофар по всей земля вашей».

[116] Тора, Дварим, 33:29. «Счастлив ты, Исраэль, – кто подобен тебе, народ, спасаемый Творцом, защитником и помощником твоим! И Он – меч величия твоего, и покорятся тебе враги твои, а ты их высоты попирать будешь».

[117] Тора, Дварим, 4:4. «А вы, прилепившиеся к Творцу Всесильному вашему, – живы все вы ныне».

Предисловие Раайа меэмана

84) «"И храните заповеди Мои, и исполняйте их"[118]. Заповеди Владыки мира, мы ведь учили, как написано: "И храните заповеди Мои, и исполняйте их"[118]. Спрашивает: "Если требуется хранение", оно ведь включает также и действие, "почему же" говорит: "И исполняйте их"[118]? Кроме того", спрашивает: "Все заповеди в Торе – они в двух видах, являющихся одним целым", то есть "помни" и "храни". "Помни" – это для захара", т.е. Зеир Анпина, "храни" – для нуквы", Малхут. "И все они являются одной совокупностью". И спрашивает: "Если "храни" – это для нуквы, почему написано: "И храните заповеди Мои"[118]», из чего следует, что все заповеди, они только в свойстве нуквы, т.е. в хранении?

85) И отвечает: «"Но все – в этом изречении: "и храните"[118] – это "храни", "и исполняйте"[118] – это "помни". И всё это является одним целым. "Помнить" является действием, ибо тот, кто напоминает это внизу, исправляет так, что делается это свойство наверху. Эти заповеди Торы, их шестьсот тринадцать заповедей, представляющих собой совокупность захара и нуквы"», т.е. «помни» и «храни», Зеир Анпина и Малхут. «"И всё является одним целым"».

---

[118] Тора, Ваикра, 22:31. «И храните заповеди Мои, и исполняйте их, – Я Творец».

ГЛАВА ЭМОР

И освятился Я с помощью трех ступеней

86) «"И не хулите святого имени Моего, чтобы освятился Я среди сынов Исраэля, Я – Творец, освящающий вас"[119]. Это заповедь – освящать Его каждый день, возносить святость Его снизу вверх", т.е. поднимать МАН снизу, чтобы пробудить святость Его наверху, "так же как Он свят наверху, пока святость Его не поднимется к праотцам", т.е. к ХАГАТ Зеир Анпина, "и сыновьям", т.е. НЕХИ Зеир Анпина, называемым сыновьями Исраэля. И это смысл сказанного: "Чтобы освятился Я среди сынов Исраэля"[119], – сверху" от хазе, "и снизу"» от хазе. Поскольку «чтобы освятился Я»[119] – это ХАГАТ Зеир Анпина, называемые праотцами, и они выше хазе, «среди сынов Исраэля»[119] – это НЕХИ Зеир Анпина, называемые сынами Исраэля, которые ниже хазе Зеир Анпина. «"Наверху – с помощью трех ступеней", ХАГАТ, "внизу – с помощью трех ступеней"», НЕХИ.

87) «"Святость, мы уже объясняли в разных местах", что она означает, "но так же, как есть святость выше всего", и это высшие Аба ве-Има, называемые святостью, "есть святость посередине", и это Зеир Анпин, "и святость внизу", в Малхут. "И всё это – в свойстве внизу". Иначе говоря, главное – это притянуть святость вниз, в Малхут. "Святость, которая высоко-высоко", т.е. в Абе ве-Име, "в свойстве "един", т.е. они сами являются святостью, и все их свойства – святость. "Святость посередине и внизу", т.е. Зеир Анпин и Малхут, "она" делится на "три ступени, являющиеся одной"». Иначе говоря, святость притягивается по трем линиям, когда святость – в правой линии, и от правой линии она исходит ко всем линиям, и в Зеир Анпине это ХАГАТ, а в Малхут – НЕХИ.

88) И поясняет сказанное им: «"Свят" – это высшее свойство, находящееся в начале всех ступеней", т.е. Аба ве-Има, и это Хохма, являющаяся началом (рош) ступеней. И это свойство йуд (י) де-АВАЯ (הויה). "И хотя это скрытое свойство, называемое святостью", которое не распространяется вниз, и это йуд (י), у которой нет ножки, т.е. распространения, вместе с тем "оттуда оно выходит в распространении, светящем посредством тонкой

---

[119] Тора, Ваикра, 22:32. «И не хулите святого имени Моего, чтобы освятился Я среди сынов Исраэля, Я – Творец, освящающий вас».

скрытой тропинки", т.е. Есода Абы ве-Имы, "средней ступени", т.е. Зеир Анпину. "После того, как она засветила на средней" ступени, "тогда записывается" в наполнении святости "одна вав (ו), светящая внутри святости (кодеш קדש)", которую приняла, "и называется "свят (кадош קדוש)" с вав (ו). "Этот свет нисходит в распространении вниз", в Малхут, и это "окончание всех ступеней", т.е. последняя хэй (ה) де-АВАЯ (הויה). "После того, как он стал светить в конце, тогда записывается в свете одна хэй (ה)" этой Малхут, "и называется святыней (кдуша́ קדושה)" с дополнением хэй (ה). "И мы это уже объясняли"». Таким образом, когда наполнение святости находится в своем источнике, в высших Абе ве-Име, то называется «святость (кодеш קדש)». А когда нисходит в Зеир Анпин, добавляется в нем вав (ו), и называется «свят (кадош קדוש)», а когда нисходит в Малхут, добавляется в нем хэй (ה), и называется «святыня (кдуша קדושה)».

Объяснение. Три ступени включают все десять сфирот, и это – Аба ве-Има, Зеир Анпин и Малхут. И различие между ними заключается в следующем. Высшие Аба ве-Има называются «свежий чистый воздух», и воздух – это хасадим, потому что в них не светит Хохма. Но эти хасадим являются «чистыми», поскольку считаются свойством настоящих ГАР. И это потому, что они являются свойством ГАР Бины, к которым относится сказанное: «Ибо желает милости (хафец хесед) Он»[120], поскольку они желают хасадим больше, чем Хохму, и поэтому их хасадим важнее Хохмы, не говоря о том, что это не считается для них недостатком, так как они являются свойством Бины прямого света, которая не получает Хохмы.[121] Но не так Зеир Анпин и Малхут, которым согласно их корню в прямом свете требуется Хохма,[121] и поэтому всё то время, пока у них нет свечения Хохмы, считается, что им недостает рош. И в хасадим, которые они получают от Абы ве-Имы, нет свойства «чистый воздух», а просто «воздух», т.е. ВАК без рош. Однако, после того как они получают Хохму посредством трех линий от ИШСУТ, т.е. приобретают благодаря ей рош, тогда они смогут получить хасадим от Абы ве-Имы, и тогда и в них тоже они будут свойством «чистый воздух». И отличие Зеир Анпина от Малхут заключается в том, что хотя и раскрывается в нем Хохма, это всего лишь ВАК Хохмы, а не ГАР Хохмы, и поэтому она не светит в его

---

[120] Пророки, Миха, 7:18. «Кто Творец, как Ты, который прощает грех и проявляет снисходительность к вине остатка наследия Своего, не держит вечно гнева Своего, ибо желает милости Он».

[121] См. Учение десяти сфирот, часть 1, п. 3, Ор пними, п. 50, со слов: «А необходимость четырех ступеней заключается в следующем...»

ХАГАТ, являющихся свойством ГАР, а светит только в НЕХИ, от его хазе и ниже, там где свойство Малхут и свойство ВАК. Так что место притяжения Хохмы – в Зеир Анпине, а место раскрытия Хохмы – в Малхут.

И свойство «чистый воздух» в Абе ве-Име является корнем всей святости, и называется он святостью (кодеш קדש), потому что оттуда нисходят все виды святости. Однако это является тайной йуд (י) де-АВАЯ (הויה), которая не простирается вниз, к Зеир Анпину и Малхут, но лишь после того, как они получают Хохму посредством трех линий от ИШСУТ, как мы уже объясняли. И это смысл сказанного: «И хотя это скрытое свойство, называемое святостью», – т.е. нет у него распространения, и они скрыты, потому что «чистый воздух» не может распространиться напрямую в Зеир Анпин и Малхут, так как в них оно становится просто воздухом, как мы уже объясняли. И это смысл сказанного, что у йуд (י) де-АВАЯ (הויה), указывающей на Абу ве-Иму, нет ножки, т.е. нет у нее распространения, и так же святость (кодеш קדש) показывает, что нет у нее распространения, потому что «святость» означает самое возвышенное и отделенное от всего, вместе с тем, «оттуда оно выходит в распространении, светящем посредством тонкой скрытой тропинки, средней ступени». То есть, Есод высших Абы ве-Имы, называемый тонкой скрытой тропинкой, светит в ИШСУТ, и ИШСУТ раскрываются в свечении Хохмы посредством трех линий, выходящих из трех точек холам-шурук-хирик.[122] И оттуда нисходят три линии к средней ступени, Зеир Анпину, и раскрывается в нем свечение Хохмы, и он становится совершенным и может получить от Абы ве-Имы наполнение свойством «чистый воздух», называемым святостью. «После того, как он стал светить в конце, тогда записывается в свете одна хэй (ה) и называется святыней (кдуша́ קדושה)», потому что вав (ו) указывает на распространение вниз, так как ее ножка простирается вниз. И это происходит потому, что вав (ו), т.е. Зеир Анпин, получает свойство «чистый воздух» после восполнения Хохмой от трех линий ИШСУТ, – получается, что его наполнение состоит из Хохмы и хасадим, и тогда в любом месте, где хасадим его распространяются, они являются свойством «чистый воздух». И поэтому называется «свят (кадош קדוש)» с вав (ו), которая указывает на то, что святость его распространяется. Однако главной целью является распространение святости в Малхут,

---

[122] См. Зоар, главу Берешит, часть 1, п. 9. «Высшая точка, Арих Анпин, посеяла внутри чертога ИШСУТ три точки: холам, шурук, хирик...»

от которой получают наполнение все миры. И это смысл слов: «После того, как он стал светить в конце, тогда записывается в свете одна хэй (ה) и называется святыней (кдуша́ קדושה)». Иначе говоря, это та святость, которая распространяется в мирах.

И это смысл сказанного: «Святость, которая высоко-высоко, – в свойстве "един"»[123], т.е. в отношении света в них, – это свойство «чистый воздух», который называется святостью (кодеш קדש). И он является корнем всех видов святости, как мы уже сказали. И он «чистый», т.е. свойство ГАР. Но «святость посередине и внизу, она – три ступени, являющиеся одной». Ибо невозможно получение свойства «чистый воздух» Абы ве-Имы Зеир Анпином и Малхут без получения ими сначала трех линий, восполняющих Хохмой, свойством ГАР, и (лишь) затем они получают святость, т.е. наполнение «свежий воздух». Таким образом, они могут получить святость Абы ве-Имы лишь будучи тремя ступенями, представляющими собой одну.

89) «"И то, что называется: "Свят, свят, свят"[124], и то, что названы небеса, Зеир Анпин, вначале святостью, "ведь свойство" первой "святости является началом всего", т.е. высшие Аба ве-Има, и они называются святостью (кодеш קדש), "поскольку оттуда открывается" святыня (кдуша קדושה), как мы объясняли в предыдущем пункте, так как святость означает – корень святыни, "почему же, в таком случае, называется "свят (кадош קדוש)" наверху, ведь там нет вав (ו)"», являющейся свойством распространения, и они являются свойством йуд (י), у которой нет распространения?

90) «"Но скрытый смысл в том, что Исраэль освящают внизу подобно высшим ангелам наверху, о которых написано: "И взывал один к другому, говоря: "Свят, свят, свят Творец воинств"[124]. И когда Исраэль освящают, они поднимают снизу вверх высшее величие", т.е. Зеир Анпин, "пока поднимается вав (ו), свойство "высшие небеса", наверх", к высшим Абе ве-Име. "И когда небеса возносятся наверх, светит в них эта святость", высшие Аба ве-Има, "и тогда называется" Зеир Анпин "наверху "свят"». Так что и первое «свят» тоже указывает на Зеир Анпин, но на Зеир Анпин, поднявшийся к высшим Абе ве-Име.

---

[123] См. выше, п. 87.
[124] Пророки, Йешаяу, 6:3. «И взывал один к другому, говоря: "Свят, свят, свят Творец воинств, наполнена вся земля величием Его!"»

«"А затем светит этот высший свет" от высших Абы ве-Имы "престолу, который называется "свят, свят, свят"[124]. И нужно было произносить, когда они возвращаются на свои места", т.е. после того как опускаются небеса, Зеир Анпин, от высших Абы ве-Имы, с полученной ими святыней, и нисходят на свое место внизу, когда он (Зеир Анпин) становится престолом Абы ве-Имы, "и они пребывают в этом свете, и тогда называется "свят"», т.е. второй «свят». «"А затем нисходит этот свет" в Зеир Анпин, "пока не получает всё один высший праведник, т.е. высшая величественная ступень для освящения всего внизу", – т.е. Есод Зеир Анпина, передающий наполнение вниз свойству Малхут. "Когда получает всё, он называется "свят". И это тайна всего"». Таким образом, первое «свят» – это Зеир Анпин, находящийся в месте Абы ве-Имы и получающий от них. Второй «свят» – это тоже Зеир Анпин, но после того, как он спустился от Абы ве-Имы и вернулся на свое место. И третье «свят» – это Есод Зеир Анпина, наполняющий Малхут.

91) «"И тот, кто обращает к этому свое желание"», т.е. направить свое намерение при произнесении трижды «свят», как объяснялось выше, на Абу ве-Иму, и на Зеир Анпин, и на Есод Зеир Анпина, «"он действует правильно. И тот, кто обращает свое желание", чтобы направить свое намерение с их помощью, "на три ступени праотцов", т.е. на три линии Зеир Анпина, "в едином сочетании, чтобы соединить их в этой святости, если не может обратить свое желание к большему, он действует правильно. И всё это для того, чтобы низвести от этой высшей святости вниз", к Малхут, "чтобы каждый из Исраэля" получил от нее, и "освятил себя этой святостью, и хранил ее, чтобы простереть над собой распространение этой святости. И это означает: "Чтобы освятился Я в среде сынов Исраэля"[119] вначале", – то есть, чтобы сыны Исраэля вознесли МАН для пробуждения наверху трех этих видов святости, "а затем: "Я, Творец, освящающий вас"[119]», – когда Исраэль получают высшую святость.

92) «"В каком месте человек должен освятить себя этой святостью, чтобы включить себя в нее? Это когда человек приходит к святому имени "Творец воинств"[124]», упоминаемому после третьего «свят», и это Нецах и Ход, «"и в нем тайна: "Я, Творец, освящающий вас"[119]. Это я нашел в скрытом виде в книгах первых, но мы так не делаем, а после"» трижды «свят» произносим «"только "Творец воинств"[124], т.е. мы еще не включаем

себя туда. "А затем, когда человек приходит к "наполнена вся земля величием Его"¹²⁴, при котором святость нисходит к Малхут, "тогда пусть включит себя в эту святость, чтобы освятиться внизу, этим величием, что внизу", т.е. Малхут, "и это смысл сказанного: "И освятится величием Моим"¹²⁵. А затем должен сделать это частным путем"». То есть, сначала должен включить себя в Малхут, являющуюся нижним величием, в изречении: «Наполнена вся земля величием Его»¹²⁴, что включает всю землю и все народы. А затем пусть совершит привлечение святости частным путем, т.е. только к Исраэлю. «"Для того чтобы освятилось всё". А от Исраэля распространится святость ко всему миру. "А так, как мы делаем, это соответствует высшим ангелам, которые говорят: "Благословенно величие Творца с места Его"¹²⁶, и это высшее величие", Зеир Анпин. "А затем произносят: "Будет царствовать Творец вовеки"¹²⁷, и это – нижнее величие"», Малхут. И мы также включаем себя при (произнесении): «Наполнена вся земля величием Его»¹²⁴, и это – нижнее величие. Но не при (произнесении): «Творец воинств»¹²⁴, что является свойствами Нецах и Ход Зеир Анпина, и свойством высшего величия, как это делали первые мудрецы.

93) «"А в книге рава Йеса Савы", он говорит: "Свят, свят, свят"¹²⁴ – это святость, которой благословится письменная Тора", Зеир Анпин, "в одной совокупности", т.е. в трех его линиях ХАГАТ. А затем соответственно им: "Благословенно величие Творца с места Его"¹²⁶ – это Пророки", т.е. Нецах и Ход Зеир Анпина, "а затем: "Будет царствовать Творец вовеки"¹²⁷ – Малхут. "И тайна эта заключается в том, что мы должны (сделать так), чтобы находились в этой святости – святость, благословение и Малхут, и находились все вместе. Святость, как сказано: "Свят"¹²⁴. Благословение" – это: "Благословенно величие Творца с места Его"¹²⁶. Малхут" – это: "Будет царствовать Творец вовеки"¹²⁷. И поэтому мы должны восполнить всё, и к этому человек должен направить себя и обращать на это желание свое каждый день"». (До сих пор Раайа меэмана)

---

¹²⁵ Тора, Шмот, 29:43. «И буду встречен там сынами Исраэля, и освятится (Скиния) величием Моим».

¹²⁶ Пророки, Йехезкель, 3:12. «И понес меня дух, и услышал я позади себя голос, шум мощный: "Благословенно величие Творца с места Его!"»

¹²⁷ Писания, Псалмы, 146:10. «Будет царствовать Творец вовеки, Всесильный твой, Цион, – из рода в род. Алелуйа».

Праздники Творца

94) «"Обратись к сынам Исраэля и скажи им: "Праздники Творца, которые вы должны называть священными собраниями, – это Мои праздники"[128]. Рабби Ицхак провозгласил: "И назвал Всесильный свет днем"[129]. Мы учили, что свет, который был вначале, светил от края мира и до края его. Когда взглянул Творец на грешников, которым предстоит восстать в мире, Он упрятал этот свет для праведников в будущем мире. Это означает: "И будет забран у грешников свет их"[130]. И написано: "Свет посеян для праведника"[131]».

95) «"Смотри. "И назвал Всесильный свет днем, а тьму назвал ночью"[129]. Мы ведь изучали: "Да будет свет"[132] – это свет, который уже был.[133] А здесь, если скажешь", что "свет" означает – "только день", т.е. только Зеир Анпин, "возвращается и говорит: "А тьму назвал ночью"[129], т.е. это Малхут, называемая ночью, и Зеир Анпин называется светом лишь когда находится с ним Малхут, называемая ночью. "И если скажешь, что каждый из них отдельно", без соединения (зивуга) друг с другом, "возвращается и говорит: "И был вечер, и было утро, – день один"[129], что нет ночи без дня, и нет дня без ночи". Другими словами, что у Зеир Анпина есть совершенство только лишь когда он находится в зивуге с Малхут, и у Малхут есть совершенство только лишь когда она находится в зивуге с Зеир Анпином. "И они называются едиными только когда находятся в едином зивуге. И Творец с Кнессет Исраэль", т.е. Зеир Анпин с Малхут, "называются едиными, один без другого они не называются едиными"».

---

[128] Тора, Ваикра, 23:1-2. «И сказал Творец Моше, говоря: "Обратись к сынам Исраэля и скажи им: "Праздники Творца, которые вы должны называть священными собраниями, – это Мои праздники"».

[129] Тора, Берешит, 1:5. «И назвал Всесильный свет днем, а тьму назвал ночью. И был вечер, и было утро, – день один».

[130] Писания, Иов, 38:15. «И будет забран у грешников свет их, а мышца вознесенная – сокрушена».

[131] Писания, Псалмы, 97:11. «Свет посеян для праведника, и радость – для прямых сердцем».

[132] Тора, Берешит, 1:3. «И сказал Всесильный: "Да будет свет!" И был свет».

[133] См. Зоар, главу Берешит, часть 1, п. 32. «Слова "свет", "да будет свет" не говорят об обновлении света, а о том, что вернулся свет, который уже был у Абы ве-Имы...»

96) «"Смотри, из-за того что Кнессет Исраэль находится сейчас в изгнании, она словно не называется единой. И когда она называется единой? В час, когда Исраэль выйдут из изгнания, и Кнессет Исраэль вернется на свое место, чтобы соединиться с Творцом. Это смысл сказанного: "В тот день будет Творец един и имя Его – едино"[134]. И один без другого не называется единым"».

97) «"Смотри, "праздники Творца, которые вы должны называть священными собраниями"[128], собирая все в единое место", потому что праздниками Творца называются ХАГАТ Зеир Анпина, и их необходимо собрать, чтобы они передали наполнение единому месту, т.е. Малхут, "дабы всё пребывало в совершенстве, в свойстве "Единый". Ибо когда ХАГАТ Зеир Анпина соединяются с Малхут, они называются едиными, как мы уже объясняли. "И чтобы Исраэль стали внизу "народом единым на земле"[135]. Спрашивает: "Правильно то, что Творец" в зивуге "с Кнессет Исраэль", с Малхут, "называется Единым", как мы уже объясняли, – "но Исраэль внизу, исправленные подобно высшему", подобно Зеир Анпину и Малхут наверху, "вследствие чего будут называться едиными?"»

98) И отвечает: «"Однако в нижнем Йерушалаиме называются Исраэль едиными", т.е. когда они пребывают в нем. "Откуда нам это известно. Потому что написано: "И кто подобен народу Твоему, Исраэлю, народу единому на земле"[135], – конечно, "на земле"[135], т.е. на земле Исраэля и в Йерушалаиме, "они "народ единый"[135], с ним они называются едиными, а не когда они отдельно. Ведь: "И кто подобен народу Твоему, Исраэлю, народу единому"[135] было бы достаточно"», почему же написано: «И кто подобен народу Твоему, Исраэлю, народу единому на земле»[135]? «"Но это потому, что они называются едиными только "на земле"[135], в соединении с этой землей. Подобно тому, как наверху", где Зеир Анпин называется единым только лишь в соединении с Малхут, называемой землей, как мы уже сказали. "И поэтому все связано друг с другом в едином зивуге",

---

[134] Пророки, Зехария, 14:9. «И будет Творец Царем на всей земле, в тот день будет Творец един, и имя Его – едино».

[135] Пророки, Шмуэль 2, 7:23. «И кто подобен народу Твоему, Исраэлю, народу единому на земле, ради которого ходил Всесильный искупить его Себе в народ и сделать Себе имя, и совершить вам (деяния) великие и страшные в стране Твоей, (изгоняя) пред народом Твоим, который Ты избавил от Египта, народов и божеств его?!»

как наверху, так и внизу. "Счастлив удел Исраэля. "Шесть дней совершай работу"[136] – это мы уже учили и объясняли"».

99) «Рабби Йоси и рабби Хия находились в пути. Сказал рабби Йоси рабби Хие: "Почему ты молчишь, ведь путь не исправляется иначе, как с помощью речений Торы..."». Эта статья уже печаталась в главе Ваэра.[137]

---

[136] Тора, Ваикра, 23:3. «Шесть дней совершай работу, а в седьмой день суббота покоя, собрание священное, никакой работы не делайте – это суббота Творца во всех местах поселения вашего».

[137] См. Зоар, главу Ваэра, статью «И была Сарай бесплодна», пп. 198-206.

ГЛАВА ЭМОР

Священные собрания

100) «Рабби Ицхак провозгласил: "Тебе говорит сердце мое: "Ищите лик мой". Лик Твой, Творец, искать буду"[138]. Это изречение товарищи объясняли в разных местах. Но" толкование "этого изречения мы учили так. "Тебе говорит сердце мое"[138] – царь Давид сказал это от имени Кнессет Исраэль", т.е. Малхут, (обратившись) "к святому Царю", Зеир Анпину. "И что он сказал? "Тебе говорит сердце мое"[138] – то есть, "во имя Тебя", Зеир Анпина, "говорит сердце мое"[138] жителям мира и предупреждает их сердце мое, которое включено в нее", в Малхут, "и это он сказал: "Ищите лик мой"[138] – во имя высшего Царя", т.е. чтобы искали лик Зеир Анпина. "И это – украшения Царя", т.е. есть мохин Зеир Анпина, "в которые Он включен, а они – в Него. И они – имя Его", то есть они являются также и мохин Малхут, называемой именем Его. "И Он", Зеир Анпин, "с именем Его", Малхут, "являются одним целым. И потому сказал Давид: "Лик Твой, Творец, искать буду"[138]. Как сказано: "Требуйте Творца и силу Его, ищите лик Его всегда"[139]».

Объяснение. Ему был непонятен язык изречения: «"Ищите лик мой". Лик Твой, Творец, искать буду»[138], – какая связь между ликом его и ликом Творца? И это смысл сказанного им, что Давид является носителем свойства Малхут, т.е. является строением (мерката) для Малхут. И известно, что Малхут строится от левой линии, Хохмы без хасадим, когда от нее исходят суды, и до тех пор, пока она не совершает зивуг с Зеир Анпином, чтобы привлечь хасадим для облачения Хохмы, ее мохин называются обратной стороной (ахораим), а не ликом (паним). И это то, о чем сказал Давид, находящийся в месте Малхут, предупреждая жителей мира, чтобы они вышли из свойства обратной стороны и искали лик Малхут. Поэтому сказал: «Ищите лик мой»[138] – то есть мохин хасадим и милосердие Зеир Анпина. И это объяснение изречения: «Тебе»[138], – Зеир Анпину, «говорит сердце мое»[138], – Малхут, «ищите лик мой»[138], – выйдите из свойства обратной стороны (ахораим) и ищите мой лик (паним), то есть паним Зеир Анпина. И это то, чем он завершает: «Лик Твой, Творец, искать буду»[138] – т.е.

---

[138] Писания, Псалмы, 27:8. «Тебе говорит сердце мое: "Ищите лик Мой!" Лик Твой, Творец, искать буду».
[139] Писания, Псалмы, 105:4. «Требуйте Творца и силу Его, ищите лик Его всегда».

мохин милосердия и хасадим Зеир Анпина, которые и называются «лик мой».

И это смысл сказанного: «Царь Давид сказал это от имени Кнессет Исраэль», т.е. обратился вместо Малхут, «к святому Царю», к Зеир Анпину. «И что он сказал» Зеир Анпину: «Тебе говорит сердце мое»[138] – то есть «во имя Тебя», Зеир Анпин, «говорит сердце мое»[138], Малхут, «жителям мира и предупреждает их сердце мое, которое включено в нее», – и сердце мое, включенное в Малхут, предупреждает жителей мира от имени Малхут. «И это он сказал: "Ищите лик мой"[138] – во имя высшего Царя"», – иначе говоря, то что сказал: «Ищите лик мой»[138], – это ради высшего Царя, Зеир Анпина, т.е. лик мой – это лик высшего Царя. И он предупреждает жителей мира, чтобы они вышли из свойства обратной стороны (ахораим) Малхут и искали свойство лика (паним) Малхут. «И это – украшения Царя, в которые Он включен, а они – в Него», что паним Малхут являются этими украшениями Царя, т.е. мохин де-ГАР, с которыми Он соединяется, т.е. они являются хасадим и милосердием, как и Его свойство. «И они – имя Его», и когда Малхут получает их, они называются «имя Его». Ибо Малхут зовется именем, как известно. «И Он с именем Его являются одним целым», – и тогда Он, Зеир Анпин, и имя Его, то есть Малхут, это одно целое, т.е. их мохин равны. «И потому сказал Давид: "Лик Твой, Творец, искать буду"[138]», потому что лик Зеир Анпина, сам он и является ликом Малхут. И сказав: «Ищите лик мой»[138], он искал лик Творца (АВАЯ).

101) «"Смотри, царю Давиду подобает возносить песнь от имени Кнессет Исраэль", Малхут, "более чем всем жителям мира, и чтобы он сообщал речения Кнессет Исраэль Царю", Зеир Анпину, "поскольку он включен в нее"». Ведь Давид является строением (меркава) для Малхут.

102) «"Другое объяснение. "Тебе говорит сердце мое: "Ищите лик мой"[138] означает – "во имя Тебя "говорит сердце мое"[138] жителям мира: "Ищите лик мой"[138]. Это времена и праздники", т.е. ХАГАТ Зеир Анпина, так как ХАГАТ Зеир Анпина – это ГАР Малхут и лик ее. "Лик Твой, Творец, искать буду"[138], – т.е. Давид призвал всех", весь ХАГАТ, подняться "в место, называемое святостью", и это высшие Аба ве-Има, которые зовутся ликом Творца (АВАЯ), Зеир Анпина. Ибо Зеир Анпин получает мохин

от Абы ве-Имы, являющиеся святостью, когда поднимается к ним,[140] "для того чтобы увенчать их" (этими) мохин Абы ве-Имы, "каждую" сфиру из ХАГАТ "в свой день и каждую в свое время, и все они будут черпать из той глубины глубин, откуда проистекают все реки и источники", – от высших Абы ве-Имы. "Поэтому написано: "Священные собрания"[141]», где «собрания»[141] означают – призванные, «"так как они призваны" подняться "в то место, которое именуется святостью", к высшим Абе ве-Име, "украситься в нем и наполниться в нем, чтобы все они освятились как один, и радость будет пребывать в них"».

103) «Рабби Аба сказал: "Священные собрания"[141] означает – призванные святостью", т.е. высшими Аба ве-Има, свойством Хохмы. "И когда они призваны" в это место, называемое святостью, "они призваны рекой, проистекающей и вытекающей (из Эдена)", т.е. ИШСУТ, являющимися свойством Бины. Это подобно "царю, который пригласил людей на царскую трапезу, расставил перед ними всевозможные яства, имеющиеся в мире, и открыл для них бурдюки, наполненные изумительно ароматным и вкусным вином. Ибо так должно быть, – тот, кто приглашает, он приглашает есть и пить. Так и священные собрания, – поскольку они созываются на царскую трапезу, они также приглашаются отведать доброго и превосходного выдержанного вина. И об этих священных собраниях написано: "Которые вы должны созывать в назначенное для них время"[141]».

Объяснение. Мохин Абы ве-Имы, в которых йуд (י) не выходит из их свойства «воздух (авир אויר)», т.е. хасадим, в которых скрыта Хохма, называются вкушением. Мохин ИШСУТ, в которых йуд (י) выходит из свойства «воздух (авир אויר)» и раскрывается свет (ор אור) Хохмы, имеющийся у Бины, вернувшейся в состояние Хохмы, называются питьем. Подобно тому, как это выяснилось выше,[142] в тайне сказанного: «Ешьте, родные! Пейте до упоения, возлюбленные!»[143] Привлечение

---

[140] См. выше, п. 88.

[141] Тора, Ваикра, 23:4. «Вот праздники Творца, священные собрания, которые вы должны созывать в назначенное для них время».

[142] См. Зоар, главу Ваикра, п. 38, со слов: «Объяснение. Мохин де-хасадим называются едой. И это мохин высших Абы ве-Имы, хасадим без Хохмы...»

[143] Писания, Песнь песней, 5:1. «Пришел я в сад мой, сестра моя, невеста, набрал я мирры с бальзамом моим; отведал я соты мои с медом, пил я вино мое с молоком. Ешьте, родные! Пейте до упоения, возлюбленные!»

мохин Хохмы без хасадим – это тьма, а не свет.[144] Но когда у человека есть хасадим от высших Абы ве-Имы, чтобы облачить Хохму, тогда он может получать Хохму от ИШСУТ. И это смысл сказанного: «"Священные собрания"[141] – так как они призваны в то место, которое именуется святостью»[145], и это ХАГАТ Зеир Анпина, т.е. три праздника, где Песах – это Хесед, Суккот – Гвура, Шавуот – Тиферет, называемые священными собраниями, и это потому, что они призваны для восхождения и получения наполнения от высших Абы ве-Имы, называемых святостью. И наполнение их называется вкушением. И это смысл сказанного: «И когда они призваны», т.е. святым наполнением от Абы ве-Имы, называемым вкушением, «они призваны рекой, проистекающей и вытекающей», они призваны также получить от наполнения Бины, т.е. от свечения Хохмы, которая в ИШСУТ, и это река, проистекающая и вытекающая из Эдена, называемая вином для питья. Ведь после того, как у них уже есть хасадим от Абы ве-Имы, чтобы облачить Хохму, они могут привлечь также свечение Хохмы от ИШСУТ, как мы уже объясняли. И это смысл сказанного: «Поскольку они созываются на царскую трапезу», т.е. к наполнению Абы ве-Имы, называемому едой, «они также приглашаются отведать доброго и превосходного выдержанного вина», т.е. наполнения ИШСУТ, называемого вином, выдержанным для питья.

104) «"Которые вы должны созывать в назначенное для них время"[141]. Написано: "Людьми святости будете для Меня"[146]. Исраэль внизу называются людьми святости, потому что призваны высшей святостью"», то есть, призваны получать от наполнения Абы ве-Имы, называемого святостью, принимаемого в Малхут.[140] И сказанное: «Вот праздники Творца, священные собрания, которые вы должны созывать в назначенное для них время»[141] означает – «"вы, люди святости внизу, будете созывать их"», эти праздники, т.е. ХАГАТ, «в назначенное для них время»[141]. «"И тогда устраивайте трапезу и веселье, ибо вам это подобает, поскольку вы зоветесь людьми святости. И все они будут призваны всеми видами святости наверху", исходящими

---

[144] См. Зоар, главу Берешит, часть 1, п. 38, со слов: «Затем вышла тьма, и вышли в ней семь других букв алфавита. Распространение свечения семи нижних сфирот Абы ве-Имы из точки шурук считается выходом тьмы, поскольку Хохма находится в ней без хасадим и не светит...»

[145] См. выше, п. 102.

[146] Тора, Шмот, 22:30. «Людьми святости будете для Меня, и растерзанного в поле мяса не ешьте, псу бросайте его».

от Абы ве-Имы, "и внизу"», исходящими от Малхут, благодаря Исраэлю, получающим от Малхут.

105) «"Другое объяснение: "Вот праздники Творца"¹⁴¹. Что такое "праздники Творца"¹⁴¹?" Рабби Шимон сказал: "От Творца они", эти праздники, от Зеир Анпина, "в котором они соединились снизу вверх и сверху вниз. Все соединяются в Нем, и все украшаются, чтобы соединиться в единой связи, в связи Царя. Что это значит? Это как Царь", Зеир Анпин, "наследует Абе ве-Име, и соединяется с этой святостью", с их чистым воздухом, "и увенчивается ими", т.е. получает с их помощью также наполнение свечения Хохмы от ИШСУТ, "так все те, что связаны с Царем", т.е. праздники, связанные с ХАГАТ Зеир Анпина, "должны созываться в том высшем месте, которое называется святостью", в Абе ве-Име, "чтобы все они соединились как одно целое. И поэтому они называются праздниками Творца, а затем – священными собраниями, так как благодаря им украшается Царем"».

Объяснение. Праздники нисходят от ХАГАТ Зеир Анпина, т.е. от трех линий: Песах – от правой линии, Суккот – от левой линии, а Шавуот – от средней линии. И это смысл сказанного: «Рабби Шимон сказал: "От Творца они"», так как праздники исходят от Зеир Анпина, и известно, что свечение Хохмы принимается только снизу вверх, а хасадим – сверху вниз.¹⁴⁷ И это смысл сказанного: «В котором они соединились снизу вверх», – т.е. чтобы получать свечение Хохмы снизу вверх, «и сверху вниз», – т.е. хасадим, которые светят сверху вниз. «Все соединяются в Нем», – т.е. для получения хасадим, «и украшаются», – т.е. получение Хохмы, «как Царь наследует Абе ве-Име, и соединяется с этой святостью», и это наполнение хасадим от свойства «чистый воздух» Абы ве-Имы, «и увенчивается ими» – т.е. получает с помощью них также Хохму от ИШСУТ, ибо после того, как есть у него хасадим от Абы ве-Имы, он может получать также и Хохму,¹⁴⁸ «так все те, что связаны с Царем», получают хасадим от Абы ве-Имы и свечение Хохмы от Зеир Анпина, получающего от ИШСУТ. «И поэтому они называются праздниками Творца», поскольку праздник указывает на наполнение свечением Хохмы, ибо «праздник (моэд מועד)» от

---

¹⁴⁷ См. Зоар, главу Берешит, часть 1, п. 50. «Разногласие, которое было исправлено согласно высшему подобию...»
¹⁴⁸ См. выше, п. 103.

слова «наслаждение (эден עדן)», т.е. от Хохмы, которую они получают от Зеир Анпина. «И поэтому они называются праздниками Творца, а затем – священными собраниями» – вследствие наполнения хасадим, получаемого от Абы ве-Имы, которые называются святостью. «Так как благодаря им украшается Царем», – ибо благодаря хасадим Абы ве-Имы они могут быть украшены Царем и получать Хохму.

106) «"Которые вы должны созывать"[141]. Две доли есть у Исраэля в них. Как со стороны Царя", Зеир Анпина, т.е. от свечения Хохмы, что в нем, "есть у них высшая доля в Нем, как написано: "А вы, прилепившиеся к Творцу Всесильному вашему, – живы все вы ныне"[149]. И также: "Ибо удел Творца – народ Его"[150]. Так и со стороны высшей святости", т.е. чистого воздуха Абы ве-Имы, "есть у Исраэля высшая доля в Нем, как написано: "Людьми святости будете для Меня"[146], и написано: "Исраэль – святыня Творцу"[151]. И потому" сказал Творец: "Вам надлежит созывать праздники и устраивать перед ними веселье и трапезу, и радоваться им"» – т.е. двум этим видам наполнения.

107) «"И тот, кто приглашает другого к себе, должен показать ему радушие и приветливость, окружив гостя заботой". Это подобно "царю, пригласившему дорогого гостя. Сказал он своим подданным: "Все остальные дни каждый из вас был в доме своем: кто был занят ремеслом, кто торговал товаром, а кто работал в поле. За исключением этого дня, в который все вы собираетесь на мое торжество, ибо пригласил я ныне очень высокого и дорогого гостя. И я не хочу, чтобы вы занимались ремеслом, или торговлей, или полевыми работами, но все вы приглашены", чтобы пребывать в радости, "как подобает в мой день, и приготовьтесь встретить этого гостя приветливо, с радостью и почтением, и устройте в честь него торжественную трапезу, чтобы он почувствовал заботу мою со всех сторон"», т.е. получил наслаждение как с моей стороны, так и с вашей.

---

[149] Тора, Дварим, 4:4. «А вы, прилепившиеся к Творцу Всесильному вашему, – живы все вы ныне».

[150] Тора, Дварим, 32:9. «Ибо удел Творца – народ Его, Яаков – наследственное владение Его».

[151] Пророки, Йермияу, 2:3. «Исраэль – святыня Творцу, начаток урожая Его. Все поедающие его будут осуждены; бедствие придет на них, – сказал Творец».

108) «"Так сказал Творец Исраэлю: "Сыновья Мои! Во все остальные дни вы занимаетесь ремеслом и торговлей, кроме этого дня, принадлежащего Мне. Теперь Я пригласил высокого и дорогого гостя, и вы должны оказать ему радушный прием. Пригласите его, приготовьте высшие трапезы, накройте столы, как подобает этому Моему дню". Поэтому" говорит Писание: "Которые вы должны созывать в назначенное для них время"[141]».

109) «"Смотри, в час, когда Исраэль внизу радостно встречают праздники и возносят хвалу Творцу, накрывают столы, наряжаются в превосходные одежды, высшие ангелы спрашивают: "Каково участие Исраэля в этом?" Говорит Творец: "Есть у них дорогой гость – этот день". Говорят" ангелы: "Разве он не Твой, не из того места, которое называется святостью?" Говорит им: "Разве Исраэль не называются святостью? Ведь они называются святостью, и им подобает пригласить Моего гостя: во-первых, с Моей стороны, ведь они преданы Мне, а во-вторых, со стороны святости, как сказано: "Исраэль – святыня Творцу"[151]. И поскольку Исраэль называются святостью, это их гость, безусловно, так как он приглашен со стороны святости, как написано: "Священные собрания"[141]. Провозгласили все они, воскликнув: "Счастлив народ, чья судьба такова"[152]».

110) «"Трое призваны святостью, и не более", и это "праздник Мацот, праздник Шавуот, и праздник Суккот". Сказал ему рабби Аба: "Разве суббота не призвана святостью?" Сказал ему: "Нет. По двум причинам. Во-первых, она, конечно же, называется святостью" не меньшей, чем праздники, "как написано: "И храните субботу, ибо святость она для вас"[153]. А во-вторых, потому что суббота не призвана" святостью, "так как" святость "является наследием ее, несомненно, ведь" суббота "получает святость в наследие, но не призвана ею. И поэтому все они призваны святостью, и связываются в субботу, и украшаются ею. И" этой святостью "украшается седьмой день, поэтому суббота не призвана"» святостью.

---

[152] Писания, Псалмы, 144:15. «Счастлив народ, чья судьба такова, счастлив народ, у которого Творец – Всесильный его».

[153] Тора, Шмот, 31:14. «И храните субботу, ибо святость она для вас. Оскверняющий ее будет предан смерти. Ибо душа всякого, кто выполняет в этот день работу, искоренится из среды народа его».

Объяснение. Поскольку субботой называется состояние, когда Зеир Анпин и Малхут поднимаются к высшим Абе ве-Име и становятся как они. И тогда они святость, как и сами Аба ве-Има. Тогда как праздники не поднимаются непосредственно в Абу ве-Иму, а только в ИШСУТ, и оттуда они притягивают святость от высших Абы ве-Имы, и так как сами ИШСУТ не считаются святостью, поэтому они считаются только призванными получать от святости, но сами не являются святостью.

111) «"Суббота" подобна "сыну, который пришел в дом отца и матери, и ест и пьет когда пожелает". И отец с матерью не должны приглашать его. И это "подобно царю, у которого был сын, любовь его души. Приставил он к нему своего друга, чтобы тот берег его и подружился с ним. Подумал царь: "Хорошо было бы пригласить друзей сына моего и проявить мое уважение и любовь к ним". Пригласил он этих друзей, однако сына не принято приглашать, ведь, придя к отцу домой, он может есть и пить когда пожелает. Это смысл сказанного: "Кто как Ты среди сильных, Творец! Кто как Ты величественен в святости"[154]. "Величественен в святости"[154], безусловно, – т.е. "подобно сыну, исправившемуся с помощью родителей. Иными словами, Зеир Анпин уже поднялся в Абу ве-Иму и стал подобен им, как и в субботу. И тогда он "величественен в святости"[154], а не призван со стороны святости"».

112) «"Шесть дней совершай работу, а в седьмой день суббота покоя"[155]. "Шесть дней"[155], как сказано: "Ибо шесть дней создавал Творец небо и землю, а в седьмой день прекратил и пребывал в покое"[156]. И не написано: "За шесть" дней. И мы объясняли, что каждый день Он делал Свою работу, и" потому "они называются днями работы"». То есть это шесть высших дней, ХАГАТ НЕХИ, из которых были произведены все действия начала творения, каждое в свой день: в первый день – Хесед, во второй – Гвура, и т.д.

---

[154] Тора, Шмот, 15:11. «Кто как Ты среди сильных, Творец! Кто как Ты величествен в святости, восхваляем в трепете, вершит чудеса!»

[155] Тора, Ваикра, 23:3. «Шесть дней совершай работу, а в седьмой день суббота покоя, собрание священное, никакой работы не делайте – это суббота Творца во всех местах поселения вашего"».

[156] Тора, Шмот, 31:17. «Между Мною и сынами Исраэля знак это вовеки, ибо шесть дней создавал Творец небо и землю, а в седьмой день прекратил и пребывал в покое».

113) «Сказал рабби Ицхак: "Если это так", что это шесть сфирот ХАГАТ НЕХИ, "почему они называются шестью днями будней? Почему это будни?"» Ведь это святые сфирот Зеир Анпина. «Сказал рабби Йоси: "Сейчас мир управляем их посланниками", т.е. шестью сфирот ХАГАТ НЕХИ Матата, который является ангелом. "И потому они называются днями будней"», так как Матат – это будни.

114) «Рабби Хия сказал: "Потому что в течение этих дней можно совершать работу, поэтому они не называются святостью", несмотря на то, что это ХАГАТ НЕХИ Зеир Анпина. "Поскольку те, что не называются святостью, называются буднями. И потому установили товарищи разделение (авдалу) между святостью и буднями". Спрашивает: "Что означает разделение, которое здесь?" Разве они были когда-нибудь смешаны друг с другом? И отвечает: "Однако святость – это сущность сама по себе", и она не смешана ни с чем, поскольку это свойство высших Абы ве-Имы, "и все остальные ступени происходят от нее", от высших Абы ве-Имы, "и потому" это разделение, что "эти", будни, – "для работы, а эти", дни святости, – "они для хранения. И когда пребывает хранение в них", в будних днях? Это "когда они призваны святостью"», в час, когда они получают от высших Абы ве-Имы свойство «чистый воздух», т.е. в праздники.

115) «Сказал рабби Йегуда: "Радость и хранение в день субботний – превыше всего, и поскольку этот день увенчивается Абой ве-Имой", когда Зеир Анпин и Малхут поднимаются и облачают высших Абу ве-Иму, "и добавляется святость к их святости, чего нет в остальные дни, потому что он", Зеир Анпин, "является святостью, и увенчивается святостью", то есть облачает святость, высшие Абу ве-Иму, "и прибавляет святость к своей святости. И потому этот день является радостью высших и нижних, – все рады ему, так как он наполняет благословениями все миры, и все миры исправляются" благодаря ему. "Это день покоя высших и нижних. И это день покоя для грешников в преисподней"».

ГЛАВА ЭМОР

Третья субботняя трапеза в канун праздника

116) Подобно «"царю, который устроил трапезу для единственного сына и увенчал его высшим венцом. И царь поставил его над всем. День этот – радость для всех" жителей страны. "В распоряжении одного судебного исполнителя, ответственного за суд над людьми, были люди, приговоренные к казни, и люди, приговоренные к побоям. Но из уважения к радости царя, он оставил свои наказания и соблюдал праздник царя"», не причинив страданий ни одному человеку.

117) «"Так и этот день", суббота, – это трапеза радости Царя с Царицей", т.е. Зеир Анпина и Малхут, "и торжество Абы ве-Имы, на котором радуются высшие и нижние. На царском торжестве все радуются, а не сокрушаются, и потому написано: "И назовешь субботу отрадой"[157]. Что значит "отрадой"[157]?" И отвечает: "Отрада пребывает лишь наверху – в месте, где царит высшая святость", т.е. в высших Абе ве-Име. Как сказано: "Тогда наслаждаться будешь пред Творцом (досл. над Творцом)"[158], – т.е. выше Зеир Анпина, так как отрада эта находится над Ним", в Абе ве-Име, которые выше Зеир Анпина. "И этот день", суббота, "являющийся торжественной трапезой Царя, увенчивается этим венцом отрады" от высших Абы ве-Имы. "Это смысл сказанного: "Назовешь субботу отрадой"[157] – тем, чего нет в остальные дни"».

118) «"В этот день подданные Царя должны приготовить три трапезы и накрыть стол, чтобы оказать почтение Царю. Как мы уже объясняли. И когда наступает праздник", один из трех, "или время" Рош а-шана (начала года), "человек не должен накрывать два стола во время каждой трапезы, – один для субботы, а другой для этого гостя", т.е. праздника, "поскольку

---

[157] Пророки, Йешаяу, 58:13. «Если удержишь в субботу ногу свою, удержишься от исполнения дел твоих в святой день Мой, и назовешь субботу отрадой, святыню Творца – почитаемой, и почтишь ее, не занимаясь делами своими, не отыскивая дело себе, и не говоря ни слова об этом».

[158] Пророки, Йешаяу, 58:14. «Тогда наслаждаться будешь пред Творцом, и Я возведу тебя на высоты земли, и питать буду тебя наследием Яакова, отца твоего, потому что уста Творца изрекли это».

написано: "Ел он всегда за царским столом"[159], ибо предостаточно царского стола для того гостя, что пришел к нему. И поэтому человек должен накрыть весь стол для Царя, а Он дает с него этому гостю"».

119) «Сказал рабби Эльазар: "Третью субботнюю трапезу, когда оказывается на ней гость", т.е. праздник, – "отменяют ее", третью трапезу, "или не отменяют ее? Если ее не отменяют", а вкушают третью трапезу, "получается, что гость", т.е. вечерняя трапеза второго праздничного дня, "отстранен от царского стола". Ведь из-за третьей трапезы он не сможет с аппетитом есть вечернюю трапезу второго праздничного дня. "А если отменяют ее", т.е. не едят третьей трапезы, "есть ущерб в трапезах Царя"», поскольку Царю, субботе, будет недоставать одной трапезы.

120) «Сказал ему рабби Шимон, отец его: "(Это подобно) царю, который пригласил к себе гостя, и взял от себя блюдо и предложил гостю. Получается, что хотя царь и не ест с ним, тот ест от царских блюд, и царь дает ему есть". Также и здесь: суббота отменяет третью трапезу, чтобы гость, т.е. вечер второго праздничного дня, вкушал свою трапезу с аппетитом. И получается, что вечерняя трапеза праздничного дня – это блюда Царя, т.е. субботы, поскольку суббота отменила свою трапезу ради него. "И все это потому, что он – гость Царя". Иначе говоря, поскольку первый праздничный день пришелся на субботу, и потому он – гость субботы. Тогда как в субботу, которая наступила в канун праздника, не отменяют третью трапезу из-за вечерней трапезы праздничного дня. И незачем спрашивать: ведь рабби Шимон и рабби Эльазар, сын его, находились на земле Исраэля, где нет двух праздничных дней, поскольку речь идет о двух днях Рош а-шана (начала года), которые проводятся также и на земле Исраэля. Или говорится о живущих за ее пределами. "А в доме рава Амнуна Савы не опасались гостя в этот час", но ели третью трапезу, "и потом", в канун второго дня праздника, "устраивали трапезу для гостя"».

121) «"В этот день запрещены разговоры, это смысл сказанного: "Не отыскивая дело себе, и не говоря ни слова об этом"[157], чтобы речь твоя в субботу была не такой, как в будни.

---

[159] Пророки, Шмуэль 2, 9:13. «И жил Мефивошэт в Йерушалаиме, ибо ел он всегда за царским столом. А он хром был на обе ноги».

И мы учили, "дело себе"[157] написано", т.е. не говори, исходя из своего желания, "поскольку с этим днем связана вся вера"».

122) «Сказал рабби Эльазар отцу: "(Ты говоришь, в праздник не отменяют третьей трапезы), но как же мы делаем, чтобы не подавать трапезу Царя, гостю?" – т.е. не отменять третью трапезу из-за трапезы праздничного дня, который пришелся на канун субботы. "Ведь четырнадцатый день" в месяце нисан, "который пришелся на субботу, мы" отменяем, и "переносим трапезу Царя", т.е. третью трапезу, "в честь гостя", в честь трапезы пасхального вечера, "хотя" этот праздничный день – "он не гость субботы"», а пришелся на воскресенье.

123) «Сказал ему (рабби Шимон): "Я говорю так, что если" праздничный день – "он гость субботы", т.е. приходится на субботу, – "он может" отменить третью трапезу и "перенести ее" ради вечерней трапезы праздничного дня, "а если нет", если не приходится на субботу, а начинается в воскресенье, – "он не" отменяет и не "переносит" третью трапезу ради вечерней трапезы праздничного дня, чтобы вкушать ее с аппетитом. "А если скажешь, что в четырнадцатый день" нисана, "который пришелся на субботу, отменяется трапеза Царя", третья трапеза, "из-за трапезы пасхального вечера, – Песах отличается тем, что третья субботняя трапеза отменяется во время него по разным причинам: одна, из-за мацы и марора (горькой зелени), которые человек должен вкушать с аппетитом, а другая из-за" квасного "в Песах, поскольку" квасного "хлеба не должно быть шесть часов и более, а приготовление стола без хлеба не считается" приготовлением "трапезы"».

124) «"И если скажешь, что вино" делает возможным проведение третьей трапезы, это так, "вина достаточно, ведь при этом человек оставляет голодным сердце и не портит желания к пище. Но во все свои дни я старался не отменять субботнюю трапезу", т.е. третью трапезу, "и даже в эти дни" субботы, "на которые приходился" праздник, – "ибо в этот день благословляется поле святых яблонь", Малхут, "и благословляются высшие и нижние. И этот день является связью Торы"».

125) «Сказал рабби Аба: "Так делал рабби Шимон, когда наступало время вкушения третьей субботней трапезы, – он накрывал на стол, а занимался действием мироздания (маасэ

меркава), говоря при этом: "Это трапеза Царя, который придет, чтобы вкушать у меня". И поэтому суббота во всем важнее, чем все времена и праздники, и называется она святостью, а не священным собранием"».

126) «Сказал рабби Йегуда: "Все праздники называются священными собраниями. Однако исключением" из этого "являются Начало года (рош а-шана) и День искупления (йом кипурим), в которых нет радости, поскольку они являются судами. Но эти три", Песах, Шавуот и Суккот, "призваны святостью для радости всех, чтобы во время них радоваться Творцу. Это смысл сказанного: "И радуйтесь пред Творцом Всесильным вашим"[160]. Сказано также: "И радуйся пред Творцом Всесильным твоим"[161] – в этот день субботы удаляется всё горе и весь гнев, и всё стеснение, из всего мира, потому что это день радости Царя, в который прибавляются души" к Исраэлю, "как в будущем мире"».

127) «Сказал рабби Ицхак рабби Йегуде: "Написано: "Помни день субботний, чтобы освящать его"[162]. И мы учили: помни его, (освящая) над вином". Спрашивает: "Почему "над вином"?" Сказал ему: "Потому что вино – это радость Торы", т.е. мохин свечения Хохмы, называемые вином,[163] которые светят в Зеир Анпине, называемом Торой. "И вино Торы", мохин Зеир Анпина, – "это радость всего. И это вино радует Царя", Зеир Анпина. "И это вино украшает Царя его венцами", т.е. мохин де-ГАР. "Это смысл сказанного: "Выйдите и посмотрите, дочери Циона, на царя Шломо в венце, которым украсила его мать"[164]. И мы учили, что во всем человек должен показать действие" внизу, чтобы пробудить соответственно ему корень наверху, "поскольку святость пребывает именно в вине. Как сказано: "Ибо ласки

---

[160] Тора, Дварим, 12:12. «И радуйтесь пред Творцом Всесильным вашим, вы, и сыновья ваши, и дочери ваши, и рабы ваши, и рабыни ваши, и левит, который во вратах ваших, ибо нет у него доли и удела с вами».

[161] Тора, Дварим, 16:11. «И радуйся пред Творцом Всесильным твоим, ты, и сын твой, и дочь твоя, и раб твой, и рабыня твоя, и левит, который во вратах твоих, и пришелец, и сирота, и вдова, которые в среде твоей, на месте, которое изберет Творец Всесильный твой, чтобы водворить там имя Свое».

[162] Тора, Шмот, 20:8. «Помни день субботний, чтобы освящать его».

[163] См. выше, п. 103.

[164] Писания, Песнь песней, 3:11. «Выйдите и посмотрите, дочери Циона, на царя Шломо в венце, которым украсила его мать в день свадьбы его и в день радости сердца его».

твои хороши от вина"[165], что означает – "они хороши, поскольку они – вино". И также: "Вспомним ласки твои от вина"[166]. И потому освящение субботы производится над вином. И мы это уже объясняли и учили"».

---

[165] Писания, Песнь песней, 1:2. «Пусть он целует меня поцелуями уст его, ибо ласки твои хороши от вина!»

[166] Писания, Песнь песней, 1:4. «Влеки меня, за тобой побежим! Привел меня царь в покои свои, – возликуем и возрадуемся с тобою, вспомним ласки твои, что лучше (досл. от) вина! Справедливо любят тебя!»

ГЛАВА ЭМОР

Две крови – кровь Песаха и кровь обрезания

128) «"В первый месяц, в четырнадцатый день месяца"[167]. Рабби Хия провозгласил: "Я сплю, но бодрствует сердце мое. Пробивается голос милого моего: "Отвори мне, сестра моя, подруга моя, голубка моя, чистая моя"[168]. Сказала Кнессет Исраэль: "Я сплю"[168] – в Египетском изгнании". Поскольку изгнание произошло вследствие власти левой линии над правой, и из-за судов левой линии уходят мохин Малхут, и это состояние сна (как выяснится далее). "И сыновья мои пребывали в тяжком рабстве, "но бодрствует сердце мое"[168] – чтобы оберегать их, дабы не погибли в изгнании. "Пробивается голос милого моего"[168] – это Творец, который сказал: "И вспомнил Я союз Мой"[169]».

129) «"Отвори мне"[168] означает – отвори Мне "вход с игольное острие, и Я открою тебе высшие врата. "Отвори мне, сестра моя"[168], – ибо вход, чтобы войти ко Мне, в тебе он. И сыновья Мои войдут ко Мне только через тебя. Если же ты не отворишь входа своего, то ведь закрыт Я, и не найдут Меня. Поэтому: "Отвори Мне"[168]. Именно, "Отвори Мне"[168]. И об этом сказал Давид, когда желал войти к Царю, сказал: "Откройте мне врата праведности, я войду в них и возблагодарю Творца. Это врата к Творцу"[170], эти врата праведности, т.е. Малхут, – "это вход, безусловно, чтобы войти к Царю. "Это врата к Творцу"[170], для того чтобы найти Его и слиться с Ним. И поэтому: "Отвори мне, сестра моя, подруга моя"[168], – чтобы быть соединенным с тобой и пребывать в совершенстве с тобой всегда"».

Объяснение. Зеир Анпин со своей стороны пребывает в свойстве хасадим, укрытых от Хохмы. А Малхут со стороны своей

---

[167] Тора, Ваикра, 23:5. «В первый месяц, в четырнадцатый день месяца, в сумерки, – Песах Творцу».

[168] Писания, Песнь песней, 5:2. «Я сплю, но бодрствует сердце мое. Пробивается голос милого моего: "Отвори мне, сестра моя, подруга моя, голубка моя, чистая моя, ибо голова моя росою полна, кудри мои – каплями ночными"».

[169] Тора, Шмот, 6:5. «И также услышал Я стенание сынов Исраэля, которых египтяне порабощают, и вспомнил Я союз Мой».

[170] Писания, Псалмы, 118:19-20. «Откройте мне врата праведности, я войду в них и возблагодарю Творца. Это врата к Творцу, праведники войдут в них».

сущности пребывает в Хохме без хасадим, ведь поэтому она называется ночью, – потому что Хохма не светит без хасадим. И потому совершенство наполнения для избавления Исраэля приходит лишь благодаря зивугу Зеир Анпина и Малхут, ибо тогда хасадим Зеир Анпина включаются в Хохму Малхут, и Исраэль получают совершенное наполнение от ГАР. Но когда они получают только от Малхут, свечение Хохмы является очень тонким, поскольку она находится в состоянии ночи, пока не облачена в хасадим, и они также не могут получать от одного лишь Зеир Анпина, ведь пока хасадим не включают Хохму, они в состоянии ВАК без рош, и нет в них постижения.

И это то, что Творец сказал Малхут: «Отвори Мне вход с игольное острие» – т.е. свечение Хохмы в тебе, которое тонко, как игольное острие из-за отсутствия в нем хасадим, «и Я открою тебе высшие врата», – что с помощью Моих хасадим, которые облачат твою Хохму, откроются тебе высшие врата, т.е. врата ГАР, и принесут избавление Исраэлю. И это смысл сказанного: «Ибо вход, чтобы войти ко Мне, в тебе он», – так как они смогут войти ко Мне, чтобы получить от Меня совершенное наполнение только лишь с помощью включения Моих хасадим в Хохму, что в тебе. «Если же ты не отворишь входа своего, то ведь закрыт Я, и не найдут Меня», – потому что если не соединишься со Мной в Хохме, имеющейся в тебе, то Мои хасадим в состоянии ВАК без рош будут недоступны постижению, и они не постигнут Меня, чтобы слиться со Мной. Это смысл сказанного: «"Это врата к Творцу"[170], для того чтобы найти Его и слиться с Ним», – т.е. в тот момент, когда она совершает зивуг с Зеир Анпином, она становится вратами для Него, чтобы нижние могли постичь Его и слиться с Ним благодаря свечению совершенного зивуга Хохмы и хасадим.

130) «"Смотри, в час, когда Творец производил уничтожение первенцев Египта", т.е. "всех тех, кого уничтожил в полночь, и низвел ступени, которые были наверху, вниз, – в этот час вступили Исраэль в союз знака святости, то есть совершили обрезание и соединились с Кнессет Исраэль, став едиными в ней. Тогда показали ту кровь на входе. И было две крови: одна – Песаха, а другая – обрезания. И была запечатлена на входе запись веры: одна – с этой стороны, другая – с этой, и одна – посередине между ними", т.е. три линии, правая, левая,

средняя. "И так сказано: "(И возьмут от крови его) и нанесут на оба косяка и на притолоку"¹⁷¹, – чтобы показать веру"».

Объяснение. Казнь первенцев и обрезание, они близки друг к другу, поскольку казнь первенцев наступила вследствие того, что средняя линия пробудила экран де-хирик, сокращающий ГАР левой линии. И тогда умерли все первенцы Египта, происходящие от этих ГАР. Ибо суды экрана де-хирик уменьшили эти ГАР, и это смысл сказанного: «И низвел ступени, которые были наверху, вниз» – т.е. уменьшил левую линию, оставив ее без ГАР, и опустил ее вниз в свойство ВАК. Таким образом, суды экрана де-хирик отменили суды левой линии. И так же действие обрезания, – это когда суды нуквы отменяют суды захара. Как уже объяснялось ранее.¹⁷² И потому совершили Исраэль пробуждение снизу в полночь, и обрезали себя с тем, чтобы средняя линия отменила с помощью судов нуквы, имеющихся в экране де-хирик, ГАР левой линии. И это смысл сказанного: «И было две крови: одна – Песаха, а другая – обрезания … одна – с этой стороны, другая – с этой, и одна – посередине между ними», – то есть пробудить действие средней линии, чтобы она уменьшила ГАР левой линии и соединила две линии друг с другом.¹⁷³ И в силу уменьшения левой линии были уничтожены первенцы Египта, а благодаря соединению двух линий вышли Исраэль из изгнания.

131) «"И "в четырнадцатый день месяца"¹⁶⁷ – мы ведь учили, что тогда устраняют квасное и закваску, и Исраэль уходят из-под чужой власти, и вырываются из нее, и соединяются посредством мацы святой связью. После того, как совершили обрезание, они вошли в нее", посредством мацы, как мы сказали, "пока", после получения Торы, "не сделали подворачивание (прия), и открылся их знак, и тогда дал им связь

---

¹⁷¹ Тора, Шмот, 12:5-7. «Ягненок без телесного порока, самец, не достигший года, да будет у вас, – из овец или из коз берите. И будет он храним вами до четырнадцатого дня этого месяца, и тогда пусть зарежет его все собрание общества Исраэля во второй половине дня. И возьмут от крови его, и нанесут на оба косяка и на притолоку в домах, в которых будут его есть».

¹⁷² См. Зоар, главу Ваера, п. 51, со слов: «Объяснение. "Праведник" и "праведность" – это Есод и Малхут…»

¹⁷³ См. Зоар, главу Лех леха, п. 22, со слов: «Экран де-хирик, на который выходит средняя линия, происходит от свойства суда, имеющегося в Малхут, которое не подслащается милосердием Бины и называется "манула"…»

в высшем месте посредством связи веры, в том месте, о котором сказано: "Вот Я посылаю вам хлеб с небес"[174]. Именно "с небес"[174] – т.е. от Зеир Анпина, называемого небесами. "И это уже объяснялось"».

Объяснение. Есть два состояния в Малхут. Первое состояние – до ее уменьшения, когда она пребывала в состоянии «два великих светила»[175], в котором она была большой, как Зеир Анпин, и оба они получали от Бины: Зеир Анпин – хасадим, а Малхут – Хохму. И ей не нужно было получать от Зеир Анпина. Второе состояние – после ее уменьшения, когда сказал ей Творец, то есть средняя линия с экраном де-хирик, который в ней: «Иди и уменьши себя», и тогда она опустилась под хазе Зеир Анпина, и она больше не способна получать Хохму, а все, что у нее есть, она получает от Зеир Анпина.[176] И наполнение первого состояния называется мацой или хлебом бедности. А наполнение второго состояния называется хлебом с небес или квасным (хамец). И есть преимущество и недостаток в первом состоянии, и также во втором состоянии. Преимущество первого состояния в том, что нет в ней уменьшения, и она может получать Хохму и получает от той же ступени, что и Зеир Анпин, – от Бины, и велика поэтому, как и он, так как они находятся на одной ступени под Биной. Но есть там и большой недостаток: поскольку она получает только от левой линии Бины, есть в ней Хохма без хасадим, а Хохма не может светить без облачения хасадим, и потому свечение ее сокращено и очень тонко, и поэтому называется наполнение, которое тогда нисходит от нее, мацой или хлебом бедности. И также во втором состоянии есть преимущество и недостаток. Преимущество в том, что тогда она получает (наполнение) от Зеир Анпина, в котором хасадим и Хохма соединены вместе посредством средней линии и светят очень широко. А недостаток в том, что над ней устанавливается сокращение из-за экрана, имеющегося в хазе Зеир Анпина, и она больше не способна получать свет от Бины, и

---

[174] Тора, Шмот, 16:4. «И Творец сказал Моше: "Вот Я посылаю вам хлеб с небес, и будет выходить народ, и собирать ежедневно, сколько нужно на день, чтобы Мне испытать его – будет ли он поступать по закону Моему или нет"».

[175] Тора, Берешит, 1:16. «И создал Всесильный два великих светила: светило большое для правления днем, и светило малое для правления ночью, и звезды».

[176] См. Зоар, главу Берешит, часть 1, статью «Два великих светила», пп. 111-117. «"И создал Всесильный (Элоким) два великих светила". "И создал" означает гадлут и установление всего, как подобает...»

всё, что в ней есть, получает от Зеир Анпина. И потому наполнение, исходящее от нее в этом состоянии, называется хлебом с небес, поскольку оно не ее собственное, а она получает его от Зеир Анпина, называемого небесами. И также в другом отношении называется квасным (хаме́ц) или закваской (сео́р). То есть, поскольку в этом наполнении есть возможность удержания клипот из-за уменьшения, пребывающего над ней в силу экрана хазе Зеир Анпина.

И это смысл сказанного: «Что тогда устраняют квасное и закваску», ибо тогда, в ночь Песаха, Малхут приносила хлеб из первого состояния, что в ней, то есть со ступени, которая была до ее уменьшения, и все клипот, которые удерживаются в состоянии ущерба луны, зовущиеся квасным и закваской, были устранены, так как было устранено их удержание. И потому вышли Исраэль из-под власти египтян, и это смысл сказанного: «Уходят из-под другой власти, и вырываются из нее, и соединяются посредством мацы святой связью» ибо были устранены все клипот и сила их порабощения, и они (Исраэль) соединились посредством наполнения, называемого мацой. А после того как они сделали обрезание и подворачивание, раскрылся знак, т.е. мохин второго состояния, приходящие после уменьшения Малхут, свечение которых широко и велико, и они больше не являются хлебом бедности, а приходят от Зеир Анпина, поскольку она больше не может получать от Бины, из-за того, что уменьшилась, как выяснилось выше. И это смысл сказанного: «И тогда дал им связь в высшем месте», т.е. в Зеир Анпине, «в том месте, о котором сказано: "Вот Я посылаю вам хлеб с небес"[174]. Именно "с небес"[174]» – т.е. от Зеир Анпина, называемого небесами, и это наполнение больше не считается наполнением Малхут, поскольку уже нет у нее ничего своего, а считается (наполнением) от имени Зеир Анпина.

ГЛАВА ЭМОР

Зивуг ночи Песаха

132) «"Смотри, "в четырнадцатый день"[167], ночью, "в час, когда зивуг луны", Малхут, "пребывает в совершенстве с солнцем", Зеир Анпином, "и нижние сфирот", принадлежащие клипот, "не настолько присутствуют в мире, ибо во время новолуния есть дурные виды, и они пробуждаются, чтобы распространиться по всему миру". Однако "в час, когда зивуг луны пребывает в совершенстве со светом солнца, собираются" все клипот "в одно место" и прячутся; "и пробуждаются святыни Царя. И тогда написано: "Ночь хранимых Творцу"[177], ибо присутствует святой зивуг, и это хранение во всем"».

133) «Рабби Аха сказал: "Поэтому исправление невесты", Малхут, "совершается в этот день", четырнадцатого числа, "а ночью" пятнадцатого числа "осуществляется заселение дома", т.е. зивуг ЗОН. "Горе тем, кто не относится к домочадцам", кто не слит с Малхут, "в час, когда Торы приходят совершать зивуг вместе", т.е. письменная Тора, Зеир Анпин, и устная Тора, Малхут. "Горе тем, кто неизвестен им. И поэтому Исраэль, пребывающие в святости, обустраивают для них", для ЗОН, "дом", т.е. зивуг, "весь этот день" четырнадцатого числа. "И благодаря им входят те, что входят", т.е. мохин, необходимые для зивуга ЗОН. "И они", т.е. ЗОН, "радуются и оба возносят песнь. Счастливы Исраэль в этом мире и в мире будущем"».

134) «Сказал рабби Йоси: "Почему мы должны так стараться. Это целый отрывок (в Торе), так как в эту ночь пробудился высший святой зивуг и пребывает. Это смысл сказанного: "Это та самая ночь Творцу хранимых"[177]. Что такое "хранимых"[177]?" – почему говорит во множественном числе. И отвечает, что это указывает на "двоих", и это "зивуг луны и солнца", Малхут и Зеир Анпина. "Для всех сынов Исраэля в поколения их"[177] – ибо отныне и далее объединились и связались" Исраэль "связью святого имени, и вышли из-под чужой власти. Поэтому четырнадцатого числа они исправляют себя и сжигают квасное, (устраняя его) из среды своей, и вступают во владение святости, и тогда увенчиваются жених и невеста", Зеир Анпин и Малхут, "украшениями высшей Имы", Бины, "и человек должен

---

[177] Тора, Шмот, 12:42. «Это ночь хранимых Творцу, чтобы вывести их из земли Египетской. Это та самая ночь Творцу хранимых для всех сынов Исраэля в поколения их».

показать, что он обрел свободу"», ибо мохин высшей Имы называются свободой.

Пояснение сказанного. Новолуние указывает на уменьшение луны, Малхут. И тогда в ней есть удержание клипот, как мы уже объясняли, и это смысл сказанного: «Ибо во время новолуния есть дурные виды»[178], и это продолжается до наступления большого зивуга, когда Малхут совершает зивуг паним бе-паним с солнцем, пока не перестает в ней проявляться любое уменьшение, на что указывает полная луна ночью пятнадцатого числа, в которой нет ущерба. И это означает: «В час, когда зивуг луны пребывает в совершенстве со светом солнца ... тогда написано: "Ночь хранимых Творцу"[177], ибо присутствует святой зивуг». И мы учили в этом, что есть зивуг Зеир Анпина и Малхут в пасхальную ночь, в полном совершенстве, до такой степени, что нет в ней уменьшения. И это происходит только в час, когда Малхут поднимается к высшей Име, а Зеир Анпин – к высшему Абе, чего не бывает во время всех остальных праздников, и даже днем. И он учит это из того, что Тора назвала ночь пятнадцатого нисана «ночь хранимых»[177]. Это указывает, что Малхут находится в полноте своей, как и луна ночью пятнадцатого числа. И она является хранением от всех клипот вследствие большого зивуга ЗОН в месте Абы ве-Имы.

Рабби Аха учит это так, что происходит большой зивуг ЗОН в пасхальную ночь потому, поскольку Тора заповедала устранение закваски и принесение жертвы Песаха четырнадцатого числа, и это не происходит ни в какой канун праздника. И поэтому отсюда следует, что это подготовка к зивугу, который (происходит) ночью. И это смысл сказанного: «Поэтому исправление невесты совершается в этот день»[179], – когда готовят и исправляют Малхут путем устранения закваски и совершения Песаха, потому что «а ночью осуществляется заселение дома» – т.е. зивуг ЗОН. И также говорит: «И поэтому Исраэль, пребывающие в святости, обустраивают для них дом весь этот день». И отсюда следует, что есть зивуг в ночь Песаха.

А рабби Йоси говорит: «Почему мы должны так стараться», чтобы изучить, что есть большой зивуг в ночь Песаха. «Это целый отрывок (в Торе), так как в эту ночь пробудился

---

[178] См. выше, п. 132.
[179] См. выше, п. 133.

высший святой зивуг и пребывает. Это смысл сказанного: "Это та самая ночь Творцу хранимых"[177]. Что такое "хранимых"[177]?» И учит это из того, что Писание называет «ночь хранимых»[177], во множественном числе, и это указывает на «двоих, зивуг луны и солнца», т.е. Зеир Анпина и Малхут. Это смысл сказанного: «И тогда увенчиваются жених и невеста украшениями высшей Имы», т.е. когда Малхут поднимается к высшей Име, а Зеир Анпин – к высшему Абе. И нет больше высшего зивуга, как этот, но только в ночь Песаха.

ГЛАВА ЭМОР

Четыре чаши

135) «Сказал рабби Йоси: "Эти четыре чаши этой ночи, зачем?" Сказал рабби Аба: "Ведь объяснили товарищи, что они соответствуют четырем избавлениям"», «и выведу, и спасу, и избавлю, и возьму»[180]. «"Но хорошо это" выяснено "в книге рабби Йесы Сава, где он сказал: "Поскольку святой зивуг находится в ту ночь во всех сторонах", как в Хохме, так и в хасадим, "и этот зивуг (совершается) в четырех видах связи, то есть на четырех ступенях, которые не отделяются друг от друга когда этот зивуг происходит", т.е. Хохма и Бина, и Тиферет и Малхут, "и мы пробуждаемся благодаря их радости", и выпиваем соответственно им четыре чаши, "так как удостоились их. Ибо тот, кто включен в это", т.е. в свечение этого зивуга, "удостаивается всех" четырех ступеней ХУБ ТУМ. "И потому отличается эта ночь от всех остальных ночей, и нужно делать" и соединять "имя во всем, и пребывать в радости в эту ночь, ведь она – радость наверху и внизу"».

136) «"И еще сказал, что эти четыре (ступени)", ХУБ ТУМ, "называют четырьмя избавлениями. И почему? Потому что эта последняя ступень", Малхут, "зовется избавителем", т.е. "ангелом-избавителем. И называется она избавителем лишь благодаря другой высшей ступени", т.е. Тиферет, "которая стоит над ней и светит ей. А эта", Тиферет, "несет ей свет только с помощью двух ступеней, что над ней", т.е. Хохмы и Бины, от которых Тиферет получает. "Таким образом, эти четыре", ХУБ ТУМ, – "это четыре избавления"», поскольку они связаны с Малхут, зовущейся избавителем.

---

[180] Вавилонский Талмуд, трактат Псахим, лист 99:2.

Восхваление в дни Песаха

137) «Рабби Йегуда спросил рабби Абу: "Ведь написано: "Семь дней закваска не должна находиться в домах ваших"[181]. И все семь дней – радость. Почему же не произносится полное восхваление (алель)[182] все семь дней" Песаха, "подобно Суккот, когда восемь дней произносят восхваление в совершенстве радости каждый день?"»

138) «Сказал ему: "Ты хорошо сказал. Но известно то, что здесь", в Песах, "Исраэль не соединились в таком совершенстве, как соединились потом. Поэтому в эту ночь", первую, "в которую происходит зивуг" ЗОН, "и пребывает всеобщая радость, и Исраэль соединились в этой радости, мы производим совершенство, и восхваление является полным. Но затем", в течение всех дней Песаха, "хотя все они присутствуют", т.е. все семь ступеней ХАГАТ НЕХИМ, которые светят в семь дней Песаха, "до сих пор еще не соединились с их помощью Исраэль, и не сделали еще подворачивания (прия),[183] чтобы в них раскрылся знак святости, и не получили Тору, и не взошли на те" ступени ХАГАТ НЕХИМ, "на которые взошли потом. И поэтому в Суккот пребывает совершенство всего, и радость всего" пребывает "в наибольшей мере, но здесь", в Песах, "они до сих пор еще не удостоились, и нет в них еще такого совершенства. И хотя есть все семь" дней, ХАГАТ НЕХИМ Зеир Анпина есть в семи днях Песаха, "они не в явном виде, и Исраэль еще не соединились с их помощью как подобает"», но лишь после получения Торы.

139) «"Поэтому всеобщая радость и совершенство восхваления наступают в эту ночь", первую ночь Песаха, "благодаря той части, в которой соединились Исраэль. И какова причина? Это потому, что в эту ночь происходит зивуг, и вся связь всех" раскрывшихся ступеней "происходит со стороны зивуга", т.е. со стороны пробуждения свыше, "а не со стороны Исраэля. И когда зивуг Зеир Анпина происходит в ней", в Малхут, "тогда

---

[181] Тора, Шмот, 12:19. «Семь дней закваска не должна находиться в домах ваших; ибо душа того, кто будет есть квасное, отторгнута будет от общества Исраэля, пришелец ли он или коренной житель страны той».

[182] Алель (הלל) – праздничное восхваление из текстов Псалмов с благословениями.

[183] См. выше, п. 131.

эти две ступени", Хохма и Бина, тоже "стоят над ней.[184] И когда они присутствуют, то всё тело", вся ступень Зеир Анпина, "пребывает с ними, и тогда это всеобщее совершенство и всеобщая радость, и восхваление становится полным. Ибо тогда увенчивается луна", т.е. Малхут, "всем. Но не после" первой ночи, "когда каждый день", из семи дней ХАГАТ НЕХИМ, "присутствует, а Исраэль еще не удостоились их, и потому восхваление не полное, как в другое время"».

---

[184] См. выше, п. 136.

ГЛАВА ЭМОР

Почему в Шавуот нет семи дней

140) «Сказал ему рабби Йегуда: "Это правильно, и это так, безусловно. И я это уже слышал раньше в таком виде, и забыл эти вещи. Теперь я хочу знать другое. Мы видим, что в Песах семь" дней, "и в Суккот семь" дней, "и совершенство радости" Суккот – "в другой день", в Шмини Ацерет.[185] "А в Шавуот почему нет семи дней? Ведь здесь полагается" быть семи дням "больше, чем во всех"». Объяснение. Потому что Шавуот – это время дарования Торы, которое важнее всего. И еще, потому что Песах – это правая линия, Суккот – левая линия, а Шавуот – средняя линия, включающая в себя две эти линии, и в таком случае, в нем эти семь дней должны быть более, чем в них.

141) «Провозгласил и сказал: "И кто подобен народу Твоему, Исраэлю, народу единому на земле"[186]. Спрашивает: "И в чем отличие, что здесь Исраэль называются едиными более, чем в другом месте?" И отвечает: "Но поскольку здесь он собирается разъяснить достоинство Исраэля, он называет их едиными. Ведь в любом месте достоинство Исраэля в их единстве. В чем причина? Это потому, что вся связь высших и нижних находится в том месте, которое называется Исраэль", т.е. Зеир Анпин, называемый Исраэлем, "так как он связан с тем, что наверху", от его хазе и выше, и это хасадим, "и связан с тем, что внизу", т.е. с НЕХИ, которые от его хазе и ниже, и оттуда передается Хохма, "и связан с Кнессет Исраэль", т.е. с Малхут, в которой (происходит) раскрытие этой Хохмы. "И поэтому", поскольку он связывает эти три места, "всё называется единым. И в этом месте познается вера", Малхут, "и совершенная связь", НЕХИ, "и высшее святое единство"», которое в ГАР.

142) «"И потому этот день", Шавуот, являющийся средней линией, который соответствует Зеир Анпину, называемому Исраэль, "является связью веры и связью всего", как мы уже сказали. "И написано: Древо жизни она для держащихся ее"[187],

---

[185] Шмини Ацерет – восьмой, завершающий день праздника Суккот.
[186] Пророки, Шмуэль 2, 7:23. «И кто подобен народу Твоему, Исраэлю, народу единому на земле, ради которого ходил Всесильный искупить его Себе в народ и сделать Себе имя, и совершить вам (деяния) великие и страшные в стране Твоей, (изгоняя) пред народом Твоим, который Ты избавил от Египта, народов и божеств его?!»
[187] Писания, Притчи, 3:18. «Древо жизни она для держащихся ее, и поддерживающие ее счастливы».

где Древо жизни, т.е. Зеир Анпин, – "это дерево, называемое единым. И поэтому, поскольку Исраэль" что внизу, "связываются" и держатся "в этом месте", в Древе жизни, Зеир Анпине, "поэтому называются" едиными. "Ибо Древо жизни называется единым, разумеется, потому что всё связано в нем", как мы уже сказали, "и день его", т.е. Шавуот, "является единым, безусловно, поскольку он – связь всего и центр всего"», так как является средней линией.

143) «"Это смысл сказанного: "И Древо жизни посреди сада"[188], потому что Зеир Анпин, называемый Древом жизни, "находится в самой середине, в центре, и включает в себя все стороны", т.е. правую линию и левую линию, "и он связан с ними. И поэтому Песах и Суккот, и он", Шавуот, "посередине между ними", так как Песах – правая линия, Суккот – левая, а Шавуот – средняя линия, "потому что является центром всего. И это означает, что в этот день происходит восхваление Торы", то есть время вручения Торы, "но не более", потому что Тора – это Зеир Анпин, являющийся средней линией, "и восхваление веры", Малхут, "и соединение всего"», т.е. ГАР, поскольку все они связываются в средней линии, как мы уже объясняли. «Сказал рабби Йегуда: "Благословен Милосердный, что спросил я и удостоился этих слов"».

144) «Сказал рабби Ицхак: "Радостью и воспеванием будут Исраэль восславлять Творца, подобно тому восхвалению, которое возносят Исраэль в ночь Песаха, когда Кнессет Исраэль", называемая ночью, "освящается в святыне Царя", – в большом зивуге, в месте Абы ве-Имы.[189] "Это смысл сказанного: "Песнь будет у вас, как в ночь освящения праздника"[190]. "Как в ночь освящения праздника"[190] – именно так", т.е. как и в том зивуге, что в ночь Песаха. "Благословен Творец вовеки, амен и амен!"»

---

[188] Тора, Берешит, 2:9. «И произрастил Творец Всесильный из земли всякое дерево, прелестное на вид и приятное на вкус, и Древо жизни посреди сада, и Древо познания добра и зла».

[189] См. выше, п. 134, в комментарии Сулам.

[190] Пророки, Йешаяу, 30:29. « Песнь будет у вас, как в ночь освящения праздника, и веселье сердца, как у идущего со свирелью, чтобы взойти на гору Творца, к Твердыне Исраэля».

ГЛАВА ЭМОР

Исчисление омера и праздник Шавуот

145) «"А в день первых плодов, когда приносите новое приношение хлебное Творцу"[191]. Рабби Шимон провозгласил: "Тогда возликуют деревья лесные пред Творцом, ибо пришел Он судить землю"[192]. Счастлива доля тех, кто занимается Торой днем и ночью, ибо знают они пути Творца и объединяются в имени Его. Горе тем, кто не занимается Торой, ибо нет у них доли в святом имени, и не соединяются они в нем ни в этом мире, ни в мире будущем. Тот, кто удостаивается" Торы "в этом мире, удостаивается" ее "в мире будущем. Ведь мы так учили: "Заставляет говорить уста спящих"[193], то есть, несмотря на то, что они в том мире, уста их произносят там Тору"», – из того, что они удостоились в этом мире.

146) «"Смотри, до сих пор", т.е. в Песах, "Исраэль совершили приношение урожая земли", т.е. омера. "Разумеется, урожая земли", т.е. свечения Малхут, называемой землей. "И занимались им, и связались этой связью. И, несмотря на то, что присутствует в нем суд, этот суд пребывает в нем в мире, и они совершили приношение ячменя, так как он является первым по отношению к остальному урожаю, и приношение совершают от первого, а не от того, что позже, потому что первая связь, в которой Исраэль соединились с Творцом, – здесь она. Сказал Творец: "Я даю вам манну в пустыне от места, называемого небеса", т.е. от Зеир Анпина, – "как написано: "Вот Я посылаю вам хлеб с небес"[194], – а вы совершаете предо Мной приношение ячменя"», т.е. свойства Малхут.

---

[191] Тора, Бемидбар, 28:26. «А в день первых плодов, когда приносите новое приношение хлебное Творцу в Шавуоты ваши, священное собрание да будет у вас; никакой работы не делайте».

[192] Писания, Диврей а-ямим 1, 16:33. «Тогда возликуют деревья лесные пред Творцом, ибо пришел Он судить землю».

[193] Писания, Песнь песней, 7:10. «А нёбо твое, – как доброе вино; оно направлено прямо к возлюбленному моему, заставляет говорить уста спящих».

[194] Тора, Шмот, 16:4. «И Творец сказал Моше: "Вот Я посылаю вам хлеб с небес, и будет выходить народ, и собирать ежедневно, сколько нужно на день, чтобы Мне испытать его – будет ли он поступать по закону Моему или нет"».

Пояснение сказанного. Хотя в ночь Песаха Малхут находилась в зивуге паним бе-паним с Зеир Анпином в полную его величину, всё же это происходило только благодаря пробуждению свыше, чтобы вывести Исраэль из Египта. И поэтому окончание их пребывания там было досрочным из опасения, что Исраэль приживутся в Египте. И потому эти мохин не могли воплотиться, а после ночи Песаха Малхут сразу же вернулась к своему малому состоянию (катнут), чтобы построить ее в пробуждении снизу с помощью Исраэля. И поскольку Малхут главным образом относится к свойству левой линии, первая заповедь приношения омера – приношение ячменя, так как ячмень – это свечение Малхут в свойстве левой линии, Хохма без хасадим, называемое едой животного, а животные происходят от левой линии. Однако это омер возношения, означающий, что это свечение возносят снизу вверх, а затем, посредством исчисления омера, притягивают к ней семь сфирот ХАГАТ НЕХИМ от Зеир Анпина, каждая из которых включает семь сфирот. И благодаря этому она достигает равной ступени для совершения зивуга паним бе-паним в пятидесятый день, являющийся праздником Шавуот. И тогда совершают второе приношение – пшеницы, называемое новым приношением, поскольку все сорок девять ее сфирот обновились благодаря Зеир Анпину.

И это смысл сказанного: «Разумеется, урожая земли», т.е. свечения Малхут, называемой землей. «И занимались им» – были заняты ее приношением и возношением, т.е. исправили так, чтобы это свечение, Хохмы без хасадим, светило лишь при возношении снизу вверх, «и связались этой связью», т.е. этим они связали Малхут первой связью с Зеир Анпином, свойством средней линии, исправляющей левую линию путем согласования с правой, чтобы светила она только снизу вверх.[195] И это смысл сказанного: «И, несмотря на то, что присутствует в нем суд, этот суд пребывает в нем в мире», т.е. находится в исправлении возношения, – вознести свечение снизу вверх, и это исправление согласования средней линии, с помощью чего устанавливает согласие между линиями, чтобы они включились друг в друга.[195] И потому считается вследствие этого, что суд уже находится в согласии с правой линией. И это смысл сказанного: «И они совершили приношение ячменя, так как он является первым по отношению к остальному урожаю, и

---

[195] См. Зоар, главу Берешит, часть 1, п. 50. «Разногласие, которое было исправлено согласно высшему подобию...»

приношение совершают от первого, а не от того, что позже», поскольку свечение левой линии является первым исправлением Малхут, ибо основа ее строения – от левой линии, как мы уже сказали. И это смысл сказанного: «Сказал Творец: "Я даю вам манну в пустыне от места, называемого небеса, – как написано: "Вот Я посылаю вам хлеб с небес"[194], – а вы совершаете предо Мной приношение ячменя"» – т.е. исправление Малхут приношением ячменя должно быть с нашей стороны, и тогда Творец даст «хлеб с небес»[194], т.е. свечение Зеир Анпина, являющееся свечением хасадим.

147) «"И скрытый смысл сказанного: "Вот учение о ревности (кнаот קְנָאֹת)"[196], без вав (ו), – это предупреждение женщинам мира, чтобы не совращались при мужьях своих. А если нет, ячменная мука готова для приношения, и из одного становится известно другое. Счастлива доля Исраэля, потому что Кнессет Исраэль никогда не изменяет святому Царю. И Кнессет Исраэль удивляется", и говорит: "(Разве может быть), чтобы жена совратилась при муже?!", и поэтому суд над женой", которая совратилась, "исходит от ее места. И что представляет собой ее место? Это та, о которой написано: "Жену добродетельную кто найдет, – выше жемчугов цена ее"[197]. И также: "Жена добродетельная – венец мужу своему!"[198]»

Объяснение. Святая Шхина – это Малхут, называемая добродетельной женой, она не изменяет святому Царю, т.е. не совратится, соединившись с другим божеством, притягивающим свечение Хохмы сверху вниз, но она была слита с Зеир Анпином, мужем своим, устанавливающим свечение Хохмы снизу вверх. Совратившаяся, что внизу, которая «совратилась при муже своем»[196], пробуждает наверху клипу, которая против Малхут, называемую женой прелюбодейной, и она отвратилась от Зеир Анпина и прилепилась к другому божеству, притягивающему свечение левой линии сверху вниз.

Это смысл сказанного: «"Вот учение о ревности (кнаот קְנָאֹת)"[196], без вав (ו)», поскольку указывает на Малхут,

---

[196] Тора, Бемидбар, 5:29. «Вот учение о ревности, когда женщина совратилась при муже и осквернилась».

[197] Писания, Притчи, 31:10. «Жену добродетельную кто найдет, – выше жемчугов цена ее».

[198] Писания, Притчи, 12:4. «Жена добродетельная – венец мужу своему, а позорная – как гниль в костях его».

называемую ревностью, и это «предупреждение женщинам мира, чтобы не совращались при мужьях своих», чтобы не пробуждали и не укрепляли своими действиями жену прелюбодейную наверху, притягивать свечение левой линии сверху вниз и портить исправление Зеир Анпина, мужа Малхут. «А если нет», а если будут совращаться при мужьях своих, «ячменная мука готова для приношения», т.е. свечение левой линии, как мы уже объясняли в предыдущем пункте. И если жена совратилась при муже своем, и прилепилась к жене прелюбодейной, то она притягивает это свечение ячменной муки, которое является свечением левой линии, сверху вниз, как это свойственно жене прелюбодейной, и тогда: «И распухнет чрево ее, и опадет бедро ее»[199]. И это смысл сказанного: «И из одного», – т.е. из свечения ячменной муки, «становится известно другое», – т.е. познается, прилепилась ли она к жене прелюбодейной или к жене добродетельной. Ибо, если она прилепилась к жене прелюбодейной, она притягивает свечение ячменной муки сверху вниз, и тогда лежат на ней все тяжкие суды, что в левой линии, «и распухнет чрево ее»[199]. А если она чиста и слита с женой добродетельной, тогда притягивает свечение ячменной муки снизу вверх, и тогда наоборот: «То невредима будет и оплодотворится семенем»[200]. И это смысл сказанного: «Кнессет Исраэль удивляется: "Чтобы жена совратилась при муже?!"» Иначе говоря, она удивляется ей и наказывает ее. «Поэтому суд над женой исходит от ее места. И что представляет собой ее место? Это та, о которой написано: "Жену добродетельную кто найдет"[197]». Поскольку совратившаяся прилепилась к жене прелюбодейной, которая против жены добродетельной, то этот изъян касается жены добродетельной, и поэтому она наказывает ее.

148) «"И эта ячменная мука, которую приносит эта жена, называется приношением ревности (кнао́т קְנָאֹת), без вав (ו), потому что Кнессет Исраэль", Малхут, "называется так", поскольку в ней находится это свечение ячменной муки, и поэтому она наказывает ее.[201] "И поэтому написано о Пинхасе:

---

[199] Тора, Бемидбар, 5:27. «И когда напоит он ее этой водою, то, если она осквернилась и поступила вероломно против мужа своего, то станет в ней эта вода, наводящая проклятие, горькою, и распухнет чрево ее, и опадет бедро ее, и будет эта жена проклятием среди народа ее».

[200] Тора, Бемидбар, 5:28. «Если же не осквернилась жена и чиста она, то невредима будет и оплодотворится семенем».

[201] См. выше, п. 147.

"За то, что возревновал он за Всесильного своего"²⁰², потому что ревность", т.е. Малхут, "была включена здесь, ибо тот, кто изменяет этому союзу, – ревность", Малхут, "пробуждается против него", чтобы наказать его. "И поэтому" сказано: "Ревнители нападают на него"²⁰³. Смотри, ячменная мука, этот омер, когда пришли к жерновам, с помощью которых перемалывают, – отделяют от нее десятую часть, просеянную через тринадцать сит"».

---

²⁰² Тора, Бемидбар, 25:13. «И будет ему и потомству его союзом вечного священнослужения за то, что возревновал он за Всесильного своего и искупил вину сыновей Исраэля».
²⁰³ См. Вавилонский Талмуд, трактат Санедрин, лист 81:2.

ГЛАВА ЭМОР

Праздник Шавуот

149) «"И это "семь полных недель"[204], ибо после того, как проходят эти семь недель, явится святой Царь, чтобы совершить зивуг с Кнессет Исраэль", так как с помощью этих сорока девяти сфирот Зеир Анпина выстраивается вся ее ступень,[205] "и вручается Тора. И тогда увенчивается Царь", Зеир Анпин, "полным единством и пребывает в единстве наверху и внизу. И когда пробуждается святой Царь, и наступает время Торы, все те деревья, которые принесли свои плоды, возносят песнь", потому что благодаря свечению этого зивуга они приносят свои плоды. "И что говорят в час, когда собирают (плоды)? Они провозглашают, говоря: "Творец в небесах утвердил престол Свой, и царство Его над всем властвует"[206], – т.е. престол, Малхут, строится и устанавливается в небесах, Зеир Анпине, в его сорока девяти сфирот, и тогда эта Малхут (царство) властвует над всем. "И также: "Творец, в небесах – милость (хесед) Твоя"[207] – т.е. от Зеир Анпина нисходят хасадим к Малхут. "И написано: "И все деревья полевые будут рукоплескать"[208]», т.е. свечения Малхут, называемой полем, «будут рукоплескать»[208]. И об этом зивуге начал рабби Шимон эту статью, с изречения: «Тогда возликуют все деревья лесные пред Творцом»[209].

150) «Еще провозгласил и сказал: "Псалом. Пойте Творцу новую песнь"[210]. Новой песнью называется" та песнь, которую деревья произносят во время сбора плодов, как говорилось в предыдущем пункте. "Поэтому" написано: "Когда приносите

---

[204] Тора, Ваикра, 23:15. «И отсчитайте себе от второго дня празднования, от дня приношения вами омера возношения, семь полных недель должно быть».

[205] См. выше, п. 146.

[206] Писания, Псалмы, 103:19. «Творец в небесах утвердил престол Свой, и царство Его над всем властвует».

[207] Писания, Псалмы, 36:6. «Творец, в небесах – милость Твоя, верность Твоя – до туч небесных».

[208] Пророки, Йешаяу, 55:12. «Ибо в радости выйдете и с миром водимы будете; горы и холмы разразятся пред вами песней, и все деревья полевые будут рукоплескать».

[209] Писания, Псалмы, 96:12-13. «Да возликуют поля и все, что на них, тогда возликуют все деревья лесные пред Творцом, ибо приходит Он судить землю, судить будет Он мир справедливостью и народы – истиной Своей».

[210] Писания, Псалмы, 98:1. «Псалом. Пойте Творцу новую песнь, ибо чудеса сотворил Он, помогла ему десница Его и рука Его святая».

новое приношение хлебное Творцу"[211]. Там", в приношении омера, – "приношение ревности (кнао́т קְנָאֹת)", т.е. ячменное приношение, "здесь – "новое приношение хлебное"[211], и называется "новое"[211], ибо здесь обновление невесты", так как Малхут строится заново от сфирот Зеир Анпина, "и это связь невесты наверху и внизу", т.е. от хазе Зеир Анпина и выше и от хазе и ниже, "связь веры, и поэтому совершенный Яаков", Зеир Анпин, "увенчался своими украшениями, и была дарована Тора"».

151) «"И когда первые плоды приносились к коэну, человек должен был произнести и истолковать эти слова относительно того самого дерева на земле, которое стало совершенным в подобии высшему", Зеир Анпину, "в двенадцати пределах", т.е. двенадцати диагональных границах, и это сфирот ХУГ ТУМ, в каждой из которых три линии, "и в семидесяти ветвях" семидесятидвухбуквенного имени, и это – семьдесят членов Синедриона и два свидетеля. "И когда Лаван-арамеец хотел уничтожить его, так как мир пострадал из-за него, и Творец спас мир, и он увенчался сыновьями его (Яакова)", т.е. душами Исраэля, "как мы объясняли, потому что от этого дерева", Зеир Анпина, "зависит вся связь веры", Малхут, "и поэтому называется" тогда Малхут "новым хлебным приношением. И какова причина? Это потому, что это радость высших и нижних, и радость луны", Малхут. "И в любое время обновление луны", Малхут, – "это связь веры" с Зеир Анпином "и ее радость"».

152) Это подобно «"царю, у которого были сыновья и одна дочь. Устроил он трапезу всем сыновьям. Дочери же нет за столом. Когда явилась она, обратилась к царю: "Господин мой! Всех братьев моих пригласил ты, и каждому дал известные порции, а мне ты не дал доли среди них". Ответил ей: "Послушай, дочь моя! Порцию свою ты получишь вдвойне, потому что каждый из них даст тебе от своей доли". Получается, что затем в руках ее будут доли, вдвое" большие, "чем у всех. Так Кнессет Исраэль от всех" ступеней "взяла части", как от свойства Хохмы, так и от свойства хасадим, "и поэтому называется невестой (кала כלה), ибо она состоит из всего (коль כל), как невеста, которой все дают одеяния и доли, и украшения. И так

---

[211] Тора, Бемидбар, 28:26. «А в день первых плодов, когда приносите новое приношение хлебное Творцу в Шавуоты ваши, священное собрание да будет у вас; никакой работы не делайте».

она, Кнессет Исраэль, – обновление ее на всех ступенях, и все дают ей доли и облачения"», т.е. мохин и облачения мохин.

153) «"Смотри, в час, когда святой Царь", Зеир Анпин, "пребывает в украшениях своих", в мохин де-ГАР, "это радость Кнессет Исраэль", так как она тоже пребывает в тех же мохин, "и когда была дана Тора, Кнессет Исраэль увенчалась высшими украшениями. И поскольку вся связь веры", т.е. Малхут, "установилась в этом дереве", Зеир Анпине, "оно называется одним днем. Как написано: "И будет день один – известен будет он Творцу"[212], потому что Кнессет Исраэль является одним днем в высшей связи"», т.е. в единстве Зеир Анпина, так как Зеир Анпин называется единым лишь тогда, когда он пребывает в единстве с Малхут.

154) «"Связь наверху", в Зеир Анпине, – это "рош (начало), т.е. гальгальта и мохин". Гальгальта – это Кетер, а мохин – ХАБАД. "Другая связь – две руки", Хесед и Гвура, "и тело (гуф)", Тиферет. "И" эти ХАГАТ "включают в себя от силы рош", т.е. исходят от ХАБАД, которые в рош. "И объяснял рав Амнуна, что в трех связях праотцев", т.е. ХАГАТ, "есть два столба", Нецах и Ход, "нисходящие благодаря елею помазания на двух ступенях", правой и левой, "в двух потоках", называемых небесами, "чтобы собрать семя" в них, т.е. наполнение ХАГАТ и ХАБАД, "и вывести их на другой ступени", т.е. в средней линии, "в устьице венца", в Есоде. "Дерево – это тело (гуф), которое посередине", т.е. Тиферет, "включающее все эти" ХАБАД ХАГАТ НЕХИ, "и все они связываются в нем, а оно в них, и поэтому всё едино. И когда соединяется с ним Царица", Малхут, "тогда это "един" в совершенстве. "И мы уже это объясняли"».[213]

155) «"Смотри, написано: "В день восьмой завершение будет у вас"[214]. Что такое "завершение (ацерет)"[214]?" И отвечает: "Но это место, в котором всё связывается воедино", т.е. Малхут, получающая от всех сфирот. "Ибо что означает "завершение (ацерет)"[214]? – Собрание. И если скажешь: то, что здесь называется Ацерет, какова причина?" И отвечает: "Но во все эти

---

[212] Пророки, Зехария, 14:7. «И будет день один – известен будет он Творцу: не день и не ночь. И при наступлении вечера будет свет».
[213] См. выше, п. 96.
[214] Тора, Бемидбар, 29:35. «В день восьмой завершение (ацерет) будет у вас, никакой работы не делайте».

дни" Суккот "были дни трапезы ветвей дерева", т.е. семидесяти правителей, исходящих от Зеир Анпина, от внешней его части. "И потому это семьдесят быков", которые приносятся в жертву в семь дней Суккот. "А затем", в Шмини Ацерет, "время радости дерева на самом деле", т.е. самого Зеир Анпина, "и для него это единый день завершения. И это радость Торы – радость дерева, и это гуф"», т.е. Зеир Анпин.

156) «"И поэтому есть доля в этом дне", Шмини Ацерет, "только у Творца и Кнессет Исраэль. Поэтому "завершение будет у вас"[214] – у вас, а не у другого. Ибо в час, когда пребывает Царь, всё есть в нем. И поэтому мы учили в Ацерет о плодах дерева", указывающего на Зеир Анпин, называемый деревом, и это его день. "И поэтому он называется единым, так как пребывает в зивуге с Малхут, – конечно, единым, как мы учили"».

157) «"Смотри, что написано: "От жилищ ваших принесите два хлеба возношения; из двух десятых частей эфы тонкой пшеничной муки должны они быть, квасными да будут они испечены"[215]. Какое изменение здесь", что приносят "квасное (хамец)?" И отвечает: "Но поскольку всё включено благодаря ему в дерево", Зеир Анпин, в момент пребывания его во всем совершенстве в праздник Шавуот, "так как в это дерево включены ветви, в дерево включены листья", т.е. "клипот, и многочисленные суды со всех сторон", которые он смягчает, "и все находится в нем. Ибо это дерево искупает злое начало, находящееся в месте своего пребывания в человеке"». И поэтому в этот день приносят квасное, указывающее на то, что хотя и включены в него клипот, все же они подслащаются, и нет боязни (их) включения.

158) «Сказал рабби Эльазар: "От этого дерева", Зеир Анпина, "питаются все остальные деревья внизу", т.е. ступени, которые в Малхут и в БЕА. "И оно произрастает у глубокой реки, исходящей и вытекающей, воды которой не прекращаются никогда", и это Бина. О нем написано: "И будет он как дерево, посаженное у воды и пускающее корни рядом с потоком

---

[215] Тора, Ваикра, 23:17. «От жилищ ваших принесите два хлеба возношения; из двух десятых частей эфы тонкой пшеничной муки должны они быть, квасными да будут они испечены, – первинки Творцу».

ее"²¹⁶. Поток – это Бина. "И поэтому называется Тора", Зеир Анпин: "Древо жизни она для держащихся ее"²¹⁷, – ибо жизнь исходит от Бины. "А что значит: "И поддерживающие ее счастливы (меуша́р מאושר)"²¹⁷, и это как сказано: "На счастье мне, ибо девушки превознесут мое счастье!"²¹⁸», что указывает на Бину, называемую «ашер (אשר)».²¹⁹

Раайа меэмана

159) «"И вознесет он омер пред Творцом"²²⁰. Эта заповедь – приношение на жертвенник омера. Это приношение находится в полном слиянии наверху и внизу, т.е. Царица и сыновья ее", Малхут и Исраэль внизу, "идут вместе". Другими словами, это приношение – для исправления Малхут наверху и Исраэля внизу. "Этот омер Исраэль приносят в чистоте своей, и это приношение – оно из ячменя, и оно приносится для того, чтобы внести любовь между женой и мужем ее"», так как это приношение исправляет свечение Хохмы в Малхут, чтобы светить снизу вверх. И это смысл сказанного: «И вознесет он омер»²²⁰, и благодаря этому Малхут связывается с исправлением Зеир Анпина, мужа ее.²²¹

160) «"Жена прелюбодейная", т.е. клипа, противостоящая жене добродетельной,²²¹ "удаляется сама из их среды", из Исраэля, "поскольку не способна устоять против"» приношения ячменя, так как оно пробуждает над ней суды, ибо

---

[216] Пророки, Йермияу, 17:7-8. «Благословен человек, который полагается на Творца, и будет Творец опорой его. И будет он как дерево, посаженное у воды и пускающее корни рядом с потоком ее; и не почувствует оно наступающего зноя, и лист его будет зеленеть, и не будет бояться в год засухи, и не перестанет приносить плод».

[217] Писания, Притчи, 3:18. «Древо жизни она для держащихся ее, и поддерживающие ее счастливы».

[218] Тора, Берешит, 30:13. «И сказала Лея: "На счастье мне, ибо девушки превознесут мое счастье!" И нарекла ему имя Ашер».

[219] См. Зоар, главу Берешит, часть 1, п. 6, со слов: «"Ашер (אשר)" – это "рош (ראש)", вышедшая из свойства "решит (ראשית)". "Ашер (אשר)" – это буквы слова "рош (ראש)" в обратном порядке...»

[220] Тора, Ваикра, 23:11. «И вознесет он омер пред Творцом для приобретения вам благоволения; во второй день празднования вознесет его коэн».

[221] См. выше, п. 147.

«распухнет чрево ее, и опадет бедро ее»[222].[221] «"Жена добродетельная", Малхут, "жертвует собой, чтобы приблизиться к главному коэну", Зеир Анпину, – т.е. принимает его исправление, чтобы светить снизу вверх. "Конечно, она чиста", и о ней сказано: "Невредима будет и оплодотворится семенем"[223],[221] и добавляет силы и любовь мужу своему", Зеир Анпину. "Жена прелюбодейная убегает от Святилища, чтобы не приближаться к нему, ибо если" жена прелюбодейная "приблизилась бы к ней (жене добродетельной) в то время, когда жена добродетельная проверяет себя водой для совратившейся,[222] она бы исчезла из мира"», так как пало бы на нее проклятье: «И распухнет чрево ее, и опадет бедро ее»[222], из-за того, что совратилась при муже своем, притягивая свечение левой линии сверху вниз. «"И поэтому она не желает приближаться к Святилищу и убегает от него. И остаются Исраэль чистыми, без посторонних примесей к свойству вера"», Малхут. Потому что посторонняя примесь, называемая женой прелюбодейной, уже убежала.

161) «"Смысл этой тайны – это две сестры", т.е. жена добродетельная и жена прелюбодейная. "И когда одна смазывает другую", уста другой, водой "для проверки себя", которая в чреве ее, "распухнет чрево, и опадет бедро"[222], жены прелюбодейной, хотя сама жена прелюбодейная не была проверена, а только приблизилась к жене добродетельной, которая была проверена, т.е. посредством приношения ячменя, падают на нее все проклятья, словно она выпила сама. "Ибо проверка жены добродетельной является ядом смерти для жены прелюбодейной. И это совет, который Творец дал сынам своим, – совершать это приношение" ячменя "ради жены добродетельной", что является проверкой, как и вода для совратившейся, как уже объяснялось, "чтобы бежала от нее жена прелюбодейная, и останутся Исраэль без посторонней примеси. Счастливы они в этом мире и в мире будущем"». (До сих пор Раайа меэмана)

---

[222] Тора, Бемидбар, 5:27. «И когда напоит он ее этой водою, то, если она осквернилась и поступила вероломно против мужа своего, то станет в ней эта вода, наводящая проклятие, горькою, и распухнет чрево ее, и опадет бедро ее, и будет эта жена проклятием среди народа ее».

[223] Тора, Бемидбар, 5:28. «Если же не осквернилась жена и чиста она, то невредима будет и оплодотворится семенем».

ГЛАВА ЭМОР

Исчисление омера

162) «Рабби Аба и рабби Хия находились в пути. Сказал рабби Хия: "Написано: "И отсчитайте себе от второго дня празднования, от дня приношения вами омера возношения"[224]. Что это значит?" Сказал ему: "Уже объясняли товарищи. Но смотри, Исраэль, когда находились в Египте, они были под чужой властью. И они были охвачены нечистотой, как та жена, сидящая в дни нечистоты своей. После того, как они совершили обрезание, они вошли в удел святости, называемый союзом (брит)", т.е. Малхут. "Когда они включились в нее, прекратилась их нечистота, как у жены, у которой прекратилась ее нечистая кровь. И после того, как прекратилась у нее" нечистая кровь, что написано: "То отсчитает себе семь дней"[225]. И так же здесь, когда вступили в удел святости", в союз, "прекратилась у них нечистота. И сказал Творец: "Отныне и далее – отсчет чистоты"».

163) «"И отсчитайте себе от второго дня празднования"[224]. "Себе"[224] – именно так, как сказано: "То отсчитает себе семь дней"[225], и себе означает – "самой себе, и также здесь себе" означает – "самим себе. И зачем это? Это для того, чтобы очистить высшей святой водой", т.е. свечением Бины, посредством отсчета омера, "а затем", в Шавуот, "они придут и соединятся с Царем", Зеир Анпином, "и получат Тору"».

164) Спрашивает: «"Там", о жене во время нечистоты, написано: "То отсчитает себе семь дней"[225]. Здесь – семь недель, почему" здесь нужны "семь недель?" И отвечает: "Это для того, чтобы удостоиться очиститься в водах той самой реки, которая исходит и вытекает", т.е. Бины, света которой "называются живой водой. И из этой реки проистекают семь недель"», т.е. семь сфирот ХАГАТ НЕХИМ, в каждой из которых тоже содержится семь сфирот ХАГАТ НЕХИМ, и это сорок девять сфирот, в свойстве «сорок девять врат Бины». «"И поэтому семь недель, разумеется", нужно отсчитать, "чтобы удостоиться его", Зеир

---

[224] Тора, Ваикра, 23:15. «И отсчитайте себе от второго дня празднования, от дня приношения вами омера возношения, семь полных недель должно быть».

[225] Тора, Ваикра, 15:28. «А когда очистится от истечения своего, то отсчитает себе семь дней, и затем будет чиста».

Анпина, в праздник Шавуот и получить Тору, "как жена в ночь очищения, чтобы вступить в связь с мужем своим"».

165) «"Так написано: "А когда выпадала роса на стан ночью"[226]. "На стан"[226] написано, и не написано: "А когда выпадала роса ночью", но "на стан"[226], и это потому, что" роса, наполнение, "нисходит из этой точки", т.е. Хохмы, "на эти дни", сорок девять дней, что в Бине, "называемые станом, и" Бина "соединяется" ими "со святым Царем", Зеир Анпином. "И когда выпадает эта роса? Это когда Исраэль приблизились к горе Синай", в Шавуот. "Тогда низошла эта роса в совершенстве и очистила" Исраэль, "и прекратилась у них нечистота", т.е. нечистота змея, привнесенная им в Хаву во время греха Древа познания, "и соединились с Царем и с Кнессет Исраэль, и получили Тору. И мы это уже объясняли. И в это время, разумеется, "все реки текут в море"[227], чтобы очиститься и омыться", – т.е. всё наполнение сфирот Зеир Анпина идет к Малхут, называемой морем, и Малхут достигает равной ступени паним бе-паним с Зеир Анпином, "и все связались и соединились со святым Царем"», Зеир Анпином, средней линией, и праздник Шавуот является его свойством, как мы уже объяснили.

166) «"Смотри, всякий человек, который не произвел этот отсчет, эти семь полных недель, чтобы удостоиться этой чистоты, не называется чистым, и не относится к чистоте, и не стоит того, чтобы был у него удел в Торе. А тот, кто приходит чистым к этому дню", Шавуот, "и этот отсчет не забывается им, когда наступает эта ночь", Шавуот, "он должен изучать Тору и соединиться с ней, и беречь высшую чистоту, приходящую к нему в эту ночь, и очистится"».

---

[226] Тора, Бемидбар, 11:9. «А когда выпадала роса на стан ночью, выпадал ман на него».
[227] Писания, Коэлет, 1:7. «Все реки текут в море, но море не переполняется; к месту, куда реки текут, туда вновь приходят они».

ГЛАВА ЭМОР

Ночь Шавуот

167) «"И мы учили, что Тора, которую надо изучать в эту ночь" Шавуот – "это устная Тора", Малхут, "чтобы очистились вместе", Малхут и Исраэль, сыны ее, "от истока глубокой реки", Бины. "А затем, в этот день", в Шавуот, "придет письменная Тора", Зеир Анпин, "и соединится с ней", с Малхут, "и будут они пребывать вместе, в едином зивуге, наверху, и тогда провозглашают о нем, говоря: "И Я, вот союз Мой с ними, – сказал Творец, – дух Мой, который на тебе, и слова Мои, которые вложил Я в уста твои, не отступят от уст твоих, и от уст потомков твоих"[228]».

168) «"И поэтому первые приверженцы (Торы) не спали в эту ночь и изучали Тору, и говорили: "Мы придем к обретению святого наследия для нас и для наших сыновей в двух мирах". И в эту ночь Кнессет Исраэль украшается над ними и приходит к слиянию (зивугу) с Царем, и оба они украшаются над головами тех, кто удостоился этого"».

169) «"Рабби Шимон так сказал в час, когда собирались у него товарищи в эту ночь: "Приступим к тому, чтобы исправить драгоценности невесты", т.е. привлечь мохин для Малхут, "дабы пребывала она завтра у Царя в своих драгоценностях", т.е. мохин, "и исправлениях, как подобает. Счастлив удел товарищей, когда Царь спросит у Царицы, кто исправил драгоценности ее, и озарил светом украшения ее, и произвел ее исправления. И нет у тебя в мире того, кто бы умел совершать исправления невесты, кроме товарищей. Счастлив их удел в этом мире и в мире будущем"».

170) «"Смотри, товарищи исправляют в эту ночь драгоценности невесты", Малхут, "и венчают ее украшениями Царя. А кто производит исправление Царя", Зеир Анпина, "в эту ночь, чтобы пребывал Он с невестой и соединился с Царицей", Малхут? Это "святая река, самая глубокая из всех рек, т.е. высшая Има", т.е. Бина, производящая исправления Зеир Анпина. "Это означает сказанное: "Выйдите и посмотрите, дочери Циона, на

---

[228] Пророки, Йешаяу, 59:21. «И Я, вот союз Мой с ними, – сказал Творец, – дух Мой, который на тебе, и слова Мои, которые вложил Я в уста твои, не отступят от уст твоих, и от уст потомков потомков твоих, – сказал Творец, – отныне и вовеки».

царя Шломо в венце, которым украсила его мать"²²⁹. И после того, как" Бина "произвела исправления Царя и увенчала Его, она приступает к очищению Царицы и тех, кто находится у нее"», – т.е. товарищей, занимающихся ее исправлениями.

171) Подобно «"Царю, у которого был единственный сын. Собрался Он женить его на высшей Царице. Что делала его мать всю эту ночь? Она входила в сокровищницы и вынесла высший венец, вокруг которого – семьдесят драгоценных камней, и увенчала его. Вынесла шелковые одеяния и нарядила его, и произвела в нем царские исправления"».

172) «"Затем вошла" мать его "в дом невесты и увидела служанок, поправляющих украшения и наряды, и драгоценности, чтобы исправить ее (невесту). Сказала им: "Ведь я установила место окунания там, откуда исходят воды, и все благоухания и ароматы находятся вокруг этих вод, чтобы очистить невесту мою. Придет невеста, Царица сына моего, и служанки ее, и очистят себя в этом месте, которое установила я, в месте омовения живой водой, что у меня". Затем она украсила ее драгоценностями, одела ее в наряды и увенчала ее украшениями. "Назавтра, когда явится сын мой, чтобы соединиться с Царицей, возведет Он чертог для всех, и будет вместе с вами пребывать в обители своей"».

173) «"Так святой Царь с Царицей", Малхут, "и товарищи подобны этому, и также высшая Има", Бина, "исправляющая всё. Получается, что высший Царь", Зеир Анпин, "и Царица, и товарищи, пребывают все вместе и не разлучаются никогда. Это смысл сказанного: "Творец, кто будет жить в шатре Твоем, кто обитать будет на горе святой Твоей? Ходящий в непорочности и действующий праведно"²³⁰ – это те, кто украшают царицу драгоценностями ее, одевают ее в наряды и венчают украшениями. И каждый из них называется действующим праведно"», потому что Малхут называется праведностью. «Сказал рабби Хия: "Если бы я в мире удостоился услышать только это, мне

---

²²⁹ Писания, Песнь песней, 3:11. «Выйдите и посмотрите, дочери Циона, на царя Шломо в венце, которым украсила его мать в день свадьбы его и в день радости сердца его».

²³⁰ Писания, Псалмы, 15:1-2. «Псалом Давида. Творец, кто будет жить в шатре Твоем? Кто обитать будет на горе святой Твоей? Ходящий в непорочности, и действующий праведно, и говорящий правду в сердце своем!»

было бы довольно. Счастлива доля этих занимающихся Торой, и знающих пути святого Царя, и желание их – в Торе, о них написано: "За то, что возлюбил он Меня, Я избавлю его"[231]. И написано: "Спасу его и прославлю его"[231]».

---

[231] Писания, Псалмы, 91:14-16. «За то, что возлюбил он Меня, Я избавлю его, укреплю его, ибо узнал он имя Мое. Он воззовет ко Мне, и Я отвечу ему, с ним Я в бедствии, спасу его и прославлю его. Долголетием насыщу его и дам ему увидеть спасение Мое».

ГЛАВА ЭМОР

Отсчет омера и праздник Шавуот
(Раайа меэмана)

174) «"И отсчитайте себе от второго дня празднования, от дня приношения вами омера вознощения, семь полных недель"[232]. Эта заповедь – отсчитывать омер, и мы уже объясняли, и это тайна того, что Исраэль, хотя и очистились для совершения Песаха и освободились от скверны, они еще не были совершенны и чисты, как подобает, и поэтому в Песах не произносится полное восхваление (алель), потому что до сих пор они еще не восполнились как подобает"».

175) Это подобно «"женщине, которая освободилась от нечистоты своей. И когда освободилась, после этого "отсчитает себе (семь дней)"[233]. И также здесь Исраэль, когда вышли из Египта, они освободились от нечистоты и сделали Песах, чтобы есть за столом Отца своего", т.е. в Малхут, называемой столом. "Оттуда и далее они должны производить отсчет, когда жена может приближаться к мужу своему, чтобы соединиться с ним. И это – пятьдесят дней очищения, необходимые для достижения будущего мира", т.е. Бины, у которой есть пятьдесят врат, "и получения Торы, и приближения жены к мужу ее"», т.е. соединения Зеир Анпина с Малхут.

176) «"И поскольку эти дни – это дни мира захара", Зеир Анпина, "это исчисление возлагается только на мужчин. И поэтому исчисление это совершается стоя, однако речения нижнего мира", Малхут, "произносятся сидя, а не стоя. И это смысл молитвы, произносимой стоя"», т.е. «Восемнадцать благословений», «"и молитвы, произносимой сидя"», от благословения «Создающий свет» и до «Восемнадцати благословений».

177) «"И эти пятьдесят" дней, "сорок девять" дней, – "это совокупность ликов Торы", ибо в Торе есть сорок девять ликов чистоты, "поскольку в пятидесятый день раскрывается сама Тора. И это пятьдесят дней, в которых шмита (седьмой год)

---

[232] Тора, Ваикра, 23:15. «И отсчитайте себе от второго дня празднования, от дня приношения вами омера вознощения, семь полных недель должно быть».

[233] Тора, Ваикра, 15:28. «А когда очистится от истечения своего, то отсчитает себе семь дней, и затем будет чиста».

и Йовель (пятидесятый год)", – семь раз шмита и один раз Йовель. "И если скажешь: "Откуда здесь пятьдесят? Ведь их сорок девять", поскольку пятидесятый день мы не считаем. И отвечает: "Один скрыт, и мир держится на нем. И в этот пятидесятый день", Шавуот, "раскрывается скрытое и укрывается в нем. Как царь, который пришел в дом друга и пребывает там. И так же здесь, таким является пятидесятый день, и мы уже объясняли эту тайну"».

Пояснение сказанного:

1. Зеир Анпин называется Торой, и корень его (исходит) от ГАР, т.е. от ХАБАД де-ИШСУТ, являющихся свойством Бины. Ибо он поднялся туда в виде средней линии, называемой Даат, и согласовал между собой две линии, Хохму и Бину де-ИШСУТ, и остался там. А затем нисходят эти три линии в виде «трое выходят благодаря одному, один находится в трех» из ГАР де-ИШСУТ к Зеир Анпину, который внизу.[234] А Тиферет, что от хазе и ниже, и эти НЕХИ де-ИШСУТ, считающиеся семью нижними сфирот (ЗАТ) де-ИШСУТ, облачаются в Зеир Анпин, и выводят в нем десять сфирот, где от НЕХИ де-ИШСУТ нисходят девять сфирот ХАБАД ХАГАТ НЕХИ Зеир Анпина, а от половины Тиферет, что от хазе и ниже де-ИШСУТ, нисходит Кетер Зеир Анпина. Таким образом, хотя сущность корня Зеир Анпина, она в ГАР де-ИШСУТ, в их свойстве Даат, вместе с тем нет у него доли от хазе и выше де-ИШСУТ, и это потому, что парса, которая в месте хазе де-ИШСУТ, создает разрыв между ними, по той причине, что суды в парсе возникают во время подъема Малхут туда, и они действуют от парсы и ниже, но вовсе не выше парсы, потому что суды и авиют не могут подняться выше своего местонахождения. И есть очень большая разница между тем, что выше парсы де-ИШСУТ, где вообще нет включения судов, и между тем, что ниже парсы де-ИШСУТ, где уже есть включение судов. И получается, что поскольку Зеир Анпин расположен ниже хазе де-ИШСУТ, есть в нем удерживание судов. И он не может получить от наполнения, которое выше парсы, чистого от любого суда, поскольку парса, которая в хазе де-ИШСУТ, сокращает Зеир Анпин так, чтобы он не мог получить от верхней половины парцуфа ИШСУТ. И знай, что свойство этой парсы де-ИШСУТ – это пятидесятые врата Бины, которых даже Моше не постиг. Потому что Моше – это свойство

---

[234] См. Зоар, главу Берешит, часть 1, п. 363. «Трое выходят благодаря одному, один находится в трех...»

Зеир Анпина, и Зеир Анпин тоже не постигает их, как уже было выяснено. И по этой причине можно сказать, что пятидесятые врата – это одна сфира, т.е. Тиферет де-ИШСУТ, ставшая Кетером Зеир Анпина, и там место парсы, в месте в хазе. И можно сказать, что эта половина до хазе, т.е. свойство йуд-хэй (י״ה) де-ИШСУТ, которое выше парсы, является полным парцуфом, т.е. ХАБАД и ХУГ, и половина Тиферет, поскольку в то время, когда отменятся суды парсы и раскроются пятидесятые врата, тогда у Зеир Анпина будет включение во всю верхнюю половину парцуфа ИШСУТ. И поэтому вся верхняя половина парцуфа ИШСУТ считается пятидесятыми вратами.

2. И это смысл сказанного: «И эти пятьдесят, сорок девять – это совокупность ликов Торы, поскольку в пятидесятый день раскрывается сама Тора». Ибо от хазе и выше де-ИШСУТ считается их свойством ГАР и йуд-хэй (י״ה), а от их хазе и ниже считается свойством ЗАТ де-ИШСУТ и вав-хэй (ו״ה). И поскольку Зеир Анпин облачает только от хазе и ниже де-ИШСУТ, у него есть только свойство ЗАТ, ХАГАТ НЕХИ де-ИШСУТ, и ему недостает их свойства ГАР, и поэтому у него есть включение клипот по правилу «одно против другого»[235], в силу парсы де-ИШСУТ, что над ним, как мы уже объясняли. И это означает, что есть в Торе, т.е. Зеир Анпине, сорок девять ликов чистоты и сорок девять ликов нечистоты, т.е. «одно против другого»[235]. И это смысл сказанного: «Сорок девять дней – это совокупностью ликов Торы», то есть, что в противоположность им имеется сорок девять ликов клипот. Однако пятидесятые врата, т.е. вся Тиферет де-ИШСУТ, или вся половина парцуфа от их хазе и выше, – там сущность Торы, против которой нет никакой клипы, как мы уже говорили. И это смысл сказанного: «Поскольку в пятидесятый день раскрывается сама Тора», так как нет в ней включения судов и клипот, и там сущность корня Зеир Анпина, называемого Торой, ибо он находится там в свойстве Даат де-ИШСУТ, как мы уже сказали. И это смысл сказанного: «И это пятьдесят дней, в которых шмита (седьмой год) и Йовель (пятидесятый год)», так как ЗАТ де-ИШСУТ, что от хазе и ниже, это шмита, из-за подъема Малхут в место парсы де-ИШСУТ, что от хазе и ниже. И поэтому не считается там свойство самой Бины, называемой Йовель, и потому это семь шмитот, т.е. сорок

---

[235] Писания, Коэлет, 7:14. «В день благоволения – радуйся, а в день бедствия – узри, ибо одно против другого создал Всесильный с тем, чтобы ничего не искать человеку после Него».

девять дней. И только пятидесятые врата, которые выше парсы, – там свойство Йовель, т.е. пятидесятый год.

3. И это смысл сказанного: «И если скажешь: "Откуда здесь пятьдесят? Ведь их сорок девять"». Ибо в таком случае нам следовало отсчитывать пятьдесят дней, а не только сорок девять. И отвечает: «Один скрыт», потому что пятидесятые врата скрыты, и нельзя постигнуть их из-за Малхут, которая поднялась в парсу, и Зеир Анпин не может получить от Тиферет де-ИШСУТ, что от хазе и выше, как мы сказали. «И мир держится на нем», т.е. невозможно, чтобы он раскрылся окончательно, из-за того, что Малхут, называемая миром, вошла там в парсу, так как получает, благодаря ее подъему туда, подслащение от Бины, меры милосердия. Ибо Тиферет – это Бина свойства гуф, и без этого мир не смог бы существовать. «И в этот пятидесятый день раскрывается скрытое и укрывается в нем», т.е. скрытое, и это пятидесятые врата, раскрывается с одной стороны, а с другой стороны считается, что всё еще укрывается там, потому что не может раскрыться полностью до окончательного исправления, и тогда, когда будет исправлена Малхут первого сокращения и сможет получить высший свет, не будет больше необходимости подслащения Малхут Биной в месте парсы, и парса, скрывающая пятидесятые врата, будет полностью отменена. И тогда будет полное постижение у каждого в пятидесятых вратах. Однако до этого они раскрываются только путем подъема ступеней. И также в этом имеется два состояния. Первое состояние – в дни Шломо, когда ЗОН будут постоянно находиться в месте высших Абы ве-Имы. А второе состояние – во всех остальных поколениях, когда ЗОН находятся только в месте от хазе и ниже де-ИШСУТ, в качестве постоянного местонахождения.

4. И тебе здесь следует знать, что хотя и происходят подъемы ступеней в субботние дни, в праздники и во время молитвы, всё же состояние парцуфов в качестве постоянного местонахождения нисколько не изменяется (как это всё подробно рассмотрено в «Бейт шаар а-каванот).[236] А здесь я приведу вкратце, то, что касается нашего объяснения. Зеир Анпин в постоянном своем месте облачает от хазе и ниже де-ИШСУТ, как уже говорилось, и поэтому у Зеир Анпина на постоянном его месте есть только ВАК без рош, т.е. ЗАТ без ГАР. Но относительно

---

[236] См. «Бейт шаар а-каванот», начиная с п. 146 и до конца книги, а также сборник чертежей для пояснения (сефер а-илан).

подъема ступеней Зеир Анпин может подняться до рош Арих Анпина, т.е. на три ступени выше себя. Но всё же и тогда он остается облачающим от хазе и ниже де-ИШСУТ, как и на своем постоянном месте, потому что парцуфы, находящиеся выше него, поднялись на три ступени, как и Зеир Анпин. То есть, в то время, когда Зеир Анпин поднялся в место ИШСУТ от их хазе и выше, ИШСУТ прежде поднялись в Абу ве-Иму, а Аба ве-Има в Арих Анпин, и так далее таким же путем. И получается, что хотя Зеир Анпин и поднялся в ИШСУТ, он облачает их только от хазе и ниже, потому что в их свойстве от хазе и выше они поднялись в Абу ве-Иму. И так же на второй ступени, когда Зеир Анпин поднимается в высшие Абу ве-Иму, обязательно до этого ИШСУТ должны были подняться на вторую ступень, т.е. в Арих Анпин, а Аба ве-Има – в Атик. И так, хотя Зеир Анпин и поднимается в место Абы ве-Имы, он облачает только от хазе и ниже де-ИШСУТ, так как от хазе и выше де-ИШСУТ они уже в месте Арих Анпина. И также на третьей ступени, когда Зеир Анпин поднимается в Арих Анпин, он облачает только от хазе и ниже де-ИШСУТ, ибо обязательно от хазе и выше де-ИШСУТ уже поднялись в место Атика. А Аба ве-Има – в место таамим де-САГ де-АК. И мы видим, что хотя Зеир Анпин поднялся в рош Арих Анпина, он все еще облачает от хазе и ниже де-ИШСУТ, как и на своем постоянном месте.

5. А в день Шавуот Зеир Анпин поднимается до места рош Арих Анпина, и тогда поднимаются до этого ИШСУТ в место Атика, а Аба ве-Има – в место таамим де-САГ де-АК. Поскольку некудот де-САГ облачены в Атик. И тогда в ИШСУТ различаются два состояния:

Первое – они тоже поднялись в САГ де-АК вместе с (парцуфом) Аба ве-Има, так как во время зивуга Аба ве-Има и ИШСУТ находятся на одной ступени.

Второе – когда они находятся в месте самого Атика, так как там находится их третья ступень.

И различие между ними очень велико. Ибо в первом состоянии, когда ИШСУТ включаются в Абу ве-Иму, находятся и ИШСУТ в свойстве таамим де-САГ де-АК, где вообще нет парсы, так как парса начинается в некудот де-САГ де-АК, и поэтому ИШСУТ находятся уже в состоянии отмены парсы, являющимся раскрытием пятидесятых врат, как в окончательном исправлении, поскольку нижний, поднимающийся к высшему, становится как он. А во втором состоянии, когда ИШСУТ находится только в месте Атика, парса всё еще властвует в нем, и пятидесятые врата все еще укрыты, и Зеир Анпин не может получать от хазе и выше де-ИШСУТ.

6. И это смысл сказанного: «И в этот пятидесятый день раскрывается скрытое и укрывается в нем». Ведь с одной стороны, раскрылись пятидесятые врата, т.е. пятидесятый день, ибо тогда, в Шавуот, поднимается Зеир Анпин в Арих Анпин, а Аба ве-Има, включающие ИШСУТ, поднялись в таамим де-САГ де-АК, где нет парсы, и они равнозначны отмене парсы, как и в окончательном исправлении. И Зеир Анпин может получать от выше хазе де-ИШСУТ свойство йуд-хэй (י"ה) в нем. Поскольку там нет различия между ниже парсы и выше парсы, так как парса там не разделяет. Таким образом, в пятидесятый день, в Шавуот, раскрываются пятидесятые врата. Однако с другой стороны, т.е. согласно порядку подъема, считается, что ИШСУТ находятся только в месте Атика, поскольку там находится их третья ступень, и там властвует парса, а пятидесятые врата вовсе не раскрываются, но всё еще укрыты, и поэтому считается, что это свечение соединения Абы ве-Имы и ИШСУТ, раскрывающих пятидесятые врата, достигает только лишь Кетера Зеир Анпина, т.е. половины Тиферет ИШСУТ от их хазе и ниже, являющейся их Кетером. Ведь будучи частью сфирот ИШСУТ, он получает от совокупности ИШСУТ, что в Абе ве-Име. Однако НЕХИ де-ИШСУТ, облачающиеся в Зеир Анпин и смешивающиеся с келим Зеир Анпина, не могут получить от свечения раскрытия пятидесятых врат, потому что ИШСУТ сам по себе считается находящимся в месте Атика, как мы уже сказали.

И это смысл сказанного: «Как царь, который пришел в дом друга и пребывает там». Ибо этот подъем ИШСУТ в место САГ де-АК не является окончательным подъемом, а подобно царю, зашедшему на краткое время навестить своего друга и находящемуся там. Также и ИШСУТ приходят на время зивуга, чтобы включиться в Абу ве-Иму, однако в конце концов они должны вернуться в место Атика. И поэтому открытие пятидесятых врат не раскрывает всю половину парцуфа ИШСУТ от хазе и выше, но только его Тиферет, т.е. Кетер Зеир Анпина, получает это раскрытие, а не семь нижних сфирот (ЗАТ), называемых НЕХИ де-ИШСУТ, поскольку они облачены в келим Зеир Анпина и смешаны с ним, как мы уже объясняли.

7. И это происходит во всех поколениях, кроме поколения Шломо, когда Малхут находилась во всей своей полноте на постоянном месте, ведь Зеир Анпин и Малхут установились тогда, чтобы облачить от хазе и ниже Абу ве-Иму на их постоянном месте, вследствие того, что ИШСУТ и Аба ве-Има стали на постоянном месте одним парцуфом. Таким образом, в тот момент, когда Зеир Анпин поднялся в Арих Анпин, поднялся ИШСУТ с Абой ве-Имой в таамим де-САГ, так что не было тогда никакого различия между ИШСУТ и Абой ве-Имой, и поэтому раскрылись пятидесятые врата в большем совершенстве. И также йуд-хэй (י"ה), которые от хазе и выше де-ИШСУТ, раскрылись своим семи нижним сфирот (ЗАТ), облаченным в Зеир Анпин. И это то, что он говорит далее: «Когда явился Шломо, он сделал их разделенными как написано: "Семь дней и семь дней – четырнадцать дней"[237]»[238], – то есть, чтобы пятидесятые врата светили в совершенстве дважды по семь дней, и это семь свойств йуд-хэй (י"ה), как уже объяснялось,[239] и семь свойств вав-хэй (ו"ה), которые ниже хазе. «Ибо никто другой не должен разделять их, кроме Шломо, так как те семь дней, которые находятся внизу, не светят в совершенстве, пока не явился Шломо»[240], так как семь свойств йуд-хэй (י"ה) не светят ниже хазе де-ИШСУТ, в месте вав-хэй (ו"ה), и поэтому здесь имеется всего лишь семь дней. Но вместе с тем даже в дни Шломо не считается, что они в окончательном совершенстве, ведь все еще необходимы подъемы ступеней. И истинное полное раскрытие пятидесятых врат будет в конце исправления, как мы уже сказали.

178) «"Заповедь, идущая после этой, – сделать праздник Шавуот. Как написано: "И сделай праздник Шавуот Творцу Всесильному твоему"[241]. И" он называется "Шавуот, потому что Исраэль вошли в свойство "пятьдесят дней", представляющих собой семь недель". Иначе говоря, сам пятидесятый день

---

[237] Пророки, Мелахим 1, 8:65. «И устроил Шломо в то время праздник, и с ним весь Исраэль – большое собрание, от входа в Хамат до реки Египетской, – пред Творцом Всесильным нашим: семь дней и семь дней – четырнадцать дней».

[238] См. ниже, п. 180.

[239] См. выше, п. 68.

[240] См. ниже, п. 181.

[241] Тора, Дварим, 16:10. «И сделай праздник Шавуот Творцу Всесильному твоему, добровольный дар твой, который ты дашь, когда благословит тебя Творец Всесильный твой».

состоит из семи недель, так как пятидесятый день – это пятидесятые врата, т.е. йуд-хэй (י״ה) де-ИШСУТ, как уже объяснялось в предыдущем пункте, и есть в них (в этих вратах) семь сфирот: Хохма, и Бина, правая сторона Даат, левая сторона Даат, Хесед, Гвура, и треть Тиферет до хазе вместе с Малхут, что в месте хазе.[239] "И благодаря приношению омера", т.е. ячменному приношению, "устраняется злое начало", жена прелюбодейная, "убегающая от жены добродетельной,[242] и когда" жена прелюбодейная "не приближается там" к жене добродетельной, "Исраэль прилепляются к Творцу" в свойстве семи недель, "и устраняется" злое начало "сверху и снизу"», поскольку не может удерживаться в Зеир Анпине и Малхут.

179) «"И поэтому называется так, по имени Ацерет (завершение), так как в этот день происходит устранение злого начала, и поэтому не указана в этот день грехоочистительная жертва, как в остальные праздники"», т.е. здесь не указано: «Одного козла в грехоочистительную жертву»[243], поскольку в грехоочистительной жертве есть доля для внешних,[244] а здесь они уже устранились, и нет необходимости давать им эту долю, "и тогда собираются все света в жене добродетельной"», в свойстве Малхут, т.е. света семи недель, и поэтому называется этот день Ацерет (завершением).

---

[242] См. выше, пп. 160-161.
[243] Тора, Бемидбар, 15:24. «Если по недосмотру общества совершилось это по ошибке, то принесет всё общество одного молодого быка во всесожжение, в благоухание, приятное Творцу, и хлебное приношение при нем и возлияние при нем по установлению, и одного козла в грехоочистительную жертву».
[244] См. Зоар, главу Цав, п. 41. «"Грех, за который приносится зависимая повинная жертва"...»

ГЛАВА ЭМОР

Праздник Шавуот

180) «"И сделай праздник Шавуот Творцу Всесильному твоему"[241]. Написано: "Праздник Шавуот (досл. недель)"[241], но не написано, сколько это" недель. И отвечает: "Но в любом месте, где сказано просто", Шавуот, "название указывает, что они из семи" недель, "потому что написано: "Семь недель отсчитай себе"[245]. А почему пишется просто Шавуот (недель)", если есть в них семь недель? "То есть, что необходимо" писать "просто Шавуот для того, чтобы включить" семь недель, "имеющиеся наверху, и" семь недель "внизу". И все они включены в пятидесятый день, "ибо в любом месте, где пробуждаются эти" семь высших недель, "также и эти" семь нижних "пробуждаются вместе с ними. Но пока не явился Шломо", и не постиг пятидесятых врат, и луна не установилась в своей полноте, "они не были раскрыты", т.е. еще не разделились эти сдвоенные семь недель, включенные в пятидесятые врата, а назывались просто Шавуот (недели). "Когда явился Шломо, он сделал их разделенными, как написано: "Семь дней и семь дней – четырнадцать дней"[237], – это разделение"». Иными словами, разделились эти четырнадцать дней, раскрывающиеся в пятидесятых вратах, как мы уже сказали.

181) «"В остальные времена", кроме времени Шломо, – это не четырнадцать дней в разделении, но "они относятся к просто неделям, ибо никто другой не должен разделять их, кроме Шломо, так как те семь дней, что внизу, не светят в совершенстве" от семи высших дней, "пока не явился Шломо, и тогда луна пребывала в полноте своей в эти семь дней. Но здесь это просто праздник Шавуот (недель)", поскольку он не разделяет их, "так как включились нижние" семь дней "в высшие" семь дней, "и не светят" там, "как в дни Шломо"». И выяснение этих вещей уже было приведено в обозрении Сулам здесь, в седьмом пункте. Смотри там.[246]

182) «"Заповедь, которая после этой, – приношение двух хлебов. И мы ведь объясняли, что два хлеба – это две Шхины, верхняя", Бина, "и нижняя", Малхут, "и они соединяются вместе". И нижние, получающие от Малхут, они словно получают от

---

[245] Тора, Дварим, 16:9. «Семь недель отсчитай себе, – со времени, когда заносят серп на колосья, начинай считать семь недель».
[246] См. п.177, пояснение 7.

Бины, поскольку соединены они. "И им соответствуют два субботних хлеба"», т.е. «хлеб вдвойне»[247], «"и это двойная пища, сверху и снизу", от Бины и от Малхут. "И поэтому написано: "Два омера на каждого (досл. на одного)"[247], что тоже указывает на Бину и Малхут, "на одного"[247], разумеется", поскольку соединяются в одном месте, в том, что называется единым. И кто он? Это "голос – голос Яакова"[248], т.е. Зеир Анпин, "который наследует наверху и внизу", Бину и Малхут, т.е. "два хлеба вместе. И это потому, что суббота – это то, что наверху и внизу", вместе, когда Малхут поднимается и облачает Бину, и они соединены вместе, и всё" вместе "называется субботой", т.е. "два хлеба"».

183) «"Заповедь, следующая после этой, – правильно сочетать хлеб и левону для приношения омера. Как сказано: "И принесите в день вознесения вами омера годовалого ягненка в жертву всесожжения (Творцу, и с ним – хлебный дар: две десятых эфы тонкой пшеничной муки, смешанной с елеем)"[249]. И так же в Шавуот надо приносить два хлеба. И так – во все праздники совершать дополнительное приношение. Ведь в каждый из обычных дней праздника необходимо совершать его приношение", т.е. (приношение) каждого дня, как и в будни, "и также совершать дополнительное приношение, относящееся к нему", то есть дополнительный свет, который есть в этом празднике. "Это подобно дополнению к брачному договору (ктуба) и дарам, которые жених дает невесте. Так Царица-суббота", т.е. Малхут, "которая становится невестой в субботы и во все праздники, – она нуждается в дополнении, и это дополнительные приношения, и дары, т.е. дары коэнам"».

184) «"А в Шавуот, который является дарованием Торы, когда были вручены две скрижали Торы", т.е. свойства Бины и Малхут, "со стороны Древа жизни", Зеир Анпина, "нужно совершать при них приношение двух хлебов, и это хэй (ה) хэй

---

[247] Тора, Шмот, 16:22. «И было, в шестой день собрали они хлеб вдвойне, – два омера на каждого. И пришли все главы общины, и сообщили Моше».

[248] Тора, Берешит, 27:22. «И подошел Яаков к Ицхаку, отцу своему, и тот дотронулся до него и сказал: "Голос – голос Яакова, а руки – руки Эсава"».

[249] Тора, Ваикра, 23:12-13. «И принесите в день вознесения вами омера годовалого ягненка в жертву всесожжения Творцу, и с ним – хлебный дар: две десятых эфы тонкой пшеничной муки, смешанной с елеем, в огнепалимую жертву Творцу, благоухание приятное, и возлияние вина к нему, четверть ина».

(ה)", т.е. Бина и Малхут, две хэй (ה) имени АВАЯ (הויה), "так как они – хлеб Торы", т.е. Зеир Анпина, "о которой сказано: "Идите, ешьте хлеб мой"²⁵⁰, и это хэй (ה) хэй (ה) из благословения: "Извлекающий (а-моци המוציא) хлеб из земли (а-арец הארץ)"». Ибо «земля (а-арец הארץ)» – это нижняя хэй (ה), Малхут, а хэй (ה) слова «извлекающий (а-моци המוציא)» – это первая хэй (ה), Бина.

185) «"И это", т.е. эти два хлеба, "является пищей человека, и это йуд (יו״ד) хэй (ה״א) вав (וא״ו) хэй (ה״א)", в гематрии Адам (אָדָם 45), т.е. Зеир Анпин, включающий в себя две эти хэй (ה). И это смысл сказанного: "Вот учение (тора): человек (адам)"²⁵¹ указывает на то, что Тора, т.е. Зеир Анпин, – это АВАЯ де-МА, которое в гематрии Адам (אָדָם 45). "Человек, который будет приносить от вас жертву Творцу"²⁵², – это пища человека, как мы уже сказали. Однако "ячменный омер – это пища животного, и это священные животные, которых нужно приносить в жертву, и это смысл сказанного: "От скота"²⁵² – и это бараны, бодающиеся" друг с другом, "в Мишне, в толкованиях Торы". Иначе говоря, мудрецы, воюющие друг с другом при выяснении Мишны. "От крупного"²⁵² – и это "быки, бодающиеся друг с другом с большей силой, в Мишне. "И от мелкого"²⁵² – это остальная часть народа, и их приношением является молитва. И о них сказано: "И вы, овцы Мои, овцы паствы Моей, вы – человек"²⁵³», где «овцы паствы Моей»²⁵³ – это изучающие Тору лишь в простом ее толковании. «Вы – человек (адам)»²⁵³ – это владеющие каббалой, слитые с Зеир Анпином, т.е. АВАЯ с наполнением МА, которое в гематрии Адам (אָדָם 45).

186) «"И владеющие каббалой и обладающие свойствами", слитые со свойствами Зеир Анпина, – "они со стороны Древа жизни", т.е. Зеир Анпина, называемого Адам. "Остальной народ – они со стороны Древа познания добра и зла, т.е. запрещенного

---

[250] Писания, Притчи, 9:5. «Идите, ешьте хлеб мой и пейте вино, мною растворенное».

[251] Тора, Бемидбар, 19:14. «Вот учение: человек, который умрет в шатре, делает нечистым на семь дней всякого, кто войдет в шатер, и всё, что в шатре».

[252] Тора, Ваикра, 1:2. «Обратись к сынам Исраэля и скажи им: "Человек, который будет приносить от вас жертву Творцу, – от скота, от крупного и от мелкого приносите жертву вашу"».

[253] Пророки, Йехезкель, 34:31. «И вы – овцы Мои, овцы паствы Моей, вы – человек. Я – Всесильный ваш, – слово Творца!»

и позволенного", и это ангел Матат, называемый так, являющийся строением (меркава) для Малхут, называемой Мишна, и он включает четыре священных создания. "И поэтому "от скота"²⁵³ – их пищей является омер ячменного хлеба". Как написано: "И отмерил шесть мер ячменя, и положил ей (на плечи)"²⁵⁴ – и это "устная Тора шести разделов Мишны. Однако те, кто от Древа жизни", т.е. владеющие каббалой, "они – человек (адам), так как их Тора – это хлеб Творца", пища Зеир Анпина, называемого Адам. "Это смысл сказанного: "Идите, ешьте хлеб мой"²⁵¹. И это два хлеба". Обрадовались все танаим и амораим, сказали: "Кто устоит перед Синаем"» – т.е. перед верным пастырем (Моше), называемым Синай²⁵⁵. (До сих пор Раайа меэмана)

---

[254] Писания, Мегилат Рут, 3:15. «И сказал он ей: "Дай свой платок, который на тебе, и подержи его". Она держала его, и отмерил шесть мер ячменя, и положил ей (на плечи), и пошел в город».

[255] Синай – почетное звание мудреца, постигшего Тору.

ГЛАВА ЭМОР

Трубление в шофар

187) «"В седьмой месяц, в первый день месяца, да будет у вас покой, напоминание о трублении"[256]. Рабби Ицхак провозгласил: "Трубите в шофар в новомесячье, в назначенный день праздника нашего"[257]. Счастливы Исраэль, которых приблизил Творец из всех народов мира, и избрал их. И издалека приблизил Он их. Это смысл изречения: "И сказал Йеошуа всему народу: "Так сказал Творец, Всесильный Исраэля: "За рекой жили отцы ваши издревле"[258] – и это указывает, что издалека Он благоволил к ним и приблизил их. И написано: "И взял Я отца вашего, Авраама, из-за реки той"[258]. Следует всмотреться в эти изречения. Разве не знали об этом весь Исраэль, и тем более – Йеошуа?"» Зачем же надо было уточнять: «Так сказал Творец, Всесильный Исраэля: "За рекой жили отцы ваши"»[258]?

188) «"Однако вся Тора скрыта и открыта, так же как святое имя, которое скрыто и открыто", ибо пишется АВАЯ, а произносится Адни. "Поскольку вся Тора полностью – это святое имя, и поэтому она скрыта и открыта". И мы спросили: "Если Исраэль и Йеошуа знали это, почему написано: "Так сказал Творец"[258]?" И отвечает: "Но скрытый смысл этого, несомненно, в том, что Творец оказал большую милость Исраэлю, избрав праотцев и сделав их высшим святым строением (меркава) величия Своего, и произвел их от высшей величественной и святой реки, светила всех светил", т.е. Бины, "чтобы украситься ими. Это означает: "Так сказал Творец: "За рекой жили отцы ваши издревле"[258] "Река"[258] – та самая река, которая известна и изведана"», т.е. Бина.

Объяснение. Праотцы – это ХАГАТ Зеир Анпина. И известно, что все мохин, которые есть у них, у этих ХАГАТ, – они благодаря подъему Зеир Анпина в Бину, ибо Бина, Тиферет и Малхут Бины, они упали в состоянии катнута Бины в Зеир Анпин, и вот

---

[256] Тора, Ваикра, 23:24. «Обратись к сынам Исраэля, говоря: "В седьмой месяц, в первый день месяца, да будет у вас покой, напоминание о трублении, священное собрание"».

[257] Писания, Псалмы, 81:4. «Трубите в шофар в новомесячье, в назначенный день праздника нашего».

[258] Пророки, Йеошуа, 24:2-3. «И сказал Йеошуа всему народу: "Так сказал Творец, Всесильный Исраэля: "За рекой жили отцы ваши издревле, Терах, отец Авраама и отец Нахора, и служили божествам иным. И взял Я отца вашего, Авраама, из-за реки той и водил его по всей земле Кнаан, и размножил семя его, и дал ему Ицхака"».

в гадлуте Бины, в момент возвращения ею этих Бины, Тиферет и Малхут на свою ступень, притянулись вместе с ними также и ХАГАТ Зеир Анпина и поднялись вместе с Биной.[259] И тогда ХАГАТ Зеир Анпина находятся в слиянии с Биной, с левой ее линией, т.е. Биной, Тиферет и Малхут, которые вернулись на свою ступень. И это смысл сказанного: «За рекой жили отцы ваши издревле, Терах, отец Авраама и отец Нахора, и служили божествам иным»[258]. Поскольку левая линия Бины находится тогда в разногласии с правой линией, и передает Хохму сверху вниз, и от этого получают питание идолопоклонство и иные божества. Однако затем Зеир Анпин возвел экран де-хирик, с помощью чего уменьшил левую линию Бины и объединил ее с правой, и установилось согласие между линиями. Но тогда отдалился Зеир Анпин и вышел из свойства ГАР Хохмы, что в левой линии Бины, ибо прежде, чем объединил две линии, и левая линия находилась в разногласии, у Зеир Анпина было свойство ГАР Хохмы от левой линии. Но теперь, когда он согласовал и соединил правую и левую линии друг с другом, уже у Зеир Анпина есть только ВАК Хохмы, из-за уменьшения левой линии.[260] И это смысл сказанного: «И это указывает, что издалека Он благоволил к ним и приблизил их. И написано: "И взял Я отца вашего, Авраама, из-за реки той"[258]».[261] Поскольку до этого, когда был близок к Хохме, которая в левой линии Бины, он не мог получать оттуда из-за того, что левая линия была в разногласии, и из-за того, что наполнение от левой линии нисходило сверху вниз и было питание для иных божеств. А теперь, когда он отдалился от Хохмы левой линии, и уменьшился до ВАК Хохмы, он может получать все мохин и гадлут, что в них. И это смысл сказанного: «И произвел их от высшей величественной и святой реки, светила всех светил, чтобы украситься ими»[262], ведь когда ХАГАТ Зеир Анпина были слиты с левой линией этой реки, т.е. Бины, они не могли получить ничего, но когда вышли и отдалились оттуда, и уменьшились до ВАК Хохмы, тогда они украшаются (свойством) мохин этой реки.

---

[259] См. Зоар, главу Ваякель, статью «Восхождение молитвы», п. 131, со слов: «Пояснение сказанного...»

[260] См. Зоар, главу Берешит, часть 1, п. 50. «Разногласие, которое было исправлено согласно высшему подобию...»

[261] См. выше, п. 187.

[262] См. выше, п. 188.

189) Писание говорит: «"Издревле (ме-олам, досл. за миром)"²⁵⁸. Спрашивает: "Что оно хочет этим сказать здесь?" И отвечает: "Но этим хочет указать на Хохму, которая за этой рекой", т.е. "за миром"²⁵⁸, потому что эта река называется "мир"». То есть Бина тоже называется миром, и поэтому «за миром»²⁵⁸ означает – «за рекой»²⁵⁸. «"И поэтому говорит: "За рекой жили отцы ваши издревле"²⁵⁸, чтобы показать милость и истину, явленные Творцом Исраэлю" тем, что "и взял Я отца вашего, Авраама, из-за реки той"²⁵⁸, и вывел его из левой линии, что в Бине, как мы объяснили в предыдущем пункте. Спрашивает: "Чему нас учит"» Писание тем, что говорит: «И взял Я отца вашего, Авраама, из-за реки той»²⁵⁸, но не говорит: «И взял Я Ицхака»? И отвечает: «"Однако Авраам", т.е. Хесед Зеир Анпина и его правая линия, "не слился с этой рекой", т.е. левой линией Бины, "как Ицхак", левая линия Зеир Анпина, "который слился с ее стороной, чтобы укрепиться"», – т.е. с левой стороной Бины, являющейся стороной Ицхака. Объяснение. Ицхак всё еще слит с частью левой линии Бины, так как получает от нее ВАК Хохмы, что в левой линии. Однако Авраам, являющийся правой линией и свойством хасадим, вышел из нее полностью. Поэтому сказано: «И взял Я отца вашего Авраама»²⁵⁸, но не сказано: «И взял Я Ицхака». И это смысл сказанного: «Который слился с ее стороной, чтобы укрепиться», т.е. получить ВАК Хохмы.

190) «"Смотри, эта река", Бина, "хотя и не является судом"», поскольку Бина является свойством милосердия, всё же "суды выходят с ее стороны", т.е. от левой стороны, что в ней, в то время, когда она является Хохмой без хасадим,²⁶³ "и" эти суды "усиливаются в ней, когда Ицхак укрепляется" оттуда "в своих судах", во время его пребывания там, Хохма без хасадим, "тогда высшие и нижние собираются на суд, и устанавливается престол суда", т.е. Малхут со стороны суда, что в ней, "и святой Царь", Зеир Анпин, "восседает на престоле суда и судит мир. Тогда "трубите в шофар в новомесячье, в назначенный день праздника нашего"²⁵⁷, – так как благодаря шофару свойство суда превращается в свойство милосердия. "Счастливы Исраэль, которые умеют устранять престол суда и устанавливать

---

²⁶³ См. Зоар, главу Берешит, часть 1, п. 34, со слов: «Затем вышла тьма, и вышли в ней семь других букв алфавита. Распространение свечения семи нижних сфирот Абы ве-Имы из точки шурук считается выходом тьмы, поскольку Хохма находится в ней без хасадим и не светит...»

престол милосердия. И с помощью чего" они это делают? "С помощью шофара"».

191) «Рабби Аба сидел перед рабби Шимоном, сказал ему: "Я ведь много раз спрашивал об этом шофаре, какова суть его. И до сих пор у меня не все укладывается в отношении него". Сказал ему: "Разумеется, – вот выяснение этого. Ведь Исраэлю нужен в день суда шофар, а не рог, ибо известно в каком месте он", т.е. он указывает на Малхут, являющуюся свойством суда, "а мы не должны пробуждать суд". Тогда как шофар указывает на Бину, являющуюся милосердием. "Но мы учили, что с помощью слова и действия необходимо проявить и пробудить скрытые вещи"», – т.е. с помощью трубления в шофар, и с помощью благословения его.

192) «"Смотри, когда этот высший шофар, в котором содержатся света всего", т.е. Бина, когда три ее линии соединены друг с другом, и все мохин ЗОН Ацилута и БЕА исходят от нее, – "если он удаляется и не светит сыновьям", т.е. Зеир Анпину и Малхут, "тогда пробуждается суд, и устанавливаются престолы для вершения суда. И этот шофар", т.е. Бина, "называется овном Ицхака", т.е. "силой Ицхака"», т.к. овен означает «сильный», как в сказанном: «И сильных земли этой взял»[264]. «"И это – величие праотцев", т.е. ХАГАТ, которые получают всё величие свое от шофара, Бины. "И когда отдаляется этот большой шофар и не светит сыновьям", Зеир Анпину и Малхут, т.е. когда нет единства в Зеир Анпине и Малхут, но Зеир Анпин питается от правой линии Бины, а Малхут – от левой, и поскольку левая линия Бины отделена от правой, уходят мохин Бины из Зеир Анпина. "И тогда усиливается Ицхак", левая линия, вследствие власти левой линии Бины, "и устанавливается для суда в мире"». Ибо в то время, когда в Хохме левой линии нет хасадим, в мир нисходят суровые суды.[265]

193) «"И когда пробуждается этот шофар, и люди отвращаются от своих грехов, необходимо возносить звук шофара снизу, и этот звук поднимается наверх. Тогда пробуждается другой, высший шофар", Бина, "и пробуждается милосердие, и устраняется суд. И нужно проявить действие посредством"

---

[264] Пророки, Йехезкель, 17:13. «И взял из семени царского, и заключил с ним союз, и привел его к клятве, и сильных земли этой взял».
[265] См. Зоар, главу Ваикра, статью «Трубление в шофар», пп. 302-312.

трубления "шофара, чтобы пробудить другой шофар", Бину, "и извлечь с помощью того шофара, что внизу, эти звуки", ткия-шварим-труа-ткия[266] и т.д., "показывая, что все эти высшие звуки, включенные в высший шофар", т.е. три линии и их элементы, включенные в Бину, "пробудились, чтобы выйти"» из Бины к Зеир Анпину и Малхут.

Пояснение сказанного. В начале каждого года мир возвращается к своему первоначальному состоянию, каким он был в четвертый день начала творения, когда сократилась Малхут. Потому что Малхут называется годом, а двенадцать месяцев года – это этапы ее исправления с самого ее начала и до завершения исправления. И если завершился год, а мы не закончили ее исправления, то она дается нам для исправления в следующий год, и мы должны начать с того начального состояния, в котором она была в четвертый день начала творения. И так каждый год, до завершения исправления. И в четвертый день начала творения написано: «И создал Всесильный два великих светила»[267], когда Малхут была большой, как Зеир Анпин,[268] ибо тогда Зеир Анпин облачал правую линию Бины, а Малхут – левую линию Бины, и эти две линии Бины были отделены друг от друга, и поэтому левая линия Бины была в свойстве Хохмы без хасадим, и тогда исходят от левой линии Бины суровые суды, и это – тьма, а не свет, и Хохма не может светить без хасадим.[260] И поэтому считается тогда, что Творец сидит на престоле суда, и суды нисходят в мир. Ведь мы получаем (все) только от Малхут, называемой престолом Зеир Анпина, и если Малхут находится в левой линии Бины, когда она отделена от правой и наполнена при этом судами, то получается, что Малхут передает суды в мир.

И это смысл сказанного: «И когда отдаляется этот большой шофар и не светит сыновьям»[269], т.е. когда две линии

---

[266] Ткия – протяжный звук, шварим – короткие звуки, труа – средний звук, который не продлевают и не сокращают.

[267] Тора, Берешит, 1:16. «И создал Всесильный два великих светила: светило большое для правления днем, и светило малое для правления ночью, и звезды».

[268] См. Зоар, главу Берешит, часть 1, пп. 110-115. «Когда луна была вместе с солнцем в едином слиянии, луна пребывала в своем свете. То есть, сначала были Зеир Анпин и его Нуква, называемые "солнце" и "луна", на равной ступени, и были слиты друг с другом. Как сказано: "Два великих светила"...»

[269] См. выше, п. 192.

Бины отделены друг от друга, «тогда усиливается Ицхак и устанавливается для суда в мире», – тогда усиливается левая линия, называемая Ицхак, и передает суды Малхут, а от Малхут – миру. И тогда нам дана заповедь трубления в шофар. И два исправления производятся с помощью трубления в шофар:

Первое исправление – подъем МАН с целью пробудить зивуг на экран де-хирик, что в Зеир Анпине, когда он в месте Бины, с помощью чего он уменьшает левую линию и соединяет ее с правой, и выходят три линии в Бине – Хохма-Бина-Даат (ХАБАД). И это смысл сказанного: «Необходимо возносить звук шофара снизу, и этот звук поднимается наверх»[270], т.е. звук шофара поднимается в виде МАН и пробуждает голос наверху, т.е. Зеир Анпин, называемый голос, когда он (находится) наверху, в Бине. И это означает: «Тогда пробуждается другой, высший шофар», Бина, «и пробуждается милосердие», т.е. средняя линия, являющаяся милосердием, пробуждается и объединяет две линии Бины друг с другом. И тогда «и устраняется суд» – т.е. после того, как левая линия включается в правую, устраняются все суды из левой. И это первое исправление, произошедшее с помощью трубления в шофар.

Второе исправление – извлечение звуков из Бины, т.е. трех линий, которые вышли в ней с помощью Зеир Анпина, называемого «голос», и притянуть их в Зеир Анпин на его место внизу. В таком виде, что после того, как три линии Бины выходят с помощью одного, Зеир Анпина, один удостаивается всех трех – также и Зеир Анпин удостаивается трех линий. Поскольку всех мохин, которые нижний вызывает в высшем, удостаивается также и нижний.[271] Однако требуется действие внизу для того, чтобы пробудить это наверху, как сказано: «С помощью слова и действия необходимо проявить и пробудить скрытые вещи»[272]. И это совершается посредством установленного порядка звуков, – трижды ткия-шварим-труа-ткия, трижды ткия-шварим-ткия, трижды ткия-труа-ткия, – когда мы совершаем трубление, как мы выясним далее.

---

[270] См. выше, п. 193.
[271] См. Зоар, главу Берешит, часть 1, п. 363. «Трое выходят благодаря одному, один находится в трех...»
[272] См. выше, п. 191.

194) «"И посредством этих звуков внизу Исраэль дают силу наверху. И поэтому надо подготовить шофар в этот день и установить порядок звуков", т.е. последовательность ткия-шварим-труа-ткия и т.д., "намереваясь с помощью этого достичь пробуждения другого шофара", Бины, "в который включены звуки, что наверху"», – ХАГАТ Зеир Анпина.

195) «"Первый порядок" из трех, которые есть в ткия-шварим-труа-ткия. "Звук выходит и украшается наверху", в Бине, "поднимается в небеса и разбивается меж высоких гор", между двумя линиями Бины, "и" оттуда "доносится до Авраама", свойства Хесед Зеир Анпина, "и пребывает в голове его, и украшается, и он пробуждается и исправляет престол", чтобы он стал престолом милосердия. "И в книге Агады мы учили, что в час, когда восходит первый звук, пробуждается и украшается Авраам и исправляет престол, и назначают над ним Абу"», т.е. Хохму, что в правой линии Бины.

Пояснение сказанного. Ты уже узнал о двух исправлениях, совершаемых с помощью трубления в шофар: первое – это пробуждение выхода средней линии в Бине, объединяющей две линии друг с другом; второе – после того как вышли три линии в Бине и включились друг в друга, протягивают их в место Зеир Анпина. Но нужно помнить во всем этом, что главное, что необходимо от трубления в шофар, – это уменьшить левую линию от ее ГАР и отменить ее суровые суды, исходящие от этих ГАР левой линии. И звуки, которые мы возносим, это силы суда, уменьшающие левую линию от ее ГАР, и тогда раскрывается единство трех линий в свойстве милосердия.

И обычно есть три вида судов, раскрывающихся в трех посевах холам-шурук-хирик.[273] И суды точки холам, относящиеся к правой линии, приходят вследствие подъема Малхут в Бину, сокращающего Бину до состояния ВАК без рош, и это – суды нуквы. А суды точки шурук, относящиеся к левой линии, приходят вследствие возвращения ГАР в Бину, что становится левой линией Бины. И известно, что поскольку это Хохма без хасадим, от нее исходят суровые суды, и так как эти суды приходят вследствие завершенности ГАР левой линии, они называются судами захара. И есть еще суды точки хирик, относящиеся к

---

[273] См. Зоар, главу Берешит, часть 1, п. 9. «Высшая точка, Арих Анпин, посеяла внутри чертога ИШСУТ три точки: холам, шурук, хирик...»

средней линии, состоящие из двух свойств, манула и мифтеха.[274] И это тоже суды нуквы. И знай, что суды нуквы называются труа, а суды захара называются шварим. И все эти суды мы пробуждаем с помощью трублений (ткия) в левой линии, с тем чтобы уменьшить ее ГАР и соединить с правой.[274]

И есть различие между судами нуквы в правой линии и судами нуквы в средней линии. Поскольку суды нуквы в правой линии, хотя и воюют с левой линией, всё же не могут уменьшить ее. И получается, что два вида судов властвуют в правой линии, – суды нуквы ее самой, а также суды захара левой линии, и они воюют друг с другом, и один не может победить другого, но с помощью средней линии смиряется левая линия, в то время как суды нуквы средней линии пересиливают левую линию и уменьшают ее ГАР, а вместе с уменьшением ГАР исчезают все суды захара.[274] И получается, что в средней линии вообще нет судов захара, а только лишь суды нуквы. И в левой линии, конечно же, нет вообще судов нуквы, а только лишь суды захара, потому что, если бы властвовали в ней суды нуквы, то отменились бы ГАР ее. Таким образом, в правой линии действуют шварим-труа, т.е. суды нуквы с судами захара, в левой линии действуют только шварим, т.е. суды захара. А в средней линии действует только труа, т.е. суды нуквы без судов захара. Однако все эти суды, которые мы пробуждаем этими звуками, мы направляем в намерении только на левую линию, для того чтобы уменьшить ее. Шварим-труа – на левую линию, включенную в правую. Шварим – на левую линию, что в левой. Труа – на левую линию, что в средней. Таким образом, есть три различия в пробуждении судов в левой линии, согласно свойству трех этих линий.

И вместе с тем пойми, хотя в основе своей эти три линии не должны включать более чем девять свойств, потому что должны быть включены одна в другую, и при этом есть три линии в правой, три линии в левой и три линии в средней, т.е. девять свойств, но поскольку есть три различия в левой линии, имеющейся в этих трех линиях, когда в левой линии, что в правой, есть шварим-труа, в левой, что в левой, есть шварим, а в

---

[274] См. Зоар, главу Лех леха, п. 22, со слов: «Экран де-хирик, на который выходит средняя линия, происходит от свойства суда, имеющегося в Малхут, которое не подслащается милосердием Бины и называется манула...»

левой, которая в средней, есть труа, то должны быть еще три включения:

Первое – девять свойств в правой, т.е. три линии, в каждой из которых есть ткия-шварим-труа-ткия.

Второе – девять свойств в левой линии, т.е. три линии, в каждой из которых есть ткия-шварим-ткия.

Третье – девять свойств в средней линии, т.е. три линии, в каждой из которых есть ткия-труа-ткия.

И это смысл сказанного: «Первый порядок», т.е. первый порядок трех линий, что в правой линии, т.е. порядок ткия-шварим-труа-ткия, первый из трех порядков ткия-шварим-труа-ткия. «Звук выходит» – т.е. первое трубление (ткия), пробуждающее правую линию этого порядка. «И украшается наверху» – т.е. шварим-труа, пробуждающие левую линию этого порядка, потому что «украшается» указывает на ГАР левой линии. «Поднимается в небеса и разбивается меж высоких гор» – т.е. второе трубление (ткия), пробуждающее среднюю линию, и экран де-хирик в ней разбивает ступени, так как поднимает экран Малхут в Бину, и эта ступень разбивается на Кетер и Хохму наверху, а Бина, Тиферет и Малхут опускаются вниз.[275] И после того, как пробудились три линии Бины, первые, что в ее правой линии, нужно их притянуть в правую линию Зеир Анпина, называемую Авраам. И это смысл сказанного: «И доносится до Авраама», и в ней тоже пробуждаются три линии, и это ткия-шварим-труа-ткия, «и пребывает в голове его», т.е. в правой линии, в свойстве Кетер и Хохма. «И украшается» – это Бина, Тиферет и Малхут, которые снова вернулись и стали свойством ГАР и левой линией, «и он пробуждается» – т.е. средняя линия, «и исправляет престол» – т.е. устанавливает престол милосердия благодаря единству трех линий, и эти три линии нисходят от Хохмы де-ИШСУТ, т.е. от Абы. И это смысл сказанного: «И назначают над ним Абу», т.е. Абу де-ИШСУТ. И на этом завершаются намерения порядка ткия-шварим-труа-ткия, первого из трех порядков ткия-шварим-труа-ткия, и все эти ткия-шварим-труа-ткия находятся под властью ткия, т.е. правой линии, что в трех линиях правой.

---

[275] См. Зоар, главу Лех леха, п. 22, со слов: «И поэтому не может здесь средняя линия согласовать и объединить две линии прежде, чем экран де-хирик сможет уменьшить левую линию до ВАК Хохмы...», смотри там, в третьем действии.

196) «"Тем временем возносится второй звук", т.е. первое "трубление (ткия)" второго порядка правой линии, "сильный в сокрушении суровых судов, и это второй порядок", т.е. второй порядок ткия-шварим-труа-ткия, находящийся под властью левой линии, что в правой, и это – шварим-труа, как мы уже сказали. "Этот звук", т.е. шварим, "сокрушает силой своей", т.е. труа. "И тогда поднимается" в Бину, "и все суды" от ГАР левой линии, "встречающиеся" там "пред ним, разбиваются, пока не поднимаются в место Ицхака", т.е. в Зеир Анпин. "После того, как Ицхак", т.е. левая линия этого порядка, "пробуждается" с помощью второго трубления (ткия) этого порядка, т.е. средняя линия в этом втором порядке, "и видит Авраама", правую линию этого порядка, "он устанавливает престол" милосердия, "чтобы стоять пред ним, тогда смиряется и разбивает суровый суд", исходящий от ГАР левой линии. "И при этом тот, кто трубит, должен направить сердце и желание на сокрушение этой силы", т.е. на уменьшение ГАР левой линии, "и мощи сурового суда", исходящего от ГАР левой линии. Это смысл сказанного: "Счастлив народ, умеющий трубить"[276]», потому что трубление означает – разбиение, как (сказано): «Сокруши их скипетром железным»[277]. «"Умеющий трубить", конечно"»[276].

Объяснение. Здесь он выясняет второй порядок ткия-шварим-труа-ткия, который находится под властью левой линии, что в правой, однако включающий в себя все три линии, и поэтому трубят в нем ткия-шварим-труа-ткия. И хотя мы сказали, что в левой линии нет судов нуквы, т.е. труа, а только суды захара, т.е. шварим, это говорилось только о левой линии в левой, как приводится далее.[278] Однако здесь это три порядка, имеющиеся в общем порядке правой линии,[279] и поэтому даже второй порядок здесь не является самой левой линией на своем месте, а левой линией, включенной в правую. И поэтому есть в ней также и суды нуквы,[279] и это в стадии шварим-труа. И то, что говорит здесь: «Тогда смиряется и разбивает суровый суд», т.е. только начало, однако основная отмена ГАР левой линии и подчинение ее осуществляется

---

[276] Писания, Псалмы, 89:16. «Счастлив народ, умеющий трубить. Творец, в свете лика Твоего пойдут они».
[277] Писания, Псалмы, 2:9. «Сокруши их скипетром железным, как сосуд горшечника вдребезги разбей».
[278] См. ниже, п. 199.
[279] См. выше, п. 195.

только посредством средней линии, т.е. в третьем порядке ткия-шварим-труа-ткия, о котором говорит после этого, когда говорит: «Тогда оба они включены в Ицхака»[280]. И выяснились намерения порядка ткия-шварим-труа-ткия, второго из трех ткия-шварим-труа-ткия.

197) «"Третий порядок", т.е. третий порядок ткия-шварим-труа-ткия, который находится под властью средней линии, что в правой, и это – второе трубление (ткия). "Звук выходит", т.е. первая ткия в этом порядке, "и поднимается", т.е. шварим-труа в этом порядке, "и рассекает все эти небосводы", т.е. вторая ткия в этом порядке, "и пробуждается милосердие". И всё это происходит в Бине, "и" оттуда "приходит этот звук", т.е. все ткия-шварим-труа-ткия, находящиеся под властью второй ткия, "к голове Яакова", т.е. в место Зеир Анпина. "И Яаков", средняя линия в этом порядке, "пробуждается и видит Авраама", правую линию в этом порядке, "который исправляется в другой стороне", т.е. в правой стороне этого порядка. "Тогда оба они включены в Ицхака", левую линию этого порядка, "один – с одной стороны", с правой, "а другой – с другой стороны", с середины. "И силы их", судов левой линии, "не могут выйти наружу", поскольку уменьшились ее ГАР. "И эти три порядка", трижды ткия-шварим-труа-ткия, о которых упоминается, "все они представляют собой один порядок", – т.е. все они представляют собой порядок звуков трубления, которые действуют в правой линии. И это девять свойств правой линии, в которых левая линия, включенная в них, является совместным видом шварим-труа.[279] И выяснились намерения порядка ткия-шварим-труа-ткия, третьего из трех ткия-шварим-труа-ткия.

198) «"Другой порядок", т.е. девять свойств, представляющих собой трижды ткия-шварим-ткия, которые в левой линии. И вот первый порядок ткия-шварим-ткия, что здесь, который находится под властью правой линии, что в левой, и это – первая ткия. "Звук выходит", т.е. первая ткия, "и поднимается", т.е. шварим, светя снизу вверх, "и берет Авраама с места его", при второй ткия. "И простирает его вниз, в место, где находятся гвурот Ицхака", т.е. он простирает свое свечение ниже хазе Зеир Анпина, потому что все девять свойств этого порядка опускаются ниже хазе Зеир Анпина, поскольку

---

[280] См. ниже, п. 197.

все они находятся под властью левой линии, т.е. свечения Хохмы, которая светит лишь ниже хазе Зеир Анпина, ибо от хазе и выше – это свойство хасадим, укрытых от Хохмы, и нет там никакой власти левой линии. "И поддерживают Авраама в себе"», т.е. весь этот порядок находится под властью правой линии в левой, свойство Авраама в Ицхаке. И выяснились намерения порядка ткия-шварим-ткия, первого из трех порядков ткия-шварим-ткия.

199) «"Второй порядок", т.е. порядок ткия-шварим-ткия, второй в трех порядках ткия-шварим-ткия, который находится под властью левой линии в левой, и это шварим. "Выходит звук прерывистый (шавур)", т.е. шварим, "не настолько сильный, как первый", т.е. нет в нем труа, как в левой линии девяти свойств правой, а только шварим. "И не потому, что ослаб голос того, кто трубит, но этот голос не (направлен) к Ицхаку", который от хазе и выше Зеир Анпина, "как вначале, где пребывает большая сила", и левая линия не может там раскрыться вовсе, и необходимо там полностью смирить левую линию.[281] "А" голос, который здесь, "он (направлен) к палате суда, что внизу", т.е. к свечению левой линии от хазе и ниже Зеир Анпина, как мы уже объяснили в предыдущем пункте, где находится свойство Малхут, называемое нижней судебной палатой, и суды там, "они более мягкие", так как свечение от хазе и ниже распространяется только снизу вверх, "и все они видят Авраама у себя", т.е. правую линию, "и склоняются пред ним"». И здесь Зоар не объяснил все три линии ткия-шварим-ткия, как раньше, потому что основывается на предыдущих объяснениях, и это понятно само собой. И он объяснил только новое в нем, т.е. почему в нем шварим без труа.

200) «"В это время начинается третий порядок", т.е. порядок ткия-шварим-ткия, третий из трех порядков ткия-шварим-ткия, находящийся под властью средней линии, что в левой, и это – вторая ткия. "Голос выходит", т.е. первая ткия, "и возносится", т.е. шварим, "и украшается в голове Яакова", т.е. вторая ткия, "и увлекает его вниз, в то место, где царят эти гвурот левой линии", т.е. место от хазе и ниже Зеир Анпина, где находятся все девять свойств левой линии.[282] "И они встают против" свечения этой левой линии, "Авраам с одной стороны", с правой

---

[281] См. выше, п. 196.
[282] См. выше, п. 198.

стороны, и это первая ткия, "Яаков со стороны середины", и это вторая ткия, "и они", гвурот, т.е. шварим, свойство Ицхак, "внутри их обоих, тогда смиряются" все гвурот левой линии "и пребывают" в свечении "на своем месте", т.е. только снизу вверх, и не протягиваются вниз от своего места. "И все эти три порядка", т.е. трижды ткия-шварим-ткия, которые упоминаются, "являются другим" общим "вторым порядком", включающим порядок девяти свойств в левой линии, когда левая линия, включенная в них, она (состоит) из шварим без труа. И выяснились намерения трех порядков ткия-шварим-ткия.

201) «"Последний общий порядок", то есть девять свойств, представляющих собой трижды ткия-труа-ткия, которые в средней линии. "И эти" девять свойств "должны поднять" свечение (свойств) левой линии, светящих ниже хазе, "на их место", которое выше хазе, "и поместить между ними Ицхака, как и раньше". Иными словами, укрыть свечение левой линии, называемой Ицхак, как она была укрыта прежде, во время свечения девяти свойств, что в правой линии, светящих от хазе и выше. И это совершается под воздействием судов де-труа, властвующих в левой линии, что в девяти этих свойствах, "потому что его", т.е. левую линию, Ицхака, "необходимо установить на своем месте" таким образом, "чтобы он не выходил силой его" гвурот "наружу. И тогда все суды смиряются, и пробуждается милосердие"». И здесь Зоар не объясняет в деталях трижды ткия-труа-ткия, как в предыдущих порядках, потому что они (выходят) посредством намерения этих порядков, за исключением того, что он добавил здесь, что нужно намереваться при каждой труа снова поднять на свое место свечение левой линии и укрыть его.

202) «"Поэтому нужно устремить свое сердце и желание посредством этих звуков", трижды ткия-шварим-труа-ткия, трижды ткия-шварим-ткия, трижды ткия-труа-ткия, "и совершить возвращение пред Господином их, и тогда, когда Исраэль исправляют и выстраивают эти звуки в желании сердца как подобает, посредством этого шофара", что внизу, "возвращается высший шофар", к свечению, и это Бина, "и когда возвращается" к своему свечению, "он украшает Яакова", Зеир Анпин, "и всё исправляется, и устанавливается другой престол", престол милосердия, "и тогда пребывает радость во всем, и Творец проявляет милосердие к миру. Счастлива доля Исраэля,

умеющих направлять и привлекать Господина своего, от суда к милосердию, и исправлять с помощью них все миры"».

203) «"Смотри, в соответствие этому", т.е. в соответствие трем этим обобщающим порядкам, имеющимся в шофаре, представляющим собой три линии, "открывают в этот день три книги":

Одна – книга завершенных праведников, т.е. правая линия.

Другая – книга законченных грешников, т.е. суровые суды, содержащиеся в левой линии.

И еще одна – книга находящихся посередине, т.е. средняя линия.

"И так же, как" посредством трубления в шофар "пробуждается милосердие, и суровые суды утихают и приходят на свое место, так же и внизу, подобно высшему, суровые суды", что внизу, "утихают и устраняются из мира. И кто они? Это законченные грешники, являющиеся суровыми судами, они подавляются и устраняются из мира, и поэтому записываются и заверяются печатью в приговоре к немедленной смерти"». А законченным праведникам, представляющим собой строение (мерокава) правой линии, немедленно даруется жизнь. Средние же, представляющие собой строение (мерокава) средней линии, ожидают до Дня искупления, в который восполняется средняя линия свечением Хохмы, что в Бине, и называемым светом жизни. «Сказал рабби Аба: "Безусловно, это является выяснением сути вещей. Благословен Милосердный, что спросил я, и снискал все это"».

204) «Сказал рабби Йегуда: "Написано: "Напоминание о трублении"[283] – т.е. "когда мы делаем напоминание, чтобы направить сердце и желание", как это выяснилось выше. "Исраэль делают напоминание внизу. Посредством чего? Посредством этого действия" трубления в шофар, "для того чтобы пробудилось подобное этому наверху"», как выяснилось выше в последовательности намерений.

---

[283] Тора, Ваикра, 23:24. «Обратись к сынам Исраэля, говоря: "В седьмой месяц, в первый день месяца, да будет у вас покой, напоминание о трублении, священное собрание"».

205) «Сказал рабби Эльазар: "Написано: "В новомесячье, в назначенный день праздника нашего"[284] – т.е. потому, "что скрывается в этот день луна", Малхут. Ведь в начале месяца луна скрыта. Спрашивает: "И как она скрывается?" И отвечает: "Но когда есть облако" под солнцем, "и солнце", Зеир Анпин, "не светит, тогда скрывается луна, – т.е. не светит", поскольку ей не от кого получать свой свет, ибо всё, что есть у Малхут, она получает от Зеир Анпина. "И поэтому, если из-за облака", указывающего на суды, "не может солнце", т.е. Зеир Анпин, "светить, то тем более луна, которая скрывается тогда и не светит. И поэтому "в назначенный день (ба-ке́сэ בַּכֶּסֶה) праздника нашего"[284]», «ке́сэ (כֶּסֶה)» написано «"с хэй (ה)" в конце, чтобы показать, "что скрылась (ниткаса́ נתכסה) луна" из-за судов.[285] "И благодаря чему всё светит", как Зеир Анпин, так и Малхут? "Это благодаря возвращению и гласу шофара. Как написано: "Счастлив народ, умеющий трубить. Творец, в свете лика Твоего пойдут они"[276]».

---

[284] Писания, Псалмы, 81:4. «Трубите в шофар в новомесячье, в назначенный день праздника нашего».
[285] См. выше, п. 193.

ГЛАВА ЭМОР

Начало года

(Раайа меэмана)

206) «"В седьмой месяц, в первый день месяца, да будет у вас покой, напоминание о трублении, священное собрание"[283]. Эта заповедь – трубить в шофар в Рош а-шана (Начало года), который является днем суда для мира, как уже мы объясняли. Ведь уже объяснялось то, что написано: "Трубите в шофар в новомесячье, в назначенный день праздника нашего"[284].[286] И мы уже учили, что это день, в который скрывается луна", Малхут, "и мир пребывает в суде, потому что обвинитель перекрывает, укрывает и запирает вход к Царю", Зеир Анпину, и луна – это "место, в котором пребывает суд, чтобы возбуждать суд над миром"».

207) «"И если скажешь: "Как же дано право обвинителю укрывать" свет Малхут, "и возбуждать суд?" И отвечает: "Но, разумеется, что это Творец вверил этому обвинителю возбуждать суд над всем миром, назначив для него определенный день, чтобы возбуждать пред Ним все суды в мире, потому что Творец создал его, и поставил его перед Собой с тем, чтобы поднялся страх Творца и пребывал над всем. И это смысл сказанного: "И сделал Всесильный так, чтобы испытывали страх пред Ним"[287], – т.е. "создал обвинителя и установил его перед Собой, чтобы острый меч был занесен над всем миром. И всё это для того, чтобы все испытывали страх пред Творцом. И это – надсмотрщик, наблюдающий за грехами людей и возбуждающий суд, и он хватает людей и убивает их, и наказывает их, согласно приговору судебной палаты"».

208) «"Подобно тому чиновнику палаты суда внизу, которому дано право представлять суду, что сделал такой-то и что нарушил такой-то, и возбуждать против них суд. И этому чиновнику палаты суда предоставлено право запирать вход в палату суда, пока не будет вынесено решение относительно всех дел, которые он возбудил, и нет права у палаты суда откладывать это.

---

[286] См. выше, п. 205.
[287] Писания, Коэлет, 3:14. «И узнал я, что все созданное Всесильным пребудет вовек, к этому нельзя прибавить и от этого нельзя убавить. И сделал Всесильный так, чтобы испытывали страх пред Ним».

Поскольку сказано: "Ибо Я, Творец, люблю правосудие"[288] – т.е. Он желает, чтобы мир существовал в свойстве суда и знал, что есть суд и есть судья"», и всё это происходит в нижней судебной палате.

209) «"Подобно этому, создает Творец перед собой того" обвинителя, "который возбуждает суд пред Царем против всех жителей мира. И в этот день ему дано право закрывать вход Царя", Зеир Анпина, "и луна", Малхут, "скрывается внутри, пока не будет вынесено решение суда относительно всех жителей мира. И хотя всё открыто пред Творцом, все же Он не желает ничего иного, кроме суда"».

210) «"Всё происходит одинаково, наверху и внизу. В этот день" Творец "устанавливает престол суда, и является обвинитель и возбуждает суд против всего содеянного жителями мира, чтобы судить каждого сообразно путям его и деяниям его. И являются свидетели и дают показания обо всех деяниях жителей мира, и эти" свидетели называются "глазами Творца, наблюдающими за всем миром. И много их, этих глаз Творца, которых не счесть, и они всё время кружат по всему миру, и видят все деяния жителей мира"».

211) «"Горе тем, кто не следит за деяниями своими и не рассматривает их, ибо стоят над ними эти свидетели Царя и наблюдают и видят всё, что они делают и говорят, и тогда те поднимаются и свидетельствуют пред Царем, и предстает этот обвинитель пред Царем и возбуждает суд: такой-то нарушил закон, а такой-то сделал так-то. И они ведь свидетели, и пока Творец их не спрашивает, нет у них права свидетельствовать, но когда Он спрашивает их, тогда они свидетельствуют о случившемся"».

212) «"И всё это записывается пред Царем в письменном виде. В доме Царя есть один чертог, который наполнен белым огнем, который сворачивается в свиток, и от него исходят горящие языки пламени. И он не прекращается никогда. За ним есть другой, более внутренний чертог, наполненный черным огнем, который не прекращается никогда. Два писца постоянно

---

[288] Пророки, Йешаяу, 61:8. «Ибо Я, Творец, люблю правосудие, ненавижу грабеж и несправедливость, дам Я им награду воистину и союз вечный заключу с ними».

находятся пред Царем. В час суда все свидетели дают показания пред Царем. И эти писцы берут от свитка белого огня и пишут на нем черным огнем"» приговор суда.

213) «"И тогда Царь прекращает суд до известного времени, – быть может, они, тем временем, придут к раскаянию. Если пришли" к раскаянию, "эти записи разрываются. А если нет, Царь восседает (на престоле), и все, выступающие в защиту, находятся пред Ним, и тогда встает объявляющий и провозглашает: "Такой-то содеял то-то, кто берется защищать его?" Если есть желающий выступить в его защиту, то хорошо. А если нет, то он передается судебному исполнителю"», чтобы подвергнуть его наказанию.

214) Спрашивает: «"Но ведь Творец всё знает, зачем Ему всё это?" И отвечает: "Но это для того, чтобы не было упреков у жителей мира, а показать, что всё делается путем истины. И Ему приятно, если кто-то спасся от суда Его. И если спросишь, откуда нам это известно?" Это "передается мудрецам. И даже тот, кто не знает, но желает разобраться в этом, то видит из того, что раскрыто" внизу, в этом мире, "и тогда будет знать, что происходит наверху, в скрытии. Поскольку всё происходит таким же образом. Ведь всё, что создал Творец на путях земных, всё это по высшему подобию"».

215) «"День Рош а-шана (Начала года) – это день суда, и Царь восседает на престоле суда. Является исполнитель и перекрывает вход к Царю, и возбуждает суд. И хотя Творец любит суд, как сказано: "Ибо Я, Творец, люблю правосудие"[288], любовь к сыновьям Его пересиливает любовь к суду. И в час, когда обвинитель встает, чтобы выступить против них, приказал" Творец "трубить в шофар, чтобы пробудить любовь снизу вверх с помощью того шофара"».

216) «"Возносится этот голос, состоящий из огня, воздуха и воды", соответствующих ХАГАТ, "и создается из них один звук, и пробуждается в соответствие ему один звук наверху", т.е. средняя линия, соединяющая правую и левую. "Когда этот голос пробуждается сверху и снизу, путаются все жалобы, предъявляемые этим обвинителем"», потому что уменьшаются ГАР левой линии, являющиеся источником судов, и

раскрывается милосердие, выходящее вследствие соединения правой и левой линий.²⁸⁹

217) «"В день Рош а-шана выходит один Ицхак", т.е. властвует левая линия без правой, Авраама, и без единства средней линии, т.е. без Авраама и Яакова. "И он призывает Эсава", т.е. ситру ахра, "чтобы тот дал ему отведать от всех яств, приготовляемых в мире, как это присуще им", чтобы возбудить суд на все деяния жителей мира. "Ибо в этот час: "И ослабли глаза его, (и перестал) видеть"²⁹⁰, так как выходит от него тот, кто делает мрачными лица творений, иными словами, обвинитель, исходящий от левой линии без правой, "и он отделяется" от правой и средней линий, "и возлежит на ложе суда, и призывает Эсава", т.е. ситру ахра и обвинителя, "и сказал он: "...И налови мне добычи и приготовь мне яства"²⁹¹, – из плохих дел людей, как уже объяснялось, "и принеси мне"²⁹¹».

218) «"И Ривка сказала Яакову, сыну своему"²⁹². "И Ривка"²⁹² – т.е. Малхут, "сказала Яакову, сыну своему"²⁹², любимому души своей, сыну ее любимому, который был назначен ей со дня сотворения мира, и наказала ему, чтобы он пробудился с помощью этих яств его. И Яаков пробудился снизу, облачившись в молитвы и просьбы, и "голос – голос Яакова"²⁹³, в шофаре" том, "который он возносит. И пробуждается" высший "Яаков",

---

²⁸⁹ См. Зоар, главу Ваера, п. 383. «И обвинитель находится в замешательстве – ведь он думал править в мире с помощью суда и обвинения. И он не мог вообразить, что ГАР левой линии когда-нибудь уменьшатся, и исчезнут его власть и обвинение. И он видит, что пробуждается милосердие...»

²⁹⁰ Тора, Берешит, 27:1. «И было, когда Ицхак состарился, и ослабли глаза его, (и перестал) видеть. И призвал он Эсава, старшего сына своего, и сказал ему: "Сын мой!" И тот ответил: "Вот я"».

²⁹¹ Тора, Берешит, 27:2-4. «И сказал он: "Вот я состарился, не знаю дня смерти моей. А теперь приготовь свои орудия, свою перевязь и свой лук, и выйди в поле, и налови мне добычи и приготовь мне яства, как я любил, и принеси мне, и я отведаю, чтобы благословила тебя душа моя, прежде чем умру"».

²⁹² Тора, Берешит, 27:5-7. «А Ривка слышала, как говорил Ицхак Эсаву, сыну своему. И пошел Эсав в поле, чтобы наловить добычи, принести. И Ривка сказала Яакову, сыну своему, сказав: "Вот я слышала, как отец твой говорил Эсаву, брату твоему: "Принеси мне добычи и приготовь мне яства; и я поем, и благословлю тебя пред Творцом перед смертью моей"».

²⁹³ Тора, Берешит, 27:22. «И подошел Яаков к Ицхаку, отцу своему, и он дотронулся до него, и сказал: "Голос – голос Яакова, а руки – руки Эсава"».

средняя линия, "к нему", к Ицхаку, "и становится ближе ему", т.е. соединяет его с Авраамом, правой линией, "и поднес ему, и он ел"[294] – т.е. "и включились друг в друга", и начали светить мохин, что и называется едой. "И когда соединился с ним", (когда соединилась с ним) средняя линия, "и принес ему вина"[294], и это выдержанное вино", свечение Хохмы, светящее снизу вверх, исправленное с помощью средней линии,[295] "вино, являющееся радостью сердца, свойство будущего мира", т.е. свечение Хохмы, исходящее из Бины, называемой будущим миром, "тогда "и обонял запах одежд его"[296] – т.е. "молитв и просьб, которые поднимаются, "и благословил его"[296] – т.е. "успокоился гнев его, и возрадовалось сердце, и всё это – милосердие"».

219) «"Когда он включился в Яакова, все эти силы и суровые суды и гнев, которые были уготованы, рассеялись и больше не присутствовали там. И Исраэль выходят из этого суда с радостью и благословениями. "И было, едва лишь вышел Яаков от лица Ицхака, отца своего"[297] – в этот день с радостью и высшими благословениями, "как Эсав, брат его, пришел с охоты своей"[297] – нагруженный тяжкими деяниями мира", чтобы обвинить их. "И приготовил также и он яства"[298] – отточил свой язык для предъявления обвинений, приготовил свидетельства, "и принес отцу своему, и сказал он отцу: "Пусть поднимется мой отец"[298] – чтобы пробудился в судах своих, "и отведает"[298] как много злых деяний" совершено "во всем мире, которые обнаружил я"».

---

[294] Тора, Берешит, 27:25. «И сказал он: "Поднеси мне, и я поем добычи сына моего, дабы благословила тебя душа моя". И поднес ему, и он ел; и принес ему вина, и он пил».

[295] См. Зоар, главу Берешит, часть 1, п. 50. «Разногласие, которое было исправлено согласно высшему подобию...»

[296] Тора, Берешит, 27:27. «И он подошел и поцеловал его, и обонял (Ицхак) запах одежд его, и благословил его, и сказал: "Гляди, запах от сына моего, как запах поля, которое благословил Творец"».

[297] Тора, Берешит, 27:30. «И было, когда окончил Ицхак благословлять Яакова, – едва лишь вышел Яаков от лица Ицхака, отца своего, как Эсав, брат его, пришел с охоты своей».

[298] Тора, Берешит, 27:31. «И приготовил также и он яства и принес отцу своему, и сказал он отцу: "Пусть поднимется мой отец и отведает от добычи сына своего, чтобы благословила меня твоя душа!"»

220) «"И вострепетал Ицхак трепетом чрезвычайно великим"[299], потому что не мог отделиться от включения Яакова, которое (было) в радости. "И сказал: "Кто?! Где тот, что наловил добычи?!"[299] – с множеством молитв и просьб, "и я ел от всего, прежде чем ты пришел, и благословил его, – пусть тоже благословен будет"[299]. "Когда услышал Эсав слова отца своего, возопил он воплем великим и горьким чрезвычайно"[300], – ибо увидел он, что добыча его ничего собой не представляет. Пока впоследствии (Ицхак) не сказал ему: "Вот, от туков земли будет обитание твое"[301], – т.е. от сильных и от множества остальных народов. И это было для него труднее всего. "И возненавидел Эсав Яакова"[302] – чтобы преследовать его и обвинять его всегда"».

221) «"И Яаков уходит в эти дни, которые между Рош а-шана и Днем искупления, и убегает, чтобы спастись от него, совершает возвращение и вводит себя в состояние поста, пока не наступает День искупления. Тогда знают Исраэль, что Эсав подходит, "и с ним четыреста человек"[303], все они – обвинители, готовые выступить против них. Сразу же: "И устрашился Яаков очень, и тяжко стало ему"[304], и умножает он молитвы и просьбы, "и сказал Яаков: "Всесильный отца моего Авраама и Всесильный отца моего Ицхака"[305], – пока не получает совет и

---

[299] Тора, Берешит, 27:33. «И вострепетал Ицхак трепетом чрезвычайно великим, и сказал: "Кто?! Где тот, что наловил добычи и принес мне?! И я ел от всего, прежде чем ты пришел, и благословил его, – пусть тоже благословен будет!"»

[300] Тора, Берешит, 27:34. «Когда услышал Эсав слова отца своего, возопил он воплем великим и горьким чрезвычайно, и сказал отцу своему: "Благослови и меня, отец мой"».

[301] Тора, Берешит, 27:39-40. «И отвечал Ицхак отец его, и сказал ему: "Вот, от туков земли будет обитание твое и от росы небесной сверху. И мечом твоим ты будешь жить, и брату своему будешь служить; но когда вознегодуешь, то свергнешь иго его со своей шеи"».

[302] Тора, Берешит, 27:41. «И возненавидел Эсав Яакова за благословение, которым благословил его отец. И сказал Эсав в сердце своем: "Приблизятся дни плача по отцу моему, и я убью Яакова, брата моего"».

[303] Тора, Берешит, 32:7. «И возвратились посланцы к Яакову, сказав: "Пришли мы к брату твоему, к Эсаву, и он тоже идет навстречу тебе и с ним четыреста человек"».

[304] Тора, Берешит, 32:8. «И устрашился Яаков очень, и тяжко стало ему. И разделил он народ, который с ним, и мелкий и крупный скот, и верблюдов на два стана».

[305] Тора, Берешит, 32:10. «Всесильный отца моего Авраама и Всесильный отца моего Ицхака, Творец, сказавший мне: "Вернись на землю свою и на родину свою, и Я буду благотворить тебе"».

не говорит: "Ибо он сказал: "Уйму гнев его подарком, идущим предо мной"³⁰⁶. "И взял из того, что было у него под рукой, в подарок Эсаву, брату своему: коз двести и козлов двадцать, овец двести и баранов двадцать, верблюдиц дойных с их верблюжатами тридцать..."³⁰⁷» И суть этого подарка ситре ахра уже выяснялась ранее,³⁰⁸ когда благодаря ему обвинитель становится защитником.

222) «"Верблюды" – такова сторона его", в свойстве верблюдов. "Верблюды" – это" первородный "змей, который" был "подобен верблюду: в час, когда" ангел "Сам соблазнил Адама" отведать от Древа познания, "он восседал на змее, подобном верблюду. И мы учили – если кто-то видел верблюда во сне, это означает, что ему была предопределена свыше смерть, и он спасся от нее. И все это – одно"», т.е. верблюд и змей, принесший смерть миру, являются одним понятием.

223) «"И тогда Эсав снова стал защитником Яакова. А Яаков не желал ни добра, ни зла с его стороны", и сказал: "Пусть же пойдет господин мой впереди раба своего"³⁰⁹, тогда: "И возвратился Эсав в тот же день путем своим"³¹⁰. Когда" это произошло? – "В час молитвы Неила³¹¹, ибо тогда отделяется тот от святого народа. И Творец прощает их грехи и искупает их. Когда обвинитель ушел с тем подарком и отделился от них, Творец желает радоваться с сыновьями своими, что написано: "А Яаков двинулся в Суккот и построил себе дом, а для скота своего сделал шалаши, поэтому он нарек имя месту Суккот"³¹². Поскольку

---

³⁰⁶ Тора, Берешит, 32:21. «И скажите: "Вот и раб твой Яаков за нами". Ибо он сказал: "Уйму гнев его даром, идущим предо мной; и потом увижу лицо его; может быть, он простит меня"».

³⁰⁷ Тора, Берешит, 32:14-16. «И переночевал он там в ту ночь, и взял из того, что было у него под рукой, в подарок Эсаву, брату своему: коз двести, козлов двадцать, овец двести и баранов двадцать, верблюдиц дойных с их верблюжатами тридцать, коров сорок и быков десять, ослиц двадцать и ослят десять».

³⁰⁸ См. Зоар, главу Ноах, пп. 104-105. «И тогда Исраэль внизу приносят в жертву козла на новомесячье...»

³⁰⁹ Тора, Берешит, 33:14. «Пусть же пойдет господин мой впереди раба своего. А я буду двигаться медленно из-за работы, предстоящей мне, и из-за детей, пока не приду к господину моему в Сеир».

³¹⁰ Тора, Берешит, 33:16. «И возвратился Эсав в тот же день путем своим в Сеир».

³¹¹ Заключительная молитва Дня искупления.

³¹² Тора, Берешит, 33:17. «А Яаков двинулся в Суккот и построил себе дом, а для скота своего сделал шалаши, поэтому он нарек имя месту Суккот».

поселились Исраэль в Суккоте, они спаслись от обвинителя, и Творец радовался с сыновьями своими. Счастлива доля их в этом мире и в мире будущем"». (До сих пор Раайа меэмана)

День искупления

224) «"Смотри, в тот день", Рош а-шана, "укрывается луна", Малхут, "и не светит до десятого дня месяца, когда весь Исраэль совершает полное возвращение, и высшая Има", Бина, "снова начинает светить ей. А в этот день", День искупления, Малхут "принимает свечения Имы", Бины, "и радость пребывает во всем. Поэтому сказано (дословно): "День искуплений (кипурим)", "День искупления (кипур)", – следовало сказать. Что значит "День искуплений", во множественном числе? "Но это потому, что" в это время "два света светят вместе, – высшее светило", Бина, "светит нижнему светилу", Малхут. "И в этот день" Малхут "светит от высшего света", Бины, "а не от света солнца", Зеир Анпина. "Поэтому сказано: "В новомесячье, в назначенный день праздника нашего"[284]», – так как Малхут не светит до Дня искупления.

225) «Рабби Аба передал рабби Шимону, сказал: "Когда зивуг Кнессет Исраэль", Малхут, "со святым Царем", Зеир Анпином". Передал ему: "И к тому же, на самом деле она сестра моя, дочь отца моего, но не дочь матери моей, и стала она моей женой"[313]. Взволновался рабби Аба, возвысил голос свой и заплакал, и сказал: "Рабби, рабби, великий светоч! Горе, горе миру, когда ты уйдешь из него, горе тому поколению, которое будет в мире и уйдешь ты от них, оставив их сиротами после себя". Сказал рабби Хия рабби Абе: "Это" изречение, "что передал тебе, о чем говорит?"»

226) «Сказал (ему рабби Аба): "Конечно, нет зивуга (слияния) Царя с Царицей", Зеир Анпина с Малхут, "но лишь в то время, когда она светит от высшего Абы", при этом Хохма Имы облачена в хасадим Абы, "и когда она светит от него, то называется святостью, потому что берет она это из дома" высшего "Абы", а Аба является святостью. "И тогда" ЗОН "сливаются вместе, потому что Царь называется святостью. Как написано: "Исраэль – святыня Творцу"[314], так как берет из места, называемого святостью. И тогда" говорит Зеир Анпин: "Сестра моя,

---

[313] Тора, Берешит, 20:12. «И к тому же, на самом деле она сестра моя, дочь отца моего, но не дочь матери моей, и стала она моей женой».

[314] Пророки, Йермияу, 2:3. «Исраэль – святыня Творцу, начаток урожая Его. Все поедающие его будут осуждены; бедствие придет на них, – сказал Творец».

дочь отца моего, но не дочь матери моей"[313], – потому что из дома отца (абы) оно, это имя", святость, "а не из дома моей матери (имы)", не из Бины. "И потому: "И стала моей женой"[313], чтобы слиться как одно целое в это время, а не в другое время", – т.е. "в то время, когда она получает из дома отца (абы), а не в то время, когда получает из дома матери (имы). И День искупления является доказательством этому, потому что запрещены супружеские связи во время него, так как в это время нет зивуга" Зеир Анпина и Малхут, "поскольку она получает из дома Имы" в День искупления,[315] "а не из дома Абы". Сказал рабби Хия: "Разумеется, счастливо поколение, в котором пребывает рабби Шимон, счастливы те, кто стоит пред ним каждый день"».

227/1) «Сказал рабби Аба: "В Рош а-шана был создан Адам, и предстал в суде пред Господином своим" за вкушение от Древа познания, "и совершил возвращение, и принял его Творец. Сказал Он ему: "Адам, ты будешь символом для потомков твоих из поколения в поколение, что в этот день предстают пред судом, и если совершат возвращение, Я приму их, и встану с престола суда и воссяду на престол милосердия, и сжалюсь над вами". А Давид сказал: "Люблю я, когда Творец слышит голос мой, мольбы мои"[316]. И поэтому написано: "Ибо у Тебя прощение, дабы трепетали пред Тобой"[317]. И сказано: "Ибо с Тобой источник жизни, в свете Твоем увидим свет"[318]».

(Раайа меэмана)

227/2) «"Эта заповедь – поститься в День искупления, смирять тело и душу, и это – пять видов воздержания, пять ступеней Дня искупления", Хесед-Гвура-Тиферет-Нецах-Ход, "потому что обвинитель является, чтобы напомнить им их грехи, как мы учили. И все они", весь Исраэль, "пребывают в полном раскаянии пред Отцом своим. Все как мы учили в разных местах"». (До сих пор Раайа меэмана)

---

[315] См. выше, п. 224.
[316] Писания, Псалмы, 116:1. «Люблю я, когда Творец слышит голос мой, мольбы мои».
[317] Писания, Псалмы, 130:4. «Ибо у Тебя прощение, дабы трепетали пред Тобой».
[318] Писания, Псалмы, 36:10. «Ибо с Тобой источник жизни, в свете Твоем увидим свет».

228) «"Но в десятый день седьмого месяца этого – День искупления, священное собрание будет у вас"[319]. Рабби Хия провозгласил: "Давиду познание. Счастлив тот, чье преступление прощено, чей грех покрыт"[320]. "Давиду познание"[320], – мы ведь учили, что десятью видами воспеваний называется книга псалмов: наставления, напева, познания, упования, воспевания, песнопения, благословения, молитвы, благодарения, прославления. И самый возвышенный из всех – это прославление"».

229) «"Здесь, познание, – место его известно", Есод Бины. "Что это такое" называющийся "познающий"? Это тот, воды которого делают мудрыми тех, кто испивает от них", т.е. тот, кто передает мудрость (хохма). "Это место, называемое познанием, подобно тому, как ты говоришь: "Познающий происходящее обретет благо"[321], – что если познающий влияет на происходящее, то в нем раскрывается благо, т.е. свечение Хохмы, облаченное в хасадим. "И поскольку он называется так, от него зависит прощение и свобода свободы", так как от Хохмы, которая в Бине, исходит прощение и свобода. "Это смысл сказанного: "Счастлив тот, чье преступление прощено, чей грех покрыт"[320]», ибо благодаря наполнению мудростью (хохма), ему прощается преступление.

230) Спрашивает: «"Что" означает "чей грех покрыт"[320]?" И отвечает: "Ведь это объяснялось, что грех покрыт человеком, прегрешившим по отношению к Творцу и раскаявшимся пред Творцом. Но смотри, когда человек грешит в первый раз и во второй, и в третий, и не раскаивается в этом, тогда грехи его – явные", поскольку "оглашают их наверху и оглашают их внизу. И глашатаи ходят перед ним, объявляя: "Посмотрите, (что происходит) вокруг такого-то! Осуждаем он Господином своим, осуждаем наверху и внизу. Горе ему, ибо порочит он образ Господина своего, горе ему, ибо не тревожится он за честь Господина своего". Творец раскрывает вину его наверху, и это то, что написано: "Обнажат небеса вину его, и будет

---

[319] Тора, Ваикра, 23:27. «Но в десятый день седьмого месяца этого – День искупления, священное собрание будет у вас, и смиряйте души ваши, и приносите огнепалимые жертвы Творцу».

[320] Писания, Псалмы, 32:1. «Давиду познание. Счастлив тот, чье преступление прощено, чей грех покрыт (досл. чье покрытие греха)».

[321] Писания, Притчи, 16:20. «Познающий происходящее обретет благо, а полагающийся на Творца – счастлив».

земля врагом ему"³²². Но когда человек идет по пути Господина своего и занимается служением Ему, и случается с ним какой-то грех, все покрывают его, высшие и нижние, – это то, что называется: "Чей грех покрыт"³²⁰».

231) «Сказал ему рабби Аба: "До сих пор ты еще не подошел к сути дела. И ты правильно сказал, и верно" то, что "сказали товарищи. Но если это так, следовало (так и) сказать: "Чей грех покрыт", что значит (сказанное дословно): "Чье покрытие греха"³²⁰?"»

232) «И отвечает рабби Аба: "Но тут есть два речения мудрости"», в сказанном: «Чье покрытие греха»³²⁰. «"И они следующие. Первое, как мы учили, что вследствие добрых деяний человека, совершаемых в этом мире, создают ему в том мире величественное высшее одеяние, чтобы облачиться в него. И когда человек производил благодеяния, но возобладали над ним злодеяния, и видит Творец, что злодеяния его превысили" благодеяния, тогда "он грешник, ибо виновен пред Господином своим", поскольку его прегрешения превысили заслуги, "и он сомневается и разочаровывается в благодеяниях, совершенных ранее, тогда он лишается всего, как этого мира, так и мира будущего". И спрашивает: "Что делает Творец с теми добрыми деяниями, которые совершил тот грешник прежде?"»

233) И отвечает: «"Однако Творец (делает так, что) хотя сам этот грешник лишается их, эти совершенные им благодеяния и заслуги не исчезают. Ибо есть праведник, который идет путями высшего Царя и исправил облачения благодаря своим" хорошим "деяниям, но, прежде чем довершил свои облачения, ушел" из мира. "И Творец восполняет ему" его облачения "теми благодеяниями, которые совершил тот совратившийся грешник, и восполняет облачения его, чтобы исправился он с помощью них в том мире. Это смысл сказанного: "Наготовит он

---

³²² Писания, Иов, 20:27. «Обнажат небеса вину его, и будет земля врагом ему».

(грешник), а оденется праведник"³²³ – тот грешник исправил, а праведник укрывается тем, что он исправил. И это означает: "Чье покрытие греха"³²⁰ – т.е. это покрытие, облачение его, "оно от грешника. И поэтому написано не "покрыт (мехусэ́ מְכֻסֶּה)", а "покрытие (ксуй כְּסוּי)"³²⁰», ибо означает «облачение».

234) «"И второе" толкование, "что покрылся тот грех, совершенный" человеком, "удостоившимся благодаря тем, что называются морские пучины. Ибо то, что упало в морские пучины уже невозможно найти никогда, так как воды покрывают это, как сказано: "И Ты ввергнешь в пучины морские все грехи их"³²⁴. Что такое "пучины морские"³²⁴?" И отвечает: "Но это возвышенная тайна. И ее ведь объяснил рабби Шимон, сказав: "Все те, что исходят от трудной стороны, и держатся за дурные виды, за нижние сфирот, как Азазель в День искупления, это называется пучинами морскими. Подобно отходам серебра, которое проверяют огнем. Это смысл сказанного: "Удали примеси из серебра"³²⁵».

235) «"Так этот", Азазель, "из этих морских пучин он, и называется морскими пучинами", – т.е. "пучин того святого моря. "Пучины" означают – "нечистота серебра, и поэтому все грехи Исраэля находятся в ней, и она принимает их, и они нисходят в нее. И какова причина? Это потому, что" Азазель "называется грехоочистительной жертвой. Что значит "грехоочистительная жертва?" Грехоочистительная жертва означает "недостаток. И поэтому он – недостаток всего, и он принимает недостаток тела и души. В этот день", в День искупления, "опускается в пучины этого моря нечистота души и берет нечистоту тела. Что такое "нечистота тела"? Это грехи, совершенные из-за злого начала, называемого скверным злодеем"».

---

³²³ Писания, Иов, 27:13-17. «Вот доля грешнику от Всевышнего и судьба притеснителей, которую они получат от Всемогущего: если умножатся сыновья его, мечу они обречены, и потомки его не насытятся хлебом; оставшихся после него схоронит мор, и вдовы его по нему не заплачут; если накопит он серебра, как песка, и наготовит одежды, как праха, то наготовит он, а оденется праведник, и непорочному достанется серебро».

³²⁴ Пророки, Миха, 7:19. «Он вернется, смилуется над нами, скроет провинности наши. И Ты ввергнешь в пучины морские все грехи их».

³²⁵ Писания, Притчи, 25:4-5. «Удали примеси из серебра, и выйдет у плавильщика сосуд. Удали нечестивого от царя, и престол его утвердится правдою».

Объяснение. Малхут называется Древом познания добра и зла, поскольку в ней есть две точки:

Первая – точка, подслащенная в Бине, и с ее стороны она получает все света в ней.

Вторая – точка меры суда первого сокращения, со стороны которой она недостойна получать высший свет.

И если человек удостоился, раскрывается в Малхут только первая точка, называемая мифтеха (ключ), а вторая точка скрыта. И тогда Малхут получает благодаря ему все высшие света. А если он не удостоился, раскрывается вторая точка в Малхут, называемая манула (замóк), и все света, которые были в Малхут, удаляются.[326] И кроме этих судов манулы, скрытых в Малхут, называемых судами нуквы, есть еще суды, вызванные свечением Хохмы сверху вниз в левой линии, которые есть в Малхут со времени пребывания в состоянии ахораим, называемые судами захара. И это очень тяжкие суды. Малхут называется морем, и под ней пребывают два этих вида судов в свойстве «отходы». И они называются морскими пучинами – т.е. отходами, что на дне морском.

Это смысл сказанного: «Так этот», козел Азазелю, «из этих морских пучин он», так как он относится к свойствам судов захара, что на дне морском, «пучин того святого моря», и это скверна, т.е. отходы, находящиеся на дне Малхут, называемой святым морем. «Пучины – нечистота серебра», и также отходы серебра, которые имеются на дне Малхут, являющиеся судами нуквы, упомянутыми выше, тоже находятся в этих пучинах. «И поэтому все грехи Исраэля находятся в ней, и она принимает их, и они нисходят в нее», и поэтому Азазель принимает в себя все грехи Исраэля, как грехи, зависящие от судов захара, так и грехи, зависящие от судов нуквы. Что означает: «Это потому, что называется грехоочистительной жертвой»? – Потому что суды Азазеля называются грехоочистительной жертвой, так как нисходят из-за греха притяжения Хохмы левой линии сверху вниз. «Что значит "грехоочистительная жертва"? Недостаток», потому что «грехоочистительная жертва» означает «недостаток и отсутствие», т.е. нечистоту судов захара. «И поэтому он – недостаток всего», ибо вследствие того, что есть уже в нем этот

---

[326] См. Зоар, главу Ваеце, п. 23. «"От силы света Ицхака" – святости, "и осадков вина" – клипот, из них обоих "выходит одна сложная форма", состоящая из добра и зла...»

недостаток от судов захара, называемых нечистотой души, есть в нем также недостаток от судов нуквы, называемых нечистотой тела. И это смысл сказанного: «И он принимает недостаток тела и души» – так как недостаток влечет за собой (другой) недостаток, и суды нуквы тоже прилепляются к Азазелю. «В этот день», в День искупления, «опускается в пучины этого моря нечистота души», – опускается вид морских пучин, являющийся нечистотой души, т.е. суды захара, что в Азазеле, «и берет нечистоту тела» – т.е. вид судов нуквы, что в морских пучинах. И они включаются в Азазеля. И поэтому говорит Писание: «И понесет на себе козел все их грехи в землю необитаемую»[327] – т.е. даже суды нуквы он несет на себе, так как один недостаток влечет за собой другой. И поскольку отделились Исраэль от судов захара благодаря отправлению Азазеля в пустыню, – ибо отправление его в пустыню указывает на то, что Исраэль отдалились от этого греха, называемого Азазель, т.е. притяжения левой линии сверху вниз, и благодаря этому искупились им все грехи, зависящие от судов захара, – то искупились им также и грехи, зависящие от судов нуквы, хотя это не зависит напрямую от отправления Азазеля в пустыню, ведь в нем вообще нет судов нуквы, но вследствие того, что один недостаток влечет за собой другой, прилепились к нему также суды нуквы. И это смысл сказанного: «Покрытие греха»[320], так как Азазель называется грехом, т.е. недостатком, как мы уже объяснили, покрывающим недостаток, относящийся к судам нуквы. И все их прегрешения прощаются. И сказанное: «Счастлив тот, чье преступление прощено»[320] означает – счастлив тот, которому прощены также и грехи, корень которых – в преступлении, и это суды нуквы, «покрытие греха»[320], потому что грехоочистительная жертва, называемая Азазель, покрыла эти грехи.

236) «Сказал рабби Йоси: "Мы учили: "И возложит Аарон на обоих козлов жребии, один жребий – Творцу, и один жребий – Азазелю"[328]. В таком случае, это большая честь Азазелю, ибо где такое видано, чтобы рабу выпадал жребий наравне с Господином его? Ведь в мире принято, что раб получает то, что дает ему Господин". И отвечает: "Но это потому, что Сам готов в этот

---

[327] Тора, Ваикра, 16:22. «И понесет на себе козел все их грехи в землю необитаемую, и отошлет козла в пустыню».

[328] Тора, Ваикра, 16:8. «И возложит Аарон на обоих козлов жребии: один жребий – Творцу, и один жребий – Азазелю».

день клеветать" на Исраэль, "и чтобы не было у него повода, дают ему долю в этом"».

237) «"И этот жребий выпадает ему сам собой. Ибо сказал рабби Йегуда, сказал рабби Ицхак: "Высшее предназначение я обнаружил в жребии. О жребии Йеошуа написано: "По жребию выделены будут уделы каждому"[329]. "По жребию"[329], конечно, поскольку жребий определял: это будет уделом Йегуды, это будет уделом Биньямина, и так – все уделы. И так же здесь. В то время как коэн протягивал к ним руки свои, каждый из жребиев менял свое место и попадал в нужную ему руку. Это смысл сказанного: "А козел, на которого выпал жребий"[330], "на которого выпал"[330], конечно"», – т.е. выпал сам.

238) «"И не только это, но всё то время, когда обвинитель готов, и дана ему власть, нужно предоставить ему занятие, и тогда он оставит Исраэль. В этот день", День искупления, "обвинитель готов разведать землю, как сказано: "И сказал Творец Сатану: "Откуда пришел ты?" Это смысл сказанного: "И отвечал Сатан Творцу и сказал: "Сновал я по земле"[331]. И мы ведь изучали, что значит "сновал я по земле"[331], – что это самый большой обвинитель, обличающий Исраэль"».

239) «"Ведь указывали товарищи, что в тот час, когда Исраэль были готовы перейти море и отделиться от египтян, сказал" этот обвинитель: "Я прошел по святой земле и вижу, что недостойны они войти в нее. Если Ты вершишь суд, то суди их здесь" так же, "как египтян, – чем одни отличаются от других? Либо все умрут вместе, либо вернутся все в Египет. Не Ты ли сам сказал: "И поработят их, и будут угнетать четыреста лет"[332], а от назначенного срока прошло всего лишь двести десять лет, не более"».

---

[329] Тора, Бемидбар, 26:56. «По жребию выделены будут уделы каждому, многочислен ли он или малочислен».
[330] Тора, Ваикра, 16:10. «А козел, на которого выпал жребий "Азазелю", будет поставлен живым пред Творцом, чтобы искупление совершить на нем, отослать его к Азазелю в пустыню».
[331] Писания, Иов, 1:7. «И сказал Творец Сатану: "Откуда пришел ты?" И отвечал Сатан Творцу и сказал: "Сновал я по земле, исходив ее"».
[332] Тора, Берешит, 15:13. «И сказал Он Авраму: "Знай, что пришельцами будет потомство твое на земле чужой, и поработят их, и будут угнетать четыреста лет"».

240) «"Сказал Творец: "Что Я сделаю? Надо здесь придумать занятие, и предоставить ему. Дам Я ему, чем заняться, чтобы оставил сыновей Моих. И вот есть, кем заняться ему". Тут же сказал ему: "Обратил ли ты внимание на раба Моего, Иова, что нет подобного ему на земле? Человек он непорочный и справедливый, богобоязненный"[333]. Тотчас же прекратил свои речи обвинитель. "И отвечал Сатан Творцу, сказав: "Разве даром богобоязнен Иов?"[334]»

241) Это подобно «"пастуху, который хотел перевести стадо свое через одну реку. И прошел рядом волк, норовя напасть на стадо. Пастух, будучи человеком умным, подумал: "Что же мне делать? Ведь пока я буду переводить овец, он уничтожит мое стадо". Поднял глаза и увидел в стаде одного козла из тех полевых козлов, который был большим и сильным. Сказал: "Пошлю-ка я его перед собой, и пока они будут драться между собой, переведу я свое стадо, и они будут спасены от него"».

242) «"Так же и Творец. Сказал: "Ну конечно, Я пошлю ему козла, большого и сильного", т.е. Иова, "и пока он будет занят им, перейдут сыновья Мои" море, "и не будет против них обвинителя". Сразу же: "И сказал Творец Сатану: "Обратил ли ты внимание на раба Моего, Иова?"[333] Пока не свел их Творец вместе, как написано: "Вот он в руке твоей"[335]. И пока тот занимался им, оставил Исраэль и не выступал против них с обвинениями"».

243) «"И так же в этот день", в День искупления, "Сатан готов пойти разведать землю, и надо предоставить ему, чем заняться, и пока он будет этим занят, оставит Исраэль. Приводят такой пример. Тому, кто прислуживает в доме царя, дай немного вина, и он восхвалит тебя пред царем. А если нет, наговорит" о тебе "царю. А иногда высокопоставленные (чины), что в доме царя, берутся за" эти злые "наветы, и тогда царь совершает суд над таким"».

---

[333] Писания, Иов, 1:8. «И сказал Творец Сатану: "Обратил ли ты внимание на раба Моего, Иова, что нет подобного ему на земле? Человек он непорочный и справедливый, богобоязненный и удаляющийся от зла"».
[334] Писания, Иов, 1:9. «И отвечал Сатан Творцу, сказав: "Разве даром богобоязнен Иов?"»
[335] Писания, Иов, 2:6. «И сказал Творец Сатану: "Вот он в руке твоей, только душу его сохрани"».

244) «Рабби Ицхак сказал: "Подобно глупцу, находящемуся пред царем. Дай ему вина, и покажи ему всё отвратительное и плохое, что ты сделал, и он начнет превозносить тебя и скажет, что нет в мире подобного тебе. Так же и здесь, ведь обвинитель находится всегда пред Царем, и Исраэль дают ему эту жертву", козла отпущения, "и благодаря этой жертве пишет" о нем Писание, "что Исраэль совершили все плохое и отвратительное, и все прегрешения, а он является и восхваляет Исраэль, и становится их защитником, а Творец обращает всё на голову грешников народа его, поскольку сказано: "Ибо горящие угли собираешь ты на голову его"³³⁶».

245) «Сказал рабби Йоси: "Горе народу Эсава в час, когда этого козла отсылают тому клеветнику, который поставлен над ними", т.е. Саму, правителю Эсава, "и благодаря ему он начинает превозносить Исраэль, и Творец обращает все эти грехи на голову народа его, поскольку сказано: "Изрекающий ложь не утвердится пред глазами Моими"³³⁷. Сказал рабби Йегуда: "Если бы идолопоклонники знали об этом козле, не оставили бы Исраэлю ни одного дня в мире"».

246) «"Смотри, весь этот день он занят этим козлом, и тогда Творец искупает Исраэль и очищает их от всего, и нет пред Ним обвинителя. Затем он является и восхваляет Исраэль. И тогда спрашивает его" Творец, "как написано: "И сказал Творец Сатану: "Откуда пришел ты?"³³¹ И тот отвечает, восхваляя Исраэль, и обвинитель становится защитником, и отправляется восвояси"».

247) «"Тогда сказал Творец семидесяти правителям, окружающим престол" Его, т.е. высшей судебной палате: "Видели ли вы этого клеветника, как он готов всегда" наговаривать "на сыновей Моих? Ведь один козел находится у него, с записью, что все их грехи и все их пороки, и всё, в чем они прегрешили и провинились предо Мной, и он принял их" на себя. "И тогда согласились все, чтобы обратились эти прегрешения на народ его"».

---

³³⁶ Писания, Притчи, 25:21-22. «Если голоден враг твой, накорми его хлебом, а если измучен жаждой, напои его водою. Ибо горящие угли собираешь ты на голову его, и Творец воздаст тебе».

³³⁷ Писания, Псалмы, 101:7. «Не будет жить в доме моем поступающий лживо, изрекающий ложь не утвердится пред глазами моими».

248) «Рабби Аба сказал: "Все эти преступления и грехи прилепляются к нему" вначале, "как написано: "И Ты ввергнешь в пучины морские все грехи их"³²⁴, а затем все они обращаются на головы народа его. Это смысл сказанного: "И понесет на себе козел все грехи их в землю необитаемую"³²⁷. В этот день увенчивается коэн высшими украшениями, и он стоит между высшими и нижними, и искупает себя, и дом свой, и коэнов, и Святилище, и весь Исраэль"».

Пояснение сказанного. Все наказания в мире происходят от двух видов судов:

Первый вид. Суды захара, корнем которых является притяжение свечения Хохмы, что в левой линии, сверху вниз.

Второй вид. Суды нуквы, корнем которых является раскрытие манулы наверху в Малхут, о чем сказано: «Если не удостоился (человек) – то (стало) злом»³³⁸. ³³⁹

И благодаря молитвам, раскаянию и святости этого дня удостаиваются Исраэль очиститься от всех судов и наказаний. И устанавливается у них чистота вследствие отправления Азазеля в пустыню, ибо благодаря жребиям протянулось к ним свечение левой линии, так как козел грехоочистительной жертвы является притяжением святости, производимым снизу вверх, и это – доля Исраэля. А козел для Азазеля, это притяжение ситры ахра, производимое сверху вниз, которое мы пробуждаем с помощью жребия Азазелю, и отсылаем его «в землю необитаемую»³²⁷, то есть в место власти Сама и народа Эсава, притягивающих Хохму сверху вниз, и от него исходят большие наказания. И поскольку установилось раскаяние Исраэля в этом, чтобы отделиться от деяния грешников, устранились у них все суды захара, и они притягивают все мохин святости с помощью козла грехоочистительной жертвы. Однако вначале должны также суды нуквы прилепиться к Азазелю, в тайне: «И Ты ввергнешь в пучины морские все грехи их»³²⁴ – так как один недостаток влечет за собой другой.³⁴⁰ А затем посылают его в землю необитаемую, чтобы отделились эти суды от Исраэля и установились над

---

[338] См. «Предисловие книги Зоар», п. 123. «Малхут – это Древо познания добра и зла, если удостоился человек – стало добром, а если не удостоился – то злом».

[339] См. Зоар, главу Ваеце, п. 23. «"От силы света Ицхака" – святости, "и осадков вина" – клипот, из них обоих "выходит одна сложная форма", состоящая из добра и зла...»

[340] См. выше, п. 235.

теми, кто притягивает свечение Хохмы сверху вниз. И это Сам и народ его, т.е. народ Эсава. И это смысл сказанного: «Все эти преступления и грехи прилепляются к нему» – т.е. вначале должны прилепиться к нему все эти провинности и прегрешения, как исходящие от судов захара, так и исходящие от судов нуквы, поскольку один недостаток влечет за собой другой, «как написано: "И Ты ввергнешь в пучины морские все грехи их"[324], а затем все они обращаются на головы народа его»[340], и потом отправляют его «в землю необитаемую»[327], под власть Сама и народа его, прилепившихся к Азазелю, которым свойственно притягивать сверху вниз, и тогда все суды сваливаются на их головы, как суды нуквы, так и суды захара.

Однако обвинитель еще мог выступать против Исраэля и раскрывать в их корне в Малхут точку манулы, из-за которой удаляются все света,[339] и тем более в День искупления, когда обвинителю дано право раскрывать это. И это потому, что в Рош а-шана, во время трубления в шофар, уже раскрылась манула, как уже объяснялось,[341] и вследствие этого ему дано право напоминать это. И это смысл сказанного: «Но это потому, что Сам готов в этот день клеветать», – поскольку она уже раскрылась в Рош а-шана, «и чтобы не было у него повода, дают ему долю в этом», в виде козла для Азазеля. Потому что ситра ахра называется концом всякой плоти,[342] ведь она всегда желает наслаждаться плотью, то есть все ее желание и стремление притягивать Хохму, что в левой линии, сверху вниз.[343] И поэтому, когда мы пробуждаем для него козла для Азазеля и посылаем ему это, это ведь является очень важной жертвой, и если он будет обвинять Исраэль, чтобы раскрыть манулу, имеющуюся в Малхут, тогда удалятся все света из Малхут, и также его доля от Азазеля уйдет и исчезнет. И в страхе перед этим он боится открыть рот, но мало этого, – для того чтобы быть уверенным, что ему достанется это свечение, он еще восхваляет Исраэль. И это смысл сказанного: «Подобно глупцу, находящемуся пред царем. Дай ему вина, и покажи ему всё отвратительное и плохое, что ты сделал, и он начнет превозносить тебя

---

[341] См. Зоар, главу Ваикра, п. 309. «И нет гласа у шофара, который не поднялся бы на первый небосвод...»

[342] Тора, Берешит, 6:13. «И сказал Всесильный Ноаху: "Конец всякой плоти пришел предо Мною, ибо земля наполнилась злодеянием из-за них. И вот, Я истреблю их с землею"».

[343] См. Зоар, главу Ноах, п. 130. «Всё желание "конца всякой плоти" направлено только на плоть...»

и скажет, что нет в мире подобного тебе»[344], ведь он боится потерять пьянящее вино, которое досталось ему, называемое свечением Азазеля, как мы уже объясняли. И это смысл сказанного: «Если бы идолопоклонники знали об этом козле»[345], – то есть, что свечение, которое мы даем их правителю, навлекает на них все перечисленные суды, которые должны были прийти к Исраэлю, «не оставили бы Исраэлю ни одного дня в мире».

249) «"Мы учили, что в час, когда коэн входил с кровью быка, он устремлял намерение свое к истоку (рош) веры", т.е. к трем первым сфирот Кетер-Хохма-Бина. "И кропил пальцем своим, как сказано: "И окропит ею крышку и перед крышкой"[346] – т.е. один раз вверх и семь раз вниз. "И как он это делал? Он окунал кончик пальца и окроплял, стряхивая капли с пальца в сторону жертвенника", то есть не давал этим каплям упасть на сам жертвенник, а только (направлял их) в сторону жертвенника, и капли падали на землю. "Он кропил и сосредотачивал намерение, и начинал отсчитывать – одна, одна и еще одна. Одна – отдельно", т.е. "та, которая включает все. Одна – прославление всего. Одна – к которой все обращаются. Одна – являющаяся началом (рош) всего", т.е. сфира Кетер. "А затем – одна и еще одна", Хохма и Бина, "и они пребывают вместе, в желании и дружбе, и никогда не разлучаются"» друг с другом.

250) «"После того, как он пришел к этой "и еще одна", являющейся матерью (има) всего", и это Бина, "он начинает отсчитывать отсюда", от Бины, "в соединении. И он отсчитывает, говоря: "Одна и две" – т.е. соединяет Бину с двумя, Хеседом и Гвурой, "одна и три" – т.е. соединяет Бину с ХАГАТ, "одна и четыре" – соединяет Бину с ХАГАТ и Нецахом, "одна и пять" – соединяет Бину с ХАГАТ Нецахом-Ходом, "одна и шесть" – соединяет ее с ХАГАТ НЕХИ, "одна и семь" – соединяет ее с ХАГАТ НЕХИМ. "Для того чтобы притянуть и провести эту "одну", т.е. высшую Иму", Бину, "через известные ступени", которые мы назвали, "к Кетеру нижней Имы", Малхут, "и провести глубокие

---

[344] См. выше, п. 244.
[345] См. выше, п. 245.
[346] Тора, Ваикра, 16:14-15. «И возьмет он крови быка, и окропит пальцем своим крышку с востока, и перед крышкой покропит он пальцем своим семь раз кровью быка. И зарежет козла жертвы грехоочистительной, которая за народ, и внесет кровь его за завесу, и сделает с кровью козла то же, что сделал с кровью быка, и окропит ею крышку и перед крышкой».

реки", т.е. света Бины, "от их места к Кнессет Исраэль", Малхут. "И поэтому в этот день светят два света вместе", т.е. "высшая Има, которая светит нижней Име", Бина (светит) Малхут. "И поэтому пишется "День искуплений", во множественном числе, "как мы сказали"».

251) «Сказал рабби Ицхак: "Одна цепочка была привязана к ногам коэна в час, когда он входил" в святая святых, "чтобы в случае, если он умрет там, вытянуть его наружу". Поскольку запрещено было входить туда. "И откуда знали", жив он или нет? "По алому лоскуту материи. Когда цвет ее не менялся" на белый, "становилось известно в этот час, что коэн, находящийся внутри, грешен. И если он вышел с миром, это становилось известным по алому лоскуту, цвет которого менялся на белый, и тогда это радость среди высших и нижних. А если нет, все пребывают в скорби, и знали все, что не принята их молитва"».

252) «Сказал рабби Йегуда: "Когда он входил и закрывал глаза, чтобы не смотреть в то место, куда не следует, и слышал звук крыльев херувимов, которые возносили воспевания и прославления, коэн знал, что все пребывают в радости, и он выйдет с миром. И вместе с этим, он знал по своей молитве, ибо слова выходили из его уст с радостью, и принимались и благословлялись как подобает, и тогда это радость среди высших и нижних"».

253) «Рабби Эльазар спросил рабби Шимона, отца своего: "День этот", День искупления, "почему зависит от этого места", от Бины, когда Малхут поднимается в Бину, что является левой линией, "а не от другого места, – ведь правильно бы было, чтобы оно было на ступени, на которой Царь пребывает с ней более всего?"», т.е. в котором произвела бы зивуг с Зеир Анпином, мужем своим, что является правой линией. «Сказал ему рабби Шимон: "Эльазар, сын мой, конечно же, это так", что он должен зависеть от Бины, "и хорошо ты спросил"».

254) И отвечает: «"Смотри, святой Царь оставил свой чертог и дом, под управлением Царицы", Малхут, "и оставил у нее сыновей ее, чтобы она управляла ими, наказывала их и пребывала среди них. И если они достойны, входит Царица в радости и славе к Царю. А если недостойны, она возвращается с ними в изгнание. И мы уже объясняли: "Разоряет отца, прогоняет

мать"³⁴⁷, т.е. прогоняет ее в изгнание. И написано: "И за преступления ваши изгнана была мать ваша"³⁴⁸».

255) «"И поэтому есть один день в году, чтобы наблюдать за ними и разобраться" в их деяниях. "И когда наступает этот день, высшая Има", т.е. Бина, "в руках которой находится вся свобода", т.е. мохин свечения Хохмы, облаченной в хасадим, называемые свободой, прогоняющие и подчиняющие все клипот, "готова соответственно ему", соответственно этому дню, "смотреть за ними, за Исраэлем", т.е. давать им наполнение. "А Исраэль спешат в этот день совершить многочисленные служения, молитвы и воздержания. И все они – в заслугу им. И тогда предоставляется им свобода из этого места, так как вся свобода находится в руках Царицы", Малхут, т.е. Малхут поднимается в Бину, и всю свободу, имеющуюся в Бине, получает Малхут. "Царские сыны", т.е. Исраэль внизу, "и это сыновья ее, порученные ей, все они достойны, все безгрешны и невинны, – тогда она соединяется с Царем, со светом, в радости, совершенстве и желании, поскольку вырастила сыновей для высшего Царя как подобает"», т.е. она прилепляется к правой линии. Однако прежде, чем Исраэль получают очищение и свободу от Бины, Малхут не может соединиться с Зеир Анпином и получать от правой линии. И таким образом разрешается вопрос рабби Эльазара, сына его.

256) «"А когда этот день не соблюдается надлежащим образом, горе им", Исраэлю, "горе их посланнику", т.е. главному коэну, "горе, ибо Царица отдалилась от Царя, и высшая Има", Бина, "удалилась, и не исходит от нее свобода к мирам. Счастливы Исраэль, если Творец обучил их путям Его, чтобы спастись от суда и быть достойными пред Ним. Это смысл сказанного: "Ибо в этот день искупит вас для очищения вашего"³⁴⁹. И написано: "И окроплю вас водою чистою, и очиститесь от всей скверны вашей"³⁵⁰».

---

[347] Писания, Притчи, 19:26. «Разоряет отца, прогоняет мать сын позорный и бесчестный».

[348] Пророки, Йешаяу, 50:1. «Так сказал Творец: "Где разводное письмо матери вашей, которым Я прогнал ее? Или кто тот из заимодавцев Моих, которому Я продал вас? Ведь за грехи ваши проданы были вы, и за преступления ваши изгнана была мать ваша"».

[349] Тора, Ваикра, 16:30. «Ибо в этот день искупит вас для очищения вашего от всех ваших грехов, пред Творцом чисты будете».

[350] Пророки, Йехезкель, 36:25. «И окроплю вас водою чистою, и очиститесь от всей скверны вашей; и от всех идолов ваших очищу вас».

ГЛАВА ЭМОР

Пятнадцать дней

257) «"А в пятнадцатый день седьмого месяца священное собрание пусть будет у вас"[351]. Рабби Йоси задал вопрос рабби Абе. Сказал ему: "Эти пятнадцать дней, – о чем они говорят?" Сказал ему: "Безусловно, это важная тайна. Смотри, как наверху, так и внизу, каждый передвигается, как это присуще ему, и сидит, как это присуще ему, и пробуждается, как это присуще ему, и делает то, что делает". Иначе говоря, нет ничего, похожего на другое, как наверху, так и внизу. "Этот "десятый день" – он от Кнессет Исраэль", т.е. указывает на Малхут, "потому что "десятый день" находится в десятой" сфире, и это – Малхут. "И поэтому сказано: "В десятый день этого месяца пусть возьмут себе каждый по ягненку на отчий дом"[352]», потому что «в десятый день» – это Малхут. И поскольку завершились в течение этих десяти дней десять сфирот, «пусть возьмут себе каждый по ягненку»[352]. «"И этот день", десятый день месяца, "принадлежит ей. А пять других дней принадлежат Царю", Зеир Анпину. "Тот день, что приходит над ней", и он наполняет ее светами ее, поэтому Малхут находится в пятнадцатый день во всей своей полноте, "поскольку в этот пятый день", когда завершаются пять сфирот Зеир Анпина, "Царь восседает на своем престоле"», Малхут. И это состояние луны в полноте ее.

Объяснение. «Десять дней» указывают на десять сфирот, что в Малхут, облачающей от хазе и ниже Зеир Анпина. И до тех пор у нее еще нет ничего от пяти сфирот, которые от хазе и выше Зеир Анпина, – т.е. ХАБАД и ХУГ, поскольку Тиферет, что от хазе и выше, и Даат считаются одной сфирой, потому что Тиферет, поднимающаяся в Бину, становится в ней свойством Даат. И вместе с Хеседом и Гвурой – их три сфиры, а вместе с Хохмой и Биной – пять. Однако еще через пять дней месяца она постигает от пяти высших сфирот, что от хазе и выше Зеир Анпина, и находится с ним в зивуге. Поэтому в пятнадцатый день месяца Малхут пребывает во всей своей полноте. И это смысл сказанного: «А пять других дней принадлежат Царю», а пять дополнительных дней после десятого дня

---

[351] Тора, Бемидбар, 29:12. «А в пятнадцатый день седьмого месяца священное собрание пусть будет у вас, никакой работы не делайте и празднуйте праздник Творцу семь дней».

[352] Тора, Шмот, 12:3. «Скажите всей общине Исраэля так: "В десятый день этого месяца пусть возьмут себе каждый по ягненку на отчий дом, по ягненку на дом"».

месяца, – это пять сфирот ХАБАД, Хесед и Гвура, что от хазе и выше Зеир Анпина. «Тот день, что приходит над ней», т.е. при наступлении полных пятнадцати дней Зеир Анпин соединяется с ней и наполняет ее от пяти своих сфирот, что от его хазе и выше. «Поскольку в этот пятый день Царь восседает на своем престоле», ибо этот пятый день, т.е. Зеир Анпин, Царь дает наполнение во время него своему престолу, Малхут, т.е. дает ей наполнение от первых пяти сфирот.

258) «"И в любом месте, десятый день, он принадлежит Царице", т.е. Малхут. "Пять дней над ними принадлежат Царю", т.е. первые пять сфирот Зеир Анпина, "и это тот день, который приходит над ней", т.е. Зеир Анпин, "и поэтому эти пять дней месяца сиван предназначены для" получения "Торы". И это указывает на пять первых сфирот Зеир Анпина, которые наполняли во время дарования Торы. "И если скажешь, что в седьмой день" должна была быть вручена Тора, "в то время, когда оба родителя", т.е. Аба ве-Има (досл. отец с матерью) "пребывают" облаченными "в него", в Зеир Анпин, "ибо Царь", когда Он "в них", тогда "увенчивается всем" и достоин давать Тору. И отвечает: "Это одно целое – пятый день и седьмой день"».

259) «"Смотри, пятый день принадлежит ему, разумеется, как мы уже сказали", что это указывает на пять его сфирот ХАБАД ХУГ. "И тогда Аба светит Име, и светят от нее пятьдесят врат, чтобы светить пятому дню", – т.е. пятьдесят врат Бины светят пяти высшим сфирот Зеир Анпина, и хотя Аба ве-Има светят внутри него, мы говорим только лишь о пяти его сфирот ХАБАД ХУГ, и поэтому он восполняется в пятый день. "И если сказано, что это седьмой день, это потому, что Царь пребывает в совершенстве родителей", которые светят в нем, как мы уже сказали, так как пять его свойств, вместе с Абой ве-Имой, – это семь. "И он" еще "наследует венец (атара)" от Бины, которая называется "седьмой", ведь если мы начинаем считать от Есода, Бина является седьмой сфирой. "Как написано: "Выйдите и посмотрите, дочери Циона, (на царя Шломо в венце, которым украсила его мать)"[353]. И поэтому в седьмой день – это день, в который" Бина "украшает Царя", Зеир Анпина, венцами его. И также "в это время Царь наследует Абу ве-Иму, которые

---

[353] Писания, Песнь песней, 3:11. «Выйдите и посмотрите, дочери Циона, на царя Шломо в венце, которым украсила его мать в день свадьбы его и в день радости сердца его».

совершают зивуг" и светят внутри него "вместе", как мы уже говорили, и вместе с его пятью свойствами – это семь. "И поэтому все зависит от одного"», все указывает на совершенство Зеир Анпина, т.е. в час, когда он облачает Абу ве-Иму, а когда считают только его сфирот, конечно, он является совершенным в пятый день. Но когда считают также Абу ве-Иму, облаченных в него, можно сказать, что он совершенен в седьмой день. И оба они указывают на то же самое.

ГЛАВА ЭМОР

МАН, колодец, облака величия

260/1) «"А в пятнадцатый день"[351]. Рабби Йегуда провозгласил: "И услышал кнааней, царь Арада, обитающий на юге, что Исраэль идет дорогой разведчиков, и воевал с Исраэлем"[354]. Три высших дара были уготованы для Исраэля благодаря троим братьям – Моше, Аарону и Мирьям. МАН – благодаря заслугам Моше. Облака величия – благодаря заслугам Аарона. Колодец – благодаря заслугам Мирьям. И все они включены в высшие свойства. МАН – благодаря заслугам Моше, как сказано: "Вот Я посылаю вам хлеб с небес"[355]. "С небес"[355] – это Моше"», т.е. он является строением (меркава) для Зеир Анпина, называемого Моше и называемого небесами.

260/2) «"Облака величия – благодаря заслугам Аарона"», являющегося строением (меркава) для Хеседа, "как написано: "Лицом к лицу являлся Ты, Творец, и облако Твое стоит над ними"[356]. И сказано: "И покроет облако курения"[357], – так же как дальше", в курении, "это семь" облаков, "так же и здесь"», в «и облако Твое стоит над ними»[356] – «"это тоже семь" облаков. "Поскольку при воскурении семь облаков были связаны вместе, и Аарон является началом (рош) для всех семи облаков"», так как семь облаков – это ХАГАТ НЕХИМ, а Аарон, являющийся строением (меркава) для Хеседа, – это первая сфира из них, "и он связан в нем с шестью другими облаками", Гвура-Тиферет-Нецах-Ход-Есод-Малхут, "каждый день"». И поэтому облака считаются заслугой Аарона, поскольку он является свойством Хесед, т.е. началам (рош) этих облаков, и включает их в себя.

261) «"Колодец – благодаря заслугам Мирьям", поскольку Мирьям была строением (меркава) для Малхут, "ибо она,

---

[354] Тора, Бемидбар, 21:1. «И услышал кнааней, царь Арада, обитающий на юге, что Исраэль идет дорогой разведчиков, и воевал с Исраэлем, и взял из них в плен».

[355] Тора, Шмот, 16:4. «И Творец сказал Моше: "Вот Я посылаю вам хлеб с небес, и будет выходить народ, и собирать ежедневно, сколько нужно на день, чтобы Мне испытать его – будет ли он поступать по закону Моему или нет"».

[356] Тора, Бемидбар, 14:14. «И скажут жителям земли этой, которые слышали, что Ты, Творец, в среде народа этого, что лицом к лицу являлся Ты, Творец, и облако Твое стоит над ними, и в столпе облачном идешь Ты перед ними днем, и в столпе огненном ночью».

[357] Тора, Ваикра, 16:13. «И положит курение на огонь пред Творцом, и покроет облако курения крышку, которая на свидетельстве, и он не умрет».

безусловно, называется колодцем. И в книге Агады" мы учили: "И встала сестра его поодаль, чтобы узнать, что с ним случится"[358]. Это "колодец живой воды"[359], т.е. Малхут, "и всё это – одна связь", потому что Мирьям была связана с Малхут. "Умерла Мирьям – исчез колодец, как написано: "И не было воды для общины"[360]. И в этот час хотел исчезнуть другой колодец", Малхут, "который находился с Исраэлем". Но "когда увидел он шесть облаков", т.е. ХАГАТ НЕХИ, "которые были связаны над ним", над облаком Малхут, которое является его свойством, "установил (колодец)", Малхут, "связь с ними"».

262) «"Умер Аарон – исчезли эти облака величия. И исчезло вместе с ними" седьмое "облако, с которым колодец", т.е. Малхут, был связан, как мы уже сказали. "Явился Моше и вернул их им. Это смысл сказанного: "Ты поднялся ввысь, захватил пленных, взял дары у людей"[361]. "Взял дары"[361], разумеется, и это те дары, которые были вначале, – колодец и облака"».

263) «"Колодец – это колодец Ицхака", иначе говоря, Малхут называется колодцем в час, когда получает свечение Хохмы от левой линии, называемой Ицхак. "Облака – это облака Аарона"», то есть облака – это хасадим, так как являются свойством Аарона, Хеседа. Таким образом, становится ясным сказанное им,[362] что Малхут колодца установила связь с Малхут облаков, поскольку они отличаются друг от друга, так как одна – это Хесед де-Малхут, другая – Гвура де-Малхут. «Сказал рабби Ицхак: "По какой причине Аарон удостоился этого?" – чтобы облака величия низошли к Исраэлю благодаря его заслугам. "Это потому, что он связан с облаками", то есть, он является свойством Хесед, как и они. "И он", будучи строением (меркава) для Хеседа Зеир Анпина, который является рош этих облаков, "связывал" и соединял "каждый день все их как одно целое, чтобы все они благословлялись через него"».

---

[358] Тора, Шмот, 2:4. «И встала сестра его поодаль, чтобы узнать, что с ним случится».
[359] Тора, Берешит, 26:19. «И копали рабы Ицхака в долине, и нашли там колодец живой воды».
[360] Тора, Бемидбар, 20:2. «И не было воды для общины, и собрались они против Моше и против Аарона».
[361] Писания, Псалмы, 68:19. «Ты поднялся ввысь, захватил пленных, взял дары у людей, и даже (среди) отступников обитать будет Творец Всесильный».
[362] См. выше, п. 261.

264) «"Смотри, за всю милость (хесед), оказанную Творцом Исраэлю, он связал с Ним семь облаков величия", соответствующие ХАГАТ НЕХИМ, "и связал их с Кнессет Исраэль", Малхут, "так как ее облако", являющееся свойством Малхут облаков, "было связано с шестью другими", ХАГАТ НЕХИ. "И благодаря всем семи облакам шли Исраэль по пустыне. И почему? Потому что все они были связями веры", так как были слиты с Малхут, называемой верой. "И об этом" говорит Писание: "В кущах (суккот) живите семь дней"[363], – и это свойство семи облаков величия, которые сопровождали Исраэль в пустыне. "Чему нас это учит?" И отвечает: "Поскольку написано: "В тени его наслаждалась я и сидела, и плод его сладок нёбу моему"[364] – и это тень облаков величия, и это тень сукки. "И должен человек проявить себя так, что сидит он под сенью веры"».

265) «"Смотри, все те годы, пока был Аарон, Исраэль пребывали в тени веры, под этими семью облаками. После того, как умер Аарон, исчезло одно облако", Хесед облаков, который был его свойством, "являвшееся правой стороной всех", т.е. все они были свойствами хасадим, которые включены в правую сторону, однако свойство Хесед в них, оно наиболее правое из всех, так как все они включены в него, и являются свойством семи сфирот, включенных в сфиру Хесед. И поэтому, "когда удалилось это", т.е. Хесед облаков, "удалились вместе с ним все остальные облака", так как они – шесть сфирот, включенные в него, "и проявились все как отсутствующие" в Исраэле. "И мы ведь объясняли то, что написано: "И увидели они, вся община, что скончался Аарон"[365], – читай не "и увидели (ва-ирý וַיִּרְאוּ)", а "и стали видны (ва-иерý וַיֵּרָאוּ)" от того, что удалилась от них тень этих облаков, и они открылись взору. Сразу же: "И услышал кнааней, царь Арада, обитающий на юге, что Исраэль идет дорогой разведчиков"[354], – услышал, что исчезли облака величия, и умер великий проводник, с которым были связаны все эти облака величия"».

---

[363] Тора, Ваикра, 23:42. «В кущах живите семь дней, всякий уроженец Исраэля, – пусть живут в кущах».

[364] Писания, Песнь песней, 2:3. «Как яблоня меж лесных деревьев, так любимый мой среди юношей! В тени его наслаждалась я и сидела, и плод его сладок нёбу моему».

[365] Тора, Бемидбар, 20:29. «И увидели они, вся община, что скончался Аарон, и оплакивали они Аарона тридцать дней, весь дом Исраэля».

266) «Сказал рабби Ицхак: "Кнааней, царь Арада, обитающий на юге"³⁵⁴, разумеется, и когда пришли те разведчики, которых послал Моше, сказали: "Амалек обитает на земле южной"³⁶⁶, чтобы сокрушить их сердце, потому что сила их была сокрушена Амалеком вначале"».

267) «Сказал рабби Аба: "И услышал кнааней"³⁵⁴, что означает" кнааней здесь, который пришел, "когда исчезли облака?" И отвечает: "Но написано о Кнаане: "И сказал: "Проклят Кнаан, раб рабов будет он у братьев своих!"³⁶⁷ И мы учили здесь"», в сказанном: «И услышал кнааней»³⁵⁴, «"что тот, кто выводит себя из-под сени веры, заслуживает стать рабом, рабом рабов", т.е. кнанейцев, "и это смысл сказанного: "И воевал с Исраэлем, и взял у него пленных"³⁵⁴ – т.е. взял себе рабов из Исраэля"».

268) «"И поэтому написано: "Всякий уроженец Исраэля, – пусть живут в кущах (суккот)"³⁶³. Ибо каждый, кто (исходит) от святого корня и святого ствола, от Исраэля, "пусть живут в кущах (суккот)"³⁶³ под сенью веры, а тот, кто не (исходит) от ствола и святого корня Исраэля, не будет жить в них и выводит себя из-под сени веры"».

269) «"Написано: "В руке кнаанейца – весы неверные"³⁶⁸ – это Элиэзер, раб Авраама. И смотри, написано: "Проклят Кнаан"³⁶⁷. Ибо этот кнанеец", т.е. Элиэзер, "удостоился служить Аврааму, и поскольку служил Аврааму и сидел в тени веры, он удостоился выйти из-под того проклятья, которым был проклят. И мало того, написано благословение о нем, как написано: "И сказал он: "Войди, благословенный Творцом!"³⁶⁹ Чему это нас учит? Тому, что каждый, кто сидит в тени веры, наследует вечную свободу для себя и сыновей своих, и получает высшее благословение. А тот, кто выводит себя из-под сени веры, наследует изгнание для себя и сыновей своих, как написано: "И воевал с Исраэлем, и взял из них в плен"³⁵⁴».

---

³⁶⁶ Тора, Бемидбар, 13:29. «Амалек обитает на земле южной, а хетт, и йевусей, и эморей обитает в горах, а кнааней обитает у моря и у Ярдена».

³⁶⁷ Тора, Берешит, 9:25. «И сказал: "Проклят Кнаан, раб рабов будет он у братьев своих!"»

³⁶⁸ Пророки, Ошеа, 12:8. «В руке кнаанейца – весы неверные, любит он обирать».

³⁶⁹ Тора, Берешит, 24:31. «И сказал он: "Войди, благословенный Творцом! Почему стоишь ты снаружи? Я же освободил дом и место для верблюдов».

ГЛАВА ЭМОР

Праздник Суккот

270) «"В кущах (суккот) живите семь дней"[363], недостает вав (ו)" в слове суккот (סכת), "и это" потому, что Суккот указывает на "одно только облако", Хесед, "с которым связаны все" шесть облаков. И потому это семь дней, "как написано: "И облако Творца над ними днем"[370]. И написано: "И в столпе облачном идешь Ты перед ними днем"[371]. И это облако Аарона", Хесед, "который называется днем. Как написано: "Днем явит Творец милость (хесед) свою"[372]. Одно облако", Хесед, "берет с собой пять других облаков", т.е. Гвуру, Тиферет, Нецах, Ход, Есод, "итого шесть, а другое облако, о котором написано: "И в столпе огненном ночью"[371], т.е. Малхут, "который светит Исраэлю от свечения этих шести"» облаков.

271) «"В кущах (суккот) живите семь дней"[363]. Эта заповедь – жить в сукке. И мы ведь объясняли: это для того чтобы показать, что Исраэль пребывают в вере", т.е. в тени сукки, "без всякого страха" обвинений, "потому что обвинитель уже отделился от них", в День искупления с помощью козла для Азазеля. "И каждый, кто (находится) в тайне веры, живет в сукке. Как мы объясняли написанное: "Всякий уроженец Исраэля должен жить в кущах (суккот)"[363], т.е. тот, кто (находится) в тайне веры и происходит от семени и корня Исраэля, "должен жить в кущах (суккот)"[363]. И эта тайна приводится в разных местах"».

272) «"Заповедь, которая после этой, – совершать жертвоприношение в каждый день", из семи дней Суккот. "И приношение это должно быть долей каждого, в радости сыновей Его", потому что семьдесят быков соответствуют семидесяти правителям народов мира. "Ибо все они связаны с деревом", Зеир Анпином, "поскольку нижние ветви, произрастающие от корня этого дерева, все они получают благословение благодаря дереву, и хотя нет в них пользы", они тоже "все благословляются. И радость Исраэля – в их высшем Отце", т.е. в корне

---

[370] Тора, Бемидбар, 10:34. «И облако Творца над ними днем при выходе их из стана».

[371] Тора, Бемидбар, 14:14. «И скажут жителям земли этой, которые слышали, что Ты, Творец, в среде народа этого, что лицом к лицу являлся Ты, Творец, и облако Твое стоит над ними, и в столпе облачном идешь Ты перед ними днем, и в столпе огненном ночью».

[372] Писания, Псалмы, 42:9. «Днем явит Творец милость Свою, а ночью – песнь Его со мною, молитва к Создателю жизни моей».

этого дерева, и они "передают часть благословений всем этим остальным народам, у которых есть связь, и они включаются в Исраэль"».

273) «"И все эти жертвы", семьдесят быков, "нужны, чтобы дать пищу всем этим правителям остальных народов, ведь вследствие любви, которую Творец испытывает к сыновьям своим, Он желает, чтобы все" правители "любили их, и это смысл сказанного: "Если Творец благоволит к путям человека, то и врагов его примирит с ним"[373], – т.е. "даже все эти высшие обвинители, все они снова становятся любящими Исраэль. Когда высшие силы снова становятся любящими Исраэль, все те, кто находится внизу, тем более"».

274) «"И если скажешь, что им", этим семидесяти правителям, "приносили жертвы, это не так, но всё возносится и приносится в жертву Творцу, а Он раздает пищу всем множествам других сторон", т.е. правителям семидесяти народов, "чтобы насладились этим даром сыновей Его, и снова стали любящими их, и знали наверху и внизу, что нет народа, подобного народу Исраэля, являющихся уделом и наследием Творца. И возносится величие Творца наверху и внизу как подобает. И все высшие правители провозглашают, говоря: "И кто подобен народу Твоему, Исраэлю, народу единому на земле!"[374]» (До сих пор Раайа меэмана)

275) «Рабби Эльазар провозгласил: "Так сказал Творец: "Запомнил Я милость юности твоей, любовь твою, когда была ты невестой, как шла ты за Мной по пустыне, по земле незасеянной"[375] – это сказано о Кнессет Исраэль", Малхут, "в час, когда она шла с Исраэлем по пустыне. "Запомнил Я милость (хесед)"[375] – это облако Аарона", Хесед, "которое передвигалось в пяти других" облаках, – Гвура, Тиферет, Нецах, Ход, Есод,

---

[373] Писания, Притчи, 16:7. «Если Творец благоволит к путям человека, то и врагов его примирит с ним».

[374] Пророки, Шмуэль 2, 7:23. «И кто подобен народу Твоему, Исраэлю, народу единому на земле, ради которого ходил Всесильный искупить его Себе в народ и сделать Себе имя, и совершить вам (деяния) великие и страшные в стране Твоей, (изгоняя) пред народом Твоим, который Ты избавил от Египта, народов и божеств его?!»

[375] Пророки, Йермияу, 2:2. «Иди и возгласи во всеуслышание Йерушалаиму, говоря, что так сказал Творец: "Запомнил Я милость юности твоей, любовь твою, когда была ты невестой, как шла ты за Мной по пустыне, по земле незасеянной"».

"которые установили связь над тобою и светили над тобой. "Любовь твою, когда была ты невестой"³⁷⁵, – т.е. эти облака, которые включили тебя и увенчали тебя, и установили тебя как невесту, украшенную драгоценностями. И почему до такой степени? Это потому "как шла ты за Мной по пустыне, по земле незасеянной"³⁷⁵», т.е. потому, что шла с Исраэлем по пустыне.

276) «"Смотри, в час, когда человек живет в этом месте", в сукке, "являющемся сенью веры, Шхина простирает над ним свои крылья сверху, и Авраам", Хесед, "с пятью праведниками", Гвура, Тиферет, Нецах, Ход, Есод, "устанавливают свою обитель вместе с ним". Сказал рабби Аба: "Авраам с пятью праведниками и царь Давид", Малхут, "устанавливают свою обитель вместе с ним. Это смысл сказанного: "В кущах (суккот) живите семь дней"³⁶³. Написано: "Семь дней"³⁶³, которые указывают на ХАГАТ НЕХИМ, "но не "в течение семи дней". И подобно этому написано: "Ибо шесть дней создавал Творец небо и землю"³⁷⁶», но не «в течение шести дней», т.е. тоже потому, что они указывают на шесть высших дней ХАГАТ НЕХИ, которые создали небо и землю.³⁷⁷ «"И человек должен находиться в радости каждый день, быть приветливым с этими гостями", ХАГАТ НЕХИМ, "пребывающими с ним"».

277) «Сказал рабби Аба: "Написано: "В кущах (суккот) живите семь дней"³⁶³, затем: "Пусть живут в кущах (суккот)"³⁶³. Вначале" говорит: "Живите"³⁶³, а затем "пусть живут"³⁶³?" И отвечает: "Однако первое (обращение) относится к гостям"», ХАГАТ НЕХИМ, поэтому Писание говорит во втором лице, «живите»³⁶³. «"А второе – к жителям мира"», поэтому Писание говорит в третьем лице: «Пусть живут»³⁶³. «"Первое относится к гостям, – как рав Амнуна Сава, когда входил в сукку, радовался и стоял у входа с внутренней стороны сукки, и говорил: "Пригласим гостей", и накрывал стол, и был (все время) на ногах, и произносил благословение" на пребывание в сукке,³⁷⁸ "и говорил: "В суккот живите семь дней"³⁶³, садитесь, высокие гости, садитесь! Садитесь, гости веры, садитесь!" И он возносил руки, радуясь,

---

³⁷⁶ Тора, Шмот, 31:17. «Между Мною и сынами Исраэля знак это вовеки, ибо шесть дней создавал Творец небо и землю, а в седьмой день прекратил и пребывал в покое».

³⁷⁷ См. Зоар, главу Ваэра, п. 180. «"И вот признак тебе: "И строил он его семь лет", – это высший мир..."»

³⁷⁸ «Благословен Ты, Господин Всесильный наш, Царь вселенной, за то, что освятил нас заповедями Своими, и повелел жить в сукке».

и говорил: "Счастлив наш удел, счастлив удел Исраэля, как написано: "Ибо удел Творца – народ Его"[379]. И садился"».

278) «"Второе"», в котором Писание говорит: «Пусть живут»[363], в третьем лице, «"относится к жителям мира, ибо тот, у кого есть удел в народе и земле святости, пребывает в сени веры, чтобы принимать гостей, дабы радоваться в этом мире и в мире будущем. И надо радовать бедных. По какой причине? Это потому, что часть гостей, которых он пригласил" на свою трапезу, "относится к бедным. И тот, кто пребывает в этой сени веры и приглашает этих высоких гостей, гостей веры, и не дает им их доли от трапезы", т.е. бедным, "все" гости "встают из-за него, и говорят: "Не вкушай хлеба недоброжелателя"[380]. И получается, что стол, который он накрыл, принадлежит ему", недоброжелателю, "а не Творцу. Сказано о нем: "И брошу вам в лицо нечистоты, нечистоты праздников ваших"[381]. "Праздников ваших"[381], а не Моих праздников. Горе тому человеку в час, когда эти гости веры встают из-за его стола"».

279) «Сказал рабби Аба: "Авраам все свои дни находился на распутье, чтобы приглашать гостей и готовить для них стол. Теперь", в Суккот, "если приглашают его и всех этих праведников, и царя Давида, и не дают им их доли, встает Авраам из-за стола и провозглашает: "Отойдите же от шатров этих нечестивых людей"[382]. И все уходят вслед за ним. Ицхак сказал: "А чрево грешников не наполнится"[383]. Яаков сказал: "Извергнешь кусок, тобою съеденный"[384]. И все остальные праведники", т.е.

---

[379] Тора, Дварим, 32:9. «Ибо удел Творца – народ Его, Яаков – наследственное владение Его».

[380] Писания, Притчи, 23:6-7. «Не вкушай хлеба недоброжелателя и не возжелай яств его, ибо как он думает в душе своей, таков он и есть. "Ешь и пей!" – скажет он тебе, а сердце его не с тобою».

[381] Пророки, Малахи, 2:3. «Вот проклинаю у вас семя и брошу вам в лицо нечистоты, нечистоты праздников ваших, и они будут влечь вас к себе».

[382] Тора, Бемидбар, 16:26. «И говорил он обществу так: "Отойдите же от шатров этих нечестивых людей и не прикасайтесь ни к чему, что у них, а то погибнете из-за всех грехов их!"».

[383] Писания, Притчи, 13:25. «Праведник ест для насыщения души, а чрево грешников не наполнится».

[384] Писания, Притчи, 23:8. «Извергнешь кусок, тобою съеденный, и жаль потраченных тобой любезных слов».

Моше и Аарон, "говорят: "Ибо все столы полны исторжением скверны, нет (чистого) места"³⁸⁵».

280) «"Царь Давид сказал, и довершает суды его, как написано: "И было, по прошествии десяти дней поразил Творец Навала, и он умер"³⁸⁶". Спрашивает: "О чем это говорит?" И отвечает: "Потому что Давид просил у Навала принять его в гости, а тот не пожелал. И так же тот", что сидит в сукке, "пригласил его", царя Давида, "и не дал ему его доли", поэтому царь Давид возглашает о нем это изречение о Навале. "И в эти десять дней, когда царь Давид", т.е. Малхут, "судит мир", т.е. в десять дней раскаяния, "осуждается из-за него тот человек, который воздал ему злом больше, чем Навал"», так как пригласил его и не дал ему его доли, а Навал, по крайней мере, не приглашал его.

281) «Сказал рабби Эльазар: "Тора не заставляет человека" давать "более, чем он способен, как сказано: "Каждый пусть принесет, сколько он может, по благословению Творца Всесильного Твоего, которое Он дал тебе"³⁸⁷. И не должен человек говорить: "Сначала я сам поем, и насыщусь, и утолю жажду, а то, что останется, отдам бедным", но прежде всего, это принадлежит гостям, и если он радует гостей, и утоляет их жажду, Творец радуется вместе с ним, и Авраам возглашает о нем: "Тогда наслаждаться будешь пред Творцом"³⁸⁸. А Ицхак возглашает о нем: "Любое оружие, создаваемое против тебя, не приведет к успеху"³⁸⁹. Сказал рабби Шимон: "Это" изречение "говорит ему царь Давид", Малхут, "потому что всё оружие

---

³⁸⁵ Пророки, Йешаяу, 28:8. «Ибо все столы полны исторжением, скверны, нет (чистого) места».

³⁸⁶ Пророки, Шмуэль 1, 25:38. «И было, по прошествии десяти дней поразил Творец Навала, и он умер».

³⁸⁷ Тора, Дварим, 16:16-17. «Три раза в году пусть предстанет каждый мужчина у тебя пред Творцом Всесильным твоим, на месте, которое Он изберет: в праздник опресноков, и в праздник Шавуот, и в праздник Суккот. И пусть не предстают пред Творцом с пустыми руками. Каждый пусть принесет, сколько он может, по благословению Творца Всесильного твоего, которое Он дал тебе».

³⁸⁸ Пророки, Йешаяу, 58:14. «Тогда наслаждаться будешь пред Творцом, и Я возведу тебя на высоты земли, и питать буду тебя наследием Яакова, отца твоего, потому что уста Творца изрекли это».

³⁸⁹ Пророки, Йешаяу, 54:17. «Любое оружие, создаваемое против тебя, не приведет к успеху, и всякий язык, который предстанет с тобою на суде, ты обвинишь. Это наследие рабов Творца и (награда за) справедливость их от Меня, – слово Творца».

Царя и войны Царя были поручены Давиду, однако Ицхак говорит: "Сильным будет потомство его на земле, поколением праведников благословится, изобилие и богатство в доме его, и справедливость его пребывает вовеки"[390]».

282/1) «"Яаков говорит: "Тогда пробьется, как заря, свет твой"[391]», потому что «пробьется (ибака́ יִבָּקַע)» это буквы Яаков (יעקב). «"Остальные праведники говорят: "И Творец будет вести тебя всегда, и насыщать в чистоте душу твою"[392]. Царь Давид сказал: "Любое оружие, создаваемое против тебя, не приведет к успеху"[389] – потому что он назначен ответственным за все виды оружия, имеющиеся в мире. Счастлив удел человека, который удостоился всего этого. Счастлив удел праведников в этом мире и в мире будущем. О них сказано: "И народ Твой – все праведники, ... навеки унаследуют землю"[393]».

(Раайа меэмана)

282/2) «"Эта заповедь – возносить в этот день лулав с теми видами растений, которые относятся к нему. И эту тайну мы объясняли, и объяснили товарищи, что так же как Творец берет Исраэль к Себе в эти дни и радуется с ними, так же и Исраэль берут Творца в удел свой и радуются с Ним. И это тайный смысл лулава и тех видов растений, что с ним. И это тайна образа человека (адам)", т.е. семь сфирот ХАГАТ НЕХИМ, так как три ветки мирта соответствуют ХАГАТ, две ивовые ветки – сфирот Нецах и Ход, лулав (пальмовая ветвь) – Есоду, а этрог (цитрон) – Малхут. "И мы это уже изучали"». (До сих пор Раайа меэмана)

---

[390] Писания, Псалмы, 112:2-3. «Сильным будет потомство его на земле, поколением праведников благословится, изобилие и богатство в доме его, и справедливость его пребывает вовеки».

[391] Пророки, Йешаяу, 58:8. «Тогда пробьется, как заря, свет твой, и исцеление твое явится скоро, и пойдет пред тобой правда твоя, слава Творца будет следовать за тобой».

[392] Пророки, Йешаяу, 58:11. «И Творец будет вести тебя всегда, и насыщать в чистоте душу твою, и кости твои укрепит, и будешь ты, как сад орошенный и как источник, воды которого не иссякают».

[393] Пророки, Йешаяу, 60:21. «И народ твой, все праведники, ветвь насаждения Моего, дело рук Моих для прославления, навеки унаследуют землю».

Образ и подобие

283) «"И возьмите себе в первый день плод дерева великолепного, ветви пальмовые, и ветвь дерева густолиственного, и ив речных"[394]. Рабби Шимон провозгласил: "Каждого, названного именем Моим и во славу Мою, – сотворил Я его, создал Я его, и также сделал Я его"[395]. "Каждого, названного именем Моим"[395], – это человек (адам), которого Творец сотворил именем Его, как сказано: "И сотворил Всесильный человека в образе Его"[396], и назвал его именем Своим, в час, когда произвел истину и суд в мире, и называется Всесильным", т.е. в Торе, "как написано: "Всесильного не проклинай"[397]».

284) «"Назвал его именем Своим, как написано: "И сотворил Всесильный человека в образе Его"[396]. И это правильно. Мы ведь учили – то, что написано: "Создадим человека в образе нашем, по подобию нашему"[398], сказано в момент зивуга" Зеир Анпина и Малхут. "И так это в зивуге их обоих, он (совершается) по образу и подобию", потому что образ – это Зеир Анпин, а подобие – это Малхут. "И Адам вышел от захара и нуквы"», т.е. от Зеир Анпина и Малхут.

285) «"И сотворил Всесильный человека в образе Его"[396]. В книге царя Шломо нашел я, что в час, когда зивуг происходит внизу, Творец посылает одну форму, подобную облику человека, который запечатлен и установлен в этом образе, и он пребывает над этим зивугом. И если бы глазу была дана возможность увидеть, человек видел бы над головой своей один образ, запечатленный в виде облика человека. И в этом образе был создан человек, и пока не предстает этот образ, посланный

---

[394] Тора, Ваикра, 23:40. «И возьмите себе в первый день плод дерева великолепного, ветви пальмовые, и ветвь дерева густолиственного, и ив речных, и веселитесь пред Творцом Всесильным вашим семь дней».

[395] Пророки, Йешаяу, 43:7. «Каждого, названного именем Моим и во славу Мою, – сотворил Я его, создал Я его, и также сделал Я его».

[396] Тора, Берешит, 1:27. «И сотворил Всесильный человека в образе Его, в образе Всесильного сотворил Он его; мужчиной и женщиной сотворил Он их».

[397] Тора, Шмот, 22:27. «Судью (досл. Всесильного) не проклинай и главу в народе твоем не поноси».

[398] Тора, Берешит, 1:26. «И сказал Всесильный: "Создадим человека в образе Нашем, по подобию Нашему! И властвовать будут они над рыбой морской и над птицей небесной, и над скотом, и над всею землей, и над всем ползучим, что ползает по земле"».

Господином, над головой его, и не пребывает там, человек не сотворится. Это смысл сказанного: "И сотворил Всесильный человека в образе Его"³⁹⁶». (И выяснение понятия «образ» ты найдешь выше³⁹⁹).

286) «"Этот образ предстает ему до тех пор, пока он не выходит в мир. Когда выходит" в мир, "в этом образе растет, по этому образу ходит. Это смысл сказанного: "Только по образу должен ходить человек"⁴⁰⁰. И этот образ раскрывается свыше"».³⁹⁹

287) «"В час, когда эти рухот выходят из своего места, каждый руах (дух) устанавливается пред святым Царем в возвышенном исправлении, в том облике, который находится в этом мире. И из этой формы и возвышенного исправления выходит этот образ". Потому что образ является облачением духа этого человека, нисходящим вместе с духом его,³⁹⁹ и они – как свет и кли. "И он является третьим по отношению к духу (руах)", т.е. третьим свойством, потому что дух (руах) является первым, душа (нефеш) – второй, а образ – третьим. "И она спешит войти в этот мир в час, когда происходит зивуг (слияние). И нет зивуга (слияния) в этом мире, в котором бы не было образа. Однако в Исраэле, достигших святости, святой образ пребывает из места святости, а в идолопоклонниках образ" их – "от этой разной нечисти, и со стороны скверны он пребывает среди них. И поэтому человек не должен смешивать свой образ с образом идолопоклонников, так как одно является святостью, а другое – скверной. Смотри, в чем различие между Исраэлем и идолопоклонниками и т.д."» (Это уже отпечатано в главе Ваехи)⁴⁰¹.

---

³⁹⁹ См. Зоар, главу Ваехи, п. 201, со слов: «Пояснение сказанного. "Образы (цламим צלמים)" – это облачения на мохин, которые нижний получает от высшего...»

⁴⁰⁰ Писания, Псалмы, 39:7. «Только по образу должен ходить человек, но лишь к суете стремление его, копит и не знает, кто заберет это».

⁴⁰¹ См. Зоар, главу Ваехи, пп. 196-231. «Смотри, в чем различие между Исраэлем и идолопоклонниками...»

ГЛАВА ЭМОР

Шмини Ацерет

288) «"В день восьмой завершение (ацерет) будет у вас"[402] (это является завершением вышеназванной статьи)[401], потому что этот день – он только от Царя, он – радость Его в Исраэле. Это подобно царю, который пригласил гостей, и все его придворные прилагали большие старания, чтобы встретить их. В конце сказал царь" своим придворным: "До этого момента мы с вами, все мы прилагали старания, чтобы принять гостей. И вы совершали жертвоприношения за все остальные народы каждый день", т.е. семьдесят быков. "Отныне и далее мы с вами будем пребывать в радости один день". Это смысл сказанного: "В день восьмой завершение (ацерет) будет у вас"[402]. "У вас"[402] означает – "чтобы принести жертву его за вас. Однако гости веры", которые присутствовали в семь дней Суккот, "всегда пребывают с Царем", т.е. также и в Шмини Ацерет, "и в день радости Царя все собираются у Него и находятся вместе с Ним. И поэтому написано: "Завершение (ацерет)"[402], что означает – "собрание"».

289) «"И в этот день Яаков", Тиферет, "возглавляет эту радость, а все остальные гости", Авраам, Ицхак, Моше, Аарон, Йосеф, Давид, "радуются вместе с ним. Поэтому написано: "Счастлив ты, Исраэль, – кто подобен тебе!"[403] И написано: "И сказал мне: "Ты раб Мой, Исраэль, в котором Я прославлюсь"[404]».

290) «"Вели сынам Исраэля, и возьмут тебе масла оливкового чистого, битого, для освещения, чтобы возжигать светильник постоянно"[405]. Сказал рабби Эльазар: "Ведь это объяснялось, но почему эту главу Творец поставил рядом с главой о праздниках?" И отвечает: "Но все высшие свечи", т.е. сфирот, являющиеся праздниками, – "все они свечи для зажигания масла высшей радости" – т.е. для притягивания наполнения Хохмы,

---

[402] Тора, Бемидбар, 29:35. «В день восьмой завершение (ацерет) будет у вас, никакой работы не делайте».

[403] Тора, Дварим, 33:29. «Счастлив ты, Исраэль, – кто подобен тебе, народ, спасаемый Творцом, защитником и помощником твоим! И Он – меч величия твоего, и покорятся тебе враги твои, а ты высоты их попирать будешь».

[404] Пророки, Йешаяу, 49:3. «И сказал мне: "Ты раб Мой, Исраэль, в котором Я прославлюсь"».

[405] Тора, Ваикра, 24:2. «Вели сынам Исраэля, и возьмут тебе масла оливкового чистого, битого, для освещения, чтобы возжигать светильник постоянно».

называемой маслом. "И мы уже учили, что благодаря Исраэлю благословляются высшие и нижние, и зажигаются свечи", т.е. светят миру, "как мы объясняли сказанное: "Елей и воскурение радуют сердце"[406] – т.е. "радостью высших и нижних"».

291) «Рабби Аба провозгласил: "Радуйтесь с Творцом, и веселитесь, праведники! И ликуйте, все прямодушные"[407]. И сказано также: "Это день, созданный Творцом, будем веселиться и радоваться с Ним"[408] – и мы учили, что с Творцом надо радоваться и быть приветливыми, и человек должен пребывать в радости, потому что это радость Творца. Как написано: "Будем веселиться и радоваться с Ним"[408]. "С Ним"[408] – то есть "днем. "С Ним"[408] – то есть "с Творцом. И всё это одно целое"».

292) «"Радуйтесь с Творцом"[407] – то есть, "когда утихают суды и пробуждается милосердие. И когда пробуждается милосердие, тогда "и веселитесь, праведники"[407], – праведник и праведность", т.е. Есод и Малхут, "соединяются вместе. И они называются праведниками, как мы учили, поскольку они благословляются", чтобы давать наполнение "мирам, и рады всем мирам. "И ликуйте, все прямодушные"[407], – сыны веры, которые соединились с ними"», с Есодом и Малхут.

293) «"И во всем необходимо действие внизу, чтобы вызвать пробуждение наверху. Смотри, тот, кто говорит, что не нужно действие в каждом" слове, "или речения, чтобы извлечь их и произвести голос", чтобы пробудить наверху, "сгинет дух его. Ведь эта глава доказывает, что при зажигании свечей и воскурении благовоний, как написано: "Елей и воскурение радуют сердце"[406], – поскольку благодаря этому действию", зажигания свечей и воскурения внизу, "есть горение и радость наверху и внизу, и соединение вместе" Хохмы и Бины, "как подобает"», потому что масло пробуждает Хохму, а курение – Бину. «Сказал рабби Йегуда: "Нижний жертвенник пробуждает другой жертвенник", Малхут. "Коэн внизу пробуждает другого коэна", свойство Хесед. Ибо "действие внизу пробуждает действие наверху"».

---

[406] Писания, Притчи, 27:9. «Елей и воскурение радуют сердце, но сладость друга – в душевном совете».

[407] Писания, Псалмы, 32:11. «Радуйтесь с Творцом, и веселитесь, праведники! И ликуйте, все прямодушные».

[408] Писания, Псалмы, 118:24. «Это день, созданный Творцом, будем веселиться и радоваться с Ним».

ГЛАВА ЭМОР

Разговоры в субботу

294) «Рабби Йоси и рабби Ицхак находились в пути. Сказал рабби Йоси рабби Ицхаку: "Написано: "И назовешь субботу отрадой, святыню Творца – почитаемой, и почтишь ее, не занимаясь делами своими, не отыскивая дело себе, и не говоря ни слова об этом"[409]. "И почтишь ее, не занимаясь делами своими"[409], – это понятно. Однако "не отыскивая дело себе, и не говоря ни слова об этом"[409], – что означает? И какой от этого ущерб субботе"», что занимаешься разговорами?

295) «Сказал ему: "Разумеется, это нанесение ущерба" субботе, "ведь нет у тебя слова, исходящего из уст человека, у которого не было бы голоса, и поднимается наверх и пробуждает другое слово. И какое оно, – то, что называется будничным?" Ибо все, что не является святостью, – это будничное,[410] "относящееся к будням.[410] И когда пробуждаются будни в день святости – это ущерб наверху. И Творец с Кнессет Исраэль спрашивают о нем: "Кто это желает разделить наше слияние (зивуг)?! Кто тот, кому нужны здесь будни?! Святой Атик не раскрывается и не пребывает над буднями!"»

296) «"Поэтому размышление допускается. И в чем причина? Поскольку размышление ничего не делает, и из него не образуется голос, и не поднимается. Но после того, как он произнес речение устами своими, это речение становится голосом и, рассекая пространства и небосводы, возносится наверх, пробуждая другое речение", относящееся к будням. "И поэтому "не отыскивая дело себе, и не говоря ни слова об этом"[409], – написано", но не (написано) о размышлениях. "А тот, кто пробуждает речение святости устами своими, то благодаря речению Торы образуется из него голос и поднимается наверх, и пробуждает святыни высшего Царя", т.е. сфирот святости, "и они становятся венцом на голове его. И тогда радость пребывает наверху и внизу"».

---

[409] Пророки, Йешаяу, 58:13. «Если удержишь в субботу ногу свою, удержишься от исполнения дел твоих в святой день Мой, и назовешь субботу отрадой, святыню Творца – почитаемой, и почтишь ее, не занимаясь делами своими, не отыскивая дело себе, и не говоря ни слова об этом».

[410] См. выше, п. 114.

Воздержание в субботу

297) «Сказал ему: "Конечно, это так. Ведь я уже слышал об этом. Но тот, кто соблюдает воздержание в субботу", спрашивает, – "причиняет ущерб субботе или нет? Если скажешь, что не причиняет ущерба, – из-за него ведь отменяются трапезы веры? И велико наказание его, ибо из-за него отменилась радость субботы"».

298) «Сказал ему: "Я слышал об этом, что наблюдают за ним свыше" более, чем за "всеми жителями мира, потому что этот день является радостью наверху и внизу, радостью, превышающей все радости, радостью от того, что в нем (в этот день) пребывает вся вера. И даже грешники в аду отдыхают в этот день, а у этого человека нет радости, и нет ему покоя, и он отличается от всех высших и нижних. Все спрашивают о нем: "В чем заключается отличие, что такой-то пребывает в горе своем?"»

299) «"В час, когда святой Атик раскрывается в этот день", в субботу, "а этот (человек) пребывает в горе, молитва его поднимается и предстает пред Ним, и тогда отменяются все приговоры, предопределенные ему, и если даже в судебной палате Царя есть согласие о его виновности, всё это отменяется, потому что в час, когда святой Атик раскрывается, пребывает вся свобода и вся радость, так как раскрывается на трапезе радости Царя"», Зеир Анпина.

300) «"И поэтому мы учили, что выносят ему приговор на семьдесят лет. Что представляют собой эти семьдесят лет?" И отвечает, что смысл их в том, что "хотя и пришли к согласию о нем все эти семьдесят сфирот Царя", т.е. ХАГАТ НЕХИМ, в каждой из которых десять сфирот, "что он проявляется в них, – все расторгается, потому что святой Атик берет этого человека", т.е. под свою защиту. "И это говорится в случае, если пробудили над ним во сне в субботнюю ночь"», т.е. если он совершает пост за случившееся во сне, а не за остальные случаи, когда требуется пост.

301) «"Это подобно царю, который устроил радостную трапезу в честь своего сына, и повелел всем пребывать в радости. В этот день радости весь мир пребывает в радости, но

один человек в печали, закованный в цепи. И царь прибывает на всеобщую радость и видит, что весь народ радуется, как он велел. Поднял глаза, увидел того человека, закованного в цепи, опечалился. Сказал: "Что же это, все люди мира радуются радостью моего сына, а этот закован в цепи". Тотчас приказал он, и освободили его от оков"».

302) «"Так же и соблюдающий пост в субботу – весь мир радуется, а он в печали, и закован в цепи. В час, когда раскрывается святой Атик в этот день, а этот человек закован в цепи, то хотя согласились в отношении него все семьдесят лет, как мы сказали", т.е. семь сфирот Зеир Анпина, "все расторгается, и этот суд не пребывает над ним. В другой день", т.е. если он даже соблюдает воздержание в будний день, "это может привести к отмене" приговора "в тот же день, – тем более, в субботу"».

303) «"Нет дня, в котором не было бы" особой "силы", властвующей в нем. "И если человек соблюдает пост за случившееся во сне в тот же день", когда видел сон, "этот день не завершается до тех пор, пока не будет отменен приговор. Однако не может быть отменен приговор семидесяти лет, как в субботний день. Поэтому именно в этот день" он должен совершить пост, "а не в другой день, так как ни у одного дня нет власти над другим днем, и каждый день, – он действует только в том, что произошло в этот день", и он может отменить его приговор, "а на то, что не произошло в этот день, он не влияет" и не может отменить приговор его. "И поэтому человеку не следует откладывать" пост "с этого дня на другой день. И поэтому "все, что нужно на этот день, – в тот же день"[411], а не "все, что нужно на этот день, – в другой день"».

304) «"Смотри, не просто так побудили его" дурным "сном, а "с тем, чтобы он попросил за него милосердия. Горе тому человеку, которого не побуждают и не извещают во сне, что это называется злом. И поэтому сказано: "Не водворится у Тебя

---

[411] Пророки, Мелахим 2, 25:30. «И пропитание его, пропитание постоянное, выдаваемо было ему от царя: все, что нужно на этот день, – в тот же день, во все дни жизни его».

зло"⁴¹². И сказано: "(И заснет ублаженный), не посетит его зло"⁴¹³. "Не посетит"⁴¹³ во сне, "из-за того, что он нечестив"».

305) «Сказал рабби Йоси: "Написано: "Не отыскивая дело себе, и не говоря ни слова об этом"⁴⁰⁹. Если сказано: "Не отыскивая дело себе"⁴⁰⁹, что означает: "И не говоря ни слова об этом"⁴⁰⁹?" Ведь и разговоры о насущном входят в совокупность твоих дел. И отвечает: "Но" это означает – "пока не приведет свою речь в надлежащий вид, и тогда произнесет ее", т.е. соответственно заповеди произносить речения Торы. "Именно так это выясняется, и это означает сказанное: "И не говоря ни слова об этом"⁴⁰⁹. Счастливы Исраэль в этом мире и в мире будущем. О них написано: "И сказал Он: "Но они народ Мой, сыновья, которые не изменят". И был Он для них спасителем"⁴¹⁴».

---

⁴¹² Писания, Псалмы, 5:5. «Ибо Ты не божество, желающее беззакония, не водворится у Тебя зло».

⁴¹³ Писания, Притчи, 19:23. «Страх пред Творцом (ведет) к жизни; и заснет ублаженный, не посетит его зло».

⁴¹⁴ Пророки, Йешаяу, 63:8. «И сказал Он: "Но они народ Мой, сыновья, которые не изменят", и был Он для них спасителем».

ГЛАВА ЭМОР

И вышел сын исраэльтянки

306) «"И вышел сын исраэльтянки, он же сын египтянина, в среде сынов Исраэля"[415]. "И вышел"[415], – рабби Йегуда сказал, что он вышел из общего удела Исраэля, из общности всего, из общности веры. "И поссорились в стане сын исраэльтянки и человек из Исраэля"[415]. Отсюда мы учили, что всякий, кто исходит от нечистого семени, в конце обнаруживает это перед всеми. Кто привел его к этому? Нечистота той доли зла, которая есть в нем, ибо нет у него доли в обществе Исраэля"».

307) «Рабби Хия провозгласил: "Слава Творца – скрывать суть вещей, а слава царей – расследовать суть вещей"[416]. "Слава Творца – скрывать суть вещей"[416], так как нет права у человека раскрывать скрытое, то, что не было передано для раскрытия, то, что скрыто Атиком Йомином", т.е. относящееся к свойству ГАР. "Как сказано: "Есть досыта и скрывать возвышенное"[417]. "Есть досыта"[417] – раскрывать до того места, где это позволено", т.е. свойство ВАК, "и не более. И вместе с тем, "скрывать возвышенное (атик)"[417], разумеется"», – не раскрывать то, что ему не позволено, т.е. ГАР.

308) «"Другое объяснение: "Есть досыта"[417] – т.е. товарищи, знающие пути и тропинки, чтобы следовать по ним путем веры как подобает. Как, например, поколение, в котором пребывает рабби Шимон. "И скрывать возвышенное"[417] от всех других поколений, которые недостойны "есть досыта"[417], чтобы раскрылось это среди них, но "скрывать возвышенное"[417]. Как сказано: "Не давай устам твоим вводить в грех плоть твою"[418]».

---

[415] Тора, Ваикра, 24:10. «И вышел сын исраэльтянки, он же сын египтянина, в среде сынов Исраэля, и поссорились в стане сын исраэльтянки и человек из Исраэля».

[416] Писания, Притчи, 25:2. «Слава Творца – скрывать суть вещей, а слава царей – расследовать суть вещей».

[417] Пророки, Йешаяу, 23:18. «И будут торговля его и дары за блудодеяние его посвящены Творцу; не будут они собираемы и хранимы, ибо для живущих пред Творцом будет торговля его, чтобы есть досыта и скрывать возвышенное».

[418] Писания, Коэлет, 5:5. «Не давай устам твоим вводить в грех плоть твою, и не говори пред посланцем, что ошибка это. Для чего гневаться Всесильному из-за голоса твоего и губить дело рук твоих!»

309) «"В дни рабби Шимона один человек говорил другому: "Открой уста свои, и пусть прольют свет речения твои"[419]. После того, как скончался (рабби Шимон), стали говорить: "Не давай устам твоим вводить в грех плоть твою"[418]. В его дни (говорили): "Есть досыта"[417], а после того, как скончался: "Скрывать возвышенное"[417], когда товарищи сомневались и не могли основываться на сказанном. Другое объяснение: "Есть досыта"[417] – насыщаться тем, что раскрывается", т.е. открытой частью Торы. "И скрывать возвышенное"[417] – то, что скрывается", т.е. скрытую часть Торы.

310) «"И назвал открыто сын исраэльтянки имя Творца и стал поносить"[420]. Спрашивает: "Что значит: "И назвал открыто"[420]?" Рабби Аба сказал: "И назвал открыто"[420], именно так, как сказано: "И сделал отверстие в дверце его"[421], т.е. обнаружил то, что было скрыто", словно открыл это. "А имя матери его – Шломит, дочь Диври[420]. До сих пор Писание скрывало имя матери его, но как только сказано: "И назвал открыто"[420], – обнаружил имя матери своей"».

311) «Сказал рабби Аба: "Если бы великий светоч", рабби Шимон, "не жил в мире, я бы не позволил себе раскрывать, ибо это позволено раскрывать лишь тем товарищам, которые находятся среди "жнецов поля", – т.е. уже проникших в скрытую мудрость и вышедших из нее с миром. "Сгинет дух тех, кто собирается раскрыть непосвященным"».

312) «"Смотри, написано: "И поссорились в стане сын исраэльтянки и человек из Исраэля"[415]. Мы это изречение уже объясняли, но"» этот «человек из Исраэля»[415] – «"это сын от другой жены отца его, который был мужем Шломит. Ибо когда этот египтянин вошел к ней", к Шломит, "в полночь, вернулся муж ее домой, и это раскрылось, и он отдалился от нее и больше не входил к ней. И взял себе другую жену и породил этого, и он называется "человек из Исраэля"[415], а другой", от египтянина,

---

[419] Вавилонский Талмуд, трактат Брахот, лист 22:1.

[420] Тора, Ваикра, 24:11. «И назвал открыто сын исраэльтянки имя Творца, и стал поносить. И привели его к Моше. А имя матери его – Шломит, дочь Диври, из колена Дана».

[421] Пророки, Мелахим 2, 12:10. «И взял коэн Йеояда один ящик, и сделал отверстие в дверце его, и поставил его у жертвенника, справа от входящего в дом Творца. И клали туда священники, стоявшие на страже у порога, все деньги, приносимые в дом Творца».

называется "сын исраэльтянки"⁴¹⁵. Спрашивает: "Если они ссорились здесь между собой, какое отношение имеет к этому святое имя, и почему он проклинал святое имя?"»

313) И отвечает: «"Но у "человека из Исраэля"⁴¹⁵ вырвалось в пылу ссоры слово о матери его", этого «сына исраэльтянки»⁴¹⁵, т.е. назвал ее развратницей. «"Сразу же: "И назвал открыто сын исраэльтянки (имя Творца)"⁴²⁰. Как сказано: "И сделал отверстие в дверце его"⁴²¹. И скрытый смысл этого в том, что он взял" последнюю "хэй (ה) святого имени" АВАЯ (הויה), т.е. Малхут, "и стал поносить"⁴²⁰ – чтобы защитить мать свою, и это нуква, которую он открыл и истолковал святое имя. И это сказано для "жнецов поля". И тайный смысл этого: "Таков путь жены прелюбодейной"⁴²². Счастлива доля праведников, которые знают суть вещей и скрывают ее. И поэтому сказано: "Свой спор веди с противником своим, но тайны другого не открывай"⁴²³», – и это очень глубокая тайна, и невозможно пояснить смысл ее.

314) «"Последняя хэй (ה)" имени АВАЯ (הויה) "была нуквой, которая питается от двух сторон", милосердия и суда. "Поэтому она взяла оружие Царя и совершила возмездие, как сказано: "Выведи проклинающего за пределы стана"⁴²⁴. Поэтому написано: "Бойтесь каждый матери своей и отца своего"⁴²⁵ – т.е. страх матери предшествует страху отца. Счастливы Исраэль в этом мире и в мире будущем"».

315) «"А сынам Исраэля скажи так: "Всякий, кто будет проклинать божество его, понесет грех свой"⁴²⁶. Рабби Йегуда сказал: "Это уже объяснялось, но поскольку "божество его"⁴²⁶ сказано без уточнения, то "понесет грех свой"⁴²⁶, и не наказывают его, "потому что мы не знаем, кто "божество его"⁴²⁶, которого боится он, – один из правителей, одна из звезд, или один из правителей мира"».

---

⁴²² Писания, Притчи, 30:20. «Таков путь жены прелюбодейной: поела, обтерла рот свой, и говорит: "Не сделала я худого"».

⁴²³ Писания, Притчи, 25:9.

⁴²⁴ Тора, Ваикра, 24:14. «Выведи проклинающего за пределы стана, и возложат все слышавшие руки свои на голову его, и забросает его камнями все общество».

⁴²⁵ Тора, Ваикра, 19:3. «Бойтесь каждый матери своей и отца своего и субботы Мои храните, Я – Творец Всесильный ваш».

⁴²⁶ Тора, Ваикра, 24:15. «А сынам Исраэля скажи так: "Всякий, кто будет проклинать божество его, понесет грех свой"».

316) «Сказал рабби Йоси: "Если он завершенный праведник, он не пробуждал бы их силы", проклиная их. "И поскольку он пробудил это, мы подозреваем, что запало в него неверие, но" вместе с тем, "он не умрет за это, потому что это слово без уточнения"», т.е. он не истолковал, кто божество его.

317) «Рабби Йегуда сказал: "Суд оправдывает его. Ведь если он говорил о своем божестве" и проклинал его, "он может возразить, что это его божество, которое было у него до сих пор, и он своим сердцем тянулся к нему, а сейчас я пришел" к раскаянию, "чтобы получить высшую веру. Но если он сказал: "Творец Всесильный (АВАЯ Элоким)" или "Творец (АВАЯ)", и тем самым назвал Его по имени, то уже ничего не может возразить. Поскольку это является верой всего, и каждая буква святого имени восходит к полному имени"».

318) «"Другое объяснение. "И назвал открыто сын исраэльтянки имя Творца, и стал поносить"[420]. Рабби Ицхак сказал: "И назвал открыто сын исраэльтянки"[420], почему? Но это как мы объясняли. Однако "человек из Исраэля"[420] был мужем Шломит". Рабби Йегуда сказал: "Он был сыном мужа Шломит от другой жены".[427] Сказал рабби Ицхак: "Когда они ссорились друг с другом, и он сказал ему о матери его", что та развратница, "и что отец его", египтянин, "был убит святым именем" через Моше, "как мы объясняли то, что написано: "Не думаешь ли убить меня"[428], потому что за святое имя", которое тот назвал, "Моше убил его. И поэтому он использовал это против него"», т.е. сообщил ему во время ссоры.

319) «И об этом написано: "И назвал открыто сын исраэльтянки имя Творца, и стал поносить. И привели его к Моше"[420]. Почему? Это потому, что он пришел к Моше" с обвинением, "из-за того, что тот убил отца его за (поношение) святого имени, поэтому "и привели его к Моше"[420]. Когда увидел Моше, тотчас: "И посадили его под стражу"[429]. И отец и сын пали от руки Моше"».

---

[427] См. выше, п. 312.
[428] Тора, Шмот, 2:14. «И тот сказал: "Кто поставил тебя начальником и судьей над нами? Не думаешь ли убить меня, как убил египтянина?" И испугался Моше, и сказал: "Верно стало известным это дело"».
[429] Тора, Ваикра, 24:12. «И посадили его под стражу до объявления им решения по слову Творца».

ГЛАВА ЭМОР

Кто будет проклинать божество его

320) «"Всякий, кто будет проклинать божество его, понесет грех свой"[430]. Рабби Ицхак провозгласил: "Слушай, народ Мой, и Я буду свидетелем тебе! Исраэль, если послушаешь Меня, то не будет в среде твоей божества чужого, и не будешь ты поклоняться божеству чужеземному!"[431] Спрашивает: "После того, как сказано: "Не будет в среде твоей божества чужого"[431], что означает: "И не будешь ты поклоняться божеству чужеземному"[431]?" И отвечает: "Но "не будет в среде твоей божества чужого"[431] означает – "чтобы человек не вводил в себя злое начало, поскольку в каждом, кто собирается соединиться с ним, пребывает божество чужое. Ведь, как только человек соединяется с ним, он сразу же нарушает речения Торы и нарушает веру в святое имя, и приходит затем к поклонению божеству чужеземному. И поэтому написано: "Не будет в среде твоей божества чужого"[431], – если "не будет в среде твоей божества чужого"[431], ты не придешь к поклонению к божеству чужеземному, нарушая веру святого имени. Это смысл сказанного: "И не будешь ты поклоняться божеству чужеземному"[431], что является дурной верой человека"».

321) «"И поэтому (тот), "кто будет проклинать божество его"[430], может возразить, что он проклинал это божество чужое, т.е. злое начало, которое иногда пребывает над ним. И мы не знаем, говорит он правду или нет, и поэтому "понесет грех свой"[430], – сам. Однако: "А произнесший Имя Творца смерти предан будет"[432]».

322) «Сказал рабби Йегуда: "Если так", т.е. имеет в виду злое начало, "почему" написано: "Понесет грех свой"[430], "Простится ему грех его", – следовало сказать?" Сказал ему: "То есть подобно тому, как просто сказал бы "божество мое", и не объяснял"», что имеет в виду «божество чужое», т.е. злое начало. И поэтому не может быть, чтобы написал: «Простится ему грех

---

[430] Тора, Ваикра, 24:15. «И сынам Исраэля скажи так: "Всякий, кто будет проклинать божество его, понесет грех свой"».

[431] Писания, Псалмы, 81:9-10. «Слушай, народ Мой, и Я буду свидетелем тебе! Исраэль, если послушаешь Меня, то не будет в среде твоей божества чужого, и не будешь ты поклоняться божеству чужеземному!»

[432] Тора, Ваикра, 24:16. «А произнесший Имя Творца смерти предан будет, камнями побьет его вся община, как пришелец, так и уроженец, произнесший Имя, умерщвлен будет».

его», поскольку это под сомнением. «Рабби Хия сказал: "Кто будет проклинать божество его"[430], не уточняя и не объясняя, такой, несомненно, "понесет грех свой"[430], так как не наказывают его. Однако: "А произнесший Имя Творца смерти предан будет"[432]. Поскольку от этого зависит вера всего, и у него нет уже никакого права возражать против этого"», ибо не сможет сказать, что имел в виду другое божество.

323) «Сказал рабби Йоси: "Это так, разумеется, поскольку это имя", АВАЯ (הויה), "является верой высших и нижних, и на этом держатся все миры, и от одной маленькой буквы", т.е. йуд (י), "зависят тысячи тысяч и мириады десятков тысяч миров сильных желаний. И поэтому мы учили, что эти буквы", де-АВАЯ (הויה), "связаны друг с другом, и множество тысяч и десятков тысяч миров зависят от каждой буквы, и они поднимаются и устанавливают связь с верой", Малхут. "И скрыто в них то, что не постигли высшие и нижние, Тора зависит от них, и этот мир и будущий мир, Он и имя Его едины. Поэтому написано: "Оберегать буду пути свои, буду стеречь уста свои"[433]. И написано: "Не давай устам твоим вводить в грех плоть твою"[434]».

324) «Рабби Хизкия провозгласил: "Да не коснется ее рука, ибо непременно будет побит он камнями или сброшен вниз, – скот или человек, в живых не быть ему. А при протяжном звуке рога могут взойти на гору"[435]. И если о горе Синай, такой же, как и остальные горы в мире, когда над ней раскрывается величие святого Царя, сказано: "Да не коснется ее рука, ибо непременно будет побит он камнями или сброшен вниз"[435], – тот, кто приближается к Царю, тем более. И если о горе Синай, к которой человек может протянуть руку с почтением и страхом, сказано: "Да не коснется ее рука", просто так, и даже с почтением, – тот, кто протягивает руку свою к Царю без почтения, тем более"».

---

[433] Писания, Псалмы, 39:2. «Решил я: оберегать буду пути свои, буду стеречь уста свои, пока нечестивый предо мной».

[434] Писания, Коэлет, 5:5. «Не давай устам твоим вводить в грех плоть твою, и не говори пред посланцем, что ошибка это. Для чего гневаться Всесильному из-за голоса твоего и губить дело рук твоих!»

[435] Тора, Шмот, 19:13. «Да не коснется ее рука, ибо непременно будет побит он камнями или сброшен вниз, – скот или человек, в живых не быть ему. А при протяжном звуке рога могут взойти на гору».

325) «Рабби Йеса провозгласил и сказал: "Не приближайся сюда, сними обувь с ног твоих, ибо место, на котором ты стоишь, – земля святая"[436]. Ведь даже о Моше, от которого со дня его рождения не отходило святое высшее свечение, написано: "Не приближайся сюда"[436]. Сказал ему" Творец: "Моше, ты до сих пор недостоин пользоваться величием Моим, – "сними обувь твою"[436]. Если о Моше, несмотря на то, что он был близок и пребывал в страхе и святости, написано так, – о том, кто приближается к Царю без всякого почтения, и говорить нечего"».

326) «Рабби Аба сказал: "Всякий, кто будет проклинать божество его, понесет грех свой"[430]. Смотри, когда Исраэль находились в Египте, они знали о тех правителях мира, которые назначены над остальными народами, и у каждого из них был свой идол из них, сам по себе. После того, как они соединились связью веры, и Творец приблизил их к служению Себе, они отдалились от них и приблизились к высшей святой вере. И поэтому написано: "Всякий, кто будет проклинать божество его"[430], – т.е. одного из этих семидесяти правителей, и хотя это идолопоклонство, всё же, поскольку Я назначил их правителями, чтобы управлять миром, – тот, кто проклинает и позорит их, "понесет грех свой"[430], безусловно. Ибо в Моем подчинении они находятся и действуют, и правят жителями мира. Однако: "А произнесший Имя Творца смерти предан будет"[432]. И не" написано: "Понесет грех свой", как в случае с этими" семидесятью правителями мира, а "смерти предан будет"[432], "смерти"[432] – в этом мире, "предан будет"[432] – в мире будущем. А в отношении этих" семидесяти правителей – "понесет грех свой"[430], потому что порочит деяние рук Моих, порочит служителей Моих, которых Я назначаю. И это запрещено, но за них не приговаривается к смерти"».

327) «Рабби Шимон находился в пути, и были с ним рабби Эльазар и рабби Аба, и рабби Хия, и рабби Йоси, и рабби Йегуда. Подошли к каналу с водой. Вошел рабби Йоси в воду в одежде своей и сказал: "Исправления водяных каналов и рвов", которые люди совершают на полях своих для того, чтобы провести воду, – "лучше бы их не было". Сказал ему рабби Шимон: "Тебе нельзя" так говорить, "он служит миру, а человеку нельзя непочтительно относиться к служителю Творца", даже если тот

---

[436] Тора, Шмот, 3:5. «И сказал Он: "Не приближайся сюда, сними обувь с ног твоих, ибо место, на котором ты стоишь, – земля святая"».

вредит, "и тем более, если они являются деянием истинным", как, например, эти каналы на полях, "т.е. находятся в уделе высшего правления"», иначе говоря, когда есть корень этого исправления наверху.

328) «Провозгласил и сказал: "И увидел Всесильный всё созданное Им, и вот – хорошо очень"[437]. "И увидел Всесильный всё созданное Им"[437], сказано "без уточнения", чтобы включить "даже змей, скорпионов и москитов, и даже тех, которые кажутся губителями мира. Обо всех о них сказано: "И вот – хорошо очень"[437]. Все они – служители мира, правители мира, и люди не знают об этом"».

329) «Пока шли, увидели одного змея, двигавшегося перед ними. Сказал рабби Шимон: "Безусловно, он является предвестником чуда". Бросился этот змей вперед прямо перед ними и сцепился с одной эфой посреди дороги, стали сражаться они друг с другом, и (оба) погибли. Когда подошли к ним, увидели обоих лежащими на дороге. Сказал рабби Шимон: "Благословен Милосердный, явивший нам чудо! Ибо каждый, кто посмотрит на эту", на эфу, "когда она жива, или она заметит человека, конечно же, ему не спастись от нее, и тем более, если приблизилась к нему". Возгласил об этом: "Не случится с тобой беды, и бедствие не приблизится к шатру твоему"[438]. И всё это посылается нам Творцом, и мы не можем непочтительно относиться ко всему, что Он делает. И поэтому написано: "Добр Творец ко всем, и милосердие Его на всех созданиях Его"[439]. И сказано: "Возблагодарят Тебя, Творец, все создания Твои!"[440]»

---

[437] Тора, Берешит, 1:31. «И увидел Всесильный всё созданное Им, и вот – хорошо очень. И был вечер и было утро – день шестой».

[438] Писания, Псалмы, 91:10-11. «Не случится с тобой беды, и бедствие не приблизится к шатру твоему, потому что ангелам Своим Он заповедает о тебе – хранить тебя на всех путях твоих».

[439] Писания, Псалмы, 145:9. «Добр Творец ко всем, и милосердие Его на всех созданиях Его».

[440] Писания, Псалмы, 145:10. «Возблагодарят Тебя, Творец, все создания Твои, и преданные Тебе благословят Тебя!»

ГЛАВА ЭМОР

Нарцисс и лилия

330) «Рабби Шимон провозгласил: "Я – нарцисс Шарона, лилия долин!"[441] Насколько же любима Кнессет Исраэль", Малхут, "Творцом. Ведь Творец прославляет ее, и она прославляет Его всегда. И всегда она воздает многочисленные прославления и воспевания Царю. Благословенна доля Исраэля, которые включены в удел святой стороны. Как сказано: "Ибо удел Творца – народ Его, Яаков – наследственное владение Его"[442]».

331) «"Я – нарцисс Шарона"[441] – это Кнессет Исраэль", Малхут, "называемая нарциссом, которая пребывает в великолепии красоты в Эденском саду, чтобы быть насажденной. "Шарона"[441] – потому что она воспевает (ша́ра) и прославляет высшего Царя", Зеир Анпина. "Другое объяснение. "Я – нарцисс Шарона"[441], – поскольку она", Малхут, "должна питаться живительной влагой глубокой реки, истока рек", т.е. Бины. "Как сказано: "Шарон уподобился пустыне"[443]». «Шарон» означает – равнина. Другими словами, нарцисс, растущий на равнине, жаждет воды, потому что солнце сжигает его.

332) «"Лилия долин (амаки́м עֲמָקִים)"[441], т.е. находящаяся глубже (амо́к עָמוֹק) всего. "Лилия долин (амаки́м עֲמָקִים)"[441], что значит "долин (амаки́м עֲמָקִים)"? Это как сказано: "Из глубин (ми-маамаки́м מִמַּעֲמַקִּים) я воззвал к Тебе, Творец"[444]. "Нарцисс Шарона"[441] – он из того места, откуда выходит вся живительная влага глубоких рек, и они не прекращаются никогда", т.е. из места раскрытия Бины. "Лилия долин"[441] – это лилия того места, которое называется самым глубоким, закрытым со всех сторон"», т.е. скрытого места Бины.

333) «"Смотри, вначале" Малхут – она "зеленый нарцисс с зелеными листьями. А затем она лилия, у которой два цвета – красный и белый. Лилия с шестью листьями. Лилия, которая меняет свои цвета, и меняется с одного цвета на другой. Лилия,

---

[441] Писания, Песнь песней, 2:1. «Я – нарцисс Шарона, лилия долин!»
[442] Тора, Дварим, 32:9. «Ибо удел Творца – народ Его, Яаков – наследственное владение Его».
[443] Пророки, Йешаяу, 33:9. «Опечалена, обездолена земля; пристыжен, увял Леванон, Шарон уподобился пустыне, и обнажились Башан и Кармель».
[444] Писания, Псалмы, 130:1. «Песнь ступеней. Из глубин я воззвал к Тебе, Творец».

вначале" называемая "нарцисс", т.е. "в то время, когда она желает слиться с Царем, называется нарциссом. После того, как слилась с Царем в этих поцелуях, называется лилией, поскольку сказано: "Губы его словно лилии!"[445] "Лилия долин"[441] – так как изменяется и меняет свои цвета, иногда – к добру, а иногда – к злу, иногда – к суду, иногда – к милосердию"».

Пояснение статьи. Два состояния есть у Малхут:

Первое состояние – когда она пребывает в свойстве «два великих светила»[446], т.е. на одной ступени с Зеир Анпином, и она получает тогда от левой линии Бины, а Зеир Анпин от правой линии Бины.

Второе состояние – после того, как она опустилась из Бины и уменьшилась, и у нее нет ничего своего, но она соединяется с Зеир Анпином и все получает от него.[447]

И это смысл сказанного: «В то время, когда она желает слиться с Царем, называется нарциссом», – т.е. в первом состоянии, когда она отделена от Зеир Анпина, и слита с Биной, и тогда у нее есть Хохма без хасадим, и она должна соединиться с Царем, чтобы Он дал ей хасадим. Тогда она называется нарциссом. «После того, как слилась с Царем в этих поцелуях, называется лилией», – т.е. во втором состоянии, после того как уменьшилась и опустилась из Бины, и закрылась и нет у нее ничего своего, но она в зивуге с Зеир Анпином и все получает от него, тогда она называется лилией. И это смысл сказанного: «Кнессет Исраэль, называемая нарциссом, которая пребывает в великолепии красоты в Эденском саду, чтобы быть насаженной»[448], то есть в первом состоянии она слита с Биной, и тогда это называется Эденским садом, и тогда у нее есть Хохма, которая является всей красотой Малхут. Однако «пребывает, чтобы быть насаженной», – она должна быть удалена оттуда,

---

[445] Писания, Песнь песней, 5:13. «Щеки его – гряды благовоний, цветник благовонных растений, губы его словно лилии, с которых каплет мирра текучая».

[446] Тора, Берешит, 1:16. «И создал Всесильный два великих светила: светило большое для правления днем, и светило малое для правления ночью, и звезды».

[447] См. Зоар, главу Берешит, часть 1, пп. 110-115. «Когда луна была вместе с солнцем в едином слиянии, луна пребывала в своем свете. То есть, сначала были Зеир Анпин и его Нуква, называемые "солнце" и "луна", на равной ступени, и были слиты друг с другом. Как сказано: "Два великих светила"...»

[448] См. выше, п. 331.

из места Бины, и уменьшиться, и быть насажденной повторно ниже хазе Зеир Анпина, и тогда она приходит во второе состояние. И это смысл сказанного: «Поскольку она должна питаться живительной влагой глубокой реки», т.е. она слита с открытым свойством, что в Бине, свойством левой линии, от которого она получает Хохму также и затем, после того как она проявляется, становясь раскрытым миром. «"Лилия долин"⁴⁴¹ – это лилия того места, которое называется самым глубоким, закрытым со всех сторон», то есть она питается тогда от скрытого места, что в Бине, правой линии, что в ней, закрытой от Хохмы, и все получает от Зеир Анпина. И это смысл сказанного: «Вначале – зеленый нарцисс с зелеными листьями»⁴⁴⁹, поскольку в первом состоянии она находится на уровне Зеир Анпина, цветом которого является зеленый, и она равна ему, только без хасадим. «А затем она лилия, у которой два цвета – красный и белый», поскольку в ней есть Хохма и хасадим, т.е. суд и милосердие, получаемые от Зеир Анпина, мужа своего. «Лилия с шестью листьями» – т.е. в ней имеется шесть сфирот ХАГАТ НЕХИ, «лилия, которая меняет свои цвета», – т.е. изменяется, (переходя) от первого состояния ко второму.

---

⁴⁴⁹ См. п. 333.

ГЛАВА ЭМОР

Нарушение запрета Древа познания

334) «"И увидела жена, что дерево хорошо для еды, и что оно вожделенно для глаз"[450]. Смотри, ведь люди не знают и не всматриваются, и не наблюдают того, что в час, когда Творец создал человека, и наделил его высшим величием, тот просил у Него слияния с Ним, – чтобы раскрыть Единого, в едином сердце, в месте единого слияния, чтобы не претерпевало оно изменений и перемен никогда, – и с этой связью единой веры, с которой всё соединяется. Как сказано: "И Древо жизни посреди сада"[451]». То есть, чтобы быть слитым с Зеир Анпином, называемым Древом жизни, в котором нет двойственности добра и зла.

335) «"А затем они отклонились от пути веры и оставили единое дерево, высшее из всех деревьев", т.е. Древо жизни, Зеир Анпин, "и собирались прилепиться к месту, в котором происходят изменения и перемены, от одного вида к другому, и от добра к злу, и от зла к добру", – т.е. к Древу познания добра и зла, "и опустились сверху вниз, и прилепились внизу к многочисленными изменениями. И оставили Высшего из всех, который Един и не изменяется никогда. Это смысл сказанного: "Всесильный сотворил Адама (человека) прямым, а они пустились в многочисленные расчеты"[452], – т.е. прилепились к Древу познания, в котором есть множество изменений, как уже было сказано. "Тогда их сердце в этой стороне полностью переменилось", т.е. они были обращены "иногда к добру, а иногда – к злу, иногда – к милосердию, иногда – к суду. Безусловно, – как и то свойство, к которому они прилепились. "А они пустились в многочисленные расчеты"[452], и прилепились к ним"».

336) «"Сказал ему Творец: "Адам, ты оставил жизнь и связал себя со смертью". "Жизнь" – как написано: "И Древо жизни посреди сада"[451], т.е. "Древо, которое называется жизнью", ибо "тот, кто держится его, никогда не испытывает вкуса смерти.

---

[450] Тора, Берешит, 3:6. «И увидела жена, что дерево хорошо для еды, и что оно вожделенно для глаз и желанно дерево для познания; и взяла плодов его, и ела; и дала также мужу своему вместе с собой, и он ел».

[451] Тора, Берешит, 2:9. «И произрастил Творец Всесильный из земли всякое дерево, прелестное на вид и приятное на вкус, и Древо жизни посреди сада, и Древо познания добра и зла».

[452] Писания, Коэлет, 7:29. «Только вот что я нашел: что Всесильный сотворил Адама (человека) прямым, а они пустились в многочисленные расчеты».

"Ты связал себя с другим деревом, теперь, разумеется, смерть – наперекор тебе". Это означает: "Ноги ее нисходят к смерти"⁴⁵³. И написано: "И нахожу я, что горше смерти женщина"⁴⁵⁴. Безусловно, – к месту смерти он прилепился. Поэтому он и весь мир обречены на смерть"».

337) Спрашивает: «"Если он согрешил, – весь мир, в чем согрешил", почему же весь мир обречен на смерть? "И если скажешь, что все создания стали есть от этого дерева, и было забрано у всех, это не так, – но в час, когда Адам поднимался на ноги, видели его все создания и трепетали перед ним, и тянулись за ним, подобно рабам за царем. И он сказал им: "Пойдем, поклонимся и склонимся, преклоним колена пред Творцом, создавшим нас"⁴⁵⁵. И все пошли за ним. Когда увидели Адама, поклоняющегося этому месту", Древу познания, "и прилепившегося к нему", все "потянулись за ним. И" поэтому "он навлек смерть на себя и на весь мир"».

338) «"Тогда изменился Адам, (претерпев) разного вида изменения, иногда – во благо, а иногда – во зло, иногда – гнев, а иногда – спокойствие, иногда – суд, а иногда – милосердие, иногда – жизнь, а иногда – смерть. И никогда не пребывает устойчиво в одном из этих состояний, ибо так повлияло на него это место", Древо познания. "И поэтому называется "пламя обращающегося меча"⁴⁵⁶ – от одной стороны к другой, от добра – к злу, от милосердия – к суду, от мира – к войне. Обращается он к каждой" стороне, "и называется добром и злом. И об этом сказано: "А от Древа познания добра и зла нельзя тебе есть"⁴⁵⁷».

339) "И высший Царь, чье милосердие проявляется над созданиями рук Его, наставительно сказал ему: "А от Древа

---

⁴⁵³ Писания, Притчи, 5:5. «Ноги ее нисходят к смерти, на преисподнюю опираются стопы ее».
⁴⁵⁴ Писания, Коэлет, 7:26. «И нахожу я, что горше смерти женщина, потому что она – западня, и сердце ее – тенета, руки ее – оковы; угодный Всесильному убежит от нее, а грешник – ей попадется».
⁴⁵⁵ Писания, Псалмы, 95:6. «Пойдем, поклонимся и склонимся, преклоним колена пред Творцом, создавшим нас».
⁴⁵⁶ Тора, Берешит, 3:24. «И изгнал Адама, и поместил к востоку от сада Эденского херувимов и пламя обращающегося меча, чтобы охранять путь к Древу жизни».
⁴⁵⁷ Тора, Берешит, 2:17. «А от Древа познания добра и зла нельзя тебе есть, ибо в день, когда ты вкусишь от него, должен будешь умереть».

познания добра и зла нельзя тебе есть"[457]. И он не взял от него, но потянулся за женой своей и был изгнан навсегда. Ведь жена его поднимается в это место, но не более. И жена навлекла смерть на всех"».

Объяснение. Малхут в то время, когда она в состоянии судов, называется Древом познания добра и зла, в тайне сказанного: «Если удостоился (человек) – стало добром, а если не удостоился – то злом»[458]. И было указано ему, чтобы не притягивать от нее Хохму сверху вниз, ибо тогда умрет. Но Адам прилепится к Древу жизни, к своему корню, Зеир Анпину. А Хава прилепится к Малхут стороны милосердия, которая слита с Древом жизни, т.е. когда Хохма в ней светит снизу вверх. И это смысл сказанного: «Ведь жена его поднимается в это место», – т.е. в Малхут, называемую Древом познания, но когда она слита с Зеир Анпином, то называется Древом жизни, как и он. Однако она взяла от него, когда Малхут была отделена от Зеир Анпина, а точнее, притянув сверху вниз, отделилась от Зеир Анпина и стала для них смертью, в тайне сказанного: «Ноги ее нисходят к смерти»[453].[459]

340) «"Смотри, о будущем мире написано: "Ибо как дни дерева (будут) дни народа Моего"[460]. "Как дни дерева"[460] – это известное дерево", т.е. Древо жизни. "В то же время написано: "Уничтожит Он смерть навеки, и отрет Творец Всесильный слезы со всех лиц"[461]. Благословен Творец вовеки, амен и амен, будет царствовать Творец вовеки, амен и амен"».

(Закончилась глава Эмор)

---

[458] См. «Предисловие книги Зоар», п. 123. «Малхут – это Древо познания добра и зла, если удостоился человек – стало добром, а если не удостоился – то злом».
[459] См. выше, п. 336.
[460] Пророки, Йешаяу, 65:22. «Не будут они строить, а другие – жить, не будут они сажать, а другие – есть, ибо как дни дерева (будут) дни народа Моего, и дело рук своих переживут избранники Мои».
[461] Пророки, Йешаяу, 25:8. «Уничтожит Он смерть навеки, и отрет Творец Всесильный слезы со всех лиц, и позор народа своего устранит на всей земле, ибо так сказал Творец».

Глава Беар

ГЛАВА БЕАР

Кострище его на жертвеннике всю ночь до утра

1) «"И говорил Творец Моше на горе (беар) Синай так: "Говори сынам Исраэля и скажи им: "Когда придете на землю, которую Я даю вам, пусть празднует земля субботу Творцу"¹. Рабби Эльазар провозгласил: "Вот учение о всесожжении (олá): это всесожжение на кострище его на жертвеннике всю ночь до утра"². Это изречение о Кнессет Исраэль – мы объяснили, что она поднимается (олá) и соединяется со святым Царем в совершенном зивуге"».

2) «"Это всесожжение на кострище его на жертвеннике всю ночь"². Смотри, когда наступает ночь, и врата заперты, нижние суды пробуждаются в мире, выходят и снуют ослы, ослицы и собаки. Ослы, мы ведь объясняли", что первая стража: «ревущий осел».³ "А собаки и ослицы не снуют и не ходят, но с их помощью наводят чары на людей. Как, например, Билам", восседавший на своей ослице. "И мы объясняли, что в это время спят все жители мира, а нижний жертвенник, который снаружи", т.е. Малхут, когда она наполнена судами, "горит"».

3) «"В полночь пробуждается северный ветер, и из этого нижнего жертвенника", из Малхут, "выходит огненное пламя, и раскрываются врата, и нижние суды", то есть суды нуквы, "собираются в своих расщелинах. И это пламя выходит и кружит, и врата Эденского сада открываются. Пока это пламя не приходит к разным сторонам мира и не разделяется в них, и входит оно под крылья петуха, и он кричит"».⁴

4) «"В это время Творец пребывает среди праведников, и Кнессет Исраэль возносит хвалу Творцу, пока не наступит утро.

---

¹ Тора, Ваикра, 25:1-2. «И говорил Творец Моше на горе Синай так: "Говори сынам Исраэля и скажи им: "Когда придете на землю, которую Я даю вам, пусть празднует земля субботу Творцу"».
² Тора, Ваикра, 6:2. «Заповедай Аарону и его сынам так: "Вот учение о всесожжении: это всесожжение на кострище его на жертвеннике всю ночь до утра, и огонь жертвенника будет зажжен на нем"».
³ См. Зоар, главу Бо, п. 198. «"Когда перевешивают заслуги, дух (руах) разбивает две стражи" ночные, "ревущего осла" и "воющих собак"...»
⁴ См. Зоар, главу Ваякель, п. 21. «Тогда пробуждается Творец на ступенях Своих и ударяет по небосводам, и содрогаются двенадцать тысяч миров, и разносится Его призыв и плач..."»

Когда наступает утро, они общаются в тайне единения"» друг с другом. И это третья стража: «жена соединяется с мужем». «"И обретает покой с мужем своим. Это смысл слов: "На кострище его на жертвеннике всю ночь"[2] – т.е. всю ночь она сжигает своими судами, "до утра"[2] – ибо утром суды и вспышки пламени успокаиваются. И тогда пробуждается Авраам", т.е. Хесед, "в мире. И это спокойствие всего"».

Пусть празднует земля субботу Творцу

5) «"Смотри, когда Исраэль вступили на (святую) землю, не было в ней нижних судов", судов нуквы, "и Кнессет Исраэль", т.е. Малхут, "пребывала в спокойствии на крыльях херувимов, как мы сказали, и написано: "Праведность обитала в нем"[5], тогда было у нее успокоение от всего. Ибо Исраэль не засыпали, пока не приносили жертву в межвечерье, и уходили суды. И жертва всесожжения сжигалась на жертвеннике, и тогда наступало у нее успокоение от всего, и была она ничем иным, как женой для мужа своего. Это смысл сказанного: "Когда придете на землю, которую Я даю вам, пусть празднует земля субботу Творцу"[1]. "Пусть празднует земля"[1] отдых, безусловно", без судов. "Пусть празднует земля субботу Творцу"[1], – то есть "субботу именно Творцу"», без всяких судов.

6) «Еще провозгласил рабби Эльазар: "Если купишь раба-еврея, шесть лет он будет служить"[6]. Ибо в любом сыне Исраэля, который обрезан, – есть в нем отпечаток святости, есть у него отдых на седьмой год, ибо это его седьмой год (шмита́)", то есть Малхут, "чтобы отдыхать в нем. И это называется субботой земли, разумеется, есть в ней свобода" от клипот, "есть в ней отдых" от судов. "Подобно тому, как суббота – это отдохновение всего, так же и седьмой год – это отдохновение всего, отдохновение для духа и для тела"». И поэтому сказано: «Шесть лет он будет служить, а в седьмой выйдет на волю»[6].

7) «"Смотри, хэй (ה) – это отдых высших и нижних. Поэтому есть верхняя хэй (ה)" де-АВАЯ (הויה), то есть Бина, "нижняя хэй (ה)" де-АВАЯ (הויה), то есть Малхут. Верхняя хэй (ה) – "это отдых высших", нижняя хэй (ה) – "отдых нижних. Верхняя хэй (ה)" – это тайна "семь раз по семь лет", т.е. сорок девять врат Бины. "Нижняя хэй (ה)" – это "только семь лет. Эта", нижняя, называется "шмита", а эта", верхняя, называется "йове́ль"».

---

[5] Пророки, Йешаяу, 1:21. «Как город верный, исполненный правосудия, стал блудницей! Праведность обитала в нем, а ныне – убийцы».

[6] Тора, Шмот, 21:2. «Если купишь раба-еврея, шесть лет он будет служить, а в седьмой выйдет на волю даром».

Объяснение. Мохин свечения Хохмы несут отдохновение, и также свечение снизу вверх – это отдохновение. И известно, что источник свечения Хохмы, – он (находится) в верхней хэй (ה) де-АВАЯ (הויה), то есть в Бине. Однако оттуда ничего не исходит к нижним, и только лишь Малхут получает от нее. И это означает, что высшая хэй (ה) – это отдых высших, так как она не протягивается к нижним, нижняя хэй (ה) – отдых нижних, так как от Малхут получают нижние.

ГЛАВА БЕАР

Бремя высшего правления

8) «"И если рассмотреть эти вещи, всё это является одним целым". Поскольку мохин де-йовель, т.е. Бина, светят в шмиту, т.е. в Малхут. "Поэтому" написано: "Пусть празднует земля субботу"¹. Ибо во время отдыха земли рабы должны отдыхать. Поэтому: "А в седьмой выйдет на волю даром"⁶. "Даром"⁶ – что значит "даром"? То есть, "что ничего не дает своему господину"».

9) «"Однако это тайна. И мы так учили, написано: "Мы помним рыбу, которую мы ели в Египте даром"⁷. "Даром"⁷, т.е. впустую, "без благословения, ибо не было на нас в Египте высшего бремени. Смотри, рабы свободны от бремени высшего правления, и поэтому свободны от заповедей. Что такое "бремя высшего правления"? Это как с тем быком, которому вначале надевают ярмо, чтобы" работать с ним и "извлечь из него благо для мира, а если он не принимает на себя это ярмо, то ничего не делает. Так должен и человек принять на себя бремя" высшего правления "вначале, а потом работать с ним, (делая) все, что нужно, и если изначально не примет на себя это бремя, не может работать"».

10) «"Это смысл сказанного: "Служите Творцу в страхе"⁸. Что значит "в страхе"⁸? Это как сказано: "Начало мудрости – страх Творца"⁹, и это высшее правление (малхут)", так как Малхут называется страхом. "И потому это бремя высшего правления. И потому это начало всего". Поскольку Малхут – это первая сфира снизу вверх. "Кто подтверждает это?" Это то, что мы накладываем "сначала тфилин руки", то есть Малхут, "а затем тфилин головы", то есть Зеир Анпин. "Поскольку через эту" Малхут "он входит в остальную святость. И если ее нет у него, не пребывает в нем высшая святость. Поэтому написано: "С этим должен входить Аарон в Святилище"¹⁰».

---

⁷ Тора, Бемидбар, 11:5. «Мы помним рыбу, которую ели в Египте даром, огурцы и дыни, и зелень, и лук, и чеснок».
⁸ Писания, Псалмы, 2:11. «Служите Творцу в страхе и радуйтесь в трепете».
⁹ Писания, Псалмы, 111:10. «Начало мудрости – страх Творца. Разум добрый у всех, кто исполняет их (заповеди), слава Его пребудет вовек».
¹⁰ Тора, Ваикра, 16:3. «С этим должен входить Аарон в Святилище: с молодым тельцом в очистительную жертву и с овном во всесожжение».

11) «"И это бремя не пребывает на том, кто привязан к другому, и поэтому рабы освобождены от бремени небесного правления, поскольку они привязаны к своим хозяевам. И если они освобождены от этого бремени, они ведь освобождены и от всех остальных" заповедей, "потому что остальные заповеди не возлагаются на человека, пока нет у него этого бремени. И поэтому Исраэль в Египте ели даром. Так же и здесь: "Выйдет на волю даром"[6], – так как рабом был, и всё, что он делал, было напрасно, без бремени высшего правления. И, несмотря на то, что дела его были даром, "выйдет на волю"[6], и будет у него отдых"». И смысл этого изречения, – как будто сказано: «Даром выйдет на волю».

12) «"И после того как он на свободе, и у него есть отдых, возлагают на него бремя от того места, которое вывело его на свободу", то есть от свойства седьмого года, или Малхут. "А если человек отказывается выйти на волю, как сказано: "Но если, подумав, скажет раб: "Полюбил я господина своего"[11], – то он, безусловно, нанес ущерб этому месту", Малхут, "поскольку оставил бремя высшего царства, и принял на себя бремя своего господина. Поэтому, что написано: "Пусть господин приведет его к судьям (элоким), и подведет его к двери"[11]. "Пусть господин приведет его к судьям (элоким)"[11], сказано просто "к судьям (элоким)"[11], – то есть приведет его "к тому месту, которому он нанес ущерб", и это Малхут, "которая называется также Элоким"».

13) «"И к какому месту приблизит его? – "К двери или к косяку"[11]. Поскольку это место", Малхут, "является высшим входом", т.е. входом, чтобы удостоиться через нее Зеир Анпина,[12] "и называется косяком. И поскольку он намеревался нанести ущерб этому месту", Малхут, "остается этот ущерб в теле его. Это смысл сказанного: "И проколет его господин ухо его шилом, и останется он служить ему вовек"[11]. То есть раб будет у ног своего господина до пятидесятого года (года йовель)"».

---

[11] Тора, Шмот, 21:5-6. «Но если, подумав, скажет раб: "Полюбил я господина своего, жену свою и детей своих, не выйду на волю", пусть господин приведет его к судьям, и подведет его к двери или к косяку, и проколет его господин ухо его шилом, и останется он служить ему вовек».

[12] См. Зоар, главу Эмор, п. 129. «"Отвори мне" означает – отвори Мне "вход с игольное острие, и Я открою тебе высшие врата…"»

И проколет его господин ухо его

14) «"Зачем" проколет он "ухо его"[11]?" И отвечает: "Это уже объяснялось. Но слышание зависит от этого места", Малхут. "Действие – наверху", в Бине. "Ибо Исраэль, когда подошли к горе Синай, и пребывали в любви своего сердца, чтобы приблизиться к Творцу, предварили слышание действием. Поскольку слышание – вначале, а действие – потом. Однако слышание зависит от шмиты (седьмого года)", т.е. от Малхут. "И потому, если раб нанес ущерб этому слышанию, будет испорчен слух его, и изъян останется в нем. И он не останется рабом своего господина, но только если приблизится к тому месту, которому нанес ущерб, и перед ним будет ему нанесен ущерб, и останется в нем этот ущерб. И поэтому: "Пусть господин приведет его к судьям (элоким)"[11], без уточнения", что указывает на Малхут, "как мы уже объясняли. И поэтому: "Пусть празднует земля субботу Творцу"[1]», чтобы не испортили ее рабством. И это отличается от большинства мест, где говорит, что слышание – это Бина, а действие – это Малхут.

ГЛАВА БЕАР

Шмита и йовель

15) «"Шесть лет засевай твое поле... А в седьмой год суббота покоя будет для земли, суббота Творцу"[13]. И это уже объяснялось, как написано: "А в седьмой – оставляй ее в покое (шмита) и не трогай ее, чтобы питались неимущие народа твоего"[14]. В чем причина сказанного: "Чтобы питались неимущие народа твоего"[14]? Потому что бедные зависят от этого места", от Малхут, т.е. шмиты, "поэтому оставь их, чтобы есть. И поэтому тот, кто жалеет бедного, приносит мир в Кнессет Исраэль", так как бедные зависят от нее, "и добавляет благословение в мир, и дает радость и силу месту, называемому справедливостью", т.е. Малхут, "которое дает благословения Кнессет Исраэль, и мы уже объясняли"».

Раайа меэмана

16) «"А в седьмой год суббота покоя"[13]. Эта заповедь – отдыхать в седьмой год. А после нее – отдыхать в седьмой (день). А после нее – отделять деньги в седьмой (год). А после нее – отсчитывать "семь раз по семь лет, и будет тебе дней семи этих суббот годовых сорок девять лет"[15]. Здесь тайна всех этих седьмых, которые со стороны Шхины", то есть Малхут, "называемой "семь" со стороны праведника", то есть Есода, "являющимся седьмым от Бины, а она", Малхут, – "Бат Шева (дочь семи), со стороны высшей Имы", т.е. Бины, которая светит ей, поскольку Бина является седьмой снизу вверх, "о которой сказано: "Семь раз в день я восхвалю Тебя"[16]».

17) «"Это семь имен: АБАГ ЯТАЦ (אב״ג ית״ץ), КАРА САТАН (קר״ע שט״ן), НАГАД ЯХАШ (נגי״ד יכ״ש), БАТАР ЦАТАГ (בט״ר צת״ג), ХАКАБ ТАНА (חק״ב טנ״ע), ЯГАЛЬ ПАЗАК (יגי״ל פז״ק), ШАКУ ЦАЯТ

---

[13] Тора, Ваикра, 25:3-4. «Шесть лет засевай твое поле и шесть лет обрезай твой виноградник, и собирай ее урожай. А в седьмой год суббота покоя будет для земли, суббота Творцу: поля твоего не засевай и виноградника твоего не обрезай».

[14] Тора, Шмот, 23:11. «А в седьмой – оставляй ее в покое и не трогай ее, чтобы питались неимущие народа твоего, а оставшееся после них будет есть зверь полевой; так же поступай с твоим виноградником и с оливой твоей».

[15] Тора, Ваикра, 25:8. «И отсчитай себе семь суббот годовых, семь раз по семь лет; и будет тебе дней семи этих суббот годовых сорок девять лет».

[16] Писания, Псалмы, 119:164. «Семь раз в день я восхвалю Тебя за справедливые законы Твои».

(שקיו ציית),¹⁷ "и в них сорок две буквы, всего букв и слов – сорок девять", т.е. сорок две буквы и семь слов. "Высшая Има", Бина, – это "пятидесятый год"¹⁸, о котором сказано: "И возгласите свободу"¹⁸. Ибо в нем", благодаря тому, что получит свои мохин, "будет нижняя Шхина", Малхут, называемая землей, "свободой, искуплением и отдыхом для Исраэля, о которых сказано: "И будет потомство твое как прах земной"¹⁹», где земля – это Малхут.

18) «"Каждая сфира", то есть каждое имя "из этих семи имен", есть в ней "шесть крыльев", соответствующие ХАГАТ НЕХИ, "и это шесть букв в каждом имени", поскольку АБАГ ЯТАЦ (אבייג יתייץ) – это шесть букв, и так же КАРА САТАН (קרייע שטייץ), и так – все. "И в них Творец, в каждой сфире из этих семи, светит ангелам, о которых сказано: "Двумя прикрывает он лицо свое, и двумя прикрывает он ноги свои, и двумя летает"²⁰. И Бина – это один, а нижняя Шхина – это семь. А выше Бины" главный коэн считал "один плюс один", и он отсчитывал вместе с окроплением "десять сфирот", одна – это Кетер, одна и одна – Хохма и Бина (ХУБ), одна "и две", т.е. Хесед и Гвура (ХУГ), одна "и три", т.е. Тиферет, одна "и четыре", т.е. Нецах, одна "и пять", т.е. Ход, одна "и шесть", т.е. Есод, одна "и семь"», т.е. Малхут.²¹

19) «"Здесь: "И возвеличивался все больше"²², поскольку поднимают в святости, так как всякий раз он добавляет одну.²¹ "С чужой стороны", т.е. ситры ахра: "А воды все убывали"²³.

---

[17] Аббревиатура слов молитвы «Ана бе-коах», соответствующая сорокадвухбуквенному имени Творца, состоящему из семи шестибуквенных имен.

[18] Тора, Ваикра, 25:10. «И освятите пятидесятый год, и возгласите свободу на земле всем ее обитателям. Юбилеем будет это для вас, и возвратитесь вы каждый к своему владению, и каждый к своему семейству возвратитесь».

[19] Тора, Берешит, 28:14. «И будет потомство твое как прах земной, и распространишься ты на запад и на восток, на север и на юг, и благословляться будут тобою все семейства земли, и потомством твоим».

[20] Пророки, Йешаяу, 6:2. «Пред Ним стоят серафимы; шесть крыльев, шесть крыльев у каждого: двумя прикрывает он лицо свое, и двумя прикрывает он ноги свои, и двумя летает».

[21] См. Зоар, главу Эмор, пп. 249-250. «"Мы учили, что в час, когда коэн входил с кровью быка, он устремлял намерение свое к истоку (рош) веры", т.е. к трем первым сфирот Кетер-Хохма-Бина...»

[22] Тора, Берешит, 26:13. «И великим стал муж, и возвеличивался все больше, пока не стал чрезвычайно великим».

[23] Тора, Берешит, 8:5. «А воды все убывали до десятого месяца. В десятом месяце, в первый день месяца показались вершины гор».

Когда" это было? "Это в том месте, когда нижняя Шхина", то есть Малхут, "пребывает в семи. Это смысл сказанного: "И стал ковчег в седьмом месяце"[24], и это нижняя Шхина", и с этого момента начали воды убывать. "В семнадцатый день месяца"[24], – это Малхут, которая называется "седьмая и" называется "десятая"». Ибо когда начинают считать от Кетера и ниже, Малхут получается десятой. А от Хеседа и ниже – она седьмая.

20) «"Когда поднимается" и светит "в них", в сорока девяти годах, имя "Эке, то есть Бина, юбилейный год, она", Бина, называется "Эке ашер Эке (Я буду таким, как Я буду)"[25], и это "дважды Эке (אהיה)", и каждое в гематрии двадцать один, они "в числовом значении сорок два, а с восемью буквами", которые в двух Эке (אהיה), "есть в них пятьдесят, в которых заповедь – считать юбилейный год. И в нем (в этот год) заповедь вернуться к своему владению в юбилейный год", как написано: "В этот юбилейный год возвратитесь вы"[26], что означает, – "каждый вернется на ту ступень, откуда исходит его душа, как мы объясняли. "А дух возвратится к Всесильному (Элоким)"[27]», то есть к Бине, которая называется АВАЯ с огласовкой Элоким.

21) «"Шмита – это нижняя Шхина, (состоящая) из семи лет. Йовель – это высшая Има, Бина, которая на пятьдесят лет. И через нее связывались Исраэль во время их выхода из Египта. Как при выходе из Египта, когда через нее они постигают Тору, и сказано о них: "И вооруженными (хамуши́м חֲמֻשִׁים) вышли сыны Исраэля[28]. И мы объясняли: один от пятидесяти (хамиши́м חֲמִשִׁים)"», т.е. Бины. И так же здесь: «И каждый к своему семейству возвратитесь»[18] – это Бина. Иначе говоря, «к своему семейству»[18] означает – как были при выходе из Египта, когда были спасены пятидесятыми вратами, то есть Биной.

---

[24] Тора, Берешит 8:4. «И стал ковчег в седьмом месяце, в семнадцатый день месяца, на горах Арарата».

[25] Тора, Шмот, 3:14. «И Всесильный сказал Моше: "Я буду таким, как Я буду". И сказал Он: "Так скажи сынам Исраэля: "Я пребуду" послал меня к вам"».

[26] Тора, Ваикра, 25:13. «В этот юбилейный год возвратитесь вы каждый к своему владению».

[27] Писания, Коэлет, 12:7. «И прах возвратится в землю, как и был, а дух возвратится к Всесильному, который дал его».

[28] Тора, Шмот, 13:18. «И Всесильный повернул народ на дорогу пустыни к морю Суф; и вооруженными вышли сыны Исраэля из земли Египетской».

22) «"И нижняя Шхина – это выкуп домов городов, окруженных стеной. И о ней сказано: "А дома в подворных селениях, не окруженных стеной"[29], ибо два дома есть в сердце", которое соответствует Малхут. "Если они у постигших Тору, то называются "дома городов, окруженных стеной", подобно тому, как сказано при выходе их из Египта: "А воды им стеною справа и слева от них"[30]. А у других, не постигших Тору, называются "дома в подворных селениях, не окруженных стеной"[29]». Поскольку внутреннее свойство Малхут называется «дома городов, окруженных стеной». А внешнее свойство Малхут называется «дома в подворных селениях, не окруженных стеной»[29].

23) «Сказал рабби Шимон: "Мы нашли (относительно) дворов, что сказано о нем: "И стала во внутреннем дворе царского дома перед домом царя"[31]. И в любом месте, где сказано" в свитке (Эстер) "просто "царь", – это Творец. "И стала"[31] – нет иного стояния, кроме молитвы. "Перед домом царя"[31] – т.е. перед Храмом, так как весь Исраэль должны возносить свою молитву там, чтобы она была перед Храмом. Итак, есть два двора дома Творца (Храма)"», внешний и внутренний. А ты говоришь, что дома в подворных селениях, – они внешние.

24) «Сказал ему великий светоч: "Два двора являются внешней частью сердца", т.е. внешним свойством Малхут, "и это два уха сердца. И два внутренних дома – это два дома сердца", которые являются внутренним свойством Малхут. "И внутренних дома – два, и внешних дома – два. И в то время, когда будет избавление, избавление будет для всех: для тех, кто близок сердцу, т.е. к Шхине, и для далеких, которые приблизились. Это смысл сказанного: "Мир, мир далекому и близкому"[32]. И мы объясняли: "далекому"[32] – вследствие нарушения, "близкому"[32] – вследствие заповеди"».

---

[29] Тора, Ваикра, 25:31. «А дома в подворных селениях, не окруженных стеной, следует считать наравне с полем земли: их можно выкупать, и в юбилей они отходят к прежнему владельцу».

[30] Тора, Шмот, 14:22. «И вошли сыны Исраэля внутрь моря по суше, а воды им стеною справа и слева от них».

[31] Писания, Мегилат Эстер, 5:1. «И было: на третий день оделась Эстер по-царски и стала во внутреннем дворе царского дома перед домом царя; а царь сидел на царском престоле своем в царском доме против входа в дом».

[32] Пророки, Йешаяу, 57:19. «Сотворю речение уст: "Мир, мир далекому и близкому", – сказал Творец, – "и исцелю его"».

ГЛАВА БЕАР

Трубить в шофар в йовель

25) «"В это время", избавления, "это заповедь – трубить в шофар трубным гласом в йовель (юбилейный год). Это смысл сказанного: "Когда поднят будет знак на горах, – увидите, и когда затрубит шофар, – услышите"[33]. Ибо, как во время трубления в шофар в йовель выходят все рабы на волю, так же и во время последнего избавления, благодаря трублению в шофар собираются с четырех сторон мира весь Исраэль, которые являются рабами до йовеля". И это – тайна света избавления. "Ибо среди обладающих Торой есть" тоже "рабы, (работающие) ради получения награды, и называются они рабами Царя и Царицы. Но сыны святого Царя", – написано: "Вас же поднял Я на орлиных крыльях и принес вас к Себе"[34], т.е. "на крыльях созданий меркавы (строения)"».

26) «"Заповедь, следующая за этой, – давать левитам города для жительства. И поскольку они не принимали участия в грехе золотого тельца, отделил их Творец для Себя, чтобы они играли Ему разные мелодии. "Коэны – к своему служению, а левиты – к своему пению и своему воспеванию, а Исраэль – к своей обители"[35]. "Коэны – к своему служению"[35], и есть там разные заповеди..."» (Отсюда и до тридцать третьего пункта пояснение не требуется)

27) «"Первая заповедь – изготовлять елей помазания. Вторая – левиты, несущие стражу в Храме. Третья – Исраэль, чтобы испытывали трепет пред Храмом. Четвертая – служение левитов в Храме. Пятая – совершать воскурение дважды. Шестая – коэны трубят в трубы в Храме. Седьмая – благословлять потомство Аарона в Храме. Восьмая – облачаться в одежды священнослужения в Храме. Девятая – омовения рук и ног для служения в Храме"».

28) «"Десятая – быть коэнами для совершения жертвоприношений в Храме. Одиннадцатая – выкупать негодных животных, посвященных жертвоприношению. Двенадцатая –

---

[33] Пророки, Йешаяу, 18:3. «Все (вы), жители вселенной и обитатели земли! Когда поднят будет знак на горах, – увидите, и когда затрубит шофар, – услышите».

[34] Тора, Шмот, 19:4. «Вы видели, что Я сделал Египту, вас же поднял Я на орлиных крыльях и принес вас к Себе».

[35] Из молитвы «Мусаф» в субботу и в праздники.

жертвоприношение на восьмой день от роженицы. Тринадцатая – солить солью жертву в Храме. Четырнадцатая – совершать всесожжение строго по закону. Пятнадцатая – совершать приношение грехоочистительной жертвы строго по закону. Шестнадцатая – употребление святых жертв в пищу коэнами строго по закону. Семнадцатая – употреблению в пищу остатков хлебных приношений. Восемнадцатая – совершать хлебные приношения как заповедано о них. Девятнадцатая – приносить жертвы в Храм. Двадцатая – приносить жертву за исполнение обета или как добровольный дар в Храм. Двадцать первая – приносить святые жертвы замены и родившегося от посвященных жертв. Двадцать вторая – приносить две постоянные жертвы согласно установлению для них. Двадцать третья – зажигать постоянный огонь на жертвеннике"».

29) «"Двадцать четвертая – совершать возношение из пепла. Двадцать пятая – возжигать лампады светильника. Двадцать шестая – совершать хлебное приношение каждый день. Двадцать седьмая – совершать дополнительное жертвоприношение в субботу. Двадцать восьмая – правильно сочетать хлеб и левону. Двадцать девятая – совершать дополнительное жертвоприношение в новомесячье. Тридцатая – совершать жертвоприношения в семь дней Песаха. Тридцать первая – приносить в день омера овна во всесожжение. Тридцать вторая – приносить омер. Тридцать третья – приносить дополнительную жертву в Шавуот. Тридцать четвертая – приносить два хлеба в Шавуот. Тридцать пятая – совершать дополнительное приношение в новомесячье. Тридцать шестая – совершать дополнительное приношение в День искупления. Тридцать седьмая – совершать дополнительное приношение в семь дней праздника. Тридцать восьмая – совершать дополнительное приношение в Шмини Ацерет. Тридцать девятая – сжигать в огне то, что осталось. Сороковая – сжигать посвященное, ставшее нечистым. Сорок первая – главному коэну совершать служение в День искупления"».

30) «"Сорок вторая – злоупотребивший святостью заплатит основную сумму и пятую часть. Сорок третья – приносить грехоочистительную жертву за совершенный грех. Сорок четвертая – повинная условная жертва (за грех под сомнением). Сорок пятая – повинная жертва за известный ему грех. Сорок

шестая – жертва восходящая и нисходящая.[36] Сорок седьмая – жертвоприношение за ошибку большого Синедриона. Сорок восьмая – принесение жертвы очистившимся от нечистоты своей. Сорок девятая – принесение жертвы очистившейся от нечистоты своей. Пятидесятая – принесение жертвы роженицей. Пятьдесят первая – принесение жертвы прокаженным. Отсюда и далее – остальные заповеди"».

---

[36] То есть жертва большей или меньшей стоимости в зависимости от состояния человека.

ГЛАВА БЕАР

Единение Творца и Его Шхины

31) «"Главы собраний! Вы приняли обет, от которого не будете освобождены, пока не установлю я жертву Творцу, ибо Шхина – это принесение жертвы Творцу", т.е. близость к Нему, "в каждом органе Царя", т.е. в каждой Его сфире, "в полном соединении захара и нуквы во всех органах, и это (следующие виды соединения): из тех, что в голове (рош), – т.е. глаза с глазами", являющиеся Хохмой, "уши с ушами", являющиеся Биной, "нос с носом", являющиеся Тиферет, "лицо с лицом", являющиеся Хеседом и Гвурой (ХУГ), "уста с устами", являющиеся Малхут. "Как например: "И приложил он уста свои к его устам, и глаза свои к его глазам"[37], – и этим оживил мальчика. И так же руки Царя с руками Царицы", являющиеся Хеседом и Гвурой, что в ВАК. "Тело с телом", являющиеся Тиферет де-ВАК. "И во всех органах Его – совершенная жертва"».

32) «"Ведь человек без жены – половина тела, и Шхина не пребывает над ним. Так же и Творец, когда Он не находится в жертвоприношении со Шхиной и всем Исраэлем, которые духовно возвышены, т.е. являются Его органами, тогда Причина причин", т.е. Кетер, "не пребывает там, и это так, словно Творец не един, поскольку Он не со Шхиной". Ибо Творец называется единым, только если Он находится в зивуге со Шхиной. "А вне земли (святости), когда Шхина далека от своего мужа, сказано: "Всякий, живущий за пределами земли (святости), подобен тем, у кого нет Творца"[38]. Поскольку за пределами этой земли нет жертвоприношений", т.е. зивуга Творца со Шхиной, как мы уже сказали. "А в то время, когда Творец соединяется со Шхиной, исполняются слова: "В тот день будет Творец един, и имя Его – едино"[39]. И Причина причин", т.е. Кетер, "пребывает над ними"».

33) «"Хотя отцы установили молитвы вместо жертвоприношений, – это только для того, чтобы приблизить нефашот, рухот и нешамот, являющихся разумными, к Творцу и Шхине Его, как органы к телу", как мы уже объясняли. "Но со стороны

---

[37] Пророки, Мелахим 2, 4:34. «И поднялся, и лег на мальчика, и приложил он уста свои к его устам, и глаза свои к его глазам, и ладони свои к его ладоням, и простерся на нем. И потеплело тело мальчика».
[38] Вавилонский Талмуд, трактат Ктубот, лист 110:2.
[39] Пророки, Зехария, 14:9. «И будет Творец Царем на всей земле, в тот день будет Творец един, и имя Его – едино».

престола", т.е. Брия, "и ангелов", т.е. Ецира, "являющихся телами и органами, которые вне Царя и Царицы, нет там жертвоприношения. И поэтому сказано о престоле: "И сказал: "Вот рука на престоле Творца"⁴⁰», где «престол (кес כֵּס)» написано без алеф (א), но в Храме «престол (кисэ כִּסֵּא)» написано с алеф (א), как сказано: «"Престол славы возвышен изначально, место святилища нашего"⁴¹. И поэтому нет алеф (א) в престоле, поскольку "органы", т.е. ангелы и престол, которые в Брия, "отделены от тела, так как Он", Творец, – "внутри", в Ацилуте, "а они – снаружи. Это смысл сказанного: "Вот ангелы-хранители их громко взывают снаружи, ангелы мира горько плачут"⁴². Разумеется "снаружи"⁴²», вне Творца.

34) «"Да будет желание Твое возвратить нас к Храму, чтобы исполнять молитву, установленную первыми (мудрецами). Да будет желание Твое, Творец Всесильный наш и Всесильный отцов наших, ввести нас в радости в землю нашу и поселить в ее пределах, и там мы будем совершать пред Тобою обязательные для нас постоянные жертвоприношения согласно порядку их, каждое согласно порядку его", одно – на рассвете, другое – в сумерки. "И дополнительные жертвоприношения согласно их установлениям. Ибо сейчас, за пределами земли Исраэля, нет жертвоприношений, подобно телам в Брия", являющихся престолом, и в Ецира, являющихся ангелами, как мы говорили в предыдущем пункте, у которых нет принесения жертвы и единства. "Ибо Творец и Шхина Его, со стороны Его создания, – нет там разделения и различия, так как Шхина – это единение Его и благословение Его, и святость Его. И она не называется телом, но только когда" Шхина облачается и "воплощается в престоле и в ангелах де-Брия", и она для них – "как душа, которая облачается в низменное тело" нижнего. "И поэтому, когда Шхина (находится) вне чертога Храма, и вне своих престолов", то есть вне Ацилута, т.е. когда она облачается в престол и ангелов (миров) Брия и Ецира, "она как бы словно и не была одним целым с Ним"».

---

⁴⁰ Тора, Шмот, 17:16. «И сказал: "Вот рука на престоле Творца (свидельством тому), что война у Творца против Амалека из поколения в поколение"».

⁴¹ Пророки, Йермияу, 17:12. «Престол славы возвышен изначально, место святилища нашего».

⁴² Пророки, Йешаяу, 33:7. «Вот ангелы-хранители их громко взывают снаружи, ангелы мира горько плачут».

35) «"Со стороны высшего престола" де-Брия, т.е. Тиферет де-Брия, "который является телом" и облачением "для Творца", т.е. Тиферет Ацилута, "и ангелов", которые в Ецира, "зависящих от него, – это органы, зависящие от тела", т.е. от Тиферет де-Брия, "которые являются захарами. И души, производимые от него", от Тиферет де-Брия, "являются захарами. Второй престол", т.е. Малхут де-Брия, – "это тело Шхины", т.е. Малхут де-Ацилут, "и все души, зависящие от нее, являются нуквами, и ангелы", которые в Ецира, "зависящие от этого" второго "престола, являются нуквами. И их жертвоприношение", т.е. единство захаров и нукв, – "оно в Творце и Шхине Его"». То есть когда Творец соединяется со Своей Шхиной, и они тоже соединяются.

36) «"Таково единство Творца и Шхины Его, хотя они как души для престола и ангелов, – так для Тебя они, Причина причин", т.е. Бесконечность, "как тело" и облачение. "Ибо Ты – тот, кто соединяет их и приближает их, поэтому вера Твоя" принимается нами благодаря облачению Тебя "в них. А над Тобой нет души, чтобы Ты был как тело по отношению к ней, ведь Ты являешься Душой для душ, и нет души над Тобой, и нет Всесильного над Тобой, Ты вне всех и внутри всех, и в каждой стороне, и выше всех, и ниже всех, и нет другого Бога выше, и ниже, и с любой стороны, и изнутри десяти сфирот, от которых (исходит) всё, и от них зависит всё. И Ты – в каждой сфире, в длину и в ширину, вверх и вниз, и между всеми сфирот, и в толще каждой сфиры"».

37) «"И Ты – тот, кто сближает" и соединяет "Творца и Шхину Его", т.е. Тиферет и Малхут, "в каждой сфире", что в них, "и во всех ответвлениях светов, зависящих от них, подобно костям и жилам, и коже и плоти", то есть свойствам ХУБ ТУМ, "зависящим от тела", т.е. Тиферет. "А у Тебя нет тела, и нет органов", т.е. сфирот, "и нет у Тебя нуквы. Но (Ты) Один, без другого. Да будет благоволение Твое приблизить Шхину к Творцу на всех ступенях, которые являются созданием ее, т.е. душами обладающих духовными свойствами", то есть обладающих ступенями из десяти сфирот, и это "вожди Исраэля", то есть Кетер, "мудрецы (хахамим)", то есть Хохма, "умные (невоним)" – Бина, "благочестивые (хасидим)" – Хесед, "мужественные (гиборим)" – Гвура, "люди истины" – Тиферет, "пророки" – Нецах и Ход, "праведники" – Есод, "цари (малахим)" – Малхут. "Все они – от" десяти сфирот "Ацилута. И есть другие – от" десяти сфирот "Брия"».

38) «"Ибо Шхина – это жертвоприношение", и это "елей помазания. Справа – "елей для освещения"⁴³, как например: "светило большое"⁴⁴, т.е. Хесед. "Елей священного помазания"⁴⁵ – он с левой стороны, о котором сказано: "И освятишь ты левитов"⁴⁶, и это Гвура. "Битый елей – со стороны праведника", Есода, средней линии, "измельченный из частей, то есть маслин, чтобы опустить елей к фитилю. Фитиль – это синета, и" нижняя "Гвура", то есть Малхут. "Оттуда (исходит) страх. И левиты", являющиеся свойством Гвуры, "охраняют Храм"».

39) «"А оттуда – заповедь испытывать трепет пред Храмом. И это заповедь служения левитов в Храме двадцатью четырьмя сменами левитов, в которых левиты в пении и воспевании представали пред Тобой, чтобы превознести в них Шхину, и она" называется "пение и воспевание Творцу". Двадцать четыре", двадцати четырех смен, "с пением и воспеванием – это двадцать шесть, как и числовое значение АВАЯ (הויה). А" заповедь, "следующая за этой, – это заповедь постоянного воскурения Творцу. И воскурение – оно как жертвоприношение"».

40) «"И снимет шкуру с жертвы всесожжения, и разрежет ее на ее части"⁴⁷. И также органы и сальники, которые сгорают всю ночь" на жертвеннике, "являются искуплением органов тела" приносящего жертву "и его души, чтобы они не горели в аду и не были отданы в руки ангела смерти. И поскольку человек грешит из-за злого начала, называемого северным"»,⁴⁸ о

---

⁴³ Тора, Шмот, 35:8. «И елея для освещения, и благовоний для елея помазания и для благовонного курения».

⁴⁴ Тора, Берешит, 1:16. ««И создал Всесильный два великих светила: светило большое – для правления днем, и светило малое – для правления ночью, и звезды».

⁴⁵ Тора, Шмот, 30:25. «И сделай его елеем священного помазания, состава смешанного, работы мирровара; елеем священного помазания будет это».

⁴⁶ Тора, Бемидбар, 8:14. «И выделишь ты левитов из среды сынов Исраэля, и будут Моими левиты».
Здесь, в Зоаре, «освятишь» вместо «выделишь».

⁴⁷ Тора, Ваикра, 1:6. «И снимет шкуру с жертвы всесожжения, и разрежет ее на ее части».

⁴⁸ См. Зоар, главу Пкудей, п. 928. «"Из этого чертога выходит один дух, правитель над духами, называемый северным (цфони צְפוֹנִי)", и это седьмое имя злого начала...»

котором сказано: «А северного (цфони́ צְפוֹנִי) удалю Я от вас»⁴⁹, «"то и зарезают ее (жертву) с северной стороны, чтобы спасти его от этого северного"».

41) «"И что касается жертвоприношений, тем более возьми у пророков, ведь, несмотря на то, что Тора – это имя АВАЯ, о пророчестве сказано в ней: "Дух Творца (АВАЯ) вел их"⁵⁰. И все же не все постигшие Тору равны, и не все пророки равны. Ибо есть пророки, пророчество которых в облачениях Царя", т.е. в мире Ецира, который называется облачением. "И так же в устной Торе, в которой есть сомневающиеся и возражающие, что в облачениях Царя"», т.е. в мире Ецира.

42) «"И есть другие" пророки, "поднимающиеся выше" в своем пророчестве, – "в органы тела Царя", т.е. по ступеням мира Брия, который называется телом, "о которых сказано: "И я увидел"⁵¹, "И я видел, когда" пророчество, "оно посредством видения глазами", т.е. Хохмы. А также: "Творец, услышал я весть Твою, испугался"⁵², – и это посредством слышания", т.е. Бины. "Йехезкель, его видение и пророчество – от глаз (эйнаим). Хавакук – от ушей (ознаим), посредством слышания. И поэтому Йехезкель видел все эти ви́дения меркавы (строения) внутренним взором. Хавакук – слухом"», поскольку сказал: «Творец, услышал я весть Твою, испугался»⁵². «"И есть пророчество, когда это пророчество через уста", т.е. Малхут. "Это означает сказанное: "И коснулся уст моих"⁵³. Другое пророчество – от духа (руах) носа (хотем)", т.е. Тиферет. "Это означает сказанное: "И вошел в меня дух"⁵⁴. А бывает пророчество посредством

---

⁴⁹ Пророки, Йоэль, 2:20. «А северную (саранчу) удалю Я от вас и брошу ее в землю бесплодную и пустынную: передовых ее – к морю восточному, а задних – к морю западному; и поднимется смрад от нее, и поднимется от нее зловоние, ибо много наделала она (зла)».

⁵⁰ Пророки, Йешаяу, 63:14. «Как скот, в долину спускающийся, дух Творца вел их; так водил Ты народ Свой, чтобы сделать Себе имя прославленное».

⁵¹ Пророки, Йехезкель, 1:1. «И было: в тридцатый год, в пятый день четвертого месяца, – и я среди изгнанников при реке Квар, – открылись небеса, и я увидел видения Творца».

⁵² Пророки, Хавакук, 3:2. «Творец, услышал я весть Твою, испугался! Творец, деяние Твое, которое Ты сделал для меня посреди лет, пусть живет оно! Посреди лет сообщи – в гневе о милосердии вспомни!»

⁵³ Пророки, Йермияу, 1:9 «И простер Творец руку Свою, и коснулся уст моих, и сказал мне Творец: "Вот, Я вложил слова Мои в уста твои"».

⁵⁴ Пророки, Йехезкель, 2:2. «И вошел в меня дух, когда Он говорил мне, и поставил меня на ноги, и слышал я Говорящего мне».

руки", т.е. Гвуры, "как сказано: "И посредством руки пророков укажу подобие"⁵⁵. И все эти ступени – они в мире Брия. "И есть другие – внутри жизни Царя", то есть в мире Ацилут, "а другие – внутри внутренней части", то есть в Бине Ацилута.

43) «"И так же это в Торе", что есть несколько ступеней. "Простые толкования" – то есть Асия. "Признаки" – то есть Ецира. "Толкования" – Брия. "Тайны скрытого в Торе" – Ацилут, "и выше" Ацилута – "тайны тайн для Творца. Так и с жертвоприношениями, – несмотря на то, что все жертвоприношения для Творца, Он принимает всё и раздает жертвоприношения Своим станам. Часть из них раздает псам, то есть негодные жертвоприношения, которые Он отдает Саму", называемому "псом, и станам его. И поэтому спускался огонь" на жертвенник "в виде пса.⁵⁶ А часть из них – демонам, среди которых есть подобные скоту, и есть среди них подобные ангелам-служителям, а есть среди них подобные людям. Тем, чьи деяния как у демонов, – их жертвоприношения Он раздает демонам"».

44) «"Те, чьи деяния как у ангелов, – их жертвоприношения Он раздает ангелам. Как сказано: "Жертву Мою, хлеб Мой, – мужам Моим"⁵⁷, – ангелам, называемым мужами, "когда эти жертвоприношения их не зависят от скота, поскольку жертвоприношения скота – это (жертвоприношения) простолюдинов. А жертвоприношения людей – это молитвы и добрые деяния. Жертвоприношения мудрецов, обретших ступени, – это обретших тайны Торы и скрытый смысл, заключенный в них; Творец сам спускается, чтобы принять их жертвоприношения, то есть совершенную Тору Творца, святую Шхину", в которой есть "десять сфирот"».

45) «"И слова учеников мудрецов – они как вкушение остатков хлебных приношений. А есть другие, превосходящие их, Тора которых – она как вкушение самих хлебных приношений,

---

⁵⁵ Пророки, Ошеа, 12:11. «И говорил Я пророкам, и умножал Я видения, и посредством руки пророков укажу подобие».
⁵⁶ См. Зоар, главу Цав, п. 132. «Когда же Исраэль не были достойны, или тот, кто приносил жертву, приносил ее не должным образом...»
⁵⁷ Тора, Бемидбар, 28:2. «Повели сынам Исраэля и скажи им: "Жертву Мою, хлеб Мой в огнепалимые жертвы Мне, в благоухание, приятное Мне, – соблюдайте вы, принося Мне в положенное время"». «В огнепалимые жертвы Мне» – ле-ишай (לְאִשַּׁי) переводится также: мужам Моим.

а не остатков хлебных приношений. И есть другие, Тора которых – вкушение посвященных жертвоприношений и разного рода яств, предназначенных Царю. И все хлебные приношения, и жертвенную еду – всё это заповедовал Творец жертвовать в Храме Его, то есть Шхине. И заповедано совершать жертвоприношения в Храме избранной", т.е. Шхине, "чтобы исполнить: "Но только в этой (бе-зот) пусть хвалится хвалящийся"[58]», – т.е. в Шхине, называемой зот.

46) Это подобно «"царю, рабы которого и вельможи его, и наместники царства посылали ему многие дары. Сказал он: "Тот, кто желает послать мне дар, пусть посылает только лишь через царицу", чтобы исполнилось через нее: "И царство Его над всем властвует"[59]. И поэтому называется Шхина жертвоприношением Творцу, всесожжением Творцу, повинной жертвой Творцу и даже жертвоприношением от жен в отлучении (нидо́т) и рожениц, и прокаженных, и мужчин и женщин, у которых есть истечение, – всё это надо приносить в жертву Творцу и Шхине Его. А потом Шхина раздает всем. Это означает сказанное: "Раздает пищу в доме своем и урок служанкам своим"[60]. И даже пищу животных, например, ячменную жертву, являющуюся пищей скота. И также пищу рабов и рабынь из царского дома, и даже (пищу) собак, и ослов, и верблюдов", то есть клипот, – всё она раздает, "чтобы через нее исполнилось: "И царство (малхут) Его над всем властвует"[59]. И откуда нам известно, что через нее раздается всё? Поскольку написано: "Раздает пищу в доме своем и урок служанкам своим"[60]».

47) «"Ибо Творец", т.е. Зеир Анпин, – "это сын йуд-хэй (י״ה)", то есть Хохмы и Бины (ХУБ), другими словами, "вав (ו) – сын йуд-хэй (י״ה)", получается, что Зеир Анпин "включает йуд-хэй-вав (יה״ו), а совершенство его – это хэй (ה)", т.е. Малхут. Ибо тогда завершается имя АВАЯ (הויה). И поэтому Малхут – "всесожжение Творцу (АВАЯ), жертвоприношение Творцу, мирная жертва Творцу. Ибо она – близость (кирва́) Его", т.е.

---

[58] Пророки, Йермияу, 9:23. «Но только этим (досл. в этой) пусть хвалится хвалящийся, разумеющий и знающий Меня: что Я – Творец, совершающий милость, правосудие и справедливость на земле, ибо лишь это желанно Мне, – слово Творца».

[59] Писания, Псалмы, 103:19. «Творец в небесах утвердил престол Свой, и царство Его над всем властвует».

[60] Писания, Притчи, 31:15. «Встает она еще ночью, раздает пищу в доме своем и урок служанкам своим».

приношение жертвы (курбáн), и "совершенство (шлемýт) Его", т.е. мирная жертва (шламúм), "ибо ею завершается йуд-хэй-вав (יה״ו), чтобы стать йуд-хэй (יה״י) вав-хэй (וה״י)"».

48) «"И всё возвращается к Нему", к АВАЯ, "и поэтому сказано: "Истребится приносящий жертвы божествам, а не одному лишь Творцу (АВАЯ)"[61], поскольку не должен отдавать власть ситре ахра в жертвоприношении. Ибо все другие божества – это мир разделения, и нет у них близости и единства. И Творец отделил их от Своего имени, то есть отделил тьму от света. И тот, кто приносит в жертву Творцу то, что Он отделил, подобен приносящему нечистоту жены в отлучении (нидá) мужу ее, и это тайна сказанного: "И к жене во время отстранения в нечистоте ее не приближайся, чтобы открыть наготу ее"[62]».

49) «"И эта: "Не открывай наготы их"[63], – означает "близость". Ибо всякая нагота равносильна идолопоклонству всех других сторон, о которых сказано: "От этих отделились острова народов на землях своих"[64], и написано: "По их языкам, на их землях, в их народностях"[65]. И написано: "Ибо там смешал Творец язык всей земли, и оттуда рассеял их Творец"[66]. И всякого, кто приносит жертву другим сторонам, Творец отделяет от имени Своего, и нет у него доли в имени Его. Ибо Творец избрал Исраэль из всех остальных народов, это смысл слов: "И тебя избрал Творец"[67]. И взял Он их из (всех) остальных в Свой удел, как написано: "Ибо удел Творца – народ Его"[68]».

---

[61] Тора, Шмот, 22:19. «Истребится приносящий жертвы божествам, а не одному лишь Творцу».

[62] Тора, Ваикра, 18:19. «И к жене во время отстранения в нечистоте ее не приближайся, чтобы открыть наготу ее».

[63] Тора, Ваикра, 18:9. «Наготы сестры твоей, дочери отца твоего или дочери матери твоей, рожденной в доме или рожденной вне дома, не открывай наготы их».

[64] Тора, Берешит, 10:5. «От этих отделились острова народов на землях своих, по своему языку, по своим семействам в народностях своих».

[65] Тора, Берешит, 10:31. «Это сыны Шема по их семействам, по их языкам, на их землях, в их народностях».

[66] Тора, Берешит, 11:9. «Потому нарек ему имя Бавель, ибо там смешал Творец язык всей земли, и оттуда рассеял их Творец по всей земле».

[67] Тора, Дварим, 14:2. «Ибо народ святой ты у Творца Всесильного твоего, и тебя избрал Творец быть Ему народом, избранным из всех народов, которые на земле».

[68] Тора, Дварим, 32:9. «Ибо удел Творца – народ Его, Яаков – наследственное владение Его».

50) «"И поэтому дал Он им Тору от имени Своего". Как написано: "Это имя Мое вовеки и это памятование Мое из рода в род"⁶⁹. И мы ведь объясняли, что йуд-хэй (י"ה) вместе с "имя Мое (шми שְׁמִי)"⁶⁹ – в гематрии "ШАСА (365)", соответственно тремстам шестидесяти пяти запретительным заповедям в Торе. "Вав-хэй (ו"ה) вместе с "памятование Мое (зихри זִכְרִי)"⁶⁹ – в гематрии "РАМАХ (248)", соответственно двумстам сорока восьми исполнительным заповедям. "И Он в каждой заповеди связал Исраэль с именем Своим, чтобы каждый орган их был долей жребия Его и наследием Его. И поэтому: "Истребится приносящий жертвы божествам"⁶¹».

51) «"Исраэль должны соединять себя с Творцом – в продвижении своем и в пробуждении своем, это смысл сказанного: "Когда ляжешь, будет охранять тебя, а когда пробудишься, будет беседовать с тобою"⁷⁰. Встал тот ученик и распластался пред ним, и сказал: "Счастлива доля того, кто удостоился слышать эти слова, все они – имя Творца в каждой стороне, и нет в них ничего, выходящего наружу, во всех сторонах"». (До сих пор Раайа меэмана)

---

⁶⁹ Тора, Шмот, 3:15. «И сказал еще Всесильный Моше: "Так скажи сынам Исраэля: "Творец, Всесильный отцов ваших, Всесильный Авраама, Всесильный Ицхака и Всесильный Яакова, послал меня к вам. Это имя Мое вовеки и это памятование Мое из рода в род"».

⁷⁰ Писания, Притчи, 6:22. «Когда пойдешь ты, она поведет тебя; когда ляжешь, будет охранять тебя, а когда пробудишься, будет беседовать с тобою».

ГЛАВА БЕАР

А если скажете: «Что нам есть в седьмом году?»

52) «"А если скажете: "Что нам есть в седьмом году?"[71] Рабби Йегуда провозгласил: "Полагайся на Творца и делай добро, селись на земле и храни веру"[72]. Вовеки должен быть человек осторожен со своим Господином, и пусть прилепится его сердце к высшей вере, чтобы он был в согласии со своим Господином. Ибо если он будет в согласии со своим Господином, не смогут навредить ему никакие люди в мире"».

53) «"Смотри, "полагайся на Творца и делай добро"[72], что значит "делай добро"[72]? Но мы так учили, что во время пробуждения снизу пробудится высшее действие. И уже объяснялось: "И исполняйте их"[73] – это словно: "Вы сделаете их", поскольку благодаря вашему пробуждению, которое вы совершаете внизу, пробуждается (действие) наверху. Поэтому: "И делай добро"[72], и "нет доброго, кроме праведника"[74], то есть Есода Зеир Анпина, "как написано: "Хвалите праведника за добро"[75]. Когда вы делаете это, без сомнения это добро будет пробуждаться наверху, тогда: "Селись на земле и храни веру"[72], и всё это – одно целое"», поскольку «земля» и «вера» – обе они являются (свойством) Малхут.

54) И поясняет свои слова: «"Селись на земле"[72] – это высшая земля", т.е. Малхут, "поскольку нет никого в мире, кто мог бы обитать с ней, пока не пробудится это добро", то есть Есод Зеир Анпина, "по отношению к ней". Поскольку Малхут без Есода наполнена суровыми судами. "Если пробудил его" человек "своими добрыми делами, он как будто сделал его. И тогда: "Селись на земле"[72], – обитай в ней", в Малхут, "и питайся ее плодами, и радуйся вместе с ней. "И храни веру"[72], – это

---

[71] Тора, Ваикра, 25:20. «А если скажете: "Что нам есть в седьмом году, ведь не будем ни сеять, ни убирать наш урожай?"»
[72] Писания, Псалмы, 37:3. «Полагайся на Творца и делай добро, селись на земле и храни веру».
[73] Тора, Ваикра, 25:18. «И исполняйте законы Мои, и правопорядки Мои соблюдайте, и исполняйте их, и будете жить на земле безбедно».
[74] Вавилонский Талмуд, трактат Хагига, лист 12:1.
[75] Пророки, Йешаяу, 3:10. «Хвалите праведника за добро, ибо плоды деяний своих они вкушают».

земля", т.е. Малхут. "Как сказано: "И веру Твою – по ночам"[76], – то есть в Малхут. "И храни веру"[72], означает – направляй ее во всем, чего бы ты не пожелал"».

55) «"А если не пробудишь соответственно ей" Есод, "это добро", т.е. Есод, "отдаляется от нее, и" тогда "не приближайся к ней, не приближайся к огненной сжигающей печи", потому что без Есода она наполнена судами, как огненная печь, "а если будешь приближаться к ней", будь "в страхе, подобно тому, кто боится смерти. Ибо тогда она – огонь пылающий, и сжигает мир своим пламенем. Но когда ты пробуждаешь соответственно ей это добро, селись в ней, и ты не будешь бояться ее. Тогда: "И что решишь исполнить, то сбудется у тебя, и на путях твоих воссияет свет"[77]».

56) «"Смотри, сыны этой веры управляют ею", Малхут, "по желанию своему каждый день", так как она исполняет то, что они решают. "Кто они, сыны веры? – Это те, кто пробуждает это добро", то есть Есод, "соответственно ей", тем, что дают подаяние "и не жалеют своего, и знают, что Творец даст им больше. Как сказано: "Иной щедро раздает, а у него еще прибавится"[78]. И в чем причина? Это потому, что" Есод "пробуждает благословения соответственно себе. И пусть не скажет: "Если я дам сейчас, что буду делать завтра?" – поскольку Творец дает ему благословения безгранично, как уже объяснялось"».

---

[76] Писания, Псалмы, 92:3. «Возвещать утром милость Твою, и веру Твою – по ночам».
[77] Писания, Иов, 22:28. «И что решишь исполнить, то сбудется у тебя, и на путях твоих воссияет свет».
[78] Писания, Притчи, 11:24. «Иной щедро раздает, а у него еще прибавится, другой же воздерживается от благодеяния – но лишь к убытку».

ГЛАВА БЕАР

Всегда обращайте их в рабство

57) «"Поэтому: "А если скажете: "Что нам есть в седьмом году?"[79] Что написано: "Я пошлю Мое благословение вам в шестом году, и принесет (земля) урожай на три года"[79]. "И принесет (ве-асáт וְעָשָׂת)"[79], следовало сказать: "И принесет (ве-астá וְעָשְׂתָה), что значит "и принесет (ве-асат וְעָשָׂת)"[79], без хэй (ה)? И отвечает: "Но это для того, чтобы исключить хэй (ה)", то есть Малхут, из всего действия, "поскольку назначены ей покой (шмита) и отдых, и она не производит работу. Как написано: "Смотрите, вот Творец ... дает вам в шестой день"[80], являющийся Есодом, "хлеба на два дня"[80]. Подобно этому: "Я пошлю Мое благословение вам в шестом году"[79]», являющимся Есодом, «и принесет (земля) урожай на три года»[79].

58) «Рабби Хия и рабби Йоси находились в пути, пришли к той горе, обнаружили двух человек, которые шли, тем временем увидели одного человека, который подошел и сказал им: "Я прошу вас, дайте мне пищу, кусок хлеба, вот уже два дня, как я заблудился в пустыне, и ничего не ел". Наклонился один из этих двух людей и достал свою еду, которую взял с собой в дорогу, и дал ему, и накормил и напоил его. Сказал ему приятель его: "А что ты будешь делать, когда возжуждаешь в пище, – я ведь ем свою (и тебе не дам)?" Сказал ему: "Разве на твою пищу я рассчитываю?" Сидел бедняк рядом с ним, пока не съел все, что у него было, а хлеб, который остался, он дал бедняку с собой в дорогу. И тот ушел».

59) «Сказал рабби Хия: "Не хотел Творец, чтобы это сделалось через нас". Сказал рабби Йоси: "Может быть вынесен приговор этому человеку, и Творец хотел устроить ему это, чтобы спасти его". Пока шли, утомился этот человек в пути», из-за голода. «Сказал ему приятель его: "Разве не говорил я тебе, чтобы ты не давал хлеб другому?!" Сказал рабби Хия рабби Йоси: "У нас ведь есть еда, дадим ему поесть". Сказал рабби Йоси: "Ты хочешь лишить его заслуги? Пойдем и посмотрим. Ведь, наверняка, из-за страданий его, вследствие того,

---

[79] Тора, Ваикра, 25:20-21. «А если скажете: "Что нам есть в седьмом году, ведь не будем ни сеять, ни убирать наш урожай?" Я пошлю Мое благословение вам в шестом году, и принесет (земля) урожай на три года».

[80] Тора, Шмот, 16:29. «Смотрите, вот Творец дал вам субботу, поэтому Он дает вам в шестой день хлеба на два дня. Оставайтесь каждый там, где (сидит), пусть никто не сойдет со своего места в седьмой день».

что подлежит смерти, преследуют его", т.е. смертельная опасность постоянно преследует его, "и Творец пожелал устроить ему заслугу, чтобы спасти его"».

60) «Тем временем присел этот человек и заснул под одним деревом. А приятель его отдалился от него, и сел на другом пути. Сказал рабби Йоси рабби Хие: "Теперь сядем и будем наблюдать, ведь нет сомнения, что Творец хочет сделать для него чудо". Встали и стали ждать. Тем временем увидели словно эфа в пламени находится рядом с ним. Сказал рабби Хия: "Горе этому человеку, ибо сейчас он погибнет!" Сказал рабби Йоси: "Заслужил этот человек, чтобы Творец сделал для него чудо". Тем временем спустилась с дерева одна змея и хотела убить его. Напала эфа на эту змею и убила ее. Повернула эфа голову свою и ушла восвояси».

61) «Сказал рабби Йоси: "Разве я не сказал тебе, что Творец хочет сделать для него чудо, и чтобы ты не лишал его заслуги?"» – то есть, чтобы не давал ему есть.[81] «Тем временем пробудился тот человек ото сна, встал и отправился дальше. Остановили его рабби Хия и рабби Йоси, и дали ему поесть. После того, как он поел, рассказали ему о чуде, которое сделал для него Творец».

62) «Провозгласил рабби Йоси и сказал: "Полагайся на Творца и делай добро, селись на земле и храни веру"[72]. Счастлива доля человека, делающего добро от себя. Ведь он пробуждает добро", т.е. Есод, "в Кнессет Исраэль", в Малхут. "И чем пробуждает? Подаянием (цдака). Ибо когда пробуждается подаяние, пробуждается добро по отношению к Кнессет Исраэль. И поэтому написано: "Подаяние (цдака) избавляет от смерти"[82]. И в чем причина? Это потому, что подаяние – это Древо жизни", т.е. Зеир Анпин, "и оно пробуждается против Древа смерти, и забирает тех, кто держится за него, и спасает их от смерти.[83] Кто привел к тому, чтобы это Древо жизни пробудилось к этому? Он говорит – то подаяние, которое совершил" человек, "он как бы сделал его наверху", т.е. сделал так, чтобы Малхут

---

[81] См. выше, п. 59.
[82] Писания, Притчи, 11:4. «Не поможет богатство в день гнева, добродетель же (досл. подаяние) избавляет от смерти».
[83] См. Зоар, главу Бехукотай, п. 23. «"Смотри, почему "нищий подобен мертвому"? В чем причина?"...»

совершила зивуг с Древом жизни, "как написано: "Поступает праведно во всякое время"[84]. И мы это уже учили"».

(Раайа меэмана)

63) «"И владейте ими для ваших сынов ... всегда обращайте их в рабство"[85]. Эта заповедь – держать в рабстве кнаанского раба, как написано: "Всегда обращайте их в рабство"[86]. И они (происходят) со стороны Хама, который открыл наготу, и сказано о нем: "Проклят Кнаан, раб рабов будет он у братьев своих!"[86] Почему "раб рабов"[86]? Но он раб рабу того мира, который является миром йовель". Иначе говоря, он раб раба, проколотого Исраэлю, который выходит на волю в мир юбилейного года (йовель), однако он не выходит на свободу даже в юбилейный год. "И если скажешь, что он ведь был братом Шема и Йефета, – почему же он не был как они? И также Элиэзер, раб Авраама, который был из потомства Хама, почему не был таким же", как Хам, но "вышел праведником, и Творец одарил его Своим благословением, когда благословил его Лаван"», ибо сказано о нем в Торе: «Благословенный Творцом»[87]. И поскольку написано в Торе, Творец таким образом свидетельствует о нем, что это – истина.

64) И отвечает: «"Но здесь, без сомнения, тайна кругооборота (гильгуль): "Производит (голель) Он свет из тьмы"[88], то есть "раба Авраама, который вышел из тьмы, поскольку является потомком Хама. Достаточно для раба быть подобным своему господину, то есть Аврааму, который произошел от Тераха, поклонявшегося идолам. И поэтому он произошел от проклятого и из тьмы, и стал благословенным Творцом, подобно Аврааму, который произошел от Тераха, то есть тоже был светом из тьмы. "И тьму – из света"[88], – это Ишмаэль, произошедший от Авраама, и Эсав – от Ицхака"».

---

[84] Писания, Псалмы, 106:3. «Счастливы те, кто хранит правосудие, поступает праведно во всякое время».

[85] Тора, Ваикра, 25:46. «И владейте ими для ваших сынов, передавая после себя во владение. Всегда обращайте их в рабство, но над братьями вашими, сынами Исраэля, друг над другом не властвуй жестоко».

[86] Тора, Берешит, 9:25. «И сказал: "Проклят Кнаан, раб рабов будет он у братьев своих!"»

[87] Тора, Берешит, 24:31. «И сказал он: "Войди, благословенный Творцом! Почему стоишь ты снаружи? Я же освободил дом и место для верблюдов"».

[88] Вечерняя молитва (маарив), благословения перед чтением «Шма». «Производит Он свет из тьмы, и тьму – из света».

ГЛАВА БЕАР

Кругооборот

65) «"И эта тайна, – смешение капель" семени "в месте, которое не его, – приводит к этому. Тот, кто смешивает свою каплю с рабыней, с Махалат бат Ишмаэль", т.е. дурной клипой, "или с дочерью бога чужого", т.е. дочерью идолопоклонника, "которые являются злом и тьмой, а его капля – это добро и свет", как написано: "И увидел Всесильный свет, что хорош"[89], тот смешивает добро со злом, преступая сказанное его Господином, который сказал: "Но от Древа познания добра и зла – не ешь"[90]».

66) «"Творец из того, что смешал" этот человек, "собирает его и вводит его в кругооборот для получения наказания", то есть вводит его в тело, состоящее из добра и зла. "Если совершил возвращение и занимался Торой, и отделил добро от зла", ибо занимался изучением "запрещенного и разрешенного, скверны и чистоты, годного и негодного, и благодаря этому отделилось зло от добра, как сказано о нем: "И создал (ва-и́цер וַיִּיצֶר)"[91]». «И создал Творец Всесильный человека»[91], где написано «и создал (ва-ицер וַיִּיצֶר)» с двумя йуд (י), чтобы указать, что в человеке есть два создания, «"создание для добра и создание для зла, и с помощью Торы он разделяет их, и Творец вручает ему душу от Себя, чтобы он управлял ими обоими: одним, которое является" добром и "светом, и это – будущий мир, и другим, которое является" злом и "тьмой, и это – этот мир. Это смысл сказанного: "И вдохнул в ноздри его дыхание (нешама) жизни"[91]».

67) «"И согласно заслугам и провинностям" судят его, "как мы объясняли: "Каждому, кто исполняет одну заповедь, дают благо"[92]. Средний – тот, заслуги которого равны его грехам, половина заслуг внизу, и половина грехов внизу. Как сказано:

---

[89] Тора, Берешит, 1:4-5. «И увидел Всесильный свет, что хорош, и разделил Всесильный между светом и тьмой. И назвал Всесильный свет днем, а тьму назвал Он ночью. И был вечер и было утро: день один».

[90] Тора, Берешит, 2:17. «Но от Древа познания добра и зла – не ешь, ибо в день, в который ты вкусишь от него, смертию умрешь».

[91] Тора, Берешит, 2:7. «И создал Творец Всесильный человека из праха земного, и вдохнул в ноздри его дыхание жизни, и стал человек существом живым».

[92] Вавилонский Талмуд, трактат Кидушин, лист 39:2. «Каждому, кто исполняет одну заповедь, дают благо и продлевают ему дни его».

"Какое желание твое? И будет оно исполнено. И в чем просьба твоя? Хоть половину царства (малхут) проси, и выполнено будет"[93]». Иначе говоря, если есть половина Малхут, то есть половина заслуг, тогда: «И выполнено будет»[93], – принято желание и просьба. «"Завершенный праведник – все заслуги его наверху, а грехи – внизу. Законченный грешник – грехи его наверху, а заслуги – внизу"».

Объяснение. Завершенный праведник – все заслуги его сохраняются для него наверху, для будущего мира, и не получает он от них в этом мире ничего. А грехи его, то есть наказания за грехи его, – они внизу, в этом мире. Законченный грешник – грехи его наверху, т.е. взыскиваются с него в аду после его кончины в этом мире. А заслуги его, которых добился своими делами, – внизу, так как дают ему вознаграждение в этом мире. Средний – и тот и другой судят его, ибо, как награда его, так и наказание его, – внизу, в этом мире.

---

[93] Писания, Мегилат Эстер, 5:6. «И сказал царь Эстер, когда они пили вино: "Какое желание твое? И будет оно исполнено. И в чем просьба твоя? Хоть половину царства проси, и выполнено будет"».

Изменение имени, изменение места, изменение действия

68) «"И человек, который согрешил открыто, – он на двух ступенях", т.е. в двух видах. "Если он раскаивается открыто", то есть так же как согрешил открыто, тогда возвращают ему в том мире (находиться) "среди праведников, знающих законы Творца и оберегающих себя, чтобы не грешить". А если он раскаялся "тайно", не возвращают его в среду праведников, поскольку грех его не стирается окончательно, а возвращают его (находиться) "среди грешников", и грешники завидуют тому, что он раскаялся, "чтобы исполнилось сказанное о них: "А глаза нечестивых истают"[94]».

69) «"И поэтому грех Адама в том, что он нарушил запрет: "И повелел Творец Всесильный"[95], и мы объясняли, что нет иного повеления, кроме идолопоклонства,[96] – нарушил запрет идолопоклонства, Он собрал его", то есть ввел его в кругооборот, "в капле семени Тераха, в котором тот возмутил", то есть рассердил, "Творца, и преступил запрет идолопоклонства", ибо Терах был идолопоклонником. И из капли его семени вышел Авраам, ибо он был кругооборотом Адама Ришона. "Раскаялся" Авраам "и разбил идолов поклонения и всю их еду, которую ставили" перед ними. "Он исправил то, в чем согрешил" Адам и Терах, "и сокрушил грех и здание зла, которое выстроил", то есть здание клипот, которое вызвал Адам своим грехом, "и возвел на царство Творца и Шхину Его над всем миром"».

70) Спрашивает: «"Каким образом" он возвел на царство Творца и Шхину Его над миром? И отвечает: "Поскольку освятил имя Творца, во всеуслышание, и вошел в огонь сжечь себя, чтобы исполнилось в нем", в Адаме: "Изваяния их божеств сожгите

---

[94] Писания, Иов, 11:20. «А глаза нечестивых истают, и убежище исчезнет у них, и надежда их – смертный вздох».

[95] Тора, Берешит, 2:16-17. «И повелел Творец Всесильный человеку, сказав: "От всякого дерева сада можешь есть, но от Древа познания добра и зла – не ешь, ибо в день, в который ты вкусишь от него, смертию умрешь"».

[96] См. Зоар, главу Берешит, часть 1, п. 432. «И повелел Творец Всесильный человеку, сказав: "От всякого дерева сада можешь есть"...»

огнем"⁹⁷». Объяснение: поскольку Адам нарушил запрет идолопоклонства, он считался, как «изваяния их божеств»⁹⁷. «И мало того, он еще побудил к раскаянию своего отца Тераха и привел его, и свою мать, и всех правителей того поколения в Эденский сад. И так он очистился в огне, подобно серебру, – ибо он" серебряная "царская монета, которую подделали, смешав со свинцом. Поэтому поместил он ее в огонь, и вышел наружу свинец, т.е. Ишмаэль. Поэтому вышел" Ишмаэль, "тешащийся идолопоклонством, и остался Адам, очищенный огнем. И это – изменение имени", когда изменилось его имя с Адама на Авраама. "Ведь когда Адам вновь воплотился, нужно было произвести ему изменение имени, изменение места и изменение действия"», как объясняется далее.

71) «"Затем явился Ицхак, и укрепился в нем", т.е. Адам воплотился в нем и укрепился, "вследствие второго нарушения, о котором сказано: "Человеку (Адаму)"⁹⁵, и это – кровопролитие"». Как уже выяснялось ранее,⁹⁶ и объясняет (там) изречение: «И повелел Творец Всесильный человеку, сказав»⁹⁵, что «и повелел»⁹⁵ – касается идолопоклонства, «человеку (Адаму)»⁹⁵ – касается кровопролития, «сказав»⁹⁵ – это кровосмешение. А он нарушил их все.⁹⁸ «"И это привело к испытанию Ицхака ножом"», т.е. жертвоприношением, как сказано: «И взял нож, чтобы зарезать сына своего»⁹⁹. «"И" Адам "был очищен в нем, подобно тому, кто выявляет пищу из отходов, и вышли отходы наружу, и это – Эсав, проливающий кровь"». А пища, т.е. Яаков, вышла выявленной и чистой от всех отходов. И это смысл сказанного, что Яаков – это красота Адама Ришона,¹⁰⁰ т.е. как уже объяснялось, что в Яакове он вышел чистым и очищенным от всех отходов.

---

⁹⁷ Тора, Дварим, 7:25. «Изваяния их божеств сожгите огнем. Не возжелай серебра и золота, что на них, чтобы взять себе, а то попадешь в западню эту, а это мерзость для Творца Всесильного твоего».

⁹⁸ См. Зоар, главу Берешит, часть 1, п. 445. «Потому что всякий, кто берет Нукву, называемую Древом познания, одну, без мужа ее, Зеир Анпина, создает разделение между Зеир Анпином и Нуквой…»

⁹⁹ Тора, Берешит, 22:10. «И простер Авраам руку свою и взял нож, чтобы зарезать сына своего».

¹⁰⁰ См. Зоар, главу Берешит, часть 1, п. 439. «И это дело было возложено на Сама, который забирает мохин и благословения у Адама Ришона благодаря своей хитрости, т.е. введя его в грех с нарушением запрета Древа познания. Пока не явилось другое святое дерево, Яаков, и снова не забрал у Сама эти благословения…»

72) «"Затем явился Яаков", то есть состояние блага и пищи, которое выявилось от Адама Ришона, "и (Творец) собрал" и соединил "его в Лаване, и стал он ему рабом. Это смысл сказанного: "Буду служить тебе семь лет за Рахель"[101]. И из-за того, что (Лаван) заменил ее на сестру ее, служил (ему) еще семь лет, чтобы извлечь две капли, которые обронил Адам Ришон в чужом месте", т.е. в два женских духа, с которыми совершал соития, отлучившись от Хавы.[102] "И это – кровосмешение. И на это указывает" слово "сказав"[95].[103] И извлек он их у Лавана-арамейца", который является свойством "змея"».

73) «"И в этих трех", в Аврааме, в Ицхаке и в Яакове, "у Адама было изменение имени, изменение места и изменение действия. Изменение имени – в Аврааме. Изменение места – в Ицхаке. Изменение действия – в Яакове. И если с тем, что сказано о нем: "Тогда Он увидел (мудрость) и установил ее, утвердил, еще и испытал, ... и сказал Он человеку (ле-адам)"[104], он принял раскаяние, относительно других – тем более"», которые не так велики, как он.

74) «"И поэтому: хороший раб – место определяет, и плохой раб – тоже" место определяет. "Но других рабов – "всегда обращайте их в рабство"[85]. Встали главы собраний и сказали: "Счастлив народ, когда так у него"[105]. "Когда так (ше-ка́ха שֶׁכָּ֣כָה)"[105] – в гематрии Моше (משה 345)"», т.е. верный пастырь. «Встал верный пастырь и сказал: "Счастлив народ, у которого Творец – Всесильный его"[105]».

Внутренняя суть статьи. Вся эта статья говорит об исправлении греха Адама Ришона. Ибо Адам Ришон был вором, ведь Хозяин сада повелел ему: «Но от Древа познания добра и зла – не ешь»[90], – а он пошел, и украл, и съел. И поэтому

---

[101] Тора, Берешит, 29:18. «И полюбил Яаков Рахель, и сказал он: "Буду служить тебе семь лет за Рахель, твою младшую дочь"».

[102] См. Зоар, главу Берешит, часть 2, п. 346. «С того момента, как Каин убил Эвеля, Адам был отлучен от жены своей, и два женских духа являлись и совершали соития с ним...»

[103] См. выше, п. 71.

[104] Писания, Иов, 28:27-28. «Тогда Он увидел (мудрость) и установил ее, утвердил, еще и испытал; и передал человеку. И сказал Он человеку: "Вот, страх Творца – он (и есть) мудрость, и удаляться от зла – разум"».

[105] Писания, Псалмы, 144:15. «Счастлив народ, чья судьба такова (досл. когда так у него), счастлив народ, у которого Творец – Всесильный его».

исправление его: «Пусть продан будет за кражу, совершенную им»[106], – чтобы суд продал его в рабство. И это исправление начинается с Яакова. Но прежде, чем он приходит к этому исправлению, ему нужны три исправления, и это: изменение имени, и изменение места, и изменение действия. И тогда его продают в рабство Лавану, и от него исходит свойство «раб-иври», который выходит на волю на седьмой год, и это свойство Рахель. И на этом исправление еще не завершается, но вырастает из этого свойство «дурной раб», и это изгнания, в которые были изгнаны Исраэль и проданы народам мира. И отсюда происходит свойство «проколотый раб», который обращается в рабство миру йовель, то есть Бины, и в тот момент, когда господствует Бина, он выходит на волю и возвращается к своему владению. И это три избавления, которые произошли благодаря власти света Бины, то есть свойства йовель. И, вместе с тем, еще полностью не завершается грех Древа познания, и также не раскрывается еще полное избавление, ведь остались еще свойства кнаанского раба, которые не выходят (на волю) даже в мире йовель. И они тоже относятся к потомкам греха Адама Ришона и нуждаются в исправлении. И они как раз должны выйти на свободу в свойстве самой шмиты (седьмого года), потому что они не смогут воспользоваться йовель (пятидесятым годом). И поэтому они должны ждать до завершения исправления в седьмом тысячелетии, когда будут исправлены и они тоже, и тогда получится, что грех Древа познания полностью исправлен.

А теперь выясним, что означает изменение имени, места и действия. Известно, что грех Древа познания заключался в привлечении свечения Хохмы, что в левой линии, сверху вниз, и этим он отделил левую линию от правой. И в свойстве: «А если не удостоился – то (стало Древо познания) злом»[107], раскры-

---

[106] Тора, Шмот, 22:1-2. «Если во время подкопа замечен будет вор и побит будет так, что умрет, то не будет на убившем вины за его кровь. Но если сияло над ним солнце, лежит на убившем вина за его кровь. Если вор остался в живых, то он должен платить, а если платить ему нечем, пусть продан будет за кражу, совершенную им».

[107] См. «Предисловие книги Зоар», п. 123. «Малхут – это Древо познания добра и зла, если удостоился человек – стало добром, а если не удостоился – то злом».

лась над ним точка манулы в тайне: «У входа грех лежит»[108], с раскрытием которой выходят все света,[109] и по этой причине исчезло высшее сияние, и он был изгнан из Эденского сада. И получается, что Адам Ришон привел своим грехом к тому, что суды нуквы добавились к судам захара власти левой линии в разделении, которые разрушают мир.[110] И первое исправление заключается в том, чтобы они отменили друг друга.[110] И это первое воплощение Адама Ришона, в Аврааме, с которого началось исправление, чтобы суды нуквы отменили суды захара. И это означает сказанное: «Нет иного повеления, кроме идолопоклонства»[111], т.е. власти левой линии, которую вызвал Адам Ришон, и это суды захара. «Он собрал его в капле семени Тераха», и это Авраам, «и разбил идолов поклонения», т.е. он привлек манулу, являющуюся судами нуквы, и разбил этим идолов поклонения, являющихся судами захара, вследствие чего отменились ГАР левой линии, которые являются свойством рош идолопоклонства. «И всю их еду», т.е. прервал все их изобилие.[110] «И вошел в огонь сжечь себя»[112], потому что Авраам бросился в огненную печь, чтобы отменить суды захара, «чтобы исполнилось в нем: "Изваяния их божеств сожгите огнем"[97]», т.е. огнем манулы. Однако этого было достаточно для исправления правой линии, то есть Авраама, являющегося светом хасадим, на которые не было сокращения, и даже в келим манулы можно было их получать. Но свойство левой линии, являющейся свечением Бины, которая снова стала Хохмой, он не исправил вовсе. Поскольку келим, в которых происходит раскрытие манулы, не могут получить Хохму, так как она представляет собой Малхут первого сокращения.[113] И поэтому вышли из него отходы, то есть недостаток получения свечения Хохмы, что подобно подделыванию царской монеты,

---

[108] Тора, Берешит, 4:6-7. «И сказал Творец Каину: "Отчего досадно тебе, и отчего поникло лицо твое? Ведь если станешь лучше, то будешь достоин. А если не станешь лучше, то у входа грех лежит, и к тебе его влечение, – ты же властвуй над ним!"»

[109] См. Зоар, главу Ваеце, п. 23. «"От силы света Ицхака" – святости, "и осадков вина" – клипот, из них обоих "выходит одна сложная форма", состоящая из добра и зла...», и «Предисловие книги Зоар», п. 123, в комментарии Сулам.

[110] См. Зоар, главу Ахарей мот, п. 118, и главу Тазриа, п. 153.

[111] См. выше, п. 69.

[112] См. выше, п. 70.

[113] См. Зоар, главу Берешит, часть 1, п. 3, со слов: «В свойстве суда, т.е. в свойстве Малхут мира АК, прежде чем она подсластилась в Бине, в свойстве милосердия, мир не мог существовать...»

ибо задерживает раскрытие ГАР. И эти отходы – это свойство Ишмаэль, который подобен свинцу, подмешанному в серебро. И это смысл сказанного: «Подобно серебру, ибо он – царская монета, которую подделали, смешав со свинцом». В этом заключается смысл слов: «И это – изменение имени». Ибо он разбил имя скверны, то есть чужого бога, и вернул святое имя на свое место.

И для того чтобы вернуть также и свойство левой линии в святость и привлечь свечение Хохмы, нужно поднять Малхут в Бину, и Малхут получит келим Бины, и скрыть свойство манулы.[113] И это суть изменения места, которое произошло в Ицхаке, когда Малхут ушла со своего места и поднялась в место Бины, и тогда родился Ицхак, то есть свойство левой линии. И Адам Ришон исправился в нем благодаря изменению места, что в нем. И это смысл сказанного: «Затем явился Ицхак и он укрепился в нем»[114], поскольку благодаря изменению места, что в нем, укрепился Адам Ришон в левой линии, а благодаря жертвоприношению (досл. связыванию) Ицхака он включился в правую. И это смысл сказанного: «И это привело к испытанию Ицхака ножом, … и был очищен в нем, подобно тому, кто выявляет пищу из отходов, и вышли отходы наружу, и это – Эсав». Ибо из-за того, что манула была полностью скрыта, и произошло изменение места, вновь усилилась левая линия без правой, от которой Эсав притягивал сверху вниз, что и называется отходами, и отсюда – кровопролитие. И поэтому также и изменения места было недостаточно для исправления Адама Ришона.

И это смысл сказанного: «Затем явился Яаков»[115], то есть средняя линия, которая приводит к согласию между двумя линиями и исправляет левую линию, чтобы светила только снизу вверх, в виде света нуквы.[116] И по этой причине Хохма больше не раскрывается в левой линии Зеир Анпина, в Ицхаке, которая светит сверху вниз, как свет захара, а только лишь в Малхут, в свойстве Рахель, поскольку она является светом нуквы, которая светит только снизу вверх. И это смысл сказанного: «И собрал его в Лаване, и стал он ему рабом», т.е. это свойство раб-иври, о котором говорится: «Шесть лет он будет служить,

---

[114] См. выше, п. 71.
[115] См. выше, п. 72.
[116] См. Зоар, главу Берешит, часть 1, п. 50. «Разногласие, которое было исправлено согласно высшему подобию…»

а в седьмой выйдет на волю»¹¹⁷, т.е. с раскрытием света Малхут, являющимся свечением Хохмы, он выходит на волю. И это означает: «Буду служить тебе семь лет за Рахель»¹⁰¹, – чтобы раскрыть свечение Хохмы, которое есть в Рахели, то есть в свойстве Малхут, которая называется седьмой, и благодаря свечению ее выходят рабы на свободу. И, несмотря на то, что он служил еще и за Лею, (как сказано): «И из-за того, что (Лаван) заменил ее на сестру ее, служил (ему) еще семь лет», главная его работа была раскрыть свет Хохмы, который в Рахели. И это называется изменением действия. Иными словами, он отменил действие, которое происходит в свете захара, поскольку нуква – ничейная земля и не происходит в ней действия, так как пребывает в покое. И благодаря ему вышел Адам Ришон чистым, без отходов. И это исправление раба-иври, о котором сказано: «Пусть продан будет за кражу, совершенную им»¹⁰⁶.

Однако еще недостаточно этого исправления раба-иври, ибо согрешили Исраэль и были преданы изгнанию среди народов. И отсюда свойство «проколотый раб», который не желает свободы седьмого года, и это делает его ущербным.¹¹⁸ И о нем сказано: «И останется он служить ему вовек»¹¹⁹, так как он не выходит на свободу иначе, как только в настоящем свете Бины, являющимся светом трех избавлений, которые были у Исраэля от трех изгнаний, и они были избавлены благодаря появлению света Бины над ними. И это смысл слов: «И останется он служить ему вовек (ле-олам לְעוֹלָם)»¹¹⁹, – для мира (олам עוֹלָם) Бины. Как сказано: «В этот год юбилейный возвратитесь вы каждый к своему владению»¹²⁰. И всё это говорится только о рабе-иври, у которого есть исправление изменения места, и они могут получать от Малхут, подслащенной в Бине, или от света самой Бины. И это не так у кнаанского раба, у которого нет этого исправления изменения места, но манула раскрыта в нем, поэтому он не выходит на свободу ни в седьмой год, и ни в йовель, потому что келим манулы не могут получить от них

---

[117] Тора, Шмот, 21:2. «Если купишь раба-еврея, шесть лет он будет служить, а в седьмой выйдет на волю даром».

[118] См. выше, п. 14.

[119] Тора, Шмот, 21:5-6. «Но если, подумав, скажет раб: "Полюбил я господина своего, жену свою и детей своих, не выйду на волю", пусть господин приведет его к судьям, и подведет его к двери или к косяку, и проколет его господин ухо его шилом, и останется он служить ему вовек».

[120] Тора, Ваикра, 25:13. «В этот год юбилейный возвратитесь вы каждый к своему владению».

ничего, но только лишь в конце исправления, в седьмом тысячелетии. И выходит, что до этого времени исправление Древа познания полностью не завершается.

И этим он заканчивает: «И поэтому хороший раб»[121], то есть раб-иври, который выходит в седьмой (год), – «место определяет», т.е. изменение места Малхут, которая поднялась в Бину, привело его к тому, что смог выйти в седьмой (год), как мы уже объяснили. «И плохой раб – тоже», т.е. проколотый раб, который ущербен, – изменение места приводит к тому, что он выходит в мир йовель, т.е. получить от света Бины, как мы уже объясняли. «Но других рабов», т.е. кнаанского раба, у которого нет изменения места, «всегда обращайте их в рабство»[85], ибо они не выходят на свободу в йовель, так как их келим, происходящие от свойства манулы, не могут получать иначе, как от сокращенной Малхут, поэтому не выходят на свободу, и исправление Адама Ришона не оканчивается до завершения исправления. Ибо тогда манула будет исправлена на своем месте, и будет подобна Бине, и изменение места больше не потребуется. И благодаря этому понятна вся статья.

---

[121] См. выше, п. 74.

Ибо Мне сыны Исраэля рабы

75) «"Ибо Мне сыны Исраэля рабы"[122]. Заповедь – заниматься всеми видами служения в Храме, а вне Храма – всеми действиями, которые называются служением", то есть "молитвой, и усердствовать в заповедях Торы, ибо всё это называется служением, подобно рабу, который старается для хозяина во всём, что нужно"».

76) «"Поскольку назвал Он Исраэль рабами, как написано: "Ибо Мне сыны Исраэля рабы. Мои рабы они"[122]. Почему они рабы? Потому что написано: "Которых Я вывел из земли Египетской"[122], и поэтому написано затем в десяти речениях: "Я – Творец Всесильный твой, который вывел тебя из земли Египетской"[123], – чтобы служить Ему, как раб, который служит хозяину, спасшему его от смерти и избавившему его от всех бед в мире"».

Объяснение. Раб – это тот, кто исправляет света Хохмы в левой линии, так как из-за греха Адама Ришона опустились света и келим свечения Хохмы святости и упали в Египетскую клипу, и по этой причине вынуждены были Исраэль быть рабами в земле Египетской. И три свойства прошли эти выявления левой линии, пока не восполнились при даровании Торы в свойствах нешама-хая-ехида свечения левой линии, как это подробно разъяснялось ранее.[124] И это смысл сказанного: «Почему они рабы?», что означает – исправление левой линии. И отвечает: «Потому что написано: "Которых Я вывел из земли Египетской"[122]», то есть, что они вынесли с собой тогда искры и келим свечения Хохмы, которые в левой линии.[124] И это смысл сказанного: «Я – Творец Всесильный твой, который вывел тебя из земли Египетской»[123], – т.е. продолжение раскрытия исправлений левой линии, относящегося к служению раба.[124] И соответственно этому есть свойство «сын», исходящее из средней линии, как мы еще выясним.

---

[122] Тора, Ваикра, 25:55. «Ибо Мне сыны Исраэля рабы. Мои рабы они, которых Я вывел из земли Египетской. Я – Творец Всесильный ваш».
[123] Тора, Шмот, 20:2. «Я – Творец Всесильный твой, который вывел тебя из земли Египетской, из дома рабства».
[124] См. Зоар, главу Лех леха, п. 117, со слов: «В этих словах заключен необычайно глубокий смысл...»

ГЛАВА БЕАР   Ибо Мне сыны Исраэля рабы

77) «"Двумя видами имен называются Исраэль по отношению к Творцу", – называются "рабами, как написано: "Мои рабы они"[122], и называются сынами, как написано: "Сыны вы Творцу Всесильному вашему"[125]. Поскольку в то время, когда человек познал Творца в общем виде, называется рабом, выполняющим повеление своего Господина, и не дозволено ему копаться в сокровищницах и тайнах Его дома. Но в то время, когда познал Творца частным образом, называется Его возлюбленным сыном, как сын, ищущий скрытое во всех тайнах дома Его"».

Объяснение. Раб притягивает только от свечения левой линии святости, которое исправлено так, чтобы светить лишь снизу вверх в виде света некевы и ВАК, т.е. без какого-либо действия.[126] И это смысл сказанного: «В то время, когда человек познал Творца в общем виде», то есть снизу вверх, «называется рабом, … и не дозволено ему копаться в сокровищницах и тайнах Его дома», ибо свечение его относится к свойству света некевы, когда запрещено ему всякое действие, как мы уже объясняли. Однако «сын» означает – связанный со средней линией, благодаря своему свойству хасадим, которое является светом захара, передаваемым сверху вниз, и есть тут ГАР и действие поиска в тайниках Его. И это смысл сказанного: «Частным образом», т.е. слитый со средней линией, «называется Его возлюбленным сыном, как сын, ищущий скрытое во всех тайнах дома Его», так как является светом захара и ГАР, передаваемыми сверху вниз, и в нем принято действие и поиск в тайниках Царя.

78) «"И, несмотря на то, что он называется сыном, первенцем Творцу, как сказано: "Сын Мой, первенец Мой Исраэль"[127], он не должен исключать себя из относящихся к рабам, ибо должен служить Отцу своему всеми видами служения, которые являются почитанием Отца его. И так должен каждый человек, чтобы быть у Отца своего сыном, – заниматься поиском скрытого Им и знать тайны дома Его, и усердствовать в них, и быть у Отца своего рабом"».

---

[125] Тора, Дварим, 14:1. «Сыны вы Творцу Всесильному вашему, не делайте на себе надрезов и не делайте плеши между глазами вашими по умершему».

[126] См. выше, п. 74, комментарий Сулам, со слов: «И это смысл сказанного: "Затем явился Яаков", то есть средняя линия, которая приводит к согласию между двумя линиями и исправляет левую линию, чтобы светила только снизу вверх, в виде света нуквы...»

[127] Тора, Шмот, 4:22. «И передай Фараону, что так сказал Творец: "Сын Мой, первенец Мой Исраэль"».

ГЛАВА БЕАР

Свойство «раб» и свойство «сын»

79) «"И суть этого – две ступени наверху, которыми должен увенчаться человек, и они являются тайной веры, и они являются одной (ступенью): первая – это свойство "раб", а вторая – свойство "сын". И" ступень "тот раб", что наверху, "называется "Господин всей земли"[128], т.е. свойство Малхут, в которой раскрывается свечение Хохмы, которое в левой линии, и это свет некевы.[129] "А" ступень "сын", что наверху, – "это как мы объясняли, "сын Мой, первенец Мой Исраэль"[127], т.е. Зеир Анпин в то время, когда он является сыном высших Абы ве-Имы, и тогда он называется Исраэль, и это свет захара, как мы уже сказали. "И всё это – единое свойство веры. И человек должен увенчаться этими ступенями" сына и раба, что наверху, "чтобы включиться в свойство веры"».

Объяснение. Человек, который внизу, должен сначала получить свойство «раб», то есть свечение Хохмы, от Малхут, называемой «Господин всей земли»[128]. А потом, когда он получает хасадим от Зеир Анпина, являющегося сыном Абы ве-Имы, они (хасадим) в них – в свойстве светов захара, т.е. свойство ГАР. Но если нет в нем ступени раба, а только ступень хасадим, то они считаются для него ВАК без рош, и вовсе не являются ступенью сына. Однако если он уже восполнился Хохмой от Малхут, хасадим считаются свойством ГАР, ведь поэтому Малхут и считается входом, чтобы войти в Зеир Анпин.[130] И это смысл сказанного: «И суть этого – две ступени наверху, … первая – это свойство "раб", а вторая – свойство "сын"... И человек должен увенчаться этими ступенями, чтобы включиться в свойство веры», т.е. должен увенчаться обеими. А если нет, они вовсе не являются свойством ГАР, так как хасадим Зеир Анпина без Хохмы де-Малхут – это ВАК. И также Хохма де-Малхут без хасадим Зеир Анпина – это ВАК.[130]

80) И объясняет сказанное им, что нужно быть на ступени «"раб", чтобы заниматься всеми видами служения, – молитвой, которая называется служением, как тот раб, который является высшим свойством", то есть свойством Малхут, "которая

---

[128] Пророки, Йеошуа, 3:11. «Вот ковчег союза – Господин всей земли пойдет перед вами через Ярден».
[129] См. выше, п. 77.
[130] См. Зоар, главу Эмор, п. 134, со слов: «Пояснение сказанного...»

никогда не успокаивается, вовеки, и всегда воздает хвалу и возносит мелодию" Зеир Анпину. "И мы также учили: в других служениях, ибо все служения и все вещи", которые происходят "во всех мирах, – все их делает и выполняет она", Малхут, "и поэтому она", Малхут, называется "Господин", ведь из-за того, что она" свойство "раб", чтобы служить" и привлекать жизненные силы и наполнение совершенно во все миры, поэтому "она называется "Господин всей земли"¹²⁸. И человек, который увенчивается этим", свойством раба, что в Малхут, "чтобы быть рабом в исполнении служения своему Господину, он поднимается и удостаивается находиться на этой ступени", раба, "и тоже называется "Господин". Ибо он благословляет всеми этими своими служениями этот мир", то есть Малхут, "и поддерживает ее, и потому называется Господином"» также и он.

81) Теперь он объясняет ступень «сын», и говорит: «"Счастлив удел того сына, который удостоился усердствовать в познании тайн своего Отца и всех секретов Его дома, как единственный сын, которого Отец поставил господствовать над всеми Своими тайнами. И это слава" сына, "господствующего над всем. Тот, кто усердствует в Торе, чтобы познать Творца и эти тайны Его, называется сыном Творцу. И из всех небесных воинств нет никого, кто бы помешал ему войти к Отцу в любое время, когда ему нужно войти. Счастлив удел его во всех мирах. И поэтому тот, кто усердствует в познании" своего Отца "частным образом в тайне мудрости (хохма)", т.е. в Хохме, что в правой линии Зеир Анпина, "тогда называется сыном"». И разницу между Хомой правой линии и Хохмой левой смотри в главе Цав.¹³¹

82) «"В служении, которым человек служит Творцу, есть служение, в котором человек должен включиться в оба (свойства), – быть рабом и сыном, чтобы украситься в Творце. И что оно собой представляет? Это служение молитвы, в которой" человек "должен быть рабом и сыном, чтобы включиться в" обе "эти высшие ступени", в Зеир Анпин и Малхут, – "служить и исправлять молитву в свойстве раба, выполняя служение исправления миров", и это ступень раба и свойство Малхут, "и прилепиться желанием своим в свойстве Хохмы", что в правой линии, как мы

---

¹³¹ См. Зоар, главу Цав, п. 151, со слов: «Пояснение сказанного. Всё то время, пока человек не удостоился полного возвращения...»

уже объясняли, "чтобы слиться со своим Господином в высших тайнах"», и это ступень сын и свойство Зеир Анпина.

83) И объясняет больше: «"Сын" всегда соединяется с Отцом совершенно без всякого разделения, никто не помешает ему. "Раб" исполняет служение Господина своего и совершает исправления миров. Тот, кто будет обладать обоими (свойствами)", сына и раба, "в едином включении, в едином соединении, – это человек, исправляющий всё свойство веры", т.е. Малхут, "в едином включении" с Зеир Анпином, "без всякого разделения, и соединяющий всё вместе. Это человек, о котором Творец возглашает во всех воинствах и станах всех миров, и на всех небосводах: "Берегитесь такого-то, ибо он доверенное лицо Царя и обладает всеми тайнами своего Господина". Счастлив он в этом мире, и счастлив он в мире будущем"».

84) «"С этого дня и далее этот человек известен, и он записан во всех мирах. В час, когда ему нужно, всем воинствам и всем станам повелевается быть у него. И Творцу никто больше не нужен, кроме него одного", то есть над ним пребывают все миры. "И пробуждается голос" и возглашает: "Хорошо единственному", то есть этому человеку, "быть у Единственного", т.е. Творца, "и заниматься единственному с Единственным"».

85) «"И тайну этих двух ступеней", сына и раба, "я нашел в одном изречении: "И сказал мне: "Ты раб Мой, Исраэль, в котором Я прославлюсь"[132]. "И сказал мне: "ты раб Мой"[132] – это" ступень "раб", то есть левая линия и свойство Малхут. "Исраэль"[132] – это" ступень "сын", то есть правая линия и свойство Зеир Анпин. И когда они в одной совокупности, тогда написано: "В котором Я прославлюсь"[132]. Благословен Творец вовеки, амен и амен! Будет царствовать Творец вовеки, амен и амен!"» (до сих пор Раайа меэмана)

---

[132] Пророки, Йешаяу, 49:3. «И сказал мне: "Ты раб Мой, Исраэль, в котором Я прославлюсь"».

Глава Бехукотай

ГЛАВА БЕХУКОТАЙ

Вспомни, прошу, что советовал Балак

1) «"Если по законам Моим поступать будете"¹. Рабби Хия провозгласил: "Народ Мой, вспомни, прошу, что советовал Балак, царь Моава, и что ответил ему Билам, сын Беора"². "Народ Мой, вспомни, прошу"², – счастлива доля этого народа, которых Господин их увещевает так. "Народ Мой, вспомни, прошу"², – несмотря на то, что вы отклонились с пути, вы – народ Мой, и не хочу Я воздавать вам по делам вашим"».

2) «Рабби Ицхак сказал: "Счастлива доля народа, Господин которых сказал им: "Народ Мой! Что сделал Я тебе и чем утомил тебя? Свидетельствуй против Меня!"³ "Что советовал Балак, царь Моава"², – то есть "с помощью скольких средств и действий замышлял он истребить вас из мира, и сколько колдовских чар возбудил он против вас"».

3) «Сказал рабби Йоси: "Сказал Творец Исраэлю: "Вспомни, прошу"². Горе, что мы кричим каждый день, и мы рыдаем и плачем: "Вспомни, Творец, что стало с нами"⁴. "Припомни, Творец, сынам Эдома"⁵. Но не хочет Он смотреть на нас". И это потому, что "Он сказал нам: "Пожалуйста, "вспомни, прошу"². Поскольку нет иного "прошу", кроме языка просьбы. А мы не смотрим на Него". Поэтому "мы кричим подобно этому: "Вспомни, Творец, что стало с нами"⁴. "Припомни, Творец, сынам Эдома"⁵. "Вспомни общину Свою, издревле приобретенную Тобой"⁶. "Вспомни

---

¹ Тора, Ваикра, 26:3. «Если по законам Моим поступать будете и заповеди Мои соблюдать и исполнять их».
² Пророки, Миха, 6:5. «Народ Мой, вспомни, прошу, что советовал Балак, царь Моава, и что ответил ему Билам, сын Беора, (и что сделал Я для тебя) от Шиттима до Гильгаля ради познания благодеяний Творца».
³ Пророки, Миха, 6:3. «Народ Мой! Что сделал Я тебе и чем утомил тебя? Свидетельствуй против Меня!»
⁴ Писания, Мегилат Эйха, 5:1. «Вспомни, Творец, что стало с нами; взгляни и увидь поругание наше!»
⁵ Писания, Псалмы, 137:7. «Припомни, Творец, сынам Эдома день Йерушалаима, говорившим: "Разрушайте, разрушайте до основания его"».
⁶ Писания, Псалмы, 74:2. «Вспомни общину Свою, издревле приобретенную Тобой, спас Ты колено наследия Своего, эту гору Цион, на которой обитаешь Ты».

обо мне, Творец, в час благоволения к народу Твоему"⁷. А Он не хочет смотреть на нас"».

4) «Рабби Йегуда сказал: "Конечно же, Творец смотрит на нас всегда и помнит нас. А если бы Он не смотрел за Исраэлем и не помнил нас, не выдержали бы они даже одного дня в изгнании. Это смысл сказанного: "Но также при всём том, в их пребывание на земле их врагов Я их не презрел и не возгнушался ими"⁸. Ибо Творец не поступает с нами по делам нашим"».

5) «"Смотри, Балак был мудр, и был величайшим колдуном в деяниях рук своих, более Билама. И так я учил, что всё, чего человек желает в этом мире в служении Творцу, нужно возбудить действием внизу. Ибо действием внизу возбуждается действие наверху. И это действие", внизу, "должно быть в святости. И это уже объяснялось. И в том месте, где нет действия, есть речь, и от произнесения речи устами зависит возбуждение действия наверху. И так же как нужно возбудить высшую святость действием и речью, так и те, кто исходит от нечистой стороны, должны возбудить свою сторону, – действием и произнесением речи устами"».

6) «"И, несмотря на то, что Билам был самым большим из всех колдунов в мире, Балак был колдуном большим, чем он. Ибо в ворожбе Балак был величайшим из мудрецов. А Билам" был велик "в гадании. Ворожба и гадание – это две ступени. Ворожба зависит от действия. Гадание не зависит от действия, а (зависит) от созерцания и от произнесения речи устами. И тогда возбуждается над ними дух скверны, чтобы облачиться в них, и делает то, что делает"».

7) «"А Исраэль, которые святы, – не так, но все они святы, и все деяния их (направлены на то), чтобы возбудить над ними дух святости. Как сказано: "Пока не изольется на нас дух свыше"⁹. И поэтому сказано: "Ибо нет гадания у Яакова и ворожбы

---

⁷ Писания, Псалмы, 106:4. «Вспомни обо мне, Творец, в час благоволения к народу Твоему, вспомни обо мне помощью Твоей».
⁸ Тора, Ваикра, 26:44. «Но также при всём том, в их пребывание на земле их врагов Я их не презрел и не возгнушался ими, чтобы истребить их, нарушая союз Мой с ними; ибо Я Творец Всесильный их».
⁹ Пророки, Йешаяу, 32:15. «Пока не изольется на нас дух свыше, и пустыня станет полями и виноградниками, а поля и виноградники считаться будут лесом».

у Исраэля"¹⁰. Ибо Исраэль включены в сторону высшей святости, и деяния их совершаются в святости, и святость пробуждается над ними, и они облачаются в нее"».

8) «"И смотри, в ворожбе был Балак величайшим из всех мудрецов, а Билам – в гадании. И поэтому, в час, когда Балак захотел объединиться с ним, что сказано: "И пошли старейшины Моава и старейшины Мидьяна, и ворожба у них в руках"¹¹. Смотри, в произнесении речи устами был Билам величайшим из всех колдунов мира, и в созерцании гадания он умел определять время" для проклятия, и поэтому проклятия его исполнялись. "И поэтому хотел Балак довершить это действо ворожбой и гаданием"», для чего и объединился с ним.

9) «"Сказал ему Творец: "Грешник! Ведь опередили тебя сыновья Мои. Есть деяние между ними, когда все плохие стороны и всякая нечисть, и все колдовства, что в мире, не могут приблизиться к ним, ибо все они бегут от него. И что это такое? Это Шатер собрания и святая утварь, и принадлежности Святилища, и курение благовоний, отменяющее любые гнев и ярость в мире, наверху и внизу, и всесожжения и жертвы каждый день, и два жертвенника для выполнения жертвенного служения, и стол, и личной хлеб, и умывальник с подножием его. И сколько принадлежностей для действия в качестве произнесения речи устами, и это ковчег и две скрижали Торы, и Аарон, искупающий народ каждый день в молитве". Когда посмотрел этот грешник на это, сказал он: "Ибо нет гадания у Яакова и ворожбы у Исраэля"¹⁰. И в чем причина?" Это потому, что "Творец Всесильный его с ним, и расположение Царское с ним"¹²».

10) «"И поэтому" сказал Творец: "Народ Мой, вспомни, прошу"², – прошу вас, вспомните то время, когда объединились Балак и Билам, чтобы истребить вас, и не смогли, поскольку Я держал вас, как отец, который держит своего сына, и не отдает его в чужие руки. "От Шиттима до Гильгаля"². Как"

---

¹⁰ Тора, Бемидбар, 23:23. «Ибо нет гадания у Яакова и ворожбы у Исраэля; в свое время рассказано будет Яакову и Исраэлю о том, что совершал Всесильный».

¹¹ Тора, Бемидбар, 22:7. «И пошли старейшины Моава и старейшины Мидьяна, и ворожба у них в руках, и пришли они к Биламу, и говорили ему речи Балака».

¹² Тора, Бемидбар, 23:21. ««Не увидел лжи в Яакове, не узрел нечестия в Исраэле, – Творец Всесильный его с ним, и расположение Царское с ним».

соотносится "одно с другим?" И отвечает: "Но сказал Творец Исраэлю: "Прошу вас, вспомните, что всё время, пока вы держались за Меня, не мог тот грешник своими колдовством и ворожбой возобладать над вами. Когда вы отняли руки, (перестав) держаться за Меня, и были вы в Шиттиме, что написано: "И ел народ, и поклонялись они божествам их"[13]. И в Гильгале, как сказано: "В Гильгале приносили они в жертву быков"[14]. И тогда возобладали над вами ваши ненавистники. И всё это почему? "Ради познания благодеяний Творца"[2], то есть "все те благодеяния, которые Я сделал вам, когда вы держались за Меня, и не оставил Я ничего в мире, чтобы возобладало бы над вами, и гнев сверху и снизу, и всякая нечисть не могли приблизиться к вам"».

---

[13] Тора, Бемидбар, 25:1-2. «И поселился Исраэль в Шиттиме, и стал народ распутничать с дочерьми Моава. И звали они народ приносить жертвы божествам их, и ел народ, и поклонялись они божествам их».

[14] Пророки, Ошеа, 12:12. «Если Гилад предан греху, то (люди его) стали тщетою, в Гильгале приносили они в жертву быков; и жертвенники их подобны грудам (камней) на бороздах поля».

И явился Всесильный Биламу

11) «"И сказал он им: "Переночуйте здесь эту ночь, и дам я вам ответ, как говорить будет мне Творец"[15]. Смотри, в час, когда заходит солнце, и все врата запираются, и ночь приходит, и наступает мрак, сколько полчищ освобождается от своих оков и начинают сновать по миру, и сколько правителей над ними, которые направляют их. И есть самый большой правитель над всеми с левой стороны. И этот грешник", Билам, "был у этого правителя, наивысшего из всех, со своим колдовством. И он произносил свои колдовские заклинания ночью, когда он властвует со всей своей свитой, и тот", правитель, "приходил, чтобы быть с ним и сообщал ему, что он хочет"».

12) «"Подобно этому: "И явился Всесильный Лавану-арамейцу"[16], – и это тот, кто находится у него", т.е. вышеупомянутый правитель, и также: "И явился Всесильный Авимелеху"[17]. Все они подобно этому. Всюду призывают его этими заклинаниями. И потому он был чаще ночью, чем днем", поскольку ночью – время его власти, как было сказано в предыдущем пункте. "И это уже объяснялось. И все эти колдуны и мудрецы были у Авимелеха, как написано: "И взглянул Авимелех, царь плиштим, в окно"[18]. Здесь написано: "В окно"[18], и там написано: "В окно выглядывала и причитала мать Сисры"[19]». Как там тот занимался колдовством, так и здесь, (в случае) с Авимелехом – (занимался он) колдовством. И поэтому также: «И явился Всесильный Авимелеху»[17] – т.е. вышеназванный правитель, которого привлекают колдовством. «"Лаван, уже объяснялось", что он был колдуном, и "Билам тоже, как и он"».

---

[15] Тора, Бемидбар, 22:8-9. «И сказал он им: "Переночуйте здесь эту ночь, и дам я вам ответ, как говорить будет мне Творец". И остались князья Моава у Билама. И явился Всесильный Биламу, и сказал: "Кто эти люди у тебя?"»

[16] Тора, Берешит, 31:24. «И явился Всесильный Лавану-арамейцу во сне ночью, и сказал Он ему: "Берегись, чтобы не говорил ты с Яаковом от доброго до худого"».

[17] Тора, Берешит, 20:3. «И явился Всесильный Авимелеху во сне ночью и сказал ему: "Вот ты умрешь, потому что женщина, которую ты взял, замужняя"».

[18] Тора, Берешит, 26:8. «И было, когда провел он там много дней, и взглянул Авимелех, царь плиштим, в окно и увидел: вот Ицхак тешится с Ривкой, своей женой».

[19] Пророки, Шофтим, 5:28. «В окно выглядывала и причитала мать Сисры, в оконце: "Почему медлит его колесница с приходом, почему запоздал стук его колесниц?"»

И поэтому Всесильный, о котором написано в их случае, – это их правитель.

13) «"И поэтому обо всех о них написано: "Всесильный (Элоким)", а не Творец (АВАЯ), как написано: "И явился Всесильный (Элоким) Лавану"[16], "И явился Всесильный (Элоким) Авимелеху"[17], ибо Всесильный (Элоким) означает – вышеназванный правитель, "он приходил к ним, а не они к нему. Ибо нет у этих" правителей "готового места. И если скажешь: но ведь написано "Всесильный (Элоким)", – как же говорится, что это ситра ахра? И отвечает: "Но это имя", Элоким, "является общим для всех, и даже идолопоклонство тоже называется божествами (элоким)", т.е. "иными божествами (элоким ахери́м). И, в общем, иные божества (элоким) – это эти правители, и поскольку они входят в эту категорию, поэтому так называются", именем Элоким. "И этот грешник произносил заклинания и призывал его, и тот приходил к нему. И поэтому написано: "Переночуйте здесь эту ночь, и дам я вам ответ, как говорить будет мне Творец (АВАЯ)"[15]». И не написано: «Элоким». «"Поскольку этот грешник восхвалял себя"», говоря: «Творец (АВАЯ)»[15], «"хотя в его случае написано только: "И явился Всесильный (Элоким)"[15]».

ГЛАВА БЕХУКОТАЙ

Что угодно Творцу благословлять Исраэль

14) «"Другое объяснение. "Как говорить мне будет Творец (АВАЯ)"[15], означает – "через того посланца ситры ахра", т.е. правителя. "И если скажешь: так он ведь и днем находился у него?"» Как написано: «И встретился Всесильный (Элоким) Биламу»[20], т.е. это происходило днем. И отвечает: «"Но, разумеется, созерцание в гадании было у него", и это тоже называется Элоким. "И в это время он созерцал, чтобы определить час (проклятия).[21] Это означает сказанное: "И не обратился он, как прежде, к гаданию"[22]. "И увидел Билам, что угодно Творцу благословлять Исраэль"[22]. И как увидел? Однако днем он созерцал, чтобы определить час", когда проклясть Исраэль, "и не отыскал, как в остальные дни, и тогда увидел, что нет великого гнева в мире. И тогда узнал, "что угодно Творцу благословлять Исраэль"[22]. В тот час он отстранился от всех гаданий, которые есть в мире, и не смотрел на них. Это означает: "И не обратился он, как прежде, к гаданию"[22]».

15) «"Смотри, в тот час, когда присутствует гнев, левая (сторона)", что наверху, "пробуждается. И тот грешник знал место, как включиться в левую сторону, чтобы проклясть. А в тот час, о котором сказано выше, он всматривался, но не нашел. Что тогда написано: "Как прокляну, (если) не проклял Всевышний? И как гнев навлеку, (если) не гневался Творец?"[23] И поэтому написано: "Народ Мой, вспомни, прошу, что советовал Балак, царь Моава, и что ответил ему Билам, сын Беора"[2]. Счастливы Исраэль, счастлива доля их в этом мире и в мире будущем"».

---

[20] Тора, Бемидбар, 23:4. «И встретился Всесильный Биламу, и сказал он Ему: "Семь жертвенников соорудил я и вознес по быку и овну на жертвеннике"».

[21] См. выше, п. 8.

[22] Тора, Бемидбар, 24:1. «И увидел Билам, что угодно Творцу благословлять Исраэль, и не обратился он, как прежде, к гаданию, но обратил к пустыне лицо свое».

[23] Тора, Бемидбар, 23:8. «Как прокляну, (если) не проклял Всевышний? И как гнев навлеку, (если) не гневался Творец?»

ГЛАВА БЕХУКОТАЙ

Если по законам Моим поступать будете

16) «"Если по законам Моим поступать будете"[24]. "Если по законам Моим"[24] – это место, когда запреты Торы зависят от этого места", т.е. Малхут. "Как сказано: "Законы Мои соблюдайте"[25]. "Закон" – это когда" Малхут "называется так, а запреты Торы включаются в нее. "И постановления Мои соблюдайте"[26]. "Постановление (мишпат)" – это другое высшее место", Зеир Анпин, "с которым тот "закон", Малхут, "связан, и соединяются друг с другом, высшие и нижние", т.е. законы в Малхут с постановлениями в Зеир Анпине. "И все заповеди Торы, и все запреты Торы, и все святости Торы связаны с ними", с Зеир Анпином и Малхут, "поскольку это – письменная Тора", Зеир Анпин, "а это – устная Тора"», Малхут.

17) «"Поэтому: "Если по законам Моим"[24], – это все запреты и суды, и наказания, и заповеди, которые находятся в этом месте, называемом устной Торой", т.е. Малхут, которая называется "законом. "И постановления Мои соблюдайте"[26], – в том месте, которое называется письменной Торой", то есть Зеир Анпин, "как сказано: "Постановление у Всесильного Яакова"[27], и это Зеир Анпин, называемый Яаков. "И это связано с этим, а это – с этим, и все едино, и это совокупность святого имени", т.е. соединения Зеир Анпина и Малхут. "А кто преступает слова Торы, как будто наносит ущерб святому имени, поскольку "закон и постановление" – это имя Творца. И поэтому: "Если по законам Моим поступать будете"[24], – это устная Тора. "И постановления Мои соблюдайте"[26], – это письменная Тора. И это совокупность святого имени"».

18) «"И исполняйте (досл. делайте) их"[26]. После того как Он уже сказал "поступайте" и "соблюдайте", зачем еще "и делайте"[26]?" И отвечает: "Но тот, кто выполняет заповеди Торы и

---

[24] Тора, Ваикра, 26:3. «Если по законам Моим поступать будете и заповеди Мои соблюдать и исполнять их».
[25] Тора, Ваикра, 18:4. «Постановления Мои исполняйте и законы Мои соблюдайте, чтобы следовать им; Я – Творец Всесильный ваш».
[26] Тора, Ваикра, 25:18. «И исполняйте законы Мои, и постановления Мои соблюдайте, и исполняйте их, и будете жить на земле безбедно».
[27] Писания, Псалмы, 81:5. «Ибо закон для Исраэля это, постановление у Всесильного Яакова».

ступает по путям Его, он как будто делает Его наверху. Сказал Творец: "Как будто сделал Меня". А потому: "И делайте их"[26] законом и постановлением, и это Зеир Анпин и Малхут. "И делайте их"[26], – написано, конечно. Ведь вследствие того, что они пробуждаются благодаря вам, чтобы соединиться друг с другом, дабы стало святое имя как подобает, безусловно: "И делайте их"[26]».

19) «"Подобно этому", – сказал рабби Шимон, – "И сделал Давид имя"[28]. Разве Давид сделал Ему?" И отвечает: "Но поскольку Давид ступал путями Торы и выполнял заповеди Торы, и управлял царством (малхут) как подобает, – как будто сделал он имя наверху. И не было царя в мире, который бы удостоился этого, подобно Давиду, который вставал в полночь и восхвалял Творца, пока не восходило святое имя", т.е. Малхут, "на свой престол, в момент, когда восходил свет дня. Поэтому, он словно на самом деле делал имя", т.е. поднимал ее для зивуга с Зеир Анпином. "Как сказано", с другой стороны: "И назвал открыто сын исраэльтянки имя Творца, и стал поносить"[29]. И поэтому: "И сделал Давид имя"[28]. И поэтому сказано: "И делайте их"[26]. Если вы будете стараться делать их, и исправлять святое имя как подобает, все эти высшие благословения будут у вас в своем исправлении как подобает"».

---

[28] Пророки, Шмуэль 2, 8:13. «И приобрел Давид именитость (досл. и сделал Давид имя), когда возвращался после поражения восемнадцати тысяч арамейцев в Гэй Амэлах (Соленой долине)».

[29] Тора, Ваикра, 24:11. «И назвал открыто сын исраэльтянки имя Творца, и стал поносить. И привели его к Моше. А имя матери его – Шломит, дочь Диври, из колена Дана».

ГЛАВА БЕХУКОТАЙ

Я дам ваши дожди в свое время

20) «"Я дам ваши дожди в свое время"[30], то есть, чтобы каждый из них дал свою силу вам. А кто такие "они"? Это "то исправление, которое вы сделали", – единства "святого имени". То есть, единства закона и постановления, Зеир Анпина и Малхут, которое они будут давать вам. "Подобно этому написано: "Следовать пути Творца, чтобы делать добро и правосудие"[31]. После того как написано: "Следовать пути Творца"[31], – зачем" надо писать: "Чтобы делать добро и правосудие"[31]?" И отвечает: "Но тот, кто соблюдает пути Торы, он как бы делает "добро (цдака́) и правосудие"[31]. И что такое "добро и правосудие"[31]? – Это Творец". Заплакал рабби Шимон и сказал: "Горе им, тем людям, которые не знают и не оберегают величия своего Господина. Ибо кто делает святое имя каждый день? Говорит ведь: "Тот, кто дает милостыню (цдака́) нищим"».

---

[30] Тора, Ваикра, 26:4. «Я дам ваши дожди в свое время, и даст земля свой урожай, и дерево полевое даст плод свой».

[31] Тора, Берешит, 18:17-19. «И Творец сказал: "Утаю ли Я от Авраама, что Я делаю? Ведь Авраам должен стать народом великим и могучим, и им благословляться будут все народы земли. Ибо Я предопределил его на то, чтобы он заповедал сынам своим и дому своему после него следовать пути Творца, чтобы делать добро и правосудие, дабы Творец доставил Аврааму то, что изрек о нем"».

ГЛАВА БЕХУКОТАЙ

Милостыня нищему

21) «"Смотри, ведь объясняли, что это так. Поскольку бедный включен в суд, и вся его пища в суде, – это место, называемое справедливостью (це́дек)", т.е. Малхут. Как сказано: "Молитва бедного, когда он ослабевает"[32]. Молитва (тфила́) – это тфилин руки", т.е. Малхут, "и объяснялось", что когда она не находится в зивуге с Зеир Анпином, она бедная и называется справедливостью. "И тот, кто дает милостыню нищему, делает наверху святое имя совершенным как подобает", так как он объединяет ее с Зеир Анпином, который дает ей всё, "поскольку милостыня – это Древо жизни", т.е. Зеир Анпин. "А милостыня отдает" и передает "справедливости", т.е. Малхут. "И когда она дает справедливости, тогда они соединяются друг с другом", Зеир Анпин с Малхут, "и святое имя становится совершенным. Тот, кто делает это пробуждение внизу", т.е. дает милостыню, "он, несомненно, как будто бы сделал святое имя совершенным. Как он делает внизу, так пробуждается и наверху. И потому написано: "Счастливы те, кто хранит правосудие, делает добро (цдака) во всякое время"[33]. "Делает добро"[33] – это Творец, он как будто бы сделал Его"».

22) «"Смотри, нищий, мы ведь учили, кто является местом его", – т.е. Малхут, которая не находится в зивуге с Зеир Анпином, как мы уже сказали. "И в чем причина? Потому что нищий, нет у него ничего своего, но лишь то, что дают ему. И так же луна", т.е. Малхут, – "нет у нее своего света, но лишь то, что дает ей солнце"», т.е. Зеир Анпин.

23) «"Смотри, почему "нищий подобен мертвому"[34]? В чем причина? Это потому, что это место привело его к этому, ведь в месте смерти пребывает он". Ибо Малхут – это Древо познания добра и зла, и если (человек) удостаивается – это добро и жизнь, а если не удостаивается – зло и смерть.[35] "И поэтому он

---

[32] Писания, Псалмы, 102:1. «Молитва бедного, когда он ослабевает и изливает жалобу свою пред Творцом».

[33] Писания, Псалмы, 106:3. «Счастливы те, кто хранит правосудие, делает добро во всякое время».

[34] Вавилонский Талмуд, трактат Недарим, лист 64:2. «Четверо подобны мертвому: нищий и прокаженный, и слепой, и тот, у кого нет сыновей...»

[35] См. Зоар, главу Ваеце, п. 23. «"От силы света Ицхака" – святости, "и осадков вина" – клипот, из них обоих "выходит одна сложная форма", состоящая из добра и зла...»

называется мертвым. А тот, кто жалеет его, дает ему милостыню (цдака)" и приводит к тому, "что Древо жизни", называемое добродетелью (цдака), "пребывает над" Древом познания, являющимся Древом смерти, "как сказано: "Добродетель же избавляет от смерти"[36]. И" получается, что "так же как человек делает внизу", т.е. оживляет нищего, который называется мертвым, "точно так же он делает наверху", т.е. возводит Древо жизни над Древом смерти. "Счастлива доля того, кто удостоился сделать святое имя наверху", т.е. соединить ее с Зеир Анпином. "Поэтому добродетель превосходит всё"».

24) «"Слова эти сказаны о добродетели (цдака) ради нее (лишма), ибо" этим "добродетель пробуждает справедливость", т.е. Зеир Анпин относительно Малхут, "чтобы соединить их вместе, и будет всё святым именем как подобает. Ибо справедливость не исправляется и не восполняется иначе, как посредством милостыни (цдака). Как сказано: "Праведностью (цдака) будешь утверждена"[37]. И это обращено к Кнессет Исраэль", т.е. Малхут, ибо только посредством добродетели (цдака) она достигает совершенства. "Поэтому" написано: "И исполняйте (досл. делайте) их"[26]», так как это делается благодаря пробуждению снизу, как мы уже объясняли.

---

[36] Писания, Притчи, 11:4. «Не поможет богатство в день гнева, добродетель же избавляет от смерти».
[37] Пророки, Йешаяу, 54:14. «Праведностью будешь утверждена, далека будешь от притеснения – ибо не будешь бояться, и от крушения – ибо оно не приблизится к тебе».

ГЛАВА БЕХУКОТАЙ

И дам Я мир на земле

25) «"И дам Я мир на земле"[38]. Рабби Йоси провозгласил: "Трепещите (ригзу́ רְגְזוּ) и не грешите"[39]. Это изречение объяснялось. То есть человек должен возбуждать (леарги́з לְהַרְגִּיז) доброе начало против злого начала, и это хорошо. Но в час, когда наступила ночная тьма, и человек лежит на ложе своем, сколько обвинителей", т.е. ангелов-губителей, "пробуждается в мире и неустанно рыщут (повсюду). И люди должны трепетать пред Творцом и бояться Его, чтобы не оказалась душа его среди них, и он мог бы спастись от них. И человек должен не произносить ни слова при них", то есть не разговаривать в их присутствии, "чтобы не возбудить их на себя, и чтобы не находились они с ним. Это смысл сказанного: "В сердце своем речи ведите, когда вы на ложе своем, и храните молчание. Сэла!"[39] – чтобы не произносить ни слова при них"».

26) «"Смотри, в час, когда Исраэль предстают достойными пред Творцом, что написано: "И дам Я мир на земле"[38]. Это наверху, когда Творец собирается соединиться с Кнессет Исраэль"». Ибо «мир»[38] означает – Есод, «на земле»[38] – Малхут. «Тогда: "И ляжете, и ничто (вас) не потревожит"[38]. И почему? Это потому, что: "И устраню Я зверя хищного с земли"[38], это зверь рода хищников, что внизу, и это – Агра́т бат Махла́т", т.е. хищная клипа, "и вся ее свита. И это ночью. Днем"», смысл слов: «И устраню Я зверя хищного»[38] – «"это люди, исходящие от ее стороны", т.е. вредители мира. "И это смысл слов: "И меч не пройдет по земле вашей"[38]».

27) «Рабби Аба сказал: "Ведь уже объясняли, что даже меч мира"» «не пройдет по земле вашей»[38], «"как, например, фараон Нехо́", который хотел пройти через землю Исраэля, и не дал ему царь Йошияу.[40] "Но" объяснением является: "И меч не пройдет"[38] – т.е. свита ее", которая исходит со стороны этой клипы. "И устраню Я зверя хищного с земли"[38] – то есть" сама клипа "не будет господствовать на земле. И даже просто проходом не

---

[38] Тора, Ваикра, 26:6. «И дам Я мир на земле, и ляжете, и ничто (вас) не потревожит. И устраню Я зверя хищного с земли, и меч не пройдет по земле вашей».

[39] Писания, Псалмы, 4:5. «Трепещите и не грешите! В сердце своем речи ведите, когда вы на ложе своем, и храните молчание. Сэла!»

[40] См. Писания, Диврей а-ямим 2, 35.

пройдет она через вас, и даже меч остальных народов, и даже один вооруженный человек не пройдет через вас"».

28) «"И этого требовал царь Йошияу", не дававший пройти войскам фараона Нехо через землю (Исраэля), "и объясняли, что он понес вину за грехи Исраэля", и потому был убит тогда, как сказано: "Дыхание жизни нашей, помазанник Творца, попал в западню их"[41]. Здесь нужно рассмотреть внимательно, так как мы учили, что если вождь народа праведен, весь мир спасается благодаря ему. А если вождь народа нечестен, весь народ несет вину за грех его. Но ведь Йошияу был достойным вождем, и дела его были праведны, почему же он понес вину за грехи Исраэля?"».

29) И отвечает: «"Это потому, что не поверил Йермияу,[42] и не склонил Исраэль" обратиться к раскаянию, "так как думал, что все праведники, как и он сам. А Йермияу сказал ему это, но он не поверил ему, и поэтому понес вину за их грехи. И, кроме того, луна", т.е. Малхут, "была в самом низком свечении и должна была прекратить его совсем"», так как это уже было незадолго до разрушения Храма.

---

[41] Писания, Мегилат Эйха, 4:20. «Дыхание жизни нашей, помазанник Творца, попал в западню их, тот, о котором говорили мы: "Под сенью его будем мы жить среди народов"».

[42] Вавилонский Талмуд, трактат Мегила, лист 14:2.

И установлю обиталище Мое среди вас

30) «"И установлю обиталище Мое среди вас"⁴³. "И установлю обиталище Мое"⁴³ – это Шхина. "Обиталище Мое (мишкани́ מִשְׁכָּנִי)"⁴³ означает – "залог (машко́н מַשְׁכּוֹן) Мой", поскольку она", Шхина, "заложена за грехи Исраэля", ведь уходит с ними в изгнание. "И установлю обиталище Мое"⁴³, – конечно, "обиталище Мое"⁴³. Притча о человеке, который любил своего друга. Сказал ему: "Конечно, в этой высокой любви, которую я ощущаю к тебе, я желаю поселиться с тобой". Сказал" его друг: "Как я буду знать, что ты поселишься у меня?" Пошел он и взял все драгоценности своего дома и принес к нему, сказал: "Вот тебе залог мой, что не расстанусь я с тобой вовеки"».

31) «"Так и Творец желал поселиться в Исраэле. Что Он сделал, – взял драгоценность свою", т.е. Шхину, "и опустил Исраэлю. Сказал им: "Исраэль, вот вам Мой залог, что не расстанусь Я с вами вовеки". И хотя Творец отдалился от нас, залог оставил в наших руках", так как Шхина с нами в изгнании, "и мы храним Его драгоценность, и когда Он попросит залог Свой, придет поселиться у нас. Поэтому" написано: "И установлю обиталище Мое (мишкани́ מִשְׁכָּנִי) среди вас"⁴³, что означает – "залог (машко́н מַשְׁכּוֹן) дам Я вам, чтобы поселиться с вами. И хотя Исраэль сейчас в изгнании, залог Творца у них, и они не оставляли его никогда"».

32) «"И не отвергнет вас душа Моя"⁴³. Как "человек, любящий своего друга и желающий поселиться с ним. Что сделал, – взял свое ложе и принес в дом к нему. Сказал: "Вот ложе мое в доме твоем, чтобы не отдаляться мне от тебя, от ложа твоего, и атрибутов твоих". Так сказал Творец: "И установлю обиталище Мое среди вас, и не отвергнет вас душа Моя"⁴³, "ведь ложе Мое", т.е. Шхина, "в доме вашем, и поскольку ложе Мое с вами, знайте, что Я не расстанусь с вами. И поэтому: "И не отвергнет вас душа Моя"⁴³», – т.е. не отдалюсь Я от вас.

---

⁴³ Тора, Ваикра, 26:11. «И установлю обиталище Мое среди вас, и не отвергнет вас душа Моя».

33) «"И ходить буду среди вас, и буду для вас Всесильным"[44], поскольку залог Мой у вас", как мы объяснили, "вы достоверно будете знать, что Я иду с вами", как сказано: "Ибо Творец Всесильный твой ходит среди стана твоего, чтобы избавлять тебя и низлагать врагов твоих перед тобой. И будет стан твой свят"[45]».

---

[44] Тора, Ваикра, 26:12. «И ходить буду среди вас, и буду для вас Всесильным, а вы будете Мне народом».

[45] Тора, Дварим, 23:15. «Ибо Творец Всесильный твой ходит среди стана твоего, чтобы избавлять тебя и низлагать врагов твоих перед тобой. И будет стан твой свят, чтобы не увидел Он у тебя наготы и не отступился от тебя».

ГЛАВА БЕХУКОТАЙ

А Моше брал шатер и разбивал его вне стана

34) «Рабби Ицхак и рабби Йегуда находились однажды ночью в деревне, прилегающей к Тивериадскому морю. Встали в полночь. Сказал рабби Ицхак рабби Йегуде: "Произнесем речения Торы, ведь хотя мы и находимся в этом месте, мы не должны отделяться от Древа жизни"».

35) «Провозгласил рабби Йегуда и сказал: "А Моше брал шатер и разбивал его вне стана"[46]. Спрашивает: "А Моше брал шатер"[46], – почему он так делал? И отвечает: "Но сказал Моше: "Раз Исраэль неверны Творцу и подменили славу Его" тельцом, "то пусть залог Его", т.е. Шхина, называемая Шатром собрания, "будет в руках доверенного, пока не увидим, у кого останется"» залог.

36) «"Сказал он Йеошуа: "Ты будешь доверенным между Творцом и Исраэлем, и залог останется вверенным в твои руки. И посмотрим, у кого он останется". Что написано: "А его служитель, Йеошуа бин Нун, юноша, не отлучался от шатра"[47]. В чем причина, что" дал он его "Йеошуа? Потому что он" по отношению к Моше, "как луна по отношению к солнцу", а луна – это свойство Малхут, которая называется Шатром собрания, поэтому "он был достоин хранить залог", являвшийся его собственным свойством. "И поэтому: "Не отлучался от шатра"[47]».

37) «"Сказал Творец Моше: "Моше, не подобает" поступать "так. Ведь Мой залог Я вручил им", Исраэлю, "и хотя они согрешили предо Мной, будет залог у них, чтобы они с ним не расставались. Разве желаешь ты, чтобы Я расстался с Исраэлем и не вернулся к ним никогда?" Поскольку Шхина – это залог у Исраэля, что Он не покинет их.[48] "Верни же залог Мой им, и ради него не покину Я их ни в каком месте"», где бы они ни были.

---

[46] Тора, Шмот, 33:7. «А Моше брал шатер и разбивал его вне стана, далеко от стана, и назвал его Шатром собрания. И было, всякий ищущий Творца выходил к Шатру собрания, который вне стана».
[47] Тора, Шмот, 33:11. «И говорил Творец Моше лицом к лицу, как говорит человек ближнему своему; и возвращался он в стан, а его служитель, Йеошуа бин Нун, юноша, не отлучался от шатра».
[48] См. выше, п. 31.

38) «"Несмотря на то, что Исраэль согрешили пред Творцом, залог Его они не оставили, и Творец не забирает его у них. И поэтому в любом месте, куда бы ни были изгнаны Исраэль, Шхина с ними. И поэтому сказано: "И установлю обиталище Мое среди вас"[43]».

ГЛАВА БЕХУКОТАЙ

Подобен возлюбленный мой оленю

39) «Провозгласил рабби Ицхак и сказал: "Подобен возлюбленный мой оленю или олененку. Вот он стоит за нашей стеной, наблюдает из окон, смотрит в щели"[49]. Счастливы Исраэль, которые удостоились, чтобы этот залог высшего Царя был у них. И, несмотря на то, что они в изгнании, является Творец в каждое новое начало и в субботу, и в праздник, чтобы присмотреть за ними и поглядеть на тот залог, который есть у них, так как он – драгоценность Его"».

40) Это подобно «"царю, против которого возмутилась царица. Вывел он ее из своего дворца. Что она сделала, – забрала с собой своего сына, который был очень дорог царю и любим им. И поскольку царь думал о ней, оставил его у нее. В час, когда возрастало желание царя к царице и сыну ее, он поднимался на возвышения и спускался по ступеням, и поднимался на стены, чтобы разглядеть и посмотреть на них через просветы в стене. Когда видел их, начинал плакать за просветами стены, а затем уходил к себе"».

41) «"Так же и Исраэль, несмотря на то, что вышли из царского дворца", и пришли в изгнание, "залог тот не оставили. Поскольку Царь благоволит к ним, оставил Он его с ними. В час, когда возрастало желание святого Царя к Царице и Исраэлю, Он поднимался на возвышения и спускался по ступеням, и поднимался на стены, чтобы разглядеть и посмотреть на них через просветы в стене. Когда видел их, начинал плакать. Это смысл слов: "Подобен возлюбленный мой оленю или олененку"[49], – чтобы перескакивать со стены на возвышение, и с возвышения на стену. "Вот он стоит за нашей стеной"[49], – т.е. в домах собрания и домах учения. "Наблюдает из окон"[49] – ведь ясно, что дому собрания нужны окна. "Смотрит в щели"[49] – чтобы разглядеть и посмотреть на них. И поэтому должны Исраэль радоваться в тот день, когда они знают это, и говорят они: "Это день, созданный Творцом, будем ликовать и радоваться ему"[50]».

---

[49] Писания, Песнь песней, 2:9. «Подобен возлюбленный мой оленю или олененку. Вот он стоит за нашей стеной, наблюдает из окон, смотрит в щели».

[50] Писания, Псалмы, 118:24. «Это день, созданный Творцом, будем ликовать и радоваться ему».

ГЛАВА БЕХУКОТАЙ

Справедливость в судах своих

42) «"И если законами Моими пренебрегать будете"⁵¹. Рабби Йоси провозгласил: "Наставления Творца, сын мой, не отвергай, и не тяготись обличением Его"⁵². Сколь любимы Исраэль пред Творцом, раз Творец пожелал увещевать их и вести прямым путем, как милосердный отец сына. И из-за любви Его к нему скипетр Его постоянно у Него в руке, чтобы вести его прямым путем, не отклоняясь вправо и влево. Это смысл сказанного: "Ибо кого любит Творец, того увещевает, и благоволит, как отец к сыну"⁵³. А тот, кого Творец не любит, и ненавидит его, убирает от него увещевание, убирает от него скипетр"».

43) «"Написано: "Возлюбил Я вас, сказал Творец"⁵⁴, – и из-за любви Его скипетр постоянно находится у Него в руке, чтобы управлять нами. "А Эсава возненавидел Я"⁵⁴, – поэтому убрал Я от него скипетр, убрал от него увещевание, чтобы не давать ему удела во Мне, душа Моя тяготится им. Но вы – "возлюбил Я вас"⁵⁴, конечно, и поэтому: "Наставления Творца, сын мой, не отвергай, и не тяготись обличением Его"⁵². Что значит: "И не тяготись (ве-аль такóц וְאַל תָּקֹץ)"? – Не тяготитесь Им, как тот, кто убегает от колючек (коцим קֹצִים), потому что те цари, которые порабощают Исраэль, подобны колючкам на теле его"».

44) «"Смотри, в час, когда справедливость", т.е. Малхут со стороны суда в ней, "пробуждается в своих судах, сколько видов духов пробуждается справа и слева, сколько скипетров выходит, среди них скипетры огня, скипетры горящих углей, скипетры пламени. Все они выходят и пробуждаются в мире, и поражают людей. Им подчиняются другие правители, носители кары, – правители сорока без одного. Они кружат и опускаются, и поражают, и поднимаются, и получают право, и входят в отверстие великой бездны, и окрашивают, и взбираются, и

---

⁵¹ Тора, Ваикра, 26:15. «И если законами Моими пренебрегать будете, и если постановлениями Моими возгнушается душа ваша, так что не будете вы исполнять всех Моих заповедей, нарушая союз Мой».

⁵² Писания, Притчи, 3:11. «Наставления Творца, сын мой, не отвергай, и не тяготись обличением Его».

⁵³ Писания, Притчи, 3:12. «Ибо кого любит Творец, того увещевает, и благоволит, как отец к сыну».

⁵⁴ Пророки, Малахи, 1:2-3. «"Возлюбил Я вас, – сказал Творец, – а вы говорите: "В чем явил Ты любовь к нам?" Разве не брат Эсав Яакову, – слово Творца, – но возлюбил Я Яакова! А Эсава возненавидел Я, и сделал горы его пустошью, и удел его – жилищем шакалов пустыни"».

сжигающий огонь соединяется с ними, и выходят горящие угли, и кружат, и спускаются, и направлены против людей. То есть, как сказано: "Дополнительно буду карать вас"[55], – Я дам обвинителям дополнение к суду их"».

Объяснение. Ты уже узнал, что в Малхут есть два вида судов от двух точек, манула и мифтеха.[56] И вначале пробуждаются в Малхут суды манулы, т.е. Малхут первого сокращения, не подслащенной в Бине. И это смысл сказанного: «В час, когда справедливость пробуждается в своих судах, сколько видов духов пробуждается», и все они – суровые суды. А затем пробуждаются суды точки мифтеха, благодаря подъему Малхут в Бину, как объясняется там.[56] И тогда клипот, исходящие от судов в Малхут, поднимаются вслед за Малхут и удерживаются в свойстве Бины, и отсюда (происходит) Бина клипы, называемая отверстием (нуквой) великой бездны. И это смысл сказанного: «Им подчиняются другие правители», которые происходят от первых, но они «носители кары», ибо они перескакивают из места Малхут и карают в Бине. И они являются свойством «правители сорока без одного», так как из-за их скачка, чтобы удерживаться в Бине пропадает у них Малхут де-Малхут.[57] И Зоар поясняет эти вещи и говорит: «Они кружат и опускаются, и поражают», т.е. сначала они кружат и спускаются, и наносят удар от свойства судов, что внизу, т.е. манулы, как первые клипот. А после этого: «И поднимаются и получают право», когда поднимаются, чтобы удерживаться в Бине, и получают право, т.е. получают силы для этого, от самой Малхут, поднявшейся в Бину. «И входят в отверстие великой бездны», которая является местом пребывания тех клипот, что удерживаются в Бине, ибо место клипот, удерживающихся в мануле, называется отверстием (нуквой) малой бездны. И там: «И красят, и взбираются», т.е. окрашивают себя в красный цвет, подобно судам Бины. «И сжигающий огонь соединяется с ними», – т.е. добавился к ним сжигающий огонь от свойства Бины. И тогда:

---

[55] Тора, Ваикра, 26:18. «А если при том не послушаете Меня, дополнительно буду карать вас, семикратно за ваши грехи».

[56] См. «Предисловие книги Зоар», статью «Манула и мифтеха», п. 42, со слов: «Поэтому сказано: "И эта печать" – которая утвердилась в Бине…», а также п. 44. «В этих воротах есть один замо́к и одно узкое место, чтобы вставить в него этот ключ…»

[57] См. Зоар, главу Ваеце, п. 27, со слов: «Восьмое исправление. «Губы ее красивы, алы как роза». Алый цвет указывает на силу свечения левой…»

«Выходят горящие угли», т.е. выходят они из отверстия (нуквы) великой бездны, в качестве углей, сжигающих судами Бины, «и кружат, и спускаются, и направлены против людей», т.е. спускаются и судят людей теми дополнительными судами, которые получили от Малхут, что в месте Бины. «То есть, как сказано: "Дополнительно буду карать вас"[55], – Я дам обвинителям дополнение к суду их», то есть, кроме того, что удерживаются в Малхут свойства суда, в мануле, Я дам им дополнительное удержание, так же и в Бине. И это означает: «Дополнительно буду карать вас»[55].

45) «"Как сказано: "Не буду более проклинать землю за человека"[58]. "Не буду более"[58] – т.е. "не буду давать добавку обвинителям, чтобы погубить мир, но лишь добавку согласно тому, что мир сможет выдержать. И потому" написано: "Дополнительно буду"[55], – т.е. дам добавку, безусловно"», которую мир сможет выдержать.

---

[58] Тора, Берешит, 8:21. «И обонял Творец благоухание приятное, и сказал Творец в сердце своем: "Не буду более проклинать землю за человека, ибо помысел сердца человека зол от молодости его, и не буду более поражать все живущее, как Я сделал"».

ГЛАВА БЕХУКОТАЙ

Семикратно за ваши грехи

46) «"И зачем добавка? Это чтобы "карать вас, семикратно за ваши грехи"[55]. Спрашивает: "Семикратно"[55] – ведь если бы Творец взыскивал полагающееся Ему", то есть, если бы наказывал в мере, соответствующей греху, "мир не смог бы выдержать даже одного мгновения. Это как сказано: "Если грехи хранить будешь, Владыка, Господин наш, кто устоит?"[59] А ты говоришь: "Семикратно за ваши грехи"[55]».

47) И отвечает: «"Но чему учит нас" Писание, говоря: "Семикратно"[55], – то есть, "это ведь семикратно относительно вашего. И что это? Это шмита", т.е. Малхут, подслащенная в Бине, "которая является семью. Ибо она называется "семь", как ты говоришь: "К концу семи лет делай отпущение (шмита)"[60]. И потому говорит Писание: "Семикратно за ваши грехи"[55]. И называется" Малхут "семь", и называется" также "Бат Шева (дочь семи)". Чем отличается одно от другого? Но когда говорит "только "семь" – это значит делать шмиту и установить законы, чтобы объявлять во время нее свободу всего"». Иначе говоря, только «семь» указывает на Малхут в то время, когда она в свойстве судов Бины, и эти суды являются подготовкой, чтобы она смогла получить мохин свечения Хохмы от Бины.[61] И эти мохин – это свобода всего. Но она пока еще в подготовке и в судах, а не в мохин. «"Бат Шевой называется, когда она соединилась с Единым", Зеир Анпином, "чтобы вместе светить и править в ее царстве (малхут), известить царство (малхут) на земле и среди всех", что уже появились в ней мохин. И тогда она "называется Бат Шевой. Как написано: "Потому имя города – Беэр-Шева (колодец семи) до сего дня"[62]. Беэр-Шева – это колодец Ицхака", т.е. мохин свечения Хохмы. "И все это является одним целым"». Иначе говоря «семь» и Бат Шева являются одним целым, так как оба они указывают на слияние с Биной,

---

[59] Писания, Псалмы, 130:3. «Если грехи хранить будешь, Владыка, Господин наш, кто устоит?»

[60] Тора, Дварим, 15:1. «К концу семи лет делай отпущение».

[61] См. Зоар, главу Берешит, часть 1, п. 3, со слов: «В свойстве суда, т.е. в свойстве Малхут мира АК, прежде чем она подсластилась в Бине, в свойстве милосердия, мир не мог существовать...»

[62] Тора, Берешит, 26:32-33. «И было в тот день: и пришли рабы Ицхака и сообщили ему о колодце, который копали, и сказали ему: "Мы нашли воду!" И назвал он его Шива; потому имя города Беер-Шева до сего дня».

называемой «семь», только «семь» – это в катнуте, во время судов, а Бат Шева – это в гадлуте.

48) «Рабби Аба сказал: "И накажу вас также Я всемеро за грехи ваши"[63]. "И накажу вас"[63] – через других правителей, как уже объяснялось.[64] "Также Я"[63] – ведь Я", Зеир Анпин, "пробуждаюсь для вас, чтобы спасти вас. Ведь "семь", т.е. Малхут, "чтобы пробудится для вас"», и спасти вас. То есть, что Зеир Анпин и Малхут соединятся с ними в изгнании, и потому выведут их из изгнания, как он объясняет нам далее.

49) «"Смотри, высшая любовь Творца к Исраэлю" – это подобно "царю, у которого был единственный сын, и он грешил пред царем. Однажды он согрешил пред царем. Сказал царь: "Все эти дни я наказывал тебя, а ты не воспринимал, – отныне и впредь, смотри, что я сделаю с тобой. Если изгоню я тебя с этой земли и выдворю тебя из царства, может случиться, что нападут на тебя дикие медведи или дикие волки, или убийцы, и изведут тебя из мира. Что я сделаю? Но я и ты уйдем с этой земли"».

50) «"Так и" то, что написано: "Также Я"[63], означает – "Я и вы уйдем с этой земли", т.е. пойдем в изгнание. "Так сказал Творец Исраэлю: "Что Я сделаю с вами, ведь наказывал Я вас, но вы не послушались. Ведь насылал Я на вас ведущих войны и ангелов-губителей, чтобы поразить вас, а вы не слушались. Если прогоню Я вас одних с этой земли, Я боюсь за вас из-за множества медведей и волков, которые нападут на вас и изведут из мира. Однако, что Я вам сделаю? Но Я и вы уйдем с этой земли и пойдем в изгнание". Это означает: "И накажу вас"[63] – отправлением в изгнание. "А если скажите вы, что Я оставил вас, "также Я"[63] с вами, "всемеро (досл. семь) за грехи ваши"[63], – т.е. "семь", Малхут, "будет изгнана с вами. А почему? "За грехи ваши"[63]».

---

[63] Тора, Ваикра, 26:27-28. «А если в этом не послушаете Меня и пойдете против Меня, Я пойду в ярости против вас, и накажу вас также Я всемеро против грехов ваших».

[64] См. выше, п. 44.

ГЛАВА БЕХУКОТАЙ

И за преступления ваши изгнана была мать ваша

51) «"Это смысл сказанного: "И за преступления ваши изгнана была мать ваша"[65]. Сказал Творец: "Вы привели к тому, что Я и вы не будем жить на земле (святости), и вот Царица уходит из чертога с вами, поскольку всё разрушено, и чертог Мой и ваш разрушен. Ибо чертог подобает Царю, только если он заходит в него с Царицей", с Малхут, "и радость Царя пребывает лишь тогда, когда он входит в чертоги Царицы, и сыновья ее находятся с ней в чертоге, – рады все они вместе. Теперь, когда не находятся сын и Царица, разрушен чертог Мой во всем. Но что же Я буду делать? – "Также Я"[63] с вами". А теперь, несмотря на то, что Исраэль в изгнании, Творец находится с ними, и не оставляет их. А когда выйдут Исраэль из изгнания, Творец вернется с ними. Как написано: "И возвратит (досл. возвратится) Творец Всесильный твой"[66]. "И возвратится Творец Всесильный твой"[66], конечно", то есть, что Творец вернется, "и мы это уже учили"».

---

[65] Пророки, Йешаяу, 50:1. «Так сказал Творец: "Где то письмо развода матери вашей, которым Я прогнал ее? Или кто тот из заимодавцев Моих, которому Я продал вас? Ведь за грехи ваши проданы были вы, и за преступления ваши изгнана была мать ваша"».
[66] Тора, Дварим, 30:3. «И возвратит Творец Всесильный твой пленников твоих, и умилосердится Он над тобою, и вновь соберет Он тебя от всех народов, где рассеял тебя Творец Всесильный твой».

ГЛАВА БЕХУКОТАЙ

Вот слова союза

52) «Рабби Хия и рабби Йоси находились в пути. Оказались перед той пещерой в поле. Сказал рабби Хия рабби Йоси: "То, что написано: "Эти слова союза, который Творец повелел, … кроме союза …"[67]. Что значит "слова союза"[67], "слова Гвуры", – следовало сказать?" Сказал ему: "Мы ведь учили, что эти" проклятия, которые в Учении коэнов[68], были произнесены "устами Гвуры, а эти", что в книге Второзакония Торы,[69] – "устами самого Моше, и мы это уже учили"».[70]

53) «"Смотри, и те и другие – это слова союза, ведь хотя и из уст Гвуры были эти слова, – это слова союза, так как от него зависят добро и зло. Добро исходит от праведника", т.е. Есода. "Зло исходит от суда, от места суда, и это справедливость", т.е. Малхут. "А праведник и справедливость", т.е. Есод и Малхут, – "это союз, и называются "союз". И поэтому слова эти – это слова союза. И союз", т.е. Есод и Малхут, "связан вместе. И поэтому "помни (захо́р)" и "храни (шамо́р)", т.е. Тиферет и Малхут, "связаны вместе. "Помни" – днем, "храни" – ночью"». И они вместе, как написано: «И был вечер, и было утро, – день один»[71]. «"Таким образом, союз, – он", т.е. Есод и Малхут, "вместе", ведь Зеир Анпин не соединяется с Малхут иначе, как с помощью Есода. "И поэтому написано "союз", ибо, конечно же, это "слова союза"[67], – наставление, что в Учении коэнов и в книге Второзакония, "и всюду", где упоминается "союз, – это в этом месте"».

54) «Сказал рабби Хия: "Это, безусловно, так. И поэтому суббота, т.е. "помни" и "храни", Есод и Малхут, "называется союзом, как написано: "И пусть соблюдают сыны Исраэля субботу, чтобы сделать субботу для их поколений союзом вечным"[72]. И

---

[67] Тора, Дварим, 28:69. «Вот (досл. эти) слова союза, который Творец повелел Моше заключить с сынами Исраэля на земле Моав, кроме союза, который заключил Он с ними у Хорэва».
[68] Учение коэнов – Торат коаним – третья книга Торы, Ваикра.
[69] Книга Второзакония – Мишне Тора – пятая книга Торы, Дварим.
[70] См. Зоар, главу Ваикра, п. 90. «Однако, есть те, что сказали: "Потому что написано: "И сказали Моше: "Говори ты с нами, и мы будем слушать, и пусть не говорит с нами Всесильный"…»
[71] Тора, Берешит, 1:5. «И назвал Всесильный свет днем, а тьму назвал Он ночью. И был вечер, и было утро, – день один».
[72] Тора, Шмот, 31:16. «И пусть соблюдают сыны Исраэля субботу, чтобы сделать субботу для их поколений союзом вечным».

всё это – единое целое. И место это", Есод и Малхут вместе, "называется союзом во всех местах"».

55) «"Смотри, написано: "И дам Я мир на земле"[73]. Мир – "это Есод, являющийся миром на земле, миром в доме, миром в мире", потому что Малхут называется землей и называется домом, и называется миром. "И накажу вас также Я всемеро"[63]. Что такое "всемеро"[63]? – Это справедливость", т.е. Малхут со стороны суда. "И это, безусловно, союз, и потому это "слова союза"[67]. Объяснение. Поскольку свойство мира (шалом) – оно от Есода, а наказания – от Малхут, и те и другие появляются от Есода и Малхут, когда они в зивуге вместе. И это – союз.

56) «Сказал рабби Йоси: "Написано: "Но также при всем том, в их пребывание на земле их врагов Я их не презрел"[74]. "Но также при всем том (досл. еще эта)"[74]. – "Но также"[74], это как ты говоришь: "Также Я"[63], что означает – Зеир Анпин. "При всем (досл. еще)"[74] – включает Кнессет Исраэль, называемую "эта (зот)"[74], т.е. Малхут, "которая не покидает их никогда. "В их пребывание на земле их врагов"[74], – когда пребывают все вместе. "Я их не презрел и не возгнушался ими"[74], – несмотря на то, что Я не соединяюсь с ними. "Нарушая союз Мой с ними"[74], – ведь если Я не спасу их, союз Мой распадается, то есть отменяется зивуг Есода и Малхут. "И поэтому" говорит Писание: "Нарушая союз Мой с ними"[74]».

---

[73] Тора, Ваикра, 26:6. «И дам Я мир на земле, и ляжете, и ничто (вас) не потревожит. И устраню Я зверя хищного с земли, и меч не пройдет по земле вашей».

[74] Тора, Ваикра, 26:44. «Но также при всем том, в их пребывание на земле их врагов Я их не презрел и не возгнушался ими, чтобы истребить их, нарушая союз Мой с ними; ибо Я Творец Всесильный их».

ГЛАВА БЕХУКОТАЙ

Я их не презрел и не возгнушался ими, чтобы истребить их

57) «Сказал рабби Хия: "Я слышал новое объяснение, произнесенное рабби Эльазаром: "Я их не презрел и не возгнушался ими, чтобы истребить их"[74], – "не поразил их и не убил, чтобы истребить их", – следовало сказать?" И отвечает: "Но "Я их не презрел и не возгнушался ими"[74] означает, "что тот, кто ненавидит другого, он презирает его и гнушается им, и он противен ему до отвращения. Но здесь: "Я их не презрел и не возгнушался ими"[74], и в чем причина? Это потому, что возлюбленная души Моей находится среди них", т.е. Шхина, "благодаря которой все они любимы Мной. Это означает: "Чтобы истребить их"[74]. "Истребить их (лехалота́м לְכַלֹּתָם)"[74] написано без вав (ו)"», чтобы указать на Шхину, которая называется «невеста (кала́ כַּלָּה)», и «лехалота́м (לְכַלֹּתָם)»[74] – как «ради невесты», то есть «"ради невесты "Я их не презрел и не возгнушался ими"[74], потому что она возлюбленная души Моей, и возлюбленная Моя – у них"».

58) Подобно «"человеку, который любит женщину, а она живет на рынке кожевников", т.е. занимающихся обработкой кожи, издающей дурной запах. "Если бы ее там не было, он никогда бы не вошел туда, но когда она там, рынок кожевников подобен для него рынку торговцев благовониями, где находятся все самые лучшие ароматы мира"».

59) «"Также и здесь: "Но также при всем том, в их пребывание на земле их врагов"[74], – то есть на рынке кожевников", распространяющем зловоние, – "Я их не презрел и не возгнушался ими"[74]. И почему? "Истребить их (лехалота́м לְכַלֹּתָם)"[74] – то есть "ради невесты их (лехалота́м לְכַלֹּתָם)", Шхины, "которую люблю Я, и она возлюбленная души Моей, пребывающая там", и поэтому "для Меня это подобно всем лучшим запахам в мире из-за той невесты, находящейся среди них". Сказал рабби Йоси: "Если бы я пришел сюда услышать только это, – достаточно!"»

Сын должен почитать отца

60) «Провозгласил и сказал: "Сын должен почитать отца, а раб – господина своего"[75]. "Сын должен почитать отца"[75], как ты говоришь: "Почитай отца своего и мать свою"[76], и объяснялось"», что «должен почитать»[75] означает – «"в еде и в питье, и во всем. Это он обязан при жизни. После того как умирает, если скажешь ты, что избавлен от почитания, – это неверно, ибо, несмотря на то, что умер, он обязан почитать еще больше, ибо сказано: "Почитай отца своего"[76], – также и после смерти. "И если этот сын идет кривым путем, несомненно, он срамит отца своего, ясно, что навлекает на него позор. А если этот сын идет прямым путем и исправляет деяния свои, несомненно, это славит отца его, славит его в этом мире среди людей и славит его в будущем мире пред Творцом. И Творец проявляет милосердие к нему и сажает на престол Своей славы. Безусловно, "сын должен почитать отца"[75]».

61) «"Как рабби Эльазар, который почитал своего отца в этом мире, и в том мире теперь он умножил славу рабби Шимона в обоих мирах – в этом мире и в мире будущем еще больше, чем при жизни его. Ибо удостоился он святых сыновей и святого рода. Счастливы праведники, удостаивающиеся святых сыновей и святого рода. О них изречено: "Все видящие их признают их, ибо они семя, которое благословил Творец"[77]. Амен"».

Закончилась книга Ваикра

---

[75] Пророки, Малахи, 1:6. «Сын должен почитать отца, а раб – господина своего; и если отец Я – где почтение ко Мне, и если господин Я – где страх (предо) Мной? (Так) сказал Творец воинств вам, священники, унижающие имя Мое. А вы говорили: "Чем унижали мы имя Твое?"»

[76] Тора, Шмот, 20:12. «Почитай отца своего и мать свою, чтобы продлились дни твои на земле, которую Творец Всесильный твой дает тебе».

[77] Пророки, Йешаяу, 61:9. «И известно будет среди племен семя их, и потомки их – между народами, все видящие их признают их, ибо они семя, которое благословил Творец».

Международная академия каббалы

https://www.kabbalah.info/rus/

Учебно-образовательный интернет-ресурс – неограниченный источник получения достоверной информации о науке каббала.

Сайт дает доступ к уникальному контенту: библиотеке каббалистических первоисточников, к широкому спектру передач и лекций на телеканале Каббала ТВ, включая прямую трансляцию уроков основателя и главы Международной академии каббалы Михаэля Лайтмана для всех, кто занимается углубленным изучением науки каббала и исследованием каббалистических первоисточников.

Обучающая платформа Международной академии каббалы

https://www.kabacademy.com

Миллионы учеников во всем мире изучают науку каббала. Выберите удобный для вас способ обучения на сайте.

Наша онлайн-платформа позволит вам познакомиться с уникальными каббалистическими источниками, пройти обучение у лучших преподавателей академии, общаться в онлайн-сообществе, получить индивидуальное сопровождение помощника-тьютора.

Интернет-магазин каббалистической книги

Россия, страны СНГ и Балтии:
https://kbooks.ru

Америка, Австралия, Азия
https://www.kabbalahbooks.info

Европа, Африка, Ближний Восток
https://books.kab.co.il/ru/

16+
СЕРИЯ: «ЗОАР ДЛЯ ВСЕХ»

Книга Зоар
Главы Ахарей мот, Кдошим, Эмор, Беар, Бехукотай

Под редакцией М. Лайтмана, основателя и главы Международной академии каббалы

ISBN 978-5-91072-114-6

Руководители проекта: Б. Белоцерковский, Г. Каплан
Перевод: Г. Каплан, М. Палатник, О. Ицексон
Редактор: А. Ицексон, Г. Каплан
Технический директор: М. Бруштейн
Дизайн и вёрстка: Г. Заави
Корректоры: И. Лупашко, П. Календарев
Выпускающий редактор: С. Добродуб

Посвящается светлой памяти нашего товарища
Леонида Илизарова,
главного организатора перевода Книги Зоар,
желавшего донести всему человечеству
идеи единства и любви к ближнему,
которые несет в себе Книга Зоар.

Выражаем огромную благодарность группе энтузиастов из разных стран мира, выступивших с инициативой сбора средств для реализации этого проекта.

Подписано в печать 08.09.2021. Формат 60х90/16
Бумага офсетная 80 г/м2. Печать офсетная. Печ. л. 35.
Тираж 500 экз.

Отпечатано с электронного оригинал-макета, предоставленного издательством в АО «Т8 Издательские Технологии»
г. Москва, Волгоградский пр., д. 42, корп.5, «Технополис Москва»
email: infot8@t8print.ru www.t8print.com

www.ingramcontent.com/pod-product-compliance
Lightning Source LLC
LaVergne TN
LVHW082009090526
838202LV00006B/269